COLECCIÓN
PENSAMIENTO JURÍDICO Y POLÍTICO CONTEMPORÁNEO

4

MARCELIANO ISÁBAL
Y SU
«DICCIONARIO DEL DERECHO ARAGONÉS»

1542

Cátedra de Derecho Civil
y Foral de Aragón
El Justicia de Aragón | Cortes de Aragón | Gobierno de Aragón
Universidad Zaragoza

STANDVM EST CHARTAE

aladrada ediciones

COLEX

COLECCIÓN
PENSAMIENTO JURÍDICO Y POLÍTICO CONTEMPORÁNEO

COLECCIÓN
PENSAMIENTO JURÍDICO Y POLÍTICO CONTEMPORÁNEO

4

MARCELIANO ISÁBAL
Y SU
«DICCIONARIO DEL DERECHO ARAGONÉS»

José Ignacio López Susín

2024

Cátedra de Derecho Civil y Foral de Aragón
El Justicia de Aragón | Cortes de Aragón | Gobierno de Aragón
Universidad Zaragoza

STANDVM EST CHARTAE

aladrada ediciones

COLEX

El trabajo que ha dado lugar a este libro ha obtenido una *Mención especial* en el **I Premio Vidal de Canellas** convocado por la Cátedra de Derecho Civil y Foral de Aragón de la Universidad de Zaragoza (2024).

Portada: Marceliano Isábal Bada, óleo de Mariano Oliver Aznar (1926).
Colegio de Abogados de Zaragoza

Editan: Editorial Colex, S.L. y Aladrada Ediciones

info@colex.es · aladrada@gmail.com

Aladrada Ediciones

I.S.B.N.: 978-84-128856-3-7

Depósito legal: Z2042-2024

Editorial Colex, S.L.

I.S.B.N.: 978-84-1194-824-1

Depósito legal: C 1963-2024

Esta obra ha sido publicada con la ayuda del Departamento de Educación, Cultura y Deporte del Gobierno de Aragón.

SUMARIO

PRÓLOGO

El erudito letrado López Susín, bien conocido en los medios culturales aragoneses por sus aportaciones al conocimiento de la lengua y del Derecho aragoneses, nos presenta de nuevo al gran jurista y foralista Marceliano Isábal, con ocasión, dice, del centenario de la aprobación del «Apéndice al Código civil correspondiente al Derecho civil de Aragón». Digo de nuevo, pues Isábal tuvo el lugar que le corresponde entre la «Gente de leyes», que fue libro que el autor de éste que prologo dedicó al Derecho aragonés y sus protagonistas en 2004, en aquella Biblioteca Aragonesa de Cultura que lanzó el inolvidable Eloy Fernández Clemente.

Pero el libro que hoy tenemos en las manos es mucho más que una ampliación de aquellas páginas en que Isábal comparecía *inter caeteros*. Se publican ahora muchos otros datos relevantes de la vida de aquel aragonés que, nacido en las Casas del Canal Imperial en Zaragoza, como hijo de uno de sus empleados, llegó a formar uno de los despachos de abogados más importantes de la ciudad y mantener gran influencia política desde la jefatura del partido republicano, en la que sucedió a otro gran foralista del siglo XIX, Joaquín Gil Berges. Ambos tomaron parte decisiva en la formación del Apéndice en tiempos sucesivos.

Isábal era doctor en Derecho (por la Universidad de Madrid, única entonces que podía otorgar este grado), cosa poco frecuente, entonces y ahora, entre juristas que no sean profesores de la Universidad. Enseñó en la Academia Jurídico Práctica Aragonesa, institución creada en la Audiencia Real en el siglo XVIII y que en el XIX y hasta más o menos la fecha de fallecimiento de Isábal (que fue su presidente muchos años) radicaba en el Colegio de Abogados de Zaragoza y servía de permanente enlace entre estos y la Magistratura, de una parte, y la Universidad, por otra. Escribió, o preparó para vista oral, multitud de demandas, contestaciones y otros géneros de la retórica judicial, como corresponde a prócer de su profesión.

Todos conocíamos una obra suya, la famosa *Exposición y comentario del cuerpo legal denominado «Fueros y Observancias del reino de Aragón»*. Formalmente, no publicó otro, pero López Susín nos muestra que gran parte de lo publicado como artículos de revista o voces de enciclopedia sobre tema aragonés pueden entenderse como fragmentos de un *Diccionario de derecho aragonés* (género este de los «Diccionarios» jurídicos, como los conocidos de

Dieste o de Moutón Ocampo, muy común en la época). Y como tal Diccionario (incompleto) de instituciones del Derecho civil de Aragón lo disfrutamos y apreciamos una vez puestas las partes en orden alfabético. Así dispuesta la obra, creo que no hay otra anterior y pocas posteriores en que las instituciones aragonesas estén estudiadas tan a fondo en su desarrollo histórico, con tan amplio recurso y crítica a lo escrito por otros autores y tan buen tino para pergeñar su aplicación práctica en la fecha en que escribe. Voces como «axovar» (con los problemas históricos y de Derecho comparado del *excreix*) o desafiliación, entre otras, aún pueden enseñarnos y servirnos de guía. Lo que dice sobre «dación personal», con la notable cita de Joaquín Costa, es difícil de superar en esa extensión; mientras que la referencia de este a la «la reciente "catástrofe de Murcia"» (la gran riada de 14 de octubre de 1879) ayuda a poner en el presente sus reflexiones sobre cómo podrían revivir viejas instituciones consuetudinarias.

Por supuesto, en el «Diccionario» de Isábal hay mucho más, para deleite e instrucción de foralistas y lingüistas. Un caso notable en que hace precisiones sobre las palabras, sus formas y significados es el de «Justiciazgo», que, en su opinión, tratándose del Justicia Mayor de Aragón (al que dedica amplias consideraciones en otro artículo), debía su oficio denominarse *Justiciado*, como en Acto de Cortes de Cariñena de 1360 o en la *Letra intimada* de Juan Ximénez Cerdán; «Sin embargo —concluye— va extendiéndose mucho el uso de *Justiciazgo*, aun entre escritores, aragoneses, siendo de notar que al *Justiciazgo,* no al *Justiciado,* se ha dicho dedicado, personificándolo en Lanuza, el monumento elevado hace algunos años en Zaragoza, por iniciativa y a expensas de la Diputación de la provincia».

Las palabras y las cosas de Aragón son objeto predilecto de los estudios de López Susín. Por eso no estará fuera de lugar que me refiera todavía a un par de libros hoy poco citados (y escasamente útiles por su contenido) en que rastrear palabras aragonesas en el campo del Derecho. Isábal cita varias veces a Manuel Silvestre Martínez (pp. 78, 97, 249, 371), en su *Librería de jueces, utilísima y universal para Abogados, Alcaldes Mayores y Ordinarios, Corregidores é Intendentes,* etc. (Madrid, 1763). Allí el licenciado Martínez, que había sido Alcalde Mayor de la ciudad de Huesca, se ocupa especialmente de «Los Fueros y Leyes Municipales de Aragón: Sus Concordancias y Discordancias con las de Castilla; Los Juicios de ambos Reynos y formularios de sus Procesos». Basta recorrer el copioso «índice de las cosas notables» para espigar aragonesismos: «adverar», entre los primeros, aunque la actual extensión de su uso dificulta hoy reconocerlo como tal. Isábal nos recuerda que una R. O. de 4 de febrero 1867 reguló esta adveración de testamento según los Fueros.

El segundo libro es un Diccionario: *Diccionario judicial que contiene la explicación y significación de las voces que están mas en uso en los tribunales de justicia* por D. J. F. A. Madrid: Imprenta de D. Miguel de Burgos, 1831 (digitalizado por la RAE). No he averiguado la identidad del autor, quien, en forma de léxico por orden alfabético, ofrece definiciones de las «las voces técnicas de la legislación»: al menos unas cuarenta van notadas como propias de Aragón. Entre las primeras, «*Adula. Arag.* En las tierras de regadío el terreno ó término que no tiene riego destinado». Poco antes, «*Abadiado.* ant. Abadía. Hoy se usa en algunas partes de la Corona de Aragón por el territorio de la abadía».

Sin duda, a José Ignacio López Susín le interesarán —si no los conocía ya— esta *Librería* y este *Diccionario*. El Derecho aragonés (con sus particularidades lingüísticas) parece que era conocido en Castilla en los siglos XVIII y XIX incluso mejor que en buena parte del XX. Ignacio Jordán de Asso hizo mucho por ello.

En Castilla y también en Ultramar. Las *Instituciones* de Jordán de Asso se tradujeron al inglés en América a principios del XIX. Y cuando el Código civil español de 1889 se publicó en inglés diez años más tarde en la Habana por orden del *military governor of Havana*, su traductor, el *major* Clifford Steven Walton, en un prólogo entusiasta sobre la historia del Derecho español escribe que «Spain...possessed and exercised a writ of habeas corpus (*manifestacion*) in Aragon before America was discovered».

Recordatorio éste de la manifestación y las libertades del Reino que parece muy oportuno para concluir el prólogo a una obra que se presenta con ocasión del centenario del Apéndice, para celebrarlo en 2025. Lo haremos, sin duda, y López Susín ya ha contribuido con este libro a su esplendor. Pero hay otro centenario en 2025. Como recordó la primera mujer Justicia de Aragón, Concepción Gimeno, el pasado 20 de diciembre, en el solemne acto celebrado en la Iglesia de Santa Isabel en que entregó la medalla del Justicia a la catedrática Carmen Bayod, en 2025 se cumplirán, no cien, sino setecientos años desde que en Cortes de 1325 se declaró abolido el tormento: «Item, que turment ni inquisición, non sian en Aragón, como sian contra Fuero, el qual dice que alguna pesquisa no havemos: et contra el Privilegio General, el qual vieda que inquisición no sia feyta».

Ni los jueces pueden proceder de oficio, sin acusación del agraviado (esto es la inquisición), ni buscar confesión con tormento o tortura. Son garantías de los derechos humanos que el rey de Aragón hubo de otorgar a los aragoneses hace setecientos años.

Tanto el Privilegio General (1283) como su Declaración en Cortes de 1325 se publicaron en las colecciones impresas de Fueros y Observancias en el romance aragonés en que habían sido redactados (quizás con algunos retoques castellanizantes). Creo que son los primeros textos en aragonés que llegaron a la imprenta, como parte de la primera edición de los Fueros salida de las prensas de Botel y Hurus en 1476/77. También para este séptimo centenario esperamos que López Susín pueda regalarnos nuevas enseñanzas sobre el Derecho y la lengua aragoneses.

Jesús Delgado Echeverría
Catedrático emérito de Derecho civil
Universidad de Zaragoza

0

INTRODUCCIÓN

Cuando se acerca el centenario de un acontecimiento fundamental para el Derecho aragonés como fue la promulgación del *Apéndice al Código civil español*, parece oportuno dedicar algún esfuerzo en la investigación jurídica a dar a conocer la vida y la obra de quien fuera su principal artífice, el jurista Marceliano Isábal, por más que no quedara especialmente satisfecho de su resultado. En el fondo él sabía que se trataba de eso o nada, que el momento era único y que lo poco que quedaba de nuestros fueros solo podía pervivir así.

Si esto ocurría a finales de 1925 (aunque el *Apéndice* no entró en vigor hasta enero del año siguiente, como luego se verá), dos años después vería la luz su verdadero testamento jurídico, la obra *Exposición y comentario del Cuerpo Legal denominado «Fueros y Observancias del Reino de Aragón» derogado por el vigente Apéndice al Código civil español*.

Isábal no fue una *rara avis* en el contexto de los juristas aragoneses de finales del siglo XIX y principios del XX. Nuestro personaje formó parte de un verdadero movimiento intelectual que podemos entrever como iniciado en 1841 con la publicación de las *Instituciones de Derecho civil aragonés* de Luis Franco y López y Felipe Guillén y Carabantes y que continuó con la publicación en 1865 de las obras de Martón y Santapau, Savall y Penén y poco después con las de Dieste Giménez, Blas y Melendo, Ambrosio Tapia o Eduardo Naval.

Todo un caudal de trabajos puestos a disposición de quienes actuaban en el foro huérfanos como estaban de enseñanzas universitarias sobre la materia que se trataban de suplir a través de la Academia Jurídico-Práctica Aragonesa y que, con la «espada de Damocles» de una unificación que nunca acababa de llegar dio lugar en 1881 al Congreso de Jurisconsultos Aragoneses inspirado por Joaquín Gil Berges, en el que participaron una gran parte de los juristas aragoneses, entre los que destacó la figura de Joaquín Costa, verdadero cronista del mismo a través de sus obras y del eco que encontraba en la sociedad por su gran personalidad. Sin embargo, el Congreso que se proponía la codificación de nuestro derecho no terminó su tarea pues un Decreto estatal mandó reanudar las tareas de elaboración de un Código civil general.

EXPOSICIÓN Y COMENTARIO

POR

MARCELIANO ISABAL Y BADA

DECANO DEL COLEGIO DE ABOGADOS DE ZARAGOZA,

DEL CUERPO LEGAL DENOMINADO

"FUEROS Y OBSERVANCIAS DEL REINO DE ARAGÓN,"

DEROGADO POR EL VIGENTE

APÉNDICE AL CÓDIGO CIVIL ESPAÑOL

PRÓLOGO

DEL PRESIDENTE DE LA COMISIÓN GENERAL DE CODIFICACIÓN

EXCMO. SR. D. ANTONIO MAURA

SE INSERTA A CONTINUACIÓN EL NUEVO CUERPO LEGAL,
QUE SE PUBLICÓ POR REAL DECRETO DE 7 DE DICIEMBRE DE 1925
REFRENDADO POR EL MINISTRO DE GRACIA Y JUSTICIA
EXCMO. SR. D. GALO PONTE ESCARTÍN,
CON EL TÍTULO
"APÉNDICE AL CÓDIGO CIVIL CORRESPONDIENTE AL DERECHO FORAL DE ARAGÓN,
FORMADO EN CUMPLIMIENTO DE LO PRECEPTUADO EN EL ART. 6.º DE LA LEY
DE BASES, POR LA COMISIÓN PERMANENTE DE CODIFICACIÓN,"
PARA REGIR EN VIGOR EN 2 DE ENERO DE 1926

ZARAGOZA
IMPRENTA DEL «HERALDO DE ARAGÓN», COSO, 100
1926

En estas circunstancias se promulgó el Código civil en 1889 que recogió únicamente el derecho castellano, por lo que se produjo una cierta inseguridad sobre el acomodamiento de las instituciones vigentes del derecho aragonés a la nueva realidad legislativa. Para tratar de paliar esa situación se llevaron a cabo algunos estudios como los de Bonel Sánchez y Parral y Cristóbal.

En esta situación, los juristas y también las diputaciones provinciales se vieron interesados en codificar nuestro derecho, por el sistema que había quedado establecido, a iniciativa aragonesa, en el artículo 7 de la Ley de bases, continuando la labor inacabada del Congreso de Jurisconsultos.

Efectivamente, el artículo citado exigía un informe de las diputaciones provinciales y los colegios de abogados para incluirse en el proyecto que el Gobierno presentara ante las Cortes. Así y como consecuencia de una Real Orden de 15 de octubre de 1899 se designó una comisión por la Junta de Representantes de las Diputaciones y Colegios de Abogados de Zaragoza, Huesca y Teruel, la Facultad de Derecho y el Colegio Notarial para que redactaran un informe a la *Memoria* que había elaborado Franco y López y un proyecto de Apéndice al Código Civil que contuviera el Derecho aragonés.

Cuando la comisión se disponía a imprimir el proyecto para remitirlo a consulta de los Letrados de todo Aragón se publicó un nuevo Real Decreto que creó comisiones de juristas dependientes de la Comisión General de Codificación que formaran oficialmente los diversos apéndices forales, por lo que la comisión citada remitió a la Comisión oficial de Aragón su trabajo por si lo consideraba aprovechable.

Otro Decreto de 1899 creando en la Comisión General de Codificación, Comisiones especiales para la redacción de los diferentes Apéndices, propició que se constituyera la relativa a Aragón. Gil Berges fue el principal, si no único, redactor del proyecto conocido como Proyecto Ripollés (por Mariano Ripollés) y fue enviado al Gobierno a finales de 1904 y en Madrid durmió el sueño de los justos hasta, al menos, 1922 en que se produjeron en las Cortes intervenciones contra la jurisprudencia excesivamente unificadora del Tribunal Supremo.

Como consecuencia de esto, casi veinte años después de que se remitiera a la Comisión de Codificación el proyecto de 1904, la Comisión Permanente de la Comisión General de Codificación, que a la sazón presidía Antonio Maura, redactó un Anteproyecto de Apéndice Foral Aragonés, fechado el 18 de junio de 1923, dos meses antes del golpe de Primo de Rivera.

El nuevo gobierno, cuyo ministro de Gracia y Justicia era el aragonés Galo Ponte y Escartín, lo tramitó con toda rapidez, sometiéndose a información pública el 27 de febrero de 1924. El *Apéndice* se aprobó mediante Decreto de 7 de diciembre de 1925, aunque no entró en vigor hasta el 2 de enero del año siguiente por el interés de Galo Ponte en que coincidiera con el día de la venida de la Virgen a Zaragoza, y fue ratificado, mediante una ley, por la República el 30 de diciembre de 1931. Fue el único *Apéndice* que se llegó a aprobar y con él se derogaban formalmente los Fueros y Observancias. Sin embargo, no fue bien recibido en Aragón, a pesar de los fastos que se realizaron, especialmente por la mutilación a que se veía sometido nuestro derecho en lo relativo al sistema de prelación de fuentes.

Volviendo al principio, ese ramillete de juristas con hondos conocimientos técnicos de nuestro derecho histórico (pese a estar excluido de la Universidad) a los que se ha hecho referencia y muchos otros letrados[1] nos permiten pensar en el movimiento intelectual antes aludido, que tenía como hilo conductor (con sus diferencias, claro está) la pervivencia del Derecho aragonés. Algo que a partir de la guerra civil será difícil encontrar con tanta abundancia en el foro, sin que por eso se haya perdido una constante histórica del estudio y defensa de nuestro derecho hasta la recuperación de la personalidad jurídica de Aragón en 1982. Piénsese en el Consejo de Estudios de Derecho Aragonés (que editó el *Anuario de Derecho aragonés* desde 1944 hasta 1976) o la Comisión de Jurisconsultos Aragoneses para la Reforma del Apéndice y en figuras como Alonso Lambán y los catedráticos Castán Tobeñas (que fue también presidente del Tribunal Supremo), Lorente Sanz, Moneva y Puyol, o más tarde Lacruz Berdejo y Jesús Delgado.

Una vez aprobado el Estatuto de Autonomía, con competencias exclusivas sobre la materia y con una institución, El Justicia de Aragón, que tiene entre sus fines (Ley 4/1985, de 27 de junio) la tutela del ordenamiento jurídico aragonés velando por su defensa y aplicación, la cuestión ha cambiado notablemente.

El Justicia de Aragón ha venido convocando el Foro de Derecho Aragonés desde 1991 (y publicado sus *Actas*), la Institución Fernando el Católico viene publicando una revista especializada desde 1995 (*Revista de Derecho civil aragonés*, desde 2022 *Revista de Derecho aragonés*) dirigida por el profesor Delgado Echeverría y desde 2019 existe (por fin) una asignatura obligatoria en el Grado de Derecho con la denominación de «Derecho civil aragonés».

Por Decreto 162/1994, de 12 de julio se creó la Comisión Aragonesa de Derecho civil (cuyo precedente fue la Comisión Asesora sobre Derecho Civil Aragonés del año 1984) que actualmente preside la catedrática Carmen Bayod López.

Desde 2018 existen dos cátedras convocadas con perfil de derecho aragonés, una ganada por la propia Carmen Bayod y la otra por el profesor José Antonio Serrano. Ambos encabezan un dinámico de grupo de profesores y profesoras que mantienen vivo nuestro derecho en la universidad, entre los que se encuentran José Luis Argudo o Aurora López Azcona, así como las profesoras que imparten la asignatura (María Teresa Alonso, Silvia Gaspar, Loreto Carmen Mate, María Victoria Mayor y Marina Pérez), sin olvidar el trabajo de Jesús Morales en el ámbito histórico.

1 Véase López Susín, José Ignacio (2004).

En 2022 se creó la Cátedra de Derecho civil y foral de Aragón mediante un convenio entre la Universidad de Zaragoza, El Justicia de Aragón, las Cortes de Aragón y el Gobierno de Aragón, dirigida por la profesora Bayod en la que participan representantes de estas instituciones (Javier Oliván, Carmen Rubio o Belén Corcoy), buena parte de los docentes citados y otros como Miguel Lacruz, Juan Francisco Baltar, Guillermo Vicente y también representantes de otros estamentos jurídicos como los registradores (Miguel Ángel Loriente) o notarios (Adolfo Calatayud, Dámaso Cruz Gimeno), todos ellos presididos en el Consejo Asesor por Jesús Delgado.

Parece, por tanto, que nuestro derecho goza de buena salud y se encuentra en buenas manos, mucho más desde que en 2011 se promulgara el Código del Derecho Foral de Aragón que refunde y sistematiza las leyes civiles aprobadas por las Cortes de Aragón.

Para conocer mejor la vida y la obra dispersa de Isábal he dedicado algunos meses a bucear en algunos archivos cuya documentación nos permite adivinar un trabajador incansable, interesado por numerosas disciplinas científicas, pero muy especialmente por el derecho, con un conocimiento holístico, gran orador y de pluma fácil.

Nos hemos atrevido, además, a aventurar un Isábal preocupado en sus últimos años por conformar un diccionario del derecho aragonés, que completara su gran obra, la *Exposición y comentario*, que solo pudo iniciar. Explorando en sus publicaciones puede encontrarse sin demasiada dificultad ese trabajo que deseo pueda ser de utilidad a los estudiosos de nuestro derecho.

Para terminar, deseo agradecer a aquellas personas que me han ayudado a encontrar las fuentes con las que elaborar esta biografía, y los textos de la antología. Muy especialmente al bibliotecónomo Miguel Ángel Pellés quien se ha desvivido por colaborar conmigo en la localización de artículos en la *Enciclopedia Jurídica*, la *Revista de Derecho Civil* o en diferentes archivos, así como a otras personas que me han facilitado la localización de imágenes o expedientes en algunos repositorios como Pilar Bernad, Carlos Serrano o el personal de la Biblioteca de la Facultad de Derecho y el Archivo Histórico de la Universidad de Zaragoza, entre otros. Como siempre, los errores son solo míos.

Marceliano Isábal. Óleo de Mariano Oliver Aznar (1926). Colegio de Abogados de Zaragoza.

1

ORIGEN, EDUCACIÓN Y COMPROMISO POLÍTICO

Nacido en el seno de una familia modesta, en las «Casas del Canal» del zaragozano barrio de Torrero el 18 de junio de 1845, su padre, Nicolás Isábal y Puch, que trabajaba como empleado de las oficinas del Canal Imperial de Aragón era natural de Barbastro, y su madre Juana Bada, de Benabarre.

Sus primeras letras las cursó con Valentín Zabala en el colegio que se encontraba en la esquina de la calle San Jorge con la de San Vicente de Paúl, edificio más tarde ocupado por los Maristas y actualmente por el Gobierno de Aragón. Zabala dirigió la primera escuela experimental donde aplicó el denominado «Sistema Universal de Enseñanza».

Marceliano continuó sus estudios en el Instituto de Zaragoza obteniendo el grado de Bachiller en Artes con la calificación de Sobresaliente en 1861.

Allí, el catedrático de Historia natural Eduardo Ruiz y Pons, también le marcó profundamente. Este gallego (A Coruña, 1819) afincado en Zaragoza desde 1853, organizó en Aragón el Partido Demócrata, fue diputado en Cortes por su provincia natal en 1854 y un destacado defensor de la República Federal que tuvo entre su círculo de amistades a Rosalía de Castro.

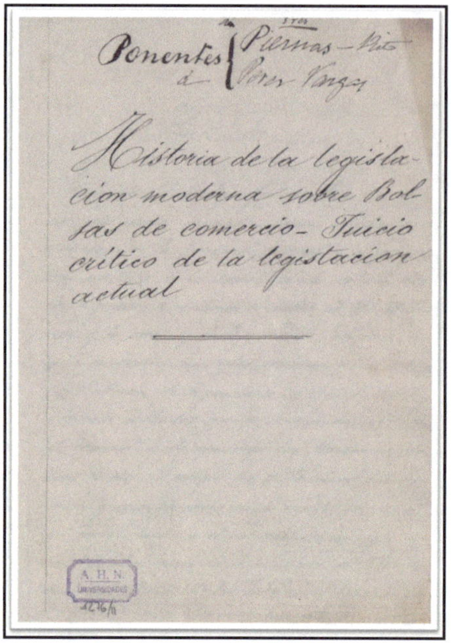
Historia de la legislación moderna sobre Bolsas de comercio - Juicio crítico de la legislación actual

Trabajo para el grado de doctor. AHN, Universidades 4276. Expte 11. 0015.

Isábal ingresó posteriormente en la Facultad de Derecho obteniendo la calificación de «sobresaliente» para lo que «sufrió los ejercicios del grado de Bachiller en Derecho el día 22 de Setiembre de 1866 y los de Licenciado en Derecho. Sección de civil y canónico, con fecha 26 de junio de 1868», según obra en la certificación de su expediente de doctorado en la Universidad Central de Madrid, grado que obtuvo en 1869 con el tema «Historia de la legislación moderna».

Acabada la carrera, y con solo 23 años, dirigió el recién creado diario *La Revolución* a petición de su fundador el impresor Calixto Ariño, con quien compartía ideales políticos. Junto a Espondaburu, Escosura y Gimeno Rodrigo fundó en la calle de La Yedra el primer Casino Republicano de Zaragoza.

Es posible que esta ocupación sea la razón por la que en su trabajo de doctorado, fechado en enero de 1869, diga al final:

> He concluido la tarea que me propuse al elegir el tema que he intentado desarrollar en este Discurso.
>
> Más que con mis propias fuerzas, de cuyo escaso valor tengo conciencia, conté entonces con la benevolencia del Tribunal. Siempre necesitado de ella lo estoy doblemente hoy por quedar sujeto a juicio un trabajo al que circunstancias especiales no me han permitido dedicar el tiempo que hubiera deseado.

Al año siguiente fue nombrado abogado fiscal sustituto[2].

Año I. Zaragoza, Viernes 1.º de Marzo de 1872. Núm. 1.º

LA REPÚBLICA.

DIARIO DEMOCRÁTICO FEDERAL DE LA TARDE.

DIRECTOR, MARCELIANO ISABAL

COLABORADORES.

2 ES/AHPZ — J/03932 /022.

Posteriormente, en 1872, fue también el primer director de *La República, diario democrático federal de la tarde*[3], durante un breve periodo de tiempo (desde el 1 hasta el 27 de marzo), periódico en el que le acompañaron, entre otros, Leonardo Gastón, Baltasar Espondaburu y Joaquín Gil Berges. Este diario, fundado por Juan Pablo Soler que le sucedería en la dirección al menos hasta su muerte en agosto de 1872, publicó 372 números, hasta el 31 de mayo de 1873, cuando traspasó sus suscriptores a *El Estado Aragonés* que comenzó a salir al día siguiente, siendo su último director Lorenzo Pineda. *La República* recuperó así la existencia de un diario republicano, truncada con la desaparición en 1871 de *La Propaganda*.

Zaragoza. Lunes 1.° de Febrero de 1869. Núm. 103.

LA REVOLUCION,

DIARIO REPUBLICANO DE LA TARDE.

ADVERTENCIAS. Se publica todos los dias, escepto los domingos.—No se admiten suscriciones para fuera de la capital por menos de un trimestre, y su importe se satisfará adelantado.—Las suscriciones comienzan los dias 1.° y 15 de cada mes.

REDACCION Y ADMINISTRACION. Coso, 83, próximo al Correo.

PRECIOS DE SUSCRICION. ZARAGOZA.—Un mes. . . . 5 rs. Tres meses. . 13 » Seis meses. . 24 » Un año... . . 42 » FUERA.—Un trimestre. . 16 rs. Seis meses. . . 28 » Un año. . . . . 50 »

A LOS REPUBLICANOS DE LA CIRCUNSCRIPCION ELECTORAL DE ZARAGOZA

Ciudadanos:

Un ligero rumor, esparcido al terminar las elecciones, me hizo creer que habia sido derrotada mi candidatura para individuo de la Asamblea nacional. Con poca fé en mi estrella, tuve por cierta la voz que ignoro con qué fines se hizo circular.

Llegó el escrutinio en las cabezas de partido y en la cabeza de la circunscripcion mas tarde, y de ellos resulta que he obtenido VEINTE MIL TRESCIENTOS CUARENTA VOTOS, por lo cual he sido proclamado vuestro diputado.

Si antes ya os habia dado las gracias por vuestros generosos esfuerzos, no hay para qué decir con cuán inmenso placer y gratitud profunda os las repito ahora. Nunca olvidaré tan señalada muestra de estimacion y de confianza, el timbre mas glorioso de mi vida. Poco puedo, poco valgo, pero mi corazon y mi alma serán siempre de esta tierra amada, á la cual consagraré todos mis desvelos y afanes. Conoceis mi programa, y contad con que el que lo ha dado lo cumplirá sin faltar á una coma.

Mi deseo es que al terminar mi mision en las Córtes vuelva á hallaros tan satisfechos y llenos de regocijo patriótico como estais ahora: que digais todos: «ese que fué nuestro diputado cumplió con su deber de patriota.» No aspiro á más, y esta gloria espero alcanzarla con mi voluntad y mi constancia.

Inútil es deciros que allí donde le busqueis, allí donde en cualquier hora lo necesiteis, siempre encontrareis á vuestro agradecido correligionario que os envia

Salud y fraternidad.

JUAN PABLO SOLER.

Zaragoza 31 de Enero de 1869.

CARIDAD, PAZ Y MANSEDUMBRE.

Hay un partido que con la religion en los lábios y el veneno en el corazon, anatematiza al pueblo porque defiende sus santos y sagrados derechos.

Hay un partido que no pone en boca el nombre de Cristo mas que para escarnecerle, y que si volviera al mundo el mismo Jesús, seria capaz de crucificarle por segunda vez, si segunda vez se dijera Rey de todo lo criado.

La ambicion de estos hombres no reconoce límites.

En Búrgos se ha cometido un horrible asesinato en la primera autoridad de la provincia, modelo de honradez y patriotismo.

¡Qué diferencia entre la caridad, paz y mansedumbre que Jesús predicó con la palabra y CON LAS OBRAS, y la caridad y paz que predican los que se dicen sus sectarios!

Creemos que el Cristianismo sin la libertad, es la negacion de sí misma.

La Catedral de Búrgos ha sido cerrada al culto por haberse cometido en ella tal acto de bandalismo.

«Caridad, paz y mansedumbre,» decia Jesucristo, «ódio, guerra y esterminio,» es la religion de algunos que se dicen partidarios de Jesucristo.

La religion de Cristo, tal como él la proclamó, es la libertad, igualdad y fraternidad de los republicanos, es la caridad, paz y mansedumbre de los liberales todos.

Cuando reinaba la pandilla facciosa, y algun liberal intentaba defender sus derechos, no se perdonaba ningun medio de esterminarle; el ciudadano libre era fusilado, como sucedia recientemente. ¿Sabeis cómo se vengan de esto los liberales? Supriniendo la pena de muerte y dejando que sus mismos asesinos propaguen las ideas que contra todo derecho, contra toda justicia pretenden hacer triunfar por las armas, ya que por la razon no pueden.

Hechos recientes hay con que atestiguarlo, ahí está el manifiesto del *ex-general* carlista Cabrera.

Por eso no quieren la instruccion del pueblo, porque el pueblo ignorante es fanático y el hombre no debe creer á ciegas, lo que dicen los demás hombres.

Creemos en Jesucristo, porque conocemos que sus doctrinas son la moral, son la verdad pura, pero no creemos que Jesucristo ni sus ministros «reinen en este mundo» despóticamente, y avasallen á la humanidad. Jesucristo, fué el mas humilde de los nacidos y tanto es así que hincado de hinojos, lavó los piés á sus siervos, ordenándoles la humildad con el ejemplo, y con la palabra; se humilló hasta el estremo de morir por el hombre y pidió perdon para los mismos que le dieron muerte «*exemplum enim dedi vobis*» ¿dicen esto alguno de sus discipulos del dia? ¿Hacen esto algunos de los que se titulan sus ministros? Pues si no lo hacen ¿á qué venirnos vociferando de cristianismo? ¿Cómo quieren que creamos que son cristianos, cuando hacen lo contrario de lo que Cristo ha ordenado? «Si no creeis en mí, creed en mis obras» dijo Jesús, y los cristianos creimos en uno y en otras; ¿seríamos cristianos si creyéramos en las obras de los que queman vivos á sus semejantes; de los que no saben perdonar, de los que insultan, de los que derraman su dinero para que tomen las armas en defensa de… la religion? ¡Infamia! La religion es todo lo contrario. El reino de los cristianos no es de este mundo.»

Todos los que quieran reinar y gobernar á sus semejantes, bajo el manto de la religion, son unos traidores á la religion misma; ¡hipócritas! ¡Fuera ya la máscara! ¿No conociais que habia de llegar un dia en que se os habia de arrancar? El dedo de la Providencia está señalando siempre las iniquidades. ¿No os ha tocado nunca en el corazon? ¿No os acordais de aquellas terribles palabras escritas por la mano misteriosa en la cena de Baltasar, rey de Babilonia?

¡Ah! Que no teneis corazon, porque el afan de acumular riquezas os alucina, la ambicion os ciega y el deseo de avasallar, borra los sentimientos que indudablemente vuestros padres os enseñan desde la cuna.

El pueblo de Búrgos ha sido engañado por efecto de su fanatismo: ¿por qué no han engañado lo mismo al de Zaragoza? Los de Zaragoza conocieron que el Gobierno no intentaba destruir la religion sino que tomó una medida en favor de la religion misma.

Caridad, paz y mansedumbre, son las palabras que continuamente tienen en boca la mayor parte de los neo-católicos: caridad, paz y mansedumbre tienen los liberales en el corazon y en las obras.

Bernardo Aparicio y Alonso.

Ayer tarde tuvo lugar la gran manifestacion anunciada en nuestro número del sábado, para protestar contra el infame asesinato cometido en la persona del gobernador de Búrgos y hacer presente al gobernador de la provincia, para que este á su vez lo hiciera al Gobierno provisional, que todos los partidos liberales de Zaragoza piden con instancia la libertad de cultos.

La reunion fué numerosísima. En el campo del Sepulcro le dirigieron la palabra, por el órden en que los nombramos, los diputados Sres. Gil Berges y Soler, el presidente del comité demócrata-monárquico, Sr. Escosura, y los directores respectivos de LA REVOLUCION, *El Diario de Zaragoza* y *El Republicano*, Sres. Isabal, Cavero y Lopez Montenegro.

A seguida aquel inmenso número de liberales, precedidos de algunas banderas, se dirigieron con el mayor órden y con imponente silencio á la plaza de la Constitucion. Una comision subió al gobierno civil á hacer presentes á la autoridad civil de la provincia los sentimientos de los partidos liberales de Zaragoza en órden á los particulares mencionados, y pocos momentos despues los Sres. Soler y Escosura, dirigieron su palabra al pueblo desde el balcon de la Diputacion para anunciarle haber desempeñado su comision, dar gracias á la reunion por el órden que, como era de esperar, habia guardado, y escitarle á que se disolviera.

Y aquí debemos rectificar una opinion estraviada que parece cundió bastante. Dedujeron muchos de las palabras del señor Soler que el gobernador habia recibido algun despacho en que se le participaba haberse decretado por el Gobierno la libertad de cultos. No: lo que el señor gobernador dijo fué que la libertad de cultos existia *de hecho*; pero creemos que lo diria en el sentido mismo en que se espresó el señor Romero Ortiz, en Madrid, ante la comision que se le presentó con igual objeto que la de ayer; en el sentido de que, sobre no perseguirse á nadie por sus opiniones religiosas, se habia autorizado por el Gobierno toda construccion de templos no católicos solicitada.

¿Es esto bastante? ¿Puede la revolucion contentarse con esto? No. Los partidos liberales creen que la libertad de cultos es uno de *los derechos* del hombre, derecho que no puede desconocerse ni restringirse por el poder. El gobierno debia ya haberla decretado, sin que sea buena escusa eso de que quiere llevar la cuestion íntegra á las Córtes, porque con solo haber establecido la libertad de cultos *de hecho*, lo cual tampoco es cierto del todo, porque la libertad no es completa sino acompañada de la *igualdad* de los cultos ante la ley, ante el Estado, con solo eso la cuestion ya no va íntegra á las Constituyentes.

Un soldado nos ha dirigido la siguiente sentida carta en nombre propio y de varios compañeros suyos.

Zaragoza 28 de Enero de 1869.

Sr. Director de LA REVOLUCION.

Muy señor nuestro y de toda nuestra consideracion y respeto: Un soldado es quien hoy toma la pluma para dirigir á V. unos cuantos mal trazados renglones en manifestacion de sus sentimientos, que son los mismos que animan á una gran parte del ejército español, siquiera el yugo de una opresora disciplina lo impida patentizarlo.

---

3 FERNÁNDEZ CLEMENTE, Eloy y FORCADELL ÁLVAREZ, Carlos (1979).

Durante el sexenio democrático, tras el triunfo de la Revolución de 1868, aunque estuvo propuesto para ser Gobernador civil de Huesca[4], finalmente fue designado como responsable de la política del Ministerio de Gobernación y Gobernador Civil de Teruel (1873). Fue diputado provincial por el distrito de La Seo en 1871 y varias veces diputado en Cortes (la primera en 1872, cuando sólo contaba con 27 años) por el partido de Borja, y de nuevo por ese partido en 1873, por el de La Almunia en 1901 y por el de Zaragoza en 1905. También fue elegido concejal del ayuntamiento de Zaragoza en 1877, así como diputado provincial. Sin embargo la política fue la causa, según sus propias palabras recogidas por Juan Moneva, de la pérdida de su esposa Julia Pallarés, pues al vencer Isábal a Costa en unas elecciones los seguidores del león de Graus acorralaron al vencedor en las escaleras de la Diputación Provincial poniendo en peligro su vida, lo que supuso una agravación de la enfermedad que padecía Julia provocando su muerte. «Esto me ha dado a mí la política» dijo Isábal a Moneva[5], quien lo considera uno de los inspiradores de la Revolución de 1868[6] junto con su padre Antonio Moneva[7].

Julia Pallarés falleció en Zaragoza el 15 de abril de 1906[8]. A su muerte estaban vivos sus hijos Luis, Emilia y Enrique.

El matrimonio había tenido otros vástagos, así entre 1881 y 1886 se sucedieron las muertes de tres ellos. En julio de 1881 perdió a su hijo Julio[9] cuando contaba cuatro años de edad, el 8 de septiembre del mismo año a su hija Ángela[10] y en julio de 1886 a su hijo Mario de solo 2 meses de edad[11].

Es posible que tuvieran algo que ver estos sucesos y las enfermedades que los ocasionaron con su interés por el aprendizaje de la medicina. Así se constata en su expediente académico en el que aparece matriculado en esa Facultad en el curso 1880-81[12]. También estuvo matriculado en física y química durante el mismo curso.

Participó en la revuelta republicana de Zaragoza de los días 7 y 8 de octubre de 1869, que fue reprimida con dureza por las tropas gubernamentales. Por

4 *El diario de Zaragoza*, 17 de febrero de 1873.

5 *La Voz de Aragón*, 4 de marzo de 1931.

6 *La Voz de Aragón*, 4 de marzo de 1931.

7 Así lo corrobora la información de *El Diario de Zaragoza* de 9 de noviembre de 1869.

8 *Diario de Avisos de Zaragoza*, 15 de abril de 1908.

9 *El Diario de Zaragoza*, 27 de julio de 1881.

10 *La Derecha*, 9 de septiembre de 1881.

11 *La Derecha*, 21 de julio de 1886.

12 Archivo histórico de la Universidad de Zaragoza. Carpeta con signatura 579-007.

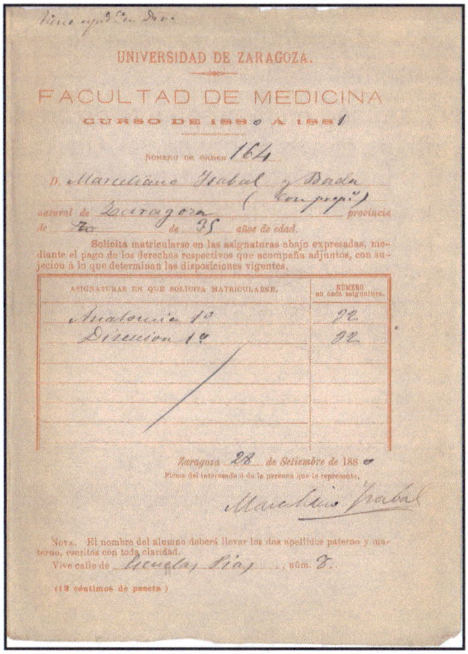

UNIVERSIDAD DE ZARAGOZA.

FACULTAD DE MEDICINA

CURSO DE 1880 Á 1881

NÚMERO DE ORDEN 164

D. Marceliano Isabal y Bada (con propiº)

natural de Zaragoza provincia de Zo de 35 años de edad.

Solicita matricularse en las asignaturas abajo expresadas, mediante el pago de los derechos respectivos que acompaña adjuntos, con sujecion á lo que determinan las disposiciones vigentes.

ASIGNATURAS EN QUE SOLICITA MATRICULARSE.	NÚMERO en cada asignatura.
Anatomía 1º	92
Disección 1º	92

Zaragoza 28 de Setiembre de 1880

Firma del interesado ó de la persona que le represente,

Marceliano Isabal

NOTA. El nombre del alumno deberá llevar los dos apellidos paterno y materno, escritos con toda claridad.

Vive calle de Escuelas Pías, núm. 8.

(12 céntimos de peseta)

estos hechos Isábal fue juzgado y absuelto al igual que otras personas que fueron detenidas esos días[13].

Durante la Primera República Castelar lo nombró jefe de política en el Ministerio de la Gobernación, siendo ministro Eleuterio Maissonave.

Su interés por la cultura le llevó a ser presidente del Ateneo de 1882 a 1885 y posteriormente su secretario[14] y formar parte de la junta de la Sociedad Económica Aragonesa de Amigos del País como censor entre 1892 y 1895[15].

Fue también presidente de la Sociedad de estudiantes (1868)[16], vocal de la Junta de beneficencia (1875)[17], secretario del Consejo de administración del ferrocarril del Canfranc (1888)[18], vocal supernumerario del Banco de Crédito de Zaragoza (1888)[19], presidente del Consejo de Administración de la Sociedad Los tranvías de Zaragoza (1888)[20], presidente de la sociedad Minas y Ferrocarril a Utrillas (1900)[21] y presidente del Sindicato de viticultores (1914)[22], entre otros cargos. Pertenecía también a la Real Academia de Ciencias Morales y Políticas de Madrid.

13 *El Diario de Zaragoza*, 12 de diciembre de 1869.

14 *El Diario de Zaragoza*, 31 de octubre de 1866.

15 *La Alianza Aragonesa*, 7 de noviembre de 1892.

16 *El Diario de Zaragoza*, 14 de octubre de 1868.

17 *Diario de Avisos de Zaragoza*, 26 de enero de 1875.

18 *La Derecha*, 18 de agosto de 1888.

19 *La Derecha*, 2 de marzo de 1888.

20 *La Derecha*, 17 de febrero de 1888.

21 *El Mercantil de Aragón*, 15 de marzo de 1900.

22 *La Crónica*, 26 de diciembre de 1914. Es probable que el origen de Cariñena de la familia de su esposa tenga que ver con este cargo.

Preocupado por la enseñanza primaria, publicó una cartilla sobre la Constitución del 69[23] para ese uso y publicó sobre el particular una serie de seis artículos en *El Diario de Zaragoza* por esas mismas fechas[24].

Este interés por la educación se plasmó también en la propuesta de creación de la Escuela de Artes y Oficios, cuando era diputado provincial. Un Real Decreto de 5 de noviembre de 1886 organizó las escuelas de Artes y Oficios, ofreciendo subvenciones a diputaciones y ayuntamientos. La de Zaragoza acordó, por unanimidad, la propuesta de Isábal y así el Real Decreto de 11 de julio de 1894 crea en Zaragoza una Escuela de Artes y Oficios costeada a partes iguales por el estado, la provincia y el municipio, con sede en la planta inferior del edificio construido para Facultad de Medicina y Ciencias.

La revista satírica *Gedeón*, de Madrid, ilustraba así la relación entre algunos de los políticos de la época, entre ellos Costa, Lerroux e Isábal. Revista satírica *Gedeón*, 18 de febrero de 1906, núm. 534.

Según la necrológica de la revista *La calle*[25] fue «jefe provincial del partido republicano y trabajó constantemente por la unión de todas las fracciones [...] Como militante mostró siempre una invencible simpatía hacia las soluciones armónicas. [...] Entendimiento poderoso y poseedor de una ilustración de primera mano, consagróse a la árdua tarea de dinamizar la democracia aragonesa». Militó en el republicanismo hasta su muerte.

23 *Diario comercial e industrial aragonés*, 7 de abril de 1870.

24 *El Diario de Zaragoza*, 27 de marzo de 1867.

25 Valentí Camp, Santiago (1931).

2

ISÁBAL Y EL DERECHO ARAGONÉS

Sin duda fue el derecho aragonés el gran proyecto intelectual de su vida y como fuerista ha sido calificado por numerosos autores, entre ellos por el Marqués de La Cadena en su necrológica[26].

Intervino decisivamente en el Congreso de jurisconsultos aragoneses del que dijo que «en Aragón nos hemos debatido entre dos corrientes. Los que querían conservar absolutamente todo y los que querían incluir todas las leyes aragonesas en el Código Civil». Sus intervenciones llevaron a Costa a citarle en su libro dedicado al Congreso como «uno de los abogados de más vasta cultura jurídica de España»[27].

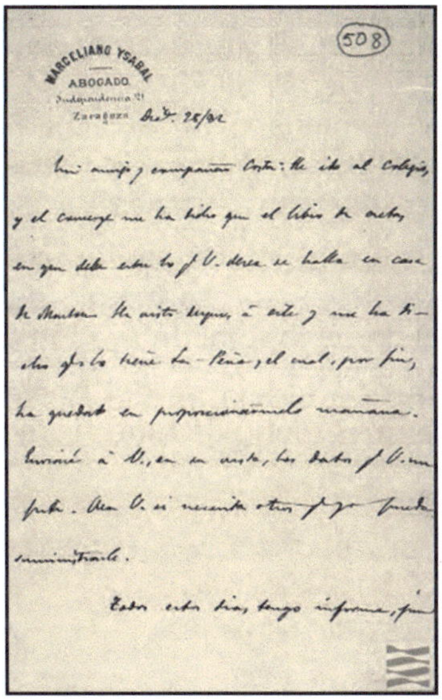

26 Marqués de La Cadena: «El último deseo del fuerista», en *La Voz de Aragón*, 4 de marzo de 1931.

27 Costa, Joaquín (1883: 63): *La libertad civil y el Congreso de jurisconsultos aragoneses*. Madrid, Imprenta de la *Revista de Legislación*.

Mantuvo una intensa relación epistolar con Costa. Así, contestando a una misiva anterior del altoaragonés, el 28 de diciembre de 1882 le escribe Isábal a Costa para decirle que ha ido al Colegio de Abogados y el conserje le ha dicho que «el libro de actas en que debe estar lo que ud. desea se halla en casa de [Joaquín] Martón. He visto después a éste y me ha dicho que lo tiene [Emilio de] La Peña, el cual, por fin, ha quedado en proporcionármelo mañana». Muy probablemente se trata del libro de Actas del Congreso de Jurisconsultos Aragoneses que, afortunadamente fue hallado en el traslado de la sede del Colegio de Abogados desde el Palacio de los Luna, sede del Tribunal Superior de Justicia de Aragón, hasta su actual ubicación en el edificio de la calle Don Jaime.

En otra carta de febrero de 1910 le refiere haber leído un libro de 1869 sobre el derecho consuetudinario vasco (*De l'organisation de la famille chez les basques*) y pondera que gracias a su obra sobre el derecho consuetudinario «hemos todos llegado a comprender la importancia del alto-aragonés que se creía antes reducido a unas cuántas prácticas locales raras o extravagantes». Aprovecha además para hablarle de su «actitud política» porque se complace en creer que «en lo fundamental de ella, coincidirá con el modo de ver Vd. las cosas»[28]. Sin embargo, como ya se ha dicho se enfrentaron en las urnas en alguna ocasión.

Vicente de Piniés.
Archivo del Senado.

Isábal fue primero vicepresidente[29] y más tarde, desde 1906, presidente, de la Academia Jurídico Práctica Aragonesa, cargo en el que continuaba en 1909 cuando pronunció una conferencia acerca de la jurisprudencia del Tribunal Supremo y el derecho aragonés[30].

Ejerció como vocal de la Comisión de codificación cargo para el que fue nombrado en febrero de 1919[31], y en ella fue pieza fundamental para la elaboración del Apéndice del derecho foral de Aragón al Código civil, de 1925.

Formó parte de la Comisión redactora del Apéndice junto a Vicente de Piniés y Bayona[32] a quien en su lecho de muerte dijo: «¡Van a venir momen-

28 DARA. Marceliano Ysabal. DESTINATARIO: Joaquín Costa Martínez-1910/02/04. Zaragoza. ES/AHPHU – COSTA/000118/112-26(9400).

29 *Diario Mercantil de Zaragoza*, 6 de abril de 1889.

30 *Heraldo de Aragón*, 29 de marzo de 1909.

31 *Heraldo de Aragón*, 5 de febrero de 1919.

32 Pío Vicente de Piniés Bayona (Huesca, 29 de junio de 1875-Madrid, 29 de noviembre de 1943) fue ministro de Gracia y Justicia y Gobernación durante el reinado de Alfonso XIII. Fue diputado a Cortes por el Partido Conservador por los distritos de Benabarre, Boltaña y Jaca entre 1903 y 1923 y senador por la provincia de Huesca, así como presidente de la Academia de Jurisprudencia y Legislación en 1932.

tos de peligro y tenemos que hablar mucho y prepararnos en defensa del Apéndice Foral!»[33].

Sin embargo, a pesar de haber trabajado denodadamente en su elaboración, no quedó satisfecho de su resultado publicando a expensas del Colegio de Abogados de Zaragoza *Exposición y comentario... del Cuerpo Legal denominado Fueros y Observancias del Reino de Aragón derogado por el vigente Apéndice al Código Civil Español*, que justifica porque creía que había que recordar a sus redactores «el deseo de autonomía de Aragón». En este libro (el único que publicó) expone su visión acerca de las instituciones de nuestro derecho.

Sobre esto dice Moneva que:

> ... el Derecho aragonés ha sido su estudio más cuidado y también su testamento; le tocó presenciar, sin medios para evitarla, la ruina de él en la Comisión de Codificación, en donde el gran Maura, a quien él quiso y admiraba siempre, bueno, sabio, jurista, genial, pero no aragonés, iba elaborando, ante sus compañeros de Comisión abdicados en su solo criterio, un Derecho aragonés enteco, recortado, hasta nuevo en Aragón; algo logró salvar Isábal de lo antiguo y glorioso; y resultó el "Apéndice" o Cuaderno foral que la Dictadura implantó mediante un Real decreto, día 7 de diciembre de 1925. Isábal no opuso a aquello una estridencia; tampoco le dio su adhesión entusiasta: calladamente hizo una Compilación del Derecho aragonés a estilo de Código; y la publicó formando un libro; la protesta que él no formuló finca allí en el contraste entre el contenido del libro y el contenido del Apéndice[34].

Efectivamente, a pesar de sus diferencias ideológicas mantuvo con Antonio Maura una excelente relación personal.

33 Marqués de La Cadena: «El último deseo del fuerista», en *La Voz de Aragón*, 4 de marzo de 1931.

34 *La Voz de Aragón*, 4 de marzo de 1931.

Marceliano Isábal Bada.
Ayuntamiento de Zaragoza.

3

ABOGADO Y DECANO DEL COLEGIO

Isábal se colegió como abogado en 1868 incorporándose al Colegio ese mismo año, con el número 240, abriendo despacho en la calle mayor, 51. Fue pasante en sus primeros años de Franco y López, y seguramente de él aprendió mucho de lo que sabía de nuestro derecho foral.

Como decano del Colegio de Abogados se adhirió el 16 de julio de 1923 al proyecto de Mancomunidad aragonesa en carta dirigida a Gaspar Torrente[35].

Enrique Isábal Pallarés (1883-1958), abogado, presidente de la Diputación Provincial de Zaragoza (1915-1917) y concejal y teniente de alcalde del Ayuntamiento de Zaragoza. Imagen de *Aragoneses Contemporáneos.*

Tuvo entre sus pasantes a Emilio Serrano Alconchel, Galo Ponte Escartín, Enrique Isábal Pallarés (su hijo), Joaquín Poza (luego notario), Mariano Sánchez Gastón, Francisco Galiay Sarañana, Antonio Rais y Manuel Pinillos Serrano.

Se cuenta que su último informe ante la Sala de lo Civil de la Audiencia Territorial lo hizo cuando contaba con 83 años. Se trataba de un interdicto en el que se veía un recurso contra una sentencia del Juzgado de Primera Instancia de Boltaña en el que era demandada la Hidroeléctrica Ibérica de Bilbao. La crónica de «ENE» (Rudesindo Nasarre) bajo el título «Informa el maestro» dice:

> El cartapacio, donde lleva los apuntes del pleito, permanece sin abrir durante toda su oración. Es admirable el alarde de memoria que hace recordando incidentes del pleito, hasta fechas que interesan conocer y recordar para la resolución del asunto Su informe dura cerca de una hora y no se advierte en el orador la menor fatiga[36].

35 *El Ebro. Revista aragonesista*. agosto de 1923.

36 *La Voz de Aragón*, 13 de noviembre de 1928.

Y, por cierto, la Sala dio la razón a Isábal. La prensa de esos días da cuenta de otros asuntos en los que Isábal actuó ante los tribunales de instancia.

Se decía de él que ajustaba al máximo las minutas, que «su bufete estuvo abierto siempre a los humildes, a quienes defendió en múltiples ocasiones cuando sufrían las vejaciones del caciquismo incivil»[37] y que a los clientes solía decirles «No consiste el acierto en que tengas razón, sino en que te la den los demás» y lo ejemplificaba con estos versos:

Para justicia alcanzar
tres cosas son menester:
tenerla, darla a entender,
y que te la quieran dar.

Fue decano del Colegio de Abogados de Zaragoza desde 1912 hasta su muerte en 1931 cuando era el número 1 de ejercicio colegial[38]. Anteriormente había desempeñado los cargos de Diputado sexto (1876-1877), Diputado cuarto (1879-80), Diputado segundo (1885-86) y Diputado primero (1886 a 1891)[39].

Su vocación y su profunda fe en el derecho quedan resumidas en su pensamiento recogido por Santiago Valentí al que dijo que[40]:

> ...el remedio para los agudos males de España había de consistir en limitar el poder de la cogulla y el pretorianismo, y que el único camino de redención había de ser el convencer a las gentes de que sólo afirmando el Derecho se afianzarán las conquistas de la civilización occidental.

---

37 VALENTÍ CAMP, Santiago (1931).

38 BERGUA CAMÓN, Jesús. Prólogo a la edición facsímil llevada a cabo por el Colegio de Abogados de Zaragoza en 1987 de *Exposición y comentario*

39 LACADENA BRUALLA, Ramón (1951).

40 VALENTÍ CAMP, Santiago (1931).

4

PUBLICACIÓN DEL APÉNDICE Y NOMBRAMIENTO DE CATEDRÁTICO HONORARIO

La aprobación del Apéndice en 1925 conllevó la celebración de actos solemnes, además de su nombramiento como Decano honorario del Colegio de Abogados de Zaragoza, y también del Colegio Notarial, así como hijo predilecto de Zaragoza. También las tres Diputaciones provinciales le concedieron el título de hijo ilustre de Aragón en 1926[41]. La Universidad Central de Madrid, tramitó asimismo su nombramiento como doctor honoris causa[42].

Si seguimos la crónica de Ramón Lacadena[43] apreciaremos que Isábal fue pragmático en la elaboración del Apéndice, se trataba de salvar nuestro derecho, o el Apéndice o nada, y a eso se dedicó:

> En la Comisión de Códigos, junto a don Antonio Maura no pudo oponerse a la ruina de nuestro Derecho que se llevaba al Apéndice. Pero era necesaria la transigencia si algo quería salvarse.
>
> [...] Don Marceliano que había transigido con la redacción de aquél apéndice que se incorporaba al Código civil común casi al medio siglo de prometerlo que, según Maura, había compartido los trabajos de la Comisión Permanente, en la General de Codificación, dedicados a formar el proyecto definitivo de Apéndice Foral, no reparó "en la carencia de dietas ni de otra alguna retribución, y sin que le arredrase, en su edad avanzada, el viaje a Madrid, que hizo para cada sesión semanal", no quedaba satisfecho de semejante extracto de nuestro Derecho, y dio salida a sus conocimientos extensos e intensos del mismo con la publicación de su magnífica otra titulada *Exposición y Comentario del Cuerpo Legal denominado Apéndice al Código civil español*.

---

41 Todos los títulos le fueron entregados tanto a él como a Vicente Piniés en el acto de homenaje celebrado el 6 de febrero de 1926. *El Noticiero*, 7 de febrero de 1926.

42 *La Voz de Aragón*, 29 de enero de 1926.

43 LACADENA BRUALLA, Ramón (1951).

Homenaje Conmemorativo
por la publicación del
"Apéndice Foral Aragonés"

ARTES GRÁFICAS CASAÑAL
COSO, 98 — ZARAGOZA

Año 1926

La Comisión organizadora de los actos para conmemorar la publicación del Apéndice al Código Civil español correspondiente al Derecho Foral de Aragón, tiene el honor de invitar a V. ______ a los siguientes actos que tendrán lugar el día 6 de Febrero:

Por la mañana

Al solemne funeral que a las once de la mañana se celebrará en la Iglesia de Santa Engracia en sufragio del alma del Excmo. Sr. D. Antonio Maura y Montaner, como expresión del agradecimiento de Aragón por los trabajos que, como Presidente de la Comisión General de Codificación, realizó en la discusión y redacción de aquel Apéndice. Oficiará el Excmo. Sr. Arzobispo y se cantará por las Capillas de los Santos Templos Metropolitanos con la cooperación de otros elementos la gran Misa y Responso del Maestro D. Domingo Olleta.

Por la tarde

A la sesión que a las cinco del citado día y en el salón de la Excma. Diputación Provincial, con asistencia de las Autoridades y de las Representaciones de las Diputaciones y Ayuntamientos de Zaragoza, Huesca y Teruel, se celebrará para rendir el debido homenaje al Excmo. Sr. D. Galo Ponte y Escartín, Ministro de Gracia y Justicia, y a los señores D. Marcelino Isábal y Bada y D. Vicente Piniés Bayona, por sus trabajos en la discusión, redacción y aprobación de nuestro Apéndice Foral.

Invitación al «Homenaje conmemorativo por la publicación del "Apéndice Foral Aragonés"», el 6 de febrero de 1926. Archivo de la Institución «Fernando el Católico».

[...] «No saber a qué ley atenerse —escribía don Marceliano en cierta ocasión— puede ser peor aún que estar sometido a una ley poco adecuada a las tradiciones, necesidades o circunstancias del país. Si ese estado hubiera de perdurar, podría producirse una inclinación general a la unificación con todos los inconvenientes de ésta.

[...] Una jurisprudencia no bien consolidada que no goza de universal acatamiento ha llevado la duda a los espíritus, la intranquilidad a los intereses, la lucha a las familias y la variedad de criterio de los Tribunales».

Contento, si, muy contento estaba don Marceliano Isábal con la publicación del Apéndice ; pero, calladamente, él había preparado la obra fecunda de toda una vida dedicada al estudio del Derecho civil aragonés, para que éste no se perdiera.

Con motivo de la promulgación se preparó en Zaragoza un acto de homenaje que se iba a celebrar el 6 de febrero de 1926, en el que, impulsado por la Diputación Provincial, participaron en su organización otras instituciones, como la Universidad o la Audiencia Territorial.

El ministro Galo Ponte (que, no lo olvidemos, fue pasante de Isábal) había escrito al rector Royo Villanova el 14 de diciembre de 1925 declinando su presencia en el acto con estas palabras:

El ir yo a Zaragoza ahora, cualquiera que fuese el motivo, sería interpretado como afán de exhibición y de que nuestros paisanos vieran entre ellos un Ministro deseoso de recibir homenajes... Cuando vaya a cumplir ese compromiso, lo haré sin carácter oficial alguno, ni coincidencia con ningún acto oficial, sino solamente como uno de los ateneístas fundadores de esa Sociedad que tu presides con tanto acierto.

Galo Ponte Escartín. Óleo en el Tribunal Superior de Justicia de Aragón.

Sin embargo, llegado el momento, algo debió ocurrir que le hizo cambiar de opinión y estar presente en el acto.

En el discurso de la solemne sesión celebrada en el Salón de Actos de la Diputación Provincial de Zaragoza, el día 6 de febrero de 1926, Isábal expresó esta justificación:

> Estamos festejando la inauguración de un nuevo período en la Historia del Derecho Aragonés. Para comprender su importancia hay que tener en cuenta el estado del Derecho aragonés en estos tiempos. Por deficiencias de enseñanza, el Derecho Foral no se estudiaba en nuestras Universidades. Los magistrados venían a nuestra Audiencia sin conocerlo y sin haberlo practicado. Es decir, venían a fallar pleitos mediante leyes que desconocían. Y cuando las llegaban a conocer, era cuando les llegaba la hora de marcharse.
>
> [...] En este Aragón, que hubo Leyes antes que Reyes, adolecíamos de la falta de las primeras. Las familias estaban en inquietud, no sabiendo la suerte que les esperaba en sus pleitos. Porque una de las cosas peores de España, y lo digo ante un Ministro, es la Justicia, que arruina a los pueblos. Bien sabido es que para la clase media están cerradas las puertas de los Tribunales.
>
> [...] Los problemas del Derecho aragonés, el concepto de la patria potestad, la servidumbre, las reglas de sucesión... todas eran objeto de dudas en los despachos de los letrados y de vacilaciones en las Salas de las Audiencias. Y todo esto ha venido a remediarlo el Apéndice.
>
> [...] Se debe esto a muchas personas que intervinieron. Yo he perdido a muchos amigos que colaboraron en esta obra. Uno de ellos, el primero, mi maestro don Luis Franco y López. Otro maestro, don Joaquín Gil Berges, tuvo la idea de celebrar un Congreso de Jurisconsultos Aragoneses. A él aportaron su valioso concurso, Bienvenido Comín, que tuvo, más que su mérito científico, el de la consecuencia política. Aybar, Ibáñez, todo lo que en Aragón valió, discutió serenamente en aquel Congreso. [...] Y ahora se me puede preguntar: y tú, ¿no hiciste nada? Si dijera que no, sería falsa modestia. Hice lo que pude: exponer alguna enmienda, aportar algún elemento a los directores de la obra, recordarles el espíritu de Aragón, el deseo de autonomía de Aragón. ¿Y eso merece este homenaje? No. Me considero pagadísimo con el telegrama que recibí de Maura, que demostraba el cumplimiento de mi deber. Yo no puedo pagar con palabras este acto. Y si hubiera tenido ambiciones, en este momento vería mis sueños cumplidos.
>
> [...] Yo procuraré sea conocido y practicado el Derecho aragonés, y en ese puesto de la Comisión de Códigos he de cooperar a infundir en el Código civil el espíritu del Derecho aragonés.
>
> [...] Ahora diré con lealtad: mi corazón lleva luto por ideales que no creo fracasados. Pero, aparte esa intransigencia, hay una zona en que todos los hombres honrados podemos colaborar en beneficio del país. Ahí se me encontrará siempre.
>
> [...] Confieso que no tengo valor para resistir serenamente sesiones como ésta y solo puedo decir aquello tan conocido de haz siempre lo que quisieras haber hecho cuando mueras.

Le nombró la Universidad, catedrático honorario de la Facultad de Derecho. Sin embargo, Moneva opinaba que debiera haber sido nombrado catedrático con todas las funciones, aunque él mismo dice que: «...eso ya no era para sus años; repugno y aun detesto las distinciones honorarias; no hay, para quien ama el trabajo, otra honorificación que el trabajo mismo»[44].

Sin embargo, ya catedrático honorario impartió un «Cursillo de Derecho Foral» en la Facultad de Derecho que se inició el 19 de febrero de 1926[45] y duró al menos hasta el 27 de abril, durante 10 sesiones, que tuvo que interrumpir por un accidente de tráfico que sufrió en un viaje a Pau[46].

El expediente de la Universidad de Zaragoza mediante el que se efectúa el nombramiento no estuvo exento de dificultades. El rector Ricardo Royo Villanova se dirigió el 14 de marzo de 1924 al ministro de Instrucción Pública (Eduardo Callejo) y al presidente del Consejo de Ministros (Miguel Primo de Rivera) solicitando esta distinción, así como al ministro de Gracia y Justicia, el aragonés Galo Ponte Escartín. Éste le contestó adhiriéndose al homenaje a Isábal: «Bien puedes imaginarte con el cariño que acojo la indicación que me haces a fin de que coadyuve a vuestra gestión en pro del nombramiento de D. Marcelino como Catedrático de Derecho de esa Universidad, y contar desde luego con mi decidido y entusiasta apoyo cerca del Sr. Callejo».

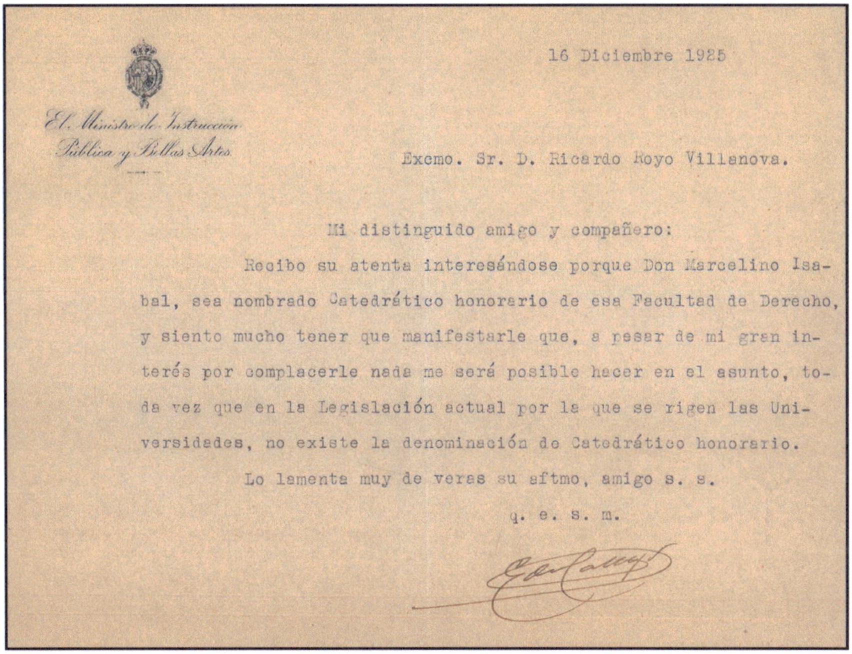

El Ministro de Instrucción Pública y Bellas Artes

16 Diciembre 1925

Excmo. Sr. D. Ricardo Royo Villanova.

Mi distinguido amigo y compañero:

Recibo su atenta interesándose porque Don Marcelino Isabal, sea nombrado Catedrático honorario de esa Facultad de Derecho, y siento mucho tener que manifestarle que, a pesar de mi gran interés por complacerle nada me será posible hacer en el asunto, toda vez que en la Legislación actual por la que se rigen las Universidades, no existe la denominación de Catedrático honorario.

Lo lamenta muy de veras su aftmo, amigo s. s.

q. e. s. m.

44 *La Voz de Aragón*, 4 de marzo de 1931.

45 *Heraldo de Aragón*, 20 de febrero de 1926.

46 *Heraldo de Aragón*, 9 de mayo de 1926.

Por su parte Callejo, ministro de Instrucción Pública le manifestó al rector la imposibilidad del nombramiento por no estar previsto en la legislación. Sin embargo, casi dos años después, el 4 de febrero de 1926, el ministro tuvo que dar marcha atrás y remitir al rector un oficio en el que, tras reconocer que la Junta de Decanos de la Universidad había reiterado la solicitud, le decía que teniendo en cuenta análogos precedentes en otras universidades:

> S.M. el Rey (q. D. g.) se ha servido disponer que se autorice a V.I. y Claustro universitario de Zaragoza, para que, a propuesta de su Facultad de Derecho, pueda nombrar Catedrático honorario de la misma a Don Marceliano Isábal Bada, Decano del Ilustre Colegio de Abogados de esa Ciudad de Zaragoza.

Ese mismo día se dictó una Real Orden autorizando el nombramiento y el 7 de febrero, el día siguiente del homenaje, el Rector se lo comunicó a Isábal.

5

OBRA PUBLICADA

Fue un incansable trabajador, sus decenas de publicaciones lo atestiguan. Contaba con una excelente biblioteca especializada en Derecho, pero sin olvidar la literatura, las ciencias sociales o el arte. Su despacho estaba cubierto por cientos de ellos «por dos lados, con retratos dedicados por personalidades conocidas, la orla que recuerda el fin de su carrera, más un retrato, de la misma época en el que forma grupo con dos de sus compañeros íntimos»[47]. En 1919 hizo una extensa donación a la Biblioteca Universitaria de Zaragoza[48].

Mariano Baselga decía «que muchas veces le oyó extasiado razonar sobre principios de arte y de otras universalidades de gran enjundia»[49].

Cuenta Lacadena que, siendo ya muy anciano,

> Un día, al subir las escaleras del Casino Mercantil de Zaragoza, sufrió una caída y se fracturó la mano derecha. Algunos huesos no consolidaron bien y no le permitían cerrar los dedos convenientemente para sujetar la pluma de tamaño usual. Fácil remedio para un espíritu ahincado como el de don Marcelino: se hizo construir una pluma estilográfica de un tamaño especial que le permitía abarcarla con los dedos imperfectos, y la dificultad se allanó[50].

Ese espíritu le hacía trabajar día y noche («a horas avanzadas de la noche o de la madrugada, los que pasaban por el Coso, podían observar una luz encendida, anunciadora de que don Marceliano escribía, estudiaba o leía»[51]) y pasados los sesenta decidió estudiar inglés pues ya dominaba el latín, el francés, el alemán y el italiano.

47 Lacadena Brualla, Ramón (1951).

48 *Heraldo de Aragón*, 2 de julio de 1919.

49 Lacadena Brualla, Ramón (1951).

50 Lacadena Brualla, Ramón (1951).

51 Lacadena Brualla, Ramón (1951).

El propio Baselga contaba que dos días antes de morir:

> Se hizo llevar a su despacho, para dar sin duda la despedida sublime de romanticismo y amor, a libros y legajos que fueron su vida y su hacienda, sus ocios y sus trabajos, todo él[52].

La mayor parte de su obra se encuentra dispersa especialmente en dos publicaciones: la *Revista de Derecho Privado* y la *Enciclopedia Jurídica Española*, sin perjuicio de haber publicado artículos en otras revistas y periódicos de gran importancia, como *Aragón, Heraldo de Aragón* o *El Ebro,* donde publicó una serie de 4 artículos explicando el proceso de elaboración del Apéndice partiendo del Congreso de Jurisconsultos Aragoneses de 1880-81[53].

Isábal realizó una extensa obra destinada a reivindicar y dar a conocer el derecho foral, como veremos en el capítulo siguiente, sin embargo, sólo publicó un libro *Exposición y comentario del cuerpo legal denominado «Fueros y Observancias del reino de Aragón», derogado por el vigente Apéndice al Código civil español*, que ha sido reeditado en facsímil dos veces por el Colegio (1985 y 2002 —digital—) dada su importancia e interés.

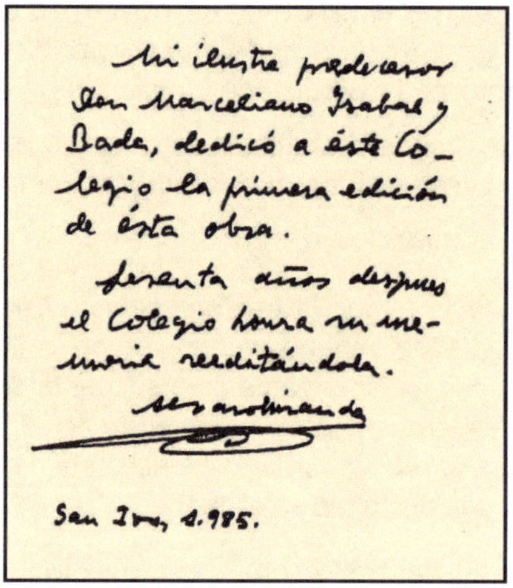
Mi ilustre predecesor
Don Marceliano Isábal y
Bada, dedicó a éste Co_
legio la primera edición
de ésta obra.
Sesenta años después
el Colegio honra su me-
moria reeditándola.

San Ivo, 1.985.

Dedicatoria en la edición facsímil de *Exposición y comentario...* publicada por el Colegio de Abogados de Zaragoza en 1985.

52 *La Voz de Aragón*, 4 de marzo de 1931.

53 Se trata de los números 88, 89, 90 y 91 (1923-24). En el penúltimo de ellos aparece la nota «Continuará», como si los tres primeros hubieran sido (así lo parece) un mismo artículo fraccionado por el propio periódico. La serie continuó en el siguiente pero quedándose en la composición de la Comisión aragonesa para la elaboración del Apéndice, lo que hace pensar que faltaban varios artículos para completar la obra, que nunca se publicaron. Obsérvese que se trata del mismo año en que se publicó en la *Revista de Derecho Privado* la primera entrega de los «Apuntes para un vocabulario jurídico aragonés», también truncada.

Siguiendo a José Lorente[54]:

> El libro consta de una introducción relativa a las fuentes del Derecho aragonés y a los antecedentes inmediatos del Apéndice de 1925, y doscientos treinta y siete parágrafos redactados en forma de artículos, en los que se enuncian, traducidos a lengua castellana en su caso y refundidos en lo menester, los fueros, observancias y actos de corte que estaban vigentes y que resultaron derogados por la promulgación del nuevo cuaderno legal. Este articulado se distribuye en varios libros y títulos.
>
> A cada una de las normas así enunciadas da opiniones de autores y de sentencias de tribunales. En esa exposición y exégesis de las instituciones civiles regnícolas se revelan los extensos y profundos conocimientos jurídicos de Isábal, la prudencia en juicios y opiniones, y el denodado trabajo que hubo de afrontar el autor para acumular tan copiosos elementos de estudio.
>
> Oportuna fue la publicación de este libro, en el momento de tránsito del viejo ordenamiento foral al nuevo texto recién acuñado; inapreciable la utilidad que ha tenido y sigue teniendo para los profesionales. Isábal ha prestado un inmenso servicio a los estudiosos e investigadores. Su *Exposición y comentario* constituye un verdadero «digesto» de los fueros, observancias, doctrinas de autores y jurisprudencia del Derecho civil aragonés, que en buena parte ha estado vigente durante siete siglos.

El profesor Delgado[55] ha puesto de manifiesto que el Apéndice de 1925 tuvo una acogida «muy desfavorable en los medios jurídicos aragoneses», especialmente por no respetar las fuentes del derecho aragonés. Delgado cita a Moneva para decir: «se hizo más vehemente entre los letrados aragoneses el deseo de corregir yerros del Apéndice que lo había sido el verlo publicado».

Y para lo que ahora nos interesa Delgado manifiesta la mayor bondad del Apéndice: el haber hecho posible «una obra fundamental sobre los Fueros» ya que al no haber quedado («con toda probabilidad», matiza prudentemente) «muy contento del resultado al que había tenido que contribuir, publicó un notable homenaje al Derecho entonces derogado». Se refiere claro a la *Exposición y comentario*...

---

54 LORENTE SANZ, José (1976).

55 DELGADO ECHEVERRÍA, Jesús (1997).

6

REACCIONES A SU MUERTE[56]

Todos los periódicos aragoneses glosaron su figura tras su fallecimiento el 3 de marzo de 1931. *Heraldo de Aragón* ocupó sus dos primeras páginas del día siguiente[57] con un extenso reportaje y declaraciones de personalidades como Gil Gil y Gil, Emilio Serrano Alconchel, decano interino del Colegio de Abogados, Mariano Baselga o José María García Belenguer. También fuera de Aragón se hicieron eco de su muerte, como *La calle. Revista gráfica de izquierdas*, que le dedicó 2 páginas, firmadas por Santiago Valentí, una de ellas ocupada por un gran retrato de Isábal.

El conocido periodista Fernando Soteras «Mefisto», verdadero cronista de la sociedad zaragozana de la época hasta su fallecimiento en 1934, compuso para el número en el que se glosó la figura de Isábal, al día siguiente de su muerte, los siguientes versos:

Ha pasado por la vida
como un gran trabajador,
rindiendo siempre al estudio
su más ardiente ilusión
Consecuente en el camino
Que de niño se trazó,
ha seguido fiel y esclavo
de la estudiosa labor...
No había ya en su mirada
luminosa vibración,
escapaban de sus ojos

56 El Ayuntamiento de Zaragoza lo ha incorporado a la «Ruta de personajes ilustres» del Cementerio de Torrero. Manzana 000A. Fila 02. Número 0125. Sin embargo, a diferencia de otros personajes carece de cartela o texto explicativo.

57 *Heraldo de Aragón*, 4 de marzo de 1934.

las refulgencias del sol,
y apurando una mirada
que de joven fatigó
siguió de viejo estudiando
como en su tiempo mejor...
Su apostólica cabeza,
digna de veneración,
con la nieve de los años
como un blanco resplandor,
de quien al libro se debe
tenía la inclinación
Ha pasado por el mundo
como un gran trabajador;
ejemplo de austera vida
que al estudio se rindió
vaya en su grato recuerdo
la más piadosa oración
y en su tumba, como un libro,
duerma cerrada una flor...

Marceliano Isábal. Revista *La Calle*.

El Colegio de Abogados convocó en 1931 un concurso para que se realizara la biografía de nuestro personaje, con un premio de 1.500 pesetas y la publicación de la obra, que no nos consta se haya llevado a cabo.

Busto de Marceliano Isábal por Juan Cruz Melero. Colección DPZ.

También se convocó por el Colegio Notarial el Premio Marceliano Isábal[58] para los estudiantes que se licenciaran ese año. Un premio un tanto curioso porque se trataba de una especie de examen en el que los inscritos deberían realizar en un plazo de 8 horas un «comentario escrito de un párrafo de la obra del ilustre decano honorario, publicado a raíz de la promulgación del Apéndice Foral». Los aspirantes podían consultar todo tipo de bibliografía. El premio consistía en el abono de los gastos de la licenciatura.

El 3 de enero de 1926, una junta extraordinaria del Colegio de Abogados de Zaragoza «para tornar acuerdos relacionados con la aprobación del Apéndice Foral Aragonés» a la que asistieron representantes del Ayuntamiento de Zaragoza, las tres diputaciones provinciales, el Colegio Notarial y la Audiencia Territorial acordó la convocatoria del «Premio Isábal a partir de 1927 y con carácter quinquenal para «trabajos sobre Derecho Aragonés»[59].

58 *El Noticiero*, 12 de marzo de 1931.

59 *El Noticiero*, 5 de enero de 1926.

La Diputación Provincial de Zaragoza encargó al escultor Juan Cruz Melero[60], al que tenía pensionado, un busto que entregó en diciembre de 1932[61].

Placa en el cementerio de Torrero de Zaragoza.

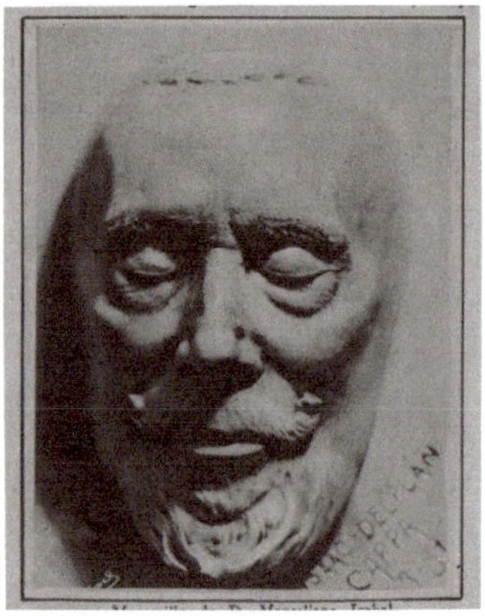

Máscarilla funeraria.
Revista *La Calle*, núm. 5,
13 de marzo de 1931.

60 Calatayud en 1910-1986. A los 14 años ingresó en la Escuela de Artes y Oficios de Madrid, en la que, con Fernando Pallarés como profesor, obtuvo el premio extraordinario. Pasa después a la Escuela Superior de Bellas Artes en la que realizó los cinco años de escultura, a la vez que los de grabado y huecograbado. Fue profesor de enseñanza media, en Jaca, en 1933 y posteriormente Calatayud. Fue depurado en la guerra civil y apartado de su trabajo, que no recuperaría hasta 1955. Al reintegrarse a la docencia abrió un estudio negándose a cobrar por sus trabajos artísticos, «alegando que ganaba lo suficiente para vivir y, además, disfrutaba esculpiendo y dibujando». Entre las obras escultóricas que dejó en su ciudad natal se encuentran los bustos de Marcial, Gracián y Pascual Marquina. Juan Cruz Melero. Biografia (calatayud.org). Agradezco a Pilar Bernad su gestión para conseguir la fotografía que ilustra esta página y a José Ignacio Calvo Ruata su amabilidad para la cesión de los derechos de reproducción

61 *El Noticiero*, 18 de diciembre de 1932.

Hay publicadas varias semblanzas en las necrológicas publicadas con ocasión de su fallecimiento, así como una conferencia de Ramón Lacadena y Brualla en el *Anuario de Derecho Aragonés* (1949-50: 413-429), que recoge casi literalmente las aportaciones publicadas por él mismo, por Juan Moneva y por Rudesindo Nasarre en el periódico *La Voz de Aragón*[62].

La Comisión de Hacienda de la Diputación Provincial de Zaragoza[63] propuso en 1933 la creación de un Timbre Provincial, indispensable para la presentación de escritos ante esa institución, con las efigies de Joaquín Costa, Santiago Dulong, Marceliano Isábal y otros republicanos aragoneses.

HERALDO DE ARAGON

Noticias y comentarios de la vida local

EN EL PRIMER ANIVERSARIO

AYER SE VERIFICARON, CON GRAN BRILLANTEZ, DIVERSOS ACTOS EN HOMENAJE A LA MEMORIA DEL INSIGNE JURISCONSULTO ARAGONÉS DON MARCELIANO ISÁBAL BADA

Lo que pasó ayer

VISTA

Heraldo de Aragón, 4 de marzo de 1932.

62 *La Voz de Aragón*, 4 de marzo de 1931.

63 *Heraldo de Aragón*, 20 de diciembre de 1933.

Con motivo del aniversario del fallecimiento, en 1932, se llevaron a cabo diversos actos, en los que se descubrió una lápida con la leyenda «Zaragoza al ilustre abogado aragonés don Marceliano Isábal y Bada. 1931» en el Coso 82 (hoy 66)[64] donde había vivido, que contó con gran afluencia de público, se depositó una corona de flores ante su tumba y se llevó a cabo un acto académico en la Real Sociedad Económica Aragonesa de Amigos del País, en el que impartió una conferencia Juan Moneva[65].

La Voz de Aragón

DIARIO GRAFICO INDEPENDIENTE

REDACCIÓN... ADMINISTRACIÓN TALLERES... COSO, 2
APARTADO CORREOS
TELEFONOS:
REDACCIÓN...... 1004
CONFERENCIAS... 1707
ADMINISTRACIÓN 2422

Año VIII — Zaragoza - Viernes, 4 de marzo de 1932 — Núm. 2.008

FERROCARRILES Y TURISMO

La necesidad de fomentar los viajes

LOS ACTOS DE AYER

En memoria del ilustre aragonés don Marceliano Isábal

TIC-TAC

El proyecto de reforma tributaria y las Compañías anónimas

Descubrimiento de una lápida

La Voz de Aragón, 4 de marzo de 1932.

64 Por desgracia esa placa no se conserva.

65 *Heraldo de Aragón*, 4 de marzo de 1932, *La Voz de Aragón*, 2 y 4 de marzo de 1932.

El Ayuntamiento de Zaragoza le dedicó una calle en 1979, sustituyendo la anterior denominación de «Vieja Guardia», una vez aprobada la Constitución de 1978 (ExP. URB0531/1979).

7

UN VOCABULARIO JURÍDICO DEL DERECHO ARAGONÉS ¿INACABADO?

Manuel Dieste y Jiménez[66] publicó su *Diccionario del Derecho civil aragonés*, en 1869, cuando Isábal estaba realizando el doctorado en Madrid, por tanto debió conocerlo casi inmediatamente, un año después de su colegiación como abogado.

En sus colaboraciones de la *Enciclopedia Jurídica* relativas al derecho aragonés, lo cita profusamente, aunque no para seguirlo, sino simplemente para constatar su opinión, como lo hace con otros autores, o para contradecirle:

> Según Dieste (*Diccionario del Derecho civil aragonés*), esos procesos fueron abolidos por la ley de Enjuiciamiento civil. Sin embargo, es lo cierto que uno de ellos, el de Firma, fue abolido ya en 1835, según advierten Savall y Penén en el discurso preliminar de su edición de los *Fueros, Observancias y Actos de Corte del Reino de Aragón*[67].

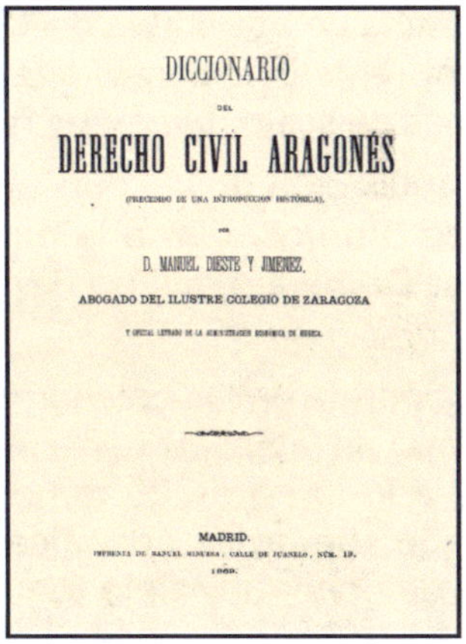
DICCIONARIO

DERECHO CIVIL ARAGONÉS

(PRECEDIDO DE UNA INTRODUCCION HISTÓRICA)

D. MANUEL DIESTE Y JIMENEZ,

ABOGADO DEL ILUSTRE COLEGIO DE ZARAGOZA

MADRID.

IMPRENTA DE MANUEL MINUESA, CALLE DE JUANELO, NÚM. 19.

66 Manuel Dieste y Jiménez era natural de La Almolda, provincia de Zaragoza, abogado y oficial letrado de la administración económica de Huesca. Ingresó en el Colegio de Abogados de Zaragoza el día del Pilar de 1851. Murió en Toledo el 29 de diciembre de 1875.

67 Nota a la voz EMPARAMIENTO.

O constatar alguna errata no corregida (voz EXTRACTA):

Dieste, en su *Diccionario*, cita el *Cons*. 28; creemos esto un error material, aunque no salvado en la fe de erratas; debió de referirse al Consejo 38, a cuyo sumario pertenece (núm. 32), esta manifestación.

De él dice «que desde 1869 solía consultarse el *Diccionario* de Dieste; mas no tanto ya, desde que apareció la obra de Blas, por razón del menor coste de ésta y de su método, o sea su forma de Código»[68]. Se refiere a *Derecho civil aragonés ilustrado con la doctrina de los autores forales con el derecho común y con la jurisprudencia aragonesa del Tribunal Supremo de Justicia* (1873).

Tal vez pensó en algún momento, en los últimos años de su vida, poner al día la obra de Dieste toda vez que el caudal de publicaciones en forma de diccionario que había elaborado lo permitía con cierta facilidad.

Así, en 1924, en la *Revista de Derecho Privado*[69], se publicó su artículo «El axovar», que va precedido del título genérico «Apuntes para un vocabulario jurídico aragonés» y numerado con un 1.

No aparecen en la citada revista, ni en ninguna otra publicación que hayamos podido localizar hasta ahora, ni la segunda parte de este artículo (que aparentemente está completo en este Tomo XI), ni una continuación del «vocabulario jurídico aragonés».

Solo podemos, por tanto, hacer conjeturas.

La primera de ellas es la fecha de publicación del artículo «El axovar». A la altura de 1924 Isábal, que contaba con 79 años de edad, estaba inmerso en los trabajos de elaboración del Apéndice como ya hemos dicho más arriba y además preparaba la publicación del libro *Exposición y comentario...* Puesto que el Prólogo de Antonio Maura lleva fecha de noviembre de 1925, es de suponer que el libro estaba terminado bastante antes. No parece que estas condiciones, a las que se unieron algunos problemas de salud, fueran las más idóneas para elaborarlo.

La segunda es que la publicación de «El consorcio foral aragonés»[70] en la *Revista de Derecho Privado* fue posterior a la publicación de la misma voz en la *Enciclopedia Jurídica*. De hecho, allí no lleva su firma y el enfoque es completamente distinto.

La tercera hipótesis se concreta en las colaboraciones que, por orden alfabético, incorporó con su firma en la *Enciclopedia Jurídica*. Esta obra comenzó a publicarse a partir 1912 a lo largo de 30 tomos de cerca de mil páginas cada uno, a los que hay que sumar los apéndices que se publicaron hasta 1959, lo que hace un total de ochenta y siete tomos.

---

68 Nota a la voz EL AXOVAR.

69 Tomo XI, pp. 257-272 de enero — diciembre, 1924.

70 Tomo V, pp. 289-309.

Isábal aparece entre los colaboradores a partir del tomo VIII y hasta el XXX, si bien sorprendentemente vuelve a aparecer en el último Apéndice (1959), sin que haya ningún artículo con su firma. La mayoría de los artículos de la *Enciclopedia* van firmados, por eso podemos establecer con seguridad aquellos cuya autoría le pertenece. Otros relativos al derecho aragonés los firman Moutón Ocampo o Tapia, por ejemplo. Sin embargo aún quedan otros más que no llevan firma, pero que no podemos asegurar que sean suyos, por lo que no se han seleccionado para la antología que sigue a estas notas biográficas.

Aún así, la selección que hemos realizado llega a los 97 artículos, más 2 voces que se incorporan que habían sido publicadas en la *Revista de Derecho Privado* («El axovar» y «El consorcio foral»).

Como apuntábamos más arriba, una visión de conjunto permite aventurar que Isábal se encontró al finalizar sus aportaciones a la *Enciclopedia* con un verdadero manual de historia del derecho aragonés por orden alfabético, que empezaría en la D («Dación personal») y llegaría hasta la V («Villano de parada»), razón por la cual pudo pensar en completarlo con voces de la A a la C. (de ahí «Axovar» y «Consorcio...»).

Pese a que Isábal lo denomina «vocabulario», su contenido se aproxima más al de un «diccionario» pues explica con detalle cada uno de los conceptos o voces. Por esa razón, aunque hemos respetado la denominación que le da en la selección que publicamos, hemos preferido incluir el término «diccionario» en el título de este libro.

Una buena parte de las voces seleccionadas tienen en el original una extensión mayor porque incorporan una parte histórica que se ha considerado que excede a lo que interesa en este trabajo, otros derechos forales (Cataluña, Navarra, Vizcaya) y jurisprudencia. La selección comprende, pues, lo que con mayor precisión concierne al derecho aragonés. No obstante, en el caso de que para la inteligencia de la parte aragonesa sea preciso, se incluye también la parte general.

Para hacer la lectura más fácil, hemos optado por actualizar algunas cuestiones gráficas, como es el caso de la acentuación. También se han resuelto las erratas evidentes, corrigiéndolas. Del mismo modo existe una cierta incoherencia en las citas, que se efectúan en muchas ocasiones con un doble signo diacrítico. Para resolverlo se ha optado por dejar solo uno (comillas o cursivas). Por último se ha respetado la forma de citar autores con versalitas y las referencias a la propia *Enciclopedia* y sus artículos mediante versalitas y negritas.

Es de resaltar la minuciosidad con que trata todos y cada uno de los temas (algunos de ellos de derecho foral catalán, navarro, vizcaíno y aún aranés), el manejo de la bibliografía existente en la época y las fuentes, fundamentalmente los fueros y las observancias, con un conocimiento preciso y exhaustivo.

La mayor parte de las voces contienen referencia a los Fueros y Observancias, con una gran precisión. Además Isábal, conocedor a fondo de la doctrina de los autores, no solo los cita, sino que hace una revisión crítica de los comentarios de todos ellos con relación a la institución de que trata la voz, aceptando sus propuestas, poniendo de manifiesto errores o aportando su punto de vista.

Hemos considerado oportuno sacar del listado alfabético la voz Derecho Civil de Aragón de la *Enciclopedia*, para ubicarlo a modo de introducción del repertorio.

8

PUBLICACIONES DE MARCELIANO ISÁBAL

Medio	Referencia	Año	Título
Revista de Derecho Privado	Tomo I, pp. 273-283	octubre, 1913 – diciembre, 1914	Cuestiones de Derecho aragonés 1
Revista de Derecho Privado	Tomo II, pp. 289-295	enero – diciembre, 1915	Cuestiones de Derecho aragonés 2
Revista de Derecho Privado	Tomo III, pp. 253-260	enero – diciembre, 1916	Cuestiones de Derecho aragonés 3
Revista de Derecho Privado	Tomo IV, pp. 206-213	enero – diciembre, 1917	Cuestiones de Derecho aragonés 4
Revista de Derecho Privado	Tomo V, p. 257 y ss.	enero – diciembre, 1917	La nueva legislación canónica y el derecho supletorio en Cataluña
Revista de Derecho Privado	Tomo V, pp. 289-309	enero – diciembre, 1918	El consorcio foral
Revista de Derecho Privado	Tomo V, pp. 353 y ss.	enero – diciembre, 1918	Don José Pella y Forgas y Don Guillermo Brocá (Necrologías)
Revista de Derecho Privado	Tomo VI, pp. 71-74	enero – diciembre, 1919	El límite de la sucesión intestada en línea colateral en Aragón
Revista de Derecho Privado	Tomo VI, pp. 197-213	enero – diciembre, 1919	El artículo 1.413 del Código civil y las legislaciones forales
Revista de Derecho Privado	Tomo VI, p. 353 y ss.	enero – diciembre, 1919	Modificación de los estatutos de las Sociedades anónimas

EJEMPLAR **20** CÉNTS.

EL EBRO

ENERO 1924 N.º 88 Año V

REVISTA ARAGONESISTA

Redacción: PASEO DE SAN JUAN, 106 Administración: CALLE ARAGÓN, 397 BARCELONA	SUSCRIPCIÓN SEMESTRE . . . 2'50 PESETAS AÑO. . . . . . 5'00 » EJEMPLAR. . . . 0'20 »	PLAZA DEL PILAR, 29 Y 30, 2.º NÚM. 4 ZARAGOZA

LOS APÉNDICES FORALES DEL CÓDIGO CIVIL

Como en esta reseña que voy haciendo del proceso que ha seguido la cuestión de la codificación civil en España no me propongo defender ninguna de las legislaciones forales ni siquiera la aragonesa, porque quiero limitarme a indicaciones de historia puramente «externa», no tengo para qué examinar al por menor los esfuerzos que los letrados representantes de las regiones, incorporados a la Sección primera de la Comisión de Códigos, hicieron en defensa de sus respectivas tesis.

Alonso Martínez, que presidió las sesiones, hizo un estudio detenido de esos esfuerzos. Diré, ante todo, que previamente había convocado privadamente a Durán y a Franco y a Morales, invitándoles a que formularan por sí mismos las cuestiones que ala Comisión debían someterse.

El cuestionario que los ilustres letradños pusieron en sus manos—ya que según parece, nada fundamental tenían que oponer al contenido de los libros primero y segundo del Proyecto de Código civil, que el mismo Alonso Martínez llevó al Senado en abril de 1882, concernientes a las «personas» y a la «propiedad»—comprendía las materias siguientes: Libertad de testar.—Fideicomiso.—Derechos de los hijos naturales respecto de la herencia de sus padres.—Orden de los llamamientos en la sucesión intestada.— Usufructo del viudo.—Costumbres especiales en materia de contratos.

Es racional suponer—dijo Alonso Martínez al historiar en 1844, en su conocido libro, esta interesante fase de la Codificación—tratándose de jurisconsultos tan entendidos y celosos, que no omitieran en el cuestionario ninguna de las instituciones jurídicas forales cuya conservación interesase en gran manera a sus provincias respectivas.

Me atrevo a pensar, a juzgar por lo después ocurido, que esos dignos representantes de Cataluña, Aragón y Navarra, temerosos acaso de que se les tachara de intransigentes, y seguramente inspirados en un vivo deseo de facilitar el empeño nacional de un Código civil, llevaron su aprobación, tácita si no expresa, a puntos en que no habían de verse secundados por importantes y aún predominantes elementos jurídicos de las reggiones respectivas. Posiblemente pesaría algún tanto en su ánimo la consideración de no presentarse tan favorable a las legislaciones forales, como ellos naturalmente desearan, la opinión de las provincias no aforadas, y de sus representantes en Cortes, en quienes hubieran podido observar lamentables prejuicios. Bien pudo ocurrir que por todo eso hubieran llegado al máximun de concesiones, no fácil de sostener después.

* * *

No se había esperado en Aragón a que Bugallal ideara susolución del problema legislativo foral, para pensar en alguna.

Cupo a Gil Berges el honor de promover una. Con ocasión de prologar la Recopilación, que siguiendo a Franco y Guillén, ideó La Peña, de los Fueros y Observancias vigentes en Aragón, trató del estado borroso y confuso del Derecho aragonés, advirtió cuán necesaria era la palabra de un legislador que viniese a disipar las tinieblas del a duda, fijase la inteligencia verdadera y diese al traste con lo inútil y caduco. «Las cosas, dijo, no pueden ni deben continuar así. Y no puden ni deben continuar así, por lo mismo que, a nuestro humilde juicio, tienen solución franca y llana dentro de la constitución política del Estado español, sin echar de menos la resurrección de los viejos organismos regionales que un eminente publicista defiende como panacea única de ese y otros males parecidos.»

¿Solución? El ilustre ex-ministro de la República no la esperaba de la acción espontánea y, por decirlo así, «de oficio», tampoco del resultado que pudiera tener la excitación simple que en una u otra forma pudiera dirigírsele para que se ocupara en la materia. «A los poderes de la nación, añadió, hay que apremiarles y obligarles, sirviéndoles la obra elaborada y acabada, y reduciendo la pretensión al inocente extremo de que la revistan de fuerza legislativa y la publiquen, si hallan que no obsta a la futura codificación, pues que llenada semejante condición, seguro y evidente es que no habían de resistirse a patrocinarla y prohijarla.»

De ahí la idea de un Congreso de abogados aragoneses que con la única mira de prestar un servicio a su país, designasen comisiones y ponentes, discutiesen reposadamente, tomasen acuerdos por mayoría y conviniesen, por último, en algo que, siendo producto del concierto de todos, pudiera

Medio	Referencia	Año	Título
Revista de Derecho Privado	Tomo VII, p. 66 y 258	enero – diciembre, 1920	Modificación de los estatutos de las Sociedades anónimas
Revista de Derecho Privado	Tomo VII, pp. 354-359	enero – diciembre, 1920	Los mostrencos en el Tribunal Supremo, o sea estudio de la vigencia de las instituciones forales españolas en materia de sucesiones intestadas
Revista de Derecho Privado	Tomo VIII, pp. 65-73	enero – diciembre, 1921	Los mostrencos en el Tribunal Supremo.– II. Audiencias de Zaragoza, de Palma de Mallorca, de Barcelona, de Pamplona
Revista de Derecho Privado	Tomo X, pp. 129-141	enero – diciembre, 1923	La insinuación de las donaciones en Aragón
Revista de Derecho Privado	Tomo XI, pp. 257-272	enero – diciembre, 1924	Apuntes para un vocabulario jurídico aragonés
Revista de Derecho Privado	Año XIII, nº 150, pp. 84-92	15 de marzo de 1926	Sobre el Apéndice foral aragonés
Revista de Derecho Privado	Año XIII, nº 150, p. 189 y ss.	16 de marzo de 1926	La doctrina de las condiciones en derecho y los artículos 759 y 799 del Código civil español
El Ebro. Revista aragonesista	Año V, nº 83, pp. 1-2	1923	Adhesión a la Mancomunidad aragonesa
El Ebro. Revista aragonesista	Año V (sic), nº 88, pp. 1-2	1924	Los apéndices forales del código civil
El Ebro. Revista aragonesista	Año VII, nº 89, pp. 1-2	1924	Los apéndices forales del código civil
El Ebro. Revista aragonesista	Año VII, nº 90, pp. 1-2	1924	Los apéndices forales del código civil
El Ebro. Revista aragonesista	Año VII, nº 91, pp. 1-2	1924	Los apéndices forales del código civil
Enciclopedia Jurídica Española	Tomo X		Dación personal
			De la saca
			De cruce
			De derecho
			Decano

Medio	Referencia	Año	Título
Enciclopedia Jurídica Española	Tomo XI, pp. 18-27		Derecho civil de Aragón
			Derecho de no decrecer
			Derecho de representación
			Desafiliación
			Desheredación
			Desinsaculación
			Derecho de abrevar
			Fianza de salvedad
			Derecho de leñar
			Derecho de moderación
			Derecho de pacer
Enciclopedia Jurídica Española	Tomo XII		Día jurídico
			Donación ante nuptias
			Donación causal
			Donación entre cónyuges
			Donación inter vivos
			Donación esponsalicia
			Donación inoficiosa
			Donación onerosa
			Donación propter nuptias
			Donación remuneratoria
			Donación universal
			Dote (Aragón)
			Donación mortis causa
			Edad pupilar
Enciclopedia jurídica española	Tomo XIII		Empara
			Emparamiento
Enciclopedia Jurídica Española	Tomo XIV		Equidad
			Eras
Enciclopedia Jurídica Española	Tomo XV		Excrex

Medio	Referencia	Año	Título
			Extracta
Enciclopedia Jurídica Española	Tomo XVI		Firma de dote
			Fueros de Aragón
			Feudalismo
Enciclopedia Jurídica Española	Tomo XVIII		Ilesión
Enciclopedia Jurídica Española	Tomo XIX		Instrumento privado
Enciclopedia Jurídica Española	Tomo XX		Juntar dos casas
Enciclopedia Jurídica Española	Tomo XXI		Justicia de Jaca y de las montañas
			Justicia mayor de Aragón
			Justicias locales
			Justiciazgo
			Legítima
			Manifiestos
Enciclopedia Jurídica Española	Tomo XXII		Medial
			Novales
			Novio forastero
Enciclopedia Jurídica Española	Tomo XXIV		Pacto de sucesión futura
			Parentes
			Paso
			Pastos (servidumbre de)
			Patria potestad
			Pacto
			Pacto de hermandad
			Padre de huérfanos
			Permutación
Enciclopedia Jurídica Española	Tomo XXV		Prescripción de dominio
			Prescripción de acción
			Prescripción inmemorial

Medio	Referencia	Año	Título
			Procesos forales
Enciclopedia Jurídica Española	Tomo XXVI		Procurador astricto
			Procurador astricto
			Quirógrafo
Enciclopedia Jurídica Española	Tomo XXVII		Retracto convencional
			Retracto gentilicio
			Retracto superficiario
			Retuerta de Pina
			Roturación
Enciclopedia Jurídica Española	Tomo XXVIII		Sociedad conyugal prorrogada
			Sociedad de gananciales
Enciclopedia Jurídica Española	Tomo XXIX		Suplemento de legítima
			Testamento
			Testamento abierto
			Testamento ad cautelam
			Testamento ante el párroco
			Testamento del ciego
			Testamento mancomunado
			Testamento por comisario
			Testamento verbal
			Tabelión
			Testamento cerrado
			Testamentos comunes
			Testamentos especiales
			Testamento otorgado en peligro de muerte
Enciclopedia jurídica española	Tomo XXX		Tornayunta
			Treudo

Medio	Referencia	Año	Título
			Villano de Parada
Revista Aragón	n.º 4, p. 50	1926	El Alto Aragón: su derecho especial
Heraldo de Aragón	n.º 6.642	26/11/1914	Un libro de derecho foral
Heraldo de Aragón	Un recuerdo	26/12/1925	El Apéndice foral
		Colegio de Abogados, 1926	Exposición y Comentario del cuerpo legal denominado «Fueros y Observancias del reino de Aragón» derogado por el Apéndice al Código civil español.
		Facsímil de la edición de 1926 (Colegio de Abogados), 1985	Exposición y Comentario del cuerpo legal denominado «Fueros y Observancias del reino de Aragón» derogado por el Apéndice al Código civil español.
Nueva Enciclopedia Jurídica	Tomo VII		Derecho supletorio
Jurisconsultos españoles	Tomo II	1911	Luis Franco y López
Congreso Jurídico de Barcelona	Marceliano Isábal Bada	1888	¿Es conveniente el establecimiento de la hipoteca marítima? En caso afirmativo ¿sobre qué bases debiera organizarse?
Jurisprudencia civil de Aragón	Mariano Ripollés Baranda	1897	Prólogo

9

BIBLIOGRAFÍA

Castán Palomar, Fernando (1934): *Aragoneses contemporáneos. Diccionario biográfico.* Zaragoza, Ediciones Herrein, 1934, págs. 255-258.

Castán Vázquez, J. M.ª (2002: 39-40): «Notas sobre la visión de la jurisprudencia en los juristas aragoneses del siglo XIX», en *Homenaje a Lorente Sanz.* Zaragoza, Academia Aragonesa de Jurisprudencia y Legislación.

Enciclopedia Jurídica Española (1912-1959): Tomos I a XXX. Barcelona, Francisco Seix, editor.

Delgado Echeverría, Jesús (1997): *Los Fueros de Aragón*. Zaragoza, Caja de Ahorros de la Inmaculada de Aragón.

Dieste Jiménez, Manuel (1869): *Diccionario del derecho civil aragonés*. Madrid, Imprenta de Manuel Minuesa.

Fernández Clemente, Eloy y **Forcadell Álvarez, Carlos** (1979): *Historia de la prensa aragonesa*. Zaragoza, Guara editorial.

Lacadena Brualla, Ramón (1951): «Un abogado: don Marceliano Isábal», en *Anuario de Derecho aragonés*. Tomo V. Años 1949-50. Zaragoza, Estudios de Derecho Aragonés-Consejo Superior de Investigaciones Científicas.

Lacadena Brualla, Ramón: *Vidas aragonesas* (1972: 291-307). Zaragoza, Institución «Fernando el Católico».

López Susín, José Ignacio (2004): *Gente de leyes. El derecho aragonés y sus protagonistas*. Biblioteca Aragonesa de Cultura. Zaragoza, Ibercaja-Institución «Fernando el Católico».

Lorente Sanz, José (1976): «Juristas aragoneses», en *Libro de Aragón.* Zaragoza, Caja de Ahorros de Zaragoza, Aragón y Rioja.

Revista de Derecho Privado, *publicación mensual para el estudio de las cuestiones prácticas del Derecho español civil, mercantil y administrativo,* (1913-1926) Madrid.

Sancho Seral, Martín Luis (1931: 65-66): «Don Marceliano Isábal Bada», en *Revista de Derecho Privado,* 210. Madrid.

Valentí Camp, Santiago (1931): «Figuras cumbre: Marceliano Isábal», en *La calle. Revista gráfica de izquierdas*, núm. 5, 13 de marzo. Barcelona.

10

ARCHIVOS CONSULTADOS

ACAZ:	Archivo del Colegio de Abogados de Zaragoza
AHN:	Archivo Histórico Nacional
AHPHU:	Archivo Histórico Provincial de Huesca
AHPZ:	Archivo Histórico Provincial de Zaragoza
AHUNIZAR:	Archivo Histórico de la Universidad de Zaragoza
AMZ:	Archivo Municipal de Zaragoza
ANA:	Archivo Notarial de Aragón
BFD:	Biblioteca de la Facultad de Derecho de la Universidad de Zaragoza.
BFEE:	Biblioteca de la Facultad de Economía y Empresa de la Universidad de Zaragoza

APUNTES PARA UN VOCABULARIO JURÍDICO ARAGONÉS

Marceliano Isábal Bada

Edición y selección José Ignacio López Susín

ÍNDICE

Donación mortis causa
Edad pupilar
Empara
Emparamiento
Equidad
Eras
Excrex
Extracta
Firma de dote
Fueros de Aragón
Feudalismo
Fianza de salvedad
Ilesión
Instrumento privado
Juntar dos casas
Justicia de Jaca y de las montañas
Justicia mayor de Aragón
Justicias locales
Justiciazgo
Legítima
Manifiestos
Medial
Novales
Novio forastero
Obligación
Pacto de sucesión futura
Parentes
Paso
Pastos (servidumbre de)
Patria potestad
Pacto
Pacto de hermandad
Padre de huérfanos

INTRODUCCIÓN

DERECHO CIVIL DE ARAGÓN

Destinado el presente artículo a la determinación de cuál sea al presente el Derecho *civil vigente* en Aragón, en otros lugares de la **Enciclopedia**, no aquí, habrá de buscarse lo referente a los orígenes de este antiguo reino, a la vigencia en su día, más o menos confirmada, del Fuero Juzgo, a los discutidos fueros de Sobrarbe, al Fuero de Jaca y a otros, y aun a la Compilación de 1247 y fueros con que se acreció posteriormente hasta llegar a la refundición que, por acuerdo de las Cortes de 1547, hubo de hacerse y dio lugar a la nueva Compilación, en nueve libros, tal como aparece inserta en todas las ediciones del volumen foral, desde la de 1552 (la de 1547, alguna vez citada, no parece comprobado haya existido) hasta la de 1907, en publicación, del Sr. Parral.

Partimos, pues, de la Compilación, en la cual, separados los fueros en desuso, quedaron los, a la sazón vigentes (que se distribuyeron en nueve libros), procedentes de la Compilación de 1247 unos y aprobados los demás en las Cortes celebradas desde las de Egea en 1265 hasta las mismas de 1549 en los reinados de Jaime I y sucesores hasta Carlos I[1].

En el orden cronológico, se impone interrumpir la serie de los fueros incluidos en la Compilación refundida, con la mención de las observancias. Su título es: *«Observantiae consuetudinisque Regni Aragonum in usu communiter habitae».* El prólogo de su autor, el Justicia Martín Díez Daux, a quien ayudaron en su tarea seis letrados, entre otros, por él elegidos, hace ver que son una recopilación de los usos, observancias y actos de corte del Reino, previa supresión de lo superfluo y contradictorio, y con omisión de muchos actos, usos y costumbres que se observaban en la tramitación y decisión de las causas y no podían hallar cabida ni aun en un gran volumen, cuando el propósito había sido redactar uno conciso y pequeño con que en poco tiempo pudiera aprenderse lo que antes era muy difícil conocer.

1 Téngase presente que el número que a la cabeza de cada fuero se asigna al Rey, no es precisamente aquel con que en la Historia es conocido, sino el que le corresponde en la serie de aquellos bajo cuyos reinados se hicieron fueros en Cortes. Así a Pedro IV se le llama en los fueros Pedro II, porque no los hay ni de Pedro I, ni de Pedro II y sí de Pedro III, que en los fueros resulta ser I. Por no haber recordado esa circunstancia, han entendido algunos, entre ellos el mismo Blancas, que en la mención de *Petrus secundus* de los fueros se había cometido error.

El cuerpo de Observancias se formó por acuerdo de las Cortes de Teruel de 1428 y se publicó en 1437.

Siguieron a la Compilación de 1547 los fueros de las Cortes de Navarra (1553 y 1564), Monzón y Binéfar (1585), Tarazona (1592), Barbastro y Calatayud (1626) Zaragoza (1545-1646) Calatayud (1678) y Zaragoza (1686 y 1702).

Aunque pocas, y no en todos los fueros, hállanse disposiciones de Derecho civil en los cuadernos en que se recopilaron los correspondientes a las diversas Cortes[2]. Importa señalar, en las ediciones de las observancias, dos documentos interesantes, dos cartas; una de ellas, la del Justicia de Aragón, Martín Díez Daux a Francisco de Splugues, Justicia de Valencia en lo civil: del mismo Daux, por el ex-Justicia Mossén Juan Ximénez Cerdán la otra.

Esta última *(letra intimada)* es una historia del Justiciazgo y no interesa directamente al Derecho privado; si a la historia del Derecho público. La otra *(Consultatoria missa per justitiam Aragonum, Justitie Valentiae, super literis et divisione bonorum; fienda secundum forum Aragonum inter superstiten ex conjugibus et haeredes defuncti)* debe, en nuestro concepto, considerarse como parte del cuerpo de Derecho civil, aunque haya sido frecuente omitida en los libros destinados a exponerlo[3]. Viene a ser una exposición de la costumbre observada en Aragón en ciertas materias.

Elemento muy importante del Derecho aragonés es la costumbre. No corresponde tratar, en este lugar, de la significación, importancia y condiciones de esa fuente de Derecho. En relación con el objeto del presente artículo, basta decir que siempre en Aragón se consideró ser tal. Manifestación espléndida del arraigo y extensión de la costumbre son las observancias mismas, cuerpo legal mediante el cual quedó en gran parte convertido en derecho escrito el que había sido antes consuetudinario. De ello no es posible dudar. El prólogo de Díez Daux lo dice bien claramente. Y a usos y costumbres, sin que el tecnicismo jurídico estuviera a la sazón formado en términos que permitieran distinguir lo uno de lo otro, se refiere con frecuencia el texto mismo de las observancias, con expresiones como la de *juxta consuetudinem Aragonum* (9.ª *De probationibus faciendis cum charta,* lib. 9.º); *de consuetudine regni antiqui,* (2.ª *De injuriis,* lib. 2.º); *secundum forum et communem regni consuetudinem* (2.ª *De moderatione rerum venalium,* lib. 7.º); *observantiam,*

2 De los *actos de corte* no creemos necesario hacer mención en la exposición de los elementos constitutivos del Derecho civil de Aragón, porque se advierte poca fijeza en la acepción de esa expresión, deficiencia en los tratadistas en cuanto a la diferencia del «fuero» y del «acto de corte», y también, y principalmente, porque en los cuadernos de los actos de corte no se hallan disposiciones del carácter civil a que se contrae la materia del presente artículo.

3 Martón y Santapau, en su edición de las observancias traducidas, incluyen las dos cartas en el lib. IX. En realidad no forman parte de él. En todas las ediciones de que tenemos noticia, aparecen insertas a manera de adición o apéndice.

consuetudinem vel usum Regni (9.º *De probationibus,* lib. 2.º); *De consuetudine et Regni* (15ª. *De privilegio generali,* lib. 9.º). Y simplemente *de consuetudine* (2.º *Quod in assignationibus,* lib. 9.º) o *est usus* (5.ª *De litis contestatione,* lib. 2.º), etc.

Como dice Gómez González *(Revista Aragonesa,* junio de 1907) al discutir sobre la autoridad de la costumbre en Aragón, si el problema se estudia históricamente, es decir, a través de la secular elaboración del Derecho aragonés, se observa que los elementos consuetudinarios han sido, ya un anticipo de las leyes escritas, ya un complemento indispensable de ellas, ya una especie de clave fundamental, sobre la que siempre han actuado los órganos legislativos al ejercer sus soberanas funciones.

Así se explica que, aparte lo que ya revela la formación de las Observancias, aparezca en los Fueros la invocación y la exigencia del respeto a la costumbre.

Por el *Privilegium generale Aragonum,* de 1283 (lib. 1.º), queda reiteradamente obligado el Rey mismo a guardar los usos y costumbres de Aragón, *segund que antiguamente fue usado en Aragón (tam generalia quam particularia,* como añade el fuero de 1348. *De his quae Dominus Rex,* del mismo libro).

Como en 1300 (fuero 2.º, *Quod oficiales Aragonum sint de Aragonum,* lib. 1.º), se hubiera mandado que un juez, conocedor de los Fueros, acompañara a la Corte del Rey, en el mismo año 1348, acordó Pedro IV[4] con las Cortes, que del acompañamiento formaran parte dos caballeros y dos jurisperitos que le aconsejaran en el despacho de los negocios, a fin de dejar a salvo, entre otras cosas, los usos y costumbres (Fuero *Quod Dominus Rex teneatur,* lib. 1.º).

Son muchos los Fueros que podrían citarse de los que mediaron entre esos del siglo XIV, hasta los de Felipe II, en las Cortes de Tarazona, de 1592, en que se hace referencia al «uso y costumbre» *(De los alguaciles) o* a las «costumbres: de este Reino» *(De la nominación y bolsa de los lugartenientes del Justicia de Aragón)*, y los de las Cortes de Calatayud, de 1646, en que se establece el modo de renovarse el juramento, que por fuero «y costumbre del Reino, habían de prestar los lugartenientes en el Consistorio de los diputados, de guardar los «fueros, observancias, *usos y costumbres* y actos de Corte».

Es indudable la existencia de un Derecho aragonés consuetudinario al lado del escrito. Sería, en verdad, difícil hallar en otra región de España un ejemplo, entre otros menos importantes o menos especiales, de un derecho como el de una parte de la aragonesa, que con su peculiarísimo Consejo de familia, su heredamiento, sus dotes y ajustes, sus *cabaleros* y *tiones*, su casamiento en casa, su acogimiento y sus *donados* dio a conocer en un precioso trabajo *(Derecho consuetudinario del Alto Aragón)* el insigne Costa.

4 II en el orden de los Fueros (Recuérdese lo antes notado).

A ese elemento de la costumbre hay que referir las opiniones de los jurisconsultos. No creemos que éstas, por sí mismas, hayan tenido fuerza de obligar, ni siquiera como derecho supletorio. Por el valor intrínseco que se quisiera reconocer a los fundamentos en que se apoyaran, podrían ser estimadas como reveladoras del buen sentido y equidad a que se refiriera D. Jaime I, en el Proemio de su Compilación. Pero la verdad es que siempre se acudió a algún derecho positivo, para hallar en él la concesión adecuada o cualquier dificultad que en la práctica ocurriera. En tal sentido, no sería en la opinión del jurista, sino en la ley por él invocada, donde se ostentara la obligatoria eficacia. Ni, a todo conceder, hubiérase podido nunca considerar obligada la admisión de un parecer aislado, mucho menos de un parecer discutido. Aun en el caso de una opinión universal y constantemente y sin discrepancias expuesta, ella no sería una verdadera fuente de derecho distinta e independiente de las otras[5]; y con sujeción a este criterio creemos deber entenderse el concepto *in capitibus prudentum,* empleado por Molino y, de ordinario, reproducido sin explicación ni aclaraciones.

No pueden pasarse en silencio, en esta integración del cuerpo del Derecho aragonés, las declaraciones que el Justicia mayor, o su Consejo, según las épocas, hacían con relación a los Fueros, al responder a las consultas que los funcionarios judiciales o de otra clase, les elevaban. Franco y Guillén citan en sus *Instituciones* los Fueros que determinaban el tiempo y forma en que la consulta debía hacerse y la resolución acordarse. Ella no tiene ya más que un interés histórico: mas, siempre queda como un hecho cierto la existencia, en su tiempo y con arreglo a Fueros, a la sazón vigentes, de las declaraciones hechas por la más alta autoridad judicial del antiguo Reino. Parte muy principal del Derecho aragonés la llaman esos autores; y aunque no puede negarse que merecieran ser así calificadas, debe reconocerse que hoy su conocimiento es escaso, por imposible más que difícil, pues no se han publicado ni conservado todas, siendo preciso limitarse, para enterarse de ellas, a las referencias, frecuentemente parcas en exceso, que los tratadistas hacen principalmente Molino, Sessé y Vargas Machuca, con la indicación de las *«Determinaciones»* el uno, y de las *«Decisiones»* los otros.

Tales eran los elementos de que constaba el Derecho civil aragonés, propiamente dicho, al comenzar el siglo XVIII, época del advenimiento de la dinastía borbónica.

---

5 «La autoridad que en otro tiempo se concedía al número y a la uniformidad de opiniones ha perdido su decisiva importancia desde el momento en que el Tribunal Supremo ha dicho en sentencias de 14 de marzo y 14 de diciembre de 1861, 3 de febrero, 13 de mayo, 25 de septiembre y 28 de octubre de 1862, 13 de abril, 12 y 21 de junio de 1864, 5 de febrero y 30 de junio de 1866, 16 y 30 de diciembre de 1867, 23 de junio de 1868, 13 y 27 de octubre de 1873 y otras, que las opiniones y doctrinas de autores y jurisconsultos, por muy autorizadas que sean, no pueden tomarse en cuenta como motivos de casación sino en cuanto estén fundadas en la ley o en la jurisprudencia admitida por los Tribunales». (MARTÓN, nota al *Tratado de los consortes en una misma cosa*, de PORTOLÉS).

Había ésta dado lugar a la guerra llamada «de sucesión». Felipe V, en castigo, o venganza, mejor dicho, de la parte que contra él tomara Aragón en aquella contienda, dio un decreto que lleva la fecha de 29 de junio de 1707 y forma la ley 1.ª, tít. 3.º, lib. 3.º de la Novísima Recopilación, en que, después de afirmar que le tocaba el dominio absoluto del Reino de Aragón, pues a la circunstancia de hallarse éste comprendido en los demás que tan legítimamente poseía en la monarquía, se añadía la del justo derecho de la conquista que últimamente había hecho por medio de las armas, con motivo de su rebelión, y de exponer que uno de los principales atributos de la soberanía es la imposición y derogación de leyes, las cuales, con la variedad de los tiempos y mudanzas de costumbres podría alterar, aun sin los graves motivos y circunstancias que concurrían para ello en lo tocante a Aragón, (y a Valencia, a que aplicaba iguales causas y resoluciones), decía haber juzgado conveniente, así por esto, como por su deseo de reducir todos los reinos de España a la uniformidad de unas mismas leyes, usos, costumbres y Tribunales, gobernándose igualmente todos por las leyes de Castilla (tan loables y plausibles en todo el universo), abolir y derogar enteramente, como desde luego daba por abolidos y derogados todos los referidos *fueros, privilegios, práctica y costumbre* hasta entonces observados en aquel antiguo Reino; «siendo mi voluntad, añadía, que éstos se reduzcan a las leyes de Castilla, y al uso, práctica y forma de gobierno que se tiene y ha tenido en ella y en sus Tribunales, sin diferencia alguna en nada. Y concluía por ordenar que la Audiencia que para Aragón había de formarse se gobernase y manejase en todo y por todo como las dos Chancillerías de Valladolid y Granada, y que se observasen literalmente las mismas regalías, leyes, prácticas, ordenanzas y costumbres guardadas en éstas, sin la menor distinción ni diferencia en nada, excepto en las controversias y puntos de jurisdicción eclesiástica y modo de tratarla, en lo cual se había de observar la práctica y estilo que hasta entonces hubiera habido, en consecuencia de las concordias ajustadas con la Sede Apostólica, en que no se debía hacer variación.

Tal violencia comenzó pronto a ser atenuada. En 29 de julio del mismo año (ley 2.ª) Felipe V, sin dejar de mantener la unidad que acababa de imponer en cuanto al modo de gobierno, leyes y fueros —así por estimar que la diferencia de gobierno había sido en gran parte ocasión de las turbaciones pasadas, como por no querer que hubiera diferencias de leyes y estilos y ser su intención que todo el continente de España se gobernase por unas mismas leyes— concedió el mantenimiento de todos sus privilegios, exenciones, franquezas y libertades a aquellos lugares, ciudadanos y personas de la nobleza que se habían comprometido y sufrido por su causa, a favor de los cuales se proponía expedir nuevas confirmaciones.

Ni la ley 2.ª, ni la Real cédula de 7 de septiembre del mismo año (ley 1.ª título VII, lib. 5.º) dirigida a conservar, de una parte las regalías de la Corona y de otra la comunidad y jurisdicción eclesiástica, según lo establecido, devolvían a Aragón el goce de su especial Derecho civil.

A ese resultado se llegó no mucho después. En el R. D. de 3 de abril de 1711 (ley 2.ª del tit. y libro últimamente citados), con ocasión del establecimiento de un nuevo gobierno en Aragón y planta interina de su Real Audiencia de Zaragoza, declaraba Felipe V lo siguiente: «que en la Sala del crimen se han de juzgar y determinar los pleytos de esta calidad según la costumbre y leyes de Castilla» etc.: «que la Sala civil ha de juzgar los pleytos civiles que ocurrieren según las leyes municipales de este Reyno de Aragón, pues para todo lo que sea entre particular y particular es mi voluntad se mantengan, queden y observen las referidas leyes municipales, limitándolas sólo a los contratos, dependencias y casos en que yo interviniese con cualquiera de mis vasallos, en cuyos referidos casos y dependencias ha de juzgar la expresada Sala de lo civil según las leyes de Castilla».

Quedó desde entonces Aragón con una legislación civil petrificada en lo general, sólo modificada, en el curso de dos siglos, de un modo parcial y fragmentario, por leyes *generales* «para toda la nación» inspiradas, por lo común, en el espíritu de la legislación castellana, sin consideración a precedentes forales ni medios de oportuna adaptación.

Tentativas para unificar en España la legislación, conforme a un precepto siempre reproducido en las Constituciones, nunca llevado a la realidad, hubo varias. Las provincias forales resistieron siempre el intento de la unificación absoluta, y las tentativas fracasaron.

Al fin se planteó la cuestión con criterio menos exclusivista y en condiciones de llegarse a una solución armónica. En el artículo de esta **Enciclopedia** referente al «Código civil», se ha expuesto lo conveniente respecto al asunto; a él, en evitación de repeticiones, remitimos al lector.

Fue resultado de una larga preparación la ley de bases de 11 de mayo de 1888.

Con relación a lo que es objeto del presente estudio, tenía que resolver esa ley dos problemas: 1.° el de la conservación del Derecho foral; 2.°, el de la determinación del Derecho supletorio.

Para formar cabal idea del asunto, habremos de exponer cuál era el estado de la opinión general en cuanto a este último.

La necesidad de un derecho positivo que hiciera los oficios de supletorio no es de estos últimos tiempos; se echó de ver bien pronto que no bastaba el *ad naturalem sensum vel aequitatem* del proemio de la Compilación de Cañellas[6]; solamente que los autores no se ponían de acuerdo y cada uno sostenía el de su preferencia.

6 Escribimos así el apellido del célebre obispo de Huesa, porque es el más usado cuando se escribe en castellano. Creemos que el *Canyelles* debe reservarse para los escritos en lengua catalana. También suele escribirse *Canellas* y menos generalmente *Canillas*, *Canelis*.

No es necesario, y podría ser hasta inconveniente si el presente artículo ha de concretarse a lo que es propio de él, estudiar ahora el estado del Derecho romano, y su aplicación o influencia en la Europa de la Edad Media. A Aragón llegó, estudiado por los *prudentes,* y eran constantes las citas que de los textos romanos y de los comentadores de ellos se hacían.

No se conservan los libros de Patos y demás antiguos tratadistas aragoneses; pero ya Molino en su repertorio (artículo *Fori Aragonum*), comienza por vincular en la razón escrita, como tan frecuentemente ha sido llamado el Derecho romano, el buen sentido a que para suplir las deficiencias del Fuero había que recurrir *(recurrendum est ad naturalem sensum, id est, ad rationem scriptam)* y a enseñanzas de Bartolo y Baldo y a textos del Código (justiniáneo) se refiere, cuando pocas líneas abajo quiere indicar cómo hayan de interpretarse y aplicarse los fueros de Aragón.

Portolés, que muy pocas veces se separa de la opinión de Molino, después de recordarla, pregunta si será preferible, *deficiente foro,* atenerse al Derecho canónico, como más ajustado a reglas de equidad *(quasi magis aequum)* o al Derecho Civil de los romanos. Y se contesta, dando la preferencia al Derecho canónico, pues está más en relación con el Derecho divino (*magis juri divino inhoeret)* y por eso, sólo cuando él no basta, dice, puede recurrirse al Derecho civil *(Scholiorum saecunda pars).* Más concretamente todavía, señala alguna vez como aplicable el Derecho canónico en alguna materia *(de jure tamen canonico cui in re hac standum est)*, como la de alimento a los hijos no meramente bastardos, sino adulterinos y hasta incestuosos (*Scholia sive adnotationes,* etc., parte 1.ª). En su estudio sobre el consorcio foral *(Tractatus de consortibus ejusdem rei et fideicommisso legali),* muy frecuentemente toma sus argumentos del Derecho romano, y sólo alguna vez que otra del de Castilla. Esto último, por ejemplo, sucede al discurrir sobre la enajenación que un consorte hace a otro de su porción consorcial, cuando el adquirente no tiene en el comercio más que una muy pequeña parte.

Después de Portolés, vióse a los tratadistas muy inclinados al Derecho romano; así Aniñón *(Tractatus de successionibus ab intestato),* según el cual los aragoneses, en la deficiencia de sus leyes, acuden a las romanas, por más que al alegar éstas no lo hacen como leyes a que estén sujetos, sino como disposiciones fundadas en la razón: así Lissa *(Tyrocinium Jurisprudentiae forensis)* que además de recordar que Baldo dijo haber oído a sus discípulos aragoneses que en Aragón se juzgaba según el Derecho común, y con referencia a Vinnio, que en casi toda Europa se observaba el romano, cuando hay deficiencia las leyes y costumbres de cada país, por su cuenta dice, que en Aragón se seguía el Derecho de los romanos, no como ley emanada de un poder constituido, sino en atención a hallarse en él revelada la equidad, como después de otros había enseñado Aniñón; así Del Plano, cuyo libro *(Manual del Abogado aragonés),* está cuajado de citas de leyes romanas.

Hubo quienes protestaron contra eso, como Asso y De Manuel (*Instituciones del derecho civil de Castilla,* nota referente a Aragón, puesta en la introducción de la obra), censurando el defecto de citar textos y autores extraños reinante entre los escritores regnícolas; más no daban solución a la dificultad. Porque no lo era, en verdad, volver los ojos al proemio de los fueros, ya que les principios de Derecho, como tales, abstractamente considerados, y no encarnados en un Derecho positivo, si pueden servir para complemento y desarrollo de una legislación suficientemente amplia, detallada y adecuada al estado del país en que rige, no bastan para suplemento de una legislación cual la aragonesa.

En medio de todo, los tratadistas no dejaban de citar leyes de Castilla, donde también llamaban Derecho común al romano (Fernández de Mesa: *Arte histórico* y *legal*, etc.), y donde eran frecuentes y abundantes las citas de leyes y autores romanos, a veces no conocidos en Aragón sino por libros castellanos. Con esto, con la enseñanza de las Universidades y con el aumento de las comunicaciones y de las relaciones de Aragón con Castilla, que tenía la capitalidad de la nación y llevaba su dirección política y económica, debió de irse infiltrando en el foro aragonés, para llenar los vacíos de los fueros, las leyes del Derecho que después de los decretos de Felipe V iba tomando y consolidando la denominación de común con que empezara a conocérsele con relación a las llamadas forales. Y aun hubo quien, como Martínez, alcalde mayor que fue de Huesca, sostuvo *(Librería de jueces)* que a Castilla se había de acudir no habiendo fueros, pudiendo alegarse el Derecho canónico cuando correspondiera, en uno y otro reino, pero no el de Justiniano, por ser impropio.

Todavía, sin embargo, Franco y Guillén, en el libro que tanto contribuyó a facilitar y extender el conocimiento de la legislación aragonesa (*Instituciones del Derecho civil aragonés,* publicadas en 1841), insistían en el *ad naturalem sensum,* aunque citando en una nota las opiniones de Molino, Aniñón, Portolés y Lissa, que hemos indicado.

Por entonces se publicaba el *Manual del Abogado aragonés*, por un jurisconsulto de Zaragoza. Su autor (D. Juan F.° del Plano) consideraba, sin decirlo, ser el Derecho romano el supletorio, a juzgar por sus frecuentes citas.

A otra opinión, además de las indicadas, hacían referencia Franco y Guillén: a la de Franco de Villalba, que en el comentario (*Fororum,* etc.), al fuero 4.° *De communi dividundo,* dice que por precepto del Rey se debe recurrir en falta de fuero al Derecho común de España. «Pero no cita, decían, qué precepto sea éste ni nosotros lo hemos hallado». «Por consiguiente, añadieron, creemos que se debe estar a lo sentado en el texto» (el repetido precepto del proemio de los fueros).

¿Deberá entenderse que aquel precepto *(Principis praeceptum)* a que aludiera Franco de Villalba, sea el mismo decreto de 1707, en que se declaraba en vigor la ley de Castilla, no derogado en ese extremo por el de 1711, en que se estableció como legislación privilegiada la foral, de suerte que el Derecho común, único vigente en aquellos cuatro años, viniese a ocupar un lugar secundario, con destino a llenar los vacíos que dejara el Fuero? No se puede asegurar que así sea; mas no es aventurado pensarlo, según opinión de Otto y Crespo *(Derecho supletorio en Aragón,* artículo publicado en la *Revista general de Legislación* y *Jurisprudencia)*[7].

Los tratadistas posteriores a Franco y Guillén siguieron las huellas de éstos, aunque a veces con cierta vaguedad. De Dieste, por ejemplo, no se puede decir con precisión si se atiene al proemio de los Fueros o a las opiniones de Portolés y Franco de Villalba, favorables al Derecho canónico.

Martón y Santapau *(Derecho* y *Jurisprudencia de Aragón en sus relaciones con la legislación de Castilla),* estimando, con Gómez de Laserna, que la equidad natural abandonada a la razón individual sería la desigualdad en la aplicación del Derecho y frecuentemente degeneraría en escandalosos abusos: especialmente en las legislaciones forales tan incompletas, creen que antes de recurrir a la equidad o buen sentido, ha de averiguarse si en las legislaciones goda, romana, canónica y castellana hay disposición con que suplir alguna deficiencia foral, ora (copiamos sus palabras) porque es mayor garantía de acierto y origen de mayor fijeza en el Derecho, cualquiera ley escrita en alguna de las legislaciones citadas que la razón individual, ora porque, habiendo aceptado el mismo D. Jaime en sus Compilaciones teorías de leyes godas, canónicas y romanas, no es lógico suponer que su intención fuera la de recurrir a la equidad o buen sentido antes que a las legislaciones que en algunos puntos les sirvieron de modelo. Y por lo respectivo a la legislación castellana, dicen, debemos hacer presente que, en nuestro concepto, no se encontraba en igual caso, por lo mismo que Castilla era para los aragoneses un pueblo más extraño que los mismos godos o romanos; pero hoy, unidos ambos reinos con esa mutua y constante comunicación, ligados por tantos vínculos, inmediatos, conformes en genio y costumbres, unificados y formando un todo en Derecho político, administrativo y penal, no tiene razón de ser la pretensión de posponer una ley de Castilla que resuelva una duda cualquiera a la equidad, buen sentido o razón individual. Todavía, en el caso de haber de optar entre leyes godas o romanas, se habrían decidido, decían, por las primeras, por entender que

7 Cuando Otto escribía —año 1868— la opinión de Franco y López se había pronunciado resueltamente en favor del derecho de Castilla en vista del precioso Códice escrito en vitela en el siglo XIII, que llegara a conocer y adquiriera años después de haber publicado, en unión de Guillén Caravantes, sus renombradas «Instituciones». Creía Franco y López que los fueros se escribieron primeramente en romance y que ese códice contenía precisamente el texto original. Lástima grande ha sido que a su muerte pasara por enagenación, a manos de extranjeros. En ese Códice el *ad naturalem sensum vel aequitatem recurratur* se hallaba representado por estas palabras: «por naturales sesos de buenos homes et legales, catando *et acorriendo a los dreitos et a las leyes»*, esto es, añade Otto, acudiendo a los Cuerpos legales, no a la razón y a la equidad.

tuvo el Fuero Juzgo carácter de Código general en toda la península española, que estuvo vigente y hasta cariñosamente aceptado en Aragón y que ni en Aragón ni aun en Castilla había sido expresamente derogado. En resumen, concluyen diciendo los cultos escritores, creemos que nuestros tribunales únicamente deben recurrir a la equidad, buen sentido o razón individual, cuando las leyes comunes callen absolutamente. Algún reparo podríamos oponer a algo de lo que acabamos de reproducir, tal como aparece expuesto; pero nuestro propósito, del memento, no es sino exponer, sin discutir, el estado que la cuestión del Derecho supletorio alcanzaba en Aragón cuando se elaboró y se publicó el Código civil.

Blas *(Derecho civil aragonés),* acogiendo la enseñanza de Zúñiga (*Jurisprudencia civil,* tomo 6.º), la autoridad del Derecho supletorio es de ley. Explica éste transcribiendo el precepto del proemio de la Compilación. Pero los fueristas, dice, disienten acerca de la significación de las palabras *ad naturalem sensum vel aequitatem.* Indica las principales opiniones emitidas desde Molino hasta Zúñiga; mas ni las juzga ni demuestra decidirse por ninguna; aunque es de creer se atenga a lo que dice Zúñiga, en lo cual, más que una mera opinión, hay que ver la afirmación de un hecho que, de ser exacto, resulta, desde el punto de vista de la práctica, radicalmente decisivo.

Esa afirmación de Zúñiga influyó, como era natural, para formar una corriente de opinión que, desechando los temores o las vacilaciones nacidas, sin duda, de los encontrados pareceres de los antiguos jurisconsultos regnícolas, fuera encauzándose en dirección de la legislación común o de Castilla.

«Hase introducido como Derecho supletorio el de Castilla» dijo La Peña *(Fueros y observancias vigentes en el Reino de Aragón)* en 1880.

«Como Derecho supletorio y en lo que aquellas disposiciones (las del volumen foral) fueren deficientes, debe recurrirse a la legislación de Castilla» *(Compilación articulada del Derecho toral vigente en Aragón)*, escribió a su vez Naval en 1881.

Conociendo ya cuál era el contenido del Derecho *foral* y cómo se opinaba generalmente por los profesionales de la cátedra, del libro y del foro, en punto a Derecho supletorio al publicarse la ley de bases, debemos examinar la solución que a los dos problemas indicados se daba en ésta y la que, en definitiva, y por consecuencia de su impulso, viniera a prevalecer.

Cuando el proyecto hubo pasado del Senado al Congreso, la Comisión correspondiente de éste presentó un dictamen en que, con la conformidad del Gobierno, se daba la doble solución que se comprende en el siguiente texto que formaba el artículo 5.º «Las provincias y territorios en que subsiste el Derecho foral lo conservarán, por ahora, en toda su integridad, sin que sufra alteración su régimen jurídico, por la publicación del Código, que regirá tan sólo como supletorio en defecto del que lo sea en cada una de aquéllas por sus leyes especiales».

Desestimado un voto particular en que Alonso Martínez Gamazo y Canalejas proponían la supresión de los Códigos romanos y de las Decretales en las provincias que como Derecho supletorio los aplicaban, para que no hubiera con este carácter otro Derecho que el Código civil, y aprobado el dictamen, se pasó a la discusión del artículo 6.°

Referíase éste al respeto de las instituciones forales que interese conservar, mediante Apéndices. Fue aprobado.

Así las cosas, diputados aragoneses presentaron una enmienda al art. 7.°

En rigor, más que enmienda era propuesta de substitución del art. 7.° por otro. De esa suerte el art. 7.°, comprensivo de las bases del Código, había de pasar a ser 8.°, y con el número 7.° figuraría, como artículo agregado al proyecto, aquella enmienda, titulada en primer término por jurisconsulto tan ilustre como el ex-Ministro de la República, D. Joaquín Gil Berges, que compartiera durante largo número de años con el entonces senador D. Luis Franco y López, la máxima autoridad en orden al conocimiento del Derecho y de la Historia de Aragón.

Aprobada con ligera modificación la enmienda, y convertida en art. 7.° de la ley, al fin sancionada en 11 de mayo de 1888, pasó luego, en su primera parte (Derecho supletorio), a ser art. 13 del Código, y en su segunda parte (Apéndices forales), quedó en la ley, objeto de disposiciones reglamentarias e incumplida todavía a la hora presente, en este particular.

Ocurrió, con esto, una cosa digna de notarse, origen principal, acaso, de las dudas y dificultades que luego han surgido en orden a la inteligencia y efectos del art. 13.

Fue bastante general en Aragón el intento de substraerse a la aplicación del artículo 12, ateniéndose sólo al 13. Sucedió esto a raíz de la publicación del Código. Era época aquella de lo que pudiéramos llamar «estridencias», aceptando, bien que limitadamente al orden jurídico, con exclusión de toda significación política y sin excesivas acritudes una expresión que, fuera de Aragón, y con otros alcances, obtuvo cierta resonancia. Fue grande el clamoreo que el Código levantó.

Dos peligros se veían en su texto; uno, el de que pudiera estimarse eliminado del Derecho foral el consuetudinario, reduciéndose así su contenido; otro, el de que produjera una considerable reducción del número de personas a quienes fuera aplicable.

Los esfuerzos de las regiones aforadas no fueron inútiles. La comparación del texto de los arts. 12 y 15 del Código primitivo con el de los mismos artículos de la edición reformada en virtud de lo dispuesto en la ley iniciada por Azcárate, lo demuestra cumplidamente.

Alcanzó por igual la reforma a todas las legislaciones forales; a todas también, algún agravio, que persistió.

En quejarse de éste —nos referimos a la extralimitación del ámbito marcado a los redactores del Código por la ley de bases— ha tenido siempre razón Aragón. Hay motivos para creer que extremaron sus pretensiones quienes sostuvieran que los aragoneses nada tienen que ver con el art. 12. Quien esto escribe, no sin alguna vacilación, se dejó llevar de la corriente, se impresionó, sobre todo por el peligro verdaderamente serio que siempre vio en la primera redacción del art. 15, y tomó parte en el clamoreo.

Más serena y tranquilamente estudiado el asunto, no parece pueda hoy ofrecerse contra la aplicación del art. 12 una argumentación que sea inquebrantable.

Observemos, ante todo, que la locución «no obstante» con que comienza el artículo 13 del Código, no se escribió con relación a lo que es ahora art. 12, y entonces era art. 5.° del proyecto, después ley de bases, sino para que apareciera a continuación de lo que es art. 6.° de ésta.

Fue un error de la Comisión de Códigos trasladar sin variación alguna de la ley de bases al Código civil la primera parte de la antigua enmienda. Ello no obsta, antes invita, a que se recuerden el sentido y objeto de ésta.

Debieron de proponerse sus autores obtener garantías para que el Apéndice respondiera al fin con que se había ideado su formación[8], y a la vez, con relación al Código, «colocarse en primera línea, como dice Maura, distinta de la en que quedan los otros territorios forales». A aquello respondía la segunda parte de la enmienda; a esto la primera.

Si por lo poco oportuno de la permanencia de la expresión no obstante escrita en relación con el arto 6.° de la ley de bases, como ya se ha dicho, y no con el art. 12 del Código, se convirtiera en total excepción de éste el art. 13, podrá argüirse, que se produciría un doble contrasentido. A la hora misma en que, por la redacción de ese artículo entraba el Código civil en Aragón, como legislación tan principal, en cierto sentido, como en las provincias no aforadas, si bien con la excepción de la foral que estuviese vigente, se mermaría el contenido de aquél, amputándole aquellas disposiciones precisamente que el legislador quiso que rigieran en toda España; y en vez de haberse dado en los antiguos reinos de Aragón y Mallorca, como decía Maura, un paso de gigante adelantándose a las demás provincias en el camino de la unidad, sin que por eso se pasara el rasero del nuevo cuerpo legal sobre todas las instituciones locales, resultarían más apartadas que ellas, en el orden jurídico, del resto de la nación.

8 Decimos el *Apéndice* y no los *Apéndices*, porque los diputados aragoneses, en su enmienda, sólo al Apéndice correspondiente a Aragón se refirieron. Los mallorquines, previa consulta de D. Antonio Maura al Colegio de Abogados de Palma, se adhirieron a ella. Y la extensión a las otras provincias forales, fue propuesta por la Comisión del Congreso y votada en definitiva. Véase el Prólogo puesto por el insigne jurisconsulto y representante balear al *Derecho vigente en Mallorca*, publicado como parte de la *Biblioteca judicial.*

Por eso, sin duda, en la reforma del Código, la Comisión codificadora hizo modificaciones que interesaban a todos los territorios aforados y calló sobre lo que para Aragón especialmente se pretendiera, con relación al art. 13.

No por eso resulta que huelgue ese artículo. Siempre habrá dejado resuelto, de un modo claro y definitivo, lo que hasta poco tiempo antes de la formación del Código era objeto de alguna duda, siquiera la opinión fuera haciéndose cada vez más compacta y general en el sentido de la aplicación del Derecho común; nos referimos a la cuestión del Derecho supletorio, de que tan detenidamente hemos hablado más arriba.

Tal vez los autores del Código entendieron que las palabras «en defecto del que lo sea», empleadas en el art. 12, podían engendrar alguna duda, y precisamente para evitarla llevaran al art. 13 la antigua enmienda a la ley de bases con su «no obstante» inicial. Así parece haberlo entendido Alonso Martínez, cuya intervención en la obra de la codificación fue tan considerable. Y así lo entienden generalmente los tratadistas de Derecho civil.

Sea cualquiera la esperanza que al publicarse el Código se pusiera en una interpretación del art. 13 exclusiva de la aplicación del 12 a Aragón, hubo de verse algo quebrantada con los límites a que se redujo la reforma de julio de 1889, y creemos que hoy debe estimarse ya ilusoria; que no en vano ha transcurrido un cuarto de siglo, durante el cual ha ido avanzando, a veces sin razón, el espíritu unificador, creando intereses y precedentes, contra los cuales habrían de estrellarse reclamaciones y protestas[9].

Hemos indicado que los autores del Código se excedieron de la autorización que se les dio, sujeta a la ley de bases. Ese agravio no es sólo para Aragón; afecta a todas las regiones de fuero, y de él diremos lo necesario al tratar del Derecho civil de Navarra.

Adelantaremos una observación. La Dirección general de los registros, que comenzó su tarea de aplicación del tit. 4.°, libro 1.° del Código a las legislaciones forales con una Resolución muy notable (la de 26 de abril de 1894) y muy favorable para la conservación de su integridad, se ha desviado después en absoluto de esa tendencia, y a Navarra, como a Cataluña y Baleares, ha declarado privadas de la vigencia de ciertas disposiciones forales, no contentándose con aplicar, por ejemplo, el art. 61 del Código, sino dando

9 No desconocemos que hay todavía quien en la actualidad sostiene en Aragón que el art. 13 debe considerarse como excepción de todo el contenido del art. 12, y no sólo de una parte o párrafo de éste.
Tal es el parecer de D. Cándido Vázquez, competentísimo Registrador de la propiedad de Daroca, muy versado en el Derecho aragonés. Expónelo en un trabajo inédito que bondadosamente nos ha permitido consultar. Su argumentación se basa principalmente en la estructura gramatical del art. 13. No es, ciertamente, argumentación despreciable; pero es de suponer que por convencido que su autor esté de que las cosas *debieran* ser conforme a su opinión —discutible aún en ese terreno— no tendrá grandes esperanzas de poder hacerla prevalecer en la práctica.

a éste fuerza de atracción de otros artículos, aun fuera del tit, 4.°, lib. 1.°, sólo por estar con él relacionados, sin tener en cuenta que cuando aquel artículo se refiere a la ley, es razonable entender que se alude a la, ya común, ya foral, propia, en cada caso, de la persona de quien se trate. Es, entre los varios casos por la Dirección resueltos, muy digno de ser aquí notado, uno de Baleares, por estar la situación jurídica de estas islas determinada con relación al Código, por su conjunción con la de Aragón, en el art. 13. Estaba en cuestión la eficacia de cierto contrato entre cónyuges, y se alegaba en su favor la costumbre «verdadera institución foral, por su arraigo», como en Aragón pueden invocarse los fueros que sancionan el *«Standum est chartae»* y la costumbre al amparo de ellos formada. La Dirección (Resolución de 18 agosto 1908) negó capacidad a los cónyuges, por no haberse justificado hallarse en ninguno de los casos de excepción del art. 1.458 del Código, ya declarado aplicable a otras regiones, especialmente Cataluña, a despecho de sus disposiciones forales, «sin que obste la existencia, añadió, de una práctica en contrario, incompatible con lo establecido en el tít. 4.° de su lib. 1.°» etc.

Difícil será que las regiones aforadas, todas, consigan que el Código se interprete y aplique en armonía con la ley de bases; mayor será la dificultad, rayando en lo imposible, si se quiere lograr para Aragón (y Baleares) una excepción de la excepción, esto es, un trato, con relación al Código civil, distinto del de las otras regiones.

Explicado todo lo anterior, sólo nos resta exponer el orden de prelación de los elementos que integran el Derecho civil hoy vigente en Aragón.

A. Leyes generales anteriores al Código que éste no haya derogado[10].

Aludimos a las que con ese carácter se dieron desde la restauración, por Felipe V, de los fueros poco antes abolidos por el mismo, hasta la publicación del Código civil.

---

10 La ley que, entre todas, ha dado lugar a mayores dudas, es la de 16 de mayo de 1835, llamada generalmente «ley de mostrencos».

Acerca de su vigencia fuera de las provincias no aforadas no se había hecho hasta estos últimos días otra declaración por el Tribunal Supremo que la de su sentencia de 20 de marzo de 1893, de que fue ponente el actual presidente del Tribunal D. José Aldecoa.

El pleito en que recayó procedía de Cataluña; pero el Tribunal Supremo apreció la cuestión desde un punto de vista más general, haciendo notar (Considerando 1.°) que las leyes posteriores al Real decreto de Nueva Planta eran igualmente aplicables a Cataluña que a las demás partes del territorio nacional mientras en las mismas leyes no se restrinja su imperio, y agregando (Considerando 2.°) que el único orden legal de sucesión intestada aplicable después de esa ley era el fijado en ella, cualquiera que fuese el establecido anteriormente, ya en Castilla, ya en las provincias forales, sin que del sentido de ella pueda inferirse restricción alguna. De esa ley se hizo generalmente caso omiso en Aragón —parece que también en las demás provincias aforadas, a excepción de Cataluña— antes y después de la sentencia citada.

Así las cosas, recientemente, después de escrito el artículo a que la presente nota se refiere, se han dictado por el Tribunal Supremo dos sentencias, todavía no publicadas en la *Gaceta*, inspiradas en el mismo criterio expuesto. Una de ellas es de 10 de junio de 1914; la otra, de 13 de los mismos mes y año. La primera recayó en pleito de Aragón; la

Debe advertirse:

1.° Que algunas de esas leyes, no muchas, han dejado a salvo las disposiciones forales. En ese caso se encuentra la de matrimonio civil, dándose el extraño caso de que, en la práctica, se ha prescindido de éstas para aplicarse la ley; tal ha sucedido en lo tocante a la madre viuda a quien es corriente reconocer el ejercicio de los derechos de patria potestad —cuya existencia, aun con relación al padre, niega el fuero y la consiguiente representación de sus hijos menores de edad[11].

2.° Que el Tribunal Supremo tiene declarado en buen número de sentencias, comenzando por la de 12 de junio de 1894 —la cual impulsó la adopción del Consejo de familia y, en general, de la organización de la tutela en toda España— que las leyes de carácter general que en ésta regían al publicarse el Código general, sin que éste las declare subsistentes, se entienden derogadas y substituidas por él, sin distinción de provincias aforadas y no aforadas[12].

B. Las disposiciones indicadas como obligatorias en todas las provincias en el art. 12 del Código[13].

C. El Derecho foral, así consuetudinario como escrito.

Detallando esta indicación, hemos de exponer:

1.° Que para la aplicación de los fueros que el decreto de Felipe V, de 3 de abril de 1711 puso en vigor, ha de tenerse en cuenta la regla que da a la disposición posterior fuerza derogatoria de la anterior, (salvo cuando se trata del conflicto entre el fuero general y el especial, pues aquél siempre cede a éste) y ha de atenderse a la interpretación que conste haberles dado el Justicia mayor o su Consejo, en los respectivos casos.

2.° Que la costumbre sólo cuando es inmemorial deroga el fuero, según doctrina generalmente recibida.

3.° Que las observancias no pueden prevalecer en lo que resulten opuestas a los fueros sancionados desde 1436 inclusive[14].

---

segunda, en pleito de Cataluña. En una y otra se parte de estos dos conceptos: 1.° La ley de mostrencos fue dictada para todas las provincias de España, sin distinción de aforadas y no aforadas. 2.° Esa ley ha sido substituída, también en toda España, por el Código civil.

11 Es muy notable (merece ser recomendado su estudio), la Resolución de la Dirección general de los Registros de 4 de febrero de 1888 acerca de esta materia.

12 Pueden citarse, para comprobar esta afirmación, las sentencias de 3 de diciembre de 1895, 3 de febrero de 1896, 16 de enero de 1897, 9 de abril de 1898 y otras, y últimamente las dos de que se deja hecha mención en la nota anterior. El Sr. García de Hita, magistrado del Tribunal Supremo, ha publicado en la *Revista de los Tribunales* (20 y 27 de junio de 1914) un artículo que merece estudiarse acerca del art. 12 del Código civil y las legislaciones forales.

13 Téngase presente lo dicho anteriormente en cuanto a la relación de ese art. 12 con el 13.

14 Seguimos el parecer de Franco y Guillén, que consideramos bien fundado. D. Cándido Vázquez, en el trabajo inédito de que antes hemos hablado, agrega una observación muy

D. El Código civil en la parte no indicada en el art. 12.

Cerramos aquí la enumeración.

De los principios generales de Derecho no necesitamos hablar. A ellos habrá de recurrirse, cuando el texto del Código, invocado como Derecho Civil, sea insuficiente, porque en él mismo se manda acudir a esos principios. En cuanto a la jurisprudencia, aunque el Código no la nombra, en la práctica sigue siendo fuente de Derecho por virtud de la organización dada al recurso de casación; mas nos parece que no es una fuente autónoma o independiente de las otras, ya que los fundamentos de los fallos siempre serán interpretación de leyes preexistentes, o proclamación de principios de Derecho.

---

oportuna en corroboración de la opinión de estos autores. La Observancia 2.ª *De praescriptionibus*, lib. II, viene a decir, está en oposición con el fuero 2.° *De oppositione tertii*, libr. VII, que es de 1436 y, sin embargo, no puede entenderse que lo deroga, por cuanto el fuero 3.° de la misma rúbrica, que es de 1533, considera vigente el 1.°, que lleva igual fecha que el 2.°

AXOVAR, EL[1]

Esta palabra parece haber venido con el tiempo a cambiar su primitivo significado. Comenzaré por referirme a los escritores aragoneses.

Molino, el más antiguo y autorizado (*Repertorium Fororum* et *Observantiarum; verb. Vir et uxor*, folio 338, columna 2.ª, edición de 1585), pregunta cuándo se dice dada por los padres una heredad en *axovar (in axovario)*; contesta que, según opinión general de los fueristas, cuando los padres la dan a la hija a propia herencia suya y de los suyos y en calidad de bienes sitios *(pro bonis sendentibus)*; añade que, sin embargo, a veces se toma como *firma de dote,* esto es, como cantidad asegurada o afirmada *(firmata)* por el marido a la mujer, por *axovar* y en lugar de *axovar,* obligando especialmente bienes suyos. Eso mismo había ya indicado al tratar de la viudedad (fol. 332, columna 4.ª, *verb. Viduitas).*

---

1 Unos autores escriben axobar; otros, axovar. Prefiero esta última manera de escribir el vocablo, y así lo escribo en todo el artículo, salvo en las transcripciones literales. Siento no rendirme a la autoridad de mi maestro de Literatura, el insigne Borao, quien en su *Diccionario de voces aragonesas*, escribe axobar. Me hago cargo de la observación de Ureña. A juicio de es te escritor —que tanta atención ha prestado a las huellas que en el Derecho español ha dejado el paso de judíos, y sobre todo árabes—, de la palabra árabe *xuar* (con el artículo *ex suar*) se han derivado: *ajuar*, en el lenguaje vulgar de Castilla (y pudiera también decirse del de Aragón); *axovar*, en el tecnicismo jurídico aragonés, y *exovar* en los Fueros de Valencia y en las costumbres de Tortosa.

La Academia de la Lengua ha omitido la inclusión en el *Diccionario* de la palabra *axovar* y de toda otra parecida, jurídicamente equivalente a ella; a la voz *ajuar* le atribuye igual procedencia que Ureña, *Axovarium, axovarii, axovario,* escribía nuestro Molino en su *Repertorio*, y *axovarium,* Fontanellas *(De pactis nuptialibus),* cuya autoridad es en Cataluña semejante a la de aquél en Aragón. Y *axovar,* o *axouar,* y *exovar* o *exouar* escriben, además de Oliver, en su comentario de las *Costumbres de Tortosa (Historia del Derecho* de *Cataluña, Mallorca y Valencia),* jurisconsultos como Falguera *(Formulario completo de Notaría),* Maspons *(Notre dret familiar),* Pella y Forgas *(Código civil* de *Cataluña)* y Broca (*Historia del Derecho de Cataluña, especialmente del civil),* entre otros.

En el *Glosarium mediae et infimae latinitatis* de Du Cange, se hace derivar la voz *«Axovar* del *Hispanico Axuar»;* se la supone equivalente a *Suppellex*, utensilia; se cita el capítulo XCVII de los *Usatici Barcinonenses*, y del Derecho aragonés el Fuero *Vir et uxor* (6.º *De jure dotium*) de la Compilación de 1247, y las Observancias 1.ª y 15 *De jure dotium* y 5.ª *De secundis nuptiis*; no se transcriben esas disposiciones ni se las comenta.

Es de advertir que en la denominación de la institución no hay, entre los autores, unanimidad. *Aixobar* la llaman Barrachina y Planas y Casals; *ajobar* o *axovar*, los redactores de la *Enciclopedia* de Arrazola, adicionadores del *Diccionario* de Escriche, y Mouton; *exobar*, Huertas, aunque esta última denominación debe de ser una errata, ya que ningún otro autor la emplea, y en la misma obra de Huertas se emplea también la palabra *axobar*, si no es la aplicación a Aragón de un vocablo de Cataluña.

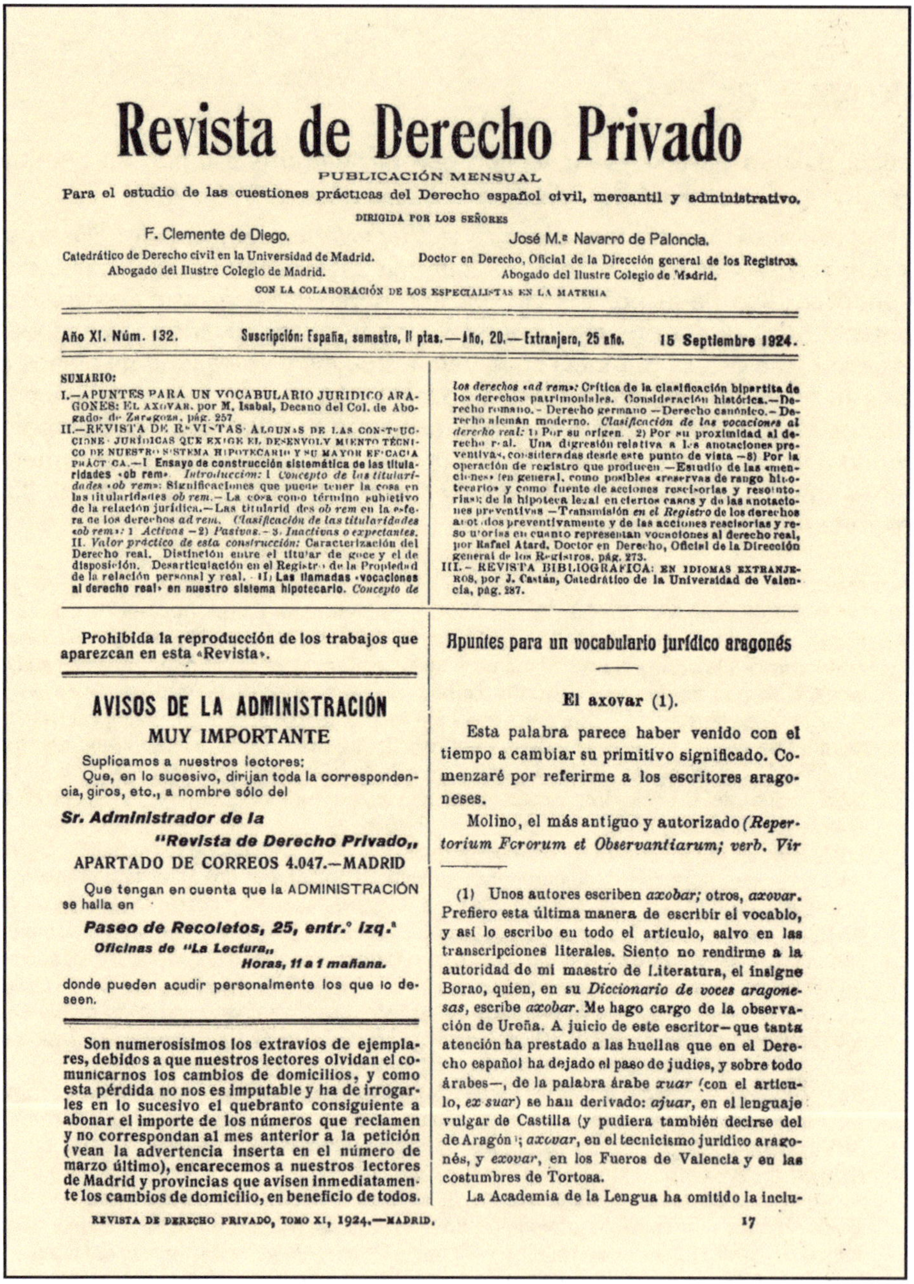

Revista de Derecho Privado

PUBLICACIÓN MENSUAL

Para el estudio de las cuestiones prácticas del Derecho español civil, mercantil y administrativo.

DIRIGIDA POR LOS SEÑORES

F. Clemente de Diego.
Catedrático de Derecho civil en la Universidad de Madrid.
Abogado del Ilustre Colegio de Madrid.

José M.ª Navarro de Palencia.
Doctor en Derecho, Oficial de la Dirección general de los Registros.
Abogado del Ilustre Colegio de Madrid.

CON LA COLABORACIÓN DE LOS ESPECIALISTAS EN LA MATERIA

Año XI. Núm. 132. Suscripción: España, semestre, 11 ptas.—Año, 20.—Extranjero, 25 año. 15 Septiembre 1924.

SUMARIO:

I.—APUNTES PARA UN VOCABULARIO JURIDICO ARAGONES: EL AXOVAR, por M. Isabal, Decano del Col. de Abogados de Zaragoza, pág. 257

II.—REVISTA DE REVISTAS: ALGUNAS DE LAS CONSTRUCCIONES JURÍDICAS QUE EXIGE EL DESENVOLVIMIENTO TÉCNICO DE NUESTRO SISTEMA HIPOTECARIO Y SU MAYOR EFICACIA PRÁCTICA.—I. **Ensayo de construcción sistemática de las titularidades «ob rem».** *Introducción:* I. *Concepto de las titularidades «ob rem»:* Significaciones que puede tener la cosa en las titularidades *ob rem*.—La cosa como término subjetivo de la relación jurídica.—Las titularidades *ob rem* en la esfera de los derechos *ad rem*. *Clasificación de las titularidades «ob rem»:* 1) *Activas.*—2) *Pasivas.*—3) *Inactivas o expectantes.* II. *Valor práctico de esta construcción:* Caracterización del Derecho real. Distinción entre el titular de goce y el de disposición. Desarticulación en el Registro de la Propiedad de la relación personal y real. II) **Las llamadas «vocaciones al derecho real» en nuestro sistema hipotecario.** *Concepto de los derechos «ad rem»:* Crítica de la clasificación bipartita de los derechos patrimoniales. Consideración histórica.—Derecho romano.—Derecho germano.—Derecho canónico.—Derecho alemán moderno. *Clasificación de las vocaciones al derecho real:* 1) Por su origen. 2) Por su proximidad al derecho real. Una digresión relativa a las anotaciones preventivas, consideradas desde este punto de vista.—3) Por la operación de registro que producen.—Estudio de las «menciones» (en general, como posibles «reservas de rango hipotecario» y como fuente de acciones rescisorias y resolutorias); de la hipoteca legal en ciertos casos y de las anotaciones preventivas.—Transmisión *en el Registro* de los derechos anotados preventivamente y de las acciones rescisorias y resolutorias en cuanto representan vocaciones al derecho real, por Rafael Atard, Doctor en Derecho, Oficial de la Dirección general de los Registros, pág. 273.

III.—REVISTA BIBLIOGRÁFICA: EN IDIOMAS EXTRANJEROS, por J. Castán, Catedrático de la Universidad de Valencia, pág. 287.

Prohibida la reproducción de los trabajos que aparezcan en esta «Revista».

AVISOS DE LA ADMINISTRACIÓN

MUY IMPORTANTE

Suplicamos a nuestros lectores:

Que, en lo sucesivo, dirijan toda la correspondencia, giros, etc., a nombre sólo del

Sr. Administrador de la "Revista de Derecho Privado,,

APARTADO DE CORREOS 4.047.—MADRID

Que tengan en cuenta que la ADMINISTRACIÓN se halla en

Paseo de Recoletos, 25, entr.° izq.ª

Oficinas de "La Lectura,,
Horas, 11 a 1 mañana.

donde pueden acudir personalmente los que lo deseen.

Son numerosísimos los extravíos de ejemplares, debidos a que nuestros lectores olvidan el comunicarnos los cambios de domicilios, y como esta pérdida no nos es imputable y ha de irrogarles en lo sucesivo el quebranto consiguiente a abonar el importe de los números que reclamen y no correspondan al mes anterior a la petición (vean la advertencia inserta en el número de marzo último), encarecemos a nuestros lectores de Madrid y provincias que avisen inmediatamente los cambios de domicilio, en beneficio de todos.

Apuntes para un vocabulario jurídico aragonés

El axovar (1).

Esta palabra parece haber venido con el tiempo a cambiar su primitivo significado. Comenzaré por referirme a los escritores aragoneses.

Molino, el más antiguo y autorizado *(Repertorium Fcrorum et Observantiarum; verb. Vir*

(1) Unos autores escriben *axobar;* otros, *axovar.* Prefiero esta última manera de escribir el vocablo, y así lo escribo en todo el artículo, salvo en las transcripciones literales. Siento no rendirme a la autoridad de mi maestro de Literatura, el insigne Borao, quien, en su *Diccionario de voces aragonesas,* escribe *axobar.* Me hago cargo de la observación de Ureña. A juicio de este escritor—que tanta atención ha prestado a las huellas que en el Derecho español ha dejado el paso de judíos, y sobre todo árabes—, de la palabra árabe *xuar* (con el artículo, *ex suar*) se han derivado: *ajuar,* en el lenguaje vulgar de Castilla (y pudiera también decirse del de Aragón); *axovar,* en el tecnicismo jurídico aragonés, y *exovar,* en los Fueros de Valencia y en las costumbres de Tortosa.

La Academia de la Lengua ha omitido la inclu-

REVISTA DE DERECHO PRIVADO, TOMO XI, 1924.—MADRID. 17

Portolés se limita (*Quarta pars scholiorum sive adnotationum Michaelis Molini super Foris et Observantiis Regni Aragonum,* fol. 553 y 558) a una sencilla alusión al comentario de Bagés, jurisconsulto cuyas obras, como las de otros anteriores al siglo XVI, quedaron inéditas.

En el quincuagésimo cuarto de sus Consejos (*Consiliorum sive responsorum,* vol. 1), Luis de Casanate expone que en la expresión *firma dotis* se comprende toda cantidad que la mujer lleva como *dote* o *axovar,* y el marido asegura y afirma *(quaecumque pecunia per mullieren data in* dotem vel axovarium *et Per maritum assecurata vel firmata),* y que por ello *firma de dote* y *aseguramiento de dote* son una misma cosa, según resulta claramente de las Observancias 5.ª *De secundis nuptiis* y 44 *De jure dotium,* usándose en aquella el *assicuraverit* con igual significación que en ésta el *firmaverit.* Cita, en apoyo de esta doctrina, las enseñanzas de Molino (verb. *Viduitas, Vir et uxor, Adulterium*).

De la Observancia *Item de Foro dotes* que es la 52.ª *De iure dotium,* libro 5.º, Franco de Villalba (*Fororum atque Observantiarum Aragoniae Codex,* vol. 1, págs. 16 y 26) reproduce algunas Observancias, que luego habré de estudiar, y parece adherirse al criterio de Molino: algunas de las citas del *Repertorio*, como las del párrafo *Vir aut uxor superstes,* no parecen muy adecuadas, tratándose de definir la institución del *axovar.*

Sessé *(Decissionum Sacri Senatus Regnii Aragonum et Curiae Domini Justitiae Aragonum causarum civilium et criminalium tomi duo)*[2] no trata directa y especialmente del *axovar;* solamente lo nombra (decisión 383) al ocuparse, con relación a la Observancia 1.ª *De jure dotium* y Fuero 1.ª *De contractibus conjugum,* de la transferencia de la dote o *axovar* por la mujer al marido.

En el cuerpo de su obra *(Tyrocinium Jurisprudentiat forensis)*, Lissa omite hablar del axovar, en las *Anotaciones* agregadas a ella (casi todas formuladas por él mismo, según en su encabezamiento se dice), discutiendo, como Sessé lo había hecho, la opinión de Molino sobre la interpretación que acerca de la transferencia de la *dote* y *axovar* por la mujer al marido merezcan, comparadas entre si, las disposiciones forales, hace una misma institución de *axovar* y *firma* de *dote*[3].

---

2 Impresos en Francfort en 1619, y seguidos de otros dos, que lo fueron en Zaragoza en 1624, según las ediciones que tengo a la vista. Aquéllos comprenden 230 Decisiones; éstos, las restantes, hasta 477.

3 He aquí sus palabras: *Nota quod licet consentiat uxor, non potest remittere marito* doten suam et axovarium quod firma dotis *dicitur.*

La Ripa, en la quinta parte que de su *Ilustración a los cuatro procesos forales de Aragón* dedica a la exposición de un breve resumen de la jurisprudencia de Aragón, hace una indicación del pacto especial que puede ponerse en la capitulación matrimonial, mediante el cual se lleven los bienes, muebles «como sitios, o *a propio patrimonio de la mujer,* o el marido le asegura la restitución de su importe»; mas no dice cómo debe calificarse lo que por tal pacto se deja constituido.

Tuvieron tal *Ilustración* y tal resumen una segunda parte[4]. Da el autor como cosa corriente o regular el pacto de que, cuando hay hijos, hereden lo que el marido señala a la mujer, por razón de *firma* o *aumento de* dote, y cuando no los hay, sólo puede aquélla disponer de la mitad, quedando lo demás a beneficio del marido o de sus herederos, y este *aumento de dote,* añade, que hace el marido a la mujer, que unas veces se llama *dote,* otras *firma* de *dote,* se dice también *axovar,* lo que debe tenerse presente para la inteligencia de diversos Fueros y Observancias que lo distinguen de estos tres modos: (Observ. 2.ª 52 *De jure dotium ubi Portol. Molin. ibi citat),* y también debe advertirse, para la inteligencia de ellos, que en lo antiguo era muy frecuente el constituirse aquel aumento en tres castillos, villae, lugares, etcétera. Y ya no vuelve a nombrar el axovar.

Asso y Manuel, en sus *Instituciones del Derecho civil de Castilla*[5], destinaron una lección de cada uno de los títulos (la obra aparece dividida en libros, y estos subdivididos en títulos) a la exposición de las especialidades forales de Aragón.

En la parte correspondiente, según ese método, a la materia que voy estudiando, atribuyen la denominación de donación *propter nuptias* a la «*dote* que el marido constituye a la mujer, por estar obligado a dotarla decentemente», y dicen que no se ha de confundir esta donación con el «*Excreix, aumento* o *firma* de *dote,* por la cual cede el marido alguna parte de sus bienes, que, según el estilo común, suele ser la tercera parte, para asegurar

4 *Ilustración segunda a los cuatro procesos forales de Aragón y al tratado de los Monitorios, con un discurso general acerca de la naturaleza de los recursos en que se incluye otro tratado de los emparamientos y de los derechos de los cónyuges en los bienes de matrimonio.* Esta última parte, que lleva por epígrafe conciso el de *Tratado sobre* división *de los bienes,* va encabezada con la siguiente ampliación del título: «*Tratado sobre los derechos de los cónyuges en el matrimonio a los bienes que poseen durante él, y de la división de ellos entre los mismos y sus herederos*».

5 *Instituciones del Derecho civil de Castilla que escribieron los Doctores Asso y Manuel, enmendadas, ilustradas y añadidas conforme a la Real orden de 5 de octubre de 1802 por el Doctor D. Joaquín María Palacios, Colegial Huésped en el Imperial y mayor de Santiago y Catedrático de firma de leyes del Reino de la Universidad de Huesca.*
Asso y Palacios eran aragoneses: por eso, aunque Manuel no lo era, incluyo en esta parte del artículo, dedicada a los jurisconsultos de Aragón, el libro del cual decía Latassa, en su obra *Bibliotecas antigua y nueva de escritores aragoneses*: «es muy apreciada de los abogados aragoneses, por la más completa y mejor de las publicadas hasta el día».

la dote que llevó su mujer. Citan a este propósito el comentario que pone Portolés a la Observancia 52.ª *De Jure dotium,* y agregan que «esta *firma de dote* sucedió en lugar del *Axovar,* que era la heredad que por los padres solía asignarse a la hija, a más de la dote, y era propia herencia, y de los suyos, de modo que no se podía enajenar antes de tener hijos. Obs. 6.ª de I. D». Pero esto, terminan diciendo sin ocuparse más del axovar, «ya no se estila». Debo advertir que en esa última cita hay una equivocación. La referencia debe ser no a la *Observancia,* sino al *Fuero* de iguales número y rúbrica.

La Real orden de 5 de octubre de 1802 citada en el título o portada de la obra de Asso y Manuel, declarando la conveniencia de «arreglar el estadio de las leyes del Reino a que de dedicarse profesores de jurisprudencia después del grado de Bachiller», recomendaba a los maestros el cuidado de corregir los defectos de las *Instituciones* de *Castilla* de esos escritores.

Palacios, en sus notas, atendió a ese cuidado sin que, a mi parecer, dejara el asunto explicado con la precisión y claridad apetecibles.

A la denominación de *propter nuptias* dada a la dote constituida por el marido en favor de la mujer, por estar obligado a dotarla decentemente, opone la declaración de la Observancia 52.ª *De Jure dotium:* esa donación, dice, hablando con rigurosa propiedad, no es tal donación *propter nuptias* y así lo entiende Lissa. Conviene con La Ripa, en que esta dote se llama también *Excrex, axovar, aumento de dote* y *firma de dote;* pero advierte que hay que evitar equivocaciones ocasionadas por estos nombres. Desde luego, y con ese propósito, distingue las *firmas* de dote antigua y moderna y determina sus diversos efectos, fijándose en el *aumento* a que podía haber lugar cuando la *firma* (antigua) consistía en lugares, castillos o heredades.

Insiste luego en que la donación de que se habla (se refiere, sin duda, a la del marido), es «lo mismo que el *excrex*, *aumento de* dote o *firma* de dote y que solo por el diverso modo de constituirse causaba diversos efectos. De otras indicaciones recogeré aquí la de que «así como se dice *axobar* la heredad que dan los padres o las hijas por herencia propia y de los suyos, se dice también, y más comúnmente, *axobar la firma* o *aumento de dote* que señala el marido». Para apoyar esta afirmación hace la cita de *Molin, Repert., vir et uxor.* Recordaré, con este motivo, que no es eso precisamente lo que dice Molino, sino más bien lo contrario. *Palacios convierte en común lo que, según Molino, es excepcional*[6].

6 He aquí las palabras mismas que en el *Repertorio* se leen: *Dicunt communiter foristae quod quando parentes dant aliquan hereditatem filiae ad propriam herentiam filiae ad propriam herentiam suam et suorum et pro bonis sedentibus, tunc talis haereditas dicitur data in* axovarium. Aliquando *tamen* axovarium *sumitur pro* firma dotis, *id est, pro quantitate aliqua assecurata seu firmata per virum uxori pro* axovario et loco axovarii, *pro qua vir obligaverit specialiter aliqua bona sua, ut colligitur evidenter ex obs. incipiente* item si vir assecuraverit uxori *etc.,* ti. *de secundis nuptiis, fol. 23. Videatis ibi. Et de isto* axovario *uxoris habetis in obs., prima ti.,* de iure do, *fol. 19, ubi dicta obs. videtur facere differentiam inter* dotes et

En las *Instituciones de Derecho civil aragonés* de Franco y Guillén se contienen las siguientes enseñanzas:

Es propia enteramente de la mujer «la cantidad que por *axobar* o *firma de dote* le hubiese asegurado el marido» (art. 31); la mujer, por sí sola, puede donar a su marido «los bienes de su pertenencia, excepto la *dote y axobar* (art. 36); ni el marido ni la mujer pueden vender la finca o heredad que los padres le dieron en *axovar* cuando casó, «a no dar fianza de que compraran otra igual (art. 37), debiendo tenerse en cuenta que en lo antiguo solían los padres dar a las hijas, además de la *dote,* una heredad a propia herencia suya y de los suyos, y «a esto se llamaba *axobar*», al que se sustituyó *la firma de dote,* habiendo dejado de estar en uso (nota al mismo artículo); aunque la mujer pueda disponer de sus bienes a favor de su marido, necesitará, «cuando haya de transferirle su *dote* y *axobar*» que intervengan sus dos parientes más próximos (art. 39); «se da el nombre de *firma de dote* a las fincas o cantidad de dinero que el marido, cuando casa con soltera, suele señalarla, además de asegurar su dote; esta *firma* se conoce indistintamente con este nombre y con los de *excrex*, *axobar aumento de dote* y simplemente *dote»* (art. 48).

Del Plano *(Manual del Abogado aragonés)*[7], nada dice del *axobar;* bien es verdad, que en ese libro no se trata de las donaciones *matrimoniales,* aunque se dedica un capítulo, el IV, a las donaciones en general.

Nougués *(Tratado del consorcio conyugal con arreglo a la jurisprudencia de Aragón)* se limita a decir, en cuanto al asunto, que también se llama *excrex, esponsalicio, axovar, aumento dotalicio, donación* **propter nuptias**, lo que más generalmente se designa en nuestros Fueros con el nombre de *dote,* y a hacer la cita, con ligera referencia a Portolés y Molino, de la Observancia 5.ª *De secundis nuptiis,* según la cual, «en el *axovar* no tiene parte el marido ni sus herederos».

Casajús, discurriendo, en su *Discurso* inaugural del curso de 1880 a 1881 en la Universidad de Zaragoza, sobre el *Derecho de familia en la legislación aragonesa,* clasifica así los bienes del matrimonio, con arreglo a los Fueros de la Colección de Huesca: «bienes de la mujer, que son los dotales procedentes del marido, los que sus padres están obligados a darle, y el *axovar* que podían añadir a éstos; bienes del marido; bienes comunes a los dos». Del *axovar,* de que habla el Fuero 6.°: *De Jure dotium,* dice que es un «*aumento voluntario de dote,* según Molino, que los padres constituían a veces en *favor de la hija* y *a propia herencia suya y de los* suyos».

---

axovarium*, et sic dicere ad modum dotis et axovaril id est quod dicere* ad propriam haerentiam suam et suorum.

7 En la opinión general, Del Plano, nacido en Zaragoza hacia mediados del XVIII, y muerto en 1808, es el autor de ese tratado, y como suyo se cita.
Inédito permaneció hasta 1842, en que se imprimió en Madrid, establecimiento de la señora viuda e hijos de Calleja.

No se conoce, dice, los parafernales, las donaciones *propter nuptias* ni las donaciones esponsalicias.

Dieste *(Diccionario de Derecho civil aragonés)* cree que «el *axobar* era la heredad dada a la hija a propia herencia suya y de los suyos, pero también la cantidad que el marido hipotecaba especialmente sobre sus bienes a favor de la mujer, por vía y en concepto de tal *axobar*». Decir «a manera de axovar —son las palabras, citando el Repertorio de Molino— es como si le dijera a propia herencia suya y de los suyos».

Martón y Santapau *(Derecho y Jurisprudencia de Aragón en sus relaciones con la legislación de Castilla,* por dos abogados del Ilustre Colegio de Zaragoza)[8] sostienen, con gran copia de argumentos, que *axobar* y *firma de dote* son cosas distintas; que «lo que el Fuero entiende por la palabra *dos* es lo que el marido asigna a la mujer, y que en el Derecho (esto es, en el romano, que es al que se refieren los Fueros cuando hablan de *jus*) se conoce bajo la denominación de donación *propter nuptias*», y lo que en las Observancias ese llama *axovar* es otra cosa diferente de lo que en los Fueros se llama *dos,* de lo que en la actualidad le denomina comúnmente *firma de dote* y de lo que en lenguaje antiguo aragonés se denominaba *arras*, lo mismo que en Castilla, porque en materia de donaciones matrimoniales, ambas legislaciones se resienten del influjo del elemento germánico», no siendo «este *axobar*» sino «lo que dan los padres a su hija al contraer matrimonio».

Blas (D. Andrés) reitera en *Derecho civil aragonés* la sinonimia, tantas veces indicada antes de él. «La dote —dice— significa también *excrex, axovar, firma* o *aumento de dote que el marido señala a* la *mujer*». Hay que notar que a la identificación del *axovar* y *la firma de dote* se agrega aquí otra, puesto que después de decir el autor, citando una ley de Partida, que dote es la porción de bienes *que la mujer aporta al matrimonio* para sostener las cargas de esta sociedad», define la firma de dote como «porción de bienes que el *marido señala a su esposa* en concepto de *dote*» y expresa que significa también *excrex,* etc. (como he dicho antes), y además *dote,* y que es el *arra* de Derecho común, o sea *la donación del esposo a la esposa* en remuneración de sus cualidades personales. También dice que «el *axovar* significaba anti-

8 Llaman estos autores la atención acerca de la modificación que en la historia del Derecho ha sufrido el concepto de la donación *propter nuptias.* Su uso se introdujo en Roma posteriormente al de la dote, y así no se habla de ese género de donación antes de los tiempos de Teodosio y Justiniano, ni en Castilla hasta las Partidas, Código según el cual se entiende por *donación propter nuptias lo que el marido daba a la mujer por razón de la dote que recibía de ella.* Ese concepto cambió substancialmente con la promulgación de las leyes de Toro. Ya, según éstas, no tenían esas donaciones el objeto de responder a la conservación de la dote, pues se hacían consistir *en las que suelen otorgar los padres a sus hijos al tiempo de casarse*.
No acepto ni combato aquí esa doctrina. Me limito a exponer la opinión de los distinguidos letrados, como la de los autores, a fin de reunir todos los antecedentes que a quien se proponga estudiar a fondo la cuestión convenga tener presentes.

guamente la heredad que los padres solían asignar a sus *hijos,* además de la *dote; axovar* que no se podía enajenar antes de tener sucesión, *axovar* que no se usa. Añade que, según el mismo Palacios, se dice comúnmente *axovar* la *firma* o *aumento* de *dote*»[9].

La Peña *(Recopilación por orden de materia de los Fueros* y *Observancias vigentes en el antiguo Reino* de *Aragón)* reproduce los textos forales en que se encuentra la palabra *axovar (axovarium);* no da explicación ni hace comentarios acerca de ella.

Publicó D. Eduardo Naval una *Compilación articulada del Derecho foral*; la hizo preceder de un prólogo de D. Felipe Guillén (el autor, con D. Luis Franco y López, de las *Instituciones* antes citadas), y seguir de una exposición de las conclusiones aprobadas por el Congreso de jurisconsultos aragoneses de 1881, con algunas observaciones suyas. Ni en el prólogo, ni en la compilación, ni en las conclusiones, ni en las observaciones se nombra el *axovar*; en lo que a ese concepto pudiera afectar, sólo se discurre sobre *firma de dote.* Cabe advertir que el Congreso, al resolver acerca de uno de los temas, se refirió a la obligación de los padres de hacer donaciones *propter nuptias* a los hijos. Naval indica que esa conclusión se adoptó como límite o carga del derecho de viudedad y que la obligación no constaba en disposición expresa que la prescriba, si bien puede deducirse.

Costa, en su libro *La libertad civil* y *el Congreso de jurisconsultos aragoneses,* insertó literalmente en el estudio que le dedicó las conclusiones de aquel Congreso; no se ocupó del asunto que constituye la materia del presente artículo.

No sucede lo mismo en otro de sus libros, el titulado *Alto Aragón (Huesca) (Derecho de familia)*[10].

Se lee en él: «Lo que en el Alto Aragón se denomina*, reconocimiento* lo designa el Fuero aragonés con los nombres de *firma* de *dote, excrex*, *axovar, aumento de dote, y simplemente dote,* y el Fuero Juzgo, el Fuero Viejo, los Fueros municipales y las Partidas, con el nombre de arras, sin que por esto sea idéntica la naturaleza de las *arras,* de la *firma* de *dote* y del *reconocimiento*».

---

9 Las enseñanzas de este autor han debido de influir mucho en los escritores que en estos últimos años hayan querido conocer fácilmente el Derecho aragonés en la materia objeto del presente trabajo sin tomarse la molestia de remontarse a las fuentes, o sea al texto de los Fueros y Observancias del libro de Franco y Guillén, al que desde luego querrían recurrir, estaba agotado desde poco después de su publicación (1841); el de Blas se publicó en 1873, teniendo aquél muy presente y reproduciéndolo substancialmente en gran parte; y con el manejo de este se sustituyó aquél con mucha frecuencia. También desde 1869 solía, consultarse el *Diccionario* de Dieste; mas no tanto ya, desde que apareció la obra de Blas, por razón del menor coste de ésta y de su método, o sea su forma de Código.

10 Fue publicado por primera vez en 1880 y reimpreso años más tarde, formando parte del primer tomo de la obra *Derecho consuetudinario* y *economía popular de España,* en que se insertan trabajos de otros jurisconsultos y publicistas.

Las observaciones que siguen a ésa versan sobre la *firma de dote del Fuero aragonés* que hace consistir en «la finca, o fincas, o cantidad de dinero, en que el marido dota a la mujer cuando casa con soltera». De ella y de las arras, a las que también dedica alguna atención, se diferencia, según su enseñanza, el *rcconocimicnto* altoaragonés en que éste es reciproco: el marido dota a la mujer, y la mujer, al marido. Es, en su concepto, una institución sustantiva y no dependiente de la dote y da acerca de ella curiosas noticias, relacionadas con el Derecho consuetudinario del Alto Aragón, especialmente con el llamado *casamiento en casa.*

Del *axovar* no vuelve a hacer mención.

Don Luis Franco, Barón de Mora, que en su Memoria de 1880[11] nada había dicho, al menos de un modo expreso, del *axovar, firma* de *dote, excrex,* etc., concretándose a defender la amplia libertad de contratación entre los cónyuges —no sin proponer alguna garantía o limitación— y a tratar de la dote en el concepto que pudiéramos llamar romano, de donación de los padres, y en su caso de los abuelos, a las hijas o nietas, creyendo, cuando se hubo publicado el Código, llegado el caso de exponer el juicio que este cuerpo legal le mereciera —previa la manifestación de su opinión favorable a la conservación de lo que más generalmente se halla adoptado por la costumbre de muchas comarcas, consistente en estipularse en los capítulos matrimoniales que de la cantidad que asigna el esposo a la esposa, o el marido a la mujer, cuando otorguen, después de casados, por razón de *firma* o *aumento de dote*, se haya de disponer en hijos del matrimonio que contraen, si los hubiere, o que, en caso de no haberlos, sólo pueda disponer de la mitad, quedando condonada la otra mitad restante—, propone que se declare, entre otras cosas: 1.°, que los esposos puedan hacerse donación recíprocamente, o tan sólo el uno en favor del otro, antes de contraer matrimonio, y ya se haga con la denominación de *excrex, aumento* o *firma* de dote o con otro cualquiera, no se hallan sujetas, en cuanto a su cuantía, a limitación alguna, salvo la necesidad de no menoscabar los derechos de los descendientes y ascendientes, en su caso, de los demandantes; 2.°, que si antes de la celebración del matrimonio no hubieran hecho uso los esposos de la facultad indicada, podrán usar de ella en cualquier tiempo, después de contraído; mas sin poder modificar las que hubiesen hecho antes o hicieran después de casados, sino después que hayan cumplido la edad de treinta y lleven más de cinco de matrimonio[12]. Como se ve, nada expone respecto al *axovar* (al menos bajo esta denominación).

11 *Memoria sobre las instituciones que deben continuar subsistentes del Derecho civil aragonés y reformas y adiciones que en ellas es conveniente establecer, escrita con arreglo a lo dispuesto en el Real Decreto de 2 febrero de 1880.*

12 *Adición a la Memoria que sobre las instituciones civiles de Aragón presentó al Gobierno de S. M. en 1880.*

En el proyecto de Código civil de Aragón, publicado en 1899, se dedica un capítulo al *excrex, firma o aumento de dote;* en punto a *axovar*, la omisión es completa; no se halla en él la palabra ni se razona sobre la institución.

En el proyecto de Apéndice de 1904[13] se propone que puedan los padres o el superviviente de ellos hacer a la hija, con ocasión de matrimonio, donación de un inmueble determinado a propia herencia suya y de los suyos; se dice que esta donación se llama especialmente *axobar* y que debe regirse por las condiciones que los donantes impongan, y en su defecto, por otros, que en esencia se reducen a la inalienabilidad de lo donado, mientras la donataria no tenga descendencia, en cuyo caso se convertirá en *dote* (pág. 31). En el preámbulo se expone que el *axovar,* sólo se usa con su primitivo carácter entre los habitantes de la región pirenaica, y que de ahí, sin duda, el que Asso y Manuel dijeran que «esto ya no se estila»[14]; y se dice que suele consistir «en alguna heredad procedente, en lo general, de descuajes en los montes comunes o de Propios, y que ni siquiera goza de los beneficios que lleva consigo el amillaramiento, dada a la hija con prohibición de enajenarla en tanto no tenga descendencia» (pág. XXII).

Azpeitia *(El consorcio foral, la Sociedad tácita familiar y la Sociedad legal continuada)* se refiere al fuero 6.° *De jure dotium,* insinúa que su fin no es otro que asegurar el sustento de la familia, propósito a que en pueblos modernos, especialmente en los Estados Unidos, se atiende con la institución del *ho-*

---

13 *Proyecto de ley en el cual se contienen como apéndice del C. c. general las instituciones forales y consuetudinarias que conviene conservar en concepto de excepción del mismo Código para el territorio de Aragón.*

14 En los *Formularios de instrumentos publicos sujetos a registro y otros actos no hipotecables,* que publicó en 1862 el Colegio de Notarios del Número y Caja de Zaragoza, hay un modelo de escritura de *aumento de dote* y otro de capitulación matrimonial a fuero con hipoteca; en ninguno de ellos se habla de *axovar.* En el formularlo de capitulación matrimonial de dos solteros hijos de familia, el contrayente aporta una asignación que, además de una donación *propter nuptias,* la constituye su padre, y a la contrayente, a idéntico efecto de constitución de dote estimada, le trasfieren sus padres ciertas fincas, llevando además también como dote estimada una cantidad en metálico y otra en alhajas. El contrayente constituye *arras* en una cantidad de que la contrayente podrá disponer libremente, y manifiesta ser su voluntad que esta donación no se considere como *aumento de dote.* Se pacta la viudedad universal. No se habla de *axovar.*

En la *Memoria expositiva* que precede a los *formularios,* se expresa que la ley Hipotecaria, cuya publicación había sugerido la idea de los Formularios, no impide «pactar la hermandad llana, establecer que los bienes muebles se consideren sitios, y viceversa, consignar firmas de dotes más o menos cuantiosos, extender la viudedad o usufructo foral a cuantos existan en el matrimonio, sin atender a su origen y naturaleza; reducir esa misma viudedad a estos o los otros, y renunciarla, en fin, parcial o totalmente. «A esto —se añade— y a mucho más alcanzan las facultades de los otorgantes, y bien cabe asegurar que, mientras no violen alguna prohibición de Fuero o algún principio de equidad natural, sus contratos tendrán completo valor y eficacia, y de ningún vicio podrán ser redargüidos, aun en el caso de que se constituyan hipotecas para seguridad de bienes y derechos, si oportunamente se verifica entonces su inscripción en el Registro, conforme a la nueva ley dictada sobre la materia».

mestead, privando para ello al marido y la mujer de la libre disposición de la finca dada en concepto de *axovar* mientras no tengan hijos, a no ser que el marido lo afiance con inmuebles; afirma que, aun cuando el *axovar* se haya desnaturalizado, desde el siglo XV, entienden los tratadistas por tal heredad dada en el concepto mencionado y que corresponde a la mujer a propia herencia de sí y de los suyos; y pone fin a la exposición de esta materia, que califica de enmarañada, diciendo que «los bienes de la mujer procedentes del marido reciben la denominación de dote *del marido, excrex, arras, axovar, donación* **propter nuptias** y *firma* o *aumento de dote*»; pero rechazando a la vez algunas de estas denominaciones, y especialmente la de *axovar,* en que ve una aplicación absurda, porque —son sus palabras— cualquiera que sea el concepto de este, implica siempre bienes aportados por la mujer.

Juncosa *(La Codificación del Derecho foral aragonés)* atribuye al *axovar,* que califica de institución poco importante del antiguo Derecho aragonés, la significación de «heredad que los padres solían asignar a las hijas, además de la dote, cuya finca no se podía enajenar antes de tener sucesión». Lo considera en desuso desde hace cerca de dos siglos; cita lo que de él se dice en la exposición de motivos del Proyecto de 1904; concluye con estas palabras: «En tales circunstancias, parece hasta una puerilidad el haber incluido semejante institución en el Apéndice».

Minguijón *(Notas de Historia del Derecho español)* expresa los conceptos que de la Institución han dado Dieste en un sentido y Martón y Santapau en otro; cree que tiene su origen en el faderfio[15] y que es distinta del *dotalicio catalán,* que lo tiene en el *morgengabe* germano[16].

Corresponde ahora exponer las enseñanzas de autores no aragoneses[17]. No lo haré con la extensión dada a la exposición de las doctrinas de los escri-

---

15 «A los deseos del marido correspondía la mujer germana con una pequeña aportación, que se llamó *faderfium,* y también *corredo* y *maritagium.* Consistía en vestidos, ropa blanca, animales y muebles. Aunque aportados por la mujer, no tenían estos bienes el carácter de la dote romana, pues, dada su pequeña cuantía, no constituían un elemento del patrimonio familiar que pudiera destinarse a sostener las cargas domesticas». (Minguijón, *Elementos* de *Historia del Derecho español*).

16 «*Morgengabe* es una palabra germánica que significa donación de la mañana. Con este término se designaba una liberalidad que el marido entregaba a la mujer en presencia de los parientes la mañana del día siguiente a la celebración del matrimonio. Se dice generalmente que representaba el *pretium virginitatis.* Para las viudas existia un *abendgab* (donación de la tarde). La *morgengabe* se hacía, desde luego, propiedad de la mujer; pero mientras duraba el matrimonio, no podía disponer de ella (como tampoco de ninguna otra clase de bienes) sin consentimiento del marido». (Minguijón, *Ibid.)*

17 *Librería de Jueces*, por Martínez, 1763.
Glosarium medae et infimae latinitatis, por Du Cange, 1840.
Enciclopedia de Derecho y Administración, publicada bajo la dirección de Arrazola; artículo *Ajobar* o *Axobar*, 1849.
Ensayo histórico-crítico sobre la legislación, etc., por Martínez Marina, 1846.
Historia del Derecho español, por Sampere, 1846.

tores de Aragón. Habría que dar al presente artículo proporciones excesivas y se fatigaría la atención del lector, amén de que, como es natural, los tratadistas aquellos han solido inspirarse en unos u otros de éstos. Voy por ello a limitarme a un sencillo extracto o resumen de pareceres de autores cuyo trabajo he tenido a la vista, advirtiendo que en la lista de la nota anterior he omitido obras en que no se menciona el *axovar* no obstante tratarse en ellas de materias relacionadas con esta institución.

El Código civil en sus relaciones con las legislaciones forales (t. I), por Alonso Martinez, 1874.

El autor habla de «*axovar* o *aixovar*» pero no con relación a Aragón, sino a Cataluña[18]; es, según su modo de discurrir una donación o constitución irregular; una compensación que el marido suele aportar como dote a su

Historia de la legislación, etc., por Marichalar y Manrique, tomo V, 1863.
La familia foral y la familia castellana, por Moret y Silvela, 1863.
Diccionario razonado de legislación y jurisprudencia, por Escriche (adicionado primeramente por D. Juan María Biec y después por D. León Galindo y de Vera, y juntamente con uno y otro, por D. José Vicente y Caravantes). Edición de 1874.
Don Jaime I «el Conquistador», Rey de Aragón, por Tourtoulon (t. II), 1874.
Códigos o estudios fundamentales sobre el Derecho civil español (t. VI, que, con el VII, comprende el *Examen comparado de las legislaciones especiales*), por Gutiérrez (D. Benito), 1874.
Derecho civil general y foral de España, por don José Antonio Elias, 1875.
Exposición doctrinal del Derecho civil español común y foral, por Falcón, 1878.
Estudi sobre lo Bisbe d'Osca en Vidal de Canyelles (trabajo de Bové, inserto en el libro *Jochs florals de Barcelona*), 1895.
Lecciones de Derecho civil foral, por Sancho Tello, 1897.
Estudios de Derecho civil (t. V), por Sánchez Román, 1898.
Bienes conyugales (publicación de la *Biblioteca de las leyes*, dirigida por Ossorio y Gallardo), 1902.
El Derecho positivo de la mujer, por Díez Enríquez, 1903.
Manual de Derecho foral español, por La Iglesia, 1903.
Apuntes de Derecho civil (Primer curso), por Planas y Casals, 1903.
Diccionario de Derecho civil foral (t. I), por Moutón, 1904.
Código civil concordado y comentado (t. XXI), por M. Scaevola, 1904.
Comentarios al Código civil español (t. IX), por Manresa, 1904.
Historia de la literatura jurídica española (t. I, volumen 1° de la 2.ª edic.), por Ureña, 1906.
Discurso de recepción en la Real Academia de Ciencias Morales y Políticas, por Eduardo de Hinojosa, 1907.
Derecho foral español (t. I), por Barrachina, 1911.
Derecho consuetudinario español y europeo, por Mouton, 1911.
Apuntes de Derecho civil español común y foral (Segundo curso; t. III), por Clemente de Diego, 1914.
Comentarios a la legislación hipotecaria (t. IV), por Morell, 1918.
Axobar o *Axovar* (artículo de la *Enciclopedia Universal*, de Espasa); s.a.
Axovar (artículo de la *Enciclopedia jurídica española*, de Seix); s.a.
La mujer casada, sus derechos pecuniarios (estudios de legislación comparada), por Huertas; s.a.
El abogado popular, por Huguet; s.a.

18 Lo mismo hace Morell respecto a Cataluña; pero con relación a Aragón se ocupa del *axobar,* que asimila a la *firma* de *dote* y *excreix*.

consorte, para que ésta administre y usufructúe los bienes a manera de parafernales, cuando el matrimonio se concierta entre una *pubilla* y un hijo de familia a quien su padre no designa heredero.

Legislación foral de España. Derecho vigente en Aragón (obra que forma parte de la Biblioteca judicial que dirigió D. Emilio Bravo, tomo I), 1888.

El autor de este libro se limita fijarse en la donación *propter nuptias,* que considera similar a las arras de Castilla; a distinguir de ella «la que los aragoneses llaman *excreix, aumento* o *firma de dote*», y a citar como *Observancias* que de ésta se ocupan la 5.ª, 42 y 52 *De jure dotium* y la 4.ª *De donationibus.*

Feminismo jurídico, por Romera Navarro, 1910.

En este libro se afirma que la legislación aragonesa ha podido ser el mejor modelo de legislación universal; ella es, según el autor, la línea que ha tributado en todo tiempo un noble respeto a los derechos de la mujer, y aunque habla del régimen familiar, lo hace en términos generales, sin descender a detalles ni determinar los bienes que a cada cónyuge pertenecen; nada, por lo mismo dice del *axovar.*

Contratos matrimoniales. Artículo del *Diccionario de la Administración española,* por Alcubilla (6.ª edic., t. IV), 1915.

Coincide este publicista con Alonso Martínez en el concepto del *axovar,* más sólo con relación a Cataluña. Tratando de Aragón, habla de la firma de dote, que hoy cree que apenas se practica; del *axovar* nada indica.

En general, los autores no aragoneses —de los aragoneses ya he hablado— hacen una institución misma del *axovar* y la *firma de dote*[19]; muy pocos establecen diferencia entre uno y otro.

Al número de estos últimos pertenecen Bové, Ureña e Hinojosa.

La reglamentación de la dote —dice Bové al juzgar la Compilación de 1247— nos hace recordar las costumbres germánicas, reproducidas, en parte, en el *Forum Judicum:* el marido constituye la dote *(dos)* de la mujer; los bienes que aporta ésta se denominan *axovar.*

El origen arábigo del vocablo ha hecho suponer, según Ureña, la procedencia islamista de la institución que representa; pero produciéndose tal confusión entre los fueristas aragoneses, que se ha desnaturalizado por completo, a su juicio, el concepto del *axovar* al equipararlo al *excreix* y hacerlo servir como denominación apropiada para designar la *firma de dote,* sin tomar en cuenta que ésta procede del marido, mientras aquél es aportación de la mujer.

19 No parece pueda eso afirmarse de un modo concluyente de Sánchez Román; mas de su enseñanza se deduce que la identidad de ambas instituciones estaba en su convencimiento; no de otro modo puede explicarse que, atribuyendo a la mujer la propiedad de la *dote, axovar exponsalicio,* solamente se ocupe, al desarrollar esa doctrina, de la *dote, firma* de *dote* y *esponsalicio;* por donde se ve que, para él, hablar de *firma de dote* vale tanto como hablar de *axovar.*

Constituían —dice Hinojosa— la dote aportada por la mujer en Aragón los bienes inmuebles, o que como tales se llevaban al matrimonio *(axovar)*, dados por los padres, si casaba con su consentimiento, y era obligatoria la donación *(firma de dote)* del marido a la mujer si ésta llevó dote o aquél prometió dotarla, siendo voluntaria en otro caso.

La sinonimia de *axovar* y *firma de dote,* admitida y enseñada, como dejo indicado, por la mayor parte de los autores, no ha parado ahí; se ha hecho extensiva a otros vocablos, como *ajuar, axovarium* (aunque éste no es más que la equivalencia latina de *axovar, excrex, excreix, aumento de dote, dote, arras* y *donación propter nuptias*). Esa extensión de la sinonimia jurídica no aparece hecha por los diversos autores de un modo unánime. Así, por ejemplo, los adicionadores del *Diccionario* de Escriche[20], y Moret y Silvela admiten casi todas esas equivalencias, mientras M. Scaevola las reduce a las de *contrato de dote* y *excreix;* Huertas, a las de *excrers*[21], *aumento* y *firma de dote;* Manresa y Huguet, a las de *excreix* y *firma de dote;* Gutiérrez y Moutón, a la de *aumento de dote;* Tourtoulon, a la de *dote*[22], y únicamente en el *Diccionario* de Arrazola se menciona la de *donación* **propter nuptias**; pero no sola, sino juntamente con varias de las otras denominaciones mencionadas.

Débese esa gran confusión a no haber los autores parado mientes en lo que es y significa cada institución[23].

20 Este ilustre jurista era aragonés, pero de Derecho aragonés apenas escribió; en edición de 1874, de que me he servido, que según tengo entendido, la última, lo referente al *axovar* va entre unas comillas, que indican que es obra de los adicionadores. Por eso, para los efectos de este artículo, no he contado a Escriche entre los escritores aragoneses,

21 La palabra *excrers* parece ser una errata. Con relación a Aragón se emplea una vez sola en la obra de referencia, sin que aparezca ninguna otra análoga; la voz *excrex* resulta empleada solamente con relación a Cataluña.

22 En el libro de este escritor, se expresa que «el marido constituye la dote *(dos)* de la mujer», y que «los bienes aportados por este toman el nombre de *axovar*». De aquí se deduce que el autor confunde el *axovar* (modalidad especial de la *dote* al estilo castellano-romano) con esa dote tomada en su concilio general, a la vez que otros autores, los más, sin duda, lo confunden con la dote germánica.

23 Es de sentir que, por falta de atención o de estudio asiduo, escritores de mérito eminente incurran en graves errores al referirse a la legislación aragonesa.
Ripollés señaló algunos, no todos, en una curiosa nota de su «Discurso inaugural del curso de 1888-89 en la Universidad de Zaragoza». Al recoger antecedentes para lo que es objeto del presente artículo, he dado, sin buscarlo, con uno en que han incurrido algunos de los autores consultados.
Consiste ese error en la confusión del *consorcio foral* y *consorcio conyugal,* que representan situaciones jurídicas completamente distintas.
Lo peor del caso es que algunos de los que incurren en ese error parecen querer ampararse en la enseñanza de un jurista aragonés tan conocedor, teórica y prácticamente, de los Fueros y Observancias como Nougues Secall *(Tratado del consorcio conyugal con arreglo a la jurisprudencia* de *Aragón),* que no incurrió, ni era posible que incurriera, en tamaño dislate.
Siendo cierto lo que acabo de decir, la justicia y la verdad obligan a reconocer que, en lo tocante a la materia sobre que versa este modesto trabajo, antes que escritores no aragoneses, incurrieron en confusión algunos de Aragón, de quienes se transmitió a aquéllos.

Escasa luz la que proyecta sobre este asunto la Jurisprudencia.

Según los datos de la colección Ripollés, la Audiencia de Zaragoza ha hecho las siguientes declaraciones.

En 29 de noviembre de 1860 estableció diferencia entre la *firma, excrex* o *aumento de dote,* y otras donaciones hechas por el futuro esposo a la esposa y las hechas a favor de ésta por su padre, ya de sus bienes, ya de los de su difunta mujer, siendo independientes unas de otras. No se habla aquí de *axovar,* pero es indudable que si éste consiste en donación hecha *no por el marido, sino por el padre,* no puede confundirse con la *firma de dote*, llámesela así o de otro modo.

En la mayor parte de las sentencias en que se ha hablado de *firma de dote*, se la ha asimilado al *excrex, aumento de dote y dote* —entendiéndose ser ésa «la opinión más general de los tratadistas de Derecho foral aragonés» confirmada por la práctica (sentencia de 28 de enero de 1879)—, o al *excrex* y *aumento de dote* (sentencia de 6 de mayo de 1868), o sencillamente al *excrex* (sentencias de 26 de abril de 1880 y 29 de mayo de 1891), sin hablarse expresamente del *axovar* ni hacer alusión a él; mas la de 17 de febrero de 1891 declara, según la referencia de Ripollés, que «en Aragón se da el nombre de *firma de dote* a las fincas o cantidad de dinero que el marido, cuando casa con soltera, suele señalarla, además de asignar su dote, cuya firma se conoce indistintamente con este nombre y con los de *excrex,* **axobar**, *aumento de dote,* y también con el de simple *dote*».

Citada he visto alguna vez la resolución de 29 de octubre de 1866, como en demostración, de que el *axovar* es la dote ofrecida por el esposo a la esposa y al padre de ésta; pero la verdad es que esa resolución se refiere al *aixovar* de Cataluña. También la de 18 de junio de 1864 habla de la dote o *aixovar* de esa región con ocasión de una consulta hecha por un Registrador al Juez de primera instancia acerca, no de donación del marido, sino de «cartas dotales que contienen heredamientos, a favor de los hijos, de los bienes que los donadores dejaron el día de su fallecimiento»[24].

Lo expuesto es cuanto, como constitutivo de opiniones manifestadas o declaraciones hechas respecto a lo que sea *axovar,* puedo señalar a quienes estimen conveniente documentarse para formar juicio en este punto.

---

24 Estas resoluciones aparecen insertas en la *Colección completa de Leyes, Reales decretos, Reales órdenes, Ordenes, Circulares y Resoluciones referentes a la toma de razón de la propiedad inmueble y derechos reales en España, expedidas desde el 2 de diciembre de 1739 hasta 31 de diciembre de 1873, firmada por D. León Galindo y de Vera y D. Rafael de la Escosura y Escosura, previa autorización oficial*. Corresponde, como se ve, esta Colección a la época anterior a la Orden del Gobierno de la República (18 de junio de 1874) en que se acordó la publicación en la *Gaceta* de las resoluciones de la Dirección.

Por mi parte, me cuento entre los que opinan que el *axovar* es una Institución que tiene existencia legal, *per se,* y que es independiente y distinta de la *firma* de *dote* y de cualquiera otra con la que quiera identificársela.

Examinaré para ello los textos legales y discurriré según lo que yo estime que deben ser su sentido e interpretación.

La primera de las disposiciones escritas del Derecho aragonés en que se habla del *axovar* es el Fuero 6.° *De jure dotium*, de 1247, libro V.

Según su tenor, no pueden el marido y la mujer vender la heredad que los padres de la mujer le dieran en *axovar* cuando se casó (*quam parentes uxoris in* **axovario** *dederunt filiae quando nupsit).*

El axovar es, indudablemente, con arreglo a ese texto, donación de los padres a la hija.

Aun si por la palabra *parentes*[25] se quiere entender *parientes o consanguineos*, y no *padres,* resultará que no cabe confundir esa institución con la *firma de dote,* la cual, por la inteligencla que no puede menos de darse a las disposiciones forales, y que, en verdad, se les da, es dote del esposo a la esposa o del marido a la mujer.

El Fuero 1.° *De contractibus conjugum,* también de 124.7, libro V[26], no ampara ni rechaza de un modo expreso la identificación.

Cabe dudar si se trata de la dote en el concepto de la dote de abolengo romano o de la dote de origen germano (el Fuero solamente dice *dotis remissio);* opino que de esta última. Las palabras *non valebit viro,* con referencia a esa renuncia hecha *ab uxore,* parecen autorizar esa opinión. Sea como quiera, el Fuero no habla de *axovar* ni alusión alguna a éste, directa ni indirecta, puede hallarse en su texto, por mucho que le sutilice.

La confusión que puede creerse iniciada ahí se acentúa con la publicación de las Observancias.

La Observancia 8.ª *De donationibus,* libro IV[27], considera la *dote* como donación *del padre* al hijo o a la hija, viene a relacionarla, hasta cierto punto, con el *axovar* y separa esta institución de la dote del marido, o sea de la *firma de dote.*

---

25 Sabido es que las palabras *parentes aut consanguinei* que se leen en la Observancia 7.ª *De testamentis* han sido objeto de discusión entre los que consideran la voz *aut* como expostiva o explicativa, y los que la estiman disyuntiva. Sobre esa cuestión exponen observaciones dignas de estudio Franco y Guillén en en sus *Instituciones*, y Arruego, en un trabajo titulado *Un Fuero y una Observancia.*

26 Su texto es como sigue: *Non valebit viro dolis facta remissio ab uxore ni si de proximorum uxoris consilio*, etc.

27 Su texto literal es éste: *In integra illius portio quam paler dedit filio vel filiae in dotem, potest alteri filio facere plura dona, matre etiam invita et potest plura facere dona, dum dat* axovarium *filiae.*

Siguiendo el estudio del cuerpo legal, se encuentra mencionado el *axovar* en tres Observancias del libro V, a saber, la 1.ª, la 15.ª y la 45.ª, todas del titulo *De jure dotium.*

Declara la 1.ª que la mujer no puede transferir al marido la *dote* ni el *axovar* sino en la forma establecida en el Fuero *De contractibus conjugum*[28]. Tampoco aquí se encuentra solución; en caso de haberla, será favorable a la distinción de *axovar* y *firma.*

La confusión de una cosa y otra parece negada por la Observancia 15.ª Por el contrario, ella puede dar lugar a otra, no con la modalidad romana, sino con la firma de dote puesta *como donación de los padres o del sobreviviente de ellos al hijo o a la hija por causa de matrimonio.*

La 45[29] mantiene el concepto de *axovar* en cuanto diferente de la *firma de dote,* si bien no en el sentido de que consiste precisamente en una finca.

La mayor dificultad viene de la Observancia 5.ª *De secundis nuptiis* (libro V).

Trátase en ella del caso en que el marido hubiese asegurado a la esposa alguna cantidad por *axovar* y obligado en especial algunos bienes. Esa dificultad no ha nacido del texto mismo[30] de la Observancia, sino de su interpretación por los tratadistas que han estimado su contenido aplicable a la *firma de dote.* Tal interpretación es errónea. Su Observancia, dicen Martón y Santapau *(Derecho* y *jurisprudencia de Aragón en sus relaciones con la legislación de Castilla,* tomo I), se refiere evidentemente al *axovar* que no es donación *del marido a la mujer*, sino *del padre a la hija,* y cuyos bienes debe aquél asegurar y garantir para los herederos de la esposa que muera intestada.

---

28 El texto de la Observancia es éste: *Nota quod* de *consuetudine Regni* uxor *potest transfere in virum sicut* in *extraneum bona sua mobilia* et *immobilia quae non sunt* dotes vel axovarium: dotes *aut* axovarium *non potest transfere, etc.*
Podía reproducirse la discusión a que antes he aludido acerca de la partícula *aut* en la expresión parentes *aut consanguinei,* extendiéndola aquí a la de la partícula *vel;* pero, además de que Martón y Santapau traducen por «ninguna de ambas cosas» la expresión *dotes aut axovarium,* es de creer que la palabra *dotes* se haya querido emplear en todos los sentidos en que puede tomarse (y aun por eso es posible que se haya usado en plural), y por otra parte, no hay fundamento para suponer que con tal palabra se quiera significar la firma y asimilarla al *axovar,* sin decir nada acerca de lo donado por el *padre,* siendo más razonable facilitar la transmisión *al marido* de lo que el mismo dona que la de la entrega de lo que le recibió del *padre.*

29 He aquí el texto: *Item* **maritus** *non tenet viduitatem in pecunia in* **axovario sibi data cum uxore** *nisi de hoc, tempore matrimonii, caveatur specialiter.*

30 Es el que sigue: *Item, si vir assecuraverit uxori aliquam quantitatem* **pro axovario** *et obligaverit in speciali aliqua bona, mulier vel ejus haeredes recipient dictam quantitatem praecipuam de bonis specialiter obligatis illa distrahendo, et illa non sufficiunt de aliis bonis viri, nec in illa vir* aut *ejus haeredes habebunt partem.*

Esta observación no puede ser bien comprendida si no se tiene en cuenta otra muy importante, la 52.ª *De jure dotium,* libro V. Según ella, *las dotes* que se asignan por el marido a la mujer son la *dote* del Fuero.

Es una cosa lo que ha venido a llamarse *firma de dote (dos),* donación marital, y otra el *axovar,* donación paterna. La *firma (dos* en lenguaje foral) se rige por la Observancia 52.ª *De jure dotium;* el *axovar*, por la Observancia 5.ª, *De secundis nuptiis,* concordante con el Fuero 6.° *De jure dotium*, y aun con la Observancia 8.ª *De donationibus.*

Consideran esos escritores cosa inconcebible que dentro del mismo cuerpo de las Observancias se quisiera explicar en una cuidadosamente lo que en Aragón se entiende por *dote;* para venir en otra a dar a la misma donación un nombre usado en distinto sentido, con distinto carácter y con diverso objeto.

El argumento parece absolutamente decisivo; mas pierde alguna fuerza, no toda, si se piensa en que en los Fueros, antes y después de las Observancias, se da a entender que la obligación y el acto de *dotar* pueden también referirse a la donación paterna motivada por el casamiento[31].

Hay, con todo, que reconocer que en las Observancias *De jure dotium,* salvo, tal vez, alguna en que pudiera caber duda, se habla de la *dote* en el sentido determinado en la 52[32].

---

31 Así el Fuero 1.° *De exheredatione filiorum,* de 1247, libro VI, declara que el *padre y la madre* cuya hija contrae matrimonio sin consultarles o contra su voluntad *(ipsis inconsultis vel nolentibus),* no tienen obligación de *dotarla (de bonis suis dotare minime teneantur).* Y el de 1626, referente a *censales (Concordias en* censales *de expulsión y reducción de censales concejiles)* estatuye sobre «censales para las *dotes* de las hijas de los señores que, *conforme a Fuero,* tienen obligación de *dotarlas*». Como observan Franco y Guillén, no hay otro fuero a que puedan hacer referencia que el citado De *exheredatione filiorum.* De todos modos, ambos Fueros, anterior el uno, posterior el otro a las Observancias, hablan no de la *dote del marido,* sino de la dote *del padre.*

32 Aprovecho la ocasión para rectificar errores en que, por inadvertencia, acaso al tomar alguna cita sin comprobarla, y al corregir las pruebas del articulo *Dote* de la *Enciclopedia* de Seix, hube de incurrir. Ya en el artículo *Firma de dote,* de la misma *Enciclopedia,* los rectifiqué. La Observancia que, relacionándola con la significación de la dote, había citado es la 4.ª *De jure dotium:* la que quise o entendí citar, la 4.ª *De secundis nuptiis.* Errónea fue también la cita de las Observancias 38.ª y 50.ª *De secundis nuptiis;* debí citar las *De jure dotium* correspondientes a esos números; equivocación fácil de advertir, ya que no hay más que 11 Observancias *De secundis nuptiis.* De todos modos, quisiera no haberme equivocado.
Ante todo, la verdad y la exactitud, y quiero restablecerlas. El estudio de la materia presenta el Fuero 1.° *De exheredatione filiorum,* y el de *concordias* en censales, como opuestos a las Observancias 88.ª y 50.ª *De jure dotium*, 4.ª de la misma rúbrica, y otras de cuyo sentido no se aparta la 4.ª *De secundis nuptiis.* Cito especialmente esas tres *De jure dotium*, porque ellas, de una manera clara y terminante, sin dejar lugar a duda, confirman la declaración de la 52.ª de la misma rúbrica, respecto a la significación foral de la palabra *dos.* En efecto: la Observancia 4.ª *De jure dotium* habla de la *dote* de los Barones y de los Infanzones a sus esposas; la 38.ª, de los casos en que o se promete *dote* a la mujer por su marido, o se la dota por éste en todos sus bienes; la 50.ª, del derecho de la mujer a que

Es muy de tener en cuenta la observación sugerida por la comparación de dos textos fundamentales de la discusión: la Observancia 52.ª *De jure dotium* y la 5.ª *De secundis nuptiis. Dotes que asignantur per virum uxori,* se lee en aquélla. *Si vir assecuraverit uxori aliquam quantitatem pro axovario,* son las palabras de ésta. ¿Es acaso lo mismo *asignar* que *asegurar?* «El asignar —dicen los autores a quienes ahora voy refiriéndome— lleva envuelta la idea de donar bienes *propios;* el *asegurar* lleva la de garantir y poner a salvo bienes ajenos, bienes que, en vez de *dados,* se *reciben,* y siendo esto así, claro es que el *axobar* de la Observancia 52.ª, no podrá significar más que los bienes aportados por la mujer, y la dote *asignada* por el marido, de la Observancia 52.ª, no puede referirse más que a la *donación marital,* al reconocimiento, a la cariñosa expresión del marido en favor de su mujer».

Invocan esos autores, como argumento, las palabras «Si la muller o otro por ella en el tiempo de sus bodas diera dineros o algún mueble al su marido, *la cual cosa es dita* **aixovar** en romance», que se leen en un precioso Códice del siglo XIII, original, a su juicio, de los Fueros compilados en las Cortes de 1247, palabras que forman parte del Fuero 4.° *De iure* **dociu**, *del dreito d' las* **arras**, al cual viene a corresponder el 6.° *De jure dotium* de la traducción latina.

El respeto que debo y profeso a la memoria de D. Luis Franco y López y el reconocimiento de su autoridad y la de D. Joaquín Martón y D. Francisco Santapau no me llevan hasta compartir su convencimiento de lo *indudable* del carácter que a ese Código atribuyen; mas no por eso niego que las transcritas palabras puedan ser argumento de alguna fuerza. Lástima es que no pueda hoy ya contarse con el examen del precioso libro, por haber sido vendido, después de la muerte de Franco y López, a un mercader inglés, según refiere Ureña.

De todo ello deducen Martón y Santapau lo siguiente: «Hay derecho para sostener que en lo antiguo se daba en Aragón el nombre de *axobar* a lo que ahora llamamos *dote* propiamente dicha, y el de arras, a lo que en la traducción latina de los Fueros antiguos y en las Observancias se llama *dote,* y que con el tiempo, cuando llegó a darse la denominación de *dote,* o de *dotación principal,* a lo que lleva la mujer al matrimonio, se principió a llamar (para distinguirlo, sin duda, de esta dotación) *firma de dote,* que es el nombre con que se conoce en el Fuero de 1533, último del titulo *De jure dotium* de las ediciones que usamos»[33].

---

su marido la dote. Y la 4.ª *De secundis nuptiis* declara la costumbre de dotarse a la mujer Infanzona por su marido como si fuera Infanzona.

33 Los Fueros del título que se cita (libro V) son ocho: los siete primeros aparecen incluidos en la compilación de 1247; el octavo es el de las Cortes de Monzón en 1533. Este Fuero comienza con las palabras «*Item*, por quanto se han visto muchos inconvenientes en total destruyción de las haciendas vinculadas, con *Firmas* de *dote* y *dotaciones principales* de hijos y nietos, que es quasi por indirecto anullar los vinculos, por tanto», etc. Y en el resto del Fuero se repite más de una vez la distinción de *dote* y *firma.*

No puedo adherirme a esa opinión sin hacer alguna reserva. Lo que se hallará establecido en Fueros *antiguos,* entendiendo por tales los anteriores a la Compilación de 1247, no lo sabemos.

Si se toma por base esa Compilación, se ve en ella, ya lo he advertido en el curso de este trabajo, al lado de un Fuero (el 6.° *De jure dotium),* que llama *axovar* a una donación matrimonial del padre a las hijas; otros (como, por ejemplo, el 2.° del mismo título) que hablan de la mujer dotada por el marido, y otro (el 1.° *De exheredatione filiorum)* que versa sobre la obligación de dotar los padres a las hijas.

Así, pues, aparecen en los Fueros *De jure dotium* tres clases de donaciones matrimoniales; *dote del padre, axovar, dote del marido.* Y como el *axovar* es también *dote del padre,* no veo más medio de evitar la confusión de *dote* (en sentido general) y *axovar* que el de considerar éste como una especie de *aumento de dote,* como una *dote especial,* la *heredad* a que se refiere el Fuero 6.° *De jure dotium*[34], la heredad de que habla Molino, dada a la hija a propia suya y de los suyos, sin que, por lo mismo, pueda creerse, con Martón y Santapau que en lo antiguo no tenemos datos con que remontarnos con seguridad y de un modo general o amplio más allá de la Compilación[35], y el *axovar* fuera la dote, esto es, «lo que ahora llamamos *dote* propiamente dicha», la *dote* al modo romano, toda vez que se hacía distinción de ambas cosas.

Ya hemos visto que tampoco cabe decir en absoluto que en lo antiguo se diera la denominación de *arras* a la donación que en la traducción latina de los Fueros y Observancias se llama *dote;* en primer lugar, porque en los Fueros —dejando aparte por ahora las Observancias—, *dote* se dice de las dos maneras: la romana y la goda[36], sea la del padre y la del marido, y después, porque sólo en el Códice anteriormente citado se da el nombre de *arras,* a las *dotes* del título *De jure dotium.*

Es cierto, sí, que con el tiempo se comenzó a dar a la dote del marido, llamársela o no también —parece que no— *arras,* la denominación de *firma*

34 Todavía resultará aun así la contradicción entre el Códice antes citado, en que se habla de *dineros* o *algún inmueble,* y la edición latina de los Fueros, en que se hace referencia a una *heredad.*

35 Al indicar así, antes de ahora y en este momento, las dos clases de *dote,* me atengo al modo general de considerarlas y denominarlas, sin que por eso entienda prejuzgar aquí, en ningún sentido, la interesante teoría de Ureña, digna de estudio, sobre la influencia semítica en la legislación aragonesa.

36 Con escritores juristas, anteriores a Molino, no podemos contar. A este propósito, según Dieste en la *Introducción* a su *Diccionario:* «Entre nuestros escritores fueristas anteriores al siglo XVI, figuran *Vidal de Canellas,* Obispo de Huesca —que hizo la primera *Compilación* de los Fueros, acordada en las Cortes celebradas en la misma ciudad en 1247—; *Juan* de *Patos, Jaime Hospital, Pedro Naja, Martín Pertusa, Juan Antich Bages, Miguel Anchías, Juan del Río, Martín Larraga y Giner Pérez de Salanova. Pero los escritos de estos fueristas quedaron inéditos.* Miguel del Molino fue el primero que en 1507 publicó un «Tratado de Derecho foral», etc.

de *dote.* No consta cuánto tiempo tardó a ocurrir eso; lo que se sabe es que ya Molino —antes lo he notado— expresa no precisamente que la *firma de dote* fuera la *dote del marido,* la dote goda, sino que *a veces,* como tal *firma* de *dote* se consideraba el *axovar.*

De este modo, y como ha hecho ver la reseña de las doctrinas de los autores, con la eliminación del *axovar* como institución independiente y diferenciada, las donaciones matrimoniales en favor de la mujer se reducían a la *dote* (por parte del padre) y a la *firma de dote* (por parte del marido).

Procede, llegados a este punto, y sea lo que quiera lo dispuesto respecto a la *firma de dote,* examinar cuáles son las disposiciones forales que determinan el régimen del *axovar,* entendido éste en el sentido, genuinamente foral en mi concepto, de donación *paterna.*

La tarea es fácil, porque las disposiciones sobre el *axovar* son sencillas y las dudas que a propósito de éste se han suscitado han tenido su origen en la confusión del mismo con la *firma* de *dote.*

El Fuero 6.° *De jure dotium* prohibe a marido y mujer la venta de la heredad dada en *axovar* antes de que haya prole, a no darse fianza suficiente que garantice la inversión del importe en la adquisición de otra heredad tan buena y tan bien situada *(quod denarios ipsos ponant in alia haereditate tam bona et in tam convenienti loco).*

La Observancia 45.ª *De jure dotium* declara que el marido no tiene viudedad en el dinero dado en *axovar* a él y a la mujer, a no ser que se pacte especialmente al tiempo del matrimonio. Nótese que en el tiempo transcurrido desde la Compilación hasta las Observancias, si no se hubo establecido que el *axovar* haya de consistir en dinero y no en una heredad, al menos *se autorizó* su constitución en aquella forma. Fuera del alcance que en ese sentido puede tener esta Observancia, nada establece que sin ella no hubiera de entenderse y aplicarse.

La viudedad por ministerio del Fuero sólo existe sobre bienes sitios; para que alcance a los bienes muebles, hay que pactarla (Fueros 1.° *De jure dotium* y 1.° *De alimemtis,* ambos del libro V; Observancias 39, 43 y 59 de iguales rúbrica y libro).

Según la repetida Observancia 5.ª *De secundis nuptiis,* la cantidad asegurada como *axovar* por el marido se recibe por la mujer o sus herederos, con exclusión de aquél y de los suyos, en primer término, mediante la venta de los bienes especialmente obligados, y si estos no bastasen, con el importe de otros bienes del marido.

Esa Observancia se ha aplicado generalmente a la *firma de dote;* pero ya se ve, por su texto y por las consideraciones que dejo expuestas, que no trata sino del *axovar.*

A la exposición de lo conveniente a esta especial institución aragonesa he querido concretarme en este trabajo, que ha llegado ya a su término.

Ampliarlo con las doctrinas sobre la *firma de dote,* de que ya queda dicho lo necesario para fundar la diferencia que establece entre una y otra institución, sería ir más allá de aquel propósito.

Si el asunto se lleva a los Tribunales de un modo directo y claro, me parece de temer que la teoría de esa diferenciación no prospere. La abonan los textos forales; pero contra ella está la *communis opinio* de los jurisconsultos. Ya Molino dijo que la costumbre o derecho no escrito se conserva *in capitibus prudentum*[37]. Esa opinión, cuando es unánime, como dice don Jerónimo González en sus recientes *Estudios hipotecarios* (y bien podernos creer que aunque, como en el caso de que se trata, no sea absolutamente unánime), ejerce una presión cuya influencia siempre se dejará sentir, cualquiera que sea la solución que los códigos den al difícil problema de los Fueros.

CONSORCIO FORAL, EL

Consideración preliminar.– Especialísimas instituciones del Derecho foral aragonés son el consorcio foral y la sociedad conyugal continuada o prorrogada.

Esencialmente distintas, confúndenlas a veces quienes no se hallan muy familiarizados con este Derecho, engañados quizá por el nombre de *consorcio* que también se da a la *sociedad conyugal*.

No es infrecuente, por otra parte, que se testifiquen y se inscriban escrituras de hipoteca de bienes sujetos al consorcio foral, otorgadas por algún consorte, con desilusión y perjuicio, a la postre, de los adquirentes, al verse privados de la garantía con que contaron, o del dominio que creyeran hacer suyo.

¿Qué es el consorcio y qué la sociedad legal continuada?

Los fueros describen, y la doctrina y la jurisprudencia aclaran y completan su obra, el origen, desarrollo y término de una y otra instituciones; no las definen.

Es el consorcio foral, según Dieste *(Diccionario del Derecho civil aragonés),* «la comunión o comparticipación, establecida por fuero, entre los herederos de bienes sitios indivisos procedentes de algún consanguínea ascendiente o colateral».

«La sociedad conyugal, dicen Franco y Guillén *(Instituciones de Derecho civil aragonés)*, concluye generalmente por muerte de un cónyuge; pero cuando sus herederos no hacen descripción, inventario, embargo u otra diligencia que manifieste su voluntad de separarse de la sociedad, se entiende que continúa entre el cónyuge sobreviviente y los herederos del premuerto».

37 (N. del editor). Pese a existir la llamada, no hay nota en el original.

La sola aproximación de esos dos párrafos basta para comprender cómo es cierto que se trata de dos cosas diversas[38].

Me propongo exponer aquí lo que en orden al consorcio foral me parece más importante: de la sociedad conyugal he escrito algo en estas columnas de la REVISTA y no faltará ocasión de ampliar lo expuesto.

Origen del *consorcio foral*.– No me refiero en estas palabras al nacimiento real y verdadero de la institución. ¿Se delineó ya en fueros particulares de algunas localidades? ¿Estaba, no escrita, sino meramente encarnada en prácticas y costumbres? ¿Nació espontáneamente en Aragón? ¿Hay precedentes de ella en antiguas legislaciones de otros pueblos?

Queden para tratadas en otra ocasión, o por otras plumas, esas cuestiones, propias de un orden de investigaciones y conocimientos en Aragón muy poco atendido. Hoy no me propongo sino exponer el Derecho vigente, tomándolo desde la Compilación de Huesca, hasta las últimas disposiciones. Doy por conocidos ciertos antecedentes y pormenores de la historia de la legislación aragonesa.

FUEROS

De la Compilación de Cañellas formaban parte los ocho fueros *De comuni dividundo* y los tres *De consortibus ejusdem rei*, que aparecen en el libro 4.° de la segunda Compilación, la vigente, a que me referiré en las citas. Debo advertir que no todos los once fueros tratan del consorcio foral, y que sólo voy a mencionar los tocantes a la institución de que voy tratando.

A.– FUEROS «DE COMMUNI DIVIDUNDO».

Fueros 1.° y 2.°.– Heredados de los abuelos o de los padres bienes inmuebles, ninguno de los herederos puede enajenar su parte mientras con carta suficiente no se haya hecho la partición; y aun si acaeciese que dividida la herencia hubiera alguna finca correspondido proindiviso a dos o más herma-

38 Y, sin embargo, no infrecuentemente confundidas en el lenguaje ordinario y aun en las contiendas del foro y las resoluciones judiciales. Véase en la colección de Sentencias de la Audiencia Territorial de Zaragoza, publicadas por Ripollés con el título *Jurisprudencia civil*, la mención de las que llevan las fechas respectivas de 2 de noviembre de 1859 y 12 de noviembre de 1862. Llámase en la primera sociedad o consorcio foral a la continuada, y se dice en la segunda que pactada la viudedad universal entre los cónyuges no puede existir el *consorcio foral entre el sobreviviente y sus hijos*.
La confusión en todo esto es evidente: la sociedad conyugal y la prorrogada son distintas del *consorcio foral*; éste nada tiene que ver con la viudedad universal, y no el consorcio, sino la sociedad prorrogada, es lo excluido por ella. Claro está que la sociedad de marido y mujer puede también llamarse consorcio; mas cuando de ese consorcio se habla, se le llama, no *consorcio foral*, que tiene una significación específica y determinada, sino *consorcio conyugal*. *Tratado del consorcio conyugal* tituló el suyo, muy digno por cierto de estudio, el competente fuerista D. Pedro Nougués.

nos, si alguno de éstos fallece antes de conocer cuál sea material y determinadamente su parte, esta acrecerá a los coparticipes en la finca indivisa, no a los demás hermanos.

He agrupado, refundiéndolos, estos dos fueros, porque el uno es casi literal reproducción del otro. Franco de Villalba *(Fororum atque Observantiarum Aragonia Codex*, tomo 1.º) omite por eso comentar el segundo y se remite a su glosa del primero.

En el extracto latino que del primero hace, comete un error, a mi juicio, el docto jurista. Según sus palabras, el consorcio se extendería a todos los bienes, muebles o inmuebles, puesto que no distingue entre ellos *(bona communia indivisa).* Mas los fueros que examino dicen *hereditates (omnes hereditates: divisio illarum haereditates,* etc.*)*, no dicen *bona* y la palabra haereditas o hereditas[39] no tiene en ellos ni la significación de bienes en general, ni aún, reducida la extensión de este vocablo, la de *bienes heredados,* o sea *herencia.*

Es posible que en algún tiempo la *hereditas*, significara solamente *herencia.* Así parece deducirse de Diccionarios como el de Köting *(Lateninisch-romanisches Wörterbuch)*, de Miguel y Marqués de Morante *(Nuevo Diccionario latino-español etimológico)* y Commelerán *(Diccionario clásico-etimológico latino-español)*, en los cuales no se halla más que esa acepción con la particularidad de que en alguno de ellos se da a la palabra *rus* tan copiosa sinonimia como la de *ager, arvum, campus, fundus, praedium*, *villa, vicas, pagus,* sin incluir en ella la voz *hereditas.* Se comprende bien, sin embargo, que no de *heres* o *haeres,* heredero, pero sí de *herus,* señor o dueño, pudiera derivarse la *hereditas,* y de ahí *heredad;* esa etimología (aunque escribiendo *haereditas*) atribuye a esta palabra la Academia española (*Diccionario*, 14.ª edición) dándole la significación de «porción de terreno cultivado perteneciente a un mismo dueño», o de hacienda de campo, bienes raíces o posesiones[40]; lo mismo que enseña Escriche (*Diccionario razonado de legislación y jurisprudencia,* tomo 3.º), aunque estimando anticuada, sin razón a mi juicio, la segunda acepción. Es tanto más natural aquella derivación cuanto que ya Festo, Cornelio Nepote y Varrón usaron las palabras *haereditum* y *heredium* con la significación de «heredad o posesión rústica pequeña» y Plinio con la de «huerto», según Commelerán, aunque éste parece suponerlas procedentes de la de *haeres,* heredero, y no de la de *herus,* dueño[41].

---

39 En todas las ediciones, desde la de 1624 hasta la de Parral (1907), aparece esta palabra escrita con diptongo *(haereditas)*: en la de 1552, que pasa por la mejor y más exacta de todas, está escrita *hereditas*, con lo cual la etimología de *herus* y no de *haeres* parece la más indicada.

40 Como tercera acepción, pero anticuada, consigna el *Diccionario* la de herencia.

41 Véanse las siguientes etimologías y acepciones, según Commelerán: *Hereditarie y haereditarie*, adv. (de *hereditarius*, adquirido por herencia). Vulg. Por herencia. *Hereditarius y haereditarius*, ahora adj. (de *hereditas*, herencia). Propio de o perteneciente a la herencia. Adquirido, poseído por herencia; que pertenece a uno por herencia, hereditario.

Después de todo, no cabe negar que en el latín de la Edad Media se daba a la palabra *hereditas* la doble significación de *herencia* y de *campo, viña, olivar, predio, fruto.* Así lo enseñaron en Castilla Gregorio López y Matienzo, y en Aragón Portolés, que invoca su autoridad *(Tractatus de consortibus ejusdem rei et fideicomiso legali).* Véanse Du Cange *(Glosarium mediae et infimae latinitatis)*, Maigne D'Arnis *(Lexicon manuale ad scripta res, mediae et infimae latinitatis) y* Molino *(Repetorium fororum et observatiarum).*

La idea de la *hereditas* aparece al punto sugerida por la palabra heredad, no menos que por la palabra *herencia,* y es en Aragón muy frecuente, sobre todo en Zaragoza, llamar *herederos* a los propietarios, y así se denomina, por ejemplo, «camino de *herederos*» el que sirve para dar acceso a varias fincas o heredades y es propio de los dueños de éstas. Esa misma palabra *heredero* es considerada aragonesa por Borao *(Diccionario de voces aragonesas),* en el sentido de «el que posee alguna heredad o finca rústica», quizá porque con relación a ellas se usa en las *Ordenanzas de montes y huertas de la ciudad de Zaragoza,* al igual de las expresiones *dueño* o *amo de las heredades.*

Pero cualquiera que sea el sentido de la palabra castellana *heredad* y de la palabra aragonesa (en la acepción indicada) *heredero,* ora su significación se entienda concretada a las fincas rústicas o extensiva a las urbanas, paréceme que en Aragón sus equivalentes latinas *hereditas* y *heres* tuvieron esta última y amplia significación, como lo prueban el fuero 3.° *De communi dividundo,* que las emplea con relación a la posesión de castillos, baños, hornos y molinos, el 2.° *De poena temere litigantium* y el único *De consortibus ejusdem rei;* estos dos últimos incluidos en el libro 3.° de los en desuso *(fori quibus in judiciis nec extra ad praesens non utimur),* que comprenden las casas y las tiendas entre las heredades *(casas, campos, aut vineas seu quaslibet alias hereditates quas alter possidet; domos, tendas aut alias hereditates, etc.).*

Hereditas y haereditas (de *heres*, heredero, o herus, dueño). Sucesión de uno en todos los derechos de otro a la muerte de éste, herencia: Los bienes adquiridos por herencia.

Heredito y haeredito (de *heres*, heredero). Adquirir, poseer por herencia, heredar.

Heredium y haeredium (de *heres*, heredero). Heredad o posesión rústica pequeña. Huerto.

Puede verse lo que de algunas de esas palabras dicen Bréal y Bailly *(Dictionnaire étymologique latin)*, HERES, EDIS, HÉRITIER:

Heredium, HÉRITAGE.

Hereditas, hérédité, héritage.

Hereditarius, HÉRÉDITATRE.

«*Heredium* SIGNIFIAIT ANCIENNEMENT UNE PROPIETÉ. HÉRES ETÁIT LE PROPIETAIRE: *ce mot* EST PEUT-ÊTRE DE MÉME ORIGINE QUE *herus*. ON TROUVE AUSSI DANS LES INSCRIPTIONS LA FORME *eres*».

Littré *(Dictionnaire de la langue française)* viene a hacer las voces *hérédité y héritage,* sinónimas de herencia; pero además atribuye a la segunda la significación de inmuebles *(inmeubles réels, comme terres, maisons).*

El texto, y aun el propio título, del fuero *De rivis, furnis el molendinis;* libro 3.°, y el contenido del único *De jure emphiteotico,* libro 5.°, del único *De pedianda haereditate,* libro 3.°, y más todavía del 8.° *De communi dividundo,* libro 3.°, vienen a robustecer la opinión que, en fin de cuenta, constituye la tradición jurídica constante en Aragón, de que sobre los bienes inmuebles solamente, mas sin distinguir entre rústicos y urbanos, hace recaer el consorcio. Si Patos, uno de los antiguos tratadistas cuyas obras no han llegado a nosotros, creyó que la *haereditas* del fuero 1.– *De communi dividundo* debía tomarse por *succesio,* en cuyo caso habría de comprender muebles e inmuebles, su opinión, refutada por Portolés, por nadie fue aceptada. El mismo Franco de Villalba, después de su extracto, poco fiel, de aquel fuero, limita en su glosa lo excesivo de la expresión por él empleada, citando a Molino, que asimila las heredades de que los fueros tratan a los bienes *sitios (bona sedentia)* como con más frecuencia se han llamado en Aragón los inmuebles, y hasta dando la razón de que el consorcio no llegue a los muebles.

No de un extremo ha de irse a otro. No hay que excluir *a priori,* al haber de apreciar el valor de la palabra *haereditas,* la acepción de fundo o finca; mas tampoco la de sucesión o herencia. Cuando en el *Repertorio* de Molino se leen las palabras *haereditas delata viro absentian possit adiri per ejus uxorem,* o en la Observancia 12.ª *De testamentiis,* libro 6.°, el principio *De Foro haeredes non tenenur ultra vires haereditarias* (*haereditatis,* segun Franco de Villalba) *etiamsi non fecerit inventarium,* sería absurdo pensar que se trata de otra cosa que de la *herencia*. Ello no obsta a que tal acepción, teniendo la palabra *haereditas* otra además de esa, sea rechazada o dada al olvido cuando por los antecedentes, o por el contexto, resulte la más apropiada.

En todo caso, si en algún tiempo pudo ser objeto de duda, la opinión se decidió pronto, y unánime ha seguido, en el sentido de que las dos disposiciones se refieren a los bienes *sitios* o inmuebles.

Fuero 3.° Leído atentamente ese fuero, nada se halla en él que obligue a convenir en que se trata del consorcio, o que al redactarlo se lo tuviera en cuenta, siquiera para exceptuar de su alcance un caso especial. El legislador parece haber querido referirse a una simple comunidad de bienes, y reconociendo el derecho de cada participe a la enajenación de su porción indivisa, limitarse a exigirle que haga constar que lo que enajena no es sino la mitad, o la tercera parte, etc., según lo que le corresponda en la cosa enajenada, sin duda para que no pueda parecer que vende lo que no es suyo, sin necesidad de mediciones ni de amojonamiento, ya que, como indica el fuero, se trata de bienes no susceptibles de partición material *(quia non sunt talia loca quae aliter possint dividi).*

A pesar de eso, los autores, tal vez por influencia de una Observancia que luego será objeto de estudio, parecen inclinados, enlazando con ella este fuero, a estimarlo como relacionado íntimamente con el 1.° y 2.°, a cuyas prescripciones consideran que pone una excepción. En un principio no debió de ser así: Molino estima limitado por la Observancia aludida el fuero 1.°: nada dice a ese propósito, del 3.°, y eso que ya, cuando él escribió su *Repertorio*, aparecía en el volumen foral la apostilla correspondiente. El fuero se refiere, ya antes lo he citado, a castillos, baños, hornos y molinos. Admitido que pueda su disposición extenderse a otros fundos, todavía habrá de convenirse en que se trata de bienes que no pueden dividirse materialmente, lo cual es racional entender que se refiere a aquella partición que, aunque de hecho, físicamente, pudiera practicarse, dejaría la cosa inservible pura el uso a que requiere ser destinada.

Fuero 6.°— Declara que de la partición que los hermanos hacen sin afianzarla pueden apartarse hasta tres veces.

Los fueros 1.° y 2.° exigen que la división de los inmuebles se haga constar en instrumento suficiente *(sit firmata cum carta sufficienti).* Este 3.°, como se ve, exige un requisito más *(firmata ipsa partitio per fidantias)* y agrega la sanción de su falta.

El afianzamiento, que en el Derecho de Aragón aparece revestido de grande importancia, es, segun sus disposiciones y sus tratadistas, de varias clases, algunas de ellas, como la de *riedra* o *redra* y la de *torna*, hoy poco estudiadas y en absoluto desuso.

¿A qué fianza se refiere el fuero? No lo expresa. En ese silencio hay que pensar que se refiere a la de salvedad *(fidantia salvitatis).* Ella es la expresamente exigida en la donación, por el fuero, del año 1247, 3.° *De fide instrumentorum,* libro 4.°; y más tarde por las Observancias 5.ª, 6.ª y 18.° *De Donationibus,* libro 4.ª Y ella también, y no otra, es la que en la Observancia 4.ª *De fidejussoribus* queda autorizado para constituir por si el vendedor. En la Observancia 4.ª *De consortibus ejusdem rei,* que luego habrá de ser objeto de examen, se hallará mi confirmación del criterio que se deja expuesto .

Es de creer que, no obstante lo terminante del fuero y de la referencia a él hecha en la Observancia que acaba de citarse, la exigencia de la fianza de salvedad cayera pronto en desuso, Molino no habla de ella al ocuparse del consorcio; y en el artículo *Fidantia* del *Repertorio* estima que no es esencial *(non est de substantia)* en los contratos, salvo la donación de bienes inmuebles. Franco de Villalba, al extractar y comentar el fuero, omite toda mención de ese requisito.

Tiene ese desuso explicación. La fianza de salvedad era una especie de evicción y saneamiento.

Consistía, dicen Franco y Guillén (obra citada), con referencia a Lissa *(Tyrocinium Jurisprudentiae forensis),* en ratificar o confirmar la verdad de la donación (o la de cualquier otro contrato, claro está, en que interviniera); aunque para hablar con verdadera exactitud hay que decir que lo que Lissa enseña es que la ratificación había de hacerse por un fiador que el donante debía presentar *(donator praestare debet fidantiam salvitatis, hoc est fidejusorem, qui ratam habeat donationem).*

Desde el momento en que se permitió que, prescindiendo de buscar amparo en la responsabilidad de un tercero, pudiera el comprador constituirse él mismo en fianza de salvedad, con lo que venía a traerse a la compraventa, tipo de los contratos onerosos, la garantía de la evicción, si no como requisito natural, como circunstancia accidental y estipulada del contrato, no hay que extrañar que de ese estado de cosas se hiciera aplicación a la partición de bienes.

Por una evolución natural debió de llegarse a considerar, al modo romano y castellano, la evicción como sobreentendida en esos contratos, aun cuando bien pudiera suceder que expresamente se pactara por punto general, como hoy mismo, sin ser necesario, suele hacerse.

El mismo fuero 6.° *De communi dividundo* no prescribe de un modo terminante y claro el afianzamiento en la partición. Sus palabras son un poco vagas o contradictorias. En su primera parte habla de la confirmación de la división por los fiadores *(firmata ipsa partitio per fidantias)* para permitir, en caso negativo, la retractación de lo convenido: en la segunda parte (Franco y Guillén lo hacen notar) prohibe la retractación si se ha otorgado escritura *(si fuerit partitio facta cum carta, tunc abundat)*, siendo ese otorgamiento lo único que exigen los dos primeros fueros *De communi dividundo.*

Así y todo, en un principio parece que se hizo diferencia entre la compraventa y la partición, limitándose la garantía en la primera a pactar la evicción y constituyéndose afianzamiento por un tercero en beneficio de los consortes en la segunda.

Ejemplos de lo uno y de lo otro se halla en el *Formulario de actos extrajudiciales de la sublime arte* de *la notaría*[42], obra atribuida a Molino (1515) y que siguió de cerca al *Repertorio* (1513), al que se hacen constantes referencias.

El formulario de una escritura de *venditio comun* trae una cláusula de evicción en estos términos concebida: «E prometo y me obligo ser vos tenido de firme eviccion y leal defensión de todo pleito, question, empacho y mala voz que en dicha hora o en parte alguna de aquella os seran puestos y movidos por qualesquiera persona o personas, collegio o collegios, universidad o universidades de cualquier ley, estado o condicion, sia por acto, tracto o contracto fecho por mi, o habientes derecho o acto de mi. En tal manera que si de presente o en algun tiempo, pleito, question, empacho o mala voz seran puestos o movidos a vos dicho comprador y a los vuestros, en sobre dicha hera o partida alguna de aquella que ti vos vendo, prometo, convengo y me obligo a vos dicho comprador y adaquellos, requerido o no requerido empararme de los dichos pleito, question,empacho y mala voz y proseguir aquellos a propias expensas mias. Tanto y en tan largamente asta tanto que

42 He podido consultar ese libro, hoy rarísimo, merced a la amabilidad del inteligente y culto aragonés D. Jorge Jordana, que me prestó el ejemplar que posee.

por sentencia diffinitiva pasada en cosa juzgada, de la que no pueda seyer apellado ni de nulidad opuesto, sian finidos y determinados».

En el formulario de la escritura de *partición de bienes* ya aparece al margen la palabra *fidanciae;* y en el cuerpo del documento se lee lo siguiente: «E quanto quiera la dicha particion sea hecha segun Fuero obser. de dicho regno, los unos a los otros y viceversa cumpliendo con la disposicion del fuero y obser. de dicho regno, nos damos fianza; y en fianza de segurjdad y riedra de todo lo predicho a tal que presentes, el cual de su ciencia cierta y espontanea voluntad tal fianza por todas dichas partes y cada una de aquellas y las cosas sobre dichas se constituyó dins obligacion de su persona y bienes; assi que si por alguna de vos dichas partes venir contra lo predicho a la otra y otras de nos, expensas, daños, etc».

Más o menos lentamente debió de hacerse la asimilación, en cuanto a este extremo, de la venta y la partición, al decaer la aplicación del anfianzamiento, tan multiforme en los primeros tiempos del Derecho aragonés, y al convertirse en requisito natural de la venta la evicción, por la atracción sin duda del Derecho romano y aun por la influencia del espíritu de equidad en que aquella consideración se inspira, como se revela en las obras de Portolés, Sessé y Lissa, cuya autoridad invocan en ese sentido Franco y Guillén.

Fuero 7.°— No requiere explicaciones. Claramente determina que los hermanos están obligados a darse participación mutuamente de lo que adquiriesen por razón de los bienes indivisos, pero no de los aumentos que debieren a su actividad o a su fortuna.

B.– Fueros «De consortibus ejusdem rei».

Son tres; forman parte del libro tercero, a continuación de los *De comuni dividundo.* El 1.° y 3.° son ajenos a la materia objeto de este estudio.

Fuero 2.°— Es dudoso que se escribiera con el pensamiento puesto en lo que propiamente constituye el consorcio foral. Los autores suelen citarlo al tratar de esta institución; y ciertamente a ella es aplicable, aun en el caso de que su texto alcance, como yo creo, a toda indivisión de los bienes, baños, molinos, hornos, de que habla.

Sus disposiciones son muy razonables. Los condueños deben repartirse, diaria o semanalmente, si alguno de ellos lo exige, las utilidades de las fincas, y hacer las reparaciones que su estado exija.

OBSERVANCIAS

Observancia 1.ª— Confirma la inalienabilidad —carácter esencial del consorcio— de los bienes no divididos, haciendo mención de la imposibilidad de disponer de ellos por testamento.

Agrega una declaración muy adecuada a la índole, fideicomisaria, en cierto modo y medida, de la institución; al hacer suyos, por acrecimiento, los bienes, no tienen los consortes obligación de pagar las deudas que su hermano hubiere contraído.

Con razón se ha observado que esta doctrina es igual, en su fundamento, a la que eximía al sucesor en un mayorazgo, de pagar las deudas del último poseedor. No percibía los bienes aquel sucesor (ni los recibe el consorte que acrece) a título de herencia de quien acaba ha de dejar los bienes. Recibíanse del fundador y por su voluntad en un caso; por beneficio del fuero se reciben en otro.

La razón parece clara y el texto lo es también. Debieron, sin duda, de promoverse cuestiones en la práctica, puesto que sobre la aplicación de la doctrina hubo pleitos. La Corte del Justicia, según Portolés, los resolvió favorablemente a la no transmisión de las deudas del consorte.

Observancia 3.ª— Lo que en un principio, con solo el fuero 3.º *De comuni dividundo,* pudo ser dudoso, ya no lo fue desde esta Observancia. Por excepción, el consorte puede obligar y enajenar los bienes que no admiten cómoda división. Es natural seguir exigiendo lo que el fuero ordena; que se precise la parte indivisa que se obliga o enajena.

Observancia 4.ª— Se refiere a un fuero que dice haya de hacerse la división con escritura pública y fianza de salvedad. No hay otro a que se ajuste la referencia sino el 7.º *De comuni dividundo.* De él he hablado ya.

A aquel fuero pone una limitación esta Observancia, en que se acoge la costumbre de que sin haberse otorgado escritura ni prestándose fianza, se considere disuelto el consorcio; que a ello equivale dar por bien hecha la división y producir sus efectos si, en presencia unos de otros todos los consortes, ha poseído cada uno su parte, materialmente determinada, por espacio de diez años.

Observancia 5.ª— La contradicción de esta Observancia con la 1.ª: es completa y salta a la vista, a la simple lectura de los textos respectivos. Helos aquí[43]:

> «1.ª Si son muchos hermanos, ninguno de ellos puede disponer en testamento, ni enajenar la parte de bienes que le pueda corresponder, antes de proceder a la división de los mismos, así como tampoco los otros hermanos están obligados a pagar las deudas del mismo».
>
> «5.ª Si los hermanos poseen una cosa indivisa, y uno de ellos muriere, puede disponer de su parte, o de otro modo, en vida o en muerte, sin que acrezca su parte a otro hermano, como si se hubiere hecho la división según fuero».

43 Tomamos esos de la traducción de Martón y Santapau. Los textos latinos son:
Nota quod si plures sunt germiani, non potest aliquis ex ipsis condere testamentum anteguan dividant de parte quam ipsum contingent habere de bonis: sic nec alienare, nec alii germani tenentur solvere debita ipsius (Observancia 1.ª).
Item si frates possident unam rem indivisam et unus fratrum mortuus fuerit, potest ordinare de suu medietate, vel alias, in vita vel in norte; nec acrescet pars sua alteri fratri ac si esset parts sua alteri fratri ac si esset facta divisio secumdum fórum (Observancia 5.ª).

En la oposición de esas Observancias ha venido prevaleciendo la 1.ª en la doctrina y en la práctica; se optó por prescindir de la 5.ª, como no escrita, fracasando alguna tentativa como la de Franco de Villalba, de conciliación entre ambas.

Puede, según este comentarista, entenderse que la Observancia 5.ª se refiere a quien no tiene hijos, pero si un hermano consorte, siendo este caso distinto del de la primera, y cabe también estimarse que la palabra *indivisam* del texto latino es una errata, debiendo leerse *indivisibilem* en el sentido en que este vocablo aparece empleado en la Observancia 3.ª del mismo título. La primera hipótesis no tiene consistencia; parece un alarde de ingenio o de sutileza, un atrevimiento de interpretación. La segunda tiene más razón de *ser* y, aceptándola, quedaría en pie la Observancia 1.ª, resultando ambas compatibles con las demás disposiciones (Observancias y fueros) concernientes al consorcio. Y quizá tuviera razón el docto jurista: al fin, si la indivisión es el fundamento de la imposibilidad legal de disponer, se explicaría que cuando la indivisión se debe a la naturaleza de la cosa se hubiera hecho una excepción; mas su hipótesis no prevaleció.

No era ella la primera. Molino en su *Repertorio* había apuntado otra, mas no por su cuenta. Quien quiera sostener, vino a decir, la existencia e integridad de la Observancia 5.ª podrá alegar que ésta se refiere a una sola cosa común e indivisa *(unam rem indivisam)* entre hermanos, cada uno de los cuales tendrá derecho a disponer de su parte antes de la división, a la vez que si se trata del conjunto *(de boniis)* deben estarse a la Observancia 1.ª, limitada por la 11.ª en el caso de tener algún hijo el consorte; mas no pareció bien al más autorizado de los tratadistas aragoneses ese medio de conciliación de las dos contradictorias Observancias. A su juicio, el mismo derecho hay que aplicar a la parte que al todo, a lo único que a lo múltiple, y prefirió considerar superflua la Observancia 5.ª, *que no* se *encontraba en la Colección original y solía faltar en las manuscritas (debetis notare* quod *dicta obs. 5.ª est superflua obs. nec repteritur in originalibus et quasi in omnibus obs. de manu scriptis deficit dicta obs.).*

No son de extrañar errores como el de esa ilegal interpolación (si como parece existió) en los siglos XV y XVI a que corresponden respectivamente la Compilación de las Observancias y la publicación del Repertorio. Sin salir del volumen foral se hallan ejemplos de irregularidades. Bien conocida es la controversia, que se ha prolongado hasta nuestros días, acerca de la expresión *etiam vidua* de la Observancia 35.ª *De jure dotium,* y que ha terminado con la certeza de haberse suprimido, desde la edición de 1624, el adverbio *non (etiam non vidua),* inserto en otras ediciones, como la de 1552 que tengo a la vista.

No es la primera vez, decía Costa *(La libertad civil y el Congreso de jurisconsultos aragoneses)* a propósito de un error de composición que sospechaba en el texto de la Observancia 1.– *De equo vulnerato,* que el error caligráfico de un pendolista ha trascendido al foro, transformado en un absurdo jurídico; y citaba «la falsa inteligencia de la ley 5.ª, título 2.º, Partida 1.ª que se ha perpetuado en los Tribunales y a tantas injustas tendencias ha dado lugar».

Los fueros 19 y 20 *De pignoribus* parecen ser uno mismo con dos redacciones diferentes y aun, en algo, contradictorias, ambas incluidas en el libro 9.º, es de creer que por olvido de la supresión de alguno de los textos.

Si se llega a publicar alguna buena edición crítica de los Fueros y Observancias, no pocas variantes habrá que introducir en los textos corrientes.

En nuestros días, muy recientemente, Sánchez Román (*Estudios de Derecho civil,* tomo 6.º, vol 3.º) ha procurado una solución ingeniosa, traduciendo el *ac si esset facta divissio* con estas palabras: *«de lo que fuese hecha la división».* Con esto, dice, desaparece la contradicción que ha querido verse entre las Observancias 5.ª y 6.ª, ya que además no puede afirmarse que la 5.ª se refiera especialmente a los bienes consorciales y a los indivisos en general, y no todos los indivisos son consorciales.

Sin el menor menoscabo para la memoria, digna de todo respeto del eminente profesor, no creemos que con eso se resuelva la cuestión. La traducción resulta forzada y violenta[44]. Su contradicción es manifiesta, como lo es la de las Observancias 5.ª y 1.ª, que es, no la de la 5.ª y la 6.ª la que, por lo general, ha llamado la atención de quienes han tratado de la materia. Creo, por tanto, que la antinomia dentro del campo que abarcan las Observancias *De consortibus ejusdem rei* es irreductible dados los textos de ellas (que no varían en las diversas ediciones hechas) y sigue en pie, no obstante los esfuerzos realizados para conciliarlas. ¿Ni qué conciliación cabe entre un texto de que no puede disponerse y otro afirmativo de que se puede?[45]

---

44 La conjunción *ac*, dice Sánchez Román, que impropiamente se emplea en dicha Observancia, lo mismo significa o puede significar de lo que, que, al contrario, como y que. Y cita estas palabras de Valbuena: «se usa después de los adverbios *atque, aliter, contra, juxta, pariter, perinde, secus, similiter*».
Pero precisamente la expresión *permide ac si*, o simplemente *ac si*, equivale (Commelerán, *Diccionario clásico-etimológico latino-español*) a *como si*. En mi opinión, la expresión *ac si* está perfectamente usada en el caso en cuestión, y ni gramatical ni lógicamente puede ser rechazada.
Y además no hay nada que autorice a afirmar que las palabras *unam rem indivisam* tengan significación diversa en una y otra Observancia.

45 Para que la antinomia desaparezca, si no se suprime alguna de las Observancias —de ser la primera la suprimida habría que hacer lo mismo con otras— es preciso variar alguno de los textos. Así lo hizo Bardaxi en su *Summa*. El texto de la Observancia 5.ª en ella contenido, dice así: «Muerto el hermano *ante factam divisionem*, su porcion acresce al otro hermano, el qual, por suceder no por herencia sino beneficio fori, como los hijos en las dotes de la madre, no tiene obligación de pagar sus deudas». Mas no es eso, sino todo lo contrario, lo que la Observancia dice. Y la alteración no se reduce a eso: tiene más importancia. Porque las Observancias *De consortibus ejusdem rei* aparecen reducidas a 15, suprimiéndose la 6.ª, dando ese número a la 7.ª (que aparece muy resumida) y siguiendo alterado el resto de la numeración.

Insisto, por mi parte, en que debe prescindirse en absoluto de la Observancia 5.ª (su texto es el único argumento de alguna *aparente* fuerza que he visto esgrimir contra la *existencia* o vigencia del consorcio foral), y creo poder demostrar que lo que dicen las demás Observancias y fueros estudiados es lo que se ha reputado, siempre y por todos, derecho positivo del consorcio foral.

Portolés, en su ya citado clásico Tratado *(Tractatus, etc.)* y en sus Escolios *(Scholia sive adnotationes ad Repertorium Michaelis Molini)*, ni siquiera pone en duda el consorcio de los hermanos (y en verdad sería absurdo que no existiera entre ellos y sí entre otros parientes), discurriendo acerca de él como de cosa segura y por nadie negada o discutida, hasta tal extremo que en sus referencias a Molino, cuando éste se ocupa de consortes él habla de *hermanos*, considerando su consorcio como el más natural y típico: refuerza además la autoridad de sus palabras con la de Patros y otros antiguos fueristas cuyas obras no conocemos sino por referencias incompletas.

Tampoco Sessé *(Decissiones)* duda del consorcio entre hermanos: rotundamente afirma su existencia *(secundum foros et observantias Regni, indubitati juris est non licere fratri consorti possidenti bona indivisa, ea in parte vel in totum alienare, etc.)*.

Análoga posición a la de Sessé había tomado en este asunto Aniñón *(Tractatus de sucesoribus abintestato secundum leges Aragoniae)* y toman más tarde Asso y De Manuel y su anotador Palacios *(Instituciones del derecho civil de Castilla)* y Del Plano *(Manual del Abogado aragonés)*.

Lissa *(Tyrocinimum Jurisprudentia forensis).* Se limita a tratar brevemente del consorcio sin ocuparse de la Observancia 5.ª

Llegamos con esto a la época en que, merced a la exposición en forma de Código *(Instituciones de Derecho civil aragonés)* hecha por Franco y López (D. Luis) y Guillén Caravantes (D. Felipe), comenzó a ser más conocida y estudiada la vieja legislación foral. Ellos llamaron la atención sobre la ya universalmente olvidada o preterida Observancia, tantas veces aludida en el presente artículo, no para pedir que se aplique, sino para recordar en una nota, sin darle cabida en el articulado, lo que dijo Molino; con lo que bien a las claras dieron a entender participaban de su opinión. Por eso enseñan que hay consorcio foral cuando suceden varios hermanos así a sus colaterales como a sus ascendientes, y aun agregan que no puede haber consorcio entre los que no sean hermanos o no sucedan representando a hermanos.

En otra *Summa* (la de Monsoriu) posterior a esa en dos años (1587 y 1589 respectivamente) la contradicción subsiste mediante la traducción del *ac si* por *antes vale como si*.

Antes de esas Sumas, se publicó (1525) la de Soler, escrita en forma de diccionario. En el vocabulario no se comprende la institución de que se trata, ni como *consorcio* ni como *fideicomiso*. Solamente bajo la palabra testamento se hace una ligera referencia a la Observancia 1.ª y la fuero 2.º *De communi dividendo*.

No se han apartado de esa doctrina los tratadistas posteriores, ora, siguiendo al más autorizado de los juristas aragoneses, hayan rechazado cuando no hay hijos la aplicación de la Observancia 5.ª (Martón y Santapau, *Derecho y Jurisprudencia de Aragón en sus relaciones con la legislación de Castilla;* Blas, *Derecho civil aragonés*), ora hayan prescindido de ella sin aludirla (Dieste, *Diccionario del Derecho civil aragonés;* Naval, *Compilación articulada del Derecho civil vigente en Aragón;* Bonel, *Código civil español,* tomo 3.º; Azpeitia, *El consorcio foral, la sociedad tácita familiar y la sociedad legal continuada).*

Sólo La Peña, que vino a reproducir en cierto modo *(Fueros y Observancias vigentes en el antiguo Reino de Aragón)* la obra de Franco y Guillén, adicionándola con la transcripción de las disposiciones forales correspondientes a cada uno de sus artículos, copia en el texto la Observancia 6.ª, y en una nota indica que está en contradicción con la 5.ª, la cual transcribe por ser *sostenible*, dice sin más razonamiento, lo que ella dispone; pero cita como vigente la 1.ª y otras que excluyen su eficacia.

No mayor aprecio que los tratadistas regnicolas han hecho de la Observancia 5.ª los que fuera de Aragón se han ocupado de su especial derecho.

Moret y Silvela *(La familia foral y la familia castellana),* Sancho Tello, el continuador *(Lecciones* de *Derecho civil foral)* de la obra de Viso; Planas y Casals *(Apuntes de Derecho civil),* La Iglesia *(Manual* de *Derecho foral español);* Mouton Ocampo *(Diccionario del Derecho civil foral),* Salom *(Elementos* de *Derecho civil español, común y foral),* Barrachina *(Derecho foral español),* y últimamente los redactores de la *Enciclopedia jurídica,* hablan, más o menos extensamente, del consorcio foral sin tener en cuenta para nada la Observancia 5.ª; y Gutiérrez *(Códigos o Estudios fundamentales sobre el Derecho civil español)* y los autores de la *Biblioteca judicial (Legislación foral de España, Derecho vigente en Aragón)* se atienen, en este particular, a lo que dijo Molino. Por no dar a este escrito mayor extensión todavía que la ya excesiva que va a alcanzar, no transcribo los textos correspondientes; pero aseguro que, salvo algún error en que a pesar de mi cuidado haya podido incurrir, es exacta la referencia a los autores que cito. He creído suficiente la indicación de sus obras, que además podrá servir de nota bibliográfica.

Observancia 6.ª— Algo he dicho ya de ella con ocasión de la anterior. Corrobora el acrecimiento de la parte del hermano que muere antes de la división, a sus hermanos, y la exención del pago de deudas. Da la razón de esto último, que ya dejo indicada *(cum illam partem non habean jure hareditatis, sed beneficio fori).*

Observancia 7.ª— Pone una excepción a lo prescrito en el fuero 7.º *De communi dividundo;* por lo menos hace una aclaración.

Según ella, cuando uno posee por largo tiempo los bienes que a él y a sus hermanos pertenecen proindiviso, éstos no pueden pretender participación en los bienes que él hubiera aumentado, sino únicamente lo que de los indivisos de todos correspondía a cada uno.

Observancia 10.ª– Modifica el fuero 6.° *De communi dividundo.* La regla sentada por él seguirá rigiendo como general; a partir de la Observancia, habrá una excepción. La retractación que el fuero autoriza para el caso de no haberse otorgado escritura con afianzamiento (en cuanto a éste hay que estar a lo dicho), deja de ser permitida desde que uno de los hermanos muere.

Bien se comprende que lo que de los hermanos dicen esta y otras disposiciones reguladoras del consorcio, ha de entenderse, en general, de los consortes. Y así se ha entendido siempre; la base del consorcio es la *germanitas,* la condición de hermanos en los sucesores como hijos del causante, aunque alguno de los hermanos no viva, si lo representa su hijo, la representación, rechazada por el Derecho aragonés en la línea colateral, tuvo siempre vida en la directa, y recibe muy especial aplicación, según doctrina unánime, en el consorcio.

Me parece muy bien elegido el punto de vista en que se coloca Azpeitia para dominar, en orden a las personas, la materia del consorcio. Hay que partir, según él, de esta regla fundamental: el consorcio existe siempre entre hermanos que suceden proindiviso a sus padres. Y hay que combinarlo con este principio: el de representación. De ese modo se llega a una solución segura de las dificultades, sobre que tan amplia y sutilmente diserta Portolés, que pueden presentarse en este aspecto de la institución.

Observancia 11.ª– Otra excepción de las disposiciones ya estudiadas señala esta Observancia. Muerto con hijos legítimos e intestado un *hermano* (entiéndase siempre, vuelvo a decir, un *consorte,* en el sentido especial de esta palabra) cuando aun subsiste el consorcio, esto es, sin haberse hecho la partición), no se da ya lugar al acrecimiento a los hermanos: los hijos heredan la porción consorcial.

No importaría que el padre hubiera enajenado su parte mediante contrato: los hijos (la Observancia habla de un hijo, pero sería absurdo pensar que no regiría la disposición habiendo más de uno) podrían, como dueños, según ley, revocar la enajenación y hacer suya la porción consorcial. Sucedería lo mismo si de la parte consorcial hubiera dispuesto el consorte en testamento: éste sería nulo e ineficaz, como hecho contra expresa prohibición legal.

Observancia 12.ª– El razonamiento conduce a ampliar al caso de que haya testamento el de fallecimiento abintestato de uno de los consortes que deja hijos legítimos, previsto en la Observancia 11.ª. Esta que la sigue ha extendido la previsión a aquel caso.

De la forma de su redacción se deduce que es la condensación de las consideraciones que hubieron de prevalecer en algún pleito o debate que se suscitó.

Comienza por plantear de un modo hipotético (*Sed pone,* dice) esta cuestión: no dividida la herencia, muere uno de los hermanos consortes; ha otorgado testamento, dejando a su hija dos tercios de su porción consorcial y legando a un extraño el otro tercio; sin hacer caso de este legado divide la hija con su tío la herencia en consorcio; y el extraño le reclama la tercera parte de lo que adquirió en la partición. Sostiene la hija que el legado fue nulo, porque cuando se hizo, la herencia estaba indivisa, perteneciéndole a ella por beneficio del fuero lo que su padre podía alcanzar en el consorcio. Esa excepción, se replica, no puede ser invocada, con razón, por la hija; sólo el tío podría utilizarla.

La razón de esto último, alegada por el legatario extraño, no aparece del todo claramente expresada en la Observancia. Sus palabras son éstas, puestas en boca del legatario, dirigidas a la hija: *illud excipere non podest tibi, quia haec exceptio competebat et competit fratri patris tantum, quia ipse non potest legare, vendere vel alienare, hoc est, in favore illius cum quo habebat communem hareditatem, a quo nihil petitur.*

Sea como quiera; al decir de la Observancia que se dio la razón a la hija, declarándose que de ningún modo podía el padre disponer, antes de la división, en favor de extraños, aunque si, como quisiere, en favor de hijos, queda disipada toda duda que de la expresión *mortuus ab intestato* pudiera surgir. El padre puede testar en favor de los hijos, respecto a la porción consorcial. También se corrobora la extensión que al *uno filio legitimo* de la Observancia 11.ª he dado: la 12.ª usa el plural, declarando autorizada la ordenación *in filios*.

Observancia 13.ª– Confirma esta Observancia la declaración de la 1.ª y 6.ª El acrecimiento a quien de los consortes sobrevive, no implica obligación de pagar las deudas de los premuertos.

Da la Observancia el fundamento de esa declaración: *cum ratione illorum bonorum eis, provenientium pro indiviso non poterat de eis aliquid ordinare in vita nec in norte, nisi primo esset divisa.* Por eso aconseja se evite contratar con los consortes: *ideo caveat quis cum talibus contrahere vel contractus inire.*

No hay que esforzarse en demostrar —son cosas tan de buen sentido que se imponen— que el consejo no puede entenderse sino en lo que toca a los bienes consorciales, y que la exención de responsabilidad para con las de toda clase *(debita vel injurias mortui)* no alcanza lo que, no por acrecimiento consorcial, si no por herencia, adquieren unos de otros los consortes.

Conviene advertir que esta Observancia extiende el consorcio al caso en que la herencia viene, no ya de los ascendientes, sino de los colaterales *(ex sucessione parentum vel consanguineorum).*

Observancia 14.ª– Su texto ofrece a primera vista alguna obscuridad, Portolés y Franco y Guillén lo interpretan, a mi parecer acertadamente, en el sentido de haber de seguir el consorcio con su característica prohibición de enajenar, cuando muerto un hermano consorte sigue la indivisión entre el sobreviviente y los hijos de aquél, nietos del ascendiente común. Como consecuencia es ya excesiva, aunque como doctrina pueda estimarse razonable, la de que todos acrezcan a la vez sin preferencia, y no como en la sucesión intestada, pero no con igualdad, sino en proporción a la parte de bienes que ya tuviere cada uno.

RESUMEN DE LOS FUEROS Y OBSERVANCIAS

Puede, a mi juicio, hacerse de un modo metódico y ordenado, en la forma siguiente:

1.° Ha lugar al consorcio foral cuando varios hermanos, por si o representados por sus hijos, adquieren, por sucesión, de un ascendiente o colateral, bienes inmuebles que se conservan en estado de indivisión, sin que cada consorte pueda señalar su parte conocida y determinada.

2.° Ningún consorte puede enajenar por título alguno su porción consorcial sino en favor de hijos legítimos; y si lo hiciera, será nula la enajenación, y lo enajenado recaerá en aquéllos o, si no los hubiere, acrecerá a los consortes, sin obligación de pagar las deudas que él tuviere.

3.° No están sujetos a consorcio los castillos, baños, hornos, molinos y demás bienes semejantes a éstos, que no admiten cómoda partición.

4.° Los consortes tienen derecho a participar de las adquisiciones que un consorte haga por razón de los bienes indivisos, salvo si los poseyere por largo tiempo, pues en ese caso sólo tendrá derecho a su porción consorcial. En ningún caso lo tendrán a lo que fuese producto del trabajo o de la suerte del consorte.

5.° Las rentas de los bienes indivisos se partirán entre los consortes a prorrata del importe de sus respectivas porciones.

6.° Cesa el consorcio en los casos siguientes: Cuando se practica la división mediante instrumento público con fianza de salvedad, o cuando sin escritura se ha hecho la división y ha poseído cada partícipe su porción, ya separada, en presencia de los otros durante diez años, Puede dejarse sin efecto hasta por tercera vez la partición hecha sin escritura, a no ser que sin retractarse ninguno de los consortes haya muerto alguno de ellos.

El resumen precedente, como se ve, abraza sólo el contenido de los fueros y Observancias. De ese conjunto de disposiciones surgen dudas y cuestiones. Surgirían —las leyes nunca son tan perfectas que no las originen— aunque el cuerpo del Derecho aragonés hubiera desarrollado de un modo ordenado y sistemático, completo en lo posible, la institución. No es así: en los fueros se hallan sus rudimentos; en las Observancias algunos complementos, parciales y fragmentarios, tomados generalmente de la manera como la práctica ha ido resolviendo casos no previstos que debieron de presentarse. No está, pues, ni mucho menos, agotada la materia en las disposiciones escritas. Hay que estudiar las obras de los tratadistas. El más digno de ser consultado, el más citado también, es Portolés. A su tratado habrá de acudir quien quiera ahondar en el estudio de la materia.

La jurisprudencia civil ha aclarado algunos puntos, no muchos: la jurisprudencia hipotecaria y administrativa otros.

DACIÓN PERSONAL

Nadie ha expuesto como D. Joaquín Costa y Martínez, en qué consiste esta institución consuetudinaria designada por el egregio jurisconsulto aragonés con el nombre de *dación personal.* Escribió el Sr. Costa[46]: «Refiere García Goyena en las *Concordancias* del proyecto de Código civil, que cuando la sección encargada de redactarlo llegó al título de la adopción, «hubo casi unanimidad para pasarla en silencio; pero habiendo hecho presente un vocal andaluz que en su país había algunos casos, aunque raros, de ella, se consintió en dejar este título, con la seguridad de que sería tan rara y extraña en adelante como lo ha sido hasta ahora, y porque al fin este título no es imperativo, sino permisivo o facultativo, y de una cosa que puede conducir a sentimientos dulces y benéficos». (Coment. al art. 132.) La reciente «catástrofe de Murcia, que ha provocado dentro y fuera de la Península una explosión de sentimientos nobles y generosos como quizá no se registra igual en los anales de la caridad, ha puesto de relieve de qué modo instituciones nacidas hace miles de años al calor de determinadas creencias sobre la otra vida, pueden revivir animadas por un ideal de humanidad y de beneficencia, y con cuán exquisito tacto debe proceder el legislador en punto a declarar desusada una institución jurídica y hacer abstracción de ella en el cuerpo de las leyes: una de las más hermosas formas que ha revestido la caridad con motivo de aquel suceso, ha sido la adopción de niños huérfanos por causa de las inundaciones, adopción que han solicitado centenares de personas pertenecientes a todas las clases de la sociedad».

«En el Alto Aragón están en uso dos formas originales de prohijamiento, más semejantes que a la adopción del Derecho romano y de Partidas, a la arrogación, según la cual, una persona *sui juris* entraba bajo la patria potestad de otra, como si hubiese nacido hijo de ella: 1.° El *acogimiento,* adopción de matrimonio, cuya naturaleza queda definida en el cap. X. 2.° Otro género de arrogación de personas solteras o viudas, que reciben por virtud de ella el

46 V. *Derecho consuetudinario y Economía popular de España*, por JOAQUÍN COSTA, SANTIAGO MÉNDEZ, MIGUEL UNAMUNO, MANUEL PEDREGAL, JOSÉ M. PIERNAS, PASCUAL SORIANO, RAFAEL ALTAMIRA, JUAN ALFONSO LÓPEZ DE OSA, JUAN SERRANO, VICTORINO SANTAMARÍA, ELÍAS LÓPEZ MORÁN, GERVASIO GONZÁLEZ DE LINARES. Barcelona. Manuel Soler, editor. 1902. – *Alto Aragón (Huesca). (Derecho de familia)*, por JOAQUÍN COSTA. Segunda edición aumentada (1879, 1880, 1885). Tomo I de la obra total, págs. 245 a 253 inclusive.

nombre de *donados;* por lo cual la designaremos, a falta de otro nombre, con el de *dación personal.* De ella vamos a ocuparnos».

Enseña Costa: que la naturaleza y los efectos de la *dación personal* distan mucho de ser los que a la arrogación atribuyen las legislaciones citadas; que recuerda la *devoción* de los celtíberos y la *recomendación* feudal de la Edad Media, y que también es equiparable a un contrato innominado de servicios personales o de pupilaje perpetuo.

Consiste la *dación personal,* en el hecho de que un soltero o un viudo, ordinariamente sin hijos, se *dona* o *da a* una casa, haciéndole irrevocable cesión de todos sus bienes, y comprometiéndose a trabajar en provecho de ella en cuanto se le ordene y ofrezca, y a mantenerse viudo o célibe toda la vida, a cambio de ser sustentado, sano o enfermo, con todo lo necesario hasta el fin de sus días. Obedece, del propio modo que las otras instituciones domésticas estudiadas en el mismo libro y por el propio Costa antes que la *dación personal,* o arrogación consuetudinaria, a la necesidad de evitar el aislamiento, de asociar los elementos dispersos de la producción, para contrarrestar las causas desfavorables que tan difícil hacen la vida en un país agreste y de escasa productividad, reconstituyendo al par, con los artificios del derecho, familias que han quedado incompletas a poder de circunstancias adversas que imposibilitaron o dificultaron el matrimonio, o por fallecimientos prematuros, o por falta o insuficiencia de nacimientos. Las familias que sienten escasez de brazos para el trabajo, encuentran en la *dación personal* auxiliares honrados, fieles, laboriosos, de poco gasto, y tal vez dueños de algunos ahorros, que no por pequeños son menos de apreciar en un país tan falto de capital flotante; y los viudos solitarios, próximos a la vejez, los solterones sin hogar y sin bienes de fortuna, o con bienes insuficientes para vivir en una relativa independencia, hallan casa ya dispuesta a recibirlos.

Los *donados* son generalmente pastores o criados que han servido muchos años en una casa, y que ésta acaba por adoptar en las condiciones dichas, haciéndose dueña de las economías de ellos, de los cuales se encuentran a veces dos o tres en una misma familia.

A diferencia de lo que acontecía con la arrogación romana y alfonsina, pueden prohijar las mujeres; ocurriendo a menudo que los donados son de más edad que los adoptantes. La *dación personal* no se verifica por acta ante juez ni otro oficial, sino por contrato privado o por escritura autorizada por notario; el arrogador no adquiere la patria potestad sobre la persona del donado ni sobre la de los hijos de éste cuando sucede que los tiene, lo que es harto raro, pero sí se hace dueño de los bienes; pues la donación que de los suyos realiza el donado es irrevocable, y de tales bienes no puede disponer ya nunca, entre vivos o por causa de muerte, ni aun de aquella cuarta Antonina que los autores de las Partidas tomaron de la legislación romana, a cuenta de los bienes del arrogador. La obligación de éste en beneficio del donado, transmítese integra al heredero del obligado; y en todo caso la suerte del donado depende: *de* su capacidad y de su carácter, en relación con el carácter y las aptitudes del arrogador, y no es infrecuente, por cierto, que al donado se le encomiende el gobierno y la administración de la casa por concurrir en él mejores disposiciones que en el amo, y *de* los bienes que aporta; pues si no lleva más que su persona y carece de carácter y energía para hacerse necesario, no suele recibir otro trato que el de criado, mientras sirve para el trabajo, y el de esclavo desde que la edad o los achaques le imposibilitan para las rudas faenas del campo, especialmente si por fallecimiento de los dueños que otorgaron el contrato, se ha renovado la familia; pero si al donarse es *cabalero*, si posee un peculio, un capital de importancia con relación a la fortuna del jefe, considérasele más, imponiendo entonces condiciones y dejándose abierta la puerta en previsión de una retirada, y hasta llega a entrar con carácter de coadministrador, ya que no de condueño, mediante constitución de hipoteca sobre los bienes aportados, en garantía de la obligación contraída por el donatario, y establecimiento de un Consejo de familia o de árbitros para el evento de que discordias intestinas recomienden una separación .

Casos diversos de dación personal.– 1.° El más sencillo y uno de los más característicos es aquel en que el donado aporta sólo su persona, sus brazos a la familia a quien se da.

El compromiso que contrae es incondicional una veces; otras, y por si en cualquier tiempo no es debidamente atendido, resérvase la facultad de romper el pacto de dación y retirar en concepto de salarios, al romperlo, determinada suma[47]. 2.° Aquel también característico, en que el donado posee bienes, y puede, por consiguiente, antes de donarlos, imponer, con relación a su cuantía, condiciones más o menos onerosas, que le sirvan de garantía para el porvenir[48]. 3.° El menos común en que el donado entra en la casa del

---

47 «Antonio B. y Teresa A. dicen: que tienen hace muchos años en su compañía, en clase de sirviente, a Pascual B., y por los buenos servicios que les ha prestado, así como por el cariño que le profesan, han determinado recompensárselos debidamente al tenor siguiente: 1.° Se obligan a considerarlo como de la familia, y a mantenerlo durante sus días naturales, sano y enfermo, vestido y calzado, con todo lo necesario a la vida humana. 2.° A su fallecimiento le harán los funerales a uso y costumbre de la parroquia. 3.° En el caso de que tuviese algún motivo fundado para separarse de la compañía y casa de los comparecientes, tendrá derecho a sacar de ella la cantidad de setecientos reales en moneda de oro o plata. 4.° Será obligación de Pascual B. trabajar como lo viene haciendo al presente, mirando como propios los intereses de la casa, y no dando nunca motivos por su conducta a queja alguna». COSTA, loc. cit.

48 «El Cosialls y la Pelegrín dicen: que *para el cultivo y gobierno de su casa y patrimonio están necesitados de personal: que el A.S. se encuentra solo*, y aunque de edad avanzada (60 años), bastante ágil para ciertas tareas del campo; y en este concepto, ha rogado a dichos Cosialls y Pelegrín que le admitan en su compañía, a lo que aquéllos acceden en las condiciones siguientes: Los citados C. y P. acogen en su compañía a A. S., obligándose a mantenerlo hasta que ocurra su fallecimiento, y a costearle entonces su entierro a uso y costumbre de la casa, como a hijo natural de ella. El A. S., en cambio de este beneficio, instituye a los mismos C. y P. herederos universales de todos los muebles y créditos que posee, cuyo valor no excede de dos mil reales, y además se obliga a trabajar en cuanto

arrogador bajo un pie de igualdad: esto sucede cuando posee bienes de valor doble aproximadamente que los constitutivos del patrimonio de la familia: el contrato, en este caso, es más de asociación doméstica que de dación o arrogación[49]. 4.° El más excepcional aún en que el donado entra como jefe de la casa, por haber fallecido éste; «y es, agrega el Sr. Costa, una de las aplicaciones más interesantes que ha recibido la *dación* en aquella montaña, donde cada institución es un Proteo que adopta las formas más diversas y extrañas». He aquí, sobre el caso una historia: ocurrió el fallecimiento de un padre; quedaron numerosos huérfanos de menor edad, uno de los cuales debía ser heredero del fallecido; la madre había muerto antes que su marido, e imposible, por tanto, acudir al casamiento en casa, con el fin de proveer de jefe a la familia; tampoco había *tiones* de donde sacar el jefe; los parientes desconfiaban de que el tutor pudiera mantener en pie el patrimonio, que ya mostraba señales de flaqueza; en tal apuro acudieron a la *dación personal,* que les proporcionó remedio: a un deudo de la casa, viudo, de quien conocían sus buenas cualidades, lo instituyeron *donado* para que la gobernase como jefe y dueño durante la menor edad de los huérfanos, a condición de que tan pronto como uno de éstos tuviere aptitud para el matrimonio, sería

pueda en beneficio de la casa. Si algún día no se le diese el buen trato que se merece, cuya circunstancia decidirán un pariente de cada parte, podrá separarse de la casa de los acogentes y usufructuar, mientras dure la separación, un pedazo de tierra, partida de I y la habitación del segundo piso llamada la O , etc. Con esto quedarán relevados de mantenerlo los acogentes, pero no el A. S. de trabajar en su oficio de pastor, etc.» «J. B. dijo: *que hacía donación pura, perfecta e irrevocable inter vivos de su persona y de todos sus bienes presentes y futuros, y se daba a la casa de P.*; y en su virtud se obligaba a perseverar en ella y trabajar en beneficio de ella en el arte de labrador, en cuanto le fuese mandado por el jefe de la misma o sus legítimos sucesores. El B. F. se obliga, y obliga a sus sucesores, a mantener al J. B. sano y enfermo, y darle todo lo necesario a la vida humana, y cuando muera, hacerle los funerales según costumbre Si se le tratase mal y se viese precisado a salir de la citada casa, a juicio del alcalde y cura del lugar de J., le será cedida para mientras viva la heredad llamada *Plegadera*, que linda con valuada en ocho mil reales, la cual volverá a la casa después de su fallecimiento». COSTA, loc. cit.

49 «Comparecen, de una parte Gregorio V., viudo, y de otra Manuel V., soltero (heredero de la casa), y su tío Dámaso V., casado (a sobrebienes acogido), y dicen: *que tienen convenido vivir juntos en familia, por hallarse el primero solo, sin ascendientes ni descendientes*, y a este efecto otorgan las condiciones siguientes: 1.° Gregorio V. hace donación a M. V. y D. V. de todos sus bienes en general, y en especial de las cinco fincas siguientes adquiridas de su esposa por pacto de hermandad. 2.° Se compromete además a trabajar cuanto pueda en beneficio de la casa. 3.° Los donatarios, en cambio, se obligan y obligan a sus herederos, y sucesores a mantenerle hasta el fin de sus días, etc. 4.° Ni el donante ni los donatarios podrán vender, hipotecar ni permutar los bienes donados sin consentimiento y acuerdo de todos: sin embargo, los donatarios podrán transmitirlos a sus herederos, reservando al donante todos sus derechos. 5.° No podrá éste contraer matrimonio ni marcharse por su gusto y antojo a vivir fuera de la casa y compañía de aquéllos, bajo pena de perder sus derechos; ni aquéllos podrán despedirlo de la casa, o de lo contrario, quedará revocada la donación, debiendo serle devueltos los bienes donados. 6.° Si se diese mala vida al donante, lo cual deberá justificar, podrá separarse de la dicha casa y familia, quedando sin efecto la presente donación, etc». COSTA, loc. cit.

nombrado jefe y heredero, pero que habría de compartir con el donado, durante el resto de la vida del mismo, la jefatura y administración. 5.° El en que la *dación personal* toma marcados caracteres de institución de heredero por causa de pupilaje vitalicio, en cuyo caso el trabajo del donado resulta factor muy secundario en el contrato[50].

La *dación personal* practicase en el territorio de los partidos judiciales de Jaca y de Boltaña, y muy excepcionalmente en el de los de Benabarre, Barbastro y Huesca. Cree el Sr. Costa que es institución llamada a desaparecer en un breve plazo, y juzga que no obstante usarse de ella poco y sólo en la reducida comarca indicada, todavía, por los servicios que presta, merecerá un lugar en el cuerpo de la legislación foral al ser codificada ésta.

También lo ha juzgado así la Comisión que firma el *Proyecto de Apéndice del Código civil general* para Aragón. El art. 325 define esta institución diciendo que por el contrato de *dación personal* un célibe o un viudo sin hijos ni otros descendientes, se adscribe o asocia con todos sus bienes y de por vida a una casa o familia, se obliga a trabajar en la medida de sus aptitudes en beneficio de la misma y la instituye su heredera universal para después de sus días, a cambio de ser mantenido y asistido sano y enfermo con lo necesario y vestido y calzado según su clase, y de que a su fallecimiento le costeen el entierro, funeral, misas y sufragios de costumbre en la parroquia. El individuo que en las condiciones expresadas se da o asocia a una casa o familia se llama *donado.* El contrato de dación personal puede formalizarse en documento privado, firmado ante testigos, cuando se trate de un *donado* pastor o criado antiguo de la casa a la cual se da y que no dispone más que de sus cortos ahorros, pero que aspira por tal medio a mejorar las condiciones de su servicio. Cuando por lo contrario sea el *donado* un *cabalero*[51] que aporta con su persona capitales de consideración, se reducirá el contrato a escritura pública y se establecerá en ella hipoteca para la seguridad de dichos capitales, en previsión de que se rescinda la convención. Igualmente se otorgará acta notarial de la dación personal siempre que el *donado* lleve bienes raíces o inmuebles, por insignificante que sea el valor de ellos, con el objeto de que

50 «Y dicen que la Juliana M. *se encuentra sola, sin familia, y sin una persona que le preste socorro cuando lo necesite*: Que procedentes de ahorros y de bienes vendidos, obran en su poder quinientas pesetas, y al efecto de mejorar su situación, ha suplicado a los citados V. y M. que la acojan en su compañía y la mantengan hasta que fallezca o tome estado, obligándose en cambio a entregarles la referida suma para que la usufructúen, y a trabajar en beneficio de la casa Si la J. M. fallece sin haber contraído matrimonio e intestada, deja ochenta pesetas a Josefa C., y el resto a los acogentes O. y M. con obligación de costearle el entierro y veinticinco misas rezadas Los O. y M., para garantía de dichas 500 pesetas, hipotecan una casa sita en, etc». COSTA, loc. cit.

51 Segundón o no heredero, dueño de un caudal (*cabal*) formado por un pequeño capital que le fue confiado de muchacho por la familia, dos o tres ovejas, dos o tres cahíces de trigo, cien reales, por ejemplo, y el lucro que haya obtenido por su industria y la aplicación de ese capital a cualquier granjería.

conste en el Registro de la propiedad el pacto sucesorio a que se les sujeta. La dación personal es susceptible de variedad de condiciones en atención a las circunstancias del *donado* y de la casa a que éste se da. Valdrán, en consecuencia, las que expresamente se impongan entre las siguientes: 1.ª La de que el *donado* se encargue del *señorío mayor,* y de la administración de la casa cuando el heredero universal de ésta o los *tiones*[52], si los hay, carezcan de aptitud para el ejercicio del uno y de la otra. El *donado* que se halle en tal situación no podrá enajenar los inmuebles. Cesará además en el *señorío mayor*[53] y en la administración, apenas el heredero universal o cualquier otro individuo de la familia alcance la capacidad necesaria para asumir el gobierno de la casa. 2.º La de que el mismo *donado* se reserve, en perjuicio de la sucesión deferida por el contrato a la casa, la libre disposición por acto de última voluntad de alguna porción de sus aportaciones. Si el *donado* muere sin haber dispuesto de la porción reservada, quedará ésta en beneficio de la casa. 3.ª La de que en determinadas festividades se entregue por el jefe de la casa al repetido *donado* alguna pequeña suma para sus esparcimientos. Las entregas de que se trata no serán imputables en cuenta ni aun en el caso de rescindirse el contrato. 4.ª La de que el *donado* contraiga el compromiso de no casarse si es célibe, o de no pasar a ulteriores nupcias si es viudo. Si el *donado,* no obstante, contrae matrimonio contra la voluntad del jefe de la casa, quedará sin efecto la dación personal. 5.ª La de que en el caso de rescisión, además de retirar el *donado* los bienes ingresados en la casa, reciba una indemnización en razón de su trabajo, si lo ha prestado durante el tiempo que se hubiere prefijado. 6.ª Y la de que el pariente del heredero de la casa y otro del *donado,* presididos con voto o sin él por una autoridad local, entiendan de las cuestiones entre las partes contratantes[54].

La *dación personal* «se reduce a una suerte de establecimiento de renta vitalicia *sui generis*»[55]; y como los *consorcios* o comunidades de carácter universal entre familias, expresos o tácitos, y los *acogimientos* o casamientos sobre bienes, es una institución de origen consuetudinario, ya que en la colección legal oficial aragonesa no existe precepto que la regule, como tampoco están regulados en dicha colección los *consorcios* o comunidades entre familias y los *acogimientos.* Regla concreta no la hay, pero recuérdese la Observancia 16.ª *De fide instrumentorum* que obliga a los jueces a atenerse en sus fallos a

52 *Tiones*, aumentativo de tíos. *Cabaleros* célibes que envejecen en la casa y en ella mueren, hermanos del heredero: a los sobrinos, hijos de éste, deben la denominación.

53 A no mediar estipulación en contrario, el *señorío mayor* comprende la facultad de administrar y la de usufructuar los bienes con la obligación de invertir los productos en las atenciones de los instituyentes, en las del heredero y su mujer y su prole, en las de los otros miembros de la familia y en acrecer el caudal del heredero: no implica la de enajenar, hipotecar o de otra manera gravar los inmuebles.

54 Arts. 326 y 327 del *Proyecto de Apéndice* indicado.

55 Exposición de motivos del citado Proyecto de ley, pág. LXXIV.

las *chartas*, a lo convenido por las partes si no es de imposible cumplimiento o contrario al Derecho natural y la práctica de pactar generalizadísima en el Alto Aragón, «campo feraz para el cultivo de la espontaneidad jurídica y para las manifestaciones del hecho individual y social, precursor de la ley. De todo constituye justificación cabal el precioso libro de D. Joaquín Costa..., libro que es a modo de una fotografía *con relieves* de la vida civil de aquella dilatada región, y en el cual habla el país con el más encantador de los realismos»[56].

DE LA SACA

Tiene en el Derecho aragonés la palabra *saca* dos acepciones; una, la de retracto gentilicio, llamado en el lenguaje regnícola, además de *saca, tanteo, abolorio* y *abolengo;* otra, la de extracción o exportación de cosas del Reino.

Todavía puede, en su primera acepción, la saca ser considerada bajo dos aspectos; el de Derecho civil substantivo y el de Derecho procesal.

Quedará la materia de Derecho civil para ser tratada en otros artículos de esta **Enciclopedia**. Hablaremos ahora de la procesal y de la que podemos llamar administrativa.

No fue hasta 1564 regulado como institución especial el *proceso de la saca.* La efectividad del derecho de abolorio había, en el tiempo anterior, de realizarse por los medios ordinarios.

De ello diremos aquí solamente lo necesario para que se comprenda la innovación de las Cortes de Monzón, autoras del fuero de 1564.

En lo civil, como en lo criminal, podía, según el extenso Fuero de Calatayud de 1461 *De executione rei judicatae,* instarse recurso de apelación, o de firma *de contrafuero feyto o fasedero,* hasta que hubiera, conformes en todo o en parte, consecutivas o no, dos sentencias.

Llegado ese caso se tenía ya sentencia que podía ejecutarse, bien que sujeta al resultado del *derecho de retractación.*

Consistía ese derecho en la facultad, otorgada a quien había sido condenado por los dos fallos conformes, de obligar al que los había obtenido y quería llevarlos desde luego a ejecución, si es que se instaba nuevo recurso, a prestar caución idónea de restituir, en su caso, la cosa objeto del juicio, con sus frutos.

La sentencia no quedaba firme e incondicionalmente ejecutoria hasta que llegara a haber tres sentencias definitivas conformes. «Recurso alguno por cualquier remedio de fuero haber no se pueda», decía para en caso el texto legal, procediendo «imponer en la question silencio sempiterno» y cancelándose, en su caso, la caución prestada.

56 Idem. Pág. LXXIII. Alude a la monografía del señor Costa, de que hemos tomado tantas noticias para redactar este artículo.

Este era en lo civil (en lo criminal había cambiado por el fuero 1.°, *De modo et forma procedendi in criminali,* de 1510) y en lo que toca a las sentencias definitivas —dejando aparte lo referente a otras— el estado de derecho que regía al ser convocadas por Felipe II en Monzón, en 1563, las Cortes que al siguiente año elaboraron el fuero *Forma de proceder para recuperar* los *bienes de abolorio.*

Fue doble la reforma que en el enjuiciamiento general u ordinario introdujo al efecto de que la resolución que hubiera de dar en la demanda de *saca* no fuera «luengamente diferida».

Primeramente aligeró la tramitación, ordenando que aún en el caso de que se hiciera necesaria la prueba de testigos, se procediera «sumariamente y de plano, sin strepito y figura de juyzio».

Después, declaró privilegiada la sentencia de primera instancia, de tal manera, que desde luego pudiera procederse a su ejecución, con sólo dar caución el que la obtuvo, pues se conservó el derecho de retractación de que antes se ha hablado.

En cuanto a la *saca* como exportación de productos del Reino, se prohibió, ya de unos, ya de otros, según los diversos fueros.

En las Cortes de Monzón, de 1553, se prohibió la saca de mulatos y mulatas, la de cueros (esta prohibición se renovó en las Cortes de Tarazona, de 1592), y la de rocines y yeguas; en las Cortes de Calatayud, de 1626, la de la plata y oro; en las Cortes de Zaragoza, de 1646, la de la moneda. Un acto de Corte de 1647 (Cortes de Monzón) prohibió «sacar rieles de oro del Reyno, por Bearne o por Francia, so pena de perderlos».

Fueros se dieron por las Cortes de Barbastro y Calatayud, de 1626, acerca de la saca de trigo, de aceite y de cáñamo; mas no para vedarla en absoluto, sino para prohibirla o permitirla según las circunstancias, pagando, cuando fuera permitida, los derechos de las generalidades.

Este aspecto de la saca se presta a interesantes consideraciones económicas de que entendemos poder, y aun deber, prescindir en una Enciclopedia jurídica.

DECANO

En los primeros Diccionarios, no mucho después de la fundación de la Real Academia Española, por ésta publicados, se da de la palabra «decano», esta definición: «el más antiguo de alguna Junta, Cuerpo o Comunidad». Se la estima derivada de la latina *decanus,* de igual significación; bien que otros autores (Littré, por ejemplo, artículo «Doyen» de su Diccionario) consideran, con más acierto a nuestro juicio, que *decanus* significó siempre un superior a *diez.* Y se cita como precedente anticuado una ley de la Recopilación de Indias que ordenó fuese «decano» en ciertas Universidades de América, el profesor más antiguo de la facultad de cánones. No parece muy decisivo el precedente: el profesor de cánones no siempre sería el más antiguo: quizá nunca lo fuera; el decanato, pues, se fundaba en una cualidad o circunstancia no dependiente de la antigüedad.

Desacertado o no, aquel exclusivismo de la acepción, consagrado por la Academia, fue generalmente acogido. El P. Esteban de Terreros *(Diccionario de la lengua castellana,* tomo I, 1732), aunque citando ejemplos históricos de cargos que implicaban autoridad, no máxima antigüedad, define al «decano» como el más antiguo de algún Cuerpo o Comunidad y atribuye a esa palabra la correspondencia latina de *decanus, antiquior, antiquisimus,* francesa de *doyen,* italiana de *il piu antico.*

Bien que en el lenguaje corriente y en la vida ordinaria se siga vinculando el concepto del decanato al de la antigüedad —y así se oye o se lee a cada momento expresiones como las de «el decano de los periodistas», «el decano de los actores», «el decano de los veraneantes», «de los abogados», etc.—, es lo cierto que ya, de mucho tiempo atrás, a la acepción indicada se ha agregado otra; la que en la última edición (la 13.ª) de su *Diccionario* expone la Academia en estas palabras: «el que con título de tal (de decano) es nombrado para presidir un Consejo, Tribunal o Facultad universitaria, sin embargo de no ser el más antiguo».

Ambas acepciones han alcanzado gran difusión y en iguales o parecidos términos explicados aparecen en Diccionarios y Enciclopedias.

La historia del derecho no confirma la idea de la antigüedad, o por extensión, dice Littré de la edad como carácter distintivo del decanato, cualquiera que sea el orden de instituciones a que se atienda: antes bien hay que buscarlo en el concepto de mando o antoridad.

«Decani ab eo quod militibus decem praeferuntur», dice S. Isidoro en sus *Etimologías («de militiae vocabulis»): «Decanos vocant eo quod sint denis praepositi»,* añade en su Tratado *De officiis,* capítulo *«De monachis»* (Edición de Roma, 1798).

Del cargo de decano se habla en varias leyes del Fuero Juzgo, atribuyéndole carácter judicial en alguna, como la 26.ª, tít. 1.°, lib. 2.°; militar en otras, como la 2.ª, y 4.ª, tít. 2.°, lib. 9.°[57].

57 Conviene advertir, en evitación de incertidumbres y confusiones, que según la edición que se consulte, así aparece o no, en el texto legal, la palabra *decano*, y el mismo texto lleva uno u otro número. De no tenerse eso en cuenta, podrán creerse, acaso sin razón, mal hechas algunas citas que se encuentran en obras de autoras de mérito y notoriedad.
Así, por ejemplo, la ley del tít. 1.°, lib. 2.° de la *Lex vissighotorum* o Fuero Juzgo, que Pertile (*Storia del Diritto italiano*, vol. I) cita como 26, aparece como 25 en la edición de la Academia Española, en la de la Publicidad y en la de Alcubilla, y como 27 en la que pasa por más perfecta, la de Zeumer (Hannover y Leipzig, 1902): Villadiego es quien dice que en el códice latino debe ser la 26; y así resulta en la edición de Lindembrog.
En esa ley, cualquiera que sea su numeración verdadera, hay, en cuanto a la palabra («de-

Créese por algunos (Laurent, *Estudios sobre la historia de la Humanidad,* traducción española de Lizarraga, tomo V.– Clonard, *Historia orgánica de las armas de Infantería y Caballería españolas,* tomo I) que esa organización revelada en el Fuero Juzgo fue tomada de los romanos. Fúndanse en que éstos, vencidos por las armas, supieron sobreponerse, por su cultura, a las gentes vencedoras, civilizándolas, bien que sin absorberlas. Estiman otros (Pertile, obra citada.– Pérez Pujol, *Historia de las instituciones sociales de la España goda,* tomo I) que en lo tocante a la organización militar poco tomaron de Roma los germanos y que, desde luego, la jerarquía de thiufado milenario a decano era puramente germánica, aunque en grados superiores (duques y condes) se hubiera sobrepuesto el precedente romano. Concretamente al decano, diremos que se le ve también funcionar en Italia entre los longobardos y en Francia bajo los carlovingios con un carácter particular, al modo de un jefe subalterno de seguridad o vigilancia rural de las tierras llanas, y a diferencia del *saltarius* que ejercía análogos oficios en las comarcas montuosas.

No hay noticia de cosa igual en Roma: y la asimilación de cargos por similitud de las palabras *decano* y *decurión*, parece ser un error en que han incurrido profesores tan ilustres como Colmeiro *(De la constitución y del gobierno de los reyes de León y de Castilla,* tomo I) y Dahn *(Historia primitiva de los pueblos romanos y germanos)* que forma parte de la *Historia universal* de Onken, traducción española, tomo IV), que hacen sinónimos uno y otro vocablo.

Quítales la razón en esto el estudio de los escritores que nos han transmitido la noticia de la organización romana. Decano y no decurión llama Vegecio, el más competente de los tratadistas militares de Roma *(Institutiones rei militaris,* lib. II), al jefe *(caput contubernii)* de cada uno de los diez grupos de la centuria, concentrado en un pabellón.

Eso era, pues, el decano *(dizenier, sous officier qui commandait a dix soldats,* dice Mr. Nisard en nota a una de sus traducciones). Diferían sus funciones, y aún su categoría, de las que al decurión correspondían. El decano era infante y mandaba a diez hombres: servía el decurión en caballería y tenía a su cargo una sección llamada *turma* que, cuando menos, se componía de treinta y tres jinetes.

«Cabdillo de diez» es la expresión castellana correspondiente al vocablo latino *decanus,* según D. Alfonso el Sabio (ley 3.ª, tít, 6.º, Part. 1.ª); bien es verdad que poco antes en la misma ley, había dicho que *decanus* en latín

cano», «decanus», «decani»), la diferencia de que en el texto de unas, como la de Zeumer, no se encuentra (aunque sí en nota con relación a la edición de Pitheo), quedando terminada en la voz *centenarius* la serie que comienza en la de *millenarius*, mientras aparece en el texto latino de la Academia, pero no en el castellano, donde se alude al cargo, pero no se le da el nombre. En cambio, en las dos ediciones, para no hacer más citas, de la Academia y de Zeumer, se habla de «decano» en las leyes 1.ª, 3.ª, 4.ª y 5.ª del tít. 2.º, lib. 9.º tanto quiere decir como «ome viejo e muy cano, ca bien así como el ome que es cano, debe ser sesudo por derecho e asosegado e de buenas maneras»; etimología esta última que no parece aceptable después de lo que dejamos dicho.

De todos modos, demuestra esa ley que el orden decimal se introdujo también, en mayor o menor escala, en la organización eclesiástica. «Antiguamente, dice, quando las cathedrales eglesias eran pobres, partían en algunas de ellas los clérigos a compañas, en que avia diez en cada compaña e ponían uno por cabdillo de cada una de ellas e llaman a este dean». Hubo también deanes (decanos) rurales; y en la organización de éstos se ha visto por algunos el origen de los arciprestazgos actuales.

No sólo en función de ese cargo aparece en la historia de la Iglesia el decano. Decano se llamó, según S. Isidoro (*Opera omnia,* t. VI, ed. citada), el monje encargado de otros diez, a quienes dejaba exentos de todo cuidado de lo necesario a su sustentación, sanos y enfermos; organización que se extendió considerablemente.

Consignáronla también los capitulares de los reyes francos. No era decano, esto es, superior o encargado de diez el de más edad; mas quien entre los decanos la tenía, presidía su reunión: *senior decanus reliquis decanis praeponatur (Corpus juris germanici antiqui).*

Pasando de estas consideraciones generales y noticias históricas, al Derecho vigente, se ve que tienen decano, ya de edad, ya por nombramiento —más frecuentemente esto último—, las profesiones, clases o Corporaciones, civiles o eclesiásticas, siguientes:

- Abogados.
- Corporaciones eclesiásticas romanas (Colegio de cardenales; curia romana; familia y capilla pontificias).
- Doctores y Licenciados en Filosofía y Letras y en Ciencias.
- Facultades universitarias.
- Grandeza de España.
- Jueces de instrucción y primera instancia.
- Médicos de Beneficencia.
- Notarios.
- Órdenes militares (Consejo y Tribunal).
- Procuradores.
- Secretarios judiciales.
- Tribunal de Cuentas del Reino.
- Tribunal de la Rota española.

DERECHO DE ABREVAR

Derecho foral. *Aragón.–* El derecho de utilizar determinadas aguas para dar de beber a un ganado sólo puede caer bajo el imperio de la legislación especial aragonesa cuando ha de ejercitarse sobre aguas privadas. En lo que toca a las públicas, rige en Aragón, como en el resto de España, la legislación general, a la cual hay que estar también, en lo privado, en cuanto por ella, como posterior a los decretos de Felipe V, se haya modificado la legislación foral.

El volumen foral no contiene otras disposiciones acerca de ese derecho que la Observancia 9.ª *De praescriptionibus,* libro II, y la 3.ª *De pascuis, gregibus et cabannis*[58], libro VII. Son esas dos Observancias repetición la una de la otra, sin más diferencia que la de alguna que otra palabra, que no produce, variación substancial en el contexto.

Por esas disposiciones se declara que el derecho de abrevar, entre otros, se adquiere sin título por prescripción de tiempo inmemorial.

La palabra *adaquandi* que en la Observancia se lee *(jus ... adaquandi)* ha dado lugar a dudas y discusiones. En realidad, según las citas que se hacen en el Diccionario de Commelerán y en otros, la significación que se ha dado por los escritores latinos a los verbos *adaquare* y *adaquari* no es una sola, y puede decirse que se extiende hasta comprender cualquier uso que del agua se haga. Discutióse sobre ese extremo en un pleito, sosteniendo uno de los litigantes que *adaquare* no es sino *abrevar,* contra el otro que entendía que con ese verbo se indica el hecho de usar de las aguas de cualquier modo.

La Audiencia de Zaragoza dio la razón al primero; mas el Tribunal Supremo casó la sentencia. No por eso la cuestión quedó resuelta sino en una parte de su aspecto jurídico. Nuestro Tribunal de casación entendió que «la significación del verbo *adaquare,* bien sea la de regar o abrevar, o bien la más genérica de hacer uso de las aguas para adquirir por una posesión más o menos dilatada el derecho a su aprovechamiento, no es referente a las aguas pluviales», pues «no siendo las aguas de esta clase susceptibles de posesión en un estado de descenso y curso natural, no puede fundar en ella un derecho de prelación el dueño de los predios inferiores, porque su aprovechamiento ha dependido de la facultad que tiene el de las superiores para tomarlas o dejarlas discurrir» (Sentencia de 28 de febrero de 1865). Bien se ve que la cuestión queda en pie para cuando se trate de uso de aguas no pluviales.

---

58 *Capannis* se lee en los índices de algunas ediciones y en la obra de Franco de Villalba «Fororum atque observantiarum», etc.

DERECHO DE LEÑAR

Derecho foral. *Aragón.*– Esta servidumbre va comprendida en las mismas disposiciones forales citadas en el artículo DERECHO DE ABREVAR, las cuales hablan de la manera de adquirir las servidumbres *pascendi, lignandi et adaquandi.* Sin que expresamente lo dijéramos, se comprendería que, desde el punto de vista foral, aquí no tenemos en cuenta sino el derecho de aprovechar leñas de propiedad particular.

Los montes públicos se rigen por la legislación especial del ramo y a ella está sometida toda la nación.

DERECHO DE MODERACIÓN

Según el texto de las disposiciones forales (Fueros 1.° y 2.° *De moderatione rerum venalium,* de 1247), consistía ese derecho en ciertas reglas de policía, hoy propias de las Ordenanzas municipales y bandos de buen gobierno, tocantes a la venta del pan y del vino.

La aplicación de esas reglas estaba confiada al zalmedina o baile *(Calmedina aut Bajulus)* de la localidad: más tarde (Observancia 1.ª *De moderatione rerum venalium)* aparece corresponder al almotazaf.

En general, esa *moderatio* estaba (Fuero 3.° de la citada rúbrica) reservada al Concejo de la localidad *(semper statutum debet fieri in Concilio civitatis).* Según la Observancia 2.ª del ya mencionado título; la potestad de hacer los estatutos y exigir su cumplimiento pertenecía a los Jurados.

En sentido muy diverso puede también, según Franco de Villalba *(Fororum atque Observantiarum*, etc.), tomarse la expresión «derecho de moderación», aunque así no lo denomine el Fuero de donde tomó la idea aquel jurista.

El *De oppositione tertii,* de 1436, de las Cortes de Alcañiz es ese Fuero; y como el propio título indica, trátase de un derecho o recurso análogo al de nuestras tercerías. Otorgado estaba a quien se creía dueño de bienes que judicialmente se habían vendido para pagar deudas de otro, o se estimaba con derecho preferente al del acreedor ejecutante. Un año había para poder ejercitarlo, a contar desde el edicto *(grida)* en que la venta era anunciada, y sólo por razón de ausencia podía ese plazo dejar de parar perjuicio.

Como ese Fuero de Alcañiz hubiera ocasionado «graves disputas y contrarias decisiones sobre su interpretación», según palabras de las Cortes de Zaragoza, en 1646, hubieron ellas de aclararlo con esta manifestación: «que el tercero acrehedor que no tuvo drecho eficaz al tiempo que se tranzaron los bienes sitios, no pueda inquietar al comprador de corte quando suceda su drecho, si es posterior en tiempo y drecho a la causa porque se vendieron y tranzaron dichos bienes, y en caso que el drecho de tercero fuese anterior, desde el tiempo y día en que empeçó a ser eficaz le corre la prescripción de año y día a perjuicio suyo, como en dicho Fuero está dispuesto».

Ya entonces otro Fuero, el de 1626, titulado «Que se hagan Gritas en el Processo de execución», había acudido a otra necesidad, la de asegurar la publicidad de las ventas de corte. La falta o descuido de ese requisito había dado lugar a que los bienes, muebles y sitios, se remataran en menos de su justo precio. Y el Fuero había ordenado, como diligencias inexcusables, la grita foral, hecha en el lugar de la ejecución; el transcurso de treinta días, contados desde ella, hasta el acto de la subasta; la notificación de aquel anuncio (cuando se hiciera fuera de la ciudad de Zaragoza, con provisión de la Real Audiencia o Corte del Justicia de Aragón) a los jueces ordinarios de las localidades, en audiencia que habían de celebrar, so pena de incurrir en la responsabilidad de los oficiales delincuentes, cuando a ese efecto fueren requeridos.

Expuesto lo más esencial acerca del asunto, y careciendo éste de todo interés que no sea el puramente histórico, no creemos oportuno detallarlo más, ni exponer, mucho menos discutir, las cuestiones a que las disposiciones forales indicadas, y las con ellas conexas, dieron ocasión.

DERECHO DE NO DECRECER

Derecho foral. *Aragón*.– Es éste uno de los puntos más obscuros, y en la práctica más controvertidos, del Derecho civil vigente en Aragón.

Díjose ya lo mas esencial en el artículo ACRECER de esta **Enciclopedia** y viene ahora la ocasión de dar a lo allí indicado el conveniente desarrollo. Constituye aquel artículo el precedente no sólo cronológico, sino lógico, del presente, el cual debe comenzar por deshacer un equívoco en que lo poco depurado y fijo del tecnicismo jurídico y la falta de explicaciones pudieran hacer incurrir.

El derecho de acrecer y el de no decrecer se presentan e invocan unas veces como iguales o equivalentes; otras, como diversos y aún antagónicos. Aquella igualdad ha sido enseñada por muchos de los expositores del Derecho romano. El recuerdo de algunos textos lo probará concluyentemente.

El derecho de acrecer, según Serafini, «más propiamente pudiera ser llamado derecho de no decrecer» (*Instituciones de Derecho romano*. Traducción de Trías, tomo II, pág. 413).

«Algunos autores, dice Laserna, no sin cierta propiedad le han dado la denominación de derecho de no decrecer» (*Curso histórico-exegético del Derecho romano comparado con el español,* 5.ª edición, tomo 1, pág. 630).

Ese juicio es aplicable al Derecho general español, que en esta materia, como en tantas otras, se ha inspirado en las doctrinas romanas. Así Bofarull (*Código civil español,* 3.ª edición, pág. 299) estima que la denominación «derecho de acrecer», rigurosamente hablando, es acertada.

Sin embargo, con referencia a Aragón, donde no hay disposiciones que regulen esta materia, Dieste (*Diccionario del Derecho civil aragonés,* pág. 180), dice que el derecho de *acrecer* excluye el de *no* decrecer y Moutón (*Diccionario del Derecho civil foral,* tomo I, pág. 316) considera este último derecho como «una consecuencia de no admitirse por la ley foral del territorio aragonés el derecho de *acrecer*».

No obstante la aparente contradicción de unas y otras enseñanzas, todos, en el fondo, vienen a estar conformes. Consiste la diferencia en el punto de vista en que respectivamente se colocan. Porque si éste fuera el mismo, sería imposible que, a un tiempo, el derecho de *acrecer* mereciera ser llamado de *no decrecer* y el de *no decrecer* se originara en la no admisión del *de acrecer* especie de logomaquia fácil de desvanecer si se atiende a que, al pensar en el acrecimiento, los unos miran a los coherederos y colegatarios, a la vez que los otros se refieren a personas que no sean unos ni otros.

Comparemos, para aclaración de estos textos respectivos de dos de los tratadistas: Laserna cree que no es impropia la denominación de *derecho de no decrecer,* porque considerándose cada uno de los instituídos llamado a toda la herencia, y dividiéndola por razón de concurrir diferentes a ella más bien puede decirse que la falta de uno impide que se disminuyan o decrezcan las porciones de los que quedan. Y Moutón estima que ese derecho es el que corresponde a los herederos o legatarios de no permitir la disminución de su herencia o legado por acrecencia a los demás de la porción vacante que deje uno de ellos. Laserna, pues, refiere el acrecimiento a los coherederos y colegatarios; Moutón a los que no lo son, a los herederos, por ejemplo, de aquel a quien correspondía la porción que vacó. Si en este último concepto no hay derecho de acrecer en Aragón, ha de haberlo de no decrecer y existiendo éste, ha de reconocerse el de acrecer en aquel otro sentido en que quedan los dos equiparados, esto es, en el de que aquello que por disposición de la ley o por voluntad del testador había de ser para varios herederos o colegatarios, para ellos sea, y para nadie más, aunque una o más porciones vaquen, mientras quede entre los mismos quien pueda tenerlo todo.

Queda con esto determinado qué es, en Aragón, como en cualquiera otra parte, lo que ha de entenderse por derecho de no decrecer. ¿Existe en esa región, real y verdaderamente, ese derecho? Nos parece que sí. ¿En qué nos fundamos? Vamos a exponerlo.

En Aragón no hay disposición escrita que afirme ni niegue el derecho de que tratamos, llámese como se quiera; de acrecer o de no decrecer. *Ad naturalem sensum vel aequitatem,* mandó D. Jaime, al compilar los fueros, que en defecto de disposición en ellos contenida hubiera de recurrirse. Fue, en la práctica, para unos, el Derecho canónico, para otros, el romano, la legislación en que había de buscarse la expresión de la razón natural y del sentimiento de equidad; se acudió más tarde al Derecho de Castilla: ha de buscarse hoy en el Código civil. No hay para qué decir, harto sabido es, que éste queda reservado para el último término; antes que él está todo el Derecho foral no derogado, sea consuetudinario o sea escrito.

Que no hay en la materia que nos ocupa disposición escrita, ya lo hemos dicho. Costumbre, tampoco la hay. Los casos que en la práctica se han presentado, han solido resolverse por transacciones, o por dejación del derecho de unos u otros interesados.

Si se quiere recurrir a las opiniones de los jurisconsultos o a las sentencias de los tribunales, tampoco por esos caminos hallaremos una solución deducida resueltamente de un texto foral y, mucho menos, uniformemente admitida.

La mayor parte de los tratadistas guardan silencio. Algunos, así en lo antiguo como en lo moderno, en Aragón y fuera de Aragón (Portolés, Franco y Guillén, Falcón) niegan que el derecho exista. Otros, como Lissa (y Dieste y Moutón, a quienes ya hemos citado), lo afirman, apoyados principalmente en la autoridad de Sessé.

Sessé ha sido, en efecto, el gran defensor del derecho de los coherederos y colegatarios. Todos los demás se han limitado a unas cuantas líneas: él ha tratado —con grande extensión y bajo todos sus aspectos el asunto al comentar la Decisión 244.

Quien quiera conocer a fondo la historia y vicisitudes de esta materia en Aragón, no deberá prescindir de estudiar atentamente lo que aquel jurisconsulto escribió, basado en las doctrinas y disposiciones de la legislación romana que él consideraba ser en ese antiguo Reino el *jus commune.*

En esos comentarios que le sugiriera una sentencia de cuyo respeto protestaba en términos muy vivos, pero que no menos vivamente combatió, Sessé se esforzó en probar que con ninguno de los fundamentos en que los romanistas apoyaran siempre el que llamaban, derecho de acrecer está reñida la legislación aragonesa. A los que considerándolo nacido del principio de que no se puede morir en parte testado y en parte intestado, y con ello quitaban base para su admisión en Aragón, donde ese principio nunca rigió, opuso razonamientos encaminados a la demostración de que ni aquel principio era el verdadero fundamento de tal derecho en legados, fideicomisos y herencias, ni el argumento así formulado, que él calificaba de fútil y débil, podía tener eficacia en el antiguo Reino. Y a los que invocando el *Standum est cartae* negaban que sin quebrantarlo pudiera recibir aplicación el otro principio fundamental del derecho que estudiamos, la voluntad del testador, cuando no resultaba expuesta en términos expresos y claros y fuera preciso deducirla, contestó con un detenido estudio de ese axioma foral para venir a deducir que no puede considerarse prohibido por él, a menos de desaparecer muchas de las reglas de Derecho Civil admitidas en la doctrina y la práctica aragonesas, que de los enunciados de un documento se llegue a aquellas conclusiones que caben dentro de una racional y lógica interpretación.

Después de todo, no puede negarse que en el estudio de Sessé hay cierta confusión. Parece en ocasiones que considera ser una misma cosa el derecho de acrecer y el de no decrecer, y aún hace notar que los jurisconsultos usan indistintamente *(promiscue)* esos dos modos de expresión; otras, que hay alguna diferencia, aunque pequeña; sin que falten pasajes en que se los presenta como cosas hasta opuestas. Sea como quiera, se advierte, en último resultado, que el *jus non decrescendi et non diminuendi* que Sessé admite y propugna es lo que en nuestra patria vino llamándose, y aún se llama, con más o menos propiedad, derecho de acrecer; con una excepción, sin embargo; la de la conjunción meramente verbal *(verbis tantum)* constitutiva, a su juicio, de una tácita substitución, no admisible en Aragón.

Si de los tratadistas pasamos a los Tribunales, tampoco en sus sentencias hallaremos elementos suficientes para la solución.

Sessé cita una sentencia dada a principios del siglo XVII por los lugartenientes del Justicia en un proceso de emparamento y firma. Mas sin negar la autoridad de aquel Tribunal, fuerza es convenir en que un solo fallo, en época en que por no fundarse las sentencias no resaltaba tan claramente como hoy la enseñanza doctrinal de ellas, reciamente combatido por persona tan autorizada como el regente de la Audiencia, quien además citaba, bien que sin precisar su fecha, un fallo diferente recaído en otro pleito, no puede ser motivo suficiente para dejar establecida de un modo definitivo una doctrina.

Las sentencias de la Audiencia recogidas por Ripollés (*Jurisprudencia civil de Aragón*, tomo II) no son uniformes: aceptan unas el derecho decrecer; lo niegan otras.

El Tribunal Supremo sólo ha tenido una ocasión de decidirse. Ello fue en la sentencia de 3 de marzo de 1873, donde hizo aplicación del acrecimiento ordenado en la ley 33, tít. IX, Part. 6.ª.

Por otra parte, no puede decirse que el espíritu del Derecho aragonés repugne el acrecimiento. De un modo que hoy parece exagerado y ha originado la tendencia general a la supresión del consorcio foral, aparece regulado en esa institución. Y no cabe desconocer que entre ella y el derecho de *acrecer*; o dígase de *no decrecer,* hay analogías, aunque en realidad difieran en sus fundamentos y en sus desarrollos[59].

Como consecuencia de todo, parece que el resumen de esta materia, con razón calificada de vaga y sutil por los autores, puede ser el siguiente:

1.° Háblese de derecho *de acrecer o* de derecho *de no decrecer,* no hay ni unanimidad en la doctrina, ni jurisprudencia uniforme, ni práctica bien establecida en Aragón.

2.° Parece lo más probable y lo más legal en el actual estado legislativo, que la jurisprudencia que llegue a formarse tenga por base las disposiciones

---

59 En las disposiciones forales que tratan del consorcio se emplea el verbo *acrecer* para expresar el efecto jurídico que en favor de un consorte se realiza cuando muere antes de dividirse la cosa consorcial (véase, por ejemplo, la Observancia 6.ª *De consortibus ejusdem rei*, libro III).

de la sección 3.ª, tít. III, lib. III del Código civil, salvo, acaso, alguna excepción que pueda considerarse exigida, en cuanto a la aplicación del artº 985, por el distinto sistema sucesorio aragonés comparado con el de aquel Cuerpo legal.

Añadamos, para concluir, que en orden a lo que es objeto del presente artículo, nada se consignó en el primer Proyecto de Apéndice aragonés al Código civil, y en el segundo se propone la desaparición del derecho de acrecer en la sucesión intestada y su restricción en la testada para que sólo se realice cuando nazca claramente de la voluntad del testador.

DERECHO DE PACER

Derecho foral. *Aragón.– Después* de lo dicho en el artículo ALERA FORAL, poco será lo que aquí haya necesidad de agregar.

Por de contado, hemos de hacer, respecto a los pastos públicos, observación análoga a la que dejamos consignada a propósito de aguas y leñas en los artículos respectivos.

La adquisición de esta servidumbre se verifica del mismo modo que la de esas otras servidumbres, ya que a las tres se refieren las Observancias citadas en el artículo DERECHO DE LEÑAR. Y como esas disposiciones son las únicas que específicamente tratan de estos derechos y no agotan, claro está, la materia de ellos, en otros artículos de la **Enciclopedia** habrá de buscarse ese complemento.

DERECHO DE REPRESENTACIÓN

Derecho foral. *Aragón.–* El derecho de representación aplícase, sin límite alguno, en la sucesión de los descendientes, según la Observancia 6.ª

De testamentis: «Si sobrevivieren el hermano y el hijo del hermano, ambos sucederán al padre del hermano y al abuelo del nieto por iguales partes, y así se hace la sucesión por línea ascendente, porque el hijo del hermano *representa* la persona del padre y los otros que no están en el mismo grado con aquel con quien quieren suceder cuando se trata de la sucesión por línea ascendente, no teniendo en este caso lugar el Fuero que dice que deben suceder aquellos que son más próximos de aquel de quien viene la herencia, porque se entiende y tiene lugar cuando la sucesión ha de hacerse *por línea transversal,* como, por ejemplo, cuando son tres hermanos y muere uno dejando hermano y nieto de otro hermano difunto, porque entonces el hermano, como más próximo, sucede al hermano *y no el nieto, y así sucesivamente* » De esa Observancia consta también, como se ve, que en la *línea transversal* no se hereda nunca en representación de algún pariente que haya premuerto al causante o no pueda sucederle. Y en efecto, en la sucesión de parientes colaterales rige absolutamente el principio de que el más próximo en grado, dentro de cada una de las líneas paterna y materna, excluye al más distante.

Ello es muy antiguo en Aragón. En el Fuero único *De rebus vinculatis,* dado en Huesca, por D. Jaime I, en 1247, se lee: «... y si el padre o madre no hubiese vinculado y muriese el hijo o hija intestado, devuélvanse los bienes a *los más propincuos* descendientes por aquella parte de donde descienden los bienes».

Las Observancias 5.ª y 7.ª *De testamentis* insisten en el mismo principio, y en el art. 275 del Proyecto de ley en el cual se contienen como apéndice del Código civil general las instituciones aragonesas que conviene conservar, dícese: «El derecho de representación no tiene lugar en Aragón más que en la sucesión de los descendientes y sin límite alguno».

«En la de los parientes colaterales y dentro de cada una de las líneas paterna y materna, se observará con todo rigor el principio de que el más próximo de aquéllos en grado excluye al más distante o remoto».

DESAFILIACIÓN

Un fuero y una Observancia aragoneses son las únicas disposiciones que tratan de esta materia, y aun la Observancia (la 1.ª *Ne pater vel mater pro filio teneatur,* lib. II) tan sólo lo hace de un modo incidental, para decir que la madre que hubiese desafiliado a su hijo no vendría obligada a pagar *calonia* que sobre él pesara, aunque ella se hallara en circunstancias como las que tal responsabilidad producían.

A creer a Ramírez (*Analyticus Tractatus de lege regia* pág. 16), la desafiliación, que él califica de *ultimum summumque supplicium filiorum*, era una «odiosa emancipación», puesta en Aragón en uso antes de la libre y amplia facultad de desheredar a los hijos, establecida, dice, por los fueros; al modo de la *abdicatión* romana, mediante la cual, diciendo los padres ante el pretor que dejaban de tener a un hijo por tal *(eum esse filium negabant),* quedaba éste excluido de la familia a que hasta entonces perteneciera.

Por su parte, el barón de Tourtoulón (*D. Jaime I, el Conquistador,* 2.ª edición española, tomo II, pág. 169), ve en la desafiliación un contraste de la adopción, y conviniendo en que por ella quedan rotos todos los vínculos legales entre el padre y el hijo, la asimila a la *Apoteosis*[60] de la antigua Grecia.

Parece esto, a primera vista, más aproximado a la verdad que lo otro. Se tiene por cierto que esa *expulsión* de la familia del hijo indigno, odiosa en tal concepto, al revés de la *emancipación,* beneficiosa al digno de ella, existió en

60 La palabra está equivocada, como se verá luego.

Grecia; es dudoso que se conociera en Roma. Una constitución del año 288 (tít. LXVII del libro VIII del Código), la misma, sin duda, invocada por Ramírez en su cita *(abdicatio C. de patria potestate),* desautoriza su afirmación, como quiera que en ella se hace esta explícita declaración: la *abdicación,* que, según la costumbre de los griegos, se empleaba para enajenar a los hijos y que se llamaba *apoqueyxis*, no está permitida por las leyes romanas (traducción de Bacardí).

Mas parece cierto que, andando el tiempo, la práctica de la abdicación, respetada por los romanos en las provincias conquistadas, donde hubieron de encontrarla establecida, se extendió (E. COSTA: *Storia del Diritto privato romano,* pág. 101) a regiones del Occidente.

No es natural que en Aragón, donde, según rotunda declaración de su legislación especial, no existe la patria potestad, naciera espontáneamente la desafiliación: de creer es que se importara por influjo de esa práctica.

Eso aparte, al leer las afirmaciones de Ramírez, dos cosas se ofrecen a la mente como extrañas: 1.° Que si la desafiliación se introdujo con anterioridad a la facultad de desheredar y, para suplir la falta de ésta, se conservara en la compilación de 1247 y precisamente el fuero mismo en que tal facultad se reconoció a los padres. 2.° Que todavía dos siglos después se hablara de la desafiliación, como de institución vigente, en las Observancias.

Hemos dicho que de la desafiliación sólo tratan un fuero y una Observancia.

Hemos citado la Observancia y aludido al fuero. Es éste el 3.° *De exheredatione filiorum*, lib. VI, sin que, fuera de lo que resulta la comparación de las causas, que no son las mismas para la desheredación, recordemos haber leído, en tratadistas antiguos ni modernos, explicada la diferencia entre una y otra.

Así, Molino (*Repertorium fororum et observatiarum regni Aragonum*, fol. 140, col. 3. pág. 247, col. 1.ª), remite a sus lectores al texto legal, que no comenta ni explica; Franco de Villalba, hace lo mismo, a la vez que invoca (*Fororum atque observantiarum*, etc., tomo II, págs. 100 y 119) la autoridad de Molino y de Ramírez; Lissa (*Tyrocinium Jurisprudentiae forensis*, tomo I, pág. 38, edición de 1821), reproduce lo dicho por éste; Franco y Guillén (*Instituciones del Derecho civil aragonés*, pág. 182), toma Lissa el concepto principal y expone el contenido del fuero; Sánchez Román (*Estudios de Derecho civil*, 2.ª edición, tomo V, pág. 1.573), no ahonda más que Lissa.

Lo que no puede negarse es que desafiliación y desheredación sean instituciones distintas; como tales aparecen en el texto foral; distinta amplitud tienen las causas respectivas y distinto es su carácter con relación al tiempo de su efectividad: la eficacia de la desheredación se aplaza para después de la muerte de quien la ordena: la desafiliación se hace para que surta sus efectos desde luego, y sólo así se comprende la disposición de la Observancia.

D. Juan Francisco del Plano, jurisconsulto de fines del siglo XVIII, a quien se atribuye[61] un interesante manuscrito que hoy pertenece a D. Joaquín Gil Berges, se expresa en estos términos: «Este fuero (se refiere al 3.º *De exheredatione filiorum*) parece hacer distinción entre la desafiliación y la exheredación, diciendo que el hijo desafiliado queda exheredado *eo ipso* si sus padres no lo afilian o instituyen.

Si fuera más importante, averiguaríamos el verdadero sentido que tiene este fuero; pero la utilidad de este empeño no sería mucha y el trabajo sería muy grande, porque es muy difícil averiguar qué era entre nuestros mayores la desafiliación».

Pero éste se ha hallado en uso. Se legisló sobre ella en 1247; se la consignó como costumbre establecida en 1437. Y sobre todo, el notario Pedro Molinos compendió entre los formularios de su obra (*Libro de la Práctica judiciaria del Reyno de Aragón*, Zaragoza, 1575, pág. 468) uno referente a la desafiliación, que por cierto va acompañada de desheredación *(dcsafiliabat et deshaeredat et pro desafiliato et desharaedato haberi volebat)*, cuya tramitación era sencillísima, como reducida a una comparecencia ante el juez, quien prestaba su aprobación a la manifestación paterna y acordaba se hiciera inscripción de ella en el registro abierto al efecto.

De ese registro no hay ya memoria en ninguna parte. De que extrajudicialmente se haya practicado la desafiliación no se tiene noticia. En la colección de formularios que en 1862 publicó el Colegio de Notarios del número y caja de Zaragoza, ninguno se comprendió que a la desafiliación haga referencia.

Es, en suma, ésta una facultad no derogada por disposición alguna escrita, más en absoluto desusada desde una época que no puede precisarse, probablemente anterior al siglo XVIII. Al principio de él escribió Lissa su *Tyrocinium* y parece habla de ella como de cosa antigua, ya no en uso.

DESHEREDACIÓN

Derecho civil común. *Concepto de esta institución.*– Son la legítima y la desheredación, instituciones jurídicas que se conexionan natural e íntimamente. Corrige la segunda injusticias a que pudiera dar lugar la primera. Al reconocer a una persona el derecho a que un testador le deje el todo o parte de los bienes que a éste pertenecen; los legisladores han tenido en cuenta que aquélla podía haber ejecutado actos que, lógica y moralmente, pudieran producir la privación de aquel derecho y consiguientemente la liberación del testador de la obligación legal de respetarlo.

61 V. las notas puestas por Martón y Gavín a su traducción al libro de Aniñón: *Tractatus de sucessionibus ab intestato secundum leges Aragoniae*. Se publicó esa traducción juntamente con la de la obra de Portolés: *Tractatus de consortibus ejusden rei*, en Zaragoza 1888.

Presupone, pues, la desheredación, en el concepto moderno[62], la existencia de la legítima y de ella parte. «Deseredar —se lee en las Partidas— es cosa que tuelle a ome el derecho que avía de eredar los bienes de su padre o de su avuelo o dotro cualquier que le deviesse eredar de derecho». (Ley 1.ª, tít. VII, Part. 6.ª).

Ab haereditate expulsio llama Gregorio López a la desheredación. Se comprende que la existencia de una causa predeterminada por la ley sea esencialmente inherente a la desheredación. La privación de la herencia forzosa no puede ser caprichosa o arbitraria, ni siquiera quedar entregada a la sola discreción del testador porque confíe en ella el legislador. La confianza podrá llevar al reconocimiento de una plena y absoluta libertad testamentaria: no admitida ésta, puesto a su ejercicio el límite de una obligación legal, hay que garantizarla. La desheredación sin causa sería la desaparición de la legítima como derecho verdadero y positivo, su substitución por una mera esperanza dependiente de la buena voluntad del testador.

Cuando el autor de las Partidas, hablando de los hermanos, les permite *desheredarse* entre sí «con razón e sin razón» (ley 12, título y Partida citados), porque quien no tiene descendientes ni ascendientes «puede dexar lo suyo a quien quisiesse», sin necesidad de hacer mención de su hermano, no contradice la doctrina expuesta, y sólo podrá decirse que no se expresa con toda propiedad. No dejar la herencia a quien carece de derecho a la legítima no es, jurídicamente hablando, desheredarlo; a menos que se entienda que queda desheredado cualquiera, por extraño que sea a un testador, cuando éste no le ha nombrado heredero.

Derecho foral. *Aragón*.– Cuatro fueros se comprenden bajo la rúbrica *De exheredatione filiorum* en el libro VI de la Compilación vigente.

Los cuatro aparecían ya en la Compilación de 1247.

El primero de ellos versa sobre la pérdida, por la mujer que contrae matrimonio contra la voluntad y consejo de sus padres *(inconsultis vel nolentibus),* del derecho a ser dotada.

62 Decimos esto, porque hoy la desheredación, en todos los Códigos que la admiten, se halla establecida en beneficio y defensa del testador. No siempre fue así. En Roma se estableció en beneficio de los hijos, como una primera limitación al derecho del padre, primeramente omnímodo y absoluto. Mucho antes de que se establecieran las legítimas y se señalaran causas de desheredación, se impuso al padre la obligación de instituir herederos a sus hijos o desheredarlos; pero esa desheredación no suponía todavía un derecho preexistente de los hijos. El objeto de esa primera restricción, según doctos romanistas (Pastor, *Manual de Derecho romano*), fue evitar que, como aconteció a veces, un hijo de quien su padre creyera equivocadamente que estaba en la guerra, se quedara sin la herencia por haber el padre, por consecuencia de aquella equivocación, instituido a un extraño, o sucediera lo mismo al hijo nacido después del testamento, o al póstumo. Podía el padre dejar a todos sus hijos sin la herencia; pero se quiso que hubiera de decirlo, para que constara bien su verdadera voluntad. Más que una autorización para la desheredación, puede decirse que había una disposición que impedía la preterición.

El tercero trata de la *desafiliación*, a que se ha dedicado ya un artículo en esta **Enciclopedia**.

Quedan, como reguladores de la *desheredación*, el segundo y el cuarto[63].

Pudiera dudarse si el segundo, al usar de la expresión *jus haereditarium amittit,* se refiere a indignidad o incapacidad para suceder, o a la posibilidad meramente de ser privado, mediante motivada voluntad del testador, del derecho al todo o parte de los bienes de la herencia.

En este último sentido debe, a nuestro juicio, resolverse la duda, no tanto por referirse concretamente a la desheredación la rúbrica del Fuero —pues al fin lo cierto es que no siempre la rúbrica guarda relación con el texto o contenido—, como porque de la desheredación y no de otra cosa habla el Fuero mismo en las palabras *«aliter vero non potest privare jure hereditatis natos suos».*

Todavía, al redactarse por D. Vidal de Canellas la Compilación, nada se hizo figurar en ella que diga relación a las legítimas. El Fuero que ocasiona las presentes líneas da a entender que existían. Pudo, en esa materia, regir por entonces, y después, el Fuero Juzgo, opinión, por cierto, muy generalizada, que no es este el momento de discutir; pudo venir establecido por la costumbre, sin sujeción precisamente a la ley visigoda, el sistema de sucesión forzosa en favor de los hijos. Sobre la forma podrá discutirse, hoy por hoy, en el estado que alcanza la poco estudiada historia del Derecho privado aragonés, sin datos bastantes para resolverla de un modo seguro.

Lo que, en todo caso, puede lógicamente deducirse, es que el sistema se practicaba. No otra explicación admite el Fuero: la desheredación presupone la legítima; sin ella no tiene razón de ser.

No sólo la legítima; la mejora, esa institución tan genuinamente española, tuvo acogida en Aragón. Lo prueban las palabras que en el Fuero siguen inmediatamente a las que antes hemos copiado: *«tamen bene poterit meliorare de mobili unum quem voluerit filiarum, aut de una terra vel hereditate, uxore tamen praestante assensum».* Es ciertamente extraño se haya escapado el conocimiento de este fuero a la diligencia de Mr. Lacoste, que con tanta competencia y con tanto cariño ha estudiado la institución de las mejoras *(Essai sur les* MEJORAS *ou Avantages légitimaires dans le Droit espagnol ancien et moderne,* París, 1911).

Cuando se ampliaron las facultades del padre y se le dio completa libertad dispositiva dentro del círculo familiar, facultándole para nombrar heredero a uno de los hijos dejando a los demás lo que quisiere (Fueros de 1307, *De testamentis nobilium, militum et infantionum et heredibus eorum instituendis,*

63 El Fuero 2.° es el que expresa las causas. Sus palabras a este propósito son: *«Jus haereditarium amittit qui patrem vel matrem percutit, aut eum jurare facit aut tale quod fecerit propter quod pater vel mater amittat bona sua, auti si dixerit publice quod mentitur aut traxerit per capillos».*

y de 1311, *De testamentis civium et aliorum hominum Aragonum,* libro VI), no hubiera sido extraño que se hubiera dejado sin efecto el Fuero que estudiamos. La desheredación había perdido gran parte de su importancia, por cuanto bastaba al padre, sin necesidad de ese remedio, dejar al hijo una cantidad o cosa de mínimo valor. Mas no fue así. Quisieron, sin duda, los antiguos aragoneses, que ningún hijo pudiera ser preterido; que fuera preciso, o nombrarle heredero, o dejarle legítima por escasa que fuera, o desheredarlo expresamente mediante alguna de las causas admitidas por el Fuero.

A decir verdad, al leer el *Repertorio* de Molino, no puede menos de ponerse en duda lo que acabamos de indicar, pues, al decir de aquel jurista, era «práctica, uso y costumbre», según los foristas, estimarse autorizado el padre para desheredar sin causa a sus hijos, e instituir a un extraño. Molino da a esa doctrina el peso de su opinión, que siempre ha gozado de grande autoridad. Una restricción pone: la de que ha de dejarse al hijo alguna cosa, *aliquid,* por vía de legítima *(loco legitimae).* Fúndase en lo dispuesto en el Fuero *De testamentis civium,* que considera correctorio, al menos indirectamente, del 2.° *De exheredatione filiorum,* sin dejar de reconocer que *ab antiquo,* según una glosa de este Fuero, debía el heredero probar el motivo de la desheredación en el caso de que el padre hubiese expresado en el testamento alguna de las causas. No resulta claramente si se refiere a las del Fuero o a las *de jure,* esto es a las catorce del Derecho romano. Sus palabras son, a este respecto: *«si pater in exheredatione facta in testamento expressit aliquam de dictis causis»,* pero antes ha hecho referencia a unas y otras, aunque en conjunto y sin enumerarlas una a una.

Ello no obstante, es muy de notar que, en el tiempo que medió entre la primera y la segunda edición del *Repertorio* (1513 y 1585), se llevó a cabo la reforma (acordada en 1547) de la Compilación del siglo XIII y en ella los Fueros *De exheredatione filiorum* no fueron relegados al lugar de los no usados *(Fori quibus in judiciis nec extra ad praesens non utimur),* sino mantenidos dentro del libro VI, a continuación, precisamente de los dos Fueros *De testamentis nobilium* y *De testamentis civium.* Y es bien sabido que si la validez de la institución de extraños habiendo hijos ha podido estar en las costumbres del pasado, no lo está ya hoy ni las corrientes van en esa tendencia; por donde no puede negarse en la actualidad la virtualidad de la desheredación ni la vigencia del 2.° de los Fueros que bajo su título aparecen en el volumen foral.

Lo mismo hay que decir, en parte, del Fuero 4.°. Iguala al yerno con el hijo bajo un aspecto —lo del *tornare ad batallam*— a que no dan ya lugar las leyes ni las costumbres; fuera de eso, vigente ha de considerarse como confirmación y aclaración del Fuero 2.°, y aun del 3.°, la diferencia que establece entre hijos e hijas de una parte y yernos y nueras de otra. Aunque el yerno haga jurar al suegro o a la suegra[64], eso no es causa de desheredación de él ni de la

64 *«Jurare facit», «fecerit jurare»,* son las expresiones que usan los fueros 2.° y 4.°. Refiérense, sin duda, al hecho de obligar a los padres o suegros a prestar juramento como medio de prueba en algún litigio. Así lo entendió la Audiencia de Zaragoza en una sentencia que en este mismo artículo ha de citarse.

hija, su mujer; pero el hijo o la hija que hiciese jurar a su padre o a su madre, o que los calumniase o atentase contra ellos *(dixerit aut fecerit contra ipsos capitalia crimina),* bien puede ser desheredado[65].

Este Fuero 4.°, no se refiere sólo al 2.°, sino también al 3.°: habla, en efecto, en su última parte, del Fuero de desafiliación, y no conocemos otro que ese. En el artículo DESAFILIACIÓN hemos dicho lo necesario acerca de esa institución, tan fácil de confundir, y a veces confundida, con la que ahora estudiamos.

Algunos tratadistas, más han tendido a ampliar que a restringir las causas de desheredación: lejos de atenerse de un modo estricto y taxativo a las enumeradas en el Fuero, se han expresado con cierta generalidad. Sessé *(Decisionum Sacri Senatus Regis Regni Aragonum,* etc., Decis. CCLI) admite como motivo de desheredación la ingratitud del hijo *(si filius comisit causam ingratitudinis),* y Franco de Villalba (*Fororum atque Observantiarum,* etcétera) llega a más, pues a las causas del fuero y a la ingratitud agrega otras (*si ingrati, exosi, infideles,* son sus palabras), y aún aplica a la desheredación la disposición del fuero 1.°, que ya hemos dicho se limita a la privación de la dote a la hija que se casa sin obtener el consentimiento paterno. Aunque en esto último hubiera tenido razón el docto comentarista, hoy ya no sería aceptable su doctrina, como quiera que no puede rechazarse la opinión que estima que la desheredación en las legislaciones forales, en cuanto pena civil del matrimonio celebrado sin ese requisito, ha seguido la suerte que las leyes generales del siglo pasado le han deparado en la legislación común.

Esa tendencia no fue general y constante: Lissa, en su conocida obra (*Tyrocinium, Jurisprudentiae forensis,* tomo I), insiste en la idea de Molino y cree que hasta sin causa puede desheredarse. En admitirlo nadie hubiera podido tener dificultad si se entendiera que era desheredar a un hijo dejarle la tradicional legítima de los diez sueldos, siempre que otro hijo fuera el heredero; mas Lissa llega a más, como llegó Molino, entendiendo el Fuero como facultad del padre de instituir a un extraño, sin más traba que la de dejar aquella legítima a *cada uno* de los hijos.

Hemos indicado ya que, en definitiva, ese criterio no ha prevalecido, y al tratar, en su oportunidad, en esta **Enciclopedia**, la cuestión de la sucesión aragonesa, y más concretamente la de la legítima, habrán de ampliarse esas indicaciones.

Agregaremos ahora a lo dicho que en la práctica, aunque no sea muy usada, la desheredación se considera subsistente, si bien, en general, se advierte en los Tribunales tendencia a considerarla dentro de los límites trazados por los preceptos forales que hemos estudiado.

---

65 Algo impropio es hablar de desheredación con relación al yerno que no es heredero forzoso ni tiene derecho a legítima; pero así está redactado el fuero.

La Audiencia de Zaragoza, ateniéndose a ellos, declaró, en sentencia de 13 de febrero de 1884, que la mala conducta de un hijo, desobediente a su madre, como no puede equipararse al *mal tratamiento,* que, según el sentido literal de los Fueros, no debe ser de palabra, sino de obra, no es causa de desheredación, si bien agregó que puede serlo (aunque en el caso de la sentencia, por circunstancias especiales, no lo fuera) el hecho de verse obligada la madre a comparecer ante el Tribunal para absolver, bajo juramento, determinadas posiciones en pleito con el hijo, en el supuesto de que éste resultara responsable de la comparecencia. Y en sentencia de 29 de mayo de 1891, separándose del criterio a que se había ajustado en otra de 22 de noviembre de 1876, declaró que la desheredación del hijo que impugne el testamento de sus padres no es admisible, por no ser caso comprendido en ninguno de los taxativamente determinados en el Fuero.

Un Fuero hay, además de los *De exheredatione filiorum,* en el mismo libro VI, del cual queremos decir algo. Es de 1348 y se titula *De his qui procurant mortem illorum quibus succedere valeant in bonis.* Establece ese fuero algo más que la desheredación que, en último caso, no es sino la *facultad* o *autorización* otorgada por ley al padre para privar de legítima o de herencia, en determinadas circunstancias, a los hijos; la incapacidad de éstos, por razón de indignidad, para suceder. Es la pérdida, por ministerio y declaración de la ley, de todo derecho hereditario con relación a los bienes de aquel, sea quien quiera, cuya muerte se intentó *(amittat dictam successionem et totum jus quod habet et habere debet in illa).*

Un recuerdo histórico para concluir.

Era en Aragón, en la Edad Media, el desafío *(diffidamentum)*, una institución legal. En el libro IX de la Compilación se contienen varios fueros destinados a su regulación, desde el de Jaime I (Cortes de Huesca, de 1247), hasta el de Juan I de Navarra, lugarteniente (Cortes de Alcañiz, de 1436), bajo la rúbrica *De forma diffidamenti.*

Esa misma rúbrica encabeza tres Observancias, y en el propio libro en que ellas están, hay algunas, entre las *De generalibus privilegiis totius regni Aragonum,* y las *De privilegiis militum et nepotum militum,* concernientes también al desafío. Prescindamos aquí de todas, menos de una, que parece relacionarse con la desheredación; la de la última rúbrica.

Previene esa Observancia lo siguiente (traducción de Martón y Santapau): «Conforme a la carta de paz, nadie, sin desafío, debe dañar a otro: no obstante, ni el villano ni el infanzón, ni viceversa, están obligados a desafiarse si el uno matase al consanguíneo del otro, porque el citado fuero parece que presupone el desafío tan pronto como existe homicidio manifiesto; de lo contrario, si hubiese duda, sería ya necesario el desafío, y si el uno ofreciere derecho se recibiría su firma y sería asegurado mientras estuviera pendiente la duda, conforme a uso del reino; pero si en desafío en los citados casos, el infanzón matare al villano o viceversa, no será castigado con pena capital si puede ser probado el dicho homicidio. *Entre infanzones ha de mediar siempre desafío, a no ser por muerte del padre o por desheredación, según uso».*

Queda copiada la Observancia íntegra para que pueda ser apreciado así su contenido mejor que por un simple extracto o una mera referencia. Es muy rara esa disposición y no acertamos a comprender su sentido u objeto en lo tocante a la *desheredación,* ni concebimos entre quiénes y en qué términos habría de plantearse la cuestión. Nada hemos hallado que aclare en lo más mínimo la duda. Sospechamos que no se trata de *desheredación* en el sentido en que de ella nos ocupamos en el presente artículo. La palabra *exheredatio* de que la Observancia se vale, igualmente que la de *exhereditatio* que emplea Monsoriu (*Summa de todos los fueros,* etc.), tiene también la acepción de *«bonorum spoliatio»* (*Lexicon manuale ad scriptores mediae et infimae latinitatis,* de Maigne d'Arnis). En ese sentido admite fácil explicación la Observancia: el desafío reconocería por causa un atentado llevado a cabo en la persona del padre o en el patrimonio. ¿Será a eso, y no a la privación de la legítima por el padre, a lo que la Observancia se refiere?

Ya se ve que esto último no tiene hoy importancia práctica; pero es un recuerdo histórico curioso y como tal hemos creído que no holgaría consignarlo.

DESINSACULACIÓN

Signifícase con este vocablo, según Escriche *(Diccionario razonado de Legislación y Jurisprudencia)*, la acción de sacar del saco o cántaro las bolitas en que están los nombres de las personas insaculadas para ejercer por suerte los oficios de justicia, y también la acción de excluir a alguno de la elección sacando su nombre del cántaro o bolsa en que estuviese insaculado.

Ese método de nombramiento hoy reducido a muy contados casos —el de los vocales asociados para la constitución de la Junta municipal en cada pueblo, el de los jurados que han de conocer de cada causa y algún otro—, estuvo en los siglos pasados muy en uso, para la provisión, sobre todo de cargos concejiles.

No se legisló en los reinos de la Corona de Castilla de un modo general acerca de este procedimiento[66]. Los Códigos no lo regulaban. Obedeció a or-

66 En Castilla, propiamente dicha, fue desconocido, según Cornejo *(Diccionario histórico y forense del Derecho real de España)*: se empleó en varias partes de la Mancha, Murcia y Extremadura. «Esta práctica, añade Cornejo (tomo II), es extraña en los pueblos de Castilla, pues en todo el tiempo que fui oidor en la Chancillería de Valladolid no se me ofreció caso alguno que contuviera semejante modo de elección, ni tuve noticia en los años anteriores que serví en ella, que fueron bastantes, ocurriera de igual manera; de suerte que puedo decir es desconocido este método en todo el distrito de la Chancillería, sin embargo de su mucha extensión». Según el mismo autor, la insaculación (de caballeros y ciudadanos) se introdujo por privilegios de 1634 y 1648.

dinaciones y costumbres locales. Sobre no ser general, tampoco era único: simultáneamente con él según las diversas localidades, en ocasiones en una misma según los cargos, se empleaba, ya el de elección popular, ya el de nombramiento del Rey o de quienes por consecuencia de la enajenación de los oficios o de otro modo habían adquirido el privilegio de hacerlo; se ejercitaba unas veces con libertad completa, otras dentro de determinada clase social (Altamira, *Historia de España y de la civilización española*, t. 3°, pág. 265).

El sistema fue cayendo en desuso y siendo substituído por el de elección personal, a *mes veux,* como decían los catalanes, o mayoría de votos. Pero, todavía, bien entrado el siglo último, Ortiz de Zúñiga y Herrera pudieron escribir (*Deberes y derechos de los corregidores, Justicias y Ayuntamientos de España,* Madrid, 1832, t. 1°, pág. 305), que en los pueblos en que se observase hallarse vinculados en una familia o partido los oficios de república, podía solicitarse, mediante justas causas, la insaculación en los términos acostumbrados. Cuáles fueron esos términos o maneras de practicarla, esos mismos escritores (Ibid. pág. 311) la indican.

Se examinaban, ante todo, las condiciones de las personas, formando una lista que pudiera llamarse de elegibles. Practicaba esta operación, unas veces el comisionado de la Real Audiencia, Cuerpo en que se unían atribuciones gubernativas a las judiciales; otras veces el Ayuntamiento. Colocábanse los papeles en que estaban escritos los nombres dentro de las bolas respectivas y éstas en un arca, cajón o cántaro, con una división rotulada para cada oficio o en tantos utensilios de aquellos como oficios habían de proveerse; utensilios que se depositaban en el archivo de la parroquia o en la Casa Consistorial después de cerrados con varias llaves, que se confiaban a la custodia del alcalde, alguacil mayor, cura párroco, etc. Y, en su día, con asistencia de esas personas, se procedía al sorteo con las formalidades que estaban prescriptas.

En el Derecho público de los antiguos reinos que con Castilla vinieron a formar la nación española, se conoció también la insaculación.

En la última de sus sesiones bienales, celebradas bajo el venerado árbol de Guernica, por la Junta general del señorío de Vizcaya, se proveían los oficios públicos, mediante una doble insaculación: primero se nombraban los tres apoderados de los pueblos afiliados respectivamente a los famosos bandos «onecinos y gamboínos» que por tanto tiempo y tan hondamente perturbaron aquel país, y luego las personas que, de entre las propuestas por los seis apoderados, habían de ejercer los cargos (Santamaría, *Curso de Derecho político*).

En Navarra la *inseculación*[67], aparece regulada en el tít. 13, del lib. 1.° de la Novísima Recopilación. Tiene ese título 55 leyes y hay aún alguna otra, como la II del título 10 del mismo libro, que trata de la materia. Entre esas leyes las hay que se refieren a casos particulares, como la validez de determinada insaculación, objeto de cuestión; otras son de carácter general. Eran designados

67 Así, igualmente que en Aragón, solía así llamársela.

por ese procedimiento los alcaldes, regidores y jurados de los pueblos. Requeríase, para poder ser insaculado, tener casa o hacienda raíz en el pueblo; ser natural del Reino; saber leer y escribir, salvo el caso de no haber vecinos que supieran. Las leyes determinaban las incapacidades e incompatibilidades; ordenaban el establecimiento de varias bolsas; declaraban cuándo había de hacerse la insaculación y quiénes podían reclamar contra ella.

Esas leyes, algunas de las cuales, de carácter temporal (Yanguas, *Diccionario de los fueros del reino de Navarra,* San Sebastián, 1828), fueron prorrogadas oficialmente en 1817 y 1818, quedaron substituídas por la 27.ª, de las Cortes de 1828 y 1829, que lleva este epígrafe: «Describiendo las reglas y método para las insaculadones en los pueblos». Dióse esa ley a petición de los tres Estados del Reino. Quejábanse éstos de que, establecido el sistema de extracción por teruelos de los que habían de servir oficios de república, con daño de los privilegios, usos, costumbres y libertades de los pueblos, la insaculación había sufrido varias alteraciones, quedando, al fin, no obstante los buenos propósitos del legislador, «como dueño de la acción, y cuasi árbitro absoluto, el juez insaculador, por hallarse facultado para incluir a quien le pareciese aunque no requiera el mayor número de votos», y «como frecuentemente, añadían, no puede tener los conocimientos necesarios de las calidades de las personas por ser de distinto pueblo, con la mejor intención se cometen errores e injusticias que son un semillero de enemistades y discordias que se perpetúan en las familias a medida que se repiten las insaculaciones»; a lo cual se agregaban los gastos considerables que ocasionaban el juez y el escribano o receptor de la Comisión.

Propusieron, para corregir tamaños males, algunos remedios. El Rey aceptó uno, rechazó otros y adicionó o modificó algunos. Los Estados acudieron de nuevo a él, insistiendo en su anterior pedimento. Accedióse a los 23 números que comprendía, con algunas modificaciones, y así quedó la ley. Por ella se dictaron reglas para la formación de listas de insaculados; se determinó como condiciones, al efecto, la de tener veinticinco años cumplidos, ser persona de buena vida y costumbres, no tener nota de blasfemo, borracho ni jugador y saber leer y escribir; se estableció una bolsa de ausentes, suprimiéndose la de menores; se exigió como condición necesaria, además de las ya dichas, para entrar en la insaculación, la de tener cierto capital o ejercer un destino público, profesión o industria que produjera con seguridad lo equivalente, y se declaró carga pública y gratuita la intervención oficial en las diligencias y actos de la insaculación.

En ninguno de los tres volúmenes que constituyen la última compilación del Derecho catalán, mandada formar en 1702, e impresa en 1704[68], se en-

68 La Junta de gobierno del Colegio de Abogados de Barcelona, presidida por el entonces decano Dr. Permanyer, llevó a efecto en los años 1907 a 1909 su reimpresión, cumpliendo el acuerdo tomado, mediante moción del Sr. Maspons, por la Junta general. Digna de alabanza y de imitación en otras regiones donde los textos forales han llegado, puede decirse, a desaparecer del comercio, es la conducta de ese ilustre Colegio.

cuentra, respecto a insaculación, sino una constitución (lib. 1.°, tít. 53) en que se dispuso la insaculación del obispo de Solsona y dos capitulares en la bolsa, de diputados, y otra (lib. 4.°, tít. 17), en que se prohibía concurrieran a los oficios del común de alguna ciudad, villa o lugar los deudores al mismo que ocho días antes de la extracción no hubiesen pagado.

Una y otra constitución son del mismo año 1702; mas la insaculación databa de siglos. Anotando Vives Cebriá (*Traducción castellana de los usages y demás derechcos de Cataluña,* t. 1.°), la constitución últimamente citada, refiere que en muchas partes los nombres de todos los que eran hábiles para obtener oficios de república eran metidos en una bolsa, y en tiempos y días señalados se extraían uno, dos o tres sujetos, los que eran necesarios, y aquellos cuyos nombres eran extraídos servían el oficio. Es inútil, añade, hoy día, porque los oficios de república se nombran por otro estilo, bien que tampoco pueden ser elegidos para dichos oficios los deudores de las Universidades.

Coroleu y Pella Forgas *(Los Fueros de Cataluña)* y Bové *(Institucions de Catalunya)*, dan noticia del nacimiento y desarrollo del método de insaculación en el territorio catalán.

Del Registro de deliberaciones del Consejo de Ciento, que se custodia en el Archivo municipal de Barcelona, resulta que la insaculación se inició por un privilegio de Juan I, de 23 de octubre de 1387, modificado por otro de 25 de noviembre de 1388. Primeramente se elegían por suerte doce compromisarios, a saber cuatro ciudadanos honrados, cuatro mercaderes, dos artistas y dos menestrales, a cuyo efecto se comenzaba por formar listas con nombres de personas de los grupos respectivos. En votación secreta, actuando de secretario uno designado por suerte, procedían los compromisarios, una vez juramentados, a la elección de los síndicos.

De las mismas clases, y también en votación secreta, elegían los mismos compromisarios los veinticuatro individuos que constituían la llamada *vintiquatrena de Cort,* especie de Consejo o Junta consultiva que ponía en constante y permanente relación a los síndicos con sus representados, haciendo saber a aquéllos, en todo momento, la voluntad y aspiraciones de la ciudad.

Una importante reforma introdujo en 24 de octubre de 1491 D. Fernando *el Católico.* Por virtud de ella el síndico para Cortes y Parlamentos generales, había de ser el *Conceller en cap:* cuando hubieran de nombrarse más, el segundo y tercero se sorterían entre los insaculados en las bolsas de los respectivos *concelleres* segundos y terceros, y el cuarto se sacaría de la bolsa de los *concelleres en cap.* Dispusiéronse las cosas de modo que ni pudiera haber más de un síndico militar o noble, ni la intervención de uno de esa clase fuera indispensable. La composición de la Junta de veinticuatro quedó alterada. En adelante, de la bolsa de ciudadanos honrados (caballeros, juristas y médicos), se sacarían ocho nombres, quedando reducido a tres el número de caballeros, si del sorteo resultasen más: el sexto, hasta el número de los veinticuatro, se extraería de las bolsas de mercaderes, artistas y menestrales, en número de seis los primeros, cinco los segundos, y otros cinco los terceros.

Todavía, en 16 de noviembre de 1499, el mismo rey católico otorgó a Barcelona nuevo privilegio encaminado a mantener y afirmar el carácter popular del estamento correspondiente.

Entre tanto, el motivo de insaculación, reducido al principio a Barcelona, fue extendiéndose a otras localidades, sobre todo a las más importantes, y ya en los comienzos del siglo XVI se fueron promulgando ordemanzas que introducían aquel sistema, revelándose con ellas, observan los autores del libro antes citado, *Los Fueros de Cataluña*, a la vez que el propósito de Fernando *el Católico* de generalizar la insaculación, el de emplear una forma, muy conforme a las tradiciones catalanas, según las cuales antes que con una, disposición general y única se efectuaban ciertos informes por avances paulatinos y particulares a medida de las necesidades o conveniencias.

Tuvo en Aragón aún mayor importancia y adquirió más aplicaciones que en los demás reinos. Por eso, sin duda, publicistas que solo algunos párrafos dedican, en esta materia, a éstos, se ocupan de aquél en no escaso número, relativamente, de páginas de su Historia de Derecho.

Enumeramos sucintamente las disposiciones de mayor relieve.

Ya en 1461, considerando las Cortes, por la experiencia de lo ocurrido, que era dañoso a la causa de la más expedita y recta administración de justicia el nombramiento, por el Justicia, de sus lugartenientes, con el carácter, además, de revocable a su libre voluntad, acordaron se nombrasen para tres años por el Reino, y se hiciese el nombramiento por medio de sorteo. Mandóse hacer la intitulada bolsa de los lugartenientes del Justicia de Aragón, en que fueron insaculadas personas aptas para el ejercicio de esa función, y se prescribió la forma en que los diputados del Reino hubieron de hacer la extracción.

Las mismas Cortes, con el objeto de poner término a las dilaciones observadas, mandaron insacular los nombres para la designación «de las XVII personas judicantes de las inquisiciones del Justicia de Aragón» y dictaron al efecto reglas muy detalladas.

Esas disposiciones, comprendidas, con otras, bajo la rúbrica *Forus inquisitionis officii Justitiae Aragonum,* entraron a formar parte, en la revisión llevada a cabo por acuerdo de las Cortes de Monzón, del Cuerpo de fueros en desuso *(fori quibus in judiciis nec extra ad praesens non utimur)*.

Otro Fuero, con el mismo título antes indicado, nació de la labor de las Cortes en 1467. Dispusieron éstas la formación de dos bolsas para la provisión, que habría de hacerse anualmente, de los cargos de lugartenientes. Entrarían en la una nombres de juristas; en la otra, de personas legas, pero discretas y expertas; y se haría el nombramiento conforme a las normas que con toda minuciosidad se prefijaron.

En 1496, usando del poder que por acto de Corte de 1495 se les diere para «fazer los redolinos siquiere teruelos et imbursar siquiere poner los teruelos e redolinos et fazer imbursación de la insaculación de los officios del... Regno, como son diputados, inquisidores et judges de la enquesta del officio del Justicia de Aragón e de los oficiales de aquel, lugarestenientes del dicho Justicia de Aragón, advocados del Regno, notarios de diputados e de inquisidores del dicho Regno e de procuradores de aquél», el arzobispo de Zaragoza y seis diputados hicieron la insaculación, que había de servir para los nombramientos cuando éstos procedieran.

Un importante acto de Corte de 1519 aprobó las Ordinaciones que rigieron hasta 1592. La insaculación de los oficios del Reino aparece regulada, en ellas con gran atención y cuidado.

La extracción de diputados se hacía del modo siguiente: En sesión pública, y previamente requerida la asistencia del regente al oficio de la Gobernación, justicia, bayle general, vicario o representante del arzobispo, zalmedina y jurados, comenzaban los diputados por sacar del archivo la caja que contenía las bolsas correspondientes a su cargo y al de notarios de la Diputación, reconociéndose las cerraduras, y se procedía a su apertura. He aquí con qué formalidades se quería garantir la sinceridad de la elección: «Por un muchacho de diez años según su aspecto, sean contados los redolinos o teruelos que de la bolsa serán sacados por el dicho muchacho, a alta e inteligible voz, los ponga de uno a uno en un bacín de agua, cubierto con una azaleja alta, e después de ser puestos en el dicho bacín, el dicho muchacho revuelve aquellos, e apres saque un redolino, el cual sea librado al notario de los dichos diputados, por el dicho muchacho públicamente. El qual notario abra públicamente, mostradas las manos, el dicho redolino, e saque la cédula que dentro de aquel será trobada. La qual de continent sea leyda, de manera que los que seran presentes lo puedan oyr, e apres de leyda la dicha cédula, sea mostrada por el notario a los dichos diputados que allí presentes serán. E aquel que será scripto en la dicha cédula sea habido por diputado por el brazo de la Iglesia para el año próximamente venidero y assí lo scriva el dicho notario, e ante que se procea adelante, por el dicho notario públicamente, presentes los diputados e otros que allí presentes seran, fecho otro redolino de la color, peso y forma de los otros, dentro del cual sea puesta una cédula de pergamino, en la cual será scripto el nombre de aquel que será salido y será scripto en diputado para el año venidero. E aquel redolino e todos los otros redolinos sean contados y tomados por el dicho muchacho en la dicha bolsa, la cual sea apres sellada e cerrada por el dicho notario con el sello de los diputados e buelta a la dicha caxa». Esa operación se repetía con relación a los demás diputados hasta el número de ocho, dos por cada uno de los cuatro brazos.

Trataban después las Ordinaciones de muchos puntos, relacionados algunos de ellos con la insaculación, como lo referente a la guarda de las llaves, modo de hacer la extracción en tiempo de peste, cambio de condición del insaculado, etc., y proveían a la elección de los demás oficios.

Había de hacerse ésta, como anteriormente estaba mandado, por el mismo método. Pero las formalidades que hemos indicado se referían al segundo momento o acto de los que integran la total operación, esto es, a la extracción. Queda, con ello, explicado cómo se hacía el sorteo de los insaculados. ¿Pero cómo habían de designarse las personas que habían de ser insaculadas, ya que no había una categoría, clase o calidad a que atenerse para insacular a todos los comprendidos en ellos? A esa necesidad atendieron las Cortes en el párrafo de sus Ordinaciones, señalado con el epígrafe «Insaculación de los officios del Reino en caso de vacación».

He aquí lo que acerca de esto ordenaron: «primero entre sí hagan nominación de la persona o personas que haurán de ser insaculadas, y después de examinado de palabra la habilidad y suficiencia de tal o tales que se hauran de insacular, hayan y sean obligados de hazer dicha insaculación por fabas blancas y negras, poniendo secretamente en una bolsa la faba blanca o negra que a cada uno de ellos juxta Dios y sus conciencias les parecerá, e vaziada la dicha bolsa en presencia de todos, hayan de insacular aquel en quien concurran más número de fabas blancas et repelido aquel que tendrá más negras».

Las Cortes de Tarazona, de 1592, aquellas Cortes en que tanto influyeron para moverlas a modificaciones políticas los tristes acontecimientos origen de la muerte del infortunado Lanuza, legislaron también sobre la insaculación, limitándola en beneficio del Poder real.

Suyos son los Fueros *Forma de la enquesta del Justicia de Aragón, De la nominación y bolsa de los lugartenientes del Justicia de Aragón* y *Nominación de nueve personas para lugartenientes del Justicia de Aragón.*

Mediante ellos, el Rey nombró ya libremente dos de los cuatro inquisidores; y reducido a nueve el número de los diez y siete judicantes, a él correspondió nombrar un año cinco y otro cuatro. El proponía para las lugartenencias del Justicia nueve nombres, y eliminando uno por el Reino, designaba cinco entre los ocho; y él, cuando la bolsa en que quedaban los tres nombres restantes se agotaba, elegía para las nuevas vacantes a quien prefería de la terna que había que presentarle.

Algo más se acordó en esas y en posteriores Cortes, como las de 1626 y 1678, en orden a la insaculación mediante fueros y actos de Corte; pero ello no tuvo importancia y las Cortes, en esto, siguieron fundamentalmente como las Cortes convocadas en 1492 y Felipe II las dejaron, hasta la unificación política llevada a efecto bajo Felipe V, en los primeros años del siglo XVIII.

DÍA JURÍDICO

Por contraposición a los días festivos durante los cuales se suspende la tramitación de los asuntos judiciales, antiguamente se daba el nombre de *días jurídicos a* aquellos en que funcionaban los tribunales para la administración de justicia. En opinión del Sr. Barciá[69], este término «Días jurídicos» está anticuado.

Derecho foral. *Aragón.*– Debían de ser los días *jurídicos* —no se comprende fácilmente pudieran ser otra cosa— algo semejante a los actuales días *hábiles* (leyes Orgánica del Poder judicial, de Enjuiciamiento, etc.) para las actuaciones judiciales.

Ya se habla de ellos en el Fuero de 1398, 3.° *De accusationibus,* lib. IX; pero por entonces los Fueros ni los definían ni los explicaban. Ese a que acabamos de referirnos señalaba tres días, o dos días, según el caso, *jurídicos* unos y otros, para que pudieran formularse ciertas acusaciones, sin las cuales no podía continuarse la prisión de un reo, ni aun seguirse el procedimiento.

También el Fuero de 1510, *De manifestationibus personarum,* lib. III, habla de días *jurídicos,* pareciendo que los contrapone a los *naturales.* Pero es en otro Fuero, del mismo año, donde ya se da al concepto alguna explicación.

«De voluntad de la Cort», dice en ese Fuero —*De feriis,* lib. III— Juan II *«statuymos que todos los días sean jurídicos».* Aduce para ello esta razón: *«sacrificio muy aceptable es a nuestro señor Dios que justicia se ministre».*

Vienen luego las excepciones. Se determinan varios periodos como de vacaciones. «Los quales —dice el Fuero, aludiendo a los días comprendidos en ellos— *sean feriados sino quanto al dar de la demanda, que sian juridicos*», si bien no todos, pues aun para esas actuaciones conserva algunos como feriados; y como tales también señala determinados días, además de los domingos. Los señala *para todas causas;* y ello parece indicar que, según él, los días *feriados* o de fiesta son lo contrario a los días *jurídicos.*

Medio siglo después —1510— hubo de publicarse otro fuero (el *De continuatione curia judicialis,* lib. III), acordado por las Cortes de Monzón. Habían ocurrido a veces dudas y cuestiones entre litigantes, «pretendiendo, dice Fernando II, que los días feriadas por el fuero De Feriis, de Calatayud, han corrido por haverse olvidado los Jueces de fazer la continuación de la Cort». Ese fue el motivo del Fuero. La disposición acordada hela aquí: «Por tanto statuymos e ordenamas que ipso foro sea avida por continuada la Cort del día de Sant Thomas exclusive al día de Sant Julián inclusive y de la vispra de Ramos fasta el domingo de Quasimodo inclusive, y de la vispra de Pentecostés fasta el domingo de la Trinidad inclusive, aunque los Jueces no continúen las dichas sus Cortes». Son estos los días que, como pertenecientes a períodos de vacaciones de Navidad y Pascuas, se habían designado en 1461; algunos como «el día de la Natividad e los dos siguientes e el día de Cabodaño e de Epiphania e de Pascua de Resurrección e los dos días siguientes» en concepto de inhábiles para toda actuación judicial; los demás como afectados

69 *Diccionario etimológico*, t. II, pág. 166.

de inhabilidad, pero con excepción de algunas actuaciones que antes hemos indicado. De las fiestas distintas de esos períodos nada dice este Fuero.

También es de 1510 el Fuero 1.° *De modo et forma procedendi in criminali*, lib. IX. Háblase en él igualmente de los tres días dentro de los cuales había de prestarse la acusación *(demanda)* contra quien hubiera sido reducido a prisión. Una particularidad hay que notar: en este mismo Fuero, donde a los aludidos tres días se les denomina *jurídicos, continuos* y *naturales,* se hace mención de otros plazos de *días* simplemente, o de días *contaderos* o *continuamente contaderos* en tal o cual forma.

Y en el Fuero 2.° de la misma rúbrica, dado en 1512, se declara nuevamente que aquellos tres días señalados «para el dar de la demanda» han de ser «útiles y jurídicos, en tal manera que en ellos no se cuente el día o días que por los fueros y Observancias del Reyno de Aragón son e serán feriados».

¿Quiere todo ello decir que sólo los tres días señalados para la acusación hubieran de ser hábiles, esto es, no festivos, y que en todos los demás plazos habían de computarse como tales los de fiesta? No parece lógico ni natural; aunque bien pudiera ser que lo que el Fuero 1.° *De modo et forma,* etc., quisiera expresar; y el 2.° se propusiera confirmar, fuera la afirmación de que los tres días para la acusación se estimaran necesariamente *continuos* y *naturales,* y por consiguiente *útiles* para ese efecto, sin descontar día alguno por festivo, aunque en aquel triduo lo hubiera. Ni esa, ni otras dudas que el estudio del asunto suscita las hallamos resueltas en los tratadistas, sumamente parcos en la exposición de la materia.

Toca el turno ahora, en esta rápida reseña de las disposiciones forales sobre lo que es objeto del artículo, a dos Fueros, posteriores ambos a la formación de la segunda Compilación. Es el uno el *De la vía privilegiada* (1592, Cortes de Tarazona). Hácese en él mención de plazos: de tres días naturales uno; de veintitrés horas otro; de seis días, en fin, el mismo que antes, según hemos dicho, era de tres. Solamente de esos seis días a que se amplió el plazo para la acusación dice que han de ser *jurídicos.* Y *útiles y jurídicos* dice el otro Fuero (1646, Cortes de Zaragoza), el *Del Procurador astricto* (funcionario creado en 1510 en todas las ciudades, villas y lugares, sin exceptuar los de Señorío, a manera de representante del Ministerio público hasta entonces desconocido), que han de ser los aludidos días que «para dar la demanda le eran otorgados».

No alcanzaron esos últimos Fueros, ni Miguel del Molino en su *Repertorium* (segunda edición, 1585), ni Miguel Ferrer en su *Methodus sive ordo procedendi judiciarius* (2.ª edición, adicionada por Buyl, 1579); sí los curiales que adicionaron la *Práctica judiciaria* de Pedro Molinos (1648); y aunque sería interesante en cierto respecto tomar de esas obras y de los Fueros y Observancias correspondientes algunos antecedentes acerca del sistema procesal aragonés, no debemos olvidar el epígrafe del presente artículo y hemos de ceñirnos a lo que él permite.

En todos esos libros aparece inserta una relación o tabla de días feriados en que no se celebraban audiencias en el fuero civil *(curiae seculares).* No son iguales las tablas respectivas, aunque difieren poco entre sí.

Molino pone a la tabla (comprende 62 fiestas) las siguientes advertencias:

> «Ay también otras fiestas movibles y son:
>
> 1. Todos los Domingos. 2. El Corpus Christi. 3. La Ascensión. 4. El segundo Sábado después del Corpus Christi».
>
> «Ay assi mesmo otras fiestas movibles que propiamente llamamos vacaciones, las quales no corren ni se cuentan a los jueces en los tiempos que tienen para pronunciar ni a las partes para hazer sus diligencias y son», etc. (Aquí los días designados como de vacaciones en los Fueros *De feriis* y *De continuatione*, etc., antes citados).
>
> «Ay otras fiestas que son votos de algunas Ciudades, Villas y Lugares del Reyno fuera de Çaragoça, las quales en ellos se guardan».

La tabla de Ferrer (59 fiestas) va seguida de unas advertencias en que se hace distinción entre los días de los períodos de vacaciones y los demás festivos. Substancialmente enseña Ferrer, respecto a los primeros, lo mismo que Molino; pero respecto a los días festivos (los de la tabla, más los adicionados en el primero y tercer párrafos de la nota del autor del Repertorio), dice que en todos ellos «licet curiae seculares non celebrentur, currunt tamen partibus tempora, tam a foris ad aliquid in causis faciendum et judicibus ad pronunciandum constitula, quam partibus per judices, assignata».

Finalmente, en la obra de Molinos, después de la tabla de días feriados (en número de 58), que llama «fiestas de Corte», agrega, en nota, los días votivos de cada ciudad, villa y lugar y las vacaciones de Navidad y Pascuas, determinadas por Fuero, según hemos indicado, y dice: «Todos los quales días son feriados y ningún tiempo corre a las partes: antes se están las causas y procesos el punto y estado que estavan la vispra de dichas vacaciones respective: Excepto en el proceso de competencia». ¿Se refiere la expresión «todos los cuales días» a los de la nota, o a los de fiesta comprendidos en la tabla? De creer es que sólo a aquéllos y no a éstos ni a los domingos, atendido lo que dice Ferrer y aun Molino, si bien ello parece estar en oposición a la natural inteligencia de lo declarado en los Fueros que hemos examinado.

No sería de extrañar que la costumbre, apartándose del Fuero, hubiera establecido la práctica que indica Ferrer. Las fiestas eran muy numerosas. Las vacaciones, las fiestas que Molino llama de Corte, los domingos y las fiestas locales, no dejarían de absorber una tercera parte del año; y pudo acaso creerse que era ese demasiado tiempo de paralización de los negocios judiciales.

El Fuero de 1678, *«Que corran los tiempos en los Procesos civiles, aunque estén manifestados»*, no aclara el asunto. Como ya el título indica, se refiere a los términos o plazos judiciales. Tuvo por objeto evitar que, a título de *ma-*

nifestación (uno de los *procesos forales*), se paralizaran otros procedimientos de índole diversa. Y por eso se ordenó que en los procesos civiles, no obstante cualquier manifestación que se hiciera, corrieran los términos de fuero o práctica. Nada dice de los días feriados que durante esos términos pudieran resultar.

Es de advertir que, desde el Fuero *De feriis* de 1461, los períodos de vacaciones a que hacían referencia los juristas cuyas obras acabamos de citar, no habían sufrido alteración, pero sí las demás fiestas. Algunas de las alteraciones constan en los Fueros. Al mismo año en que se dio el Fuero *De feriis* pertenece el que ordenó guardar fiesta el día de la Purísima Concepción y el de San Jorge *(forus conceptionis beatae Mariae Virginis et Sancti Georgii)*, cuya Observancia, por cierto, hubo que asegurar poco después (Fuero de 1564, *De la observación de la fiesta del bienaventurado mártir San Jorge, patrón del Reyno)*, pues «de hecho no se guarda», decía el Rey, de acuerdo con las Cortes. En 1592 fueron declaradas fiestas de Corte los días de los Santos Convertidos discípulos del apóstol Santiago (Fuero *De feriis*). En 1678 se hizo igual declaración respecto a los días de Santo Tomás de Aquino y de Santa Isabel, reina de Portugal (Fueros respectivos); y en cuanto al día del Pilar, se prohibió trabajar durante él y se ordenó suplicar al Papa lo declarara fiesta calenda, al igual de los domingos y demás fiestas del año y como tal mandara guardarlo (Fuero *Que el día de Nuestra Señora del Pilar,* etc.).

Por las fechas de estos Fueros se observará en cuáles de las tablas de las obras antes citadas, y en cuáles no, pudieron comprenderse algunas de las fiestas de referencia. Las últimas, es natural, no pudieron tener cabida en ninguna de las tablas.

En el volumen foral editado en 1624, figura el Pilar como fiesta de Zaragoza; no aparecen las otras dos fiestas; y lo mismo sucede en la edición de 1664 de las Observancias. Savall y Penén, aunque en general se atuvieron al texto de 1624, en cuanto a días festivos prefirieron reproducir la relación de 1664. Claro está que en ninguna de ellas podían figurar las fiestas declaradas en 1678. El número de las comprendidas en la tabla de 1664, no incluidos domingos ni vacaciones de Navidad y Pascuas, es el de 70: once de ellas particularmente de Zaragoza.

Lo dicho tiene ya sólo un interés meramente histórico. Hoy esta materia se rige completamente por la legislación general de España.

DONACIÓN ANTE NUPTIAS

Historia del Derecho.– La donación *ante nuptias* es una de las materias, a nuestro juicio, más confusamente tratadas en la Historia del Derecho.

Frecuentemente se la confunde, ya con la donación esponsalicia, ya con la *propter nuptias.*

Para lo primero no hay razón; se trata de dos instituciones, en algo semejantes, mas con finalidad diversa.

Para lo segundo hay algún fundamento: la donación *ante nuptias* precedió a la *propter nuptias* y le dio origen; y desde que ésta nació, pareció que había transformado y absorbido aquélla.

El epígrafe del tít. III, lib. V del Código justiniáneo es como una demostración sumaria de lo que acabamos de exponer. Ese epígrafe dice así: «De donationibus ante nuptias VEL propter nuptias ET sponsalitiis». Se ve que en ese Código, término de una evolución legislativa, las donaciones *ante nuptias* están asimiladas a las *propter nuptias,* pero diferenciadas de las esponsalicias.

Apunta Nani *(Storia del Diritto privato italiano),* la idea de que la donación *ante nuptias, aumento dotal* introducido por la costumbre en consideración a la dote de la mujer, tuviese su origen en la antigua dote germánica; pero también cree que en esa institución pudo influir el Derecho helénico y oriental, el cual, muy de antiguo, la consideraba como requisito esencial del matrimonio.

Bonfante *(Storia del Diritto romano),* no alude al primero de esos orígenes ni aun en hipótesis. Pertenece, dice, al periodo romano helénico una parte singular, que constituye un régimen paralelo a la dote, que tiene su fuente exclusiva en las costumbres y en los derechos orientales, y que se impone cada vez con más fuerza al legislador. Es la donación *ante nuptias,* nuevo instituto cuya función es proveer a la condición de la viuda en la situación creada por la desaparición de la *manus* y por el escaso uso de los testamentos, que gozaban de pocas simpatías en la sociedad helénica.

Mediante sucesivas declaraciones de los Emperadores, fue acomodándose esa donación a la necesidad que le dio entrada en el Derecho romano; y al fin, Justiniano (título VII, lib. II de la *Instituta);* tomando en consideración la circunstancia de que no era preciso constituirla antes del matrimonio, ni estaba prohibido aumentarla durante él, ordenó que los nombres se ajustaran a las cosas, que se la llamara *propter nuptias.*

Como esta donación guardaba relación con la dote, pues la ley 20 del título y libro antes citados del Código justiniáneo concedía la facultad de otorgarla, en compensación de ésta, después como antes del matrimonio, de modo que se la considerase, no ya como simple donación, sino como hecha en razón de la dote y por causa del matrimonio, hay autores que se fijan en ese carácter y prescinden del de previsión para el caso de viudez de la mujer, Ortolán considera (*Explicación histórica de la Instituta,* traducción española, tomo II) que la donación *ante nuptias* fue introducida por similitud y por vía de compensación de la dote.

Las Partidas trajeron transitoriamente al Derecho de Castilla la donación *propter nuptias* de Justiniano, con el mismo carácter y con los mismos efectos que éste le había atribuido. «El algo que da la muger al marido por razón del casamiento es llamado dote, es como manera de donación fecha con entendimiento de se mantener e ayuntar el matrimonio con ella, e segund dizen los sabios antiguos, es como propio matrimonio de la muger, e lo que el varón da a la muger por razon de casamiento es llamado en latín *donatio propter nuptias,* que quiere tanto dezir como donacion que da el varon a la muger por razon que casa con ella Mas las dotes e las donaciones que faze el marido a la muger e la mujer al marido, assi como de susso diximos, se pueden fazer antes que el matrimonio sea acabado, o después o deuen ser fechas egualmente, fueras ende si fuesse costumbre usada de luengo tiempo en algunos lugares, de las fazer de otra manera. E si por auentura despues que el matrimonio fue recabado, el marido quisiera crescer la donación a la muger o la muger la dote al marido, puedenlo fazer egualmente, assi como sobredicho es» (ley 1.ª, tit. XI, Part. 4.ª).

La donación en tal concepto pasaba a la mujer, conservando la administración el marido, quien no podía «vender, nin enagenar nin malmeter las cosas en que consistía, mientras durase el matrimonio» (Ibid., ley 7.ª).

Más adelante se lee: «Si los ouiessen (hijos), entonce deuen auer los fijos la propiedad de la donación o de la dote, e el padre o la madre, el que fincase biuo, o el que non entrase en orden o que non fiziesse adulterio, deue auer en su vida el fruto della. Otrosí dezimos que finando el marido o la mujer sin testamento, e non dexando fijos nin otros parientes que hereden lo suyo, que el otro que finca biuo, gana la dote o la donación que fue fecha por el casamiento e todos los otros bienes que ouiesse el que muriese assi» (Ibid., ley 23).

Tal aparece en las Partidas la donación que en Roma se llamó primero *ante nuptias* y luego *propter nuptias.* Después de aquel Código, la denominación de *propter nuptias* sirvió para significar cosa muy distinta, a saber: lo que los padres daban a los hijos para sostener las cargas del matrimonio (ley 29 de Toro); lo que se ha llamado «dote de los varones».

Derecho foral. *Aragón*.– Ni en los Fueros ni en las Observancias de Aragón aparece donación alguna designada con la denominación de *ante nuptias.*

Tampoco la nombran los autores, salvo muy contadas excepciones. Dos recordamos, y vamos a recoger su opinión.

Lissa (*Tirocinium,* parte 1.ª), sólo habla de esa donación para rectificar algún tanto la enseñanza del gran tratadista catalán Fontanella y notar las analogías y diferencias existentes entre tal institución, que toma como donación *propter nuptias,* según la nomenclatura impuesta por Justiniano, y la firma de dote aragonesa.

Franco de Villalba (*Fororum atque Observantiarum*, etc., tomo II), dedica a la materia algunas líneas en su comentario al Fuero 1.º De *donationibus,* no precisamente para tratar de una donación que concreta y especícamente se denomine *ante nuptias,* sino para decir: 1.°, que la donación que antes del matrimonio hace el varón a la mujer *(Donatio* a *Viro facta Mulieri ante nuptias)* surte efecto *(valei)* si el matrimonio llega a contraerse; 2.°, que muerto sin hijos el donatario[70], sucede el donante supérstite.

Apoya su opinión, en cuanto a lo primero, en la ley 20, núms. 7.° y 8.°, tít. II, lib. V del Fuero Juzgo, edición de Villadiego, y en una sentencia de 14 de agosto de 1724, de que no da más noticia que la de haber recaído en asunto del oscense Domingo de Viota.

Nada, pues, podemos decir acerca de la sentencia. De la ley visigoda sí observaremos algo. Evacuada la cita, se evidencia que debe de haber en ella una errata. El título a que en la misma se alude como del libro V, no llega, ni con mucho, a tener veinte leyes. Es indudable que la referencia quiso hacerse al libro IV, pues, en efecto, en la ley 20 de su título II se lee esto: «mas si el vno dellos, el marido o la moyer, antes que fuessen en uno, diere el uno al otro alguna cosa de su bona, aquello debe valer; e a tal donacion non debe ser desfecha polos fyos que nasen depos».

Villadiego dedica a esta parte de la ley los núms. 7 y 8 de su glosa.

Hace notar, en primer término, la coincidencia de las palabras «antes que se otorguen» (ley 3.ª, tít. XII, lib. III), permisivas unas y otras, de donaciones entre los prometidos, como también lo eran las leyes «inter eos» (ley 27, tít. 1.°, lib. XXIV del Digesto) y «cum hic status», vers. «si quis» (Ibid., ley 32)[71].

Expone después que si tal donación se hacía simplemente, se la presumía antiguamente efecto de una mera liberalidad y era irrevocable, conforme al Código justiniáneo[72]; pero que ya después se la consideraba

---

70 El texto dice *«Donatio sine filiis defuncto»*; pero indudablemente hay en la palabra *donatio* un error de imprenta. Así lo indica el sentido de la frase, y además en el *Index aut syllabus* que va al final de la obra se lee la expresión «DONATARIO sine filiis decedente», que evidencia y rectifica el error.

71 He aquí esos textos de la Pandectas (traducción de Rodríguez Fonseca y de Ortega):
El 1.° (tomado de Modestino, libro VII de las Reglas): «Entre los que han de contraer matrimonio son permitidas [sic] por derecho las donaciones antes del contrato, aunque haya de tener efecto el mismo día que se casen».
El 2.° (de Ulpiano, lib. XXXIII, a Sabino): «Si alguno casa con la que tenía contraídos esponsales, no siéndole lícito, hemos de ver si valdrán las donaciones así como entre los desposados. Juliano trata esta cuestión respecto de la menor de doce años que anticipadamente fue llevada a la casa del marido, y dice que ésta, aunque no es mujer, es esposa; pero es más cierto lo que parece a Labeón, que apruebo, y dice Papinano al libro décimo de las *Cuestiones*, que si precedieron los esponsales, permanecen, aunque el que casó con ella crea que es su mujer; pero no precedieron, ni aun hay esponsales, porque no se contrajeron, ni matrimonio porque no le pudo contraer, por lo cual, si precedieron los esponsales, vale la donación; si no, es nula, porque donó no como a extraño, sino como a mujer propia, y por esto no tendrá lugar la dación».

72 Parece ser las leyes 2.ª, 10 y 11 del tít. III, lib. V, las que Villadiego invoca a este propósito. La 2.ª, declara que si el matrimonio no se verifica, debe devolverse al novio lo que

hecha por razón *(ob* causam*)*, de futuro matrimonio, y requería, para su eficacia, la realización del matrimonio; mas por la ley que, aparte de algunas romanas, cita, la 3.ª, tít. XI, Part. 4.ª[73] y por lo que agrega, con relación a los efectos que sobre la propiedad de lo donado produce la intervención o ausencia de ósculo, invocando, entre otras disposiciones, la ley 5.ª, tít. II, lib. III del Fuero Real[74] y la 52.ª de Toro[75], se ve que la donación a que entendía referirse Franco de Villalba no era otra que la *largitas sponsalicia* romana, aceptada por la legislación castellana distinta, como en los artículos correspondientes haremos ver, de la *ante nuptias* que Justiniano hizo llamar *propter nuptias.*

En cuanto a lo segundo, esto es, al destino de los bienes cuando el donante muere, es materia propia de la sucesión intestada. A ella se refiere Franco de Villalba, y en su lugar se tratará debidamente.

En suma; en Aragón no se ha conocido como forma de donación regida por disposiciones propias y especiales la llamada *ante nuptias,* ni con esta denominación clásica, ni con la bizantina *propter nuptias.*

DONACIÓN CAUSAL

Derecho civil común. La expresión *donación causal* no puede entenderse empleada como en oposición a la de *donación sin causa*. No cabe, según las legislaciones inspiradas en el Código civil francés, considerar que hay contrato en que no concurra la causa que es uno de sus elementos constitutivos y esenciales; y concretamente a la *donación,* ya hemos expuesto, en el lugar correspondiente, la doctrina a que el Derecho vigente se ajusta, como se ajustaba el anterior.

Donación causal no quiere, por consiguiente, decir donación en que no concurra causa civil de obligar. Necesariamente ha de aludirse con esa ex-

esto dio a los padres de la novia para obtenerla por esposa; la 10.ª, que si hubo donaciones recíprocas del novio y de los padres de la novia y por no realizarse la boda el novio retira la donación, no es procedente la restitución mutua de las cosas donadas, sino la repetición de lo que el novio ilícitamente se llevó; la 11.ª, que la muerte del novio no deja sin efecto la donación que por mera liberalidad hizo a la novia. La primera de esas tres leyes es del Emperador Alejandro; las otras dos, de los Emperadores Diocleciano y Maximiano.

73 «De la donación que faze el esposo a la esposa, o ella a él, assí como de joyas o de otras cosas»: *Sponsalitia largitas* en latín «tanto quiere decir», etc.

74 «En qué manera puede haber lo que diere el esposo a la esposa». «Si el esposo de alguna mujer diese algunas domas [sic] en paños o en otras cosas a su esposa», etc.

75 «Qualquier esposa, ora sea presente, ora sea de futuro, suelto el matrimonio gane si el esposo la hubiese besado, la mitad de todo lo que el esposo la oviese dado», etcétera.

presión a una causa determinada y especial, distinta e independiente de esa causa general que es común a toda clase de contratos.

Los autores no dan una definición de la donación causal, y no hay uniformidad entre ellos en el modo de apreciar el sentido en que debe tomarse esa expresión.

Escriche (*Diccionario razonado de Legislación* y *Jurisprudencia,* tomo II) llama donación *causal o necesaria* la que los padres hacen a los hijos en fuerza de alguna razón o causa necesaria, o por lo menos útil y piadosa que a ello les impele, como, por ejemplo, la donación *propter nuptias.* Opone esa donación a la *simple* o *voluntaria,* que es, dice, la que hacen los padres a los hijos, no por alguna circunstancia que les obligue a ello, sino por mera liberalidad[76].

No es igual el efecto de una y otra donación, según las leyes de Toro. La donación causal, por ser forzosa, se considera como acto no debido a mera liberalidad, se imputa en la legítima y se trae a colación y su exceso se tiene por mejora; la simple, por ser voluntaria, y, en consecuencia, debida a una liberalidad, se reputa en primer término como mejora y se aplica después a la legítima, sin traerse a colación más que el exceso si lo hubiese: todo ello cuando no constare ser otra la voluntad del donante, ya para que se substraiga de la colación la donación forzosa, ya para que se someta a ella la voluntaria[77].

Según Gutiérrez (*Códigos,* tomo V*)*, a las donaciones por causa se refieren las *propter nuptias,* las esponsalicias, la dote y las arras[78]. Hoy estas donaciones, conforme al Código, han desaparecido en su individualidad, viniendo, salvo la dote, de que trata aparte, a constituir el grupo de las «donaciones por razón de matrimonio».

Como se ve, la determinación de estas donaciones causales, que no se definen como tales por las leyes y de que sólo por excepción se encuentran noticia en los tratadistas, es cosa de escasa o nula importancia. Se trata de

76 Sin duda por establecer esa oposición y contrayéndose a ella en este caso particular de la donación de los padres en favor de los hijos, la llama Escriche simple y voluntaria; pero es evidente que son muchas más donaciones que merecen esos calificativos; todas aquellas en que no hay alguna condición o modalidad especial, y que no se hacen por alguna previa obligación impuesta por ley o por pacto.

77 La obra de Escriche, aun en su edición reformada y aumentada por los doctores Galindo y Caravantes, es muy anterior al Código civil. Hoy esta materia se rige por el art. 1.035, en relación con el 819, el 820 y demás concordantes de ese cuerpo legal.

78 La donación, según algunos autores, puede ser propia o impropia. La *propia* equivale a *«rei datio vel promissio ex mera liberalitate, hac mente facta ut nullo casu recipiatur»*. El Derecho común la llamaba ya *simple*, ya *mera*, *ya mera y absoluta*.– A la clase de impropias pertenecen aquellas que *«non ex sola liberalitate fiant sed ad mixtan habent causam aliquan singularem»*. Esta causa puede ser *antecedente* (donación remuneratoria) o *subsiguiente (nuptiarum causa, sub modo et mortis causa)*. (HOFACKER, *Principia juris civilies romano-germanici*, t. T II.).

una denominación puramente escolástica que no arroja claridad sobre la materia de donaciones. Quien suprima tal calificación o prescinda de ella, no por eso dejará de comprender el concepto y los electos de la donación y cuanto a ésta concierne actualmente.

Derecho foral. *Aragón.–* Los Fueros y Observancias de ese antiguo Reino, no definen la donación causal, ni hablan de ella.

Tampoco los tratadistas le han dado importancia.

Así, pues, sería inútil buscar en la legislación, en la jurisprudencia, ni en la doctrina aragonesas, reglas o enseñanzas acerca de donaciones *causales* como donaciones especiales distintas de las demás, ya entre vivos, ya por causa de muerte, menos diferenciadas unas de otras, como se explicará oportunamente, en Aragón que en el resto de España, ya que en ese antiguo Reino todas son por punto general, irrevocables.

Y es natural que no pueda hacerse un grupo especial con las donaciones causales, si, como dice Dieste *(Diccionario del Derecho civil aragonés),* no son otra cosa esas donaciones que las que se hacen por alguna razón o motivo distinto de la libre y espontánea voluntad del donante; por lo cual, y según esto se entienda, o no habrá propiamente donación, o la que resulte se regirá por las reglas que para las donaciones tiene establecidas el Derecho, independientemente del motivo, que no influye en ellas. Las referencias que Dieste hace a la obra de Franco de Villalba (*Fororum atque observantiarum,* etc.) no precisan la materia, porque las indicaciones de este comentarista no tienen más alcance que el de determinar la eficacia de las donaciones hechas «in favorem piae causae», las cuales, evidentemente, no por esa circunstancia pueden calificarse de causales, con arreglo al concepto mismo expresado por Dieste (que viene a ser el de Escriche, con algo mayor amplitud), que acabamos de transcribir.

Sessé *(Decissionum sacri Senatus Regii Regni Aragonum)* es quien únicamente entra en algunas explicaciones de la donación *ob caussam*, en las Decisiones 131 y 405, que cita Dieste.

En la Decisión parece tomarse la expresión *ob causam* en el sentido de obligación, gravamen o carga. Distingue Sessé, al razonar los fundamentos de la Decisión, el caso en que se dona algo imponiendo una obligación que ha de cumplir el donatario *(do tibi aliquid ob causam per te adimplendam),* de aquel otro en que es un tercero quien ha de cumplirla *(ob causam per alium adimplendam);* considera que en el primer caso hay un contrato innominado, y en el segundo una simple donación por causa *(simplex donatio ob causam).*

Al discurrir así, Sessé invocaba exclusivamente las doctrinas del Derecho romano, con su acción *praescriptis verbis* y su *condictio causa data, causa non secuta.* Mas en las leyes del Digesto y Código a que se refiere, no hallamos afirmada la existencia de donaciones llamadas causales. Se relaciona esto con la doctrina romana sobre los contratos innominados, los cuales no producían por sí mismos acción; mas si una de las partes cumplía aquello a que se había obligado, ya entonces se daba lugar a la acción *praescriptis verbis*, para obligar a la otra parte al cumplimiento. No siendo esto posible, venía la *conditio causa data, causa non secuta*, para lograr la repetición de lo dado[79].

Ahora bien; si lo que una parte puede pedir, a cambio de lo que ella da o hace, no depende de la otra parte, no podía haber lugar al ejercicio de la acción *praescriptis verbis*: había que recurrir, en su caso, a la *conditio* indicada. Mas también ésta tenía lugar, como hemos dicho, en el caso de incumplimiento por parte de quien personalmente se había obligado; y esto supuesto, no aparece justificada la diferencia de contrato innominado y *donatio ob causam,* expresión esta última que no se halla en los textos invocados y que, después de todo no puede significar, cuando haya una donación que se hace con objeto determinado, una liberalidad no condicional, sino *sub modo*[80]. De ésta hablaremos con la amplitud debida en el respectivo artículo.

No es ya ese el concepto de la donación causal *(ob causam)* que da en su exposición de la Decisión 405.

Según ella, la donación *ob causam* es la que no se hace puramente *(repugnat ese pura et ob causam),* si bien ciertas manifestaciones indican que lo de *puro* no se toma precisa y taxativamente en el sentido de *no condicional*[81].

Otro punto de vista adopta Sessé cuando expresa que la donación *ob causam* es de dos maneras, según se trate, ya de causa necesaria, como la dote *(donatio propter dotem)*, o la donación *propter nuptias*, a que el padre y el hijo vienen *de jure*[82] obligados, ya del exclusivo provecho de donante, ajeno a toda liberalidad. No puede decirse que en este último caso haya donación *ob causam.* Lo que sucederá es que no habrá donación.

En cuanto al primer modo de donación *ob causam,* Sessé estima que esta denominación es incompatible con la mera liberalidad propia de la donación voluntaria, y se adhiere a la opinión de los doctores que consideran no ser propiamente donación la necesaria, equivaliendo a una *quasi permutatio.*

No dice Sessé quiénes sean esos doctores. Desde luego podemos nosotros indicar que fue Ulpiano el primero, que sepamos, que expresó ese concepto.

---

79 La *condictio* y la *conditio* eran actos solemnes, de carácter unilateral el primero y bilateral el segundo. Vid. Cogliolo *(Manuale delle fonti del Diritto romano).*

80 Sessé mismo conviene en que en el caso de la Decisión que se comenta, había una convención *modal*. La promesa, según él, hecha a una persona para que se separe (*ut te separes*) de un proceso en que acusa al promitente, para que éste pueda ser puesto en libertad, es modal *«quia dictio* UT *modum importat».*

81 *«Pure, libere, simpliciter, facta donatio non dicetur ob causam nec correspectiva licet donatarius codem die aliquid promittat seu set donanti, sed sunt actus separati»*, etc.

82 Nótese que la donación *propter nuptias* de que habla Sessé es la del Derecho romano, que las Partidas aceptaron, pero que desapareció luego de la legislación castellana. Véase el artículo Donación propter nuptias.

Hállase emitido en la ley 25, tít. III, lib. V del Digesto. Para fijar su alcance, interesa ver la ocasión y propósito con que se expuso. El título de que la ley forma parte, versa sobre la petición de herencia. Tratábase de la inteligencia de un Senadoconsulto que declaraba a los que poseían bienes que no les pertenecían, obligados a desampararlos; y entre otros extremos, del referente a los frutos. Y dice Ulpiano (traducción de Rodríguez Fonseca y de Ortega): «El Senadoconsulto atendió a que no resultara perjuicio alguno a los poseedores de buena fe, sí que tan sólo quedaran obligados por aquello en que hubiesen aumentado sus haberes. Por consiguiente, en caso de que hubiesen gastado cualquier cosa de la herencia, no quedarán obligados por lo que hayan perdido o disipado mientras estuvieron en la persuasión de que abusaban de caudal propio; ni si se hubiese donado se considerará haberse por ello enriquecido, aun cuando esto lo hubiesen hecho en recompensa de servicios recibidos. Mas si recibieron alguna remuneración, deberá decirse que se hicieron más ricos en aquello que recibieron, considerándose esto como una especie de permuta» *(velut genus quoddam hoc esset permutationis).*

Se ve, pues, que el gran jurisconsulto romano quiere solamente determinar las responsabilidades del poseedor de una herencia, que carece de derecho a retenerla. Declara que ha habido ya *una especie de cambio* entre el poseedor de la herencia que dio algo de ella y el donatario que le había hecho a su vez una donación; y considera que esa circunstancia obliga al poseedor de la herencia a responder de lo que dio, porque si bien su responsabilidad, en principio, no va más allá del límite a que su enriquecimiento se extiende, lo ocurrido suprime el perjuicio que en otro caso se le causaría obligándole a la responsabilidad de aquello de que de buena fe se ha desprendido, puesto que ya estaba compensado.

No contraría, pues, la doctrina de Ulpiano, la existencia y eficacia de la donación, ni la convierte en permuta (el *quoddam genus* es un simple ejemplo o comparación), ni mucho menos versa sobre lo que Sessé considera, según hemos indicado, como primera manera o forma de donación *ob causam,* o sea el caso de la donación *necesaria.*

Bien puede decirse, en consecuencia de todo, que Sessé prestó demasiada adhesión a las enseñanzas de los romanistas. Su doctrina concerniente a la donación *ob causam* peca de sutil y complicada, y de ella han prescindido, en general, los tratadistas posteriores.

DONACIÓN ENTRE CÓNYUGES

Derecho romano. No puede decirse, como se indica a veces de un modo absoluto, que en Roma las donaciones entre marido y mujer estuvieran prohibidas. La reglamentación de esta materia fue diversa según las épocas; como observa Mr. Pié *(Des donations entre époux pendant le mariage).*

El tít. I, lib. XXIV del Digesto *(De donationibus inter virum et uxorem)* comienza con un texto de Ulpiano según el cual, tales donaciones estaban proscriptas por la costumbre *(moribus apud nos receptum est ne inter virum et uxorem donationes valerent).*

Esa costumbre había sucedido a una amplísima libertad en tal materia, que se utilizó poco durante el régimen de la *manus,* y acaso muy pródigamente después, lo que se cree trajo la restricción, de una manera algo semejante a lo que había ocurrido con la testamentifacción, libérrima al principio y después reglamentada.

La prohibición, empero, no fue completa, puesto que se permitía la donación *mortis causa,* por la razón, más o menos especiosa, de que cuando podía llegar a ser efectiva, el matrimonio tenía que haber quedado disuelto y la donación ya no era entre cónyuges.

Dictáronse varias reglas, algunas de ellas por Justiniano, siendo, en suma, lo cierto que esas donaciones eran miradas con disfavor, no autorizadas sino con muchas restricciones, y sujetas a la garantía o formalidad de la insinuación, como puede verse en la ley 25, tít. XVI, lib. V del Código:

Derecho foral. *Aragón.*– Esta es una de las materias en que más resplandece el espíritu de libertad civil, en que se inspira el Derecho aragonés, por lo mismo que es muy general, en las legislaciones antiguas y modernas, la prohibición de estas donaciones entre cónyuges, por él admitidas.

No hay en rigor, fuero que expresamente las autorice. No es necesario; basta que haya una regla general que las comprenda, y no exista disposición que las prohíba.

Aparte del principio general que admite como permitido todo aquello que la ley no prohibe, está la libertad del pacto, el *Standum est chartae,* ese gran principio del Derecho aragonés, inspiración y espíritu vital de sus instituciones, encarnado en varias de sus disposiciones y muy especial y expresamente en la Observancia 16.ª *De fide instrumentorum* (lib. II), según la cual *«Iudex debet stare semper et judicare ad cartam*[83] *et secundum quod in ea continetur, nisi aliquod imposible vel contra jus naturale continetur in ea»*[84].

---

83 Hemos escrito antes «*Standum est* CHARTAE», y ahora escribimos *carta* y no *charta*, porque en este último caso copiamos literalmente el texto, y es lo cierto que en el volumen foral aparece siempre *carta*, aunque fuera de él sea casi exclusivamente usada la forma *charta*. Vid. Maigne d'Arnis (*Lexicon*, etc.), de Miguel y el marqués de Morante (*Nuevo Diccionario latino-español etimológico*) y Körting (*Lateinische-romanisches Wörterbuch*).

84 El *Standum est chartae* se ha tomado por los autores generalmente como regla de interpretación, aunque entendiéndose con diversa significación, pues dicen unos que ha de estarse rígidamente al texto o letra del documento, y otros, que ha de atenderse a su contenido total, no a una parte aislada de él. Generalmente se ha convenido en que con ese principio es incompatible la interpretación extensiva. En el Congreso de jurisconsultos aragoneses se trató ampliamente la cuestión.
Hubo quienes sostuvieron que el *Standum est chartae* es una regla de interpretación; invocaban en favor de su criterio la opinión de numerosos autores.
Sostuvo Costa que eso es un error, que no por muy antiguo y generalizado deja de serlo; a su juicio, el *Standum est chartae* es la libertad de pacto, el axioma «pactos rompen leyes».

«Dos cosas han llegado a donde podrían llegar, y no pasarán de allí, salvo en los detalles: la Escultura en Grecia y la libertad civil en Aragón, decía Costa en la Academia matritense de Legislación y Jurisprudencia[85]: Yo no he de deciros dónde se ha instituido el matrimonio sobre un pie de absoluta igualdad entre los dos esposos; dónde la mujer puede contratar con su marido y salir por él fiadora, dotarle e hipotecar en bienes propios los aportados por él, con hipoteca idéntica a la hipoteca legal en favor de la mujer cuando por las condiciones especiales del matrimonio se hace necesaria esta garantía; dónde los esposos pueden otorgar capitulaciones matrimoniales en cualquier tiempo, antes o después de casados; y dónde ejerció siempre la viuda derechos equivalentes a la patria potestad, o más bien tutela paterna, que la novísima ley de matrimonio civil introdujo o restableció en Castilla, porque tenéis presentes los Fueros *De jure dotium* y *De contractibus conjugum*».

Los romanos tuvieron, para prohibir las donaciones entre cónyuges, las dos razones que después se invocaron en las Partidas, como ya hemos indicado: el deseo de evitar los excesos a que pudiera llevar el cariño *(ne mutuato amore invicem spoliarentur)* y el propósito de proteger al más débil contra los halagos y obsesión del otro *(neve melior in paupertatem incideret; deterior ditior fieret)*. A esas causas de orden privado agregábanse, según las leyes que regulaban ese género de donaciones, dos de orden o carácter

La discusión acaso se hubiera en gran parte evitado, proponiendo dos temas; pero es lo cierto que la Comisión organizadora sólo propuso uno en que presentaba como regla de interpretación de *Standum est chartae*. Por eso quien esto escribe dijo que en el dictamen de la Sección, obra de Costa, no se contestaba al tema; aunque no por eso rechazó antes bien proclamó, el principio de libertad civil.

El Congreso entendió que ese principio podía significar las dos cosas, y como regla de interpretación y aplicación la rechazó en el sentido de que por ella se excluya la extensiva, y la admitió en el de sancionarse la prohibición de admitir testigos contra lo consignado en la carta, prohibición establecida en la misma Observancia 16.ª *De fide instrumentorum* y en la 24.ª *De probationibus cum carta*. Y en cuanto a la libertad del pacto, declaró que el Código debe, en cada institución, separar las condiciones obligatorias y las del dominio que la carta o voluntarias, y que para ese deslinde debe atenderse, sobre todo otro Derecho, al aragonés, por ser el que mejor ha trazado la línea divisoria.

Lo primero no pareció bien a Costa: lo segundo fue combatido por Naval.

Costa decía que el *Standum est chartae* no puede significar a la vez las dos cosas, y que si se quería sujetar a juicio de residencia o revisar las reglas de interpretación, que suelen invocar en la práctica del foro los jurisconsultos aragoneses, pudo esto, y debió, hacerse en tema especial aparte. Y Naval, por su parte, estimaba que las conclusiones referentes a la separación entre lo imperativo u obligatorio que se sobrepone a la voluntad de los particulares, y lo voluntario, que éstos pueden derogar en su carta o poner en vigor, manifestándolo o guardando silencio, son principios generales que toda Comisión codificadora debe tener presentes, pero que no debieran proclamarse en conclusiones que le tracen el camino que haya de seguir. Pueden consultarse acerca de esto los respectivos libros de Costa y Naval, *La libertad civil y el Congreso de jurisconsultos aragoneses* y *Compilación articulada del Derecho foral vigente en Aragón*, ambos posteriores al Congreso y destinados, en todo o en parte, al estudio y juicio de sus tareas.

85 Conferencia inserta en el libro citado en la nota anterior.

público (Plé, obra citada): una, que no puede tenerse en cuenta donde no se halla establecido el divorcio, la de evitar que un cónyuge compeliera al otro bajo la amenaza de solicitado *(ne concordia pretio conciliari videretur);* otra, la de impedir que los medios de atender a la educación de los hijos se mermaran con donaciones indiscretas *(nec esset eis studium liberas potius educandi).*

Bien se ve que esta última consideración tiene escasa, mejor dicho, ninguna fuerza, tratándose de donaciones, no de uno de los cónyuges o de los dos en favor de extraños, sino del uno en favor del otro, y que para conseguir ese fin, si por ventura es asequible, otras más extensas, en punto a personas y a contratos, habrían de ser las prohibiciones.

Las primeras causas, las que aceptaron como suficientes las leyes de Partida, son fundamentalmente las que los legisladores han debido de tomar en consideración, donde quiera que se han prohibido las donaciones conyugales.

El legislador aragonés no les dio valor. No quiso establecer, aceptándolas, un régimen de desconfianza y suspicacia estimado en el antiguo Reino como opuesto a la esencia del matrimonio y al respeto a la integridad del derecho personal.

La capacidad de los cónyuges para hacerse donaciones es, además, una consecuencia de su capacidad para otorgar contratos entre sí. En Aragón, esa capacidad general ha sido siempre reconocida. Hay quien ha creído que porque la Observancia 5.ª *De donationibus* permite a los cónyuges donarse uno a otro entre vivos o dejarse en testamento sus bienes, se ha querido excluir de esa capacidad los contratos de naturaleza onerosa, como los de compraventa o permuta (Moscoso, *Nuevo Tratado de Legislación hipotecaria*). No opinamos así. Se comprende que prohibidas las donaciones, se autoricen los contratos onerosos, como se ha hecho en el Código italiano, ya que en éstos no hay los peligros señalados en aquéllas (aunque siempre existirá el de que lo uno tome el disfraz de lo otro); mas no que la donación se permita y la compraventa se prohíba. En lo más está comprendido lo menos, como observa Nougués *(Tratado del consorcio conyugal),* y además la autorización expresa no se necesita, dados los principios generales que antes hemos indicado, y sí es necesaria, como excepcional, la prohibición. Sin la Observancia 5.ª *De donationibus,* debería entenderse, lo mismo que con ella, existir la capacidad de los esposos, salvo una excepción de que vamos a hablar; y bien puede suceder que esa Observancia se escribiera para evitar que a la excepción se diera mayor alcance del debido, resolviéndose así alguna duda que se hubiera suscitado.

La excepción que a la facultad de hacerse donaciones los cónyuges acabamos de indicar, es la contenida en el Fuero 1.º *De contractibus conjugum*; de 1247, lib. V, a que luego se refirió la Observancia 1.ª *De jure dotium,* lib. V. Según el Fuero, «no valdrá la remisión de la dote hecha al marido por su mujer, si no se hace esto con el consentimiento de los parientes más próximos de la esposa, a saber: del padre, si vive, y de algún otro, o si no tuviese padre, con otros dos parientes suyos de los más cercanos y legales» (traducción de Parral). Y según la Observancia, «la esposa puede transferir al marido, como en un extraño, sus bienes muebles e inmuebles que no son dotes o axobar, pues ninguna de ambas cosas puede transferirlas al varón sino en la forma establecida en el Fuero *De los contratos de los cónyuges*» (traducción de Martón y Santapau).

La relación que estos dos textos guardan con el de la Observancia 5.ª *De donationibus*, ha dado lugar a cuestiones y dudas de que se hicieron eco los intérpretes. Del conjunto de esas disposiciones, y aún de su relación con otras, no puede, a nuestro juicio, deducirse, en orden a la capacidad de la mujer sino la facultad reconocida a ésta de donar libremente al marido sus bienes en general, pero no la dote o *axovar*[86], cuya transmisión requiere como garantía la intervención familiar indicada.

Muy distinto carácter reviste otra excepción consignada en la Observancia 25.ª *De jure dotium.* Según ella, el marido no puede dar ni vender en vida sus bienes muebles a la esposa, y si los diese o vendiese, no valdrá la donación o enajenación. La misma Observancia da la razón de esta disposición, que ha de buscarse en la organización económica de la familia aragonesa. Como el marido es, en la sociedad conyugal, no sólo administrador de todos los bienes inmuebles, sino dueño de todos los muebles, suponiendo, dice la Observancia, que éstos hayan sido donados o vendidos por el marido a la mujer, vuelven a la administración del marido, señor de ellos, que puede enajenarlos. Lo contrario, añade, sucedería si el marido diese o vendiese bienes sitios, porque entonces vale la donación o venta como si hubiese sido hecha por otro.

Se ve, pues, que la capacidad de donarse bienes los cónyuges, no es en Aragón tan absoluta e incondicional que el legislador no haya establecido algunas garantías de que la donación no obedezca a ciegos o irreflexivos arrebatos.

¿Está vigente esa facultad? Para contestar a esta pregunta tenemos que recordar algo de lo que dijimos en los artículos sobre DERECHO CIVIL DE ARAGÓN y DERECHO CIVIL DE NAVARRA. Vigente, en rigor de derecho, debe considerarse; vigente, en la práctica, es más o menos dudoso que lo esté.

Si se hubiera respetado la ley de Bases, no se hubiera promulgado, tal como ha sido redactado, el art. 12 del Código civil. Aun con este artículo,

86 Por dote, en el lenguaje foral, ha de entenderse la firma de dote, pues la Observancia 52.ª *De jure dotium* declara que por fuero *(de foro)*, con la palabra dote *(dos)* se expresa lo que el marido asigna a la mujer *(dotes quae assignantur per virum uxori)*, y por axovar *(axobarium)*, se entiende lo que a ésta dieron sus padres en casamiento. Son muy interesantes y dignas de estudio las observaciones que acerca de esta materia hacen Martón y Santapau en su libro *Derecho y jurisprudencia de Aragón*.

no debería haberse aplicado a las legislaciones forales el 61 con la extensión que se le ha dado, atrayendo a él otros del propio Código, en vez de acudir, para completarlo, a la legislación foral.

La Dirección General de los Registros inauguró bien sus tareas de aplicación del Código en lo que toca a la capacidad civil de los casados. Ateniéndose al art. 5.° de la ley de Bases; estimando que el considerar que la materia de contratos en cuanto se relaciona con la mujer casada, cae totalmente bajo el dominio del Código como único llamado a precisar los que a aquélla están o no permitidos, pugna con el claro precepto del art. 12 y que las *mutuas relaciones entre cónyuges y la capacidad de la mujer para contratar y obligarse han de regirse en las provincias aforadas, por su especial legislación, respetada y mantenida* EN TODA SU INTEGRIDAD *por el Código civil;* declaró, en 26 de abril de 1894, no tener en Navarra aplicación legal el art. 61 de éste, no obstante formar parte del título IV. lib. I.

Pronto se abandonó ese buen camino. En 22 de agosto de aquel mismo año, pasándose a las filas de los partidarios de la doctrina absolutamente opuesta, la Dirección declaraba que ese art. 61 rige en Aragón; declaración que repetía en 10 de agosto de 1902, y en 24 de mayo de 1905 hacía extensiva a Navarra.

No sólo esto; por atracción, digámoslo así, de ese artículo, aplicaba en Tortosa (con derogación de su costumbre especial) los arts. 1.458 y 1.541, en 28 de noviembre de 1898; en Cataluña (con derogación de las leyes del Digesto), el 1.458, en 6 de diciembre del mismo año: aplicaciones que, con relación también a Cataluña, reproducía en 23 de octubre, de 1899.

Nuevas resoluciones, de 26 de abril y 12 de septiembre de 1901, y 14 de noviembre de 1906, han insistido en la aplicación de los citados arts. 1.387 y 1.458 a los asuntos de Cataluña, y en 18 de agosto de 1908 se hizo análoga declaración, con relación al 1.458 y 1.541, para Baleares, «sin que obste, decía la Dirección, la existencia de una práctica en contrario, incompatible con lo establecido en el tít. IV de su lib. I (alude al Código civil), obligatorio en todas las provincias del Reino».

En vista de esto, hemos de decir que si se tratara del contrato de compraventa entre cónyuges, aunque *debería*, a nuestro juicio, declararse en vigor el Derecho aragonés tocante a la facultad de contratar entre sí los cónyuges, es muy de temer que las cuestiones que en la práctica se presenten sean resueltas con arreglo a lo dispuesto en el Código civil. ¿Ocurre lo mismo con la donación, objeto especial del presente artículo?

Tal vez sí, atendido el poco respeto que se tiene al estado creado por la ley de Bases, y aun por el propio Código, en orden a la subsistencia del Derecho foral. Todavía, en esa hipótesis, que bien podrá ser realidad, cabrá esta otra cuestión. ¿Sólo se entenderá prohibida la donación de la mujer al marido, o también la del marido a la mujer? De creer es que se resolviera esto último.

La capacidad es activa o pasiva, y el art. 1.334 priva a la mujer de la una y de la otra. La cuestión estriba en si ha de aplicarse o no ese artículo. Hemos expuesto nuestra opinión convencidos de tener razón, mas poco esperanzados de que oficialmente pueda hacerse valer ésta, dadas las corrientes que se observan.

DONACIÓN ESPONSALICIA

Derecho civil común. *Historia.*– Eran en Roma las donaciones esponsalicias *(sponsalitia largitates)*, los obsequios o regalos *(munera)* que en demostración de cariño solían hacerse los futuros cónyuges.

Se las regulaba en los primeros tiempos conforme a las donaciones comunes (Serafini, *Instituciones de Derecho romano,* tomo II, traducción de Trías Giró). Constantino dictó para ellas disposiciones especiales. Merece notarse, por su contenido y por las huellas que dejó en el Derecho español, la ley 5.ª, tit. V, lib. III del Código de Teodosio, que es la 16.ª, tit. III, lib. V del de Justiniano. Según ella, muerto uno de los esposos antes de contraerse el matrimonio, si había mediado ósculo *(osculo interveniente)*, la mitad de la deuda quedaba para el sobreviviente, la otra mitad para los herederos del premuerto; si no hubo ósculo, la donación se invalidaba, y lo que de ella había sido objeto debía restituirse al esposo donante o a sus herederos. Cuando era donante la novia —caso poco frecuente, según advierte la ley—, la donación, hubiera o no intervenido ósculo, quedaba totalmente sin efecto, y la donante o sus herederos hacían suyo lo donado.

El ósculo era acostumbrado después de los esponsales que ordinariamente precedían al matrimonio, y con la celebración de aquéllos coincidían los regalos; de ahí la denominación *«sponsalitiae largitates»* y lo dispuesto por Constantino.

[...]

Derecho foral. *Aragón.*– La legislación aragonesa no regula las donaciones esponsalicias; ni siquiera las nombra. No quiere eso decir que las rechace: no podían prohibirse en un Reino que tan alta puso la consideración a la mujer. Pero Aragón es el país clásico de la libertad civil. El *Standum est chartae,* el libre pacto, señala una amplísima esfera dentro de la cual cabe toda clase de donaciones que no sean opuestas a la moral entre ellas, por consiguiente, las esponsalicias, sin la limitación o tasa castellana.

No es, con todo, absoluto el silencio de la legislación aragonesa en esta materia. Hay un género de donación esponsalicia a que dedica alguna disposición: el regalo de joyas *(iocalia)* del esposo. La Observancia 46.ª *De jure dotium,* lib. V, prevé el caso, y con gran laconismo y sin ofender las leyes del pudor, como dicen Martón y Santapau (*Derecho y jurisprudencia de Aragón,* tomo I), disponen que muertos el esposo o la esposa antes de la consumación del matrimonio[87], las joyas quedan totalmente propiedad de la segunda.

Esa Observancia deja en pie una cuestión: consumado el matrimonio y muerto después uno de los cónyuges, ¿de quién serán las joyas que la esposa recibió del esposo?

Si sólo se atiende a que se trata de cosas muebles y a que éstas se hacen *comunes,* habría que considerarlas divisibles por mitad, (Observancia 22.ª *De jure dotium,* lib. V), y esa es la opinión de Nougués *(Tratado del consorcio conyugal).*

No la compartimos, aun siendo de jurista tan autorizado, sino cuando es la esposa quien premuere. Olvidó Nougués, sin duda, por el momento, lo que la legislación aragonesa tiene establecido en punto a las llamadas *aventajas forales:* esto es, a aquellas cosas que se sacan o adjudican antes de la partición *(ante partem).* En concepto de tales, pertenecen a la mujer sus joyas y vestidos. Lo declaran así el Fuero 2.º *De jure dotium*, lib. V, y la *Consultatoria* del Justicia de Aragón al de Valencia[88]; sólo que debe tenerse presente que así como el derecho a las aventajas, premuriendo el marido se transmite a sus herederos, es personal respecto de la mujer y no lo disfrutan los suyos (Observancia 3.ª, *De secundis nuptiis,* lib. V). Y esa es la opinión comúnmente seguida.

Hemos hablado hasta aquí de los regalos del hombre (novio o marido) a la mujer (novia o ya casada). ¿*Quid* de los regalos de esta a aquél?

La Ripa *(Tratado sobre* división *de bienes,* inserto al final de su *Ilustración segunda a los cuatro procesos forales de Aragón)*, da por supuesta la aplicación de la Observancia 46.ª *De jure dotium* a este caso, como al de que antes hemos tratado. «Los esposos, dice, antes que llegue el caso del matrimonio, ningún derecho tienen en los caudales de la sociedad, ni para pedirlos, ni para manejarlos»; «sólo si *adquieren* el dominio, añade, en aquellas cosas que *recíprocamente se regalan entre ambos* por expresión regular de su afecto, aun cuando fuesen muy preciosas». En cuanto a joyas y vestidos, no habría diferencia entre la mujer *infanzona* o *francha* o de *ciudad* y la *villana*; esto es, de la *villa*, del *rey* o de *infanzón*. La había en cuanto a otras aventajas; pero claro está que hoy, desaparecida la diferencia de clases, por la nueva organización política y social y por el cambio de costumbres, todas las mujeres tienen iguales derechos.

Martón y Santapau recuerdan esta opinión, con la cual vino a estar conforme Nougués, a cuyas palabras se adhieren. «Si la sociedad, dice éste,

87 A juzgar por el modo de discurrir de los tratadistas en este asunto, la Observancia, al hablar de consumación del matrimonio *(matrimonii consummati)*, se refiere a su celebración.

88 En cuanto a joyas y vestidos, no habría diferencia entre la mujer infanzona o *francha* o de *ciudad* y la *villana*; esto es, de la *villa*, del *rey* o de infanzón. La había en cuanto a otras aventajas; pero claro está que hoy, desaparecida la diferencia de clases, por la nueva organización política y social y por el cambio de costumbres, todas las mujeres tienen iguales derechos.

no existe antes de la consumación con respecto al uno, no puede darse por inducida por lo que hace al otro; y lo que a la mujer se le da, no puede negársele al marido con justicia».

Nos parece muy discutible esa opinión. La Observancia que en su apoyo cita La Ripa, está dictada expresa y únicamente en favor de la esposa[89]: su texto no puede servir de fundamento. La razón de equidad que se invoca podría hacer deseable una extensión en pro del esposo, en su caso, del derecho otorgado a la esposa: esa misma razón prueba que el derecho no existe reconocido por el texto legal, y no se alega, por otra parte, ni creemos que exista costumbre en ese sentido. No es tampoco decisiva ni incontrovertible esa razón de equidad. Al conceder sólo a la esposa el derecho, negándolo implícita, pero indudablemente al esposo, pudo la costumbre, elevada a precepto escrito en la Observancia, tener por origen el deseo de favorecer a la mujer, privilegiándola con relación al varón. Cuando el legislador aragonés entendió que los Fueros, establecido un derecho en favor de un sexo o de una clase, debían generalizarse, amplió de un modo explícito, mediante nuevos preceptos legales, el campo de su aplicación. Sucedió lo primero con el Derecho de aventajas forales, que, concedido en 1247 a la mujer (Fuero 2.° *De jure dotium,* lib. V), se hizo extensivo en 1307 al marido (Fuero *De rebus quas mortua uxore,* del mismo libro), por no parecer bien aquella desigualdad *(non est equum vel rationable quod vir et uxor ad tantam imparitatem debeant iudicari)*; y con el usufructo foral que en 1247 (Fuero 1.° *De jure dotium*) solo aparece constituido en favor del viudo, y en 1390 (Fuero *De alimentis,* del mismo libro) se considera extensivo a la viuda (*quia per forum vir, mortua uxore, habet usumfructum in bonis sedentibus uxoris durante viduitate, et e converso, superviventem conjugum,* etcétera). Ocurrió lo segundo en lo tocante a la testamentifacción: en 1307 se otorgó a los barones, mesnaderos, caballeros e infanzones (*De testamentis Nobilium,* etc., libro VI), la facultad de nombrar heredero a uno de los hijos, y poco después, en 1311, se otorgaba el disfrute de aquel Fuero a todos los aragoneses (*onmes cives et omnes alii homines villarum et villariorum Aragonum possuit,* etc.), concediéndoles igual facultad (Fuero *De testamentis civium,* etc., del mismo libro)[90].

Está en la naturaleza de las cosas considerar que la donación esponsalicia lleve siempre, implícita por lo menos, la condición suspensiva de la celebración del matrimonio. Sin la Observancia 46.ª *De jure dotium,* las joyas dadas por el esposo, a él personalmente, o representado por sus herederos, volve-

89 Usamos esta expresión y la de esposo en el sentido de «novios» o «prometidos».

90 D. Luis Franco y López, barón de Mora, en su *Memoria sobre las instituciones que deben continuar subsistentes del Derecho civil aragonés*, cita esos casos de las aventajas y la testamentifacción, «para hacer ver que el principio de igualdad se llevó (en Aragón) hasta un extremo a que tal vez no ha llegado nación alguna, especialmente en los siglos medios», y como consecuencia del principio de libertad que preside y domina en el Derecho aragonés, «el no hallarse sujetas a tasa alguna las donaciones esponsalicias y las arras que en Aragón se conocen con la denominación de excrex y la firma o aumento de dote».

rían, no llegando el matrimonio a realizarse. La Observancia lo ha evitado; y puesto que nada ha dicho del caso contrario, esto es, del de donación de la esposa, queda en pie la regla general, y la esposa, viniendo la muerte de uno de los dos prometidos antes de celebrarse el matrimonio, recobrará las joyas y, por extensión, las demás cosas en que sus regalos consistieran.

Por esas razones no podemos sumar nuestra opinión a la de los doctos tratadistas citados. Los demás autores, o hacen referencia a la donación *ante nuptias,* distinta, según hemos visto en el artículo referente a ésta de la esponsalicia[91], como Franco de Villalba (*Fororum*, etc., tomo II), o se limitan, como Blas y Melendo *(Derecho civil aragonés)*, a definir las donaciones esponsalicias tomando el concepto de la ley 3.ª, tít. XI, Part. 4.ª, o las pasan en silencio, salvo lo indicado antes en materia de aventajas, como Franco y Guillén *(Instituciones de Derecho civil aragonés).*

En cuanto al destino de los regalos de la mujer, una vez que el matrimonio ha llegado a realizarse, es nuestra opinión que sólo cuando la esposa sobrevive se le adjudican, pues entonces, por lo que ya hemos dicho, le corresponden en concepto de aventajas: cuando es ella la que premuere, se parten como bienes comunes —también lo hemos indicado— entre ella o sus herederos en su caso, y el marido o los suyos.

Sólo dejando a salvo las disposiciones forales que quedan notadas, puede, a nuestro juicio, aceptarse la doctrina de Gutiérrez (*Códigos,* tomo VI) y Sánchez Román (*Estudios,* tomo V, vol. II), por cuyas enseñanzas queda confiada a las normas del Derecho común la institución que nos ocupa.

DONACIÓN INOFICIOSA

Derecho foral. *Aragón.*– La legislación aragonesa trata alguna vez de un modo expreso de la *inoficiosidad*[92]: hay, además, en ella disposiciones que, en sus efectos, equivalen a esa declaración.

El Fuero 4.° *De donationibus,* lib. VIII, dice así: «La donación que se hace por alguno de sus bienes en general o también de los bienes habidos y por haber a alguna persona que no sea hijo suyo o hijos suyos legítimos y naturales ya nacidos, no vale si tuviese hijos o hijas legítimas y naturales al tiempo de la do-

---

91 Franco de Villalba hace alguna indicación acerca de otra donación, usada, dice, en las familias nobles, destinada, no a sostener las cargas del matrimonio, sino más bien a atender a gastos que pudiéramos llamar de adorno o tocador *(muliebria suppellectilia, vulgo* ALFILERES *seu sumptibus camerae)*; pero ésta no es, como la esponsalicia, de carácter antenupcial, sino, como el mismo Franco observa, dotal *(quoedam assignatio dotalis).*

92 Véase la Observancia 9.ª *De donationibus*, lib. V. Molino *(Repertorium*, v.° *Donatio)* llama *donatio inofficiosa*, comentando el Fuero 4.° *De donationibus*, la que se hace de todos los bienes a un extraño, *oblitis filiis seu praeteritis*, por ser contra *charitatem paternam vel maternam*.

nación, y esto cuando se haga instancia por ellos contra la misma donación. Y si después de la donación nacen alguno o algunos hijos naturales y legítimos, y de éstos no se hiciese mención al tiempo de la donación, *ipso facto* dicha donación queda rota y tenida por no hecha, si se hace instancia por el hijo o hijos contra la mencionada donación. Sin embargo, si quisiere[93] hacer donación de sus bienes (el padre) a alguno o algunos de sus hijos legítimos y naturales, lo cual puede hacer, como podía nombrarle o nombrarles herederos en el testamento, con tal que dé o asigne algo de sus bienes a los restantes hijos, como se ve en el Fuero que empieza *Parentes,* título *De las donaciones*».

Creen Martón y Santapau que esa referencia ha de entendese hecha por el Fuero a las Observancias del mismo título. No opinamos así. Estimamos erróneo ese parecer de los ilustrados tratadistas, por las siguientes razones, que nos mueven a pensar que el Fuero 4.° *De donationibus* se refiere a un Fuero de los que se llevaron al cuaderno de los en desuso *(fori quibus in judiciis nec extra ad praesens non utimur)*, a saber: 1.ª, el Fuero 4.° *De donationibus,* hecho en las Cortes de Zaragoza de 1348, reinando Martín I, es, por tanto, anterior en casi un siglo a las Observancias, por donde resulta imposible que se refiera a éstas; 2.ª, aunque hay entre las 20 Observancias que forman el título *De donationibus* del libro IV, una, la 17.ª, que empieza con la palabra «*Parentes*», no guarda relación con la cita que se hace en el Fuero; 3.ª, en cambio, cuando éste se publicó, regía un Fuero hecho en las Cortes de 1247 que formaba parte del lib. IV de la Compilación de don Vidal de Canellas y en la refundición que se hizo en el siglo XVI fue trasladado al cuaderno de los en desuso que empieza precisamente con la palabra «*Parentes*» y contiene, entre otras, las de «*dum tamen alii fratres habeant haereditates alii frates partem suam quilibet consequatur*», tan parecidas a las del Fuero 4.° del lib. IX de la Compilación nueva; 4.ª, Molino *(Repertorium,* v.° *Donatio),* cita el Fuero *Donatio* (sabido es que los antiguos tratadistas solían citar los textos forales por la primera o primeras palabras de éstos), o sea el Fuero 4.° *De donationibus,* como correctorio del Fuero *Parentes* (esto es, el hoy en desuso), pues éste parece prohibir a los padres hacer muchas donaciones a uno de los hijos, y aquél les permite hacerlas con tal que den, o asignen algo a los otros hijos, corroborándose esto con la cita de folios que hace Molino (con relación al volumen viejo), marcados en las apostillas de las ediciones posteriores a la refundición; 5.ª, en la traducción aparece un poco truncado el Fuero, toda vez que las últimas palabras son: «*Foro qui incipit Parentes,* título *De donationibus, in aliquo non obstante*», que concuerdan exactamente con la observación de Molino.

93 La traducción de este y otros textos forales que en el presente artículo reproducimos literalmente, es la de Martón y Santapau; pero en cuanto al pasaje a que se refiere esta nota, advertimos que estaría el sentido más completo y la traducción respondería mejor a la idea del original a nuestro juicio, si al «*quo did facere possit*» se diera la equivalencia de «*pueda hacerlo*».

Vengamos a las Observancias que se relacionan más o menos directa y estrechamente con la inoficiosidad; todas ellas, menos la última, comprendidas en el lib. IV bajo la rúbrica *De donationibus.*

Según la 1.°, dos padres pueden dar al hijo cuando contrae matrimonio, según uso de Aragón, muchas heredades o bienes y valdrá aquella donación y, esto no obstante, tendrá parte en los otros bienes de los padres, sin estar obligado a hacer colación, en su caso, con los otros hermanos.

Por la 2.ª y 9.ª, si, no obstante lo dispuesto en el Fuero *De donationibus,* cap. I[94], los padres dieren a uno de los hijos muchos inmuebles y no tuvieren otros bienes para los otros hijos, la donación podrá ser impugnada por éstos como inoficiosa, mas no por terceros, acreedores del padre.

Con arreglo a la 8.ª, «en recompensa de aquella parte que el padre dio al hijo o hija en dote, puede hacer a otro hijo muchos dones aunque la madre no quiera, y puede también hacer muchos dones cuando da axobar a la hija».

Declara la 12.ª que «el padre o madre sobreviviente puede dar al hijo o hija, en casamiento y no de otro modo, de sus bienes comunes y del cónyuge muerto, uno o muchos dones en mueble o en inmueble, tanto valor, poco mas o menos, cuanto ambos cónyuges habían dado a otro de los hijos o hijas en el casamiento en que le habían colocado, con tal que quede de los bienes comunes tanto, poco más o menos, cuanto pueda darse en casamiento a cualquiera de los hijos o hijas restantes que no hayan contraído matrimonio».

Finalmente, la Observancia 15.ª *De jure dotium,* lib. V. dice así: «Si el marido o la mujer hubieren casado algunos hijos o hijas y dieren a todos, o a uno axobar cuando contrajo matrimonio, después, muerto el uno de los cónyuges, bien podrá[95] el sobreviviente casar el hijo o hija que quede por casar y darle en axobar o por causa de matrimonio, de los bienes comunes, cuanto ambos hubiesen dado a los otros hijos cuando contrajeron matrimonio, o algo más o menos».

DONACIÓN INTER VIVOS

Derecho foral. *Aragón.*– Puesto que, según el art. 13 del Código civil, éste rige en Aragón, desde que adquirió fuerza legal, en cuanto no se oponga a aquellas de sus disposiciones forales o consuetudinarias que, en la época en que se publicó, estuvieran vigentes, parécenos lo más sencillo y claro expo-

94 Este Fuero debe ser el «*Parentes*» de que se ha hecho mérito, y no el 1.° *De donationibus* de la compilación vigente, porque ésta es posterior a la formación de las Observancias y porque así se deduce de los contextos respectivos. Ya hemos dicho que ese Fuero «*Parentes*» (de 1247) quedó modificado por el 4.° *De donationibus* (de 1348) y relegado al cuaderno de los caídos en desuso.

95 Hacemos en la traducción de Martón y Santapau una ligerísima corrección para salvar lo que evidentemente es en ella una errata de imprenta.

ner lo que ese Derecho especial establece: de su conocimiento podrá deducirse cuál sea el Derecho común que a los asuntos que hayan de resolverse por la legislación de Aragón deba aplicarse, como si se tratara de asuntos de provincias no aforadas.

En la Compilación de 1247 hallaremos varios Fueros que pasaron a la Compilación reformada y hoy vigente —amén de alguno que fue relegado al cuaderno de los no usados *(Fori quibus in judiciis nec extra ad praesens non utimur),* y en él figura como único *«De donationibus»* (lib. IV) —en que se habla de donaciones.

El primero que se presenta es el titulado *Ne filius pro patre vel matre teneatur* (libro IV). Según él, si el padre o la madre da a un hijo o hija, con carta en que intervengan fianzas y testigos, con arreglo a la costumbre, una cierta y determinada parte de una heredad, se entenderá que hay una donación; sin que el hijo o hija, por reclamación que un tercero hiciera de deudas del padre o de la madre, venga obligado a empeñar o gravar ni aquella heredad ni los demás bienes suyos.

Pertenece al mismo lib. IV, el Fuero 3.° *De fide instrumentorum,* que viene en confirmación del anterior, pues exige, para la validez de la donación de heredades, el otorgamiento de instrumento en que consten las fianzas de salvedad. De esa solemnidad exceptúa el Fuero las donaciones de Reyes, Príncipes y religiosos, para las cuales se exige las firmas y sellos de éstos y la intervención de testigos.

Igualmente hace excepción de las donaciones otorgadas en los actos de última voluntad *(in ultimis testamentis),* pues basta la firma de los espondalarios, también llamadas cabezaleros o manumisores, por medio de los cuales ha de probarse si el testamento es legítimo o es falso.

Cinco Fueros se comprenden en el libro VIII bajo la rubrica *De donationibus.* Del segundo de ellos prescinden los tratadistas, sin duda porque en gran parte se refiere a materia penal y a procedimientos, y porque aunque también en él se habla de la prohibición de transferir acciones civiles al rey o a otra persona, para utilidad de él o de su primogénito, se ha tenido en cuenta que las cuestiones en que el monarca tiene interés están sujetas a la legislación común por el Decreto en que Felipe V restableció, en parte, en 1711, los Fueros que pocos años antes totalmente aboliera. En cuanto al quinto, nada hay que decir sino que fue una disposición circunstancial y transitoria, como reducida a fijar el término de un año, a contar desde ella, para presentar al juez ciertas donaciones a fin de poder hacerlas efectivas.

Quedan como vigentes los otros tres Fueros: el 1.°, el 3.° y el 4.°

Para tratar del 1.°, será ocasión más oportuna aquella en que se exponga la doctrina sobre sociedad continuada y división de bienes de la sociedad conyugal.

El 3.º merece fijar la atención, porque ha dado ocasión a una situación jurídica harto indecisa y propicia a suscitar cuestiones.

Prevínose en él, para asegurar la autenticidad de las donaciones *(«ad obviandum multis scandalis quae pretextu falsarum donationum in Regno Aragonum committuntur»),* que las que excedieran de 500 sueldos jaqueses (117 pesetas 65 céntimos), no hicieran fe, en juicio ni fuera de él, a no haberlas insinuado el donante compareciendo personalmente ante el juez ordinario, a su elección, de cualquier ciudad, villa o lugar.

Presentada la escritura, el juez interponía su autoridad declarando por decreto la existencia de la donación, que mandaba inscribir en el libro de Curia de su Juzgado, dando fe de ello el notario de éste, quien lo hacía constar y autorizaba con su sello, librando un testimonio dentro del término de cuatro días. Ni el notario ni los testigos que intervenían en la insinuación podían ser los mismos que figuraban en el otorgamiento de la donación.

Que esa insinuación estuvo no sólo escrita como precepto en el Fuero, sino usada en la práctica y en las costumbres, es cosa indudable. Podría la duda suscitarse en cuanto a la época posterior a la redacción de las Observancias, por la circunstancia de que en éstas, como luego veremos, nada se dice de esa formalidad; mas ha de notarse que aunque hay entre esas Observancias una, la 7.ª, *De donationibus,* lib. IV, que supone que se han guardado las formalidades que requiere el Fuero si se ha dado fianza de salvedad, la insinuación no lo es propiamente del acto mismo de la donación, sino posterior.

Hay, por lo demás, pruebas positivas de que la insinuación se practicaba con posterioridad a la época indicada.

Menos de un siglo después, escribía Molino su famoso *Repertorio*. Y en él habla de la insinuación, como corriente y en uso. Primeramente recuerda el Fuero *«Ad obviandum».* Luego expresa que, según los fueristas, no se requiere insinuación en la renuncia de derechos y en el finiquito *(in diffinimento),* ya que para poder exigirla es necesario que haya traslación de dominio. Y añade: *Et talis est practica et consuetudo Regni. Et hoc fuit saepissime dictum et determinatum in Consilio».*

Antes de que se publicara la edición[96] del *Repertorio*, de que nos hemos valido, se procedió a la revisión de la Compilación de Don Jaime y Fueros posteriores, acordada en las Cortes de 1547; y en la nueva Compilación, que

96 Es la 4.ª o sea la de 1585. De la primera no se sabe que existan más que tres ejemplares: uno en la Biblioteca Nacional, otro en la Universidad de Zaragoza (que pudiera ser el que Latassa vio en poder de un abogado) y otro que posee el distinguido bibliófilo D. Juan M. Sánchez, según noticia consignada en la *Bibliografía aragonesa del siglo XVI* (tomo I), que recientemente ha publicado. Creíamos que esa edición de 1585 fuese la segunda, y en tal concepto la hemos citado alguna vez; pero en la *Bibliografía* de que acabamos de hacer mérito, hemos visto que hubo dos anteriores a ella: la de 1533, de que se conserva un ejemplar en el British Museum, y la de 1554, de que hay otro ejemplar en la Universidad de Zaragoza.

es la que desde entonces oficial y particularmente ha venido reproduciéndose en sucesivas ediciones, se mantenía la disposición del Fuero 3.º *De donationibus*, a la vez que se llevaba a la colección de Fueros en desuso otro de la misma rúbrica, que antes hemos indicado.

Por aquellos tiempos publicó el notario de Zaragoza Pedro Molinos, su *Libro de la Práctica iudiciaria del Reino de Aragón*, y en él, tras un resumen bastante amplio, acomodado a las prácticas curiales del Fuero 3.º *De donationibus,* inserta un formulario del acta de insinuación.

El causídico Miguel Ferrer, en su Método (*Methodus sive ordo procedendi iudiciarius juxta stylum et foros Regni Aragonum,* 1.ª edic., 1554; 2.ª edic., aumentada y corregida por Jaime Buyl, causídico zaragozano, 1579), no incluye ninguna fórmula de insinuación, no obstante ocuparse en esa obra, no sólo en procedimientos contenciosos, sino también en otros correspondientes a la jurisdicción voluntaria, entre los cuales contó más tarde Portolés (*Secunda pars Scholiorum,* etc., 1588) este de la insinuación.

No puede, con todo, aquel silencio estimarse como prueba de que en la práctica hubiera quedado abolida u olvidada la insinuación, porque pocos años después de la publicación de los formularios de Molinos y de Ferrer (en 1585, ya lo hemos dicho), se publicaba la nueva edición del *Repertorio*, en ella se hablaba de aquella formalidad como respetada y observada de hecho, además de estar ordenada por el Fuero.

Portolés, en su glosa del *Repertorio* (loc. cit.), trata extensamente de la insinuación, y enseña que aunque se dudó y fue objeto de empeñada discusión, en un pleito de aprehensión, si eso era una solemnidad substancial o no, apoyándose, quien defendía la negativa, en que no era formalidad del acto mismo, sino posterior a él, sólo necesaria para confirmarlo, al fin prevaleció la afirmativa en la sentencia que en 1.º de junio de 1584 pronunciaron los que él llama eruditísimos lugartenientes del Justicia, quienes declararon nula una donación sólo por no haber sido registrada en el libro de la Curia, aun habiendo sido insinuada por el donante y no ser imputable a él sino culpa del notario, la falta del registro. Verdad es que afirma que la sentencia fue apelada, y pendiente de la apelación se hallaba cuando él escribía: eso no obsta a la verdad de lo que nos hemos propuesto hacer constar: que la insinuación, prescrita por el Fuero, se usaba siglos después de haberse éste publicado.

En uso se diría que se hallaba todavía ese requisito en 1624, cuando Sessé publicaba el tomo IV de sus *Decisiones* (*Decissionum sacri Senatus Regii Regni Aragonum,* etc.); en 1743, fecha de los *Comentarios* (*Fororum atque observantiarum,* etcétera, tomo II) de Franco de Villalba, en 1821; año de la publicación de la 2.ª edición de la obra de Lissa *(Tyrocinium Jurisprudentiae forensis);* en 1780, en que vió la luz pública la última edición del Tratado de Asso y De Manuel (*Instituciones del Derecho civil de Castilla,* con notas referentes a las de Aragón), y a principios del siglo XIX, en que debió de escribirse el libro de Del Plano *(Manual del Abogado aragonés),* ya que todos ellos hablan de la insinuación, citando las disposiciones legales y los libros que de ella tratan, sin negar, ni siquiera manifestar vacilación o duda en cuanto al hecho de la vigencia en las respectivas épocas, antes bien Del Plano concluye su título *«De las donaciones»* (segundo de los 15 en que está dividido su *Manual*), con estas palabras: «Los afianzamientos de salvedad que en lo antiguo se prestaban para la donación y varios contratos han desaparecido; sólo ha quedado la insinuación que debe sostenerse en las donaciones puras, como un eficaz preservativo para distinguir la liberalidad de la imprudencia».

Y, sin embargo, por seguro tenemos que ya en esos últimos tiempos, quizá antes, la insinuación no se usaba. Cuando, antes de mediar el siglo pasado, los ilustres letrados a quienes tan en gran manera se debe la difusión del conocimiento del Derecho foral aragonés escribieron su renombrado libro (*Instituciones del Derecho civil aragonés,* por D. Luis Franco y López y D. Felipe Guillén y Carabantes, 1841), ya ellos no alcanzaron, según les oímos decir, a quienes hubieran visto practicar la insinuación. En ninguna parte se halló registro de donaciones o libro de Curia. Su falta debía de ser muy antigua. Por eso hicieron notar que la insinuación había ido «cayendo en desuso».

Lo mismo dijo Dieste. «La *insinuación,* se lee en su *Diccionario* (V. DONACIÓN), ha caído en desuso en todos los casos».

Blas y Melendo (*Derecho civil aragonés,* 1873), después de recordar las palabras de Franco y Guillén e indicar que existiendo por Derecho común la insinuación, al menos parece que sería ésta necesaria siempre que la donación excediera de los 500 maravedís de oro, salvo los casos exceptuados (ley 9.ª, tít. IV, Parte 5.ª), añade: «pero según tengo entendido, en Aragón no se ha conocido un caso de insinuación».

Gutiérrez (tomo VII), reproduce las afirmaciones de Franco y Guillén y de Blas (*Códigos,* tomo VII).

Los Tribunales no concedieron valor o eficacia al desuso, En sentencia de 10 de marzo de 1871, la Audiencia declaraba que la donación no insinuada de cosa de un valor superior a 500 sueldos de moneda jaquesa, carece de un requisito esencial y no puede estimarse como donación perfecta, ni producir los efectos naturales de tal contrato. En otra de 20 de febrero de 1883, declaró necesaria la insinuación en los casos en que el Fuero la exige. (Ripollés, *Jurisprudencia civil de Aragón,* tomo II.).

Llevada la cuestión al Tribunal Supremo, éste consideró (sentencia 22 enero 1884) que las disposiciones de las Observancias 5.ª *De donationibus* y 10.ª *De pignoribus* se hallan subordinadas a la prescripción terminante del Fuero 3.º *De donationibus,* según el cual, la donación que exceda de 500 sueldos jaqueses no hace fe en juicio ni fuera de él si no ha sido insinuada, de lo que necesariamente se deduce que es indispensable, para su validez, el requisito de la insinuación.

Ya desde entonces cambiaron las cosas. Tenemos entendido que son muy pocas las donaciones que se otorgan, sobre todo de la clase de aquellas que no se consideran casos de excepción, bien sea porque los notarios hayan dudado si la escritura habría de insinuarse, bien porque en los Juzgados, por la falta de libro de Curia, se haya tropezado con la dificultad de hacerlas[97]. Los autores ya no hablan del desuso como hecho seguro que pueda afirmarse ni tomarse en cuenta. Alguno, como Barrachina (*Derecho foral español,* tomo III), cita la indicación de Blas; pero hace notar que en oposición a ella está la sentencia del Supremo. El autor del *Derecho vigente en Aragón* (publicado en la Biblioteca judicial), Sancho Tello *(Lecciones de Derecho civil foral),* Planas Casals (*Apuntes de Derecho civil,* tomo II), y La Iglesia *(Manual de Derecho foral español),* dan por subsistente, como cosa indudable, el requisito de la insinuación. Moutón (*Diccionario de Derecho civil foral,* tomo I) se atiene al Fuero que la exige, añadiendo cuál es la opinión de Blas respecto a ese requisito «que, después de todo, dice, es una mera formalidad para dar carácter de autenticidad a la donación *intervivos*». Manresa *(Comentarios,* tomo V*)* y Sánchez Román (*Estudios de Derecho civil,* tomo IV) no parecen haberse dado cuenta de la sentencia del Tribunal Supremo, y creen, el último de estos autores con referencia a la opinión de Blas, que la insinuación no está en uso.

Así están las cosas en Aragón. El abogado y el notario, sea cualquiera su opinión respecto a lo que debiera ser, no podrán menos, a nuestro juicio, si han de obrar prudente y discretamente, de aconsejar la insinuación de las donaciones cuando, según el Fuero, proceda.

No queremos decir con eso que sólo hayan de tenerse en cuenta los textos forales.

Hay, al lado del Fuero, prácticas y costumbres que deben respetarse, según las cuales existen donaciones exceptuadas de insinuación. No contamos entre ellas las donaciones a reyes, príncipes y religiosos, y las hechas en testamento. Su excepción debe conceptuarse, más que de costumbre, de Derecho escrito. El Fuero 3.° *De fide instrumentorum* estimó bastante garantía de

---

97 Podemos asegurar que en Zaragoza se lleva actualmente un libro en que se registran las donaciones. A la insinuación de éstas precede un expediente de jurisdicción voluntaria, terminado por ante el Juzgado en que se acuerda aquélla. Practícase poniendo una nota con referencia al auto mismo, certificado por el escribano (hoy secretario judicial), por cuyo oficio se siguió la tramitación. Las certificaciones se van uniendo una tras otra, y con ellas se va formando el libro, que comienza con unas hojas en blanco, donde se hace por el secretario de gobierno, con el visto bueno del juez, la anotación de las certificaciones a medida que estas se presentan. El libro del Juzgado del Pilar, que es el que hemos tenido a la vista, se abrió el 31 de mayo de 1899. Son seis las donaciones desde entonces insinuadas; la última, en 10 de septiembre de 1902.
En los expedientes suele exigirse, aunque no se trate de donación universal, una información arreglada a la exigencias del art. 634 del Código civil; y del auto forma parte ordinariamente un Considerando en que se expresa que si bien pudiera estimarse que la insinuación ha caído en Aragón en desuso, es lo cierto que el Fuero 3.° *De donationibus* no ha sido derogado por el Código civil.

veracidad, en las unas, el sello de los donatarios y la intervención de testigos, y en las otras, la afirmación de los cabezaleros y eso implícitamente excluye la necesidad de obtener la insinuación.

Las donaciones exceptuadas por la costumbre a que aludimos *(talis est practica et consuetudo*, dice Molino *(Repertorium,* verb. *Donatio e Insinuatio)* son las siguientes:

1.ª Las hechas en capítulos matrimoniales.

2.ª Las remuneratorias.

3.ª Las renuncias de derechos y el definimiento o finiquito.

Molino da la razón de esas excepciones. Cuando se trata de una donación *«ob causam doti», «contemplatione matrimonii»,* palabras que agrega a las de *«in capitulis matrimonialibus»* (para distinguirla de la *ante nuptias*), no se constituye un título lucrativo, sino oneroso, al menos con relación al marido. Y cuando se dona para recompensar servicios anteriores, ya prestados, no servicios futuros, que se esperan, no hay propiamente donación.

En estas doctrinas se advierte la influencia del Derecho romano. A textos de éste y argumentos de los glosadores se refiere Molino para autorizarlas; entre sus citas está la de Bartolo, según el cual la donación que el Emperador Constantino hizo a la Iglesia romana, o sea al Papa Silvestre, de tierras del Imperio, no era una donación propia, por su calidad de remuneratoria, dado que el Papa había, con sus oraciones, librado al Imperio de la lepra que lo afligía.

En cuanto a la tercera excepción, la razón alegada como razón de ser de la costumbre (sancionada por determinaciones del Consejo), es distinta: la de que la insinuación presupone transmisión del dominio de una persona a otra.

No deja de tener fuerza esta última razón, si se parte de la idea de negar el carácter de donación a todo acto que no consista en esa desposesión o transmisión de una cosa. No sucede lo mismo con lo alegado para explicar la costumbre en orden a las dos primeras excepciones. El Fuero que introdujo en Aragón la insinuación, habla de donaciones, y no puede negarse que son las matrimoniales[98] y las remuneratorias, sobre todo cuando el concepto de éstas se limita, como parece dar a entender el recuerdo de la donación de Constantino, a aquellos casos en que la remuneración no es jurídicamente exigible.

Portolés *(Tertia pars Scholiorum)*, admite lo que dice Molino en cuanto a las dos primeras excepciones; no así respecto a la tercera, que discute e

98 No creemos que a ello obste el que, como observa Del Plano, el donatario «ha de desempeñar las cargas para cuyo alivio se hizo la donación». También es de este autor la observación, a propósito de la excepción tercera, de que «librar al deudor no se crea lo mismo que donar propiamente, y en el Derecho se reconoce grande diferencia entre donar y remitir».

impugna, entendiendo que la renuncia y la remisión de deuda constituyen verdaderas donaciones. Admite, no obstante, la excepción consignada por Molino en algunos casos especiales, que expone con cierta sutileza.

Franco de Villalba (*Fororum,* etcétera, tomo II) admite las excepciones indicadas por Molino; cita, respecto a las donaciones remuneratorias (en las que, más que liberalidad, ve pago o compensación), una decisión recaída en 1678 en un proceso sobre inventario, y agrega, sin decir que constituya: costumbre y tomándola del Derecho romano y de algún autor de Castilla, otra excepción: la de la donación hecha con el gravamen de llevar el nombre y las armas del donante, excepción que parece extender a todas las donaciones *ob causam.*

Todavía, Vargas (*Decisiones,* Decis. 7.ª) seguido por Lissa, a quien citan Franco y Guillén, y por Del Plano (obras citadas), anota otra excepción: la de la promesa de donación.

Los tratadistas contemporáneos, generalmente, admiten las excepciones indicadas por Franco y Guillén[99].

¿Alcanza a la donación de bienes muebles la necesidad de la insinuación?

¿Es válida en cuanto al exceso la donación (claro está que se trata de las no exceptuadas) que no haya sido insinuada?

Ninguna de esas dos cuestiones ha obtenido sólución unánime, a saber:

1.ª Los más de los autores, Molino, Portolés, Suelves, estimaron que la donación de muebles no necesita ser insinuada; mas el Regente Blanco, al decir de Franco de Villalba[100], refería haberse resuelto lo contrario por el Consejo en 1672, en atención, a que el Fuero no hace distinción de muebles y sitios. Y esa es la verdad. Pero la realidad se impone, y si se trata de donaciones aceptadas con el acto, de las llamadas manuales, no creemos que nadie crea que deben insinuarse. Para las demás, queda en pie la cuestión.

2.ª Los precedentes del Derecho común llevaban a la anulación, en lo no insinuado, de sólo el exceso, y a esa solución parece inclinado Franco de Villalba; mas él mismo cita la opinión contraria expuesta por Portolés, Monter y Suelves. Del Plano estima que pues en Roma, para que la donación no insi-

99 La Peña no habla más que de la referente a la donación de reyes, príncipes y religiosos, porque su obra está destinada a la exposición de las disposiciones contenidas en los textos legales (Fueros y Observancias vigentes), sin que en su plan entrara el estudio del Derecho consuetudinario; pero aun dentro de ese criterio resulta omitida la excepción de las donaciones hechas *in ultimis testamentis*.
En mayor omisión incurren los autores del *Derecho civil vigente en Aragón*, que forma parte de la Biblioteca judicial, los cuales, aunque no limitan su campo como La Peña, tampoco reproducen, sin explicar la causa, los casos de excepción generalmente admitidos.

100 Franco y Guillén se limitan a consignar esta necesidad de insinuación, sean muebles o sitios los bienes donados, como opinión de Franco de Villalba; mas no se adhieren a ella, aunque tampoco la combaten.

nuada fuera valida en la cuantía permitida sin insinuación, fue necesaria una ley *(L. contractus Cod.; de fide instrumentorum),* en Aragón, no habiéndola, no debe limitarse, la disposición del Fuero, cuyas palabras *«non facit fidem»*, hacen relación al todo, de la escritura. «Con todo, añade, no es improbable la opinión contraria», y de este mismo parecer es Dieste.

La Audiencia de Zaragoza, si defensora del Fuero contra el desuso más de una vez alegado por los litigantes, no por eso dejó de apreciar las excepciones de insinuación que, merced a la costumbre y a la enseñanza de los autores, habían tomado carta de naturaleza en el Derecho aragonés. Más aún; explicó el sentido del precepto foral, que «parece absoluto» por la «jurisprudencia uniforme del Tribunal Supremo». Esa jurisprudencia se había formado exclusivamente sobre la base del Derecho de Castilla; pero es lo cierto que bajo la influencia de ese Derecho, y del romano en que se había inspirado, nacieron las excepciones admitidas en Aragón; de suerte que, en definitiva, vino esa jurisprudencia a coincidir en lo esencial con la doctrina aragonesa. La insinuación, según la Audiencia, ha quedado sólo «para las meras donaciones, que son las puras, las simples donaciones, aquellas que constituyen un acto de liberalidad, sin causa ni precedente que las justifique, actos de ciega prodigalidad a los que (el Fuero 3.° *De donationibus*) quiso, sin duda, poner cortapisa[101]; y de ahí que los tratadistas de Derecho, de acuerdo con la jurisprudencia, exceptúan de aquella solemnidad las donaciones remuneratorias, las de cosas eventuales, las que se verifican por efecto de una obligación, o llevan en sí mismas condiciones o cargas a cuyo cumplimiento se obliga al donatario y que disminuyen el valor de lo donado».

Digamos, para terminar lo referente a la insinuación, que, según el final del Fuero, no era la insinuación el único requisito exigido para la validez de la donación: en la de bienes inmuebles *(donatio hereditatis)* habían de darse fianzas de salvedad *(fidantiae salvitatis).*

Aquí hemos de decir que lo consignado en aquel Fuero ha de completarse con el contenido de dos Observancias, ambas comprendidas bajo el título «De donationibus» (lib. IV); la 6.ª, según cual, en la donación de cosas inmuebles[102], la fianza de salvedad es tan substancial que sin ella el contrato

101 Téngase, sin embargo, en cuenta que en Aragón el legislador, cualesquiera que después fueran las interpretaciones y ampliaciones del Fuero 3.° *De donationibus*, no fue guiado, al dictar éste, por el deseo de poner freno a la prodigalidad, sino por el propósito de asegurar la autenticidad del documento. Bien claramente lo da a entender su texto, sobre todo en sus palabras iniciales. Por eso el juez no podía negar la aprobación de la escritura cuando el donante personalmente se presentaba a insinuarla, al revés de lo que sucedía en Castilla, donde era doctrina de los jurisconsultos, aceptada por el Tribunal Supremo (sentencia de 27 de marzo de 1860), que la insinuación no era cumplimiento de una mera fórmula, pues el juez la aprobaba o no, después de tomar el debido conocimiento de causa.

102 El Fuero podía dar lugar a alguna duda, por usar la palabra *hereditas*, que más bien se toma como significativa de finca rústica; la Observancia está en ese punto perfectamente clara, pues se refiere a la donación *«rerum immobilium».*

carece de eficacia *(non valet)*, a diferencia de otros contratos que son válidos aunque no se preste esa fianza, por no ser en ellos requisito esencial *(non est de substantia)*; y la 11.ª, que quita igualmente validez a la donación en que el donante mismo se constituye fiador de salvedad.

Con no menos razón que en cuanto a la insinuación, puede, en lo que toca a esa fianza, afirmarse su desuso. Ya Del Plano se expresaba así: «los afianzamientos de salvedad que en lo antiguo se prestaban para la donación y varios contratos, han desaparecido».

La opinión de los tratadistas posteriores, desde Franco y Guillén, en 1841[103], hasta Barrachina, en 1912, está conforme en considerar fuera de uso tal afianzamiento, del que ni la menor indicación se hacía en la colección de *Formularios* que en 1862 publicó el Colegio de Notarios del número y caja de Zaragoza.

La Audiencia de Zaragoza, sin embargo (sentencia 10 marzo 1871), declaró que tal requisito es esencial en la donación de inmuebles y que no puede producir los efectos naturales de ese contrato aquel en que no se ha cumplido.

La cuestión no se ha elevado todavía al Tribunal Supremo. En la duda de la solución, probablemente favorable a la aplicación de los textos forales, no obstante el desuso, nosotros aconsejaríamos a quien quiera otorgar una donación de las que por Fuero exigen fianza de salvedad que no prescinda de ella.

Queda por examinar, de los Fueros *De donationibus,* el 4.º

Hemos ya dicho algo de él al tratar de las donaciones inoficiosas. Digamos ahora que ese Fuero es la única disposición aragonesa que autoriza la revocación de la donación sin que de su texto resulte claramente si en esa parte se refiere sólo a la donación universal o a toda donación. Sea una u otra, si en ella no se hizo mención de los hijos naturales y legítimos que al donante pudieran sobrevenir y en efecto sobrevienen, podrá ser anulada por ese hecho, quedando sin valor alguno, si ellos la piden.

Pero ya que no los Fueros, los tratadistas dicen algo más.

Franco de Villalba (*Fororum,* etc., tomo II) advierte que: aun hecha a la Iglesia, se revoca la donación por la sobrevivencia de hijos.

Según Lissa (*Tyrocinium,* parte 1.ª), no es revocable por ingratitud y sí por inoficiosidad.

---

103 El *Manual del Abogado aragonés*, de Del Plano, no vió la luz pública hasta 1842; pero estaba escrito desde principios del siglo XIX.
La falta de obras modernas dio lugar, durante ese lapso de tiempo, a que este libro fuera muy buscado y circulase bastante mediante copias manuscritas.

Acerca de la doctrina romana de la revocación por ingratitud, dice Del Plano *(Manual del Abogado aragonés)* que en Aragón no debe tener lugar, porque, corno advierten los naturalistas[104], la donación simple no deja al donatario más que la obligación moral para el agradecimiento, la cual es incapaz de producir una acción de justicia que pueda revocar los actos perfectos o consumados que de por sí no tienen mira de conexión legal con los hechos posteriores, no habiendo ley que la autorice. Lo mismo piensa de la sobrevivencia de hijos, si se trata de donación de cosa particular y no de todos los bienes, aunque sólo sea de los presentes, lo cual produce inoficiosidad.

Dieste *(Diccionario)*, que estima, por punto general, irrevocable la donación, admite la excepción de los siguientes casos: 1.° El de haber sido aceptada. 2.° El de ser inoficiosa. 3.° El de nacimiento de nuevo hijo, por lo que respecta a la legítima, aunque hubiese cláusula de no revocación o interés de causa pía, o fuese donataria el alma del donante. 4.° El de ser la donación a favor de la Iglesia, si posteriormente sucediese al donante algún hijo.

Consideramos justificada la primera excepción: mientras no hay aceptación, no hay vínculo jurídico entre donante y donatario. La tercera viene a refundirse en la segunda. En cuanto a la cuarta, consideramos equivocada la referencia que para fundarla hace Dieste a la obra de Franco de Villalba. Nosotros la hemos hecho antes, en el sentido de la revocación, en todo caso de superveniencia de hijos, esto es, en sentido distinto del apreciado por Dieste. Fundamos nuestro parecer:

1.° En las propias palabras de Franco de Villalba, que son éstas: *«Animadverta tamen, quod donatis etiam Ecclesiae facta revocatur superveníentia filiorum».* Por donde se ve que no se trata de una excepción de las donaciones en favor de la Iglesia que deje dentro de la regla general de irrevocabilidad las demás donaciones, sino de una excepción que alcanza a toda donación, sin excluir la hecha a la Iglesia *(etiam Ecclesiae facta)* cuando sobrevienen hijos al donante.

2.° En las citas que de varios autores hace Franco de Villalba para fundar su opinión. Lo que estudian aquellos de los autores citados que hacen mención de la Iglesia, es si la revocación ha de ser total o sólo en cuanto perjudica a la legítima de los hijos, cuestión suscitada después de haber discutido el caso en que se ha hecho donación a un hijo o hija y nacen después otros, y que, por cierto, no tratan con relación a la legislación aragonesa, en la cual la diferencia de legítima y mejora puede decirse que no existe. CovarruBlas, uno de esos autores, copia estas palabras de san Agustín, que también transcribe Franco de Villalba: *«Quicumque vula, exhaeredata filio, haeredem facere Ecclesiam, quaerat alterum qui suscipiat, non Augustinum; imo Deo propitio neminem inveniet».* Equiparábase a la Iglesia con un hijo, no se la excluía; tampoco se la sobreponía a éstos en el caso previsto de sobrevivencia de

104 Se refiere, sin duda, a los tratadistas de Derecho natural, como Puffendorf, a quien poco después cita.

otros. De ahí las palabras de Franco de Villalba, no bien entendidas, a nuestro juicio, por Dieste. Como favorable a la revocación por sobrevivencia de hijos debe, por lo mismo, tenerse su opinión.

Todas estas opiniones deben ponerse en relación con la de Molino *(Repertorium,* verb. *Donatio).* Según ella, la donación universal hecha en favor de un extraño, por quien tiene hijos, es nula *(non valet de foro);* no habiendo hijos al tiempo de la donación, los nacidos después pueden anularla: Opinión ajustada al Fuero 4.° *De donationibus,* que en el artículo DONACIÓN INOFICIOSA dejamos transcrito.

Pasemos a las Observancias *De donationibus,* libro IV; de algunas de las cuales hemos ya hecho mérito, por exigirlo así el curso de la exposición de la doctrina, en este mismo artículo, así como de otras en el de DONACIÓN INOFICIOSA.

La radical diferencia que por Derecho común existía entre la donación *inter vivos* y la *mortis causa,* aparece en Aragón tan atenuada, que puede decirse no se conoció más que en el nombre.

Era la donación *mortis causa,* según García Goyena, especie *monstruo* entre los contratos y últimas voluntades. La algarabía del Derecho romano y patrio sobre los puntos de semejanza y disparidad de estas donaciones con los pactos y legados, no podía producir sino dudas, confusión y pleitos en los rarísimos casos que ocurriesen, por la dificultad de apreciar y fijar sus verdaderos caracteres.

El Derecho moderno ha resuelto la dificultad, dejando la donación *inter vivos* como institución contractual y la *mortis causa* como institución sucesoria.

Los aragoneses dieron otra solución: asimilaron la donación *mortis causa* a la *inter vivos.* Quien quisiera hacer donación por causa de muerte con la facultad que constituía su esencia, de revocarla, podría hacerla en forma de herencia o de legado, manteniendo hasta el último momento el carácter *ambulatorio* de su voluntad. Quien no lo hiciese así y donara en forma de contrato, quedaría ligado, como los contratos ligan, bien que con la especialidad de la posible revocación, no por su libre voluntad, sino a virtud de legalmente previstas contingencias, si llegaran a ocurrir.

A ese criterio responden dos de las Observancias *De donationibus:* la 7.ª y la 18.ª.

Según ellas, la indistinción del Fuero[105], que señala, salvo ciertas excepciones, como requisito necesario en la donación de bienes inmuebles[106] la

105 Alude al 3.°, *De fide instrumentorum*. Así se infiere del texto y es opinión unánime de los tratadistas.

106 *Donación de herencia* es la equivalencia que atribuyen Martón y Santapau a la *donatio haereditatis*. Mas ni tiene explicación razonable en el caso presente tal acepción de la palabra *hereditas*, ni es ese el sentido en que se la entiende por los autores. La *hereditas* puede ser

fianza de salvedad, hace exigible ese requisito en toda donación, sea o no *inter vivos*, otorgada con esa formalidad, la donación *mortis causa* no puede revocarse por arrepentimiento del donante, esto es, por su sola voluntad *(non potest revocari ex poenitentia).*

Que esa declaración equivale, en la realidad, a la supresión de la donación *mortis causa,* se advierte bien con sólo considerar que siempre la nota diferencial de esa donación y la *inter vivos* ha consistido en la facultad de revocación otorgada en la una y negada en la otra al donante. Así fue por Derecho romano (*Digesto*, lib. XXXIX, tít. VI, ley 30), hasta el punto de que si se donaba por causa de muerte, obligándose el donante a no revocar la donación (Ibid., ley 28), producía los mismos efectos que la *inter vivos*, a la cual quedaba equiparada. La circunstancia de hallarse en peligro de muerte el donante, era accidental; podía existir o no, y no constituía nota fundamental de la donación *mortis causa.* Caracterizábase ésta, según Marciano (Ibid., ley 1.ª), por las preferencias del donante que quería conservar con relación al donatario y la establecía en favor de éste con relación al heredero («cum quis habere se vult quam cui donat; magisque eum cui donat quan heredam suum») podía, según Juliano y Ulpiano (Ibid., ley 2.ª), hacerse en tres situaciones, según se donaba sin temor de peligro presente de muerte y sólo por pensar en ella, o en peligro de morir, ya para que inmediatamente pasara al donatario lo donado, pasado que fuera el peligro o ya para que éste no lo adquiriera sino después de la muerte.

No podía menos de confundirse con el testamento la primera de esas donaciones, y en cuanto a las otras, aunque se conservara la forma de contrato, venían a ser acto de última voluntad, porque figurando la muerte del donante como condición resolutoria en un caso y suspensiva en otro, siempre resultaba revocable, de suerte que, viviendo el donante, nunca había donación pura y perfecta.

Debió de parecer a los aragoneses muy sutil y artificiosa la doctrina romana, aceptada en lo esencial por la legislación de Castilla, y aunque por respeto, sin duda, a la enseñanza de los doctores en ellas inspirados, no llegaran a borrar de sus leyes la donación *mortis causa,* prescindieron, en realidad, de ella y la anularon, aunque conservaran el nombre, al hacerla revocar.

De la Observancia 10.ª, común a donaciones y legados, se hablará al tratar de éstos.

DONACIÓN MORTIS CAUSA

De las donaciones, en general, hace el Código Civil dos grandes grupos: el de las *inter vivos* y el de las *mortis causa,* división tradicional, clásica, bien conocida en la historia del Derecho.

---

herencia o *heredad*, y aunque esta última palabra suele aplicarse a los predios rústicos, no hay razón para creer que en lenguaje del Fuero no signifique toda clase de fincas.

Responde a esa división, la redacción de los arts. 621 y 622.

Las donaciones entre vivos, esto es, las que entre ellos hayan de producir sus efectos, están sujetas, según el art. 621 a las reglas especiales que en el tít. II, lib. III de ese Cuerpo legal se contienen: en lo que en él no se halla determinado, a las disposiciones generales de los contratos y obligaciones.

El art. 621 prevé la existencia de otras donaciones, las que hayan de producir sus efectos por muerte del donante.

Poniendo unas donaciones frente a otras y distinguiéndolas por el momento, o anterior o posterior a la muerte del donante, en que hayan de producir sus efectos, el Código civil se ha atenido, según observación de Manresa (*Comentarios,* tomo V*)*, al sentido vulgar, distinto del que legalmente venían teniendo, y más propio y sencillo que él. Porque legalmente, como hace notar el mismo comentarista, aunque el sentido de las leyes del Fuero Real y de las Partidas pudiera creerse el mismo que el vulgar, hoy expresamente llevado a la ley, se admitía como donación entre vivos la hecha en estado de salud, sin consideración alguna a la muerte, y como donación *mortis causa,* la que se hacía en momentos de enfermedad o de peligro de muerte, o por consideración a ésta, estimándose irrevocable la primera, y revocable, supeditada a la condición de morir el donante antes que el donatario, la segunda; pero pudiendo ésta producir sus efectos antes de la muerte el donante, sin dejar de ser *mortis causa,* con sólo que, otorgada en peligro, se hiciera desde luego entrega de los bienes al donatario.

Con la distinción del Código, según en ella se determina, ya no hay propiamente donación *mortis causa.* Si la donación no ha de producir sus efectos, esto es, ningún efecto, hasta que el donante muera, queda borrada su diferencia con el legado; desaparece aquélla para confundirse con éste (ya los romanos decían del legado; que era una especie de donación, *donatio quodam*), y por eso el Código, en su art. 621, con expresión acaso no del todo propia, dice que las donaciones *mortis causa,* o sea, para seguir empleando sus propias palabras, antes reproducidas, las que hayan de producir sus efectos despues de la muerte del donante, *participan* de la naturaleza de las disposiciones de última voluntad y han de regirse por las reglas de la sucesión testamentaria.

Derecho foral. Las legislaciones forales no contienen disposiciones propias acerca de esta materia. Hay que remitir a los respectivos Derechos supletorios. Debemos recordar que la legislación aragonesa ha borrado (véase el artículo DONACIÓN INTER VIVOS) la esencial diferencia entre unas y otras donaciones, declarándolas todas irrevocables y de hacer notar que las *donaciones valederas de presente y efectivas después de la muerte del donante,* y, en algunos casos, después de la muerte de su consorte, autorizadas por la costumbre en Baleares, no pueden considerarse como donaciones *mortis causa,* puesto, que de un modo irrevocable, según manifiestan los autores del Apéndice foral balear al Código civil, transmiten desde luego el dominio de lo donado, si bien con el aplazamiento, para después de la muerte, no de la donación, sino de su efecto.

DONACIÓN ONEROSA

A lo que la doctrina jurídica llama donaciones onerosas, se refiere el art. 619 del Código, al decir que no obsta al carácter de donación que pueda merecer un acto de liberalidad la imposición, al donatario, de un gravamen si éste es menor al valor de lo donado; y el 622, al someter a las reglas de los contratos las «donaciones con causa onerosa».

Es digna de llamar la atención la redacción de ese último artículo, en cuanto, además de esa prevención, contiene la de que las donaciones remuneratorias se regirán por las disposiciones del título (*De la donación,* tít. II. lib. III) de que el artículo forma parte.

El artículo resulta obscuro; puede decirse que incomprensible. M. Scaevola, después de discurrir sobre su contenido (*Código civil,* tomo XI), dice: «una de dos: o el artículo 620, en su segunda mitad, es un enigma que no podemos descifrar, o una contradicción inexplicable».

Bien pensado, no podemos creer sino que, al redactar el artículo, hubo una confusión de donaciones, atribuyendo por equivocación, extraña por cierto, a las remuneratorias lo que es propio de las onerosas. Porque, no hay que olvidarlo; por la naturaleza de las cosas y por la tradición, unas y otras son lo que, sin denominarlas, pero con evidente alusión a ellas, dice el art. 619 remuneratorias, las hechas a una persona por méritos o servicios prestados al donante y no constitutivos de deudas exigibles; onerosas, aquellas en que se impone al donatario un gravamen inferior al valor de lo donado.

Ahora bien; cuando en el art. 622 se habla de las donaciones remuneratorias, se supone que en ellas hay una cosa que es propia de las onerosas; esto es, un gravamen cuyo valor no llega al de lo donado. Y cuando ese gravamen existe, es lógico que al excedente de la donación sobre el gravamen se considere reducida aquélla, y a ese excedente se apliquen las reglas que el legislador ha establecido para el indicado contrato. Lo que se dice, pues, de las donaciones remuneratorias, debería haberse dicho de las onerosas. ¿Qué debería entonces haberse prevenido para aquéllas? Que les son aplicables las reglas de la donación. Y no habría necesidad de decir más, porque ya en el art. 619 se había previsto y excluído del alcance de las disposiciones sobre donación el caso de que los méritos o servicios que se quería remunerar dieran lugar a deudas exigibles.

En ese sentido creemos debió de redactarse, y nos atrevemos a creer que debe entenderse, el art. 622: no es posible tomar a la letra disposición tan contradictoria con otras, y tan fuera de razón de ser.

M. Scaevola cree que hubiera sido más llano y más científico trasladar literalmente al Código el art. 943 del Proyecto de 1851. Preferible, por de contado, hubiera sido; mas nos parece que la solución no habría sido del todo satisfactoria.

Si ese artículo proyectado hubiera llegado a ser ley vigente, las donaciones a título oneroso habrían de regirse *en todo* como los contratos de igual clase, y las remuneratorias por las disposiciones especiales sobre donaciones, siempre que en la causa de la remuneración concurrieran todas las cualidades requeridas para la validez de los contratos, en lo tocante a su causa. Y creemos que ni es razonable exceptuar totalmente de la aplicación de las disposiciones especiales sobre donación, contratos que, en una parte, responden al concepto de liberalidad, consistiendo en una disposición graciosa, ni hay necesidad de mencionar condición ninguna de las que son supuesto necesario de la eficacia de todo contrato, sean cualesquiera su especie y denominación.

Los tratadistas, en general, no han dado importancia a la redacción, que nos parece infelicísima, del art. 622, a juzgar por la poca atención que le han prestado. Jurisprudencia, no la hay: ella aclarará las dudas cuando llegue a formarse. De creer es que la práctica se ajuste a una inteligencia razonable del texto legal.

Por ser frecuente la confusión de estas donaciones con las condicionales, importa prevenirse contra ella[107].

Claro está que la donación onerosa puede ser, *además*, condicional; mas esta calidad no va inherente a aquélla. Lo oneroso se refiere a la carga o gravamen que el donante impone al donatario: y no dejará de constituir una donación pura, que es a lo que se opone la, condicional, si no se la hace depender de lo que, en el rigor del tecnicismo jurídico, se distingue con el nombre de condición, que es siempre un acontecimiento futuro e incierto; que precisamente por serlo puede realizarse o no, de que depende alguna obligación o disposición.

Juan da a Pedro una cantidad, con la carga de hacer celebrar un aniversario; he aquí una donación onerosa y no condicional, sino pura.

¿Se la otorga con esa misma carga, pero solamente para el caso en que, antes que Pedro, muera su padre? Habrá donación a un tiempo onerosa y condicional.

¿Se la da, en fin, por si llega esa eventualidad, mas sin carga alguna? La donación será condicional, mas no onerosa.

107 El cumplimiento de una obligación impuesta al donatario no surte los efectos del incumplimiento de una condición (Sentencia del Tribunal Supremo de Justicia de 7 de septiembre de 1861).

Son, pues, notas diferentes, la de lo oneroso y lo condicional[108], aunque algunas veces se usa un lenguaje anfibológico e impreciso, diciendo, por ejemplo, que la donación se hace por Juan a Pedro, con la condición de que éste habrá de levantar la carga.

Esa falta de precisión, frecuente no ya en el lenguaje ordinario, sino en el doctrinal y en el de las leyes mismas, da lugar a cuestiones judiciales que no debieran suscitarse. Hemos visto en la práctica considerar condicional, no puro un contrato, porque se había otorgado con sujeción a un pliego de *condiciones* que no eran sino las *obligaciones* que uno de los contratantes tomaba sobre sí.

De la misma suerte que no debe confundirse la donación onerosa con la condicional, conviene distinguir la condición del término[109]. Una y otro se refieren al tiempo futuro; pero aquélla hace incierta la existencia del derecho, mientras éste mantiene firme el *vinculum juris* y sólo difiere el cumplimiento o la actuación (Gianturco, *Sistema del Diritto civile*).

DONACIÓN PROPTER NUPTIAS

Derecho foral. *Aragón.*– En su célebre comentario de las leyes de Toro, ponderaba Antonio Gómez las dificultades de la materia de donación *ante nuptias o propter nuptias:* materia bastante dudosa y poco conocida (en la cual, añadía, «aliquantulum insudavi» y que trataba de exponer fundamentalmente.

Impresión análoga produce el estudio de lo que, con relación al Derecho aragonés han expuesto los tratadistas, regnícolas y alienícolas, para valernos de esas palabras tradicionales, ya hoy no aplicables sino con sentido relativo y limitado; solamente que en Aragón se creó la dificultad sin necesidad, pudiendo haberse evitado.

No recordamos que en toda la legislación escrita aragonesa —comprendiendo en ella las Observancias—, aparezca la mención de la donación *propter nuptias* más que una vez. Es en la Observancia 52.ª *De jure dotium,* lib. V, que comienza con estas palabras, literalmente y con su propia incorrección transcriptas: *«Item,*

108 No podemos sumar nuestra opinión a la de un tratadista que entiende que el art. 642 se refiere a una donación condicional más o menos onerosa. Siempre será esto último la donación de que se trata; condicional, lo será o no, según los términos en que se otorgue la condición; como circunstancia esencial y constante, el artículo nada dice. Las palabras «si la donación se hubiese hecho imponiendo», etc., hacen condicional el artículo mismo, no la donación que él regula.

109 En esa distinción precisamente está la solución de una antinomia legal que resulta evidentemente de los textos respectivos de los arts. 759 y 799. Así lo ha demostrado Alcubilla (*Diccionario*), en los párrafos verdaderamente notables dedicados a esta cuestión en el artículo «Legados o mandas» de su quinta edición.

de Foro; dotes quae assignatur per virum, uxori, ille vocantur de jure donatio propter nuptias, de Foro vocatur dos, et ista talis dos vel donatio propter nuptias», etc.

Lo restante del texto no interesa por ahora, Se hablará de ello al tratar de la *dote:* y *firma de dote,* Lo transcripto basta para hacer ver que el Derecho aragonés no se refiere a la donación *propter nuptias* como institución que prohíja y acepta y cuya regulación, en caso necesario, haya de buscarse y estudiarse fuera de él: la mención de esa donación es una mera referencia, la afirmación de una analogía de instituciones.

La palabra dote, en el lenguaje genuinamente foral aragonés, no significa lo que en Roma y Castilla, sino lo que más comúnmente viene llamándose *firma de dote*. A determinar los efectos de la dote, esto es, de la firma, se dirige la Observancia 52.ª; pero antes de llegar a eso, ya desde el primer momento advierte, como ampliación del concepto como dato con que exornarlo, que esa institución se llama, *de jure*, donación *propter nuptias*. Sin que se hubiera dicho esto, las cosas habrían quedado lo mismo; lo importante era saber qué efectos produce esa dote aragonesa[110].

Mas puesto que se dijo, debieron tenerse presentes dos cosas; la primera, que la donación *propter nuptias* aludida, ya que con esta expresión se significan dos cosas diferentes, no podrá ser, en manera alguna, una de ellas, la de las leyes de Toro, perentoriamente descartada, por cuanto la dote a la cual la Observancia asimila la donación, es la del marido a la mujer, la considerada como germánica; la segunda que por lo mismo que se trata de una simple asimilación o referencia, no hay para qué entablar discusión acerca de la donación *propter nuptias* y sus efectos.

Por no tener en cuenta esas consideraciones, corren por los libros ciertos errores.

No puede hablarse con Franco de Villalba (*Fororum,* etc., tomo II), de la donación *propter nuptias* que los padres hagan en *favor de la hija,* porque esa no es la dote genuinamente aragonesa o firma; ni dar por sentado con Gutiérrez (*Códigos,* tomo VI) sin otras explicaciones, que cuando los padres, o dentro de ciertos límites el sobreviviente, donan bienes muebles o sitios al hijo que toma estado, para que no sea sólo la mujer quien con los suyos concurra a levantar las cargas del matrimonio, hace una donación *propter nuptias,* ya que la que nombra la Observancia no es esa, y otra, como tal, no hay disposición que la establezca; ni decir, con Martón y Santapau *(Derecho y Jurisprudencia de Aragón)*, que la donación *propter nuptias* en la acepción romana no se ha conocido jamás, pero en la forma de las leyes de Toro «se ha presupuesto

110 No obstante el texto de la Observancia aludida, no puede desconocerse que dote, en la legislación aragonesa, es también la romana o castellana, esto es, la que la mujer lleva al matrimonio para ayudar a levantar sus cargas. Esa duplicidad de acepciones es muy expuesta a conclusiones que no han dejado de producirse.

siempre, práctica y técnicamente, como se desprende de la Observancia 52.ª *De jure dotium*», porque de ésta resulta claramente lo contrario[111].

En opuesto sentido y también equivocadas a nuestro juicio, van las opiniones de Asso y De-Manuel, que ya corrigió en sus notas Palacio (*Instituciones*, etc.), Morató *(Estudios de ampliación)*, Blas *(Derecho civil aragonés)* y Bofarull *(Código civil español),* quienes estiman que en Aragón se llama donación *propter nuptias* la dote constituida por el marido en favor de la mujer.

El error más grave entre los de esas dos series de escritores, es, a nuestro juicio, el de los primeros, porque si la *dos* se constituye por el marido en favor de la mujer, no hay términos hábiles para identificarla con una donación que reviste un carácter totalmente distinto,

Los segundos pueden alegar que por Derecho romano y por Derecho alfonsino la donación *propter nuptias* (la antigua *ante nuptias*) se constituía por el marido; mas, aparte de que el carácter de esa donación era distinto del de la dote goda, de que trata la Observancia, es lo cierto que ésta no prohíja para el Derecho aragonés la denominación de *propter nuptias*, sino que dice que así se llamaba *de jure,* esto es, en el Derecho común, lo que en el Derecho foral se distinguía con el nombre de *dos.*

Quizá por eso Molino, el más autorizado de los expositores del Derecho aragonés, no hace mérito de la donación *propter nuptias*.

Y algunos de los escritores posteriores, Portolés *(Scholia)*, Lissa *(Tyrocinium)*, Dieste *(Diccionario)*, Casajús (*Discurso inaugural del curso académico*, 1880), Barrachina (*Derecho foral español*, tomo I), se han creído en el caso de notar las diferencias que separan la dote aragonesa de la donación nupcial romana.

Modernamente, fuera de Aragón, aunque por personalidades muy doctas y tan conocedoras de las legislaciones forales como del Derecho común, se ha dado otra aplicación, en más amplio sentido, a la expresión «donación *propter nuptias*».

Se la ha tomado como fórmula de la facultad que los particulares tienen de pactar todo lo que no es imposible o inmoral, y de organizar, en su consecuencia, según su conveniencia, el régimen económico de su matrimonio y familia, mediante esa especie de ley fundamental o constitución doméstica llamada capitulación matrimonial, y se ha relacionado con ella la donación *propter nuptias,* dándose a ese sistema de libre contratación el nombre de esa institución.

Léase, en comprobación de esto, lo que dicen Alonso Martínez *(El Código civil en su relación con las legislaciones forales),* y Sánchez Román (*Estudios de Derecho civil,* tomo V, vol. 1).

111 Nótese, además, que con la expresión *de jure*, empleada en la Observancia, en oposición a la *de foro*, se significaba generalmente el Derecho romano. Por otra parte, las Observancias fueron compiladas y publicadas mucho antes que las leyes de Toro.

Después de todo, es cierto que muchas veces se ha usado la expresa donación *propter nuptias* para designar la donación que los padres hacen con ocasión del matrimonio de sus hijos, aunque a veces se insiste, al aplicar la Observancia 52.ª *De jure dotium,* en hacer expresiones sinónimas la de tal donación y la de dote aragonesa o firma de dote. Las sentencias de la Audiencia *(Colección Ripollés)* dan ejemplos de ello.

DONACIÓN REMUNERATORIA

Derecho foral. *Aragón.*– No hay en los Fueros ni en las Observancias disposición que se refiera, de un modo especial y concreto, a la donación remuneratoria.

Las enseñanzas de los tratadistas acerca de ella tienen, en general, poca importancia. Por ello seremos parcos en recordarlas.

La más interesante es la de Molino, en su *Repertorio,* y, Portolés, en sus *Escolios,* acerca de la insinuación, formalidad de que estiman exenta, entre otras donaciones, la remuneratoria, como hemos advertido en el artículo DONACIÓN INTER VIVOS. La razón que en apoyo de esa exención da Molinos, es la del carácter de donación *impropia* que tiene la remuneratoria. Portolés asiente a esa opinión; no así a otra, de Molino también, quien, apoyado, equivocadamente, en la autoridad de Paulo Castro, estima que la excepción no es aplicable cuando los servicios a cuya remuneración se atiende no son los pasados, sino los futuros, no obstante que el carácter remuneratorio no se pierde por esa circunstancia.

Franco de Villalba, en sus comentarios (*Fororum,* etc., tomo II), considera esa donación como una *quasi venditio,* en que hace las veces de precio el motivo de la donación *(causa namque condigna bonorum donatorum habet vim pretii);* y precisamente por eso, como con la donación se atiende al pago de servicios, es irrevocable, según el mismo Franco, que invoca en su apoyo un texto de Papiniano, inserto en el *Digesto*, y la opinión del cardenal de Luca.

DONACIÓN UNIVERSAL

Derecho foral. *Aragón*[112]*.*– El Fuero 4.º *De donationibus,* lib. VIII, y la Observancia 13.ª de la misma rúbrica, lib. IV, autorizan la donación universal o sea la de los bienes en general o de los bienes habidos y por haber *(de suis bonis generaliter vel etiam de bonis habitis),* como dice el Fuero, o de todos los bienes *(omnia bona sua)*, como expone la Observancia. El

112 Omitimos aquí el estudio del «heredamiento altoaragonés». De él se trata al analizar especialmente el heredamiento a que acabamos de hacer referencia. Anticipamos desde luego la indicación de que esa institución ha sido objeto del estudio de Costa, en su admirable

Fuero señala la limitación del caso en que nada se deja al hijo o hijos legítimos y naturales, ya nacidos al tiempo de la donación o que nacieran después. La donación así hecha es anulable a instancia de unos u otros. Y decimos anulable en vez de revocable, porque las palabras *«non valent», «ipso facto dicta donatio sit rupta et habita pro non facta»*, inducen nulidad, inexistencia de la donación. Y la Observancia, a su vez, pone otra restricción, la de que, para poder subsistir la donación universal, es preciso que los bienes no estén anotados por el fisco, o emparados o especialmente obligados, segun costumbre del Reino, sin que sea obstáculo legal para la donación la obligación general que antes pesara sobre ellos. Otra Observancia, la 19.ª del mismo título, sin autorizar directamente la donación universal, da por supuesta su validez, al decir que, hecha antes del matrimonio, no puede después perjudicar a la mujer, ni extenderse a la parte de bienes que le corresponde.

Otras disposiciones no recordamos que las haya.

Los autores, en general, reproducen el contenido de las que acabamos de exponer, sin agregar nada importante. Molino *(Repertorium)* opina que si bien es válida la donación de todos los bienes habidos y por haber, cuando no se consigna esta cláusula; no se comprenden los bienes posteriormente adquiridos.

Del Plano *(Manual del Abogado aragonés)* se expresa así: «La donación de todos los bienes estaba prohibida en el Derecho romano y lo está en el de Castilla, si a lo menos no queda reservado el usufructo; pero el nuestro, siguiendo las reglas de la libertad natural que para asuntos particulares son muy anchas en nuestro Reino, permitió la donación de todos los bienes, la cual, aunque esté concebida con toda generalidad, si no lleva la expresión de habidos y por haber, no se deberá extender a los que se adquieran después de la donación; y como en Aragón seguimos puntualmente la equidad natural, donde falta el Fuero, no tendrá uso la ley *«Stipulatio hoc modo concepta»*, etc.

Dieste *(Diccionario del Derecho civil aragonés)* recuerda las siguientes opiniones de algunos, que conviene tener en cuenta:

La donación entre vivos de todos los bienes presentes y futuros comprende los adquiridos desde la donación hasta la muerte del donante, aunque no estuvieran en su dominio al tiempo de morir (Suelves).

La reserva de bienes hecha por el donante hace que en la donación se comprendan bienes presentes y futuros (Cáncer).

---

libro *Derecho consuetudinario del Alto Aragón*, cuya segunda edición, con el título de *Alto Aragón (Huesca) —Derecho de familia*, forma parte de la obra *Derecho consuetudinario y Economía popular de España*.

El donante de bienes presentes y futuros únicamente puede disponer del usufructo[113] que se hubiese reservado en su caso (Franco de Villalba), perteneciendo a los herederos de dicho donante los frutos percibidos por el donatario (Sessé)[114].

DOTE

Derecho foral. *Aragón.– Doble concepto de la dote.–* Según la Observancia 52.ª *De jure dotium,* lib. V, la dote foral consiste en los bienes que se asignan por el marido a la mujer. *«Item de fori* (copiamos el texto con sus mismas incorrecciones), *dotes quae assignatur per virum uxori, ille vocantur de jure donatio propter nuptias de fori vocatur dos»*.

De la mención que se hace de la donación *propter nuptias,* considerándola equivalente a la dote aportada por el marido a la mujer, hemos hablado en el artículo correspondiente. Ahora hemos de concretamos a la palabra *dote.*

Esa donación del marido por vía de dote, dicen Martón y Santapau *(Derecho* y *jurisprudencia de Aragón en sus relaciones con la legislación de Castilla),* constituye la *dote* goda, las arras en Castilla, y lo que en Aragón se llama *firma de dote.*

Ese mismo es, indudablemente, el concepto que de esta institución se deriva, entre otras disposiciones, de los Fueros 2.°, 3.° y 7.° *De jure dotium,* libro V, y Observancias 4.ª, 38.ª y 50.ª, *De secundis nuptiis,* todas, también, del lib. V.

Cierto eso, no lo es menos que en el volumen foral se encuentran disposiciones que dan al verbo *dotar* y al nombre *dote* la acepción de la dote romana y castellana, llevada por la mujer al matrimonio para ayudar a sostener sus cargas. Véanse, en comprobación de esto, el Fuero 1.° *De exheredatione filiorum,* lib. VI, el de 1626 «Concordias en censales», y la Observancia 4.ª *De jure dotium,* lib. V[115].

---

113 Tal vez la mención que hace Dieste no da idea completamente exacta del sentido en que Franco de Villalba (*Fororum*, etc., tomo II) expone su opinión. Las palabras textuales de éste son: *«Donatio facta de bonis habitis et habendis, seu de praesentibus et futuris valida est cum legitime ac formaliter ita sit confecta: taliter quod donans nequit in fraudem donationis alienare, ac etiam reservato usufructu de hoc solum disponere potest. Quia eo ipso quod constituit usumfructum, videtur donatario jam transtulisse proprietatem»*, etc.

114 Dieste cita la Decisión 360, pero no al autor. Indudablemente se trata de Sessé, quien, en efecto, en el pár. 4.° de esa Decisión habla de percepción de frutos. Mas nos parece que el laborioso autor del *Diccionario* no estuvo acertado al redactar el párrafo transcrito, enlazando como conceptos relacionados entre sí íntimamente, lo dicho por Franco de Villalba y por Sessé. El primero se refería a la donación de todos los bienes en que el donante se ha reservado el usufructo; el segundo trata de la donación mortis causa, y lo substancia de su opinión, según el sumario, aparece así expuesto: *«donans post mortem nil transferi de praesenti et quamvis interim possident donatarius, non facit fructus collectos suos in vita donantis»*.

115 En todas estas disposiciones resulta indudable el concepto —uno u otro— de la dote. De otras en que se trata también de ella, no aparece tan claramente.

Leyendo los libros en que se trata del Derecho aragonés, se observa que lo más frecuente, es denominar *dote* lo que lleva la mujer, y *firma de dote* lo que el marido le asigna.

Para evitar el equívoco y la posible confusión de él nacida, en este artículo, dedicado a la dote, vamos a tratar exclusivamente de la de origen romano; y reservaremos para la otra, la de origen germano, el artículo FIRMA DE DOTE.

Conste, pues, que cuando hablemos de dote, sin agregar nada, salvo que del contexto notoriamente aparezca otra cosa, deberá entenderse que se trata de la dote romana.

¿En qué consiste? La dote, según el Derecho romano, de donde tomaron el concepto las Partidas es la aportación que hace la mujer, u otra persona por ella, para ayudar al marido a sostener las cargas del matrimonio.

En el Derecho aragonés, la dote es eso mismo, pero un poco modificado: es «todo caudal inmueble o que con la calidad de tal, aporta la mujer al matrimonio», según la definen Martón y Santapau (obra citada).

Consiste esa diferencia en que por Fuero existe en Aragón un sistema de comunidad no absoluta, sino restringida, en cuya virtud, como se explicará oportunamente (véanse los artículos MARIDO: MUJER: SOCIEDAD CONYUGAL), los bienes muebles se hacen comunes, cualquiera que sea el título de su aportación o adquisición, y son objeto de partición al disolverse la sociedad conyugal[116], quedando, durante ella, de la propiedad del marido, para su libre disposición por acto o contrato entre vivos.

Por eso, dotales propiamente, con el carácter y efectos de tales, no son sino los inmuebles, llamados también *sitios* en el lenguaje foral; comprendiéndose entre ellos los que, siendo muebles por su naturaleza, se llevan al matrimonio, por la eficacia del pacto, como inmuebles, a propia herencia suya y de los suyos; fórmulas ambas que impiden su comunión.

Obligación de constituirla.– Cuestión muy controvertida ha sido, en Aragón, la de la obligación de los padres de constituir dote en favor de las hijas. Nos referimos al derecho positivo, y bajo ese aspecto la examinaremos, sin entrar en su discusión desde el punto de vista de los principios.

El estudio de esa cuestión debe comenzar por el Fuero 1.° *De exheredatione filiorum,* de 1247, lib. VI. Declárase en él que en manera alguna están obligados *(minime teneantur),* el padre ni la madre, a dotar de sus bienes a la hija que sin su consentimiento[117] contraiga matrimonio.

---

116 O al disolverse la continuada, si se da lugar a ello.

117 Así entienden Franco y Guillén *(Instituciones de Derecho civil aragonés)* la expresión del Fuero, que es de *ipsis inconsultibus vel volentibus*.
«Sin su voluntad», dicen Monsoriu y Bardaxí en su respectiva *Summa*.
Más literal es la versión de Martón y Santapau (obra citada): «sin su consentimiento, o contra su voluntad»; palabras que en el libro donde publicaron la versión de las Observan-

Molino (*Repertorium fororum,* etc.), suscita una duda. La Observancia 50.ª *De jure dotium,* lib. V, dice, declara que los hijos no pueden compeler al padre a que los dote *(filii non possunt compellere patrem ad dotandum eosdem);* y de ahí parece deducirse que está derogado el citado Fuero 1.º *De exheredatione filiorum,* el cual, aplicado a *contrario sensu,* impone a los padres la obligación de dotar a las hijas, cuando éstas se casan con su consentimiento *(consultis vel volentibus).*

El mismo Molino hace una observación que sale al paso de la objeción deducida de la Observancia. Esta emplea el género masculino *(filiis)* y no el género femenino *(filiabus).*

Pero ¿bajo el nombre *hijos* se comprenden *las hijas?* Se duda en Aragón acerca de esto, dice Molino; y para resolver la duda acude a los romanistas, especialmente a Paulo de Castro. Este resuelve la cuestión negativamente: Bartolo afirmativamente, por interpretación extensiva. Esta interpretación no se admite en Aragón, y por ello parece que por *hijos* ha de tenerse sólo a los varones; y ahí está, dice, el gran motivo de la duda. La verdad es, añade, que se entienden comprendidas las hijas y si el testador dispone algo para el caso en que uno muera *sine filiis,* se sobrentiende la expresión *vel filiabus,* según práctica y costumbre, en cuyo apoyo cabe alegar dos textos del Digesto: las leyes *«Filii»* y *«Iusta», De verburum significatione*[118]. Lo no admitido es la extensión de lo femenino a lo masculino, según la Observancia «Item uxor ante partem», *De iure dotium*[119]; no lo contrario.

Ampliando esta materia concretamente a la interpretación de los testamentos, (verb. *Filius*), pero habiendo hecho antes referencia a ella a propósito del punto que estudiamos (verb. *Dos*), dice Molino ser de costumbre *(practica et consuetudine Regni)* reconocida por los fueristas, la resolución de la pluralidad en singularidad cuando el testador prevé la muerte *sine filiis,* porque se entiende que basta la existencia de un hijo para excluir al substituto. No desconoce que hay quienes arguyen con el aforismo *de foro stamus cartae,* y con la observación de que, por la misma razón de no haber lugar a hacer conjeturas sobre la intención del testador, por lo que no debe entenderse que se habla de las hijas *(de filiabus)* cuando en la carta no se las nombra, es de considerar que no ha de entenderse del singular lo que al plural se atribuye.

---

cias todas y de algunos Fueros, aparecen substituídas por las de «sin consejo o contra la voluntad de aquellos» (el padre o la madre).

Creemos que la expresión empleada por Franco y Guillén es suficientemente adecuada y exacta.

118 Son esas leyes las 84 y 201 del tít. XVI, lib. I. La 84 dice así: *«Filii appellatione omnes liberos intelligimus»*. La 201 recuerda que en otras se ha interpretado justamente que bajo el nombre de *hijo*, se comprende también la hija de familia (*appellatione filii sicuti filiam familiae contineri*, etc.).

119 Es la 14.ª de ese título y dice así: *«Item uxor ante partem extrahit mulam de caualgar, sed non mulum nec rocinum*, QUIA FEMINIMUM NON CONCIPIT MASCULINUM».

La contestación a ese argumento, la da, con los fueristas, diciendo que en tales casos se hace una desviación de la regla *«stamus cartae»,* procurando el favor de los hijos, para que no resulten excluidos de la sucesión paterna, por lo que es de aprobar, al menos en cuanto a la razón en que se inspira, el Fuero 1.º *De testamentis,* de Alcañiz[120], en que tal desviación se observa.

De esa un poco sutil y no del todo clara argumentación de Molino, se deduce su opinión favorable a la existencia de la obligación de que vamos hablando.

Portolés, tan conforme ordinariamente con las opiniones de Molino, disiente de él en esta cuestión *(Secunda pars scholiorum).* A su juicio, el argumento *a contrario sensu* que Molino aduce, no puede admitirse. El Fuero, dice, contiene una disposición negativa, y de una disposición de esa clase nunca resulta una afirmación fundada en argumento a *contrario sensu:*

Creemos desacertado ese parecer. Se comprende la duda respecto a la derogación del Fuero por la Observancia de que antes se ha hablado; no que deje de verse en aquél la afirmación de la obligación paterna. Lo que dice de los padres y de las hijas, no lo dice en un inciso o en una frase episódica de que pueda prescindirse sin menoscabo de la disposición principal: el Fuero no tiene otro objeto, ni se ocupa en otra cosa, que en la declaración de no tener los padres obligación de dotar a las hijas que les desobedecen en el acto de casarse. Podrá parecer bien o mal esa declaración tan conforme a aquella máxima de san Ambrosio: *«non enim est virginalis pudoris eligere maritum»*, y a otras de autores paganos, que Franco de Villalba (*Fororum,* etcétera, tomo II) recuerda; la declaración existe, indudable y terminante, en el Fuero. ¿Y no supone éste la obligación? Si ella no existiera previamente, por Fuero escrito o por costumbre, y no se la considerase subsistente y en vigor, holgaría por completo y carecería en absoluto de razón de ser la declaración que nos ocupa.

La cuestión de la Observancia 50.ª *De jure dotium,* lib. V, es distinta. Molino la resuelve en el sentido, como hemos visto, de la subsistencia del Fuero. A sus observaciones, nos permitiremos agregar esta: la Observancia se ocupa de la dote goda o firma de dote, no de la dote romana, de que ahora tratamos; y es, por lo menos, dudoso, que el *«filii non possunt compellere patrem ad dotandum eos»* se refiera a dote para los matrimonios que los hijos vayan contrayendo; a nosotros nos parece que al redactar la Observancia, no se quiso hacer otra declaración que la de no poder los hijos ejercitar un derecho que a la madre corresponda y que ésta no hubiera ejercitado.

120 Indudablemente se refiere al Fuero de 1436, en que reconociendo que por haber de estarse a la carta, se entienda y aplique disyuntivamente, «assí como es concebida», cierta disposición que reviste ese carácter, exceptúa el caso de que queden hijos legítimos, pues entonces pierde su eficacia un vínculo que sin esa eventualidad subsistiría.

Si así se entienden las cosas, no hay necesidad de recurrir a los argumentos de Molino, enderezados a concordar la Observancia y el Fuero. Porque entonces importará ya poco, mejor dicho, nada importará que la palabra *filii* que la Observancia emplea, signifique en ella los *hijos varones* solamente o *ellos y las hijas* (los *liberi* latinos), y no habrá que apurar el ingenio para refutar un argumento que no podrá hacerse. Y aunque Portolés aduce otra razón para negar la obligación de dotar a los hijos (comprendiendo bajo este vocablo a los varones y a las hembras), no la creemos admisible. Tomando del Derecho romano el fundamento de la obligación de dotar, lo hace consistir en la patria potestad, y por no existir ésta en Aragón, niega igualmente que exista aquélla; argumento de eficacia nula, porque el Derecho aragonés no está subordinado al romano ni toma de él sus principios. Y basta una cierta concepción de los derechos y deberes familiares, no vinculada ciertamente en el Derecho romano, para que pueda comprenderse la obligación de dotar, como la de alimentar, por ejemplo.

Una y otra cosa (dote y alimentos), vienen a ser equiparados por Sessé (Decisión XXVI). No discute éste directa o expresamente acerca de la extensión de la palabra *filii* en relación con el sexo; mas hace la importante observación, con la cual coincidimos, de que se trata de la dote que, para distinguirla de la romana, hemos llamado goda, esto es, de la firma de dote que los hijos, como tales, no como herederos de su madre en cuanto a un derecho por ella adquirido, no pueden pedir, con lo cual pierde toda fuerza el argumento del *filii non possunt compellere.*

Con todo, hay que reconocer que en los razonamientos que siguen a ese, no resulta ya tan claramente que al limitar la obligación paterna de dotar a los hijos en cantidad que exceda la de los alimentos y afirmar que el Fuero no pudo quitar o denegar la de proporcionarla dentro de ese límite, por bajo del cual se falta al derecho natural, que es eterno y necesario, aunque no cuando los hijos son ingratos o desobedientes[121], se refiera a la firma y no a la dote si bien parece esto último, por lo que, si ello fuera así, la obligación de dotar habría de entenderse respecto de los hijos todos *—liberi—* y no de las hijas solamente.

Así estaba la cuestión al abordarla Lissa (*Tyrocinium Jurisprudentiae forensis,* parte 1.ª). Pero éste no la resuelve. Comienza dudando si podría considerarse en vigor la solución indicada por Molino con relación al Fuero y Observancia por éste citados, y concluye con una referencia a Cáncer.

121 *«Secundo, non compellitur pater dotare filius dote congrua et quae excedat quantitatem alimentorum, dotem autem usque ad quantitatem alimentorum, non potuit forus absoluta tollere et denegare, cum fluat a jure illo naturali et gentium primario, aeterno et necesario, quod jure positivo tolli non potest. Testio, non tenetur pater dotare et filios ingratos, nec alimentare, quia etiam obedientia filiorum est de jure naturali, sicut alimenta et sic non obstat illa observantia».* (Sessé, loc. cit.)

Se ve por esa referencia, que la duda de Lissa no recae sobre la obligación foral de dotar a las hijas, sino sobre la ineficacia de que la excepción en contra de las casadas sin el consentimiento paterno pudiera estar afectada por el Derecho canónico, permisivo de esos casamientos.

Cáncer, a la verdad, en los pasajes de su obra (*Variarum resolutionum,* parte 1.ª, cap. XXIV, núm. 3 y siguientes); objeto de la referencia, no discurre sobre la base del Derecho aragonés, sino sobre la del catalán; mas hay que convenir en que su argumentación es aplicable a una y otra legislación, conformes en lo esencial, y en que lo que al respecto del punto que estudiamos se diga de las constituciones catalanas 2.ª y 3.ª, *De sposalles y matrimonis,* puede igualmente entenderse del Fuero aragonés 1.° *De exheredatione filiorum,* en el punto concreto de que se trata, así como de algún otro de la misma rúbrica, en lo que con ese punto tiene relación.

Privan aquellas constituciones, a la hija que, sin el consentimiento de los padres (o de quien deba substituirlos), contrae matrimonio, del derecho a los bienes de aquéllos; y como según el Derecho canónico, ese consentimiento no es necesario, Cáncer sostiene: 1.°, que si el Derecho civil ha de subordinarse al canónico, en lo que toca a la substancia del matrimonio, es independiente en lo accesorio y no substancial como sucesiones y dotes; 2.°, que el Derecho canónico, limitado a reconocer validez al matrimonio, no se ocupa del castigo que merezca el agravio que la hija infiere al padre, al casarse contra la voluntad de éste; 3.°, que la prohibición civil del matrimonio en esas condiciones, es conforme a la razón.

Si hemos, pues, de atenernos a la referencia hecha por Lissa, hay que considerar a éste entre los que estimaban subsistente en su tiempo la excepción, y, por consiguiente, la regla general, que sin ella no se concibe.

En lo que a los hijos respecta, Lissa se adhiere sin reserva a la opinión de Portolés, que niega su derecho a ser dotados por los padres. *«In hoc regno,* dice, *parentes neutiquam teneantur dotare filius, ut plene docet Portolés».*

Menos explícito, Franco de Villalba (*Fororum,* etc., tomo II), no da opinión respecto a la inexistencia del derecho de los hijos varones. Tal vez no creyó que eso pudiera ser materia de cuestión. Todas las dudas que suscita se relacionan con la dote de las hijas; da, al parecer, por sentadas regla y excepción; mas, en uno de los pasajes de su obra, dedicados a este asunto, dice terminantemente que el padre no está obligado a dotar a las hijas[122].

---

122 Sus palabras son estas: *«circa alium verbum* COMPELLERE, *nota quod non tenentur Parentes in Aragonia dotare filias».*
Franco y Guillén (*Instituciones de Derecho civil aragonés*), ateniéndose a esa palabra, *filias*, cuenta a Franco de Villalba entre los autores que niegan a las hijas el derecho a exigir dote de sus padres. Sospechamos que se trata de una errata. El verbo *compellere*, que forma parte de una frase acerca de la cual hemos hecho algunas advertencias, concierta con la palabra *filii*. Cabría dudar si las *hijas* van comprendidas en ella; no que los *hijos* lo estén. Y parece natural que, tomando Franco de Villalba como fundamento de su manifestación aquel verbo, no lo aplicara exclusivamente a las *hijas*.

Parece que con esto ya habría de tenerse por definitivamente establecido el derecho de las hijas a ser dotadas, al menos el de las casadas con el consentimiento de sus padres; sin embargo, Asso y De Manuel (*Instituciones*, tomo I), dan por sentado, sin vacilación ni atenuaciones, que «en Aragón no está obligado el padre a dotar a sus hijos e hijas, ya por no haber Fuero que tal diga, ya por la libertad que tiene cualquiera para disponer de sus bienes», «y este es, añaden, el parecer de Portolés, *verb. Dos,* núm. 2, que discrepa del de Molino, *verb. Dos*».

Las razones que tan reputados tratadistas alegan, no son convincentes. Que existe Fuero, ya lo hemos visto. En cuanto a la libertad dispositiva de los bienes, ni en Aragón ni en parte alguna ha sido ni puede ser tal y tan absoluta que no esté condicionada por la ley, a cuyo cargo corre procurar se cumplan, por el ejercicio de su ministerio, obligaciones que no pueden, en justicia, ser desatendidas, con arreglo al estado de la conciencia social, según los países y las épocas. Palacios, el anotador de la obra, sin contradecir, en lo teórico, la opinión de Asso y De Manuel, reconoce que en la práctica se reputa obligado al padre en cuanto a las hijas, aunque no precisamente bajo el nombre de dote, pero sí al menos por vía de alimentos, bien que suela ser en corta cantidad.

Tan incierto era el estado de la cuestión, según las opiniones de los autores, cuando Franco y Guillén publicaron (julio de 1841) aquellas sus famosas *Instituciones*, que tanto contribuyeron a extender su conocimiento y tan grande autoridad alcanzaron en el foro.

Sus observaciones resolvieron la cuestión de un modo definitivo.

Aun suponiendo, dijeron, que la palabra *filii,* estampada en la Observancia 50.ª *De jure dotium*, comprenda a hijos e hijas[123], no debería a entenderse derogado por esa Observancia el Fuero 1.° *De exheredatione filiorum,* porque éste habla únicamente de las *hijas* y no puede, como Fuero especial, ser corregido, según las reglas de interpretación del Derecho aragonés, por una disposición de carácter general.

Sobre todo, no tiene réplica una cita que hicieron. Por extraño que parezca, para los tratadistas posteriores al siglo XVI, había pasado inadvertida, en lo que toca a esta materia, una disposición concerniente a ella, comprendida, de un modo incidental, en el Fuero de 1626, titulado *Concordias en censales.* Franco y Guillén la recordaron, y con ese recuerdo dejaron resuelta la cuestión. Porque en ese Fuero, muy posterior, según se ve por su fecha, a la Observancia, así como ésta lo es al 1.° *De exheredatione filiorum,* se leen

123 Esta observación no tiene grande importancia para quienes, como nosotros, crean que el *filii non possunt compellere patrem ad dotandum cordem* se refiere a la dote goda o firma de dote, no a la dote romana: debe tenerla, y decisiva, para quienes piensen que en ese inciso se trata de ésta. Desde luego, hace innecesarias las disquisiciones acerca de la significación y alcance de la palabra *«filii»*.

estas palabras: «para las dotes de las hijas de los señores que conforme a Fuero tienen obligación de dotarlas». Ahora bien; como no hay otro Fuero a que pueda aludirse, que el 1.° *De exheredatione filiorum* (el de *Concordias en censales*), es una prueba, y una confirmación a la vez, de la inteligencia dada a aquel Fuero, favorable al derecho de las hijas.

Ese derecho ha quedado ya admitido sin contradicción, a contar desde las *Instituciones.* No recordamos un solo autor que lo niegue, sea o no de Aragón, entre cuantos se han ocupado, con más o menos amplitud, en la exposición del Derecho foral aragonés.

Los Tribunales se manifestaron menos unánimes que los escritores. La Audiencia de Zaragoza, ora negó, ora afirmó la obligación paterna de la dote (Ripollés, *Jurisprudencia civil de Aragón,* tomo III). El Tribunal Supremo, que pudo resolver la cuestión, imprimiendo a la solución el sello de su autoridad, incontrastable en la práctica del foro, eludió decidirse. Pudo fallar el recurso elevado ante él, sin declarar si el padre venía obligado a dotar a una hija, porque resultaba haber sido dotada, y prescindió de aquella declaración, no tratando el punto sino de un modo hipotético (sent. 2 julio 1868).

Ya hoy no puede caber duda respecto a la obligación paterna. Si no se creyera que en el Derecho aragonés resulta bastante clara, por seguro puede tenerse que los Tribunales, en virtud de lo dispuesto en los arts. 12 y 13 del Código civil, aplicarán el 1.340 que la declara[124].

El artículo se contrae a la obligación para con las hijas. No lo establece en favor de los hijos; y en esta parte, el Derecho supletorio está conforme con el foral, que tampoco lo consigna.

En ese artículo hay dos particularidades dignas de notarse aquí: la excepción del caso en que las hijas no hayan obtenido el consentimiento, necesitándolo, y la extensión a la madre, de la obligación paterna.

En cuanto a la primera, creémosla vigente en Aragón, por la razón que antes hemos expuesto.

Respecto a la segunda, hemos de recordar que en Aragón, a diferencia de Castilla (donde la obligación no recaerá sino sobre el padre, según la ley 9.ª, tít. XI. Part. 4.ª, a no tratarse de madre hereje, judía o mora e hija cristiana), la madre está obligada, juntamente con el padre, según el texto del Fuero *De exheredatione filiorum,* tan repetidamente citado, y la doctrina enseñada por los tratadistas, a constituir la dote.

124 Años atrás habríamos debido dar cabida aquí a la discusión de un punto tan interesante como el de la vigencia del Fuero, en lo referente a las hijas casadas sin consentimiento de los padres, o su derogación virtual por las leyes generales posteriores a los Decretos de Felipe V. Hoy podemos prescindir de esa discusión, porque supuesta esa derogación, habría que aplicar en esa parte el art. 1.340 del Código civil.

Cuándo puede constituirse.– No hay en Aragón disposición especial que lo declare.

Por eso, sin duda, la Audiencia de Zaragoza, haciendo aplicación de la ley 1.ª, tít. XI, Part. 4.ª, en concepto de derecho supletorio, declaró que las dotes, sean necesarias o voluntarias, pueden constituirse antes y después del matrimonio (sent. 15 diciembre 1859). En esto no ha cambiado, con el Código civil, el derecho supletorio, en cuanto, según su art. 1.338, pueden constituir dote a favor de la mujer, antes o después de contraer matrimonio, los padres y parientes de los esposos y las personas extrañas a la familia.

Mas hay que tener presentes dos cosas: la primera, que según el mismo artículo el esposo puede constituirla antes del matrimonio, pero no después; la segunda, que los arts. 1.315 y 1.320, no permiten otorgar las capitulaciones sino antes del matrimonio, y prohíben alterarlas después de celebrado éste. Esas disposiciones son contrarias al Derecho aragonés, escrito y consuetudinario. Nos atenemos, en cuanto a esto, a lo que hemos dicho en otros artículos, señaladamente en los de DERECHO CIVIL DE ARAGÓN, DONACIÓN ENTRE CÓNYUGES y SOCIEDAD CONYUGAL.

Derechos del marido.-[125] Debemos recordar lo dicho al principio del presente artículo. Lo que se lleva por la mujer en bienes muebles, en realidad, no constituye dote, porque en el momento de contraerse el matrimonio, pasan a la categoría de bienes comunes, con la facultad, otorgada al marido, de disponer de ellos como dueño, en tanto subsiste el matrimonio. Esa facultad de disposición está clara y repetidamente establecida en el Derecho aragonés. La declaran la Observancia 1.ª *Ne vir sine uxore,* lib. II, y la 24.ª, *De jure dotium,* y 1.ª, *De rerum amotarum,* lib. V. Mas no ha de estimársela absoluta y sin restricción. La enajenación que el marido hace durante su última enfermedad, en perjuicio de su esposa, es nula, según esas mismas Observancias; además, si después de la donación, el marido sigue reteniéndolos, sólo subsistirá aquélla, y tendrá eficacia, en la parte a él correspondiente, no en la propia de la mujer: *non valet talis donatio nisi in medietate dictorum bonorum, videlicet in parte sua et non in parte uxoris,* según las palabras de la Observancia 4.ª, *Ne vir sine uxore;* expresiones análogas a las de las demás Observancias.

Sin género de duda, en la doctrina y en la práctica, se consideran sujetos al dominio del marido, como los bienes de naturaleza mueble, los que en concepto de muebles se llevan siendo inmuebles. No lo vemos dispuesto terminante y expresamente ni en las Observancias que antes hemos citado, ni en la 43.ª *De jure dotium,* que son las que suelen invocarse cuando de esto se trata; las primeras sólo dicen que el marido es dueño y administrador *rerum mobilium*; la última, que al llevarse los bienes sitios por muebles, el marido lucra la mitad.

---

125 No es indispensable; mas tampoco creemos huelgue la advertencia de que ahora no nos proponemos, ni sería oportuno, agotar la materia de los derechos respectivos de marido y mujer, sino exponer solamente los que tienen con relación a la dote, ya que ésta forma concretamente el objeto del presente artículo.

Quiere eso decir que esos bienes, aunque inmuebles, se hacen comunes, y es natural que tenga el marido los mismos derechos, y claro está que también las mismas obligaciones, que sobre los verdaderos bienes muebles.

En cuanto a los bienes sitios, el marido no es más que administrador. Las Observancias antes citadas, lo dicen expresamente. Surge en sentido contrario la cuestión que hemos suscitado. ¿Pueden llevarse bienes muebles como sitios? Evidentemente; la Observancia 43.ª *De jure dotium,* prevé los dos casos: el de sitios por muebles, y el de muebles por sitios. A la verdad, hemos visto este segundo pacto estipularse en las capitulaciones, con más frecuencia que el primero. La Observancia no dice más, sino que con esa estipulación la cosa mueble se reputa inmueble[126].

Pero el pacto, si puede cambiar las relaciones o efectos de derecho, no modifica la naturaleza de las cosas; y así, los muebles no adquirirán, aunque se lleven por sitios, la naturaleza de éstos; el marido podrá, no sólo administrarlos, sino hacer de ellos lo que tenga por conveniente, si bien, en razón del pacto, no entrarán en la comunidad de lo mueble, y ya que no pueden ser restituidos a la mujer o sus herederos, al disolverse la sociedad conyugal, los que se hubieren enajenado, se les entregará su valor, como bienes propios de la mujer. Así lo enseñan Franco y Guillén en sus *Instituciones*, los autores que ellos citan y otros expositores más modernos; y tal es la práctica general y constante.

La facultad declarada en la Observancia 43.ª *De jure dotium,* es una de las más interesantes manifestaciones de la libertad civil y de las aplicaciones más importantes del *Standum est chartae,* en cuyo ejercicio se fundan la constitución y la vida de la familia aragonesa.

La legislación de Aragón no hace la diferencia de dote estimada y dote inestimada, ni, por lo mismo, se encuentra en ella las reglas que para regular una y otra establecía la de Castilla, hoy substituídas por los artículos respectivos del Código civil.

Las relaciones patrimoniales entre los cónyuges, han de resultar de este y de otros artículos, como el de SOCIEDAD CONYUGAL, etc. Pero desde la publicación de la ley Hipotecaria, es frecuente determinar si la dote se lleva como estimada o como inestimada; porque, conforme a esa ley, de Observancia general, la inscripción se hace en una u otra forma, según el caso.

126 En rigor, según la edición que se consulte, ni aun dice tanto, porque, por error material sin duda, el sentido queda incompleto. En la de 1624, aparte de un defecto de puntuación que haría oscuro el sentido de toda la Observancia, se advierte que a las palabras *«si vero ducat in casamento mobili pro sedenti»* con que termina y que constituyen un antecedente, les falta el consiguiente. Esa deficiencia no existe, por ejemplo, en la edición de 1552, donde, después de las palabras transcritas, aparecen estas otras, que completan el sentido: *«habetur pro sedenti»*. Savall y Penén se han atenido, en cuanto a esta Observancia, al texto de 1552.

Derechos de la mujer.– En primer lugar conserva la propiedad, no la administración de los bienes sitios aportados como tales.

Puede ocurrir que lleve muebles como sitios o sitios como muebles. ¿Qué derechos tendrá sobre ellos?

Sobre los primeros ninguno; porque, aun llevados como muebles, eso le da derechos para después que el matrimonio se haya disuelto; pero durante éste, el marido puede disponer de ellos, en los mismos términos y con las mismas restricciones y salvedades que hemos indicado antes.

Respecto de los segundos, tampoco tiene derechos, ni de propiedad, ni de administración, que invocar durante el matrimonio: están en el mismo caso que los inmuebles, que en donde rige el Código civil, se llevan como dote estimada; el dominio pasa al marido. La diferencia entre el Código y las disposiciones forales, no vienen hasta que el matrimonio se ha disuelto; se hace efectiva en la división de los bienes, al restituirse la dote.

En segundo lugar, puede renunciar en favor del marido, siempre que obtenga el consentimiento de sus padres o parientes más próximos: *«non valebit viro dotis facta remissio ab uxore nisi de proximorum uxoris consilio fiat situd, scilicet patris, si vivus fuerit, et unius alterius; vel si patrem non habuerit, cum aliis duobus, parentibus suis propinquioribus et legalibus»*, dice el Fuero 1.º *De contractibus conjugum,* lib. V.

La apostilla que desde la edición del volumen foral de 1624 lleva este Fuero, nos hace dudar si estará vigente. Esa apostilla dice así: *«Iste forus limitatur per Observantiam: Item secundum usum Regni de donationibus».* Es la Observancia 5.ª de ese título, lib. IV; según ella, la mujer no necesita el consentimiento de sus parientes *(absque proximorum consensu)* para dar sus bienes a su marido, como ni él a ella.

La Observancia aparece como opuesta al Fuero: pero hay otra, la 1.ª *De jure dotium,* lib. V, que lo da como vigente, y quiere que se aplique, y viene a dar la clave de la dificultad. Porque una de esas Observancias la *De donationibus,* habla en términos generales, se refiere a *los bienes* de la mujer *(bona sua, partem bonorum suorum);* la otra habla de la dote y axovar *(dotem vel axovarium),* concretamente. Aquélla es la regla, la disposición general; ésta es la especial, la excepción. Y es principio del Derecho aragonés, que el Fuero general no deroga el especial (Fuero único *De in jus vocando in causis civilibus,* libro II).

Esas consideraciones nos inclinaban a estimar vigente el Fuero 1.º De *contractibus conjugum*, lib. V, y decididamente lo hemos adoptado al verlas, aunque en oposición[127] a la de Molino *(Repertorium,* verb. *Dos),* profesadas por

127 Sin embargo, Molino, en otro lugar de su repertorio (verb. *Vir et uxor*), vuelve sobre su opinión, diciendo que *uxor non potest remittere viro suo dotes suas nisi de consilio propinquorum uxoris.*

los más de los tratadistas posteriores, entre otros Sessé (*Decis.* 383); Franco de Villalba, (*Fororum,* etc., tomo II); Franco y Guilénn *(Instituciones)*, y Dieste *(Diccionario).*

Una observación que no sabemos se haya hecho, pudiera oponerse. En Aragón, podría decirse, no hay bienes parafernales o extradotales; por consiguiente, el Fuero 1.° *De contractibus conjugum* y Observancia 1.ª *De jure dotium*, no encuentran bienes a los cuales, substraídos de su alcance en cuanto a la intervención de los parientes, llegue la acción de la Observancia 39.ª, del título últimamente citado.

A esa objeción, si se hiciera, no hallamos otra solución que la de suponer que la distinción que hace la Observancia 1.ª *De jure dotium,* se refiere no a los derechos del marido, sino al origen de los bienes, porque cabe considerar como dotales todos los que a la mujer pertenecen, al efecto de determinar aquellos derechos, y no obstante establecer para la conservación de los en que específicamente se constituyó dote un régimen especial, distinto del que se observa en orden a los demás que la mujer adquiriera, por herencia, donación u otro título.

En cuanto a la enajenación en favor de extraños, no hay disposición que ponga, al menos de un modo expreso, al principio «de consuetudine tamen uxor poterit dotes alienare» de la Observancia 39.ª *De jure dotium,* la limitación opuesta a la libre enajenación en favor del marido, la cual, y antes bien, puede considerarse excluída por los términos mismos de la Observancia 1.ª

Este punto no es por todos apreciado de igual modo[128]. Molino (obra citada), reproduce la declaración de la Observancia 39.ª, sin comentarla ni explicarla.

Cáncer (*Variarum resolutionum,* parte 3.ª) estima que no tratándose de bienes dotales, en los cuales no debe ser perjudicado el marido, la mujer puede, sin licencia de éste, contratar y obligarse; y a su opinión se adhiere Franco de Villalba.

Franco y Guillén, con cuya opinión se manifiesta conforme Dieste, entienden que, no obstante las terminantes palabras de la Observancia, se necesita el consentimiento del marido, y se fundan en que, según las Observancias 20.ª y 32.ª *De jure dotium,* es imprescindible a la mujer, para reclamar los créditos a que tiene derecho, y aun para darse por pagada de lo que se le adeudaba antes del matrimonio, y en que si la facultad de la mujer para enajenar fuera tan ilimitada, fácilmente podría privar a su marido del producto de las dotes, único derecho que sobre ellas le concede el Fuero, en recompensa de las obligaciones con que le grava.

128 La sentencia del Tribunal Supremo de Justicia de 24 de marzo de 1859, citada por Martón y Santapau, como nota a su traducción de la Observancia 39.ª *De jure dotium*, nada resuelve, ni aun parece tener relación con ella. Sin duda, se citó porque en el recurso de casación se invocó, aunque con impertinencia, la de esa Observancia.

El Tribunal Supremo, en sentencia de 20 de mayo de 1863, aceptó esa doctrina, que fundó, además, en los Fueros 1.° y 2.° *Ne vir sine uxore,* lib. IV, «que prohíben al marido y a la mujer la enajenación de los bienes inmuebles dotales en perjuicio de los derechos de su consorte», y en «el principio de que la mujer no puede contratar ni obligarse sin permiso de su marido».

Los tratadistas posteriores, o callan, como Naval *(Compilación articulada del Derecho foral vigente en Aragón),* con lo cual dan a entender su opinión de la falta de derecho de la mujer para enajenar por sí sola las dotes[129], o dicen, como Gutiérrez (*Códigos,* tomo VI), Blas *(Derecho civil aragonés)* y Barrachina (*Derecho foral español,* tomo I), que se requiere el consentimiento marital; de suerte que esto pasa ya, en Derecho aragonés, como cosa inconcusa.

Bienes de que se paga.– No resuelve este punto de un modo expreso y claro el Derecho aragonés; pero, en su espíritu, y en la consideración de que en Aragón la obligación de dotar es carga del matrimonio, ven los autores el fundamento de la doctrina, generalmente recibida, que hace se impute la dote, en primer lugar, a los bienes comunes, o sea pertenecientes a la sociedad conyugal; si éstos no bastan, a los propios de cada cónyuge *por mitad.* Sobre esto último, Martón y Santapau suscitan (obra citada) alguna duda. Ellos habrían preferido, por lo recomendado que está recurrir, en falta de Fuero expreso, a la equidad, que la contribución de los bienes de marido y de mujer a la constitución de la dote se entendiera en proporción al haber respectivo; sin dejar de reconocer que la doctrina indicada es conforme a la ley 53 de Toro y a la declaración hecha por la Real Audiencia de Aragón en sentencia de 9 de abril de 1729[130], citada por Franco de Villalba, en el litigio sobre el Condado de La Rosa.

Creemos sería ocioso suscitar hoy cuestión sobre este punto. Después del Código civil, la que se promoviera ante los Tribunales, seguramente se resolvería en el sentido del art. 1.343, que no establece otra *proporción* que la que, en su caso, hubiesen establecido los cónyuges que constituyeran la dote, y por lo mismo se deja en pie la imputación por mitad, cuando ninguna restricción se hubiere impuesto a este principio.

Ese artículo del Código, parte del supuesto de constituirse la dote viviendo ambos cónyuges; ni en él ni en otro artículo está previsto el caso de que haya muerto uno de ellos. Sea cualquiera la solución, que bajo el imperio del Código se da para ese caso por la doctrina y la jurisprudencia, en Aragón hay disposiciones especiales, que deben ser observadas antes de recurrir al texto de ese Cuerpo legal, meramente supletorio de la interpretación que deba

129 La Iglesia *(Manual de Derecho foral español)* nada dice por su cuenta; pero, bajo ese epígrafe «Jurisprudencia», hace mérito de la sentencia del Tribunal Supremo arriba citada.

130 En la cita (1329) que hacen Martón y Santapau, se comete, sin duda, un error material. La fecha impresa en la obra de Franco (*Fororum*, etc.), se consigna tal como en el texto la reproducimos.

dársele. Sin perjuicio de insistir en este punto cuando se trate de la disolución de la sociedad conyugal aragonesa, nos limitaremos ahora a indicar la Observancia 12.ª *De donationibus* y 15.ª *De jure dotium,* incluidas en los libros IV y V respectivamente, que autorizan al padre o madre sobreviviente a dar al hijo o hija, en casamiento, de sus bienes comunes y del cónyuge muerto, una o muchas cosas, muebles o inmuebles, si bien esta facultad sólo aparece otorgada para el caso en que los cónyuges hubiesen constituido dote anteriormente en favor de algún hijo, y a condición, además, de que, para el casamiento de los demás hijos, quede poco más o menos lo mismo de los bienes comunes.

La dote ha tenido siempre tal consideración en Aragón, que para constituirla se entendía poderse enajenar los bienes vinculados. Así se deduce del Fuero 8.º *De jure dotium.* lib. V, y se ha tenido como doctrina corriente entre los comentaristas.

Sin embargo, Franco de Villalba (*Fororum,* etc.), dice, y lo reproducen Franco y Guillén *(Instituciones)*, que se decidió no poder enajenarse los bienes vinculados de la madre para constituir dote a las hijas, cuando hubiere bienes de cualquiera especie, pertenecientes al padre.

Limitación.– El ya citado Fuero 8.º *De jure dotium* (año 1533), prohibió, bajo pena de nulidad, que sobre ninguna hacienda vinculada perteneciente a cualquiera de las ocho casas principales de Aragón, que designa[131], se cargaran por el poseedor en perjuicio del inmediato sucesor, para constituir, ya firmas de dote, ya «dotaciones principales», más de doce mil ducados.

Ninguna otra disposición que limite de un modo preciso la cuantía de la dote, se halla en el volumen foral.

Hay, sí, algunas Observancias con tendencia a la limitación, como la 12.ª *De donationibus*, lib. IV, y 15 *De jure dotium*, lib. V, de que ya hemos hecho indicación; pero ni ellas ni la 17.ª de esta última rúbrica fijan el máximum de la cuantía[132]. Por eso la Audiencia de Zaragoza, en varias sentencias (Ripollés, *Jurisprudencia civil,* tomo III), y el Tribunal Supremo en la de 2 de julio de 1868, han declarado que no hay en Aragón ley que marque la proporción que deben tener las dotes con el caudal paterno.

En cuanto a la tasa mínima, tampoco se halla establecida por las leyes aragonesas.

---

131 Son las siguientes: casa del conde de Ribagorza, casa del conde Sástago, casa de Illueca, casa de Ricla, casa del conde de Aranda, casa del conde de Belchite, casa del conde de Fuentes y casa de Castro.

132 Gutiérrez cita la 15.ª y la 17.ª *De jure dotium*, pero no la 12.ª *De donationibus*. Lo que la 17.ª *De jure dotium* establece, concretamente en lo que se relaciona con la dote, es que el padre o la madre sobrevivientes, si los bienes del difunto permanecen indivisos entre hermanos, puede dar a los hijos, antes de hacer la división de muebles y sitios indivisos, lo que le pareciese por matrimonio que contrajo, aunque queden otros que no contrajeron.

No hemos hallado una sentencia del Tribunal Supremo que vemos citada como fechada en 14 de junio de 1865, de la que se dice haber declarado que la dote no está regulada de modo fijo en cuanto a la tasa, pero que debe ser proporcionada a la fortuna del padre. Tal vez se haya querido hacer referencia a la de 14 de diciembre de aquel año; en ella, en efecto, se señaló, primero por el Juzgado y después por la Audiencia, la cantidad en que una hija había de ser dotada por su padre; mas el Tribunal Supremo no sentó una doctrina clara y de general aplicación. La denegación de la casación solicitada, se fundó principalmente en que el padre se había creído siempre obligado a dotar a su hija, oponiéndose solamente a hacerlo en la cantidad que se le pedía, fundado en que no se sabía cuál era su caudal existente, sobre lo cual se practicaron pruebas que el Tribunal *a quo* estimó, fijando la dote que juzgó proporcionada, sin que, respecto a la cantidad, observó el Tribunal Supremo en uno de los Considerandos, se adujeran leyes que se hubieren creído infringidas.

Planas y Casals (*Apuntes de Derecho civil,* tomo II), teniendo en cuenta esa doctrina y lo que hoy dispone el Código civil, cree que la dote debe consistir en la mitad de la legitima; pero él mismo viene a destruir esa asimilación de la legislación, aragonesa con la común, al hacer notar que «se tropieza en este territorio (Aragón), con la dificultad» de que «no existiendo más legítima que la de diez sueldos jaqueses, cantidad imaginaria, la disposición del Código no puede tener aplicación»[133].

Evicción.– ¿Tiene el que dota, obligación de prestarla? No hay textos de Derecho foral que la afirmen ni que la nieguen. Martón y Santapau (obra citada), siguiendo a Sessé, opinan que debe distinguirse el caso de dote forzosa del de dote voluntaria, y que la obligación de eviccionar (esto es, la de sanear en caso de evicción), debe admitirse en el primero y rechazarse en el otro, salvo que en la constitución de la dote hubiera fraude o engaño, porque habiéndolo, sea quienquiera el que dota, debe responder de los perjuicios irrogados a una familia, tal vez formada bajo los auspicios de la donación. Las razones de justicia, equidad y buena fe en que esta doctrina se apoya y que aquellos autores invocan, saltan a la vista, y por eso nada queremos agregar acerca de este punto.

---

133 En el Alto Aragón es frecuentísimo el caso de instituirse heredero a un hijo, obligándole a que dote a los demás «al haber y poder de la casa». En los casos ocurridos, cuando algún hermano no se ha conformado con lo que el heredero le asignaba, los Tribunales han fijado la cuantía, en vista de las pruebas suministradas, teniendo en cuenta, generalmente la situación económica de la casa y el número de hijos. La cuestión que se presenta en esos casos es, como fácilmente se comprende, distinta de la que se plantea cuando se discute si el Derecho aragonés tiene determinado, en abstracto, la obligación de dotar los padres en proporción a sus haberes.

Garantías.– La conservación de la dote, que ya el Digesto declaraba ser de interés público, no fue asunto descuidado en la legislación aragonesa, donde se encuentran garantías que Martón y Santapau (obra citada) reputan muy superiores a las de la legislación de Castilla.

La primera, en el orden del tiempo, está en el Fuero 1.° *De contractibus conjugum,* lib. V. Dióse ese Fuero por D. Jaime I, en 1247, y de él hemos hablado ya al tratar de los derechos de la mujer sobre la dote y restricciones a su facultad de enajenarla.

Comparando lo que en esa parte del presente artículo hemos dicho y lo que en esta materia han expuesto en su obra Martón y Santapau, se advertirá al punto un error cronológico en que éstos incurren. Creyendo ensalzar así el mérito del Derecho aragonés, afirman que la Observancia 39.ª *De jure dotium,* respondió al laudable deseo de que no quedase eliminada de la circulación una tan gran masa de bienes como la de los dotales, autorizándose así a la mujer hasta para enajenarlos *por sí*, y añaden que con conocimiento perfecto del corazón humano y sabiéndose que el peligro no está en facultar a la esposa para hipotecar y obligarse, por lo mismo que sabrá muy bien estimar las verdaderas necesidades de la familia, si no en la facilidad de donar o transferir al marido los citados bienes, dejándose arrastrar de los halagos del amor, *coronó y puso un digno remate* a esta materia, prohibiéndola estas donaciones o transmisiones sin el consentimiento de sus dos más próximos parientes, como dice el Fuero 1.° *De contractibus conjugum,* al paso que la autorizó por el Fuero 2.° para obligar sus bienes en pago de deudas contraídas por su marido.

La verdad obliga a reconocer que, como antes hemos indicado, hay en esas afirmaciones un error, evidenciado con sólo recordar que los Fueros *De contractibus conjugum,* son *anteriores,* en dos siglos próximamente a las Observancias.

No fue, pues, la exigencia de la intervención de esa especie de Consejo de familia rudimentario, la coronación de un sistema a que se llegara como término de una evolución verificada durante larguísimo lapso de tiempo; fue, por el contrario, su iniciación y cimiento[134].

Otra garantía es la declarada en la Observancia 44.ª *De jure dotium.* He aquí su texto[135]: «Si la mujer aporta al casamiento mil sueldos, el marido lucra la mitad, lo cual sucede a *no ser que el marido haya afirmado especialmente* aquellos mil *sobre sus cosas,* porque entonces *quedarían siempre salvos a la mujer*».

Ese *aseguramiento* de la dote sobre los bienes del marido, o sea manifestación de la mujer, de entregarla a *propia herencia suya y de los suyos,* es muy frecuente en las capitulaciones matrimoniales.

---

134 Nos remitimos, en lo que toca a la relación entre el Fuero 1.° *De contractibus conjugum* y Observancias 1.ª y 39.ª *De jure dotium*, a lo que hemos expuesto en este mismo artículo, bajo el epígrafe «Derechos de la mujer».

135 Traducción de Martón y Santapau.

Pero hay que notar, con La Ripa *(Tratado de la división)*, y con Martón y Santapau (obra citada), una diferencia en los efectos respectivos de una y otra fórmula, en cuanto a la viudedad, como habrá de explicarse al tratarse de esa institución.

Pérdida.– Tres son las causas generalmente señaladas por los autores. Las estudiaremos sucesivamente.

Primera causa. El adulterio.

Encuéntrase establecida en el Fuero 5.º *De jure dotium,* lib. V. El contexto de este Fuero es claro y terminante. El adulterio de la mujer la hace perder la dote, sin que jamás pueda ya, cualquiera que sea su conducta, ejercitar el derecho de reclamarla *(numquam de caetero petere valabit).*

¿Está vigente ese Fuero? Antes y después del Código civil, hemos visto suscitarse esa cuestión. Según Blas y Melendo *(Derecho civil aragonés),* la ley 23, tít. XI, Part. 4.ª, que consideraba el adulterio como causa suficiente, debió entenderse derogada por el art. 88 de la ley provisional del Matrimonio civil, en el hecho de no enumerar ésta, entre los efectos del divorcio, la pérdida de la dote; mas en cuanto al Derecho foral, se decide, no sin alguna vacilación, por no estimar que se produjera el efecto derogatorio, «La cuestión, dice, versa sobre si el derecho referente a la dote y sus consecuencias, como su pérdida por adulterio, son un efecto civil del matrimonio, que yo considero eso así, y bajo ese punto de vista creo está vigente la doctrina legal aragonesa acerca de la pérdida de la dote».

Parece haber querido rechazar, al expresarse en esos términos, la opinión de los que entienden que, penado el adulterio por las leyes modernas en otra forma, no debe subsistir, como consecuencia de él, la pérdida de la dote; si así es, ahí y no en la ley del Matrimonio civil —que, por otra parte, se promulgó para que rigiera sin perjuicio del derecho foral—, habría de buscarse la derogación, para las provincias en que regía la antigua legislación de Castilla, de la ley de Partida.

Planas y Casals (*Apuntes de Derecho civil,* tomo I), considera dudosa la cuestión, después de la publicación del Código civil, habida cuenta de su silencio respecto a esa causa de pérdida de la dote. Nosotros creemos que el Código sólo puede ser aplicado, habiendo disposiciones en el volumen foral, cuando éstas hubieran quedado sin efecto por alguna ley, anterior al Código mismo, de Observancia general, que hubiera dejado sin efecto aquellas disposiciones. Bajo ese concepto, el asunto se resuelve en este otro, de cuya solución depende; es a saber, si el Código penal derogó virtualmente, al castigar el adulterio con las penas que en él se consignan, lo que en el orden civil establecía el Fuero en la materia de que tratamos.

Sobre este punto, dice Planas y Casals, continúa la duda.

Segunda causa. La vida lujuriosa de la viuda.

El Fuero 1.º *De jure dotium,* que priva de la viudedad foral a la viuda que de tal modo falta a su deber y a la memoria de su marido, la niega a la vez la dote. A primera vista pudiera deducirse de las palabras del Fuero *(licet non accipiat virum, si manifeste tenuerit fornicatorem vel adulterum amittat viduitatem* ET DOTES *ac si duxissab virum),* que la viuda que pasa a nuevo matrimonio, pierde, no sólo el usufructo foral, sino también la dote; pero nunca se ha entendido ni pactado así, ni se ve motivo razonable para ello.

Tercera causa. La prescripción. Esta causa no se halla consignada en disposición foral alguna, sino en los libros de los expositores del Derecho foral (Sessé, Franco de Villalba, Franco y Guillén y otros). Todos convienen en que la prescripción perjudica a la mujer, pero otorga derecho a ésta para exigir que el marido, si el perjuicio se debe a negligencia suya, la indemnice con los bienes a él pertenecientes.

Expuestas las causas por las cuales se pierde la dote, hemos de agregar que no se extingue por delito del marido (Fuero 8.°, *De homicidio,* lib. IX).

Dieste *(Diccionario),* expone que, según la Observancia 8.ª *De jure dotium,* la mujer no pierde su dote, que debe sacarse de bienes embargados por débito del marido. Creemos que en esto hay error. No basta que las deudas hayan sido contraídas por el marido, para que la mujer no tenga que responder de ellas, aun con su dote: de esto se hablará al tratar de la sociedad conyugal. Ahora debemos limitarnos a decir que la Observancia invocada por Dieste, no se refiere a débitos del marido, sino a confiscación que el Rey hiciera de los bienes de éste, por razón de crimen cometido; de suerte que viene a ser meramente una confirmación del Fuero 8.° *De homicidio.*

Efecto de la confesión de dote.– No en los Fueros, sino en los tratados de Derecho foral y en las sentencias de los Tribunales, aparece la doctrina que rige en este punto.

Según la enseñanza de Franco de Villalba (obra citada), recogida por algunos de los autores que han escrito posteriormente, sin que haya sido objeto de Impugnaciones, la mera confesión que hace el marido de haber recibido alguna cantidad como dote de su mujer, si se hace en testamento, valdrá como legado, y no perjudicará, en cualquier forma que se haga, a los acreedores anteriores.

Cita ese autor varias sentencias de los Tribunales Superiores del Antiguo Reino.

En los últimos tiempos, la Audiencia de Zaragoza aceptó esa doctrina, y aun la amplió, declarando que la confesión de dote hecha por el marido, sólo a él perjudica debiendo hacerse el reintegro del total, haber de la sociedad conyugal, en armonía con los principios generales establecidos en materia de división de herencia, cuando instituyen, los cónyuges que han testado en mancomún, herederos de sus bienes a los parientes respectivos.

Recordaremos, finalmente, estas dos declaraciones: una del Tribunal Supremo (sentencia 26 mayo 1857), según la cual, la doctrina de que la dote confesada no tiene fuerza más que para perjudicar al marido, sólo puede entenderse generalmente admitida y legal, cuando haya motivo fundado para creer que la confesión se hizo en perjuicio de terceros interesados; otra de la Dirección general de los Registros (Resolución de 30 de junio de 1896), que considera como confesión de dote, en realidad, la escritura en que el marido confiesa haber recibido de su mujer una cantidad en créditos y bienes dotales de la misma, para cuyo pago le adjudica una finca.

Restitución.– El caso que más naturalmente se ofrece, es el de la muerte de la mujer, en cuyo supuesto, la dote, por un principio general de Derecho, debe ser restituída a sus herederos; aunque, si no nos equivocamos, el *«filii legitimi haeredare possunt et debent dotes matris ingenuae»* del Fuero 7.º *De jure dotium,* lib. V, que Gutiérrez cita (*Códigos,* tomo VI), no se refiere a la dote de que aquí tratamos, esto es, a la dote romana, sino a la goda, que es, en el antiguo, aunque no siempre observado, tecnicismo de Aragón, la dote; y lo mismo decimos de la Observancia 3.ª *De jure dotium,* que también invoca el ilustre tratadista, respecto al derecho de los hijos a que se les entreguen, aun en el caso de que en el instrumento no se hubieren expresado con individualidad, los bienes en que la dote consista.

El divorcio y la nulidad del matrimonio se consideran también motivos de la restitución.

Pero es de advertir que en los casos de fallecimiento de la mujer y de divorcio, la restitución, si hay viudedad foral o pactada, se hace sin perjuicio de ella y, por consiguiente, a su terminación.

Martón y Santapau observan, además (obra citada), que la restitución de la dote no en todo caso de divorcio se realiza; pues si éste se ha originado por el adulterio de la mujer, el marido o sus herederos quedan exentos de la obligación de restituir, como quiera que ese es un caso de pérdida de las dotes. Recuérdese, acerca de esto, y del caso de vida lujuriosa de la viuda, lo que antes hemos expuesto.

La restitución se hace a los herederos. Un caso especial de herencia, aparece previsto en el Fuero 1.º *De succesoribus ab intestato* de que habrá oportunidad de tratar al estudiar las sucesiones.

EDAD PUPILAR

Aragón.– Usase esta expresión como sinónima de «minoría» o «menor edad».

¿Quiénes son, en Aragón, menores de edad? Los textos forales aparecen claros y terminantes.

Helos aquí:

«Item de consuetudine aetas minor est uque ad XIIII annos» (Observancia única *De contractibus minorum,* lib. VI). «Minores in Aragonia dicuntur si non habeant completos XIIII annos» (Observancia única *De privilegiis minorum,* etc., lib. VI).

Si sólo a esas Observancias hubiera de haberse atendido, ninguna dificultad se habría suscitado. La línea divisoria entre la mayor y la menor edad, quedaba perfectamente trazada. Hasta los catorce años duraba la menor edad. Aunque nada más se hubiera dicho, claramente hubiera quedado indicado que la mayoría de edad comenzaba al cumplirlos; pero, además, las Observancias lo declararon expresamente. «Est major factus postquam compleverit XIIII annos», dijo la primera de los dos citadas. *«Est major factus postquam compleverint XIIII annos sunt per perfectae aetatis»*, añadió la segunda.

La mayoría de edad, en su concepto general, implica la plena capacidad de los derechos civiles. Creeríase que, según eso, al salir de la menor edad, esto es, al cumplirse los catorce años, se adquiría en el acto aquella plena capacidad. Sin embargo, no era así.

Ya en 1348 —las Observancias son de 1428— se había promulgado el Fuero *«Ut minor viginti annorun»*, lib. V. Ordénase en él lo siguiente: «Ningún menor de veinte años[136] haga ni pueda hacer ápoca, cesión, diminución o remisión o donación a su tutor, curador, administrador o procurador, ni a ninguna otra persona, hasta que los dichos veinte años hayan transcurrido y pasado. Ni tampoco puede dar, vender, empeñar, permutar ni enajenar de otra manera de sus bienes sitios hasta que llegare a la sobredicha edad de veinte años, si no conviniese hacerlo por su propia necesidad, la cual debe primeramente ser justamente el juez competente, con cuya autoridad puede hacerse dicha enajenación, solamente hasta lo preciso para cubrir su necesidad. Exceptúase, no obstante, el que pueda disponer de sus bienes en testamento o codicilo, si al tiempo de hacer el testamento pasa de la edad de catorce años».

Había, pues, de hecho y de derecho, una como penumbra o zona intermedia, entre la menor edad propia y rigurosamente dicha, y la plena y absoluta mayor edad, aunque los textos siguieran llamando mayores de edad a los que en ese estado intermedio se hallaban.

Molino *(Repertorium,* etc., verb. *Testamentum)*, hace notar que para hacer testamento o codicilo, se requiere la edad de catorce años, trátese de varón o de hembra, porque el Fuero los iguala al no distinguir entre ellos, a diferencia del Derecho romano. La advertencia, por eso mismo, era innecesaria: Molino temió, sin duda, atendida la influencia que en su tiempo iba ejerciendo aquel Derecho, que viniera la interpretación a adulterar el Fuero.

---

136 Traducción de Parral.

No se relajó, después de las Observancias, la limitación de 1348: al contrario, en las Cortes de Monzón, de 1564, se dio otro Fuero, por el cual «proveyendo a los inconvenientes que resultan de las parturas, contractos y obligaciones que se hacen por los menores de edad de veynte años, statuesce y ordena (el rey, de voluntad de las Cortes), que los que fueren menores de edad de veynte años y no fueren casados, no puedan hacer vendiciones, donaciones, parturas, obligaciones ni otros contractos algunos (exceptados capitoles matrimoniales), sino con voluntad de sus padres o del sobreviviente dellos, y en falta dellos, con consentimiento del juez ordinario de la ciudad, villa o lugar donde los tales actos se hovieren de hacer; y que los actos hechos de otra manera sean nulos y de ningún valor».

Como podía ocurrir que antes de los veinte años, pero después de los quince, quedara uno huérfano de padre y madre, o con sólo padre o madre que contrajera segundas nupcias, se creaba una situación especial. No podía tener tutor, por ser el nombramiento de éste incompatible con la terminación de la menor edad y no podía hacer contratos, sin los cuales la vida es imposible, como no obtuviese la aprobación judicial, con los inevitables inconvenientes a ella inherentes en cuanto a dilaciones y desembolsos, muy considerables en el moderno procedimiento.

La dificultad se salvaba con prácticas no constantes y uniformes, ya obteniendo del juez una autorización bastante amplia para abarcar, dentro de ella, al menos los actos de administración, ya considerando prorrogada hasta los veinte años, a título de curaduría, la tutela, por más que los textos forales sólo autorizan, fuera de la curaduría para los negocios jndiciales (*ad litem,* en expresión de los romanos, o *ad causam,* como dice la Observancia 2.ª *De tutoribus,* lib. V), la ordinaria *(ad bona),* constituída para el imbécil, y no para el pródigo no imbécil (*alicui qui devastet aut disipet bona sua, nisi alias fuerit stultus et insensatus,* según se lee en la Observancia 7.ª del mismo título y libro). Otro medio autorizado por la práctica, que a veces servía para evitar la licencia judicial, era el otorgamiento de poderes a pleitos, fundado en la costumbre.

Con la publicación del Código civil que suprimió la curaduría; con la doctrina de que las disposiciones de ese Cuerpo legal derogan las de la ley de Enjuiciamiento civil en cuanto a ellas se opongan; y con la sentencia del Tribunal Supremo de 13 de julio de 1898, que declaró ilegal tal otorgamiento, se recrudeció la dificultad y se produjo una confusión a que se habrá puesto término si prevalece en la práctica, como por seguro puede tenerse, el criterio de la Dirección general de los Registros, que, en su Resolución de 23 de marzo de 1912, ha considerado sometidos a tutela a los menores de veinte años, aunque sean mayores de catorce, que se encuentran en las condiciones antes indicadas, esto es, sin padre ni madre, o con padre o madre que haya contraído nuevo matrimonio.

Con esto, la edad pupilar no es ya exacta y precisamente la que no pasa de los catorce años, aunque tampoco pueda decirse, sin reservas ni explicaciones, que llega hasta los veinte. Teóricamente, o de un modo general, podrá seguir diciéndose que la menor edad termina en los catorce años; pero siempre habrá de advertirse, para evitar errores, que a veces se considera hoy subsistente, en determinadas condiciones, hasta los veinte años, y que todavía, cuando ellas no se dan, el cumplimiento de los catorce años no confiere la capacidad perfecta.

Presenta esta materia una singularidad muy digna de atención y estudio, pues la legislación aragonesa ha querido establecer un período de preparación o ensayo de la mayor edad, bajo la garantía de la intervención de los padres o, en su caso, del sobreviviente viudo.

EMPARA

Derecho foral. *Aragón.*– La significación de la palabra *empara* no está determinada de un modo preciso, sobre todo con relación a otra voz, *emparamentum,* con la que a veces se confunde.

Franco de Villalba (*Fororum atque observantiarum,* etc., tomo I), dice que *emparamentum* es un nombre catalán que responde a la idea de inventario o secuestro.

También presenta esa palabra como significativo de una inhibición especial, bajo pena hecha a la persona en cuyo poder existe cosa mueble de otro, para que no la entregue a éste. En ese sentido se trata de una especie de retención, que también puede denominarse *empara* (*emparamentum sive empara,* dice a ese propósito, el autor mencionado).

Los textos forales, al hablar de la *empara*, suscitan la idea del embargo o retención. Véanse los fueros 6.°, 7.° y 8.° *De emparamentis*, lib. IV, y la Observancia 16.ª *De donationibus*, lib. IV.

Equivale también la *empara*, en el lenguaje foral, a *testatio,* esto es, aseguramiento. Puede citarse en comprobación de esto, entre otras Observancias, la 8.ª *De rerum testatione sen emparamento,* libro I, donde se distinguen la prenda o hipoteca *(pignus)*, de una parte, y la *empara vel testatio*, de otra, relacionándose esto con la distinción de deudas manifiestas y no manifiestas *(nam non, pignorat curia nisi propter debita manifesta; sed empara vel testatio fit etiam pro debitis non manifestis)* y con la fianza de derecho (*pro debito manifesto non solvitur cum fidantia de directo,* como dice la Observancia 1.ª). Y sobre todo, esa idea del aseguramiento resulta muy claramente de la Observancia 1.ª, del título a que vamos refiriéndonos, aunque no se use en ella el nombre *testatio* ni el verbo *testare* *(consuetum est quod antequam lis incohetur, si petitur quad bona super quibus intendit agese emparentur ut per possessorem distrahi non possint, Justitia facit emparasi).*

Aunque muchas veces se hagan sinónimas las voces *empara* y *emparamentum,* creemos que, estudiados en conjunto los textos forales, puede considerarse que lo más propio es ver, en la *empara,* el resultado (esto es, el embargo, el secuestro, la retención, el aseguramiento), y en el *emparamentum*, el hecho de pedir y obtener esas medidas, así como en el *emparare,* el acto de llevarlas a ejecución; y la palabra *testatio* puede considerarse equivalente, según los casos, a *emparamentum* y *empara*, y *testare o emparare.* Dicho sea esto en términos generales pues no cabe desconocer que no siempre aparecen las distintas palabras usadas con esa precisión.

Las Observancias 16.ª y 17.ª *De pignoribus* (libro I), atribuyen a la *empara* el valor de una obligación especial, y lo mismo la Observancia 1.ª *Quod in asignationibus,* etcétera, libro IX.

Según Molino, se considera *emparada* la cosa cuando se ha hecho la intimación: desde ese momento la enajenación, que una obligación general no bastaba a impedir queda prohibida, y si se concierta, es nula.

Tal es, en efecto, la doctrina que encierran las Observancias *Si bona* y *Est alius* (7.ª y 4.ª *De rer. test. sen empar.*) citadas por Molino.

EMPARAMIENTO

Aragón.– El *emparamiento*, en Aragón, tiene dos significaciones una, la de *empara,* que ya hemos explicado en el artículo correspondiente; otra, la de uno de los procesos forales. En esta última hemos de detenernos ahora.

Los procesos forales eran una de las cosas más características de la legislación aragonesa.

Decía, poco antes de los comienzos del siglo pasado, el anónimo autor de cierto opúsculo[137], que para la amplitud de jurisdicción del Justicia de Aragón, «se establecieron e introdujeron muchos y muy varios juicios y procesos de que algunos por las Cortes y el uso se comunicaron a los jueces, y de todos, unos se abolieron ya en lo antiguo, otros se anticuaron en el último siglo (el XVII), algunos se acabaron con el nuevo gobierno (el de Felipe V), y otros insensiblemente se han ido olvidando con la introducción de ministros y prácticas de Castilla, de modo que ahora solamente permanecen los cuatro famosos y privilegiados juicios de Firma, Aprehensión, Inventario y Manifestación»[138].

137 *Breve noticia de los cuatro juicios privilegiados de Aragón*, etc. Se hizo en 1853 nueva edición, a la que se agregó otra noticia (hasta entonces inédita), «del concurso foral y de las sanciones intestadas de Aragón».

138 Según Dieste (*Diccionario del Derecho civil aragonés*), esos procesos fueron abolidos por la ley de Enjuiciamiento civil. Sin embargo, es lo que cierto que uno de ellos, el de Firma, fue abolido ya en 1835, según advierten Savall y Penén en el discurso preliminar de su edición de los *«Fueros, Observancias y Actos de Corte del Reino de Aragón».*

Suele el proceso de *Emparamiento* considerarse como el mismo de *Inventario* con otro nombre, y esto requiere alguna explicación. Esos dos procesos no fueron uno mismo con dos nombres diferentes; la prueba está en que La Ripa, el mejor expositor de esta materia, después de explicar lo concerniente a *los cuatro procesos forales* antes indicados[139], creyó debía explicar también el de *emparamientos.*

Lo que ha dado, probablemente, lugar a la confusión, es el Fuero de 1678, hecho en las Cortes de Zaragoza, en tiempo de Carlos II.

Debe recordarse aquí lo que, según hemos dicho, era la *empara* en Aragón. La *empara* o *emparamiento* (palabra que La Ripa usa como sinónimas), consistía en una especie de retención (ocupación, embargo o secuestro, como él dice), en poder de un tercero.

Era ese proceso, según el mismo autor, a quien seguiremos en esta sucinta exposición, muy usado en lo antiguo, siendo dos denominados respectivamente *ficto* y *verdadero,* los modos de emparamiento.

El *ficto* «se hacía a instancia del que no tenía obligación ni crédito alguno, y sólo persuadido por persona confidente suya que pretendía tener bienes u obligaciones en poder de algún tercero sin instrumento con que poder reconvenirlo, instaba la empara, y a este fin daba un cartel general, alegando que Pedro le debía diferentes cantidades, que en poder de Juan pasaban algunos bienes, cantidades y obligaciones que pedía se ocuparen, y sin más, se proveía el emparamiento y se citaba a Juan para que viniese a jurar si era cierto que tenía cosas pertenecientes a Pedro, explicando las que fueren, con claridad y con palabras que demostrasen positivamente si tenía o no; y sobre ello se sufrían incidentes relativos a declarar si había depuesto y satisfecho a la obligación con que debía deponer; y resistiéndose a comparecer a jurar, o a no satisfacer en el juramento, se le hacían tres requestas para que cumpliese como decía por fuero, y no haciéndolo, explicando el emparante, en su cartel, los bienes o cantidades que debía tener el emparado pertenecientes a Pedro, en su contumacia se le tenía por confeso y debía responder de ellas», después de lo cual venía la firma.

A esa forma de proceso se recurría pocas veces, porque había otros medios más sencillos de lograr lo que con él se buscaba; no así el emparamiento *verdadero,* ora se procediese *por crédito manifiesto,* haciendo constar ante el juez la existencia del crédito y lo concerniente al tercero, ora por vía de *emparamiento general*, o sea, sin hacer constar por el momento ni la deuda ni la obligación del emparado, viniéndose a dar también, después de algunos trámites, en el proceso de firma.

139 Escribió La Ripa su *Ilustración a los cuatro procesos forales de Aragón* y su *Ilustración segunda* a los mismos; y en esta última incluyó, después de la materia de ellos, un *Tratado de los emparamientos*.

Así las cosas, el Fuero de 1678 teniendo en cuenta las dudas que se habían ofrecido en el proceso de emparamiento verdadero, y la necesidad de que se terminara con la brevedad que fuera de razón, ordenó que, después de haber respondido el emparado y declarándose por el juez haber respondido suficientemente o de haber sido habido por confeso, se hiciera grita foral, asimilándose desde entonces la tramitación a la del proceso de inventario.

Después de promulgado ese Fuero, rara vez ya, según observa La Ripa, se pedía el *emparamiento* general, y siempre se usaba del caso manifiesto.

A pesar de ello, La Ripa, «por si ocurriese en algún lance particular», se creyó en el caso de decir el estilo que debía seguirse en uno y en otro.

EQUIDAD

Aragón.– La equidad, al compilarse los Fueros en 1247, quedó establecida por Don Jaime como fuente de Derecho supletoria de ellos. *Ubi autem dicti fori non suffecerint, ad naturalem sensum vel aequitatem recurratur,* se dijo en el Proemio de la Compilación.

Se comprende bien que no es lo mismo suplir vacíos de una legislación llegada a un grado de gran desarrollo, que los de una legislación escasa, escrita para un pueblo sencillo, para una sociedad naciente que de día en día ha de sentir más necesidades y ha de requerir nuevas reglas jurídicas.

Eso, unido a la influencia que en todos los pueblos europeos fue ejerciendo el Derecho romano, dio lugar a que los autores, viendo en él la razón escrita, como tan reiteradamente se le ha llamado, y considerándole encarnación de la equidad, lo substituyeran en la práctica a ésta, a la vez que otros estimaban preferible recurrir al Derecho común, hasta que fue cambiando el criterio, llegándose a la solución contenida en los arts. 12 y 13 del Código civil.

ERAS

Son las eras, según la definición que de ellas suele darse en los Diccionarios, los espacios de tierra limpia y firme, y por lo común empedrada, donde se trillan las mieses.

Derecho foral. *Aragón.–* De las eras habla su legislación especial a propósito de la «alera foral» institución cuyo contenido queda expuesto en el correspondiente artículo de la **Enciclopedia**.

Aquí prescindiremos de lo que no se refiera concreta y determinadamente a las eras, objeto especial del presente artículo.

El fuero *De pascuis, gregibus et capannis,* lib. III, uno de los comprendidos en la compilación de Huesca de 1247, conservado en la refundición que se hizo en el siglo XVI declara la facultad recíproca que los pueblos, grandes o pequeños, tienen de apacentar sus ganados de toda clase *(bestias ant alios greges)* el uno en los términos del otro, cuando éstos se hallan contiguos; pero no en toda su extensión y sin limitaciones, sino de era a era *(de area usque ad aream).*

No del todo, en cuanto a la manera de haber de ser entendida, esta expresión fue aclarada en las Observancias.

En esto incurrió en error Franco de Villalba al citar, como textos aclaratorios (*Fororum atque observantiarum,* etc., tomo I), dos Observancias del título *De privilegio general*, que comienzan, dice, con las respectivas, palabras *«Potest in Arag».* y *«Item quod dicitur».*

Bajo la rúbrica indicada hay 31 Observancias, ninguna de las cuales comienza así ni trata de la alera foral.

Pudiera creerse que quiso Franco de Villalba referirse a las Observancias 2.ª y 10.ª *De pascuis, gregibus et cabannis* mas no sin errar también dentro de ese supuesto sobre todo en cuanto a una de ellas, pues si la 10.ª comienza con el *«Item quod hic dicitur»,* la 2.ª tiene por primeras palabras no las de *«Potest in Arag.»,* que no aparecen en su texto, sino las de *«Item forus in quo dicitur».*

Antes bien hay que pensar que la referencia fuera, en la intención del docto jurista, a las 35.ª y 36.ª, *«De generalibus privilegiis totius regni Aragonum»,* lib, VI, sin que, si así fue, dejara de equivocar los comienzos de uno de los textos, que es *«Item in Aragonia in omnibus villis»,* siendo, sí, el de la otra, *«Item quod dicitur»*[140].

De cualquier modo resulta que hablan de las eras con relación a la alera o pastos forales.

Por el orden en que aparecen en el volumen foral las Observancias que de esto tratan, indicaremos su contenido, a fin de dejar explicado qué alcance e inteligencia haya de darse a la mención que de las eras hace el fuero primeramente citado.

La Observancia 35.ª, *«De generalibus privilegius»,* nada aclara: en el extremo que ahora nos ocupa se limita a reproducir el fuero.

No sucede lo mismo con la 36.ª: ésta es un verdadero complemento del fuero; la costumbre, sin duda, había fijado el modo de ser entendido y aplicado, y la Observancia lo redujo a escrito. No se logró esa determinación sin que se suscitaran dudas y aun acaso prácticas diferentes: así lo da a entender la Observancia misma. Habían entendido algunos que el *«de area usque ad aream»,* autorizaba a pasar las eras del pueblo contiguo y el término todo, y apacentar el ganado en la otra parte de éste. La Observancia advierte que

140 Autoriza la segunda suposición la referencia que en otro lugar hace Franco de Villalba expresamente a esa Observancia.

eso no es exacto; que la otra parte debe quedar para el aprovechamiento del pueblo colindante por ella, y que para que el derecho se ejercite de era a era y de sol a sol, es necesario que los ganados vuelvan a las eras de su pueblo dentro del día.

Insiste en exigir, para el aprovechamiento, la contigüidad, la Observancia 2.ª *De pascuis,* etc. «*Intelligitur, ex ea parte seu secundum quod termini utriusque villae confrontantur, non quod ganato unius villae possint ire et pascere in circuitu, villae convicine per totum terminum, et e contra*». De ese modo no se respetaría el derecho de los vecinos de otros pueblos confrontantes, al cual debe atenderse: «*ut similiter alii vicini, qui sunt in circuitu, pascere possint ganato sua, secundum affrontationem sui termini, et modo praedicto*».

Todavía no aparecía del todo claro ni suficientemente explicado, ni el «*de área usque ad áream*» del fuero, ni el «*de sole ad solem*» de la Observancia. La 10.ª, *De pascuis,* etc., es la que da la explicación definitiva y completa. Para que tales reglas resulten cumplidas, declara esa Observancia que los ganados de cada pueblo deben partir de las eras después de la salida del sol *(«orto sole exire ab areis suae villae»)* o permanecer en su término sin entrar en el del inmediato hasta que haya transcurrido, desde que el sol sale, tanto tiempo como se necesita para llegar al límite de ambos pueblos saliendo de las eras del suyo *(vel per tantum tempus sole orto, stare in terminis sua villae quanto excundo ab areis suae ville starent in suis terminis eundo usque ad bogas terminorum alterius villae convincinae).* Y de modo análogo había que proceder a la vuelta. Los ganaderos que en el pueblo inmediato ejercitaban la alera, no podían dejar en él sus ganados durante la noche sin incurrir en responsabilidad *(possunt pignorari)*: tenían que volverlos a su pueblo dentro del día, y para ello debían sacarlos del término ajeno con el tiempo suficiente para poder llegar con sol a las eras del suyo *(«a simili debent exire tali tempore ante solis occasum a terminis villae convincinae quod ante dictum occasum solis possint ad areas suae villae redire»).*

Merecen recordarse aquí las disposiciones que, respecto a eras, se contienen en los *Estatutos y Ordinaciones de los montes y huertas de la ciudad de Zaragoza*[141]. En cuatro *ordinaciones* o capítulos se regula lo concerniente a las eras, a saber:

Cap. CXLVII: «De las heras de cómo han de hacer, o poner las faginas, o hacer casa».

Se prohibe hacer casas en las eras o poner faginas en forma tal, «que ocupe los aires en el tiempo del aventar». Si se contraviene a esta prohibición, se incurre en multa, además de ser destruidas las casas y deshechas las faginas.

141 Datan de 1593. Abolidos, en todo lo foral, por Felipe V en 1707, fueron restablecidos expresamente en 1722. No es fácil hoy determinar qué es lo vigente de ellos y qué lo derogado. Es indudable que algunas de sus disposiciones se observan en la práctica como reglas de policía rural.

Cap. CXLVIII: «De el que tendrá su hera más alta que otra hera o patio».

Declara que la *riba* o pendiente pertenece al dueño de la era más alta desde «un palmo en alto», pudiendo reforzarla con piedra y tierra, y que lo comprendido en ese palmo corresponde a la era baja.

Cap. CXLIX: «De la hera que estará más baja que las otras heras».

Prohibe al dueño de una era levantarla a mayor altura de las inmediatas, «porque en tiempo de pluvias el agua que caerá encima de la hera que habrán levantado no es razón que escorra el agua en alguna otra hera de los lados»: además deberá dar salida al agua «porque no haya daño en alguna otra hera o heras».

Cap. CL: «De qué ancho ha de ser la marguin entre una hera y otra hera».

La anchura que esa ordenanza señala es la de un codo o *«coudo»*[142]. Ese espacio ha de quedar expedito, no pudiendo las mieses ser colocadas en él sino a uno y otro lado.

EXCREX

Derecho foral. *Aragón.* Se entiende por *excrex,* en Aragón, la dotación de la mujer por el marido.

Se trata, pues, de una institución semejante al *escreix* catalán, y aun puede tenerse por posible que la palabra sea importación de Cataluña. No recordamos haberla visto nombrada en el volumen foral aragonés; no ya en los Fueros[143], mas ni en las Observancias.

Ni siquiera los tratadistas aragoneses, si no fuese, acaso, con alguna excepción de que no guardamos recuerdo, emplearon esa palabra hasta muy tarde. Molino (*Repertorium fororum,* etc., 1585)[144] Portolés *(Scholiorum sive annotationum ad Repertorimn,* etcétera, 1587-1592), Sessé (*Decissionum,* etcétera, 1619-1624), y Franco de Villalba (*Fororum atque observantiarum,* etc,

142 El codo equivale a una vara aragonesa. Véase la nota puesta por Savall y Penén al cap. CCVI en la edición que de los estatutos hicieron en 1861.

143 No aparece comprendida en ninguno de los dos Glosarios publicados en la edición hecha en 1866 por Savall y Penén de los fueros, Observancias y actos de corte.
Tampoco se la halla en el *Glossarium mediae et infimae latinitiatis*, la grande obra de Dufresne (Du Cange), aunque sí se comprenden en él las de *Creissamentum*, *Crescencia*, *Crescimentum* y otras análogas; todas con significación de aumento, accesión, etc.

144 Citamos esa fecha por ser la edición que generalmente se consulta: los ejemplares que se conservan de las demás son ya meras curiosidades bibliográficas por su rareza. Esa edición resulta ser la cuarta, pues entre la 1.ª, que es de 1813, y esa de 1585 consta ahora que hubo otras dos. La nota de la página 621 del tomo XII de esta Enciclopedia queda aclarada o completada con la presente. Con ambas tiene relación la que en el artículo EXTRACTA se dedica al *Formulario*, libro ya rarísimo destinado principalmente a difundir entre los notarios las enseñanzas del *Repertorio*.

1743), hablan, más o menos extensamente, de la especial donación en que el *excrex* consiste; pero no lo llaman así. El gran jurista catalán Fontanella (*De pactis nuptialibus,* tomo II), que recuerda las varias denominaciones dadas a la institución similar en diferentes países, y entre otras la de *creix* de los valencianos, no cita, respecto de Aragón, más que la de *haereditatem maritorum* (y ésta por referencia a autor castellano) y la de firma de dote *(firma dotis)*, que tampoco es expresión de los textos forales, en los cuales, lo que ahora decimos *excrex* se conoce por *dos,* en la más genuina de las acepciones que esta palabra tiene, según hemos indicado en el artículo DOTE (Derecho foral), de esta **Enciclopedia**; mas reconoce que en Aragón existe la institución. Un autor hay, sin embargo, de los citados por Fontanella, que habla de *excrex.* Es Casanate, jurisconsulto que a principios del siglo XVII, en contestación a cierta consulta, decía: *«Coeterum respondeo, augmentum dotis quod vulgo dicimus firmam dotis, sive excrex, non deberi nisi tantummodo pro rata dotis solutae»* (*Consiliorum sive responsorum,* vol. I), dando a entender, con esa distinción tipográfica de la palabra *excrex,* que se trataba de un vocablo poco propio, o bien nuevo o poco usado.

Más tarde, Lissa (*Tyrocinium iurisprudentia forensis,* 1.ª parte), al tratar de las donaciones hechas *favore et contemplatione matrimonii,* escribe estas palabras: *«plus enim donationi propter nuptias asimilatur* DOTALITIUM, *quod vulgo* SCREX; *et in Aragonia* DOS, *seu crebius* FIRMA DOTIS *appellatur et in aliis regionibus variis nominibus significatur, ut erutdite prosequitur Fontanella»,* etc.

Posteriormente, se usa con cierta frecuencia el nombre de *excrex* (alguna vez, rara, el de *excreix,* como ocurre en la obra de Moret y Silvela, *La familia foral* y *la familia castellana*), aunque hay tratadistas que omiten esa denominación (por ejemplo: Franco y Guillén, *Instituciones de Derecho civil aragonés*), y otros (como Martón y Santapau, *Derecho* y *Jurisprudencia de Aragón*), que hacen una misma cosa del *excrex,* del *axobar, axobarium* o *ajuar* y del *aumento de dote;* denominación esta última, que ha sido muy usada, casi tanto como la de *firma de dote,* y que se conserva en los dos proyectos de Apéndice aragonés al Código civil, de los cuales, el primero trata la materia bajo la rúbrica *De excrex, firma* o *aumento de dote,* y el segundo bajo la *«Del excrex, llamado también reconocimiento, firma o aumento de dote»*[145].

Con esta cuestión de nomenclatura se relaciona la de etimología. La palabra *excrex*[146] se hace generalmente derivar del latín *excrescere,* crecer, extenderse. Así lo estima Dieste en su *Diccionario.*

---

145 Es de notar que entre los *Formularios* que el Colegio notarial de Zaragoza publicó a raíz de la promulgación de la ley Hipotecaria, hay uno de capitulación matrimonial, en que el padre del contrayente le asigna una cantidad como donación *propter nuptias*, y el contrayente a su futura esposa otra cantidad por arras, haciéndose constar que éstas no han de considerarse como *aumento de dote*.

146 Para la institución catalana se usan indistintamente las palabras *excreix* y *excrex*; para la aragonesa se usa casi siempre la de *excrex*. El *excriex* que Borao (*Diccionario de voces aragonesas*) hace notar en la obra de Asso, debe de ser una errata, si se refiere a las *Institu-*

Igual etimología consigna la Academia en su *Diccionario de la Lengua castellana* (décimocuarta edición, 1914). La definición que del *excrex* da, es sencillamente la de «aumento de dote», y a ella agrega esta indicación: «for. Ar»., esto es, palabra forense, o perteneciente al foro aragonés.

Se advierte aquí una novedad con relación a la edición anterior (de 1899), en la cual la indicación era esta otra: «for. pr. Ar»., esto es, forense provincial de Aragón. Parece procedente la supresión de una de las dos abreviaturas, «for». y «pr»., aunque podría discutirse cuál de ellas debiera haber sido la suprimida; mas siempre será de extrañar que no se haya tenido en cuenta el *escreix* de Cataluña y que aparezca la institución como exclusiva de Aragón, cuando tanto arraigo tiene y tan en uso está en la región catalana.

Ureña (*Historia de la Literatura jurídica española,* tomo I), plantea una hipótesis distinta respecto a la etimología. A su juicio, siendo la institución de que se trata, que también tuvo cabida en los Fueros de Valencia, una supervivencia de la antigua donación de la mañana *(morgengabe)* unida a la institución también germánica de la *contradote* y hallándose regulada en los antiguos textos como *reconocimiento* de la virginidad o de la dote, aún podría la palabra *aumento* (significada en el *excrescere)* aplicarse al reconocimiento de la dote, aunque no refleje bien la idea de *contradote,* mas es imposible llevar a la cualidad de virgen el concepto de *crecimiento;* y en cambio, la etimología se presenta como cosa natural y perfectamente explicable, si se la relaciona con el verbo árabe *xacara,* que significa *dar las gracias, agradecer los beneficios.* Es muy posible que tenga razón el doctísimo profesor; aunque no consideramos, por otra parte, imposible que la idea de *crecimiento* sea la que dio lugar a la palabra *escreix* o *excrex*[147], porque después de todo, no se indica que los árabes conocieran esta institución en cuyo caso pudo adoptarse con ella la palabra, ni puede afirmarse que ésta sea anterior a la época en que a la relación de la donación con la virginidad se agregara la consideración de la dote, si es que, en efecto, sucedió, lo cual no se precisa bien, que hubiera una época en que, en Cataluña o en Aragón, sólo se tuviera en cuenta la virginidad, de la cual, por cierto, una vez sola se habla a este respecto en los fueros catalanes y ninguna en los de Aragón. La institución, tal como hoy se

---

ciones de Asso y De Manuel, pues sólo hablan de *escreix*, tal vez tomando de los catalanes esta palabra. Pero Palacios, en sus notas a esas Instituciones, ya no habla de *escreix* ni de *excreix*, sino de *excrex*. También Moret y Silvela (obra citada), hablan *excrex* con relación a Aragón; mas es palabra debieron de tomarla, ya directamente, ya por la mediación de Asso y De Manuel, de los autores que la habían usado con aplicación a la institución catalana, aunque convirtiendo la *s* en *x,* con lo que, en realidad, resultó una palabra que no es exactamente la aragonesa ni la catalana.

147 El uso de la *contadote o antiferna,* tal vez provino, según Nani, *Storia del diritto privato italiano,* de la antigua dote germanica o acaso de la donación *propter nuptias,* que del Derecho helénico y oriental pasó al Derecho romano cuando ya este había llegado a su última fase. Era esto un *aumento dote,* esto es, un aumento o agregación que se hacía por el marido a la dote de la mujer.

conoce, pudo nacer de la conjunción del espíritu gótico con el romano, amalgamándose elementos de uno y otro Derecho (la *morgengabe* y la donación *propter nuptias*), ya que, como hemos dicho al hablar del *escreix* catalán, ese carácter mixto viene a revestir, aunque baya predominado el elemento primero.

De todas las denominaciones dadas a la institución que nos ocupa, la más exacta es la de *firma de dote,* y por eso, en el artículo que de ésta tratamos, exponemos lo principal de esta institución, de que ya, en el presente y en otros anteriores, como DONACIÓN PROPTER NUPTIAS, DONACIÓ PER NOCES, DOTE y ESCREIX, quedan hechas algunas indicaciones, que sirven de antecedentes.

EXTRACTA

Derecho foral. *Aragón.–* Se entiende por *extracta,* en Aragón, el, traslado fiel de cualquiera escritura o instrumento público (Borao, *Diccionario de voces aragonesas).*

Esa palabra no es del legislador, sino de los jurisconsultos; no se lee en los fueros, sino en los libros de derecho, sobre todo en los modernos. Los antiguos usaban la palabra *copia;* Molino dedica a ésta un artículo de su *Repertorium.* El acto de sacar la copia se dice *extrahere,* y es también frecuente hablar de *extractio*[148].

En la obra de Franco de Villalba (*Fororum,* etc., tomo I), se encuentra la palabra *extracta,* pero no usada como substantivo, sino aplicada a *copia (licet copia instrumenti auctoritate judicis sit extracta,* al modo de la dicción *instrumentum extractum* de la cita de Sessé), y aun eso, si bien parece ser texto de la Observancia 5.ª *De fide instrumentorum,* lib. II, no es sino una redacción resumida que de ella hace Franco. Las palabras del texto legal son: *Item si alii quod instrumentum est exemplatum auctoritate judicis,* etc., Martón y Santapau *(Observancias del Reino de Aragón vertidas del latín al castellano),* traducen esto así: «si un instrumento está extendido con autoridad del juez». Pudiera creerse que se trata del trasunto extendido por providencia del Juez en la forma y a los efectos que se explican en el *Libro de la práctica judiciaria* de Pedro Molinos, bajo la rúbrica *«Transunto quando se saca en forma»;* pero más bien del texto de la Observancia deducimos que se refiere a la copia o extracta del instrumento, dada por el Notario. Nos confirma en esa idea la forma en que Monsoriu en su *Summa,* expone esa Observancia. Dice así: «Aunque con autoridad de juez esté trasumptado, el instrumento se ha de exhibir si se redarguye de falso». Cosa análoga sucede con la *Summa* de Bardaxí.

148 Así, Sessé, en una de sus Decisiones (*Decissionum sacri Senatus regii,* etc. tomo I), dice: *«fuit pronuntiatum in Curia Instit. Arago. quod Notarius non potest* EXTRAHERE *in publicam formam instrumentum semel extractum sine mandato Judicis, et si hoc fecerit, non valebit extractio».*

Acerca de las copias que hayan de darse a las partes en los procesos, Molino discurre extensamente en su *Repertorio*.

Son de tener en cuenta en esa materia algunos de los fueros del lib. II.

Es uno de ellos, el de Pedro II (Cortes de Zaragoza, 1381), que obliga al juez a ordenar que se den a las partes, previo el pago correspondiente[149], las copias, ya privadas, ya públicas y selladas[150] que las mismas pidiesen y castiga al juez que no ordenase librarlas y al notario que no las sacara. Se titula ese fuero, *De copiis processuum partibus tradendis per judicen.* Pocos años después, en 1398 (bajo Martín I, Cortes de Zaragoza), se dieron dos fueros (del mismo lib. II), que llevan la rúbrica *De liberatione copiarum.* Por el primero de ellos se ordena al Justicia de Aragón que obligue a los jueces u oficiales contra quienes se reclame por haber quebrantado los fueros, usos, costumbres, privilegios y libertades del Reino, y a los notarios correspondientes, a dar copias de los procesos a quienes las pidieren, para que puedan hacer constar los desafueros *(ut fidem facere valeant de dictis desafforamentis);* por el segundo, teniendo en cuenta la negligencia en que a veces incurren los jueces en cuanto a providenciar la expedición de copias, ordena a los notarios que cuando al efecto sean requeridos, las den *incontinenti, sine impedimento aliquo,* aunque el juez no la haya acordado, cobrando los derechos *(suo salario)* por fuero correspondientes.

Si de eso, que prueba el cuidado con que se procuraba atender al mantenimiento y garantías de las libertades públicas, pasamos a las copias de instrumentos privados, hallaremos reconocida en sentencia dictada en 1451 por el Consejo de Justicia, según Molino, la obligación del notario de dar copia del instrumento que él testificó, pudiendo compelerle a ello la parte que diga serle necesaria *(si pars dicit quod se vult illo jubase);* y esto, aun tratándose de quien no aparecía nombrado en el instrumento *(non est nominatus in illo),* según sentencia que se dictó después de oír el lugarteniente del Justicia a dos letrados, habida cuenta de que el notario se apoyaba en el dictamen de otros dos para negarse a dar la copia.

---

149 Juan I (Cortes de Monzón, 1390), dio el Fuero *De taxatione scriptupturarum et instrumentorum judicialium et extrajudicialium,* regulando esta materia, con la cual tienen también relación otros fueros como el de la rúbrica *De taxatione scripturarium,* de D.ª María, Reina Lugarteniente (Cortes de Zaragoza, 1442), el 1.° y el 2.° *De salariis Notariorum* de Juan II y Fernando II (Cortes de Monzón, 1510), 16 *De Tabellonibus*, todos del lib. IV, y el de 1678 (Carlos II, Cortes de Zaragoza), «Numero cierto de los notarios reales y custodia de sus notas»; disposiciones entre otras, encaminadas a armonizar la remuneración del funcionario con la evitación de abusos y excesos. En las ediciones 2.ª y 3.ª de la obra de Pedro Molinos, antes citada, se inserta una tabla de los derechos que por extractas podían exigir los notarios.

150 El fuero dice: *«copiae privatae correctae et signata»*, expresión un poco obscura, que viene a aclararse en la referencia que a ella hace uno de los fueros posteriores, con estas palabras: *quamvis per forum quilibet judex tenentur dare et concedere copias tam privatas quan correctas et signatas*, etc.

Cuestión distinta de esa es la de determinar si el notario puede *obligar* a las partes a que tomen la copia para que paguen por ella lo establecido. Suelves *(Consiliorum)* se decide por la negativa, cuando se trata de un comisario esto es, del notario nombrado por el juez, a la muerte de otro notario, para hacerse cargo de las notas y escrituras dejadas por éste, fundándose para ello en unas palabras del Fuero de 1592[151], *De provisión de Notas.* Esas palabras son las de «dándole comisión para sacar los actos que *le pidiesen* hasta que el que hubiese heredado dichas notas nombre notarios para sacar dichos actos». Cree Suelves que el propósito con que esas palabras se consignaron en el Fuero, es el de que el comisario no pudiera perjudicar al dueño de las notas. Fuera ese u otro el propósito, con dicho fuero es incompatible la opinión de Portolés, según la cual *(Tertia pars scholiorum)*, el comisario no puede, sin orden judicial, sacar extractas. Y es que el libro se publicó con anterioridad al fuero, pues aquél es de 1590.

Queda en pie, después de eso, la cuestión de si puede, no ya el comisario, sino el notario mismo, ejercitar aquel derecho. Suelves la resuelve afirmativamente, conforme a lo que él mismo, siendo asesor del Consejo del Justicia, había visto practicar; invoca, además, la autoridad de Molino, quien, en su *Formulario de actos* extra*judiciales de la sublime arte de la Notaría*[152], dice, para instrucción de los notarios del número y caja de la ciudad de Zaragoza[153], que «actos que pueden sacar sin ser voluntad de las partes», son, «según la plática común, capitoles matrimoniales, hermandades, firmas de dot, donaciones, vendiciones, tributaciones, sentencias arbitrales, contratos censales, testamentos, codicillos y últimas voluntades, por las pleytosías que por ellos se siguen».

Sobre atribuciones del notario sucesor en las notas o protocolos y forma de extender las extractas, hace Molino en su *Repertorio* algunas advertencias, entre ellas, derivada del texto de la Observancia 12.ª *De fide instrumen-*

---

151 Tiene ese fuero su antecedente y razón de ser en otro de 1564, por el cual el notario podía disponer de sus notas en cualquier persona que bien vista le fuese. Venían así a veces los documentos a poder de mujeres, que fácilmente dejaban sacar escrituras y reconocer las notas y protocolos del notario muerto. Remediar ese mal, fue el objeto del Fuero de 1592.

152 *«Liber valde antiquus, typis excussus»*, dice Suelves en su citada obra (1642). Ese formulario es un libro rarísimo. De él, que se sepa, se hicieron dos ediciones. De la 1.ª (1515) posee un ejemplar D. Jorge Jordana, persona competentísima en lo que se refiere a antigüedades aragonesas. De la 2.ª (1523) hay uno en la biblioteca de la Universidad de Zaragoza, al que hace referencia D. Juan Manuel Sánchez en su Bibliografía del siglo XVI. Es un libro interesante, destinado principalmente a difundir entre los notarios las enseñanzas del *Repertorio*, como dejamos indicado en una de las notas del artículo EXCREX.

153 No hay que confundir a este Miguel del Molino, tan renombrado por su *Repertorium*, con Pedro Molinos, autor del *Libro de la práctica judiciaria del Reino de Aragón*, obra antes citada, de que conocemos ediciones hechas en 1575, 1625 y 1649. Estas dos últimas se publicaron con el título de *Pratica judiciaria del Reino de Aragón*, corregidas y aumentadas por curiales de Zaragoza.

torum, lib. II, la que le manda agregar todo aquello que el notario testificante había acostumbrado consignar en los instrumentos análogos, en el caso de que resultara alguno con la dicción *etcétera.* El texto de la Observancia permite dudar si esa agregación había de hacerse en las notas mismas; de las palabras de Molino se deduce que debía practicarse al extender la extracta.

Si en las notas o protocolos aparecieran adiciones o apostillas sin las solemnidades debidas, esto es, sin hacerse lo prescrito en el Fuero de Barbastro, de 1626, *«Que en las notas»*, etc., no deberían ser incluídas en la extracta: así lo enseña en uno de sus consejos o respuestas (*Consiliorum sive respondorum,* vol. I.), Casanate, el cual discurre con alguna amplitud acerca, no sólo de la extracta, sino del criterio con que las adiciones mismas o apostillas hayan de considerarse[154].

La expedición de extractas después de la primera, ha ocupado también la atención de los juristas aragoneses.

Comentando Portolés las enseñanzas de Molino, y con criterio más amplio que el de éste, opina: que si la parte interesada alega haber perdido por incendio o por cualquier otro accidente la escritura que le entregó el notario, y jura no proceder, en estas afirmaciones, maliciosamente, puede éste ser obligado por el juez a redactar de nuevo el instrumento con arreglo a sus notas y entregarlo a la parte; que, ello no obstante, puede el notario, sin necesidad de intervención del juez, repetir las extractas, si se trata: 1.° de instrumentos de naturaleza tal, que la multiplicidad de copias no pueda perjudicar a la otra parte, en cuyo número se cuentan las concesiones de privilegios, los testamentos, los nombramientos de tutores y curadores; 2.°, de aquellos cuyo efecto depende de la voluntad del otorgante que pide la copia, como sucede con el testamento, que él quiere guardar en su casa; 3.°, de los de actos judiciales, como públicos que son. Fuera de los casos que se dejan indicados el notario que da a una parte, sin el parecer de la otra *(inconsulte)* una extracta repetida, incurre en responsabilidad[155].

No todo lo que acaba de decirse bajo la fe de Molino y Portolés, nombres a que pudiera agregarse otros, se reduce a meras opiniones suyas: hay algo

154 Dieste, en su *Diccionario*, cita el *Cons*. 28; creemos esto un error material, aunque no salvado en la fe de erratas; debió de referirse al Consejo 38, a cuyo sumario pertenece (num. 32), esta manifestación; *Notarius debet instrumentum assumere ex contextu, non ex appostillis.*

155 Pedro Molinos (obra citada) comprendió en su formulario un modelo de proceso *super extractione instrumenti.* Supone un caso de pérdida de un instrumento de comanda: el juez, a quien el acreedor ha acudido en forma legal, ordena al notario «que *in continente*, sin dilación alguna, saque y libre en pública forma y fe faciente», aquel instrumento, o bien alegue las razones que, para no hacerlo así, tuviese. Si no las da, se puede mandar proceder contra él. Si al darlas, resulta que ya sacó extracta (y aun sin eso, y por punto general, siempre que hay otra parte interesada), se convoca a ésta, y en todo caso el juez resuelve en definitiva lo procedente.

que directamente procede de la ley. Las Observancias 20.ª y 25.ª *De fide instrumentorum* lib. II, prevén el caso de pérdida de la escritura *(instrumentum).* Supuesto ese caso, con el juramento indicado, el juez debe mandar que sea reparado, esto es, que se extienda otro ejemplar, con audiencia del interesado *(Judex debet mandare illud reparari, vocato illo de cujus interesse ex nota constat),* según la Observancia 21.ª; y si hay otra persona, además de la que lo pide, a quien interese, debe citársela *(vocabitur)*; si se opone, se le da lectura de la nota en juicio *(debet legi notula in judicio)*, para que pueda alegar las razones de su oposición y si no las alega, se manda dar nueva extracta *(instrumentum reparari)*, según la 25.ª[156].

Esas Observancias, según Sessé (*Decissionum, Sacri Senatus regii,* etc., vol. I), determinan una forma substancial y una cualidad formal, cuya omisión, por referirse al momento del acto mismo, lo vicia, sin posible subsanación posterior, sin que sea necesario que esto se halle expresamente declarado en ellas, toda vez que la ley prohibitiva implica nulidad del acto que la quebranta.

El presente artículo no ha de versar más que sobre la *extracta*: con lo dicho queda expuesto lo más digno de ser recordado. mayor extensión que se le diera podría ser desproporcionada, sobre todo si se tiene en cuenta que cuanto pueda decirse es cosa de mero valor histórico. Hoy, en Aragón, como en el resto de España, rigen las leyes procesales y en lo extrajudicial, la legislación del Notariado, con la sola salvedad (artículo 29 de la ley de 28 de mayo de 1862), relativa a los testamentos y demás disposiciones *mortis causa*, a que se aplican la ley o leyes especiales del caso.

Lo que nos parece no poder admitirse, es que, como en algún libro hemos leído, el protocolo se introdujera en Aragón al hacerse extensivo a esa región por Carlos I en 1528, la célebre pragmática de los Reyes Católicos que lo había creado tal como hoy existe, atendidos sus requisitos internos. Lo que hay de cierto, es que en esa fecha Isabel la Católica dio su pragmática, hoy inserta en la Novísima Recopilación, formando varias leyes del tít. 23 de su lib. X, por la primera de las cuales se creaba, según expresa su rúbrica, el «libro de protocolo que deben tener los escribanos para extender las notas de las escrituras otorgadas ante ellos y modo de dar sus copias a las partes»; y que después Carlos I (Cortes de Zaragoza, 1528), sin aludir siquiera a aquella pragmática, y menos hacer extensiva a Aragón su vigencia, estableció, por el fuero *«Forma para testificar los actos por los*

---

156 En la *Pratica judiciaria* de Molinos (3.ª edición), se advierte que aunque los instrumentos de comandas censales y otros debitorios, sacados una vez, no se puedan sacar segunda sin citación del obligado, según la Observancia 20.ª que arriba se invoca, eso no obsta a que si se hubieren exhibido en algún proceso originalmente y después por relación que por orden del juez a instancia de parte legítima hubiese hecho de la causa el notario, contase haberse perdido en la Escribanía, se acostumbra mandar se saque segunda vez, sin citación de parte, aun habiendo señal de extracta. *Et ita quotidie practicatur*, añade.

notarios», lib. IV, lo que este mismo título indica. Mas ni dejó de seguirse legislando en Aragón acerca de los notarios y de la función notarial (fuero de 1626, *Creación de Notarios;* de 1678, *Forma para testificar los actos por los notarios,* y otros), ni era, hasta entonces, el protocolo cosa allí desconocida; como quiera que no sólo hablan de él las Observancias, que datan de principios del segundo tercio del siglo XV y comprenden usos y costumbres ya entonces establecidos, sino que ya se le menciona en los fueros 2.° y 3.° *De Tabellionibus,* lib. IV, que datan, respectivamente, de 1348 y 1349. *Omnes Notarii Regni Aragonum,* dice el primero de esos fueros, *postquam receperint instrumenta in prothocolis seu capibrevibus suis,* etc. *Teneantur ea,* dice el segundo, *in prothocolis seu capibrevibus suis infra sex menses propria manu complete et integre reponere seu scribere per litteras et non per abreviaturas vel signorum obscuritates.*

Había, pues, en Aragón, protocolo, siglos antes de la pragmática de Isabel la Católica, y él hacía posible que se dieran las copias o *extractas* objeto del presente artículo, en el cual prescindimos de todo lo demás relacionado con la importante función del Notariado, que en otros lugares de esta **Enciclopedia** habrá de tener cabida, ya en orden al nacimiento y desarrollo histórico de esa institución, ya en lo tocante al Derecho actualmente vigente.

FEUDALISMO

Concepto del feudalismo.– Fue éste, al decir de Balari *(Origenes históricos de Cataluña),* una institución jurídico-social, que bajo el primer aspecto se fundaba en el contrato innominado de *do ut facias,* pues el señor daba al vasallo bienes en usufructo vitalicio y el vasallo se obligaba a guardarle fidelidad y prestarle servicios personales, y bajo el segundo daba lugar a un estado de dependencia del vasallo con relación al señor, a quien debía servir y ayudarle en la guerra, con lo que resultaba establecido un orden jerárquico.

Parece que esa consideración del régimen feudal, de ese régimen que predominó en la Europa de la Edad media, no expresa todos sus caracteres.

Tarea es la de fijarlos con precisión, que estimamos superior a nuestras fuerzas. La divergencia con que la realizan los autores, prueba su dificultad. Azcárate (*Ensayo sobre la historia del derecho de propiedad,* t. II), examina las fórmulas dadas por Courzon, Kent, Montesquieu, Poggi, Maine, Laboulaye, Cárdenas, Guizot, Garsonnet y Castro, y todavía pudieran agregarse otras, como las de Malecot y Blim *(Précis de Droit féodal),* y Minguijón (*Elementos de historia del Derecho español,* cuaderno 2.°). Sin discutirlas, ni exponerlas siquiera, porque se daría al presente artículo una extensión excesiva, no creyéndonos en condiciones de proponer una nueva, y en la necesidad de aceptar alguna, nos decidimos por la de Azcárate, a cuyo juicio (obra citada) los caracteres verdaderamente esenciales y distintivos del feudalismo deben reducirse a estos cuatro[157]: 1.°, la división de la propiedad mediante la distinción del dominio en directo y útil; 2.°, la jerarquía; 3.°, la fusión de la soberanía con la propiedad; 4.°, el predominio de las relaciones reales sobre las personales.

Digamos algo acerca de cada uno de estos rasgos o aspectos que, diversificados en los distintos países[158], forman los comunes y generales fundamentos en todos ellos:

a) División de la propiedad.– Según opinión muy generalizada, Roma no conoció esa forma jurídica. El enfiteuta —aún después que sus derechos aumentaron con relación a los que tenía cuando comenzó la institución en tiempo de la República, y aun luego cuando bajo el Imperio tuvo ya un nombre, tomado de Grecia, el de enfiteusis, y se destacó con propia individualidad y caracteres especiales distintivos el contrato de su creación—, nunca fue considerado como señor, *dominus,* ni llamado de ese modo. Fue pura y simplemente, poseedor de un derecho de servidumbre, *jus in re aliena constitutum.*

En la Edad media es cuando para el feudo, como para la enfiteusis[159], instituciones que recíprocamente se influyeron durante largo lapso de tiempo, se empleó la denominación de *dominio directo* y la de *dominio útil*, a consecuencia principalmente de la conversión de lo que en un principio fuera temporal y precario en hereditario y perpetuo.

157 En rigor podrían esos cuatro caracteres entenderse comprendidos en los dos que señalo Pérez Pujol en su *Historia de las Instituciones sociales de la España goda,* t. II, a saber: 1.° La constitución territorial del patronato germánico que gradualmente transformó al patrono en señor y al cliente en vasallo, ligándolos por la participación en la propiedad, bajo la distinción romana de dominio directo y útil y por el vínculo de la fidelidad y del servicio militar, continuación de las costumbres germánicas. 2.° La confusión entre la propiedad privada y el Poder público, por cuya virtud el patrono convertido en señor ejercía jurisdicción sobre los vasallos, cobraba de ellos no sólo las rentas procedentes del cultivo o dominio útil de la tierra que les habla cedido: los *obsequios* del patronato, sino los impuestos de origen exclusivamente fiscal, y se utilizaba de los servicios de sus inferiores, exigiéndoles prestaciones y corbeas, fuesen éstos herencia de los *munera* romanos, abusivas exigencias del señor sobre el vasallo ingenuo, o continuación y recuerdo de los oficios serviles que debía el esclavo elevado a siervo de la tierra y más tarde a vasallo labrador.

158 *«Le régime feodal à pénétré partout, mais avec des nuances qui variaient dans chaque localité »*
«Pour jeter quelque *lumière dans ce chaos, il est utile que la féodalité soit étudiée dans chaque province, car le moyen âge est le monde de la diversité»* (Lagèze, *La féodalité dans les Pyrénées).*
A esa índole local de las instituciones feudales que obliga a estudiar sus caracteres, no en la historia general de cada *nación,* sino en la de cada pueblo, atribuye Ballester (*Iniciación al estudio de la historia,* t. I) que no existan trabajos generales ni tampoco bibliografías.

159 Pueden consultarse sobre este particular los diversos artículos que sobre la enfiteusis se publican en esta **Enciclopedia**.

Creemos que no sin razón se ha pensado en esa división del dominio, aunque no todos los jurisconsultos acepten esta teoría, estimándola algunos falta de verdadero fundamento científico. A la opinión de estos últimos no podemos adherirnos. Que en el caso de una servidumbre no se hable de división del dominio, es natural y obligado, porque el propietario conserva la virtualidad de este derecho, salvo hallarse privado del ejercicio de algunos de los parciales que lo constituyen, de tal suerte que cuando la servidumbre cesa, el dominio *ipso facto* queda en el propietario íntegramente y bajo todos los conceptos; pero no ocurre lo mismo en el caso del feudo y de la enfiteusis perpetua, pues entonces resultan en ambas partes interesadas todos los derechos, aunque «en cada cual para la consecución de un *fin* distinto y predominante», como dice Azcárate; fin que en el feudo, como observa éste, acogiendo una opinión de Ahrens, es de orden político en lo que atañe al señor, quien, además, análogamente a lo que acontece en la enfiteusis, tiene ciertos derechos formales de disposición, la utilidad de los servicios, un derecho de reconocimiento, y, sobre todo, derechos con relación a eventualidades futuras como los de consolidación y confusión, mientras que el vasallo tiene la tierra principalmente para cultivarla y utilizarla sin estar por esto privado de otros derechos esenciales.

Fue ese estado de división, que no de condominio, pues son cosas distintas, una etapa en la historia del derecho de propiedad y en ciertos respectos un progreso.

Fuera del alcance de ese régimen quedó el alodio[160], propiedad particular y libre que fue perdiendo importancia a medida que el régimen feudal acentuaba la suya. Cuando ésta llegó a su grado máximo, en los siglos X y XI (Laferrière, *Histoire du Droit français,* t. IV), los hombres que se veían desamparados y huérfanos de protección, solían buscarla ofreciendo sus alodios al rey o a los señores para ser sus vasallos; en ocasiones, a aquellos mismos de cuyas persecuciones y violencias eran víctimas. En eso consistía lo que se llamó enfeudación *par reprise*[161].

160 En la baja latinidad, *allodium, alodium, alodum, alaudum* y *alode.* En su origen, esa palabra significó el patrimonio familiar que necesariamente debía conservarse y transmitirse a la familia, como se ve en la *Lex Salica* y en otras del Derecho germánico: después, los bienes hereditarios *(bona ex iure parentum),* en oposición a los adquiridos por propia industria *(bona non ex iure parentum)*; últimamente, la propiedad verdadera y plena (*res libera quam quis à nemine tenet sen recognoscit nisi a Deo,* como escribió Baldo), a diferencia de la sujeta a beneficios y feudos. Véase el artículo *Allodio* del *Dizionario pratico del Diritto privato,* dirigido por Scialoja.

161 Laferrière *(Histoire du Droit français),* hace notar la diferencia que en Francia existía, en cuanto a los alodios *(alleux)*, entre el Norte y el Mediodía; diferencia a que dio ocasión la circunstancia de haber sido más fuerte en aquél que en éste la invasión de la Galia por los francos, con lo cual el alodio resistió más y coexistió con los feudos en el Mediodia en mayor escala. Predominó así en el Norte el principio *nulle terre sans seigneur,* fórmula a que se respondió en el Mediodía con la de *nul seigneur sans titre,* a juicio de Foignet *(Manuel élémentaire d'historie du Droit français).* La primera de esas máximas, en pura doctrina

b) Jerarquía.– Fue ésta muy varia según las épocas y los países, y resultó establecida bajo la doble consideración de las personas y de las cosas.

Las enfeudaciones y subenfeudaciones tenían que dar, natural y necesariamente, ocasión a la jerarquización de las personas; de una parte, porque ponía en frente del señor al vasallo o villano en las respectivas condiciones que la constitución del feudo implicaba, y de otra, a cada señor con autoridad sobre el inferior y con sumisión debida al superior hasta llegar al rey, superior a todos. Contrayéndonos a Francia, país que puede llamarse clásico del feudalismo, pues allí nació y de allí lo tomaron las demás naciones, hemos de señalar como grados de la jerarquía, de arriba abajo, los de duques, condes, marqueses, barones y castellanos, y señores de orden inferior[162]. Al lado de la jerarquía secular había otra eclesiástica, feudal también, constituída por los obispos y los abades, propietarios, por lo general, urbanos los primeros y rurales los segundos, con absoluta autoridad unos y otros sobre la población respectiva, e iguales derechos, incluso el de hacer la guerra, que los demás señores[163], para lo cual enfeudaban a los laicos una parte de sus tierras (Ballester, obra citada).

Sucedía algo semejante con las tierras. Las que a sus vasallos había cedido en dominio útil un señor feudatario de otro, formaban parte de un mayor territorio cedido por éste a él mismo; y así a veces, ascendiendo, se sucedían varios señores hasta llegar al Rey, que no dependía de nadie; de suerte que había aquí lo que se ha llamado una cadena de tierras *(chaine de terres)* correspondiente al encadenamiento de personas.

c) Fusión de la soberanía con la propiedad.– Parécenos que este es el rasgo más fundamental y característico del feudalismo. Quizá en la determinación de la existencia de tal régimen pudiera prescindirse de alguno de los otros requisitos; no de este que ahora examinamos. Montesquieu *(Esprit des lois),* ha hecho una descripción exacta y animada del estado de cosas a que se llegó al establecerse esa identificación de la soberanía con la tierra. «La herencia de los feudos y el establecimiento general de los subfeudos *(arrière-fiets),* acabaron con el gobierno político y formaron el gobierno feudal. En lugar de esa multitud de vasallos que habían tenido, ya no tuvieron los reyes más que

---

feudal, se refería a la autoridad de un señor a quien correspondiera juzgar *(seigneur justicier);* pero, fouándola, extendió a la propiedad lo que sólo era verdad para la justicia.

162 Así dice D'Espinay, citado por Azcárate; pero no en todos los autores hallamos la misma escala jerárquica. Foignet, por ejemplo (obra citada), clasifica los señoríos feudales, por orden de dignidad, en ducados y condados, baronías, vizcondados y castellanías, constitutivos, en su conjunto, de los grandes feudos o *feudos titulados (grands fiefs ou fiefs titrés),* en número de 55 al fin del siglo X y de 70 en tiempo de S. Luis; viniendo después los simples señoríos.

163 Según Foignet (obra citada), desde el siglo XII se operó un movimiento de concentración de los grandes feudos, al mismo tiempo que su transformación en feudos-pairías *(fiefs-pairies)*, quedando reducidos a doce: seis laicos y seis eclesiásticos.

algunos de que los demás dependieron. Ya casi no tuvieron autoridad directa los reyes: un poder que debía pasar por tantos otros y tan grandes poderes, se detuvo o se perdió antes de llegar a su término. Tan grandes vasallos ya no obedecieron y aun se sirvieron de sus *arrière vassaux* para no obedecer. Los reyes, privados de sus dominios, reducidos a las ciudades de Reims y de Laon, quedaron a merced de ellos». Cada uno de los feudos y subfeudos en que la Nación se dividía, formaba un pequeño Estado; de tal suerte, que ha podido decirse con razón que Francia presentaba el aspecto de una federación de Estados presidida por un rey que no guardó la totalidad de los atributos de la soberanía, sino en aquellas tierras en que había conservado como señor feudal el supremo de la justicia.

d) Predominio de las relaciones reales sobre las personales.– A la confusión de la soberanía con la propiedad, ese principio característico de feudalismo absoluto, se debe, dice Laferrière (*Histoire,* t. III) el cambio de la personalidad de las leyes en su realidad o la trasfusión de las leyes personales en el sistema de las costumbres reales.

Esa realidad de las costumbres pasó, segun advierte el mismo escritor (*Essai,* t. I), a ser un axioma jurídico *(les coutumes sont réelles).*

Cómo se hizo esa transformación de lo personal en real, es fácil de comprender.

Como no sólo, dice Azcárate, siguiendo a Laferrière y a Guérard, se transformaron en propiedad hereditaria los gobiernos de provincia, los ducados y los condados sino que lo que los grandes vasallos alcanzaron de los reyes, los oficiales subalternos los beneficiarios de orden inferior y los vasallos de los particulares lo obtuvieron a su vez para sus posesiones, adquiriendo los mismos colonos y siervos de la Iglesia del fisco, un derecho análogo de propiedad y de herencia, la apropiación resultó hecha lo mismo abajo que arriba, se inmovilizó el hombre en la cosa y la sociedad llegó a admitir como general e inevitable necesidad la correlación de hombres y tierras.

Origen del feudalismo.– Habríamos de dar al presente artículo proporciones muy excesivas si nos propusiéramos hacer la exposición y crítica de las muchas, diferentes y hasta contradictorias, opiniones emitidas por los publicistas que a esta materia han prestado atención. Esas diversas opiniones, emitidas por hombres de tanta autoridad como Ducange, Dumoulin, Montesquieu, Grocio, Laferriere, Summer Maine y otros, han sido estudiadas por Azcárate (obra citada), quien sienta como conclusión que dándose la preferencia como precedente histórico mediato a las instituciones y costumbres germanas, no puede desconocerse tampoco el influjo que ejercieron las romanas, y menos lo que tiene el feudalismo de espontáneo y de propio de la época en que se produce, así como su enlace íntimo con la época bárbara donde se encuentra su precedente más inmediato e incontestable.

También bajo otro aspecto menos concreto aparecen divididas las opiniones, pues mientras Montesquieu, por ejemplo, estima que ese régimen es y será siempre único en el mundo[164], Kremer (citado por Balari, *Orígenes históricos de Cataluña*), cree es una institución que se ha desarrollado espontáneamente en los más diversos pueblos, encontrándose entre los persas lo mismo que entre los germanos y en otros pueblos que no son arios, sin que haya motivo para pensar en la comunicación de unos a otros, de suerte que hay que considerarlo como «un fenómeno del desenvolvimiento social de los Estados que se presenta espontáneamente en determinadas relaciones».

Nos adherimos al parecer de Montesquieu, no en cuanto a que el feudalismo no pueda ya repetirse, pues nadie puede precisar ni siquiera conjeturar, sin exponerse a errar grandemente, las vicisitudes que a la humanidad hayan de afectar en el curso de los tiempos, sus avances, sus retrocesos, sus claudicaciones; sí en lo que toca al pasado. Fuera del período histórico en que el feudalismo se presentó como fenómeno político-social y de los pueblos en que ese régimen estuvo en vigor, podrán citarse, no lo ponemos en duda, pueblos y épocas en que se haya dado alguno de sus elementos o aspectos, no el conjunto de los que históricamente lo constituyen e integran. Vasallos, por ejemplo, hubo en Germania, según Montesquieu (obra citada); pero éste mismo hace notar que, a pesar de ello, no hubo allí propiamente feudos, ya que los príncipes no tenían tierras que dar, o mejor, no eran entre los germanos los feudos otra cosa que los caballos de batalla, las armas, los alimentos, pues había hombres fieles ligados por su palabra a la ayuda en la guerra y Salvi *(Storia del Diritto di proprietá)*, que hace subir a los más remotos tiempos históricos el origen del feudalismo y cita con ese motivo a Homero, porque habla de los colonos y pastores de Agamenón y de los vasallos de Menelao, sin dejar de hacer notar que en todas las épocas los débiles tuvieron necesidad de acogerse al amparo de los fuertes, al fin reconoce que la institución feudal nació y se desenvolvió independientemente de otras, como el precario y el colonato, que le habían precedido y alcanzó una vida independiente de ellos.

Cualquiera, pues, que sea la semejanza o la identidad de algunos rasgos, no se ha podido demostrar la existencia de una verdadera, propia, específica institución de carácter feudal, hasta que en el curso del tiempo se produjo ese fenómeno social que se conoce con el nombre del feudalismo.

Hizo ese régimen su aparición en Francia, con los caracteres de institución consuetudinaria[165], que va realizando su desarrollo e influye en otros pueblos.

---

164 *«Je croirais qu'il y aurait une imperfection dans mon ouvrage si je pasais sous silence un événement arribé une fois dans le monde et qui n'arrivera peut-etre jamais; si je ne parlais de ces lois que l'on vit paraitre en un momento dans tout l'Europe, sans qu'elles tinssent a celles que l'on avait jusqu'alor connues » (Esprit des lois).*

165 *«Droit féodal et coutumier»* es el epígrafe que asigna Laferrière al lib. III de su *Essai sur l'histoire du Droit français*. El mismo autor titula uno de los libros, el VI, de su obra *Histoire*

Extensión del feudalismo.– Hemos dicho que el pueblo en que con mayor pureza de caracteres y mayor imperio apareció el régimen feudal, fue Francia.

Hemos indicado también, que la organización feudal se extendió, en general, a todas las naciones europeas.

Del estudio de éstas, a excepción de España, prescindiremos en este artículo.

Se conviene en que en Cataluña, y aun en Navarra, existió el feudalismo, aunque con mayor rigor en el primero de esos estados que en el segundo; ya en el artículo FEUDO nos ocupamos especialmente del Derecho feudal histórico catalán.

Fijándose principalmente en Castilla, no pocos escritores, Cambronero, Toreno, Durán y Escosura que los cita *(Juicio crítico del feudalismo en España),* convinieron en la existencia del feudalismo.

Marina *(Ensayo histórico-crítico sobre la legislación y principales cuerpos legales de los reinos de León y Castilla),* y Lista *(Memoria sobre el feudalismo en España)*, la negaron.

«El gobierno de los reinos de Asturias, León y Castilla, decía el primero, fue un gobierno propiamente monárquico y su constitución política la misma que la del imperio gótico en todas sus partes, infinitamente distantes de los demás gobiernos conocidos entonces en Europa, e inconciliable por sus principios, leyes y circunstancias con las monstruosas instituciones de aquellos gobiernos feudales». «El espíritu de imitación servil, agregaba el segundo, es el que guio a algunos escritores a tomar las armas contra el feudalismo en Castilla, porque no estudiaron filosóficamente nuestra historia, ni el progreso sucesivo del poder del trono y de la autoridad de los señores; estudiaron libros extranjeros y aplicaron sus principios a la legislación de España».

Castro *(Discurso sobre las leyes y sus intérpretes)*, análogamente a lo que, ya algún otro escritor había indicado, venía admitir una especie de feudalismo modificado o atenuado, pues los feudos eran poco frecuentes o acaso desconocidos, a no ser, decía, que se quiera llamar feudos las concesiones reales de territorios con dignidad, jurisdicción y títulos de nobleza, y con la obligación de servir en tiempo de guerra con cierto número de soldados.

Con cierta viveza de lenguaje rebatió Sempere *(Historia del Derecho español)*, la tesis de Castro.

Y en ese estado ha seguido la cuestión, permaneciendo divididas las opiniones, pues mientras unos, como Tapia (*Historia de la civilización española,* t. I), y D. Modesto Lafuente (*Historia de España,* t. I, ed. de Barcelona), dicen que en España, salvo Cataluña, no hubo feudalismo, otros, como Marichalar

du Droit français, del siguiente modo: *«Epoque féodale. Droit privé du moyen age on droit féodal et coutumier du Xe a la fin du XIIIe siecle».*

y Manrique (*Historia de la legislación española,* t. II), aunque niegan también que existiera, se refieren, no al feudalismo en sí mismo, en sus caracteres esenciales, sino al «temible conjunto de privilegios feudales que oprimían a los pueblos en otros reinos», que no se conoció en tierras de León y Castilla: Gutiérrez (*Códigos o estudios fundamentales del Derecho civil español,* t. II), se adhiere a la opinión de Martínez Marina y de Lista; afirma que la monarquía visigótica fue un gobierno infinitamente distante de los demás conocidos a la sazón en Europa e inconciliable por sus principios, leyes y circunstancias «con las monstruosas instituciones de aquellos gobiernos feudales», no obstante lo cual, cree innegable que el feudalismo existía en España antes del reinado de Alonso el Sabio, ve por todas partes esa institución que éste se propusiera reglamentar en su famoso Código desde luego, y vacila en cuanto a ese extremo; y no atreviéndose a decidirlo como historiador, lo reconoce decididamente como jurisconsulto: y para terminar esta enumeración, que podría alargarse mucho, Santamaría de Paredes *(Curso de Derecho político),* con un criterio de que participan no pocos jurisconsultos e historiadores, estima que «si el feudalismo existió en la monarquía castellana, como no puede menos de reconocerse por las señales que de él se advierten en el Fuero viejo y en las leyes de Partida, fue de una manera *incompleta* y *limitada* por su tardío nacimiento, por el carácter de la repoblación y por el advenimiento anticipado del estado llano a la vida política, en los reinos de León y Castilla»[166].

Menos que de Castilla se ha escrito de Aragón en lo que toca al punto que ahora nos ocupa. ¿Existió el feudalismo en Aragón? Partiendo de distintos y aun opuestos campos, y quizá dejándose influir mucho por el respectivo espíritu político, escritores aragoneses como D. Manuel Lasala (*Examen histórico foral de la Constitución aragonesa,* t. III), y D. Vicente Lafuente (*Estudios críticos sobre la historia y el Derecho de Aragón,* t. II), vienen en realidad a parar a una misma conclusión.

Lasala, para quien la más aproximada, si no de todo punto exacta definición del feudalismo es la servidumbre del pueblo, unida al envilecimiento de la autoridad real, cree que el régimen feudal no era propio de la legislación aragonesa y que no tuvo apoyo en ella. Estima, sin embargo, que cuando se entronizó en toda Europa, la sociedad aragonesa se contagió de esta dolencia moral que se arraigó fácilmente en los grandes estados jurisdiccionales de sus ricohombres y llegó a hacerse «endémica y poderosa» por la influencia de éstos. Esas costumbres no pueden negarse. La facultad de los señores de tratar bien o mal a sus vasallos, según su capricho, que a esto equivale el *«pro eorum*

166 Muy recientemente Azcárate, en su discurso de contestación al de ingreso de D. Julio Puyol en la Academia de la Historia, ha dicho lo siguiente: «Tiene el tema del discurso (el Abadengo de Sahagún) un interés especial pues yo nadie podrá poner en duda que en León y Castilla ha existido el feudalismo, aunque acaso tenga razón Secretán para apellidarlo *incompleto,* con el escandinavo, y en colocar a ambos en tercer lugar, dejando el primero para el *nativo,* esto es, para el francés, el lombardo y el alemán, y el segundo para el *importado de Inglaterra, Italia y Jerusalem*».

libitu voluntatis», y privarles de sus bienes, sin apelación, y de dejarlos morir de hambre y sed en las prisiones, no está ciertamente reconocida en los fueros, pero lo está —Lasala mismo las cita— en las Observancias. Luego, estaba autorizada por la costumbre, y con las Observancias adquiría sanción escrita.

Por su parte, Lafuente, que en la historia de Aragón condena casi todo lo que Lasala ensalza, cree que en ese antiguo Reino no hubo feudalismo en los cuatrocientos primeros años de su existencia, mas sí en los cuatrocientos siguientes, y esto como obra de los movimientos de la Unión, por consecuencia de los cuales estima que las lugartenencias y honores llegaron a ser «verdaderos feudos» y constituir «una tiranía de lo más ominoso que presenta la historia», y hasta habla de feudalismos eclesiásticos en el Alto y el Bajo Aragón respectivamente.

Establecióse en Aragón el feudalismo más brutal cuando ya iba pasando en Europa y Castilla, como nos echa en cara el Sr. Muñoz Romero, dice Lafuente, como antes había recordado Lasala que los jurisconsultos aragoneses declaraban muy paladinamente que el régimen feudal tenía su razón en la legislación del Principado de Cataluña, y que la introducción de los abusos y costumbres del feudalismo en el reino de Aragón se debía a los *vicarios* y *paciarios* catalanes que para regir la parte de éste lindante con tierras catalanas venía poniendo el monarca. Y por eso en Fuero *Quod Ripacurtia* de 1300, donde por excepción se habla de feudos, acerca de los cuales callan los demás fueros aragoneses, se prohíbe el nombramiento de catalanes para aquellos cargos.

En ese fuero, al declarar acogidos a los de Aragón a Ribagorza y otros territorios, se exceptúan los feudos. Y Molino *(Repertorium fororum)*, de quien han venido tomándolo los tratadistas de Derecho aragonés que a esta materia han prestado alguna atención, dice haber oído a los antiguos que en Aragón sólo había dos feudos, o sea lugares (Ariza y Berbegal), dados en esa condición por los reyes.

Van mezcladas en la discusión sobre el feudalismo, esta palabra y la de señorío[167]. Y acerca de esto importa tomar en cuenta lo que dice Pérez Pujol en su ya citado libro.

---

167 Al discutirse la última de las leyes de señoríos, el diputado Sancho (*Diario de sesiones*-Cortes de 1836-37), decía: «Señores: aquí la cuestión es, como en muchas ocasiones, hija de la ambigüedad de las palabras. La gran cuestión es sobre la inteligencia de las palabras *señor* y *señorío.* Estas tienen tres acepciones en nuestro sentido común: *señor* significa propietario, significa señor feudal y *señor jurisdiccional.* Lo mismo sucede con la palabra señorío: significa propietario, significa feudalismo y significa jurisdicción..».
«Nos dijo (el Sr. Tarancón) que los señoríos feudales habían precedido tres siglos a los señoríos jurisdiccionales, y por consiguiente, se deduce que son dos cosas diferentes. También el Sr. Acebo nos ha dado otra prueba irrefragable, a saber: que desde el tiempo de Felipe II se hicieron infinitas enajenaciones de la Corona de señoríos jurisdiccionales, los cuales no recalan precisamente sobre feudos, tanto porque éstos son más antiguos que los señoríos jurisdiccionales, como porque hay ejemplos muy recientes de enajenación

Según él, debe estudiarse el desarrollo gradual de las instituciones feudales en Francia, como su centro principal, y cotejarlas con la marcha de las instituciones hispano-godas, para apreciar sus analogías y sus distinciones.

De ese estudio viene a deducirse que mientras en la Francia merovingia se encontraban todos los gérmenes del feudalismo y las causas de la superioridad sobre la monarquía, no sucedía lo mismo en la España goda.

En Francia, dice, la sociedad iba constituyéndose sobre la base del patronato personal germánico, que al aplicarse a la tierra había organizado el vasallaje que por medio de los beneficios y oficios descendía del rey a sus primeros vasallos, y de estos últimos a sus clientes, abrazando todas las relaciones sociales y políticas; en España, el patronato territorial se organizó antes y de modo más completo que en Francia, por el carácter perpetuo de sus patronatos privados desde un principio, y de sus patronatos reales desde Chindasvinto, y la no exclusión de la mujer en ningunas tierras; mas sin que, en cambio, el patronato alcanzara nunca la facultad de administrar justicia y de cobrar los impuestos a sus hombres en sus tierras, ni los nobles lograron adquirir derecho permanente en las dignidades públicas. Por donde viene a la conclusión de que de esos dos gérmenes del feudalismo, en la sociedad gótico-hispana, había uno y faltaba otro.

Una evolución tranquila, agrega, hubiera podido llevarla a un estado social análogo al de Francia; particularmente al de la Francia del Mediodía en el orden económico, pero esencialmente distinto en el orden político.

La evolución, sigue diciendo, se interrumpió por la invasión árabe. Comenzó la reconquista constituyéndose las nuevas sociedades cristianas sobre bases nuevas también, acomodadas a las necesidades de la época, pero no tan nuevas que no influyeran en ellas las tradiciones góticas. Y así sucedió que si bien el quebrantamiento de la centralización gótica favoreció el ensanche de las instituciones derivadas del patronato, con tendencias feudales, las diferencias entre el patronato franco y el gótico les imprimieron un carácter especial.

Hemos procurado extractar con la posible fidelidad, transcribiendo literalmente muchas de sus palabras, las observaciones que el insigne profesor de la Universidad de Valencia hacía al llegar a los linderos históricos de su trabajo. Es lástima que no hubiera podido aplicar su talento y su cultura al estudio de la España de la Reconquista.

Pero en orden al feudalismo, anticipó un juicio que queremos reproducir. Dice así: « para concluir este punto, diremos sólo que nuestros historiadores y jurisconsultos convienen en que la sociedad española de la Reconquista tenía con la sociedad feudal inevitables semejanzas que proceden del común origen de los pueblos de la Europa moderna; pero reconocen que había entre

---

de jurisdicciones que no llevaban la cualidad del feudalismo. Tenemos, pues, demostrado que son dos cosas muy diversas». Como se advertirá fácilmente, este es un punto de vista muy distinto del de algunos historiadores y jurisconsultos.

ellas necesarias diferencias procedentes del carácter particular de nuestra historia en los siglos medios y aun en la Edad goda. Si por consecuencia de todo debe decirse que en España no hubo feudalismo, o que hubo un feudalismo bastardeado, nos parece una cuestión de palabras, y aun como cuestión de palabras inútil, porque estaba y está resuelta por el uso, único árbitro en materia de lenguaje, porque estas instituciones, en parte semejantes a los feudos y en parte diferentes de ellos, tenían y tienen en España un nombre que perfectamente las explica: se llamaban y se llaman *señoríos*».

Decadencia y *destrucción del feudalismo.*– Ya se comprenderá que habiéndonos de ceñir a los límites ordinarios de un artículo de la **Enciclopedia**, no podemos hacer sino breves indicaciones.

La decadencia del feudalismo se inició bastante antes de la terminación de la Edad media, atribuyéndose generalmente a la influencia del cristianismo, con su principio de igualdad humana, el posible acceso de todos a los más altos puestos de la jerarquía eclesiástica y el principio de unidad representado por el Papado; a la formación de milicias permanentes; al nacimiento del espíritu municipal y crecimiento y pujanza del estado llano, y a la propagación de las doctrinas del Derecho romano en que la monarquía halló un gran auxiliar para sobreponerse al principio de variedad y desmembración encarnado en el feudalismo.

Paulatinamente, merced a esas influencias generales unidas a otras, de más o menos importancia, de índole local en los diversos países, fueron mermándose el vigor y la consistencia del régimen feudal y atenuándose los caracteres que lo determinaban, hasta su total destrucción, que en España se verificó mediante la legislación de señoríos, recibida, en lo fundamental, con general aplauso, aunque algunos creyeran que se iba demasiado lejos, por no distinguirse bien lo territorial y lo jurisdiccional.

FIANZA DE CRUCE

Una de las especies de fianza que existen en Aragón. Del afianzamiento *de cruz* (en romance) o *de cruce* (en latín) apenas hablan los tratadistas, como no sea para referirse a la Observancia 29.ª. *De fidejussoribus,* lib. IV, cuyo texto se reduce a estas palabras: *Fidantia de cruce dicitur qui habet bona sufficientia.*

FIANZA DE DERECHO

Una de las especies de fianza, desenvueltas en Aragón. Son muchas las clases de afianzamiento de que hacen mención las disposiciones forales y que ocupan la atención de los tratadistas.

Todas ellas en rigor pueden considerarse especies o modalidades de estos dos tipos fundamentales: fianza de derecho; fianza de contrato. Esa parece ser la clasificación verdadera y rigurosamente foral.

La distinción aparece perfectamente marcada en la Observancia 5.ª. *De fidejussoribus*, lib. IV.

FIANZA DE SALVEDAD

Se define la fianza de salvedad, una de las especies existentes en Aragón: «la obligación que uno contrae de responder de todo pleito o mala voz que se suscitare acerca de la cosa objeto del contrato».

Según ese concepto, el afianzamiento de salvedad era una especie de evicción, hasta el punto de que algunos autores modernos hacen sinónimas esas dos palabras, salvedad y evicción.

FIRMA DE DOTE

Concepto y precedentes.– Qué sea la firma de dote, en su esencia, y qué otras denominaciones se le den, queda expresado en los artículos DOTE (parte referente a Aragón) y EXCREX de esta **Enciclopedia**, y a ellos nos referimos para evitar repeticiones[168].

La donación hecha por el marido a la esposa puede considerarse en nuestro reino, dicen Martón y Santapau *(Derecho y Jurisprudencia de Aragón en sus relaciones con la legislación de Castilla),* como una condición preliminar del matrimonio, ni más ni menos que lo era entre los godos.

Llévanos esto a hacer algunas indicaciones acerca de los precedentes germánicos de la institución que estudiamos.

Cuando de esto se trata, suele hacerse referencia, ora a la *dote germánica,* ora a la *morgengabe.* Una y otra, que tienen evidentemente puntos de contacto, pudieron influir en las legislaciones que fueron formándose en los diversos pueblos a que afectó la invasión y que era natural presentaran, en medio de la relación común, diferencias de detalle.

Existió entre los primitivos germanos, como forma de su organización familiar, el llamado *mundium,* representación de una protección exterior y un señorío en el interior, que casi se confundía con el dominio (Schupfer, *Il Diritto privato dei popoli germanici,* t. I).

---

168 Por inadvertencia del autor al tomar alguna cita y al corregir las pruebas del artículo DOTE (parte referente a Aragón), se incurrió en algunos errores. Las Observancias 4.ª, 38.ª y 50.ª a que se hace referencia son las *De jure dotium*; se dijo *De secundis nuptiis* por error, como fácilmente se advierte leyendo aquéllas y viendo que el título de éstas no comprende más que once. La 4.ª *De jure dotium* que se citó, es la 4.ª *De secundis nuptiis*; pero ésta debe agregarse a la 4.ª, 38.ª y 50.ª *De jure dotium* que dejamos indicadas, no al fuero 1.º *De exheredatione filiorum* ni al de *Concordias en censales*, ya que aquéllas se refieren a la dote constituida por el marido *(firma de dote)*, y éstos a la aportada por la mujer.
Por lo demás, parece que todos los fueros de 1247 y todas las Observancias que hablan de *dote* (dos) deben entenderse como dote del marido (esto es, dote germánica, firma de dote), ya por el sentido de esas disposiciones, ya por lo que clara y terminantemente se expresa en la Observancia 52.ª *De jure dotium*, de que repetidamente se hablará en este artículo.

Como en la Roma primitiva la mujer estaba *in manu,* sin derecho alguno que invocar contra su marido, en Germania estaba *in mundio* en las mismas condiciones.

La evolución social y jurídica de las sociedades germánicas y romanas dio por resultado que surgiera la personalidad de la mujer; y al ponerse en relación unas y otras, parece que pueden señalarse (Brisaud, *Manuel d'histoire du droit privé*) tres clases de bienes a que vino a tener pretensiones, a saber: la dote germánica, la *morgengabe* (don de la mañana), y la dote romana.

No es unánime la opinión de los doctos en lo tocante al origen y carácter de la dote germánica. Brisaud, por ejemplo (obra citada), enseña que esa dote representaba primitivamente el *pretium nuptiale,* esto es, el precio de compra pagado por el marido a los padres de la mujer, la cual nada percibía de ella, limitándose a recibir de su marido la *morgengabe* y de sus padres algunos adornos o vestidos, hasta que en el derecho de segunda formación, ese precio se ha convertido en verdadera dote que en su totalidad o en su mayor parte corresponde a la mujer.

Pero Lefebvre *(Leçons d'introduction genérale à l'histoire du droit matrimonial français)* impugna amplia y resueltamente esa tesis de la compra, que le parece una abusiva generalización de concepciones sociológicas no firmes ni bien establecidas Y ni le detiene la consideración del *pretium nuptiale,* de que, en efecto, se habla en no pocas de las leyes bárbaras[169], toda vez que ninguna de ellas habla de *venta*, esto es, ninguna expresa la idea o deja la impresión de una soltera o viuda vendida por su padre o sus parientes, ni niega que la *dos ex marito* se introdujera en la Galia como costumbre germánica. Recuerda palabras de Tácito y el resultado del conjunto de las leyes y documentos bárbaras, aunque no dejaran de contribuir a generalizarla y organizarla la institución galo-romana de la donación *ante nuptias,* la influencia de la doctrina cristiana y la acción misma de la Iglesia. A juicio del docto profesor de la Universidad de París, la teoría del precio de compra, ni justificada por los hechos[170], ni suficiente a explicar cómo y por qué el precio que debiera darse a los padres que vendían se diera a quien iba a ser vendida, y cómo podían estimarse compatibles la *morgengabe,* el obsequio a la mujer, con la idea de una mujer realmente vendida, y a buen precio, por su padre o sus parientes, debe ser substituida por esta otra: el marido obsequiaba con presentes, al tomar mujer, a ésta con la *morgengabe,* y a sus padres o parientes con el *pretium nuptiale* (expresión de gratitud, no precio de compra), y es hipótesis muy razonable pensar que pudo ir restringiéndose, hasta desapare-

---

169 Puede ponerse por ejemplo una del Fuero Juzgo (la 5.ª —ANTIGUA— *«Si quicumque rapiat alienam sponsam»*), en que se leen estas palabras: *«tradatur ad integrum, ita ut, venundato raptore, de ejus pretio aequales habeant portiones»*.

170 Ureña, sin embargo, considera que la dote, genuinamente española, constituída por el marido a favor de la mujer, es una última transformación de la compra establecida en el Derecho primitivo. (Véase su *Historia de la Literatura jurídica española*, t. 1.°, vol. 1.°)

cer, el regalo a los padres para aumentar el obsequio a la esposa, naciendo así la institución de la dote *(dos ex marito)*, sencilla y mínima en un principio, importante después. Esto supone que la dote germánica vino a coexistir con la *morgengabe*, no que la extinguiera; mas pudo ocurrir también que ambas instituciones llegaran a confundirse en una sola, la dote, idea que apadrina el mismo autor[171].

Lefebvre estudia este asunto especialmente con relación a los francos; en el fondo así pudieron pasar las cosas en todas partes, aunque con diferencias y modalidades debidas a influencias diversas.

En España tuvo acogida la dote germánica, o más concretamente goda (la *dos ex marito* a que Tácito se refirió en sus palabras tan frecuentemente citadas cuando de esta materia se trata, *non uxor marito sea uxori maritus dotem offert*) en el Fuero Juzgo, con el nombre, ya de *dote,* ya de *arras,* según se echa de ver en las leyes del lib. III, tít. 1[172].

Dúdase si el Fuero Juzgo tuvo vigencia en Aragón después de la disolución de la nacionalidad a consecuencia de la rota del Guadalete. Es lo cierto que en la Compilación de 1247 aparece la institución con el nombre de *dote,* no de *arras,* y con regulación no igual a la de ésta[173]; con el nombre de dote, decimos, porque, según ya tenemos expuesto, en el lenguaje foral con esa denominación se señalaba la asignación del marido.

Todavía, en las Observancias, se sigue reservando ese nombre a la dote *ex marito,* y para evitar toda duda ahí está la declaración de la 52.ª *De jure dotium;* pero ya muy poco después se observa que empieza a comprenderse

171 *Ce qui parait bien plutôt, c'est que ce don* (la *morgengabe*) *reste chez les Francs un pur cadeau d'usage (comme on en pourrait faire encore de nos jours) semble avoir bientôt faibli, pour à titre de coutume juridique. Ou plutôt, il eut tendance à reunir avec la* DOS, *en le stipulant aussi avant le mariage. Vraisemblablement, voici comment les choses durent se passer souvent. La famille disait au mari: vous êtes tenu d'une* DOS *avant le mariage, d'un morgengage ensuite; prevoyons le tout ensemble dans la dotatio qui comprendra les deus libéralités maritales».* (Lefebvre, obra citada.)

172 En el texto castellano publicado por la Academia no se habla sino de *arras*: en el texto latino que en el mismo volumen se contiene, de *arras* (ley 4.ª *de non revocandis dotis* arris) y de dotes indistintamente (ley 6.ª, *de quantitate rerum conscribendas* dotis). Téngase en cuenta la diferente numeración de las leyes del título de que se trata en uno y otro texto.

173 Los tratadistas de Derecho aragonés, y no todos, dicen que la firma de dote es de origen godo o germánico, pero no dan más explicaciones. Por estudiar está la influencia del elemento germánico en la legislación aragonesa. Sólo con relación a ciertas materias especiales —*la venganza de la sangre, la pérdida de la paz y la prenda extrajudicial*— la estudia Hinojosa en su reciente libro *El elemento germánico en el Derecho español*.
Mucho ganaría la cultura jurídica con que ese insigne profesor, u otro también capacitado para la ardua tarea, D. Rafael Ureña, por ejemplo, pudieran hacer un estudio de conjunto. Aisladamente o juntos podrían asimismo emprender con éxito ese empeño, aragoneses tan versados, entre otros, ya en la historia jurídica, ya en la general, de España, como Minguijón, Castán, Ramos y Loscertales, Ximénez de Embún, Ibarra o Giménez Soler. Y mejor aun sería que ese estudio se extendiera a toda la legislación española.

bajo la palabra dote así la del marido como la que de la mujer procede; y aun se tiende más adelante, no ya entre los autores, sino en el lenguaje oficial (fuero 8.° *De jure dotium,* de 1533), a reservar para la segunda el uso de la palabra dote, y designar la primera con la expresión *firma de dote,* sin perjuicio de las otras denominaciones, la de *excrex,* por ejemplo, que en los libros y en el uso común aparecen empleadas.

Sin duda el Derecho romano había dejado sentir su influencia, como la dejó sentir en Castilla, donde las Partidas poco posteriores a la fecha de la Compilación de Huesca dieron acogida a la dote de carácter u origen romano, que coexistió con las arras, institución similar a la firma de dote aragonesa.

Nada que permita comprender el origen de la *dos* en el sentido germánico[174] hay en los fueros ni en las Observancias, fuera de la afirmación de lo que por *dos* se entiende, hecha en la 52.ª *De jure dotium.*

Determinado que era la asignación del marido a la mujer, vinieron luego los tratadistas a discrepar acerca del carácter y fundamento de esa institución, y lo mismo sucedió en Castilla en cuanto a las arras.

Unos, como Sancho de Llamas, comentador, de las leyes de Toro, creen que las arras fueron recompensa, remuneración o agradecimiento de la virginidad, honestidad, juventud, nobleza u otras prendas personales de la mujer; otros, como Gutiérrez, niegan su carácter remuneratorio, no creen que con ellas el marido haya comprado nunca la hermosura de la mujer ni pagado sus virtudes. Y en Aragón, si hay quien asigna a la firma de dote el carácter de remuneración de las condiciones personales de la mujer, como Blas y Melendo *(Derecho civil aragonés),* no faltan quienes, como Santapau y Martón, sin negar que la juventud, la belleza, honestidad y nobleza de la mujer pudieran ser un estimulo o incentivo para mover al esposo a otorgar la promesa de arras o a conducirse con más o menos generosidad, creen que de ahí no puede deducirse que sea la remuneración el rasgo característico y determinante de las arras castellanas, y menos aún de la firma de dote aragonesa. Bien es verdad que estos tratadistas dan por fundamento a esta última apreciación la circunstancia de conservar en toda su integridad su carácter primitivo de ser siempre obligatoria, aludiendo, sin duda, al coincidir con Moret y con Silvela *(La familia foral y la familia castellana)* a aquella *compra* de la mujer entre los antiguos germanos, tan combatida por Lefebvre. En todo caso, si no precisamente la tradición del *pretium virginitatis* en que parece consistió la *morgengabe,* al fin refundida en la dote[175], puede suponerse que en el

174 Un profesor a quien repetidamente citamos en este artículo y de cuyas enseñanzas no puede prescindirse cuando se trata de historia del Derecho español, el perspicaz y diligentísimo Ureña, sostiene (obra citada) que en el desarrollo de la institución que nos ocupa, influyen poderosamente el elemento islamítico y el judaico. Son muy dignas de estudio las observaciones que hace a este propósito.

175 Martínez (*Librería de Jueces*), después de afirmar que los Notarios Reales de Aragón (esto se publicaba en 1703), decían en las escrituras públicas que la donación («firma de dote

espíritu del país hubo de conservarse alguna reminiscencia de aquella institución germánica, en el sentido de tributo de especial afecto o gratitud del marido, dadas ciertas circunstancias de la mujer, y eso explica que La Ripa dijera *(Tratado sobre división* de *bienes,* inserto en su *Ilustración segunda a los cuatro procesos forales de Aragón)* que siendo una tercera parte de la dote la equivalencia de lo ordinariamente estipulado como *excrex*, suela ser éste más considerable cuando casa hombre anciano con mujer joven[176].

Obligación de constituir la firma de dote.– Que entre los godos fue obligatoria esa constitución puede tenerse por indudable. El principio *ne sine dote conjugium fiat* constituye la rúbrica de la ley 1.ª, tit. I, lib. III del Fuero Juzgo. El cronista aragonés Jerónimo de Blancas, cita una carta de dote de fines del siglo XII, en que el esposo da en dote a la esposa la décima parte de todos sus bienes muebles y raíces, presentes y futuros, dando por razón aquel principio de la ley goda (*quia in gothicis legibus continetur, non sine dote,* etc.), cita que sirvió a Lardizábal (*Introducción* escrita para la edición del Fuero Juzgo hecha por la Academia española), y ha servido a otros que de esto han tratado, como principal argumento para negar la aserción de Carbonel y del P. Mariana, referente a haber D. Sancho García derogado las leyes godas y substituídolas con las romanas.

Ese carácter obligatorio de la firma de dote se conservó en los fueros. *Est dotanda,* dice con relación a la mujer noble *(ingenua, id est, Infantiona)* el 2.° *De jure dotium. Mulier francha* DOTATUR *in quingentis solidis ab eo a quo dicitur... Tamen bene* POTEST *eam* IN PLUS *dotare* SI VULT, agrega el 3.°, *Villana,* se lee en el 4.°, DEBET *habere per suas dotes,* etc.

También se mantiene en las Observancias de la misma rúbrica. Suele, a este propósito, citarse la 38.ª y la 50.ª Convenimos en que la cita de ésta es eficaz y adecuada, toda vez que autoriza a la mujer para exigir que su marido la dote (*mulier potest agere constante matrimonio contra virum ut dotet eam,* etc.); no así la de la 38.ª, que no hace sino prever el caso de que el marido haya prometido la dote *(si maritus promittit dotare uxorem suam).*

---

o excrez») la hacía el hombre a la mujer en premio de la *laudable virginidad* que llevaba cuando iba a casarse, añade que no le parece bien esa cláusula, por no haber fuero ni Observancia que directa ni indirectamente le asigne tal causa, y no halla otra explicación que la de la imitación de las escrituras de Cataluña, en cuya legislación se encuentra una pragmática y otra constitución antigua que tratando de la donación, allí llamada aumento de dote, dice así: *es degut a la mare per rahó de la sua virginitat*. Dudamos que tal cláusula fuera frecuente en Aragón. Al presente no lo es; y tal vez el autor de la *Librería de Jueces* hiciera su afirmación tomándola de Gregorio López, que al comentar la Ley 1.ª, tít. XI, Part. 4.ª, afirma que los escribanos solían poner en los capítulos matrimoniales las palabras *in honorem virginitatis*, a su juicio faltas de apoyo en la ley.

176 Aunque sigue siendo obligatoria la constitución de firma de dote, suele hoy prescindirse de ella; y la mayor parte de los casos en que se hace esta donación, puede afirmarse que son de matrimonios contraídos por personas a quienes separa esa diferencia de edad.

Invocándose la autoridad del barón de Mora, se ha considerado (Sánchez Román, *Estudios de Derecho civil,* t. V) que la firma de dote es institución caída en desuso hace largo tiempo, sobre todo la concerniente a bienes *sitios.* Se ha reconocido, sin embargo, que en lo antiguo tuvo carácter obligatorio. Convenimos en que, como dice el barón de Mora *(Memoria sobre las instituciones que deben, continuar subsistentes del Derecho civil aragonés),* las prescripciones relativas a la firma de dote consistente en bienes inmuebles, pueden considerarse caídas hace muchos años en desuso; no así la consistente en dinero, que algunas veces se ve consignada en los documentos que arreglan las relaciones del Patrimonio familiar[177]. De todos modos, si la mujer puede exigir del marido que la dote, háyalo o no prometido, no puede negarse que se trata de una institución de carácter obligatorio[178]. En ese sentido dictó la Audiencia de Zaragoza una sentencia, que no fue recurrida en casación, en 29 de noviembre de 1860.

Si, como acabamos de ver, la mujer puede exigir de su marido que la dote, ocúrrese preguntar si ese derecho trascenderá a sus hijos cuando ella no lo haya ejercitado.

A esa pregunta responde la Observancia 50.ª «Supongamos, dice ésta[179], que el matrimonio se disuelve por muerte de la esposa: ¿pueden acaso los hijos que hubiese y vivan instar contra el padre para que dote a su madre ya muerta? Respondemos que no, porque en este caso no sería dotada la madre sino los hijos, lo cual no es lo mismo, porque este beneficio por mediación de la madre, para quien se adquiere principalmente, en vida de la misma y por ella lo adquieren aquéllos y no de otro modo[180] pues de lo contrario, como los hijos no pueden compeler al padre a que los dote, suponiendo que el marido se obligó a dotar a la esposa de la que tiene hijos, entiéndese viviendo ella y durante el matrimonio, y esto es lo que se llama dotes asignadas o que se han de asignar».

---

177 Creemos un poco exagerada la afirmación hecha por la Audiencia de Zaragoza en sentencia de 17 de febrero de 1891 respecto a que en Aragón el marido, cuando casa con soltera, *suele* señalarse *excrex* o firma en dinero.

178 Aun respecto a la firma antigua que, como luego diremos, consistía en inmuebles, enseña Gutiérrez (*Códigos*, t. VI), que aunque no esté en uso, no hallándose prohibida, puede todavía constituirse, bien que aplicando en todos los casos, por estar ya igualada la condición de las mujeres, lo dispuesto en los fueros para la infanzona que casaba con caballero; doctrina reproducida por Blas y Melendo en su *Derecho civil aragonés*.

179 La traducción que reproducimos, en esta como en las demás citas de este artículo, es la de Martón y Santapau.

180 Además de esta razón que da la Observancia, Portolés (*Scholia*, parte 4.ª), cree que puede ser que haya otra, la de conservar a los hijos más adheridos y obedientes al padre *(in obedientia paterna affectuosius, promptius et liventius contineantur)*, haciéndoles saber que no tiene éste obligación de dotarlos ni de darles nada si son desobedientes, atendida la facultad que le está reconocida de desheredarlos sin causa, con sólo dejarles cinco sueldos *(quod pater potest filios suos cum quinque solidos sine causa exheredare)*.

Adviértase que para hacer la reclamación de la constitución de firma la mujer, por declaraciones del Consejo de Justicia de que da noticia Molino *(Repertorium),* no necesita la licencia marital, excepción, como nota Portolés *(Scholia ad Molinum)*, del principio general que la exige cuando ha de comparecer en juicio, establecida para los casos en que ha de litigar con su marido; en lo cual el Derecho aragonés, según hacen observar los tratadistas, se anticipó sabiamente a los buenos principios de jurisprudencia formulados en las modernas disposiciones sobre el enjuiciamiento civil.

Cuándo y *cómo puede constituirse.*– Puesto que, según hemos dicho, la mujer puede exigir de su marido que la dote, si antes no lo hizo, es indudable que no se necesita que la constitución sea anterior a la celebración del matrimonio, lo cual está conforme con la posibilidad, admitida por los jurisconsultos aragoneses, de hacerse las capitulaciones matrimoniales, lo mismo después que antes de haberse contraído el matrimonio.

Puede, pues, constituirse la dote en cualquier tiempo, y ya en capítulos, ya en testamento, aunque en este último caso (Franco de Villalba, *Fororum atque Observantiarum Aragoniae Codex,* t. II), se entiende que vale sólo como legado y no perjudica a acreedores anteriores.

Cuantía.– Suelen distinguir los autores la firma antigua y la firma nueva.

La firma antigua es la regulada en los fueros *De iure dotium* lib. V, de algunos de los cuales hemos hecho mención al estudiar el extremo referente al carácter obligatorio de esta donación.

Distinguen los fueros tres clases de mujeres, a saber: *ingenua, id est infantiona, francha* y *villana,* palabras que Franco y Guillén *(Instituciones)* traducen por *infanzona, ciudadana* y *plebeya,* respectivamente.

La infanzona había de ser dotada en tres heredades; a falta de tres, en dos, y a falta de dos en una[181]. Esa disposición del fuero 2.° aparece aclarada y completada en las Observancias de la misma rúbrica. La 4.ª declara que «cuando los barones dotan a las esposas en tres heredades en general, entiéndese de tres castillos o villas o de toda la propiedad que tienen en un lugar o diversos; pero el caballero o infanzones, cuando dotan a sus esposas en tres heredades, en general, entiéndese en tres campos, viñas o casas, o en una casa, viña o campo»; pero que, «no obstante, si el caballero o infanzón

181 Parece haber alguna contradicción en el texto del fuero 2.° *De jure dotium*. Antes de consignar la disposición que arriba reproducimos, dice que el marido ha de dar las tres heredades si las tiene, o en lo futuro las adquiere *(quas in praesenti habent aut in futurum valenti adipisci).* Creyendo, sin duda, resolver esa antinomia, Gutiérrez (*Códigos*, t. VI) dice que cuando el marido, por no tener ni siquiera una heredad, no dota a la mujer al contraer matrimonio, estaba obligado a firmarla en las que después adquiría. Creemos que esa inteligencia es un poco forzada, si se atiende al texto del fuero y parece que, a pesar de todo, la contradicción subsiste entre las dos indicadas partes de él. Quizá debiera sobrentenderse que también cuando al tiempo de la dotación no había más que dos heredades, o sólo una, era preciso completarla con uno o dos más si llegaban a adquirirse.

tiene una almunia o torre, repútase una heredad con todo el heredamiento unido a ellas»[182]. La 48.ª admite que la mujer franca o ciudadana pueda ser válidamente dotada como la noble o infanzona. Y la 49.ª establece diferencia entre la mujer infanzona y la plebeya, al efecto de librar de acreedores las heredades en que fue dotada. Todavía puede citarse la 4.ª *De secundis nuptiis,* que, en cuanto al punto que ahora examinamos, viene a confirmar lo declarado por la 48.ª *De jure dotium,* no ya solo para la mujer ciudadana, sino también para la plebeya, toda vez que habla de la no *infanzona* sin precisar más ni distinguir. En el fuero 3.º se había establecido que la dote de la mujer ciudadana consistiera en 500 sueldos, salvo que el marido quisiera darle más; y en el 4.º, que a la mujer plebeya *(villana)* se diera en tal concepto una casa, una viña y un campo de ciertas condiciones *(unam domum coopertam in qua sint duodecim bigae et unam arançatam vienarum et unum campum in quo possit seminare unam arouam tritici in voce linaris),* además de varias cosas a que en fueros posteriores, incluidos al reformarse la Compilación en el mismo lib. V, se hizo referencia a propósito de las *aventajas forales.*

Ningún límite aparece puesto a la firma de dote en esas disposiciones. No lo hay tampoco en la Observancia 38.ª *De jure dotium* ni en la 50.ª de la misma rúbrica. Al contrario, en la 38.ª se leen las palabras *maritus poterit dotare uxorem si voluerit in omnibus bonis suis*, y en la 50.ª se insiste en autorizar esa amplitud de la donación con la fórmula *doto te super omnibus bonis meis.*

La firma de dote no estuvo, por consiguiente, sujeta a tasa legal, como lo estuvieron las arras de Castilla por el Fuero Juzgo y disposiciones posteriores[183].

182 Ese texto hace ver que incurren en error Martón y Santapau cuando lo invocan para fundar su afirmación de que la antigua firma consistía «en alguna cantidad de dinero cuando el esposo pertenecía a la humilde condición de ciudadano o plebeyo».
También dicen estos tratadistas que las tres heredades habían de ser de las medianas. Ya La Ripa dijo que no debían ser «ni de las mejores ni de las peores», pero esto, que constituía una aplicación razonable de la Observancia 4.ª *De jure dotium*, en relación con la 48.ª, 49.ª y 50.ª, del mismo título, que en apoyo de su doctrina cita el autor del Tratado sobre división de bienes, no aparece en el texto de las mismas y sí en el de la 38.ª, aunque con otro motivo.

183 Un caso de excepción hubo, sin embargo. Había tomado gran vuelo en toda España la fundación de mayorazgos. La existencia de éstos podía quedar comprometida por cargas establecidas para «firmas de dote y dotaciones principales», en perjuicio del sucesor; al deseo de evitarlo, respondió el fuero de Carlos I (Cortes de Monzón, 1533) como final (8.º) de los *De jure dotium*, lib. V, en que para de allí en adelante se prohibió, bajo pena de nulidad, que en las ocho casas principales de Aragón (casas del conde de Ribagorza, del conde de Sástago, de Illueca, de Ricla, del conde de Aranda, del conde de Belchite, del conde de Fuentes y de Castro), se cargaran por aquellos conceptos más de doce mil ducados. El perjuicio para la permanencia e integridad de los mayorazgos venía de la doctrina, autorizada por sentencia del Consejo del Justicia, de poder venderse para el pago de dotes los bienes vinculados: *«bona vinculata possunt propter dotem alinenari»*, que dice Sessé en el sumario de la Decisión 412.

Dijo, sin embargo, La Ripa, y ha venido repitiéndose por muchos de los tratadistas posteriores a él, que, por lo regular, la firma de dote (habla ya de la consistente en dinero, a la que suele llamarse moderna), consiste en la tercera parte de la dote o aportación de la mujer. Ya antes que La Ripa, había indicado Franco de Villalba la existencia de esa forma de dotar *(stylus asignandi pro augmento seu firma dotis* TERTIAM *partem illius)*, suponiéndola tomada de los longobardos.

No negaremos que ese modo de constituir la firma se haya observado en mayor o menor número de casos, puesto que varones de tanta ciencia y experiencia lo aseveran. En lo que toca a los tiempos actuales, podemos afirmar que tal uso podrá existir en alguna comarca, mas no es general. Más bien creemos que la firma, ya en no muy frecuente uso, ni por espontaneidad del contrayente otorgada, ni por la mujer exigida, las más de las veces en que se pacta es en atención a tratarse de mujer indotada por sus padres, sobre todo si existe aquella diferencia de edad de que el mismo La Ripa hablaba y a que hemos hecho referencia.

Efectos jurídicos.– Tiene relación con el extremo que acabamos de examinar la doctrina que atribuye al marido el derecho de negarse a entregar la firma cuando a él no se le ha entregado la dote de la mujer.

No puede negarse que esa doctrina prevalece entre los tratadistas del Derecho aragonés, transmitiéndose de una a los demás, a medida que han escrito sus obras.

Sin remontarnos más allá de Lyssa, recordamos las palabras de su *Tyrocinium Jurisprudentiae forensis,* según las que, con arreglo a práctica común, no debe el marido la firma si no ha recibido la dote, y si sólo recibió parte de ésta, no tendrá que entregar más que una parte proporcional de aquélla *(iuxta communem Regni praxim, dote non recepta firma non debetur, et si pro parte dos recipiatur, solvi tantum opportet hoc augmentum dotis correspodens portiani dotis receptae).*

Esa doctrina ha sido fielmente reproducida por Franco y Guillén en sus *Instituciones,* por Nougués en su *Tratado del consorcio conyugal,* y por Dieste en su *Diccionario.*

Asso y De Manuel, en cierto modo la profesaron al afirmar en sus *Instituciones,* que la firma de dote tiene por objeto *asegurar* la dote de la mujer[184].

---

184 Estos autores hacen consistir el *excrez* o firma en la tercera parte, pero no del valor de la dote, sino de los propios bienes del marido. Palacios, el anotador de su obra, rectifica esa afirmación y a la vez opone a la de Portolés, que había hecho la firma equivalente a la totalidad de la dote, una rotunda negativa. Esta opinión no es fundada, se limita a decir. Más expresivo La Ripa, da la razón de la negativa. Si en los fueros, es su razonamiento, se establece ya la dotación que es regular y que compete y puede hacerse a la mujer noble y a la infanzona, prohibiendo el que pueda dotarse así a la plebeya a perjuicio de los acreedores, no puede ser que el aumento, en el caso de no señalarse, sea más que el establecido por la ley el que regularmente suele paccionarse y aun el mismo Portolés viene a reconocer.

Sólo Martón y Santapau, entre los autores que han hecho alguna afirmación en esta materia[185], se separan completamente de la doctrina profesada por Lyssa y los que le han seguido. El concepto característico y fundamental de los fueros y Observancias, ni en su espíritu ni en su letra, permiten, en su opinión, ver en la firma de dote otra cosa que una donación obligatoria, sin que sea preciso buscarle otra causa que el favor dispensado a la mujer, ni haya necesidad de que sirva de garantía a los bienes de ésta que el fuero protege y asegura suficientemente.

Y ahora, después de afirmar que por el principio de libertad civil que inspira el Derecho aragonés, simbolizado en el conocido apotegma *Standum est chartae,* debe, ante todo, regir la firma de dote por los pactos que marido y mujer establezcan en sus capítulos o por las prescripciones que el marido determine en su testamento, si éstas no van contra lo pactado y unos ni otros no se oponen a disposiciones obligatorias, o a la moral, hemos de estudiar las reglas que a falta de esas prescripciones y a título de derecho supletorio de la voluntad tiene la legislación establecidas.

Ante todo precisa atender a la forma de la constitución.

Ya hemos dicho que la mujer casada puede obligar a su marido a que, si ya no lo hubiese hecho, la dote convenientemente *(secundum suam decentiam),* y que ese derecho de la mujer no ejercitado en vida de la misma, no se transmite, por su muerte, a sus herederos. La Observancia 50.ª *De jure dotium,* que así lo declara, agrega una excepción: la del caso en que el marido dice: «te doto sobre todos mis bienes». Cuando eso sucede, los hijos pueden, muerta su madre, ejercitar el derecho que a esta correspondía, aunque ella no lo hubiera reclamado. La misma Observancia excluye del alcance de la excepción el caso en que el marido se hubiese limitado a decir: «prometo dotarte» o «te dotaré», pues entonces nada pueden pedir los hijos.

Guarda relación con esa Observancia la 38.ª del mismo título. He aquí sus palabras: «Si el marido promete dotar a su mujer y ésta no pidiese durante la vida, que se le asigne, muerto éste no podrá pedir asignación ni se le hará ninguna: lo contrario sucedería si la dotase sobre todos sus bienes, porque entonces, muerto el marido, será dotada en tres heredades», etc.

Otra hay, entre las Observancias *De jure dotium,* que merece fijar aquí la atención. Es la 3.ª. Según ella, «desde el momento que hay instrumento de dote, los hijos, muerta la madre, pueden pedir que la dote de la madre se les asigne, aun cuando no lo hubieren sido especificadamente en el instrumento». Esta Observancia no parece se refiera al caso en que la dote se haya constituido sobre *todos* los bienes, aunque sin especificarlos; no hallamos otro medio de que se establezca armonía y conexión entre ella y la 50.ª

185 Nos referimos a los escritores aragoneses. Los que fuera de Aragón han estudiado esta distinción o callan sobre esta cuestión, como Sánchez Román, o reproducen, como Gutiérrez, la doctrina dominante entre los tratadistas aragoneses.

(que a haberse previsto en la 3.ª el caso de la totalidad, holgaría), que el de suponer que ha de entenderse escrita para la eventualidad de que se haya establecido, en términos generales, dote sin determinación de bienes sobre que recaigan, lo que no deja de ser algo extraño. Portolés (*Scholia,* parte 4.ª), vio entre ambas Observancias otra contradicción, que estimó nada más que aparente, consistente en decirse en la 3.ª que los hijos pueden pedir la asignación de dotes *(possunt petere dotes matris quod assignentur eis),* y en la 50.ª, que no pueden *(non possunt compeliere patrem ad dotandum eosdem).* Y la solución que da a esa dificultad, viene a ser también, bajo cierto aspecto, parecida a la que hemos indicado. La Observancia 3.ª, dice, se refiere al caso en que el padre, en vida de su mujer, hizo, en términos generales *(in genere et non specificatim in certis proediis),* donación *propter nutptias* (Portolés da a la firma de dote una u otra denominación indistintamente), y la 50.ª es aplicable cuando la donación no fue, ni general ni determinadamente, prometida ni asignada con instrumento *(nec in specie nec in genere cum instrumento promissa et assignata fuit).* En esa misma contradicción había fijado su atención Molino. La Observancia 3.ª parece estar, dice, en oposición con la 50.ª *(videtur contrarium dicere);* y esa oposición la resuelve en armonía, teniendo en cuenta que en un caso se trata de dotes asignadas en vida de la madre de un modo general, sin especificación *(sed ibi jam erant dotes assignatae in vita matris, licet non specificatim, sed forte in genere),* y en el otro no. Lo que ni Molino ni Portolés se detuvieron a examinar, fue el otro aspecto de la cuestión. Nosotros hemos indicado, aunque no tenemos la seguridad del acierto, cómo creemos deban entenderse, en ese respecto, una y otra Observancia.

En los casos en que por muerte de la madre tienen los hijos, según lo que queda expuesto, derecho a la firma de dote, no pueden hacerlo efectivo hasta que haya muerto el padre que la asignó, aunque hubiera contraído nuevo matrimonio. Así lo establece la Observancia 5.ª *De jure dotium.* La 42.ª, que reitera esa disposición, agrega, e igualmente lo declara la 39.ª, que no vienen los hijos obligados a satisfacer las responsabilidades que pesarán sobre el padre (*non tenentur emendare injurias patris,* dice la 42.ª; *non tenentur ad solvendum debita patris,* se lee en la 39.ª). Esta última da la razón de tal disposición: el derecho de los hijos proviene del contrato de matrimonio de los padres, no de la sucesión de éstos *(cum illa —dotes— habeant ex contractu matrimonii inter eos initi et non* ex *successione patris et matris).*

Previendo ese caso de segundo matrimonio del padre, el fuero 7.º *De jure dotium* le autoriza[186] para que, si no tiene ninguna heredad de que disponer,

186 En el fuero se repite hasta dos veces lo de la dotación de la segunda mujer por el marido, con una de las tres heredades en que fue dotada la primera; pero en la primera cláusula de las que de esa dotación tratan, parece otorgarse una facultad *(poterit dotare eam),* en la segunda imponerse una obligación *(est dotanda),* y en la tercera volverse a la facultad *(poteri dotare).* Comparando los textos y procurando penetrar en su espíritu, nos inclinamos a creer que en el sistema de los fueros *De jure dotium* resulta obligatoria la dotación de la mujer siempre que el marido tuviera alguna heredad de que disponer como cosa

dote a la segunda mujer en la de menos valor *(unam de valioribus)* de las tres en que hubiese dotado a la primera. Si llegase a contraer nuevo matrimonio, podrá, a falta de heredad propia, disponer de otra de las tres de la firma de la primera mujer para firma de la tercera cónyuge[187]. Siempre se entiende por todos que la palabra *dote* de ese fuero 7.° se refiere a lo que con el tiempo vino a llamarse *excrex o firma de dote.* Entendiéndola así, no puede caber duda respecto de las fincas de que se trata. Sin embargo, es de notar cómo Molino, en su *Repertorium,* pone cuidado en advertir a sus lectores, a fin de evitar sufran equivocación al interpretar el fuero, que deben considerar que no se refieren las heredades que la primera mujer llevara en *dote (quas prima uxor tradidit in dotem ad propriam herentiam suam et suorum),* las que siempre deben ser de ella y de sus hijos o herederos, sin que al marido sobreviviente corresponda otro derecho que el de viudedad, sino a las tres heredades en que, con arreglo al fuero 2.°, fue *dotada* la mujer primera. De las palabras de Molino se deduce que en su tiempo debía ser ya la palabra *dote* empleada más en el sentido de la aportación de la mujer que en el de donación del marido a ésta. Tal vez por haber comenzado esa confusión en la nomenclatura, ya en las Observancias publicadas algo más de medio siglo antes que el Repertorio, se hizo notar, para evitarla, que, según el fuero, la dote *(dos)* es la asignación del marido a la mujer. El fuero declara que los hijos de la primera mujer no podrán oponerse a esas dotaciones, y que las heredades dadas en tal concepto a la segunda y tercera mujer serán heredadas por los suyos respectivos[188].

Esa doctrina aparece corroborada por la Observancia 5.ª *De jure dotium,* y más aun por la 18! *De privilegiis militum.* A ellas remite Molino para la debida inteligencia del fuero. La primera de esas Observancias que ya antes hemos citado, da ocasión a que Molino insista en su prevención: Esa Observancia *(in*

---

propia; pero voluntaria y sólo autorizada, cuando para atender a la segunda o tercera dote, hubiera de recurrir a una de las heredades que a la primera mujer se hubieran asignado.

187 Véase el cap. I, tít. I, lib. IV del Fuero general de Navarra cuya rúbrica es *«en qué manera da yfanzon arras quoando tres veces casa et cómo deven partir los fijos de las tres mujeres»*, que comienza así: *«si ningun yfanzon prende muiller yfanzona, según el fuero deve dar a eylla tres heredades por sus arras"»*, etc.

188 Franco de Villalba remite, en lo que toca a la división de bienes entre los hijos del primero y ulteriores matrimonios, a lo que dice Pedro Molinos. Hay, es verdad, en su *Libro de la práctica judiciaria del reino de Aragón*, una explicación del *«Processo super divisione»*; mas nada hemos hallado en él que tenga especial relación con el punto de que se trata. Habla Molinos la división, en general, cuando ha habido más de un matrimonio, diciendo que ha de comenzarse por el último y seguir por el anterior o anteriores, según ha establecido respecto del primero. En lo que a este toca, no dice sino que si la mujer tiene firma, ésta ha de pagarse de lo correspondiente a los herederos al marido (supone el caso de premoriencia de éste); que si está asegurada sobre bienes sitios sobre los cuales tiene viudedad, ha de aguardar, para percibirla, hasta que ésta termine, y que no tiene derecho a percibirla si al marido no le fue entregada la dote, reduciéndose, en caso de entrega parcial, a lo que proporcionalmente corresponda. Del fuero 7.° que da ocasión a la presente nota, nada dice Molinos.

cujus intellectu faciliter potest quis decipi), dice, se refiere a las tres heredades que constituyen la dote, según el fuero, 2.° *De jure dotium*[189].

Una expresión que hay en el fuero 7.°, que merece llamar la atención. Es la siguiente, que se refiere a la segunda mujer y sigue a la autorización para que se la dote en una heredad de las tres que se asignaron a la mujer primera: «ET QUOD IPSA RECIPIAT PARTEM INTEGRAM ET MEDIETATEM ÓMNIUM MOBILIUM INDIFERENTER, *contradictione filiorum primae uxoris non obstante*». Confesamos que no acertamos a comprender el sentido y aplicación de estas palabras. Los libros del Derecho aragonés que hemos consultado no sacan de dudas, pues no se ocupan en la discusión o explicación de ese extremo. Por otra parte, ni Bardaxí en su *Summa,* ni Franco de Villalba en su obra ya citada, comprenden tal disposición. Monsoriu *(Summa)* consigna esta frase, «y que ella reciba enteramente la metad de todos los bienes indiferentemente»; palabras que en vez de aclarar el asunto, lo obscurecen más.

Posterior a los fueros *De jure dotium* (excepto el 8.°), y anterior a las Observancias, es el *De testamentis nobilium,* etc. Por este último fuero se declaró que si un noble, caballero o infanzón dotara a su mujer en ciertos lugares o bienes *(in certis locis vel bonis)* y tuviese sólo sucesión femenina *(ex illa uxore filiam vel filias habuerit et non habuerit filium ex ea),* y muerta la mujer y contraído nuevo matrimonio por el viudo, tuviera éste sucesión masculina *(ex illa habuerit filium vel filios masculos),* la hija o hijas del primer matrimonio heredarán en lugar, a designación del padre, de aquellos en que fue dotada su madre, o bien les será asignada por el padre una cantidad de dinero *(aliquam quantitatem morabetinorum),* con la que, y con los bienes de su madre, puedan tomar estado *(contrahant matrimonium vel intrent Religionem).* Falleciendo sin testamento el padre, heredarán las hijas del primer matrimonio uno de los indicados lugares, que no sea de los mejores ni de los peores. El hijo o hijos de la segunda y siguientes mujeres, heredarán los bienes del padre intestado[190], y si hubiere testado, se atendrán a lo que en el testamento dispusiere.

Hemos hablado del caso en que la mujer premuera al marido; debemos ahora determinar qué derecho se aplicará cuanto le sobrevive.

---

189 Eso se comprende bien; pero es difícil penetrarse de la razón que tuviera Molino para agregar que no *se refiere a la firma de dote*, pues ésta se transmite a los hijos o herederos de la mujer, a quienes debe ser inmediatamente pagada por el marido. ¿Será que no acostumbrada ya, en tiempos de Molino, la *dote* en fincas, se reservaría la denominación de *firma de dote* para designar la dotación en dinero?

190 Franco y Guillén hacen notar a propósito del fuero 2.° *De testamentis nobilium*, etc., que según su contexto, en la herencia de los bienes del padre deben incluirse los lugares o heredades en que dotó a su primera mujer, aunque realmente no puedan llamarse bienes suyos; no obstante lo cual, como el fuero no lo dice con especificación, han preferido atenerse a lo literal de su texto. Nosotros hemos creído deber hacer lo mismo, siguiendo el ejemplo de tan notables tratadistas.

Esa situación se regirá por las siguientes reglas:

1.ª Según el fuero 2.º *De jure dotium,* puede dar en garantía (*pignori tradere,* dice el fuero, y ya se sabe que el *pignus* comprendía los dos derechos reales que hoy se distibuyen con los respectivos nombres de prenda e hipoteca), todas o parte de las heredades que le fueran dadas como firma de dote, si careciese de medios propios de subsistencia o no tuviese hijos que atender a ésta.

2.ª Puede también, según el mismo fuero, donar una de esas heredades al hijo a quien prefiera, otra al lugar en donde su marido fue sepultado, si ella lo elige para su propia sepultura, y, por último, a todos sus hijos para que entre sí se la sorteen.

3.ª Puede, no por disposición escrita, sino por práctica[191] atestiguada por muchos tratadistas (Miguel del Molino, La Ripa y Franco y Guillén, entre otros), sacar la firma consistente en dinero, aun conservando la viudedad, en los casos que aparecen de la doctrina a ese propósito expuesta por La Ripa en las siguientes reglas: «la primera, que si el matrimonio se disuelve por muerte del marido, queriendo la mujer gozar de la viudedad en sus bienes[192], no podrá sacar su dote y firma que consista en dinero mientras dure la viudedad, a no ser que ésta fuese limitada en[193] ciertos bienes, que en tal caso podrá exigirla de los otros en que no la tiene (Molino, *in Repert. Verb. Viduitas, vers. Viduitatem dum tenuerit uxor,* fol. 331, col. 3.ª), y aunque la tuviese en todos los sitios, si los muebles hiciesen la principal parte del patrimonio, entendería que podría sacarlo desde luego con sus dotes, porque en esto usa de su derecho la mujer, y no es razón estrecharle las facultades, fuera de los casos prevenidos en la limitación».

En lo que toca a la sucesión en la firma de dote, la Observancia 5.ª *De secundis nuptiis,* lib. V, ha dado lugar a una cuestión muy interesante que debemos estudiar. Se trata de si el marido tiene o no, muerta la mujer, algún derecho sobre la firma consistente en dinero.

Hasta que Martón y Santapau publicaron su libro, la opinión era unánime. Excusamos citas. No recordamos un solo tratadista de Derecho aragonés que dejara de estimar que el marido, y por consiguiente sus herederos, ca-

191 Ya hemos hecho alguna indicación, con relación a Molinos, en una de las notas del presente artículo.

192 Sería interesante un estudio comparativo de las arras y de la firma de dote con la institución francesa llamada *douaire* en las regiones de *costumbre, y aumento de dote* en las de *derecho escrito*. Era según Giraud *(Précis de l'ancien droit coutumier français)*, un orden de disposiciones, cuya ausencia se deja sentir en el Código y cuyo objeto, al decir de los autores, era dar a las viudas el medio de vivir honorablemente según la condición de sus difuntos maridos. Véase también el *Droit coutumier français de Beaune* [sic].

193 Así se lee en la obra de La Ripa; pero creemos que en lugar de «limitada *en*», debe entenderse «limitada *d*», pues así se deduce del contexto.

recen de todo derecho, incluso aquél el de viudedad, sobre tal firma (salvo, claro está, pacto en contrario), de suerte que muerta la mujer suceden en ella, en plena propiedad sus hijos, y a falta de éstos, sus parientes.

Frente a esa doctrina, los ilustrados autores del *Derecho y jurisprudencia de Aragón* presentan su opinión, que vemos resumida en este párrafo: «no negaremos nosotros que contraído el matrimonio adquiera la mujer en la firma la efectividad de sus derechos y que se le transmita cierto género de dominio; lo que sí negamos, es que pueda ejercer el derecho de libre disposición absoluta en los indicados bienes, teniendo hijos o pasando a segundas nupcias, y más rotundamente negaremos todavía que en la sucesión intestada entren a heredar los parientes de la mujer, con exclusión del marido y los suyos en la firma de dote».

Veamos los fundamentos de su opinión; pero antes transcribamos, siguiendo su ejemplo, las dos disposiciones que principalmente han de tenerse en cuenta.

«Las dotes que el marido asigna a la mujer, muerto el marido, van a la mujer, teniendo en ellas viudedad; sin embargo, si casa con un segundo varón, vuelve aquella dote o donación a los hijos del primer marido, y si no hubiese hijos, a los parientes del marido». (Observancia 52.ª *De jure dotium*).

«Si el marido hubiese asegurado a la esposa alguna cosa por axobar y obligado en especial algunos bienes, la esposa o sus herederos recibirán dicha cantidad principalmente de bienes obligados en especial, vendiéndolos, y si aquéllos no bastaren, de otros bienes del marido, sin tener en ellos, ni éste ni sus herederos, parte». (Observancia 5.ª *De secundis nuptiis*).

En vista de esas disposiciones, los autores a quienes vamos refiriéndonos desarrollan una argumentación que, en lo substancial, puede resumirse así:

1.° La opinión corriente reconoce por origen la idea de que es aplicable a la *firma de dote,* regida por la primera de las dos Observancias citadas, la segunda de ellas que versa sobre el *axobar,* no pudiendo creerse que cuando tan cuidadosamente se precisa en ella lo que es la *dos,* se viniera a darle en el mismo Cuerpo legal a esa misma *dote* (firma), sin hacer acerca de eso ninguna advertencia, otro nombre distinto, el de *axovar.*

2.° El axovar, según el fuero 6.° *De iure dotium,* es lo que los padres dieron a su hija al contraer ésta matrimonio *(vir et uxor possunt vendere hereditatem quam* PARENTES UXORIS IN AXOVARIUM DEDERUNT FILIAE, *quando nupsit*), y lo corrobora la Observancia 15.ª de igual rúbrica *(si* VIR ET UXOR *maritaverimt aliquos* FILLOS VEL FILIAS *et* DEDERUNT EIS VEL EI AXOVARIUM).

3. ° La Observancia 52.ª *De jure dotium* habla de los bienes que *asigna* el marido a la mujer *(dotes que* ASSIGNANTUR *per virum uxori);* la 5.ª *De secundis nuptiis,* de los que *asegura* (*si vis* ASSECURAVERIT *uxori aliquam quantitatem pro* AXOVARIO), y ni puede asignarse sino lo propio, ni asegurarse sino lo ajeno.

4.° La Observancia 52.ª no distingue entre bienes muebles o inmuebles, por lo que a unos y otros debe aplicarse; y reputándose sujeta la firma a lo dispuesto, no en esa Observancia sino en la 5.ª, se ataca, sin militar razón que lo justifique ni disposición que lo establezca, el principio fundamental de la sucesión intestada en Aragón de haber siempre de suceder en los bienes del que muere sin testamento los parientes más próximos por la parte de donde aquéllos proceden, atendido el primitivo origen de los mismos[194].

5.° La analogía de la firma de dote y las *arras,* una y otra de origen godo, hace pensar en que la ley 6.ª, tít. III, lib. III del Fuero Juzgo establece que en los bienes que la mujer recibe del marido en calidad de arras *«si muere sin fabla vuelven al marido o a sus herederos»*.

6.° La Observancia 42.ª *De jure dotium,* al declarar que los hijos sucederán en los bienes en que madre fue dotada, el padre, si vive, y por premoriencia de éste, los parientes más próximos del mismo *(si filii decedant, pater, si vivit succedit in illis bonis et su praemoriatur pater, parentes proximiores ex parte patris succedunt in illis bonis),* constituye una nueva demostración «de que la firma de dote, a pesar de ser una donación, se rige por el principio de troncalidad».

Esos razonamientos[195] no consiguieron cambiar la opinión dominante.

194 El Tribunal Supremo, mucho después de publicada la obra de Martón y Santapau, ha declarado (sentencias de 12 de julio de 1904 y 5 de julio de 1912) que al llamar a la herencia al pariente más cercano, no ha querido el fuero que se investigue el primitivo origen de los bienes, sino que se tenga en cuenta la persona de quien inmediatamente los ha recibido aquella a quien se va a heredar. Esa declaración, trascendental a otros efectos, no enerva la fuerza que el argumento de Martón y Santapau pueda tener.

195 Los autores cuya argumentación acabamos de reproducir resumiéndola, citan ciertas palabras del Códice que yendo a poder de Franco y López le hizo variar la opinión que conforme con la universalmente profesada cuando él escribió sus Instituciones en unión del meritísimo Guillén y Caravantes (D. Felipe) se consignó en este libro. Agregó Franco y López que los fueros se escribieron en castellano, y aun cree el autor del presente artículo recordar haberle oído que el Codice de que se trata (de él se ha hecho ya alguna indicación en esta Enciclopedia, pág. 23 del t. XI), era un ejemplar perteneciente al Justicia. Estimamos discutible lo primero, y no sabemos que haya verdadero fundamento para lo segundo. Lo que sí puede afirmarse es que, supuesta la autenticidad del Códice, que es lástima no pueda ser estudiado, pues se ignora su paradero, en su texto se atribuía (título *De jure dociu, del dreito d'las arras*) la calidad de *aixovar* al dinero o cosa mueble que la *muiller o otro por eilla en el tiempo de sus bodas diere al su marido*.
También citan, en comprobación de su opinión respecto a la sucesión en las arras una vez terminada la viudedad de la mujer, el Fuero de Sobrarbe, de que se les había facilitado un ejemplar por D. Pascual Savall, teniente fiscal que fue de la Audiencia de Zaragoza (a quien en unión de D. Santiago Penén, se debe la última edición completa que del volumen foral se ha hecho); pero prescindiendo por ahora de la cuestión agitada en estos últimos tiempos acerca de los fueros de Sobrarbe en general, hemos de advertir aquí que en el Discurso preliminar de esa edición se cita como Fuero de Sobrarbe la copia del de Tudela que existía en la Cámara de Comptos, y es de creer que sea esta a la que se refieren Martón y Santapau.

Jurisconsultos aragoneses han escrito, posteriormente a la publicación del *Derecho y Jurisprudencia de Aragón,* los libros siguientes: Dieste, el *Diccionario;* Blas y Melendo, el *Derecho civil de Aragón;* La Peña, los *Fueros y Observancias vigentes en el antiguo Reino de Aragón;* Naval, la *Compilación articulada del Derecho foral vigente en Aragón;* Costa, el *Derecho consuetudinario del Alto Aragón*[196].

De esos autores, sólo Costa cita el libro de Martón y Santapau; mas exponiendo por su parte la doctrina tradicional, se limita a esa cita diciendo, con relación al libro objeto de ella, que acerca de tal doctrina «suscitan dudas algunos, entendiendo que también en Aragón se rige esa donación (la firma de dote) por el principio de troncalidad».

Blas y Melendo no reproduce la antigua doctrina, a la cual sin reserva aparece adherido La Peña; pero tampoco sigue a Martón y Santapau sino en parte y sin citarlos, omitiendo el caso de muerte de la mujer con sobrevivencia del marido y previendo solo el de las segundas nupcias de aquélla.

Naval, citando la Observancia 5.ª *De secundis nuptiis,* se limita a decir que pertenece exclusivamente a la mujer la cantidad que el marido le hubiera asegurado como firma de dote, lo cual no resuelve la cuestión.

Y Dieste, a quien se creería a primera vista haberse inspirado en la solución dada al asunto por Martón y Santapau, acaso escribió el *Diccionario* sin haber leído su libro[197]; en todo caso resulta omitida la mención de éste y consignada una doctrina semejante a la de Martón y Santapau, aunque sin ocuparse del caso de las segundas nupcias[198], y sí sólo del de muerte de la madre y de los hijos, sin testamento ni sucesión, en cuyo caso heredan los parientes del padre. Es de notar que Dieste no apoya esta doctrina sino en una referencia que hace al núm. 83 del *Tratado sobre división*, etc., de La Ripa. Se da la particularidad de que Martón y Santapau citan también a éste, y precisamente en ese mismo número, como a uno de los autores que

Mas no se olvide que si bien a Tudela se concedieron en 1117 los fueros de Sobrarbe por D. Alfonso el Batallador, sostiene Ximénez de Embún *(Ensayo histórico acerca de los orígenes de Aragón y Navarra)*, que el ejemplar de la Cámara de Comptos y diversos Códices calificados de fueros de Sobrarbe, no son sino colecciones de fueros de Navarra.

196 Reimpreso en el t. I de la obra *Derecho consuetudinario y Economía popular de España*.

197 En el pie de imprenta del *Derecho y Jurisprudencia de Aragón*, consta la fecha de 1865; y en el *Diccionario*, que lleva la de 1869, aparecen como fin de la introducción estas palabras: «Por último, en el año 1865, casi al mismo tiempo de aparecer el anuncio de nuestro *Diccionario*, los Sres. D. Joaquín Martón y D. Francisco Santapau empezaron la publicación de su obra titulada Derecho y Jurisprudencia de Aragón, cuyo mérito e importancia hacen que sea justamente apreciada por todos los que se interesan por el lustre de nuestro foro y por las glorias de nuestro país».

198 De ese caso había hablado, reproduciendo el parecer de Molino, pero sólo con relación a la firma consistente en las *tres heredades*, que es la que dice recaer en los hijos o parientes del marido, cuando la mujer en quien por muerte de éste recayó, vuelve a casarse.

sostienen que por intestado de la madre pasa la firma a sus habientes-derecho. Ello consiste en que sin duda Dieste no paró su atención en todo el contenido del expresado número. La-Ripa, en el principio del mismo, enseña lo que reproduce Dieste; pero luego advierte que eso «debe entenderse y procede en la firma de dote que consiste en las tres heredades o castillos o en la asignación de otros bienes, pero no en la que consiste en dinero que para la sucesión se reputará como caudal libre y peculiar que como tal proviene de la madre», y así, según él, deben entenderse las Observancias 42.ª y 52.ª *De jure dotium*[199].

Como de autores no aragoneses, podemos señalar las siguientes obras, todas posteriores a la de Martón y Santapau, en que con más o menos extensión se trata del Derecho especial aragonés: *Códigos o estudios fundamentales sobre el Derecho civil español* (Gutiérrez); *Exposición doctrinal de Derecho civil español común* y *foral* (Falcón); *Derecho vigente en Aragón* (publicación de la *Biblioteca judicial*); *Bienes conyugales* (Biblioteca dirigida por Ossorio); *El derecho positivo de la mujer* (Díez Enríquez); *Diccionario del Derecho civil foral* (Moutón); *Estudios de Derecho civil* (Sánchez Román); *Apuntes de Derecho civil* (Planas y Casals); *Lecciones de Derecho civil foral* (Sancho Tello); *Derecho foral español* (Barrachina); *La mujer casada: sus derechos pecuniarios* (Huerta); *Apuntes de Derecho civil español, común* y *foral* (Clemente de Diego), y, además, las obras en que se expone y comenta el Código, como los *Comentarios,* de Manresa, y el *Código civil comentado y concordado* de Mucius Scaevola.

Pues bien; de todos estos autores, si al estudiarlos no hemos incurrido en error, unos reproducen la doctrina tradicional; otros callan en cuanto a los extremos en que Martón y Santapau de ella difieren y la combaten; ninguno hace mención de estos escritores ni para apoyar su tesis ni para impugnarla; solamente en el libro de Sancho Tello se halla una ligera alusión, al decir que «*no falta autor* que sostiene el derecho del marido separándose del común sentir al cual él permanece adherido, invocando la autoridad de «Franco y Guillén, Asso y De Manuel, La Ripa, Portolés, de Blas, etc».

199 Muy poco después del *Derecho y Jurisprudencia de Aragón*, aparece publicada la edición del volumen foral que hicieron Savall y Penén. Pudo ser que al aparecer aquel libro estuviese ya escrito el *Discurso preliminar* de esta edición. Si así no hubiere ocurrido, sería de extrañar que en ese discurso no se cite a Martón y Santapau, porque aunque en él no se hace sino un resumen crítico escaso, bien que de verdadero mérito, del Derecho civil de Aragón, se habla de la significación del *axovar* o *ajuar*, del que se dice, con Molino, que en lo antiguo era la heredad que daba el padre a la hija para que poseyese a propia herencia suya y de los suyos, habiendo ese ajovar caído en desuso y dádose aquel nombre a la firma de dote; y era esa ocasión propicia para tratar de la cuestión suscitada por Martón y Santapau. Todavía sería más extraño ese silencio, si se considera que uno de los autores del *Discurso* había proporcionado a los autores del *Derecho y Jurisprudencia de Aragón* un documento que les ayudara a sostener la tesis que mantuvieron.

Por nuestra parte, en vista de los textos forales, creemos que éstos dan la razón a Martón y Santapau. No parece caber duda en cuanto a la significación del *axovar,* no igual, sino diferente y más bien opuesta a la de firma de dote.

Además de las disposiciones que él cita, ahí está la Observancia 45.ª *De jure dotium,* que habla del axovar dado al marido y a su mujer *(maritus non tenet viduitatem in pecunia* IN AXOVARIO SIBI DATA *cum uxore).*

En el lenguaje de los fueros de la Compilación de Huesca, y en el de las Observancias, podría ser el axobar, ya la dote en el sentido de la dote puramente romana, ya una cantidad que asegura el marido a la mujer *(intelligitur de firma dotis, id est de certa quantitate assecurata per virum uxori pro qua specialiter obligavit aliqua bona sua),* que es el concepto de Molino y su escoliasta Portolés, ya, según Asso y De Manuel, a quien siguen Franco y Guillén, una heredad que por los padres solía asignarse a la hija a más de la dote y era propia herencia suya y de los suyos; pero siempre resulta ser algo que se da a la mujer y ésta lleva al matrimonio, no donación del marido a la mujer.

No se opone la donación del marido a la aportación de la mujer, y es natural que con uno u otro nombre, rigiéndose en todo o en parte por reglas consuetudinarias, a falta de disposiciones escritas, esa aportación existiera; y ni en los fueros ni en las Observancias se encuentra otro que pueda aplicársele que el de axovar *(axovarium).* Cuando esta palabra no se utiliza, se usa una perífrasis, como puede verse en la Observancia 44.ª *De jure dotium,* en que se habla de una aportación de la mujer *(si mulier ducit in casamento mille solidos)* sin darle denominación[200].

Todavía cabe añadir que Oliver hace notar (*Historia del Derecho en Cataluña, Mallorca y Valencia.* t. II) que el *axovar* o *exouar* era exclusivamente, según los Usatges de Barcelona (Usat. *Si quis* virginem), y según los fueros antiguos de Valencia *(Fur. antichs. De arres e de sposalles)*, el caudal aportado por la mujer al contraer matrimonio; que las Costumbres de Tortosa (*De arres e de sponsalicis,* lib. V), hacen sinónimas la dote, esto es, *«aquel que la muller aporta o dona al marit en temps de nupcies)* y el *exouar;* y que hasta en el antiguo lenguaje catalán tenía esta misma significación la palabra *ajuar,* que en castellano equivale al árabe *axuar,* segun la autoridad de la Academia

200 En opinión de Martínez Marina *(Ensayo histórico-crítico sobre la legislación)*, en los reinos de León y Castilla, así como en Cataluña, Aragón y Navarra, se siguió la ley gótica en todas sus partes hasta la publicación de las Partidas; y no se conocía, añade, el uso adoptado en los modernos gobiernos de Europa, de que la mujer dotare al varón. En Castilla, según el mismo autor, se permitió que la mujer llevase algunos bienes, pero eran de muy poca consideración, regularmente bienes muebles, alhajas, vestidos, lechos y otros de la misma naturaleza, que jamás se conocieron con el nombre de dote sino con el de ajovar (como en los Usatges de Cataluña), *assuvar* (como en el fuero de Alcalá, donde se conservó en su integridad la voz análoga equivalente a *supelex domestica*), o *ajuar*. Es curioso advertir en el Código de Hammurabi, rey de Babilonia, 2000 años antes de Jesucristo (traducción de Bonilla), disposiciones en que señala la diferencia entre la dote y el ajuar, según procede del marido o del padre.

española en su *Diccionario*. En la última edición de éste (la 14.ª publicada en 1914), se consigna como segunda acepción de aquella palabra (la primera es conjunto de muebles o trastos de uso común en la casa), la de «conjunto de muebles, alhajas y ropas que aporta la mujer al matrimonio». El *Diccionario* no comprende la palabra *axovar*.

Borao, en el *Diccionario de voces aragonesas*, la consigna como *axovar*, la hace sinónima en lo antiguo, de *excrex*, y dice que es la heredad que además de su dote recibía la esposa por parte de su padre o marido y era perpetuamente para ella y los suyos.

Du Cange (*Glossarium*) cita los Usages, el fuero 6.º *De jure dotium* y las Observancias 1.ª y 15.ª de igual rúbrica; pero Carpentier adiciona unas palabras algo ambiguas, porque asimila el *axovar* a la *dote*; mas no expresa si se refiere a la gótica o a la romana: es de creer que a ésta.

No queremos dejar de advertir que en cuanto a Cataluña, Maspons (Nostre dret familiar), separándose de la opinión más corriente y citando a Fontanella entiende por axovar *el dot qu'el marit cabaler al contraure matrimoni porta a la muller pubilla.*

Vulgar era (Oliver, *Historia del Derecho,* etcétera), como en Cataluña, en Aragón, el uso de la palabra *axouar* como aportación de la mujer al contraer matrimonio. Como fundamento de esa afirmación, en lo que a Aragón toca, anota el fuero 6.º *De jure dotium,* la Observancia 5.ª *De secundis nuptiis,* las *Instituciones de Derecho aragonés*[201], y el *Derecho y Jurisprudencia de Aragón.* Es el único caso en que hemos visto que se siguiera esa opinión y se citara a tal efecto a esos autores.

Insistimos, pues, en que si sólo se atiende a los textos forales, parece que hay que dar la razón a Martón y Santapau en el particular de que se trata. Pero fuera de la esfera puramente teórica o doctrinal, hemos de decir que la inteligencia que por lo menos desde Molino se ha dado a esos textos, y la sinonimia que ha venido a establecerse entre firma de dote y axovar, produciendo un criterio general, una doctrina conservada *in capitibus prudentum*; las sentencias que la Audiencia de Zaragoza repetidamente ha pronunciado conforme a ella, y aun alguna declaración del Tribunal Supremo, como la que contiene la sentencia de 26 de abril de 1880, quitan todas las probabilidades de éxito a la teoría de los autores del *Derecho y Jurisprudencia de Aragón,* si nuevamente se lleva el asunto a los Tribunales[202].

---

201 Se refiere indudablemente a las de Franco y Guillén, aunque hay alguna equivocación en la materialidad de la cita.

202 En Navarra no ha lugar a cuestión, por cuanto en la ley 1.ª, tít. XI, lib. III de su Novísima Recopilación, «porque las arras tienen el mismo privilegio y parece que son proprio Matrimonio de las mujeres y es justo que sean favorecidas en esto», se dispone que «las mujeres puedan disponer de sus arras, aunque mueran sus hijos antes que sus maridos, sobreviviendo ellos», etc. OLIVER. Hist.

Enajenación por la mujer.– Son de tener en cuenta:

El fuero 1.° *De contractibus conjugum,* lib. V, que prohibe la renuncia *(remmissio)* de la dote por la mujer al marido sin el consentimiento *(nisi fiat de consilio)* de ciertas personas:

La Observancia 1.ª *De jure dotium,* que mantiene como necesario para la validez de la transmisión en favor del marido ese consentimiento, cuando se trata de las dotes o del axovar, y releva de ese requisito, en favor del marido como del extraño, la enajenación de los demás bienes *(potest transferre in virum sicut in extraneum bona sua mobilia et inmobilia quae non sunt dotes vel axovarium)*:

La Observancia 5.ª *De donationibus,* lib. IV, según la que, en lo que a los derechos de la mujer concierne, ésta se halla facultada para dar entre vivos *(donare inter vivos)* a su marido, también sin aquel consentimiento *(absque proximorum consensu),* todos sus bienes o parte de ellos.

Para evitar repeticiones, nos referimos a lo que al tratar de la dote en Aragón hemos dicho en el artículo correspondiente.

Reserva.– Con razón observan Martón y Santapau que aunque haya pasado como un axioma en Aragón la no existencia de bienes reservables, es lo cierto que esa institución de la reserva se halla establecida en la Observancia 52.ª *De jure dotium,* ya que en ésta se ordena que si la mujer llega a contraer segundas nupcias, vuelve la dote (la firma) a los hijos del primer marido, y en su defecto a los parientes de éste, lo que evidentemente coarta la libertad dispositiva de la mujer respecto a los bienes que constituyen aquélla.

Pérdida.– Según los fueros 1.° y 5.° *De jure dotium,* es causa de ella el adulterio. *A mitiat viduitatem* ET DOTES, dice el uno. DOTES *amittit,* agrega el otro. Aunque la Observancia 52.ª *De jure dotium* contrae a lo que ha venido a llamarse *firma de dote* la significación aragonesa de la palabra *dos,* los autores, en este como en otros casos, aplican a la *dote* (en el sentido romano y castellano) algunas disposiciones de los fueros de la Compilación de 1247 y de las Observancias. Véase lo que en la parte referente a Aragón del artículo DOTE de esta **Enciclopedia** (t. XII, pág. 700), dejamos dicho.

Especialidad del Derecho altoaragonés.– En el precioso libro ya citado antes, *Derecho consuetudinario del Alto Aragón,* advierte Costa que en esa parte de la región aragonesa la firma de dote toma otro nombre, el de *reconocimiento,* y produce otros efectos.

El reconocimiento, según Costa, es recíproco; el marido dota a la mujer y la mujer al marido. Una vez constituido, si el cónyuge denominado *forastero* enviuda y pasa a segundas nupcias fuera de la casa, dejando en ella hijos, saca la dote sin el reconocimiento; si carece de hijos, la saca, una vez terminado el recibo de la dote, en plazos. Aunque recíproco, no suele ser igual para ambas partes el reconocimiento, sino en proporción de uno el de la mujer por el marido, a medio el del marido por la mujer, «porque no están tan expeditas para las viudas como para los viudos las puertas del matrimonio». Un dato curioso anotado por el insigne autor del *Derecho consuetudinario,* es el de leerse frecuentemente en capitulaciones antiguas la donación de *veinte sueldos* hecha por el marido a la mujer en concepto de *aumento de dote,* lo cual recuerda los fueros de Molina, de Soria y de Cuenca, en que se tasaba en veinte maravedís o *viginti aureos* lo que en clase de *arras* debía dar la mujer al marido.

FUEROS DE ARAGÓN

Cuando se trata del Derecho civil vigente en todo o en parte, basta partir de la compilación de 1247 así lo hemos hecho en el artículo DERECHO CIVIL DE ARAGÓN. El presente tiene mayor alcance y requiere llegar, para ser completo, hasta los orígenes del reino aragonés.

Desgraciadamente para la historia de Aragón, como para la de Navarra, los orígenes de uno y otro reino, muy enlazados entre sí, no están bien averiguados[203].

Dice bien Antequera *(Historia de la Legislación española)*: al que emprenda el estudio de la historia foral de Aragón, le salen al encuentro, en primer término, la complicada controversia sobre el Fuero de Sobrarbe y la formación del reino de este nombre.

Respecto del reino, unos hablan de él (Dieste, *Diccionario del Derecho civil aragonés,* introducción) como de cosa que real y positivamente existió, con su capital (Aínsa), su territorio (de unas doce leguas), sus caudillos (Garci-Giménez y otros que le sucedieron), su condado dependiente de él (el condado de Aragón, de que fue primer titular D. Aznar); reino que después se transformó en república y más tarde se reconstituyó en monarquía bajo Iñigo Arista; otros (Morón, *Curso de Historia de la civilización de España,* t. IV), opinan que jamás existió el reino de Sobrarbe, por la sencilla consideración de que hasta el siglo XI, no hacen mérito los documentos históricos, ni dan siquiera idea, del territorio de Sobrarbe, ni aparece la monarquía hasta que D. Sancho el mayor de Navarra dio este reino, pequeño a la sazón, a D. Sancho Ramiro; otros no se atreven a formar juicio (Asso y De Manuel, *Instituciones de Derecho civil de Castilla*, tomo I) y se limitan a decir que es ese un asunto tan importante como poco averiguado y a consignar el parecer de algunos

203 Hasta tal punto hay obscuridad en esos orígenes, que varía mucho la genealogía de los primitivos reyes, según el autor que la expone. Morayta (*Historia general de España,* t. I), trae las de Garibay, Traggia, Moret y Masdeu respectivamente.
Serrano y Sanz *(Noticias y documentos históricos del Condado de Ribagorza)* señala las de Ximénez de Embún y Magallou [sic], además de la del Códice medianense o de Roda y de la de Jaurgain. Y aún podrían citarse otras.

historiadores; otros (Ximénez de Embún, *Ensayo histórico acerca de los orígenes de Aragón y Navarra*) distinguen entre el verdadero y el fabuloso reino de aquel nombre.

Lo que se dice del reino, puede decirse de los fueros de Sobrarbe. Hay en este punto vaguedad y confusión extraordinarias[204], con la particularidad de que escritores aragoneses y navarros, admitida la existencia del fuero, disputan acerca de la prioridad de origen, porque unos suponen anterior el reino de Aragón al de Navarra y otros los consideran simultáneos, cuestión que la Academia de la Historia (*Diccionario geográfico histórico de España,* tomo II) llama ridícula, pero que a nuestro juicio no lo es, porque se trata de buscar la verdad, y esa debe ser la constante aspiración de los que estudian o escriben la historia. Otra cosa es que la verdad, en algunas cuestiones, como tal vez en esta de los orígenes de ambos reinos, sea imposible de aclararse hasta un punto que no deje lugar a duda. Aun entonces, esforzarse en procurarla será laudable; y si acaso al buscarla no todos se contuvieran en los límites de la prudencia y se lanzaran a hipótesis no bien fundadas o a afirmaciones atrevidas, todavía su error será disculpable si fue de buena fe, y la pasión por enaltecer al propio país, que no una voluntad deliberada, extravió el entendimiento.

No por eso debe ponerse menos cuidado en preservarse del error; y convendría que, bien estudiado todo el material histórico disponible, se pusiera de una vez término a esa «eterna disputa (como dice Lafuente, *Historia de España,* parte II, Edad Media) que el afán de la antigüedad ha suscitado, y mantendrá, si se quiere, perpetuamente entre aragoneses Y navarros, como si uno y otro país no abundaran de verdaderas glorias históricas, sin necesidad de encaramarse a buscarlas allí donde no pueden hacer sino darse tormento a sí propios y dárselo al historiador».

Si en libros o discursos históricos de verdadero mérito sus autores no se han atrevido a resolver las cuestiones en que el Fuero de Sobrarbe se ve envuelto, no extrañará que en este artículo, de límites necesariamente reducidos, aparte

---

204 La desorientación en este punto llega a tal extremo que hombre de tan vasta cultura como Rodríguez Campomanes *(Tratado de la regalía de Amortización)* hablara del «fuero general de España conocido en Aragón con el nombre de fuero de Sobrarbe, de fuero viejo en Castilla, o de fuero antiguo en Navarra».

Tomamos esta cita del libro de Ximénez de Embún, quien advierte que en tiempo de Campomanes no se sabía cuál era el fuero viejo de Castilla. Hace esa advertencia el doctísimo escritor aragonés por ser de 1765 la edición de la *Regalía de Amortización* que él ha tenido presente. Pero ni en la pág. 223 que señala, ni en el resto de la obra que hemos hojeado en un ejemplar de la edición que poseemos, hemos podido comprobar la cita. Creemos que el párrafo transcrito ha desaparecido de esa edición, aunque en absoluto no podemos asegurarlo.

En la pág. 334 de ella se habla sólo del Fuero viejo de Castilla. Esa edición es de 1821 y entonces ya se conocía bien tal Código, pues lo imprimieron los doctores Asso y De Manuel en 1771, antes de cuya fecha, y por consiguiente en la de la edición que cita Ximénez de Embún, no había sino alguno que otro manuscrito.

la escasa competencia de quien lo escribe, no aborde la tarea de proponer una solución suficientemente razonada y formulada con decisión nacida de una previa exposición de todos los datos dignos de tenerse en cuenta.

Por eso vamos a limitarnos a exponer algunos antecedentes (poco más que unas meras indicaciones bibliográficas), que podrán servir a quien quiera estudiar a fondo el asunto en condiciones de enterarse de lo que sobre la materia se ha escrito, ya por lo que se diga en las obras que en el presente artículo citamos, ya por las referencias que a otros estudios han de hallarse en ellas.

Zurita, con la circunspección característica de su manera de ser, habló con ciertas reservas del asunto de Sobrarbe en sus *Anales de la Corona de Aragón*, esa obra que Silvela (*Discurso* leído en la recepción del Conde de la Viñaza en la Real Academia de la Historia), calificó de «monumento inmortal, si escaso en arte, inapreciable en valor científico, crítico y en información sincera y diligente».

Hay grande diversidad, dice Zurita, entre muy graves autores, acerca del origen y principios del reino. Expone a continuación las diversas versiones acerca de los sucesos que siguieron a la invasión árabe; dice que «la curiosidad de atribuirse en competencia cada reino la antigüedad y origen de sus principios y la ambición que en esto han tenido los que han escrito de ellos, han puesto en duda cuál fuese más antiguo reino, el de Sobrarbe a cuyo dominio estaba sujeta la provincia de Aragón, o el de Pamplona, que después se llamó reino de Navarra», y añade: «cada cual sigue las consideraciones que le parecen». Y después de indicar cuáles son las razones que a los aragoneses movieran para fundar el origen y antigüedad del reino, insiste en aquella indicación, diciendo: «pero en esto cada uno puede elegir lo que pareciere más verosímil».

Fuese consolidando, después del gran cronista, la historia de Sobrarbe y sus fueros en el sentido favorable al deseo de los aragoneses, con las obras de Blancas (*Aragonensium rerum commentarii,* y otras); Briz Martínez (*Historia de la fundación y antigüedades de San Juan de la Peña*); La Ripa *(Defensa histórica por la antigüedad del reino de Sobrarbe* y *Corona real del Pirineo)*, etc.

Blancas llegó a presentar el texto de los fueros en elegantes expresiones latinas, en forma análoga a las de las doce tablas[205].

Ya el padre Abarca *(Los Reyes de Aragón en Anales históricos),* antes de finar el siglo XVII, advirtió la dificultad de averiguar la verdad de lo ocurrido en los primeros tiempos de la reconquista de Aragón y Navarra. «No puede

205 Copiamos ese texto: *«In pace et justitia regnum regito nobisque foros meliores irrogato. E mauris vindicabunda dividantur inter ricos homines non modo, sed etiam inter milites ac infantiones; peregrinus autem nom nil inde capito.– Jura dicere regi nefas esto, nisi adhibito subditorum consilio.– Bellum aggredi, pacen inire, inducias agere, remve aliam magni momenti pertractare caveto rex, praeterquam senniorum annuente consensu.– Nequid autem damni detrimentive leges aut libertates nostrae patiantur, judex quídam medius adesto, ad quem a rege provocare, si aliquem laeserit, injuriasque arcere, si quas forsam reipublicae intulerit, jus fasque esto».*

discurrir, decía, la historia de aquellos siglos sino por tinieblas y cuestiones», porque «no se halla autor que convenga con autor; las personas de los Reyes, los nombres, el número, el orden, la continuación, el tiempo, el lugar, y el título, en fin, todo se lee con diferencia».

A pesar de todo, era muy general la aceptación de la existencia de los fueros de Sobrarbe como fundamento de las libertades del reino cuando en tiempos ya próximos a los nuestros se la pusieron resueltamente en duda[206], calificándola de fabulosa, Masdeu (*Historia crítica de España,* t. XIII), Sampere *(Historia del Derecho español)* y otros.

Los escritores aragoneses, en general siguieron fieles, en lo substancial, a la tradición. Así resulta de los libros de los hermanos Arias Broto *(El carácter constante,* o *sea Cuadro histórico del célebre reino de la Corona de Aragón)* Foz y el anónimo autor cuya obra *(Historia de Aragón)* adicionó; don Javier de Quinto *(Discursos políticos sobre la legislación y la historia del antiguo reino de Aragón)*[207]; Martínez *(Sobrarbe y Aragón),* Lasala *(Reseña histórico-política del antiguo reino de Aragón* y *Examen histórico-foral de la Constitución aragonesa),* Savall y Penén *(Discurso preliminar* que escribieron para su edición de los *Fueros Observancias y actos de corte del reino de Aragón)*[208], Martón y Santapau *(Derecho y Jurisprudencia de Aragón en sus relaciones con la legislación de Castilla),* Dieste (obra citada).

Importa reproducir aquí las opiniones, muy en compendio, de escritores no aragoneses —y no de todos para no dar a este artículo proporciones excesivas— sobre el asunto.

El llamado fuero primitivo de España, el de Sobrarbe y el prólogo de éste son obras privadas del siglo XIII, y aunque algunos de los capítulos del fuero llamado primitivo de España se insertaron en el Código foral de Navarra, no merecen *por sí* más aprecio que los originales de donde se tomaron (Zuaznavar, *Ensayo histórico-crítico sobre la legislación de Navarra,* parte 3.ª, libro I).

La circunstancia de titularse el Fuero general Fuero de Sobrarbe y no de Navarra, induce a sospechar que se adoptó en este país en tiempo en que las monarquías de Navarra, Aragón y Sobrarbe estaban unidas bajo un solo cetro y en que había cierta conformidad de intereses y de costumbres, lo cual sólo pudo suceder en tiempo de D. Alonso el Batallador, en el supuesto

206 Ya fue muy controvertido ese punto con ocasión de la competencia entre el Gobierno del rey y el reino de Aragón acerca de si aquél podía o no proceder de hecho en cosas que pertenecían al Justicia mayor o, si debía preceder el consentimiento de las Cortes aragonesas. Cfr. Foz. *(Del gobierno y fueros de Aragón*, t. V de la *Historia de Aragón).*

207 Este escritor combate empeñadamente la autenticidad de la famosa fórmula del «Nos, que valemos», etc.

208 Estos competentísimos jurisconsultos no estudian, en realidad, la cuestión, que no entraba en el cuadro de sus propósitos: se limitan a hacer algunas citas de una copia del fuero de Tudela, sacada en 1624 del original que existía en la Cámara de comptos de Pamplona.

de que el fuero general fue redactado por el de Tudela, como quiera que antes de aquel monarca no pudo haberse copiado el privilegio de esta ciudad porque no existía, y después Aragón y Navarra se dividieron para siempre. Del estudio de esta materia se deduce que el fuero primitivo (de Sobrarbe) no existe, y son muchos los códices que andan manuscritos, casi todos de diferente contexto variados y adicionados, ya por los copiantes, ya por las declaraciones sucesivas de los monarcas, y ya por los pueblos y países donde era recibido y adoptado, aparte de los errores en que pudo incurrirse en la traducción del latín, idioma en que sin duda se escribieron en su origen. Es de sospechar que el fuero original de Sobrarbe contenía muy pocos artículos, reducidos principalmente a la forma de levantar rey, sin juramento, y las prerrogativas de la nobleza y del país de Sobrarbe a quien parece se concedió, de manera que podría titularse el *fuero de los infanzones.* En medio de tantas dificultades sólo se puede asegurar que hubo un fuero de Sobrarbe, pero nada de la época en que se estableció, del rey que intervino en su concesión ni de sus leyes primitivas. Pudiera dudarse también si se le dio el nombre de fuero de Sobrarbe por haberlo concedido a ese país o por haberse formado en él; pero parece más cierto lo primero (Yanguas Miranda, *Diccionario de antigüedades del reino de Navarra,* t. I).

Tomando el medio entre los escritores que han tratado esta materia, el ánimo se inclina a creer que el Fuero de Sobrarbe, compuesto de muy pocas leyes y éstas fundamentales, se redactó al tiempo de establecerse la monarquía y que después, acrecentada ya la misma, se aumentó aquél con nuevas leyes, y esta nueva compilación es la que pudo consultarse con el Papa. La Academia de la Historia, que registró tantos autores y documentos originales para esclarecer la primera época del reino pirenaico, da por sentado que en la elección de Iñigo Arista se hicieron pactos fundamentales. Natural era, pues, que se escribieran para preservarlos del olvido; y esto se haría en latín, que era la lengua usada para los instrumentos públicos (Tapia, *Historia de la civilización española*, t. I).

El supuesto *Fuero de Sobrarbe* no es sino una colección de origen privado y cuya antigüedad no excede de fines del siglo XIII, según se prueba por su lenguaje, por el espíritu de las leyes que inserta y el de las costumbres que refiere. Los fueros de Sobrarbe concedidos a los habitantes de Tudela, Cervera y Galipienzo en el privilegio de 1117 no eran otra cosa que el privilegio de infanzones, que disfrutaban los de aquel territorio: si hubieran sido leyes para el gobierno de éste no se hubiese concedido en 1114 a los vecinos de Aínsa, capital de aquel imaginario reino, el Fuero de Jaca, y si los concedidos al reino de Sobrarbe contenían sus leyes políticas, no había necesidad de que se otorgasen a determinados pueblos, porque aquéllos obligaban desde luego a todos; y si eran poblaciones que no pertenecían a Aragón, como sucedía con Tudela, Cervera y Galipienzo, era cosa ridícula dar a aquella Ciudad y a aquellos dos pequeños lugares, como leyes municipales, las políticas de otro reino (Muñoz Romero, *Discurso* de recepción en la Real Academia de la Historia).

El único monumento legal verdadero, anterior al siglo XIII en Aragón, es la compilación conocida con el título de Fuero Viejo de Sobrarbe, común en muchas de sus leyes a Navarra y Aragón, del tiempo, probablemente, de Sancho Ramírez. Mas no todos los códices que de esa colección existen deben admitirse indistintamente; porque ni están conformes en el número de leyes, ni todas deben considerarse comunes a los dos reinos. Ni todas son tampoco de un mismo siglo: el Código conocido por Fuero antiguo de Sobrarbe comprende leyes desde el VIII hasta mediados del XIII, «y aunque puede fijarse la época de algunas de ellas, la de la mayoría se oculta al más lince» (Marichalar y Manrique, *Historia de la legislación y Recitaciones del Derecho civil de España,* t. V).

Debe tenerse por cierta la existencia de un pacto entre los pueblos aragoneses y navarros, que se llamaría, entonces o después, *Fuero de Sobrarbe.* Los primeros reyes, más que verdaderos monarcas, serían unos caudillos militares a quienes unos pueblos también generosos confiaban el ejercicio de un poder mixto de legislativo, judicial y militar; y de igual modo hay que convenir en que aquellos fueros, o no se escribieron en el principio, supliendo el juramento a la escritura, o si se consignaron por escrito se perderían en aquella época de turbulencias y de guerras, quedando acaso mejor conservados en la memoria tradicional que en las diferentes copias que de ellos han dado diversos autores, no existiendo ya el primitivo fuero (D. Modesto Lafuente, *loc. cit.*)[209].

Así estaban las cosas cuando en 1878 publicó Ximénez de Embún el *Ensayo histórico* que antes hemos citado. No podemos detenernos a hacer un extracto de ese libro verdaderamente interesante, del cual dice Ureña (*Discurso* inaugural del curso de 1906 a 1907 en la Universidad central): «volumen relativamente pequeño, pero de una importancia inmensa y en el cual no sé qué admirar más, si la elevada y segura crítica que le inspira o el rarísimo e inestimable desapasionamiento regional que demuestra». Nos limitaremos a copiar de este libro algún párrafo y a hacer indicaciones o referencias en cuanto a otros.

> «De lo que hemos expuesto, dice, claramente se desprende que los códices llamados de fueros de Sobrarbe son de fueros de Navarra, más o menos *antiguos, conformes o diminutos;* y que aquel nombre equivocado que les dieron los fueristas e historiadores modernos se debió al prólogo y epígrafe que les preceden, y al tenaz empeño de ensalzar fábulas que juzgaron gloriosas».

Además el erudito escritor, después de calificar de inverosímil y falto de fundamento histórico el origen de la institución del Justicia llevado a los primeros tiempos de la Reconquista y el fuero de elegir rey (dejando de refutar la existencia del juramento *Nos que valemos*, etc., por haberlo hecho ya D. Javier Quinto), dice respecto del de *alzar* y *jurar* rey que es peculiarísimo de

209 Tourtoulon (*Don Jaime I el Conquistador, Rey de Aragón*, t. II de la traducción española), asiente a las conclusiones de Lafuente, que no cree sea posible rebatir.

Navarra, desde época por cierto nada remota, completamente ajeno al reino aragonés «y mucho más al reino, que existió únicamente en la fantasía de algunos fueristas e historiadores».

Que sepamos, la obra de Ximénez de Embún no ha sido objeto de refutación; al menos, de una refutación especial y meditada. A la verdad; merece un estudio atento.

No a todos ha debido de convencer. Aparte de que D. Vicente Lafuente en sus *Estudios críticos sobre la historia y el derecho de Aragón* (2.ª serie, publicada en la Colección de escritores castellanos, en 1885) sostiene que los verdaderos y primitivos fueros de Sobrarbe están comprendidos en el fuero de Jaca otorgado por D. Sancho Ramírez, todavía ilustres escritores no se dan por convencidos. Romero Ortiz dice que Ximénez de Embún *ha intentado probar*, con argumentos de sólida erudición, que son apócrifos los fueros de Sobrarbe y que el fuero medio se instituyó en época relativamente moderna; califica de discutibles esos asertos, y añade que no habiendo podido descubrirse el nombre de un solo Justicia anterior al año 1115 en que D. Alfonso el Batallador reconquistó a Zaragoza, y no pareciendo verosímil que el cargo fundado para limitar las prerrogativas reales surgiese espontánea, súbita y calladamente, bajo el gobierno de un príncipe ensoberbecido con la victoria, prefiere creer que pasó inadvertido hasta entonces, porque en períodos de guerra ocupan exclusivamente la atención los hechos de fuerza. (*Discurso* leído en el acto de su recepción en la Academia de la Historia).

Merecen leerse también la contestación que en ese acto leyó D. Víctor Balaguer, y su libro *Instituciones y Reyes de Aragón.* El insigne literato catalán insiste, como en cosa cierta e innegable, en la verdad histórico-foral del pacto y juramento de Iñigo Arista como origen y raíz de las libertades aragonesas. «La tradición y con ella la historia, dice en ese libro, se hallan conformes en un punto, en consignar que los orígenes de las libertades de Aragón están en San Juan de la Peña». «Pudieron, dice también, aquellas célebres palabras (las de *si non, non*) ser dichas en esta o en otra forma: pero, ¿quién duda, quién puede dudar que el *si non, non,* es la clave y el organismo y la esencia y la substancia de todo el sistema político de Aragón?». Hace mérito luego de uno de los ejemplares del privilegio de la Unión, salvado de la destrucción a que los condenó Pedro el Ceremonioso, y hoy custodiado en la Academia de la Historia; protesta contra «esa guerra tan sin sustancia y tan injustificada que se hace a la fórmula creyéndola apócrifa» e invoca por fin, y copia, según el texto de Blancas, algunos de «los llamados apotegmas forales», es decir, añade, dos preceptos constitucionales, los mandamientos de la ley de los aragoneses».

La obra de Ximénez de Embún, prescindiendo de los que han continuado, como Balaguer, devotos de la tradición aragonesa, no ha logrado unificar las opiniones. Limítanse unos (Altamira, *Historia de España y de la civilización española,* t. I) a decir que la opinión general de los historiadores es considerar como pura fábula la pretendida constitución política contenida en el llamado *Fuero de Sobrarbe,* cuyo texto no ha llegado hasta nosotros, sin que de él se hable hasta el siglo XIV y siguientes por los historiadores que tampoco se apoyan en documento alguno auténtico: dicen otros (Morayta, *loc. cit.*) que el hecho del fuero de Sobrarbe es uno de los menos aclarados por la crítica, ignorándose todo aquello que a su conocimiento importa, si bien estimando que en los primeros tiempos de la Reconquista era imposible que a los montañeses congregados para hacer frente a los musulmanes se les ocurriera, como ocurrió a los cristianos de Pelayo, hacer una solemne proclamación ni constituirse en estado, ni exigirle aquello que aparece consignado en los fueros por Blancas publicados: hay quien acepta (Antequera, *loc. cit.*) «la opinión que con leves diferencias en los términos, aceptan hoy los más doctos escritores y sanciona con su autoridad la Academia de la Historia, a saber: que es tan cierta la existencia de un antiguo fuero de Sobrarbe en que se consignan los pactos celebrados entre los guerreros montañeses y sus primeros caudillos, como incierta la época de su formación; que estos pactos están formulados en muy pocas leyes y son el fundamento de los fueros que más adelante otorgaron D. Sancho Ramírez y D. Alfonso el Batallador a Jaca y Tudela y por lo tanto de la legislación foral aragonesa y navarra»; y finalmente, no falta quien, sin entrar en la ardua e intrincada cuestión que suscita la referencia que de los fueros de Sobrarbe hace el fuero general de Navarra, estiman (Santamaría de Paredes, *Curso de Derecho político*) que por discutibles que sean ciertos hechos del epígrafe y prólogo de ese fuero general, no puede negarse que encierran un fondo de verdad, confirmado por la crónica, presentándose como cosa muy verosímil que navarros y aragoneses se gobernasen por usos y costumbres antes de tener rey y que le hicieren guardar sus tradiciones, «de suerte que en los orígenes del reino pirenaico parece cierto que «las leyes precedieron a los reyes» y que la monarquía se encontraba subordinada a una poderosa nobleza»[210].

Dejando ya lo referente al controvertido Fuero de Sobrarbe —de que todavía hay que hablar al tratar del Justiciazgo—, hemos de decir que antes de

210 *«Plusieurs manuscrits ont pour titre* FORS DE SOBRARBE *et ne contiennet que los fors de Navarre...».*

«Nous avons dit que les premiers rois réunirent les royaumes d'Aragón, de Sobrarbe et de Navarre, et qu'ils continuèrent à porter le titre de ROIS DE SOBRARBE *lorsqu'ils possédaient dejà le royaume de Navarre. C'est à cette circonstance sans doute qu'on doit attribuer la confusión des noms de for de Sobrarbe et de* FOR DE NAVARRE*».*

[...]

*«L'existence de ce for de Sobrarbe est cependant encore problematique. Elle est revoquèe en doute par de graves autors, notament par les annotateurs valenciens de l'*HISTOIRE D'ESPAGNE *de Mariana (édition de 1767)».*

[...]

«Selon nous, le for général de Navarre est trop long, trop compliqué por n'avoir été précédé d'un modèle. Le for primitif de Sobrarbe n'a pu être qu'une ébauche, un recueil fort bref des dispositiones les plus essentielles pour l'administration d'un royaume qui commençait a peine a se former». (Lagrèze: *La Navarre française*. Vol. II.– París, MDCCCLXXXII.)

la compilación de 1247, de la cual hemos partido, en el artículo correspondiente, para la determinación del Derecho civil vigente, hubo en Aragón fueros municipales, de algunos de los cuales, muy notables, se ha conservado noticia y son bastante conocidos. Es lástima que de la *Colección* de Muñoz Romero no se haya publicado sino el tomo 1. En ella se comprendieron fueros municipales y cartas-pueblas no sólo de Castilla y León, sino también de la Corona de Aragón y del reino de Navarra.

Martínez Marina había dicho en su celebrado *Ensayo*, que el conocimiento de las Cortes celebradas en la Edad Media, aunque muy importante, no influye tanto en el de las costumbres nacionales y Derecho español antiguo, como el de las ordenanzas y ley de los comunes o fueros municipales, monumentos preciosos en que se contienen los puntos más esenciales de nuestra jurisprudencia y Derecho público de Castilla en la Edad Media. Y Muñoz Romero advierte con razón que lo mismo puede decirse de los fueros municipales de Navarra, Aragón, Cataluña y Valencia, porque la historia de España no es sólo la de Castilla y León; y si el sabio escritor, añade, se hubiera ocupado de las leyes de las villas y ciudades de aquellos reinos, no hubiera incurrido en algunos errores, ni dado sobrada importancia a algunos fueros, atribuyendo el adelantamiento y perfección de sus leyes a Castilla, cuando esta gloria pertenecía de hecho al reino de Aragón.

Fuero muy notable es el que en 1064 otorgó a Jaca Sancho Ramírez[211].

No fue el primero que Jaca tuvo: otros existieron antes de *él,* aunque no hayan llegado a nosotros[212]. No hay razón, dice el P. Huesca (*Teatro histórico de las iglesias del Reino de Aragón,* t. VIII) contestando a los que eludan de esa preexistencia, para apartarnos de lo que cuentan nuestras historias.

Sobre todo, la prueba de ella está en el mismo fuero: «*In primis* —dice Sancho Ramírez— *condono vobis* OMNES MALOS FOROS QUOS HABUISTIS *usque in hunc diem ... et ideo ..., concedo et* CONFIRMO *vobis, et omnibus qui populaverint in Jacca mea civitate* TOTOS ILLOS BONOS FUEROS *quos mihi* DEMANDATIS...».

Parece, pues, que había habido ciertos *fueros buenos* que *se confirmaban,* y *fueros malos* que se derogaban. Esos fueros anteriores se atribuyen al conde D. Galindo (P. Huesca, *loc. cit.*).

Llamábanse *fueros buenos,* según Zuaznavar (obra citada), los que, concedidos, producían utilidad, y no concedidos dejaban al vecino en el estado de la ley general que siempre se considera justo y *fueros malos*, aquellos que,

---

211 La fecha que indicamos en el texto es la que le atribuye Zurita y sostiene como exacta Muñoz Romero contra el parecer del P. Moret y otros. (Véase la *Colección de* fueros *municipales* y *cartas-pueblas*).

212 Advierte Antequera *(Historia de la legislación española),* que «el primitivo *fuero de Jaca* único monumento legal de importancia que, aparte el *fuero de Sobrarbe* nos ofrece la historia de Aragón en el primer período de la dominación árabe, lo había otorgado el conde D. Galindo Aznar a fines del siglo VIII o principios del IX, o sea entre los años 795 y 815».

habiendo nacido de costumbres gravosas, constituían al vecino en estado de sufrir todos los males del gravamen si el rey o el señor no concedían exención haciéndole una gracia que sólo negativamente producía el bien en cuanto libraba del mal. Como ejemplo de fuero malo, cita Zuaznavar el de la sayonía, en Navarra y en León, consistente en que el sayón o alguacil entrase por fuerza en la casa del vecino, cuando quisiera, con pretexto de averiguar crímenes, y recuerda que a los leoneses, al librarlos de ese fuero malo, dirigió Alfonso VI estas palabras: «Era costumbre que cuando se verificaban homicidios ocultos, los sayones de nuestro reino vejaban a todas las villas de la comarca. Las obligaban a purgarse de la sospecha por medio del juramento y del juicio de agua caliente; y si alguna villa salía vencida en este juicio, le exigían la pena del homecillo. Aun esto parecía justo. Pero cometían otra injusticia, pues si ninguna villa resultaba vencida en aquel juicio hacían los sayones que todas formasen como un solo pueblo y pagasen doblada pena del homecillo entre todas».

Puede verse el texto de este fuero con alguna que otra variante, en las citadas obras del P. Huesca (t. VIII), Zuaznavar (parte 2.ª) y Muñoz Romero (*Colección,* etcétera), y también en la que éste cita de Llorente (*Noticias históricas de las Provincias Vascongadas,* t. III), Yanguas Miranda lo insertó, copiándolo de la obra de Zuaznavar, en su *Diccionario de antigüedades del reino de Navarra* (t. II).

Igualmente lo publicó en la *Revista de Huesca* (t. I), D. Gabriel Llabrés, quien lo transcribió del *Libro de la Cadena* que se custodia en el Archivo municipal de Jaca[213].

El fuero de Jaca no contiene capítulos de carácter político, sino civil, penal y administrativo. Preferimos a hacer un extracto de ellos, transcribir el que el insigne Quadrado hizo de los principales y publicó en el tomo correspondiente a Aragón, de los *Recuerdos y bellezas de España.* Se reducen, dice, a lo siguiente: 1.°, que se compensen los delitos por dinero; 2.°, que los vecinos de Jaca puedan testar y que los bienes del que muera intestado se den a sus parientes, y a falta de éstos a los pobres, entendiéndose lo mismo con los forasteros que allí mueran; 3.°, que nadie dé fianzas por más de lo que puede; 4.°, que no se encubra a los ladrones y que cuatro prohombres de

213 Según la descripción que de él hace Llabrés se halla formado por 64 documentos entre privilegios reales, concesiones de obispos, ordinaciones del Concejo y avenencias entre parcialidades y banderías. Uno de los documentos coleccionados es el fuero que nos ocupa. El libro, a juicio de Llabrés, debió de ser escrito entre mediados y fines del siglo XIII y se llama de *la Cadena* por ser esa la denominación de las compilaciones de privilegios concedidos a las Universidades o Corporaciones civiles y eclesiásticas. Libros de la Cadena, dice este inteligente investigador de antigüedades aragonesas y mallorquinas, tienen la catedral de Jaca, la de Huesca, la de Palma de Mallorca, etc.; se les sujetaba así para que pudieran ser consultados a menudo sin peligro de ser substraídos.
Ese libro, según hemos tenido ocasión de observar, está cuidadosamente guardado en el archivo del Ayuntamiento de la ciudad.

cada pueblo juren denunciarlos al merino, y si éste no atendiese, al mismo rey; 5.°, que no sirvan de prenda los ganados mientras sea posible; 6.°, que acudan todos al toque de somatén o de *apellido,* y que los más perezosos en acudir pechen tres sueldos; 7.°, que concluidos los procesos se devuelvan al alcalde, y que éste los rompa y si alguien los sustrajese se le juzgue por ello y se adjudiquen los bienes al rey, lo mismo que con los falsos testigos; 8.°, que cuando bajasen los ganados a España (sin duda se daría en las fronteras este nombre al Interior de la península), ni caballero ni otro hombre alguno se atreva a robarlos o a secuestrarlos bajo ningún pretexto; 9.°, que nadie, so pena de mil sueldos, incomode a los mercaderes de Jaca o forasteros, a no ser su fiador o acreedor; 10.° que se celebren ferias durante quince días por la cruz de mayo, ocho días antes y ocho después.

Otros privilegios que aparecen en el libro de la Cadena, se otorgaron después. De ellos no creemos necesario hacer mérito. A quien desee estudiarlos, puede servir de guía el cuadro expresivo de la fecha, número de orden y folio de cada documento, publicado en la *Revista* de D. Gabriel Llabrés a que nos hemos referido.

De esa omisión haremos, sin embargo, una excepción; la confirmación hecha por D. Alfonso II en 1187, notable porque en el privilegio en que se hizo se expresa que de Castilla, Navarra y otras tierras solían acudir gentes a Jaca para aprender sus buenas costumbres y fueros *(scio enim quod in Castella, in Navarra et in aliis terris solent venire Jaccam per bonas consuetudines et fueros addiscendos),* lo cual hace presumir a Muñoz Romero (colección citada) que debía de haber muchos otros fueros que no estuviesen escritos y formasen Derecho consuetudinario, pues en verdad sólo para conocer la escrita no tenían necesidad de salir de sus tierras castellanos ni navarros.

Otra compilación de fueros de Jaca existe, según la Real Academia de la Historia *(Catálogo áe fueros y cartas-pueblas de España),* escrita en lemosín a fines del siglo XIV, no autorizada, que se supone obra de algún particular. Su comienzo es de este modo: «Aquest libre es el for de Jacca departit en V libres, et comença aquí lo primer en que tracta la fidelitat devuda al sennyor rey, et de las coses que pertaynnen a Deus et a la glesia et primerament», etc.

No debemos pasar en silencio el privilegio denominado *Tortum per tortum*, o sea *privilegio de los veinte,* fuero dado a la ciudad de Zaragoza por D. Alfonso I el Batallador; su fecha, según la Academia *(Catálogo)*, año 1119. Lo insertó Molino en su conocido Repertorio *(Repertorium fororum et observantiarum regni Aragonum),* y lo transcribió Muñoz Romero en su *Colección.*

En el archivo municipal de Zaragoza se custodia un pergamino que lo contiene; no es el original, como algunos han creído, sino una copia, a la verdad, muy antigua.

A su texto, que ofrece algunas variantes, de no grande importancia en su comparación con otros, nos atendremos en las citas que hagamos.

Comienza D. Alfonso expresando su deseo de favorecer y fomentar la población de Zaragoza, confirma sus fueros *(Dono et confirmo vobis foros bonos, quales vos mihi demandastis),* hace importantes concesiones a sus moradores y otorga luego la que ha hecho famoso este privilegio.

Es posible, y hasta parece probable y casi seguro, que con el tiempo se ejercitase en forma distinta de lo que su texto indica.

Con relación a él, dicen sin más explicaciones Marichalar y Manrique (obra citada, t. IV), que se facultaba a los vecinos de Zaragoza que recibiesen algún daño de forastero, para que por autoridad propia le tomasen prendas y las conservasen en Zaragoza hasta que consiguiesen satisfacción y derecho. En lo que toca a los veinte, he aquí lo que dicen: el rey hizo jurar estos fueros a veinte vecinos elegidos por los pobladores, con obligación, estos veinte, de tomar juramento a los restantes, encargándoles D. Alonso que todos se ayudasen y uniesen para la conservación de estos fueros, imponiendo graves penas a los infractores.

Desde luego nos parece que no hay absoluta fidelidad en la versión del párrafo referente al *tuerto* o agravio. No ya tomar prendas al que agraviaba y llevarlas a Zaragoza era lo autorizado por el rey: el privilegio llegaba hasta facultar al agraviado para prender al autor mismo del agravio en persona y conducirle a la ciudad.

Así parece resultar del texto; he aquí sus palabras: *«In super autem mando vobis sut si aliquis homo fecerit vobis aliquod tortum in tota mea terra, quod vos ipsi eum pignoretis et destringatis in Çaragoça. Et ubi melius potueritis usque inde preudatis vestro directo. Et non inde speretis nulla alia iustitia».* Y así también resulta de la traducción que trae Yanguas Miranda *(Diccionario histórico-político de Tudela)* de ese mismo párrafo que con referencia a Tudela en vez de Zaragoza, y sin más diferencia que la de la puntuación, se lee en ese mismo privilegio[214] concedido por *el Batallador* a la ciudad navarra en 1127.

No vemos explícito el privilegio sino en cuanto a la facultad de prender el agraviado al autor del agravio. No se dice en él que pudiera causarle mal, por vía de pena, en su persona, sino resarcirse del daño sin hacerse otra justicia, aunque también pudiera entenderse, por otra parte, que quiso declararse innecesaria la intervención de los Jueces. De todas suertes, no creemos del todo exacto, como no vaya acompañada de alguna explicación, la expresión «facultad de tomarse la Justicia por su mano» frecuentemente usada como definición o concepto del privilegio.

---

214 El privilegio de Tudela termina con estas palabras: *Et dono vobis ista carta sicut est superius scripta cum illos fueros de Sarragoza.* Hállase inserto este privilegio en el tomo II del *Diccionario geográfico histórico de España,* publicado por la Real Academia de la Historia, en la parte 2.ª del *Ensayo* de Zuazuavar, en el t. III del *Diccionario de antigüedades del reino de Navarra,* de Yanguas Miranda, en la *Colección* de Muñoz Romero, y no recordamos si en alguna otra obra.

Sea como quiera, dejando a un lado lo que en un principio pudiera suceder, sobre lo cual dista mucho de poder afirmarse que se ha dicho la última palabra, creemos que andando el tiempo resulta con alguna claridad, no sólo que el privilegio de los veinte no se aplicaba a caso de agravios o *tuertos* hechos a un particular, pues se creía necesario que el agravio fuera a la ciudad, sino que se procedía mediante el ejercicio de una jurisdicción especial, extraordinaria si se quiere, pero jurisdicción al fin, legalmente establecida; y no pudiendo seguir en absoluto y sin reserva al docto profesor Santamaría de Paredes *(Curso de Derecho político)* cuando afirma que por el privilegio de que vamos hablando, se autorizaba a los zaragozanos a tomar venganza a mano armada contra los que les ofendiesen, sin aguardar la intervención de las autoridades judiciales.

En el privilegio no se dice claramente que los *veinte* hubieran de ejercer jurisdicción alguna. Se ordena que juren los fueros *(totos istos fueros)* los veinte hombres que como mejores fuesen elegidos por los zaragozanos, y que ellos los hagan jurar a los demás; que se unan todos *(vos teneatis in unum)* para la defensa de los fueros que les da y que al que quiera hacerles fuerza le destruyan la casa y cuanto tenga en Zaragoza y fuera de Zaragoza.

Parece, atendida la ilación del texto, que esto último se refiera no a cualquier atropello o vejamen de que pudiera creerse víctima un vecino, sino a la fuerza que se hiciera a la colectividad, a la ciudad, a sus fueros *(qui vos voluerit inde forçare)*, siquiera no fuese sino resistiendo a lo que los veinte hubiesen acordado. Reconocemos que eso no resulta claramente del fuero o privilegio: pero cualquiera otra versión o inteligencia suscitará, en nuestro concepto, mayores dudas.

La opinión de los escritores que de este privilegio han hablado, no le es favorable; y aun acaso sean los de opiniones políticas más avanzadas quienes más acerbamente lo han censurado, tal vez porque, como los poderes excepcionales tienden fácilmente al abuso, como se observa modernamente en las épocas en que por exigencias reales o supuestas del orden público se suspenden las garantías constitucionales, los veinte, que no siempre se contuvieron en límites justos y prudentes, fueron en muchas ocasiones (*Historia de las alteraciones de Aragón,* por el marqués de Pidal, t. 1) favorecidos por los reyes y sus ministros, como igualmente lo fueron, según ese mismo publicista, el fuero de la «Enquesta», la extensión del Tribunal de la Inquisición «y otros remedios extraordinarios a que en casos graves se acudía en Aragón, con mayor o menor acierto y resultado».

Lo cierto es, repetimos, que contra ese fuero de los veinte, que no venía a ser, según Sanz Ramón *(El Privilegio de los veinte)*, sino una delegación de la ciudad entera en favor de ellos, los cuales en casos graves impetraban el auxilio de más ciudadanos, para el cumplimiento del fuero mismo, quienes más acremente se han expresado son escritores de ideas avanzadas, pues a la vez que D. Vicente Lafuente (*Estudios críticos sobre la historia y el derecho de Aragón,* t. II) se limita a calificarlo de tiránico, y Dánvila *(Las libertades de*

Aragón) no lo menciona sino por incidencia y como argumento para negar la importancia, a su juicio exagerada, que se pretendía dar a la institución del Justicia ya en tiempos anteriores a los de D. Alonso el Batallador, Lasala, aun viendo en el privilegio de la veintena algo como una manifestación del derecho de insurrección que él creía latente y alababa, en el espíritu de los fueros, la calificaba de «tan omnímoda como violenta jurisdicción», de «exorbitante» y «monstruoso privilegio», que «daba lugar a muy graves desmanes y atentados», y quiere que se haga memoria de los sucesos motivados por aquel «Jurado dictatorial», «para escarmiento de esas *dictaduras* que en nombre de la libertad constituyen la peor de las tiranías» (*Examen histórico-foral de la Constitución aragonesa;* t .I). Privilegio anárquico y monstruoso le llama también Olózaga (Discurso de recepción en la Academia de la Historia). Y Olave *(Reseña histórica y análisis comparativo de las Constituciones forales de Navarra, Aragón, Cataluña y Valencia),* después de decir que la veintena «abusando de sus exorbitantes facultades cometía todo género de desmanes y atropellos» y que «no pocas veces sirvió de brutal instrumento a los monarcas para llevar a cabo, por indirecta sugestión de éstos, ciertas venganzas que las leyes del reino impedían a la Corona», agrega: «reprobamos altamente la anárquica veintena, y damos en ella una nueva prueba de la imparcialidad que nos anima, al condenar en nuestras antiguas leyes cuanto encontramos digno de censura; sin que las aficiones al conjunto foral nos oculten sus defectos, bien escasos en comparación de sus ínclitas excelencias»[215].

Sea cual fuere el juicio que la veintena pueda merecer por algunos de sus actos y sin dejar de reconocer que cesadas las circunstancias en que el privilegio se dio y asegurada la reconquista de Zaragoza y la tranquilidad de la población, pudo no tener razón de ser y motivar la animadversión que el resto del reino (Argensola, *Información de los sucesos de Aragón en los años de 1590 y 1591*) mostró contra él, importa consignar, en honor de la verdad, que los veinte no constituían un cuerpo tumultuariamente y sin sujeción a regla alguna nombrado.

Sanz Ramón ha expuesto en su obra la manera de proceder en general[216]. Los límites de un artículo no nos permiten entrar en detalles. Copiaremos, para terminar lo referente al renombrado privilegio, el juicio de quien tan detenidamente lo ha estudiado. Dice así Sanz Ramón: «Resumiendo la doctrina sentada, diremos que el *Privilegio de los veinte* tuvo fuerza legal, y si bien concedía excesivos derechos a los de Zaragoza, éranles necesarios, dado que se encontraba rodeada de territorios en que gobernaban *señores* secu-

---

215 El privilegio comprendía otros casos además del de *tuerto* hecho a vecinos de Zaragoza. No consideramos necesario ocuparnos en su examen.

216 En el Apéndice da cuenta de las diligencias formadas con ocasión del *tuerto* inferido por la comunidad de las aldeas de Daroca y vecinos de Cariñena. Las diligencias originales pueden consultarse, según el mismo autor advierte, en el libro de *Acuerdos del capitol y consello de la ciudad de Zaragoza* en el año 1440, existente en el Archivo municipal de la misma.

lares, y de no haber disfrutado la ciudad de las facultades otorgadas en ese fuero, hubiera sido imposible la vida en ella. Los zaragozanos, mediante el privilegio, podían imponer pena corporal y contra él no cabía el recurso de la manifestación. Por los casos de aplicación del privilegio, cuya relación tenemos a la vista, los de Zaragoza usaron convenientemente, por regla general, de las facultades que se les concedieran, y si en alguna ocasión extremaron su rigor, fue debido a la terquedad del procesado o a la influencia de los reyes, quienes se aprovecharon de las disposiciones del privilegio para aumentar su poder menoscabando el de los nobles y en algunas ocasiones para satisfacer su enojo sin incurrir en contrafuero, por lo cual no habrá de culparse a la *veintena* por los hechos entonces ocurridos. No es cierto, según queda dicho, que se aplicara sin conocimiento ni proceso alguno para averiguar la responsabilidad en que hubieren incurrido los acusados, si bien atemperaban las investigaciones a lo meramente preciso para poder fallar justamente sin distraerse con procedimientos inútiles».

Otro fuero, el de Teruel, puede hoy ser estudiado fácilmente merced a la transcripción que de él ha hecho, agregándole un interesante estudio preliminar, Aznar Navarro (t. II de la *Colección de documentos para el estudio de la historia de Aragón*), sirviéndose del Códice latino custodiado en el Archivo municipal de aquella ciudad.

Tomado que hubo el Batallador a Zaragoza, y avanzando en su invasión del terreno ocupado por los moros, hizo suyas Calatayud y Daroca, con lo que dejó entrever, después del alto o paréntesis que significa el reinado de Ramiro II, nada influido por bélicos ardores, el próximo feliz término de la reconquista aragonesa.

A Calatayud, ganada en 1120, dio el fuero que la ciudad le había pedido; fuero de los que se llamaban *de frontera*, más favorables que los de mero privilegio, que, muerto el Batallador, fue confirmado por su hermano D. Ramiro el Monje, en 1114[217].

A Daroca debió de concederle también fueros el Batallador, mas se ignora su fecha (Marichalar y Manrique, t. IV). Lo que se sabe es que se regía por fueros en tiempo de D. Ramón Berenguer[218], toda vez que éste en 1142 se los confirmó, agregándole otros nuevos. Un paso dado en el camino de la reconquista fue la repoblación de Teruel, ciudad a la que, en 1176, dio D. Alfonso II un fuero de que vamos a dar cuenta. Es, según Aznar Navarro, y como él

217 D. Vicente Lafuente (*Historia de Calatayud,* t. I), dice que en vez de firmar D. Ramiro al pie del pergamino original, lo hizo en el hueco que habían dejado los redactores del fuero y su hermano el Batallador, quizá para adicionar algunos capítulos o bien para añadir al fuero algunas otras disposiciones. Como uno de los apéndices de esa obra inserta el fuero, con la advertencia de que pueden verse las variantes en la *España Sagrada* (t. XLIX) o en la *Colección* de Muñoz Romero.

218 Ya en 1123 D. Alfonso el Batallador en el fuero que dio a Caseda decía: «*Concedo vobis vicinos de Casseda tales foros cuales habent illos populatores de* DAROCA *et de Soria*».

opinamos, después de leídas sus disquisiciones, una obra bien meditada, según se revela por sus mismas proporciones, por la minuciosidad con que regula[219] las relaciones públicas y privadas de los moradores, por el retrato de las costumbres de su tiempo, por la previsión con que remueve obstáculos, y por haber acertado a dar a la nueva población una organización que parece ser el resultado y como la cristalización de elementos consuetudinarios bien tomados en cuenta.

Necesidades sociales creadas en el curso de los tiempos pusieron a los reyes en el caso de atenderlas con nuevas disposiciones, pero siempre subsistió una legislación especial y privativa de Teruel. El fuero se había hecho anacrónico, tal vez ininteligible, en algunas de sus partes; las nuevas y sucesivas disposiciones eran ocasionadas a errores de interpretación y daban lugar a confusiones. Eso se quiso remediar con una refundición o arreglo, que dio a un tiempo satisfacción a la necesidad que los de Teruel sentían de una legislación clara y modernizada a los propósitos de centralización y unidad que Felipe II abrigara.

El nuevo Cuerpo legal, nacido de ese arreglo en que ya sólo había parte del fuero primitivo, rectificado éste o completado por las leyes posteriores, cuya compilación se estimó oportuna, se publicó en Valencia, año de 1565, en la imprenta de Mey, bajo el título *Fori Turolii*[220]. Ordenó Felipe II, según aparece en ese libro, que sólo él se tuviera como vigente, considerándose como no estatuido todo lo que en él no se comprendiera, con lo que el fuero primitivo quedó olvidado y como desconocido, teniéndose ordinariamente por fueros de Teruel no los que había dado D. Alfonso el Batallador en el siglo XII, sino los que como tales regían en el siglo XVI, y a su vez en 1597, pocos años después de los tristes sucesos de Zaragoza origen de la decapitación del justicia

219 El Dr. Borobio leyó en la sesión inaugural de la Real Academia de Medicina de Aragón, en 31 de enero de 1915, un interesante «estudio médico del fuero de Teruel» que hace preceder de un examen general de los principales caracteres y condiciones de éste. De su estilo dice que es, en general, «sencillo, como puesto al alcance de gentes y autoridades que no eran letrados», de sus preceptos, que son «breves, concisos, terminantes, imperativos, inapelables», pues «el legislador se funda en la justicia y se cree relevado de toda discusión», aunque a veces se permite brevísimos razonamientos, de los cuales aparece el carácter de aquellos primitivos aragoneses, entonces como hoy, severo en su juicio, lacónico y ajustado en la expresión, recto en la dirección de su conciencia, sencillo en el procedimiento jurídico, rico en lo que hoy llamaríamos sentido práctico »

220 Antes que esa compilación se había publicado en Valencia (tipografía de Jorge Castilla, 1531), otra titulada *Suma de fueros de las ciudades de Santa María de Albarracín y de Teruel y de las comunidades de las aldeas de dichas ciudades y de la villa de Mosqueruela y de otras villas convecinas.* Tampoco en ella, como observa Aznar Navarro, se halla el fuero latino de Teruel; acaso pueda dar idea, muy pálida, parcial y desordenadamente, del fuero romanceado. Fue formada para servir a los fines prácticos de la vida jurídica; pero también interesa al historiador, advierte Riba García *(Carta de población de la ciudad de Santa María de Albarracín),* en cuanto indica la época a que pertenece cada disposición.

D. Juan de Lanuza, quedaron fuera de uso por haberse agregado a los fueros generales de Aragón las Universidades de Teruel y la Comunidad de Teruel Albarracín y su tierra.

Una cuestión se ha suscitado a propósito del Fuero de Teruel: la de saber si éste fue tomado del de Sepúlveda o el de Sepúlveda lo fue del de Teruel.

Zurita (*Anales,* lib. II) afirma que el fuero de Sepúlveda fue dado a sus moradores por D. Sancho el mayor, y antes de él por los condes Fernán González, Garci-Fernández y D. Sancho, confirmado por el rey conquistador de Toledo D. Alonso, por su mujer D.ª Elvira, por el emperador D. Alonso, rey de Aragón, y por la reina D.ª Urraca, y señalado por D. Alonso, rey de Aragón, a los pobladores de Teruel para que se rigiesen por él.

Fiados los historiadores en la alta autoridad del discretísimo y diligente cronista aragonés, copiaron generalmente la noticia. No así la Academia de la Historia, que en 1852 *(Catálogo de fueros y cartas-pueblas de España)* negaba que el fuero de Sepúlveda otorgado por D. Alfonso VI el año 1076 a los de Sepúlveda tuviera nada que ver «con la interesante colección de fueros de Teruel dada por D. Alfonso II de Aragón en 1.° de octubre de 1176», agregando que «el fuero moderno de Sepúlveda, formado a fines del siglo XIII principios del XIV, si tiene alguna relación con la indicada colección de fueros es por haberse copiado en él muchas de las leyes del de Cuenca, que tomó casi todas las suyas de los fueros de Teruel».

Como a Aznar Navarro, nos parece a nosotros que hecha la comparación del fuero antiguo de Sepúlveda y el códice latino de Teruel[221] resulta comprobado lo que dice la Academia: son fueros notoriamente distintos.

Aznar Navarro discurre largamente sobre este asunto (y a su argumentación remitimos a quien quiera conocer el mismo), exponiendo las razones que hay para creer que el códice del Archivo municipal de Teruel que dados sus caracteres paleográficos no puede datar de fecha anterior al siglo XIV, contiene el texto del fuero de 1176, y que cuando se ha hablado de fueros de Sepúlveda que se observaban en Teruel, puede entenderse que se trataba de los fueros nuevos, colección formada a fines del siglo XIII o principios del XIV (*Catálogo* de la Academia). Esos fueros se cree fueron copiados del de Cuenca, que a su vez *copió* el de Teruel. Y como el segundo fuero de Sepúlveda se extendió prodigiosamente, dice el diligente investigador, y con la extensión alcanzó la fama que no pudo conseguir en su retiro el de Teruel, ni tampoco

221 El fuero primitivo de Sepúlveda, puede leerse en el *Ensayo* de Zuaznavar, parte 2.ª; en las obras de Llorente, Yanguas Miranda y Muñoz Romero, de que ya hemos hecho mérito y en el libro de Brandaos *(Monarquía lusitana)* citado, como los anteriores, por Aznar Navarro. El expresado fuero de Sepúlveda pertenece todavía al número de los fueros breves, como fueron, por lo general, los anteriores a la segunda mitad del siglo XII; el de Teruel es el más antiguo de los fueros extensos (Riba García, obra citada).

el de Cuenca hecho a su imagen y semejanza, ¿qué extraño es que el reflejo del satélite proyectara sobre el planeta mismo, sobreponiéndose a sus amortiguados resplandores?

Sin embargo de esto, Mora Gaudó, en su obra *Ordinaciones de la ciudad de Zaragoza*, publicada en la misma *Colección* de que hemos indicado forma parte el libro de Aznar Navarro, se atiene, contra la opinión de éste, a la versión de Zurita, fundado en un documento que ha *visto* en el Archivo de la Corona de Aragón. Pertenece al año 1283, y es una confirmación que hace D. Pedro III de los fueros «vocatos de Sepúlveda» en favor de los turolenses que se la habían solicitado, fundados en que «avian privilegios que sean poblados a buen fuero y a buena costumbre de Sepúlveda».

No está, pues, en absoluto resuelta la cuestión, como no lo están otras muchas relacionadas con la historia de la legislación en los siglos medios.

Y prescindiendo de muchos otros fueros particulares[222] antes de llegar al fuero general o compilación de 1247, consideramos de interés decir algo acerca de las Comunidades de Calatayud, Daroca y Teruel[223].

Las tres remontan su origen al siglo XII. Las de Calatayud y Daroca fueron erigidas por D. Alfonso el Batallador, con objeto de afirmar la reconquista. No podía después negarse a Teruel lo que a esas otras dos ciudades se había otorgado.

Cada comunidad estuvo en su origen constituida por la ciudad respectiva y las aldeas que a manera de barrios de ésta le fueron asignadas, si bien con el tiempo se rompió esa unidad emancipándose éstas de la capital. Prestaron grandes servicios las Comunidades, asegurando la tranquililidad en el interior de su territorio con la persecución de malhechores y defendiendo además, el país en las guerras de Aragón y Castilla.

De las tres Comunidades, la de Calatayud, que era la más antigua, sirvió también como de modelo o tipo a las otras.

Tenían importantes privilegios los habitantes de las tres Comunidades. Eran éstas todas de realengo: no formaban parte de su organización los pueblos de señorío.

Los reyes modificaron las ordenanzas de las Comunidades: Felipe II las de Teruel; Felipe IV las de Calatayud; éste y Carlos II las de Daroca. En 1837 fueron suprimidas por Real decreto.

---

222 De Alquézar (1069), de San Juan de la Peña (1090, según Muñoz Romero, aunque Antequera hace observar su anterioridad al de Alquézar), Belchite (1116), Alcañiz (1159) y otras poblaciones. De ellos puede tomarse alguna noticia en la obra de Marichalar y Manrique, y de algunos leerse el texto en la *Colección* de Muñoz Romero.

223 La de Albarracín es de última hora, constituida en la época de la decadencia de la institución por influencia de la afinidad de intereses y de la analogía entre las de Teruel y Albarracín, según advierte Lafuente.

D. Vicente Lafuente, de cuyo *Discurso* de recepción en la Academia de la Historia tomamos estas ligeras noticias, pudiendo recurrir a su contenido quien las desee más amplias, resume así la historia de esas Corporaciones: «Hemos hallado su vida análoga a la del hombre, naciendo débiles en el siglo XII... Fuertes en su juventud, durante los siglos XII y XIII, llevan una vida militar y belicosa... Favorecidas por los reyes se emancipan de las capitales a fines del siglo XIV...; en su edad viril toman parte, durante los siglos XV y XVI, en la vida política de Aragón... Cuando las libertades políticas de Aragón, comprimidas por Felipe II, perecen a manos de Felipe V, concluye la vida política y la edad viril de las Comunidades, las cuales, durante su senectud en los siglos XVII y XVIII, se reducen a la vida económica semejantes al ciudadano que, después de pasar su juventud en la milicia y su edad viril en la política, se retira a la vida privada en el último tercio de su vida, para administrar su patrimonio, alejado ya de los negocios públicos».

Llegamos, con esto, a la Compilación de 1247; pero de ella ni de las vicisitudes, en lo que toca a la historia externa de la legislación general aragonesa, no tenemos ya para qué ocuparnos (pues lo hemos hecho en el artículo DERECHO CIVIL DE ARAGÓN), como no sea para decir que hasta el acto de corte de 1626 no fueron admitidas a los fueros generales del Reino las ciudades de Albarracín y Teruel y sus Comunidades y villa de Mosqueruela. En ese acto de corte se dice que esas poblaciones, que se regían y gobernaban por sus fueros particulares llamados de Sepúlveda y Extremadura, acudieron en 1597 al Rey para que se evitasen los males que de ello se seguían; que nombrados comisarios reales a ese efecto otorgaron en 1598 la agregación, con obligación de que hubiera de pasarse por fuero y acto de corte. Consecuencia de eso fue la resolución de 1626, comprendida en el volumen foral entre los *actos de corte.* Franco y Guillén, sin embargo, lo citan *(Instituciones de Derecho civil aragonés)* como *fuero,* indudablemente refiriéndose a él, ya que el título que le asignan es el de «Agregación», etc., que es precisamente el del acto de corte. Un fuero hay, de todos modos, que tiene relación con esa materia; mas no es el de la «agregación». Es de las mismas Cortes de 1626 a que pertenece el acto de corte; se titula «Que los censales de Albarracín y Teruel y villa de Mosqueruela y sus comunidades sean habidos por sentenciados», y tuvo por objeto colocar los censales cargados sobre esas poblaciones y sus tierras en las mismas condiciones que si lo hubieran sido cuando regían los fueros particulares que se dejaron por los generales en 1598 y en aquel mismo 1626.

Nos proporciona esto la ocasión de tratar, aunque sea brevemente, un punto de que suele hablarse por los autores con cierta vaguedad.

Una diferencia esencial y legalmente declarada, en realidad no la hay; y en esa misma disposición titulada «Agregación», etcétera, se habla de «fuero y acto de corte» como si se tratase de denominaciones que corresponden conjuntamente a una misma disposición.

Puede, empero, asegurarse que en la práctica, y se comprueba comparando la colección de fueros con la de actos de corte, se observa alguna diferencia entre unos y otros.

Blancas *(Modo de proceder en Cortes en Aragón)*, explica la diferencia diciendo que «fueros propiamente llamamos las leyes que se otorgan para la expedición de la justicia, como si se instituyen nuevos consejos para el conocimiento de las causas o se reforman los instituidos; si se pone nuevo orden o se limita el dado en el proceder de los pleitos; si se pone o quita pena a los delitos o cosas así, de esta manera que van encaminadas a la expedición de la justicia, y éstas luego se tiene cuidado que se publiquen e impriman, aunque sean temporales, esto es, otorgados a tiempo limitado...

«Otras veces, aunque es tiempo limitado, pero es incierto, como hasta el primero o postrero acto de las primeras Cortes generales o particulares que se tendrán en el presente reino... y desta manera hay muchos fueros otorgados en el volumen de nuestras leyes que, como se ha dicho, aunque sean temporales se tiene cuidado de que se impriman y se añadan a las otras, para que se guarden y ejecuten mientras durasen y ningún daño hace el saberlas y tener noticia dellas, aun después de expirados».

Todo lo demás que se otorga (habilitaciones, limosnas, salarios perpetuos o temporales que particularmente se asignaban, lo que para los oficios y cosas de la Diputación se proveía, las comisiones dadas, así para conocimiento de los *greuges* que en Cortes no se habían podido pronunciar como para otras cosas), «finalmente, todo lo que no es fuero», corresponde, según el mismo cronista, a los actos de corte[224].

No parece eso del todo claro, mucho menos si se tiene en cuenta que, según el propio Blancas, actos de corte y fueros «tienen la misma fuerza», «y ni más ni menos se executan y guardan y también se publican y imprimen los que son señalados y que han de servir para algún ministerio conveniente y se añaden al volumen separado que dellos mismos se llama actos de cortes». Añade que los actos de corte «no son leyes hechas tanto para el beneficio de la justicia cuanto para el buen gobierno del reino y de las cosas y oficios dél», y que los brazos de las Cortes, al concederlos protestan diferentemente los unos de los otros. Así, los eclesiásticos dejaban a, salvo la libertad eclesiástica y evitaban las causas de irregularidad, y los nobles, caballeros e hidalgos, aunque eran dos Brazos, solían juntos protestar que no querían se derogasen los fueros, privilegios, libertades, usos y costumbres del reino; y lo mismo las universidades.

Asso *(Historia de la Economía política de Aragón),* dice que en las Cortes se hacían los *fueros o* leyes para la *expedición de la justicia*, y los *actos de corte* para *el buen regimiento y gobernación de todo el reino, en cosas de gracia y policía.*

224 Esto mismo viene a decir otro cronista, Martel, en su obra *Forma de celebrar Cortes en Aragón*.

ILESIÓN

Derecho foral. *Aragón.*– La *ilesión* es el beneficio que gozan en Aragón los menores de catorce años y los ausentes del territorio *causa reipublicae,* de no perjudicarles ningún acto o contrato celebrado por ellos o por otra persona en su nombre[225].

Los aragoneses no han dado entrada en su legislación especial a la restitución *in integrum* que de Roma tomó Castilla. Expresamente la rechazaron, declarando que los menores de edad se conservan ilesos.

Esa garantía jurídica del interés de los menores aparece ya iniciada en la Compilación de Canellas, con ocasión de regularse la prescripción.

Cuatro son, en el lib. VII, bajo la rúbrica *De prescriptionibus,* los fueros en que se hace alguna declaración acerca de esta materia.

El fuero 1.°, al establecer la prescripción de año y día en favor del que adquirió una finca mediante título traslativo de dominio *(in hereditatibus datis, emptis, cambiatis vel ultima voluntate relictis),* si cuando se deduzca contra él reclamación puede probar con instrumento público que el reclamante tuvo conocimiento del título *(vidente et sciente petitore),* declara que esta prescripción no corre contra el menor, como tampoco contra el ausente ni contra el ignorante *(ignoranti, vel minori, vel absenti non currit haec praescriptio).*

Esta prescripción de año y día no puede, según el fuero, perjudicar en su derecho al dueño de la heredad enajenada por quien no poseía por sí, sino a nombre de otro; mas si quienes enajenan son los albaceas *(spondalarii vel manumissores)* por haberlo así ordenado el testador, corre contra el heredero, aunque sea menor, pues a ese efecto no se le considera como tal *(tunc heres minor non reputetur esse minor, immo currit praescriptio anni et diei contra eum)*[226].

Con mayor precisión, en cuanto determina que los menores de quienes se trata son los que no tienen catorce años *(non noceat, minori quatuordecim annorum)*, consigna otra excepción el fuero 3.°. La prescripción a que en él se da lugar es la del molino reconstruído sobre las ruinas de otro. Esta prescripción no está sujeta a plazo determinado: se consuma desde que el molino queda en disposición de fabricarse harina *(in tantum quod mola superior se in girum impetu atque subtus eam decurrentis et cibariam molendo faciat ex ea farinam),* con tal que, si se promueve reclamación por el dueño del terreno en que está el molino, pueda probar con testigos idóneos el prescribiente que el

225 MOUTÓN: *Diccionario del Derecho civil foral*, tomo I.

226 Por no tratar en este artículo más que de lo que atañe al interés de los menores (y aún de los ausentes en lo que a ellos están asimilados), no examinamos aquí ciertas cuestiones a que este fuero y las demás disposiciones que citamos dan lugar. Su estudio corresponde a otros artículos, singularmente al en que se estudia la Prescripción.

demandante estuvo algunas veces en el pueblo sin reclamar, después que la reconstrucción comenzó *(quia tacuit cum clamare debuit).*

Trátase en el fuero 4.°, de la prescripción del campo ajeno en que uno plantó viña, cuando ésta llega a ser de tres hojas o sea cuando la ha cultivado durante tres años *(donec sit de tribus foliis, quod evenit laboratione trium annorum)*[227]. Para que se produzca la prescripción, es necesario que el roturador prescribiente, a semejanza de lo que sucede en el caso anterior, pruebe, en caso de reclamación del dueño, mediante declaración de testigos suficientes, que el reclamante estuvo diferentes veces durante los tres años en el pueblo en cuyo término está situado el campo. Tampoco esa prescripción corre contra los menores: aquí también se precisa más el concepto, pues se habla igualmente de los menores de catorce años *(non noceat pupilis nec minoribus quatuordecim annorum).*

Guarda cierta analogía con esa prescripción, pues tampoco está sujeta al trienio ni a otro plazo fijo, la que aparece autorizada en el fuero 5.° en beneficio del que en solar antiguo abre cimientos sobre los cuales edifica, desde que las paredes son de tres hiladas y han formado portal[228].

Para la prescripción se requiere, si reclama el que se cree dueño, que se haga por medio de testigos *(per legítimos testes)*, prueba semejante a la que, con ocasión de recordar los fueros 3.° y 4.°, queda expuesta. El que en este

227 Esta prescripción es análoga a la que establece el Fuero general de Navarra en el cap. III, tít. V del lib. II tratando del caso en que «algún hombre planta vinna el labra *ata que sea de tres fuyllas* et después mete otro mala voz», etc.

228 En esa forma indican Franco y Guillén el contenido, en la parte aludida, del fuero cuarto. Los términos en que éste se halla redactado ofrecen alguna dificultad. Los tratadistas han solido orillarla suprimiendo detalles. También Franco y Guillén, y algún otro que los sigue, omiten algunos; pero traducen lo más esencial.
El texto foral dice así: *«Si aliquis homo in aliquo casali veteri aperuerit fundamenta, super quibus tantum postea construxerit in girum donec opus illud sit de tribus tapialibus in altum, et nuderit ipsum casal in arrevo et fecerit ibi portal supra quo firmaverit postal, et hoc facto»*, etc.
La palabra *arrevo* (o *arrevum,* su nominativo) no se halla en los Diccionarios latinos que hemos tenido ocasión de consultar, ni siquiera en los etimológicos, como el de Miguel y Marqués de Moratite, el de Breal o el de Körting, ni en obras especiales como el *Lexicon* de Maigne d'Arnús. En el *Glossarium* de Du-Cange (edición Didot, de Paris, 1840) se copia el párrafo que dejamos transcrito, y se dan a la palabra *arrevum* la equivalencia latina de *arrerum,* la latina de *retro,* la francesa de *arrière* y las españolas de *arrevo* y *arredro.* Como adición del editor, a los textos de las anteriores ediciones se dice: *Potius* ARRIBA, *supra, super.* Savall y Penén, en el *Glossarium* de voces latinas inserto en la edición de los *Fueros y Observancias, Actos de Corte del reino de Aragón,* traen como equivalencia de *arrevum* las palabras *ordinatio* y *dispositio.*
En cuanto a la voz *postal,* en el *Glossarium* de Du-Cange, después de la transcripción del mismo párrafo del fuero, se dice, como adición también del editor:
«Idem videtur quod Hispanis POSTE, *palus cui porta innititur».* Debemos advertir que en el mismo fuero se lee esta otra expresión: *«Postquam* manistum *est ex opere illo quod* POSTALES *firmat ipso casali cum* aliis *supra dictis».*

momento nos ocupa termina con una declaración favorable a los menores *(non tamen noceat pupilis et minoribus).*

Después de los Fueros vienen las Observancias.

También en tres de ellas se habla del privilegio de los menores, ya con carácter de generalidad, esto es, no concretamente a determinados casos de prescripción, y de los ausentes en servicio del Estado, equiparados a ellos en esta materia.

El texto de esas tres Observancias es como sigue[229]:

> «Por Fuero, no tenemos restitución *in integrum*; pero el menor de catorce años y el ausente por causa de la República se conservan ilesos por Fuero» (Observ. 4.ª *De privilegio absentium causa Reipublicae,* lib. II).
>
> «Por costumbre, la menor edad es hasta los catorce años y se hace mayor después de cumplirlos. Los menores de catorce años tienen el privilegio de conservarse ilesos por el mismo fuero, porque por fuero no tenemos restitución *in integrum* lo mismo en los ausentes por causa de la República» (Observ. ún., *De contractibus minorum,* libro V).
>
> «Llámanse *menores* en Aragón, los que tienen catorce años completos, por lo que después que los han cumplido son de edad perfecta y tienen el privilegio de que en los casos en que por Derecho romano procede la restitución *in integrum,* por fuero y ministerio de la ley se guardan ilesos, pues la citada restitución no se conoce en Aragón, ni se cuidaron los aragoneses de semejantes rodeos, sino que proveyeron a los menores por ministerio de la ley, como en el título *De prescripciones* y *De contratos de menores.* Lo mismo sucede con los ausentes por causa de la República, como consta en el capítulo único *Del privilegio de los ausentes por causa de la República»,* (Observ. *De privilegio minorum et majorum absentium causa reipublicae,* lib. VI).

Posterior a las Observancias, como acordado en las Cortes de Calatayud de 1461, es el fuero segundo *De depósito.* «Item, dice en él D. Juan II, de voluntad de la Cort statuymos que en los depósitos si quiere comandas que de aquí avant se faran, testificaran, haya lugar prescripción de veinte años» pero añade: «en la present disposición empero no queremos sían inclusos los depósitos de la Cort, ni se entiendan los menores de catorce años».

Tal es lo legislado en favor de los menores y como privilegio para poner a salvo sus intereses, sin perjuicio de otras garantías que no entren en lo que constituye la materia del presente artículo.

Martón y Santapau *(Derecho y Jurisprudencia de Aragón en sus relaciones con la legislación de Castilla)* señalan dos particularidades que dicen reflejar perfectamente el espíritu siempre dominante en la legislación aragonesa y el acertado tino de sus determinaciones. Tengan o no esa significación e impor-

229 Traducción de Martón y Santapau.

tancia que tan distinguidos tratadistas les atribuyen, no creemos, a decir verdad, que resulten indudablemente ciertas esas particularidades forales, que son: 1.°, la de que el menor no queda ileso cuando se trata de la prescripción del término para interponer el retracto; 2.°, la de que no gozan del privilegio las Universidades o Corporaciones.

En cuanto a lo primero, ningún fundamento alegan esos autores. Franco de Villalba (*Fororum,* etc., tomo II) se limitó a citar una sentencia de la Audiencia de 1681, que dice haber declarado que el principio favorable a los menores en materia de prescripción no rige en el caso de retracto o *abolorio*[230]. De entenderse que el privilegio no es aplicable a la prescripción del término para interponer el retracto gentilicio (abolido por el Código civil para las provincias de Derecho común, mas subsistente en Aragón en virtud de sus arts. 12 y 13), no será, nos parece, por razones tomadas de la legislación foral; sino porque fijado en una ley de Observancia general en España cual la de Enjuiciamiento civil, el término de nueve días para la interposición del retracto, con modificación, por ese carácter, general, del plazo, mucho más amplio, que el fuero otorgaba, se estime que no puede admitirse privilegio que se oponga a la aplicación de ese plazo.

En cuanto a lo segundo, no creemos deba mencionarse como particularidad lo que no es sino una aplicación *general* de las disposiciones forales. Rechazan éstas la restitución *in integrum* y declaran ilesos por ministerio del fuero a los menores: natural consecuencia del sistema, no particularidad dentro de él, nos parece que no se aplique a las Corporaciones ni el beneficio que la ley aragonesa no conoce, ni el que ella establece sólo para los menores y para ciertas personas (los ausentes en servicio del Estado) a quienes ha creído conveniente que igualmente se aplique; y así habría de entenderse, hubiérase o no decidido en el año 1732, como dicen que sucedió Martón y Santapau.

La ampliación del privilegio de la ilesión en materia de prescripción, al desterrado, que Franco de Villalba (obra citada) indica no es a nuestro juicio, aceptable. La legislación aragonesa no contiene disposición alguna que expresa o tácitamente la autorice. La ley del Fuero Real[231] que Montalvo, citado por el tratadista aragonés, comenta, no podía derogar las disposiciones fo-

---

230 Franco de Villalba, al citar esa sentencia, no dice si en ella se trata de ese solo caso o de ese y de otro. He aquí sus palabras: «*animadverte quod ista regula*» (la regla *servantur illaesi* con relación a los menores) «*fallit in praescriptione For. 25 et A. vezes 30, de Aprrehens. Et in praescriptione Retractus sive Avolorii ut declaratum fuit in Reg. Audient. Die 13 Octobris 1681, in processu curatoris Josephi del Rio* » No es necesario que nos detengamos a demostrar que, en lo que toca a los fueros *de Apprehensionibus,* las palabras de Franco de Villalba carecen ya de aplicación, derogado como esta en absoluto ese procedimiento.

231 Es la ley 10, tít. XII, lib. II. Según ella, «si algún home fuese echado de la tierra y después viniese demandar alguna cosa que es suya e la tiene otro, y aquel que la tuviese se quisiere amparar por tiempo, mandamos que aquel tiempo que fuese echado de la tierra no sea contado».

rales; y hoy, sea de ello lo que se quiera, ni como derecho supletorio podría invocarse, estando éste constituido por el Código civil.

Como la legislación aragonesa se limita a proclamar el beneficio de la ilesión o ilesitud, no es extraño que en la práctica se haya dudado acerca del alcance y efectos de ese principio: ha faltado lo que pudiéramos llamar su reglamentación o regulación. La restitución *in integrum* castellana era un remedio subsidiario que no podía utilizarse sino a falta de otro ordinario, por ejemplo, el de nulidad: en Aragón, como se advierte estudiando la colección de las sentencias de su Audiencia, se ha estimado utilizable para remediar nulidades, Y no sólo por vía de excepción, medio legal para obtener el beneficio de la ilesión, según dicen Martón y Santapau recordando a Portolés, sino también por vía de acción.

La principal diferencia entre la restitución romano-castellana y la ilesión aragonesa se hace consistir, por los mismos Martón y Santapau, en que las acciones que nacen de la primera sólo pueden intentarse dentro del cuadrienio legal, mientras las que surgen de la segunda son perpetuas, según Franco de Villalba.

Esa perpetuidad, principio que alguna vez se ve declarado en las sentencias de la Audiencia, no deja de tener graves inconvenientes. Por tenerlos la restitución, aun limitada al cuadrienio legal, ha desaparecido del Código civil.

Continúan vigentes las disposiciones forales que proclaman el beneficio de la ilesión. Es cuestión que aguarda solución de la jurisprudencia la de si reducido a cuatro años por los arts. 1.294 y 1.301 del Código civil el plazo para el ejercicio de las acciones así de rescisión como de nulidad, los menores que hayan de invocar aquel beneficio habrán de hacer dentro de ese plazo la reclamación correspondiente.

En lo que a la prescripción toca, claro está: que la ilesión no se concreta al principio de que no corra en perjuicio del menor, pues tiene más alcance que ese; el criterio del Tribunal Supremo está orientado en un sentido restrictivo. Así se demuestra con el estudio de la sentencia de 26 de junio de 1907.

Contrayéndonos a lo que con el asunto de la ilesión guarda relación —en el pleito se discutieron además otras cuestiones—, recordaremos que uno de los motivos del recurso de casación, el 4.°, aparece concebido en estos literales términos: «Infracción asimismo de los Fueros de Aragón de 1564, titulados *Ut minor vigenti annorum* y *De praescriptionibus,* lib. VII, así como las Observancias únicas *De privilegio* y *De contractibus minorum,* y la 4.ª *De privilegio absentium causa reipublicae,* lib. II, que preceptúan la ilesitud absoluta y perpetua para la enajenación de los bienes de menores de catorce años y los requisitos que han de concurrir en las de los mayores de catorce y menores de veinte años, sin admitir prescripción ninguna en las acciones para reclamar contra los que adquieran tales bienes; disposiciones todas vigentes y que han sido infringidas por la Sala sentenciadora al admitir la prescripción en el caso presente; corroborando tal doctrina las sentencias de este Tribunal Supremo de 28 de febrero de 1860, 17 de octubre de 1864 y 28 de enero de 1892.

No se necesita descender a los detalles del pleito para comprender cómo, en el extremo que ahora nos interesa, estaba planteada la cuestión. El Tribunal Supremo, en cuanto a ese extremo; al declarar no haber lugar al recurso, se fundó en el razonamiento expresado en el Considerando que vamos a transcribir: «Considerando que tampoco son de estimar las infracciones del cuarto motivo, porque la Observancia única *De privilegio minorum* no puede significar que en cualquier tiempo puedan alegarse derechos perjudicados de algún menor para reivindicar determinados bienes, lo cual equivaldría a la inseguridad perpetua de la propiedad; pues si quien los posee puede ostentar algún título distinto del título o acto que produjo el perjuicio, en tal supuesto no cabe ya la aplicación de la referida Observancia, sino los fueros especiales o legislación común relativa a la prescripción, dada la nueva relación jurídica que por tal concepto se engendra; y como en el caso del presente recurso los demandados se hallan en posesión de los bienes de que se trata con título justo y con buena fe, distinto del acto de 28 de junio de 1878, por tiempo que excede al de la prescripción ordinaria, desde que el recurrente pudo ejercitar su acción, es visto que a tenor de la doctrina expuesta en el anterior Considerando[232] no procede la casación de la sentencia por dicho motivo cuarto».

En lo que ahora nos ocupa, la sentencia del Tribunal Supremo está bien clara: la acción que al menor compete para hacer valer su derecho a la ilesión no es perpetua; tiene por límite de su eficacia la prescripción.

La cuestión ya había aparecido suscitada en el recurso que terminó con la sentencia de 28 de enero de 1892, citada en el cuarto motivo del mismo[233]. En ese recurso, discutido por dos tan eminentes letrados como Canalejas y Gamazo, siendo ponente un magistrado también ilustre, D. Salvador Viada, se alegó, entre otros motivos, el siguiente: infracción de «las Observancias 1.ª, tít. *De contractibus minorum,* lib. V; 1.ª, tít. *De privilegio minorum et mayorum causa reipublicae,* lib. VI, y 4.°, tít. *De privilegio absentium causa reipublicae*, lib. II, combinadas con el fuero 5.° del tít. *De praescriptionibus*, lib. VII, y el fuero 6.°, título *De solutionibus*, lib. VIII, por cuanto ni en ninguno de estos textos se establece el carácter perpetuo, sino temporal, de la acción de ilesitud, ni la prescripción deja de correr contra los menores, los cuales no están exceptuados por fuero, ni en todo caso el sistema de esas leyes de

232 En él se insiste en la doctrina de que los treinta años de posesión sólo se exigen en Aragón —asimilando esta materia a la de la legislación común— para la prescripción extraordinaria, no para la ordinaria en que hay título y buena fe.

233 De las otras dos, citadas juntamente con esa, puede prescindirse: la de 28 de febrero de 1860 no ilustra, a nuestro juicio, la cuestión: la de 17 de octubre de 1864 se funda en leyes de Partida, hecha omisión completa de disposiciones forales que en el recurso que a ella dio ocasión se invocaban.

garantía, referentes a contratos celebrados por los menores, puede referirse legalmente a la acción de ilesitud ejercitada contra particiones y operaciones testamentarias en que han intervenido y de que son responsables los guardadores, en cuyo caso no procede esta acción, según jurisprudencia de este Tribunal Supremo, especialmente razonada en la sentencia de 9 de febrero de 1869».

Fue ese uno de los doce motivos de casación alegados; a nosotros sólo nos interesa ahora ese, como entre los Considerandos, que son ocho, sólo el último, correlativo a ese motivo.

El Tribunal Supremo, en ese Considerando, no afirma ni niega el carácter perpetuo de la acción que a los menores compete en Aragón para reclamar el beneficio de la ilesión o ilesitud. Se limitó a aceptar como mero *supuesto* el error de esa doctrina, para expresar que, aun errónea, no podía influir en el fallo, porque no cabiendo la casación contra los Considerandos, sino contra la parte dispositiva de las sentencias, la recurrida no infringía las leyes invocadas en materia de prescripción de acciones, ya que la acción reivindicatoria ejercitada se dedujo juntamente con otras[234] antes de los treinta años necesarios para su prescripción.

Resulta de todo ello que el Tribunal Supremo aun no declarando expresamente en ninguna de las dos sentencias que acabamos de examinar la no perpetuidad de la acción que compete al menor para conservar su ilesión, implícitamente la proclama en la segunda, la de 1907, al hacer que sobre esa acción prevalezca la prescripción que la enerva y destruye.

No ya la perpetuidad del derecho del menor el derecho mismo a la ilesión parece a primera vista quedar suprimido, pues para que la prescripción pueda llegar a consumarse, es necesario que corra el tiempo de ella contra el menor, con lo que el *non noceat,* fundamento de la doctrina, queda privado de todo valor y eficacia.

Si así se entienden las cosas, quedará la legislación foral absolutamente preterida y claramente infringidos los arts. 12 y 13 del Código civil que amparan su subsistencia.

Por otra parte, la perpetuidad de la acción va contra el espíritu de los tiempos, que no tolera excesivas trabas e incertidumbres en la posesión de los derechos, y contra la tendencia de la legislación y la jurisprudencia a la supresión de imprescriptibilidad de las acciones. Últimamente la jurisprudencia ha borrado la del capital del censo, que como principio casi axiomático se tuvo siempre en Aragón. Si se plantea la cuestión en la materia de ilesión, entre la perpetuidad y la supresión de la acción, de temer es que en definitiva en favor de ésta resulte decidida.

234 Las acciones invocadas en la demanda, según uno de los Resultandos de la sentencia, fueron la real, de nulidad, rescisoria y de petición de herencia.

Sin seguridad de acertar en materia tan obscura y, por lo general, tan deficientemente tratada, pensamos que la solución está en mantener el principio de que el menor se conserva ileso, y consiguientemente el de que no corre contra él la prescripción; pero solamente *mientras sea menor,* lo cual implica que comience a correr desde que llegue a la mayor edad. Surge entonces la cuestión que antes hemos indicado. ¿Serán cuatro años los que tenga para reclamar, con arreglo a los artículos antes citados del Código civil? El carácter que a este cuerpo legal, en su relación con Aragón, se da en el art. 13, inducía a creer que si cuando se trate de anular o rescindir contratos en que resulte perjudicado, ya que no recordamos ninguna disposición foral que pueda oponérsele.

No queda con eso agotada la cuestión. Puede ésta ofrecerse bajo otro aspecto. Tal vez el menor lesionado en sus intereses no tenga que pedir la nulidad ni la rescisión de un contrato en que él o su representante legal haya intervenido: quizá tenga que instar una acción reivindicatoria u otra análoga y haya de dirigirla contra quien alegue la prescripción, ya como título adquisitivo, ya como medio extintivo del derecho. No regirán entonces, nos parece, aquellos artículos del Código civil, y habrá de estarse en cuanto a tiempo, a las disposiciones forales que regulan la prescripción y en su defecto, al Código Civil con que se suplen las deficiencias del fuero.

Buscando una recta inteligencia y una adecuada aplicación de la legislación aragonesa vigente, no creemos que pueda exigirse más ni concederse menos.

INSTRUMENTO PRIVADO

Es el que no está autorizado por funcionario público.

Tendrá el concepto de documento privado la escritura defectuosa, por incompetencia del notario o por otra falta en la forma, si estuviese firmada por los otorgantes. (Código civil, art. 1.123.)

Derecho foral. *Aragón.*– El volumen foral contiene las disposiciones siguientes:

a) Fuero único *Ut debitum non possint probari per litteras*[235] *sigillatas, nisi fuerit publica instrumenta* (libro IV).

En este fuero, que es de 1311, reinado de Jaime II, se ordenó que los jueces no atendieran la petición de créditos o comandas que no constaran en documento público, ni atribuyeran valor al albarán, liquidación, definimiento u otra obligación resultante de documento firmado por cualquier persona, aunque fuera un barón.

Exceptuábanse de esa declaración de ineficacia: 1.°, los testamentos y codicilos adverados por testigos según fuero; 2.°, los escritos del rey y de-

235 El texto foral dice *litteras* en la rúbrica, y *litera*, *literis*, *literas* en el cuerpo del fuero.

terminados funcionarios; 3.°, las donaciones de prelados y religiosos; 4.°, las sociedades que los comerciantes solían establecer entre sí *per literas.*

b) Observancia 17.ª *De probationibus* (libro II), según la cual no puede el mutuo probarse sino por carta pública, quedando, como se ve, privado de eficacia para la prueba el documento privado[236].

c) Observancia 10.ª *De fide instrumentorum.* Según ella, los libros y escritos de los apotecarios[237] referentes a mercancías compradas por ellos al fiado a los comerciantes, si obrando en poder de éstos tales documentos hay testigos que judicialmente declaran haber presenciado el trato y oído al apotecario reconocer que debía la cantidad consignada en los libros y escritos, aunque no hubieran visto el acto de la escritura, máxime si se presenta otra letra semejante que conste estar hecha de mano del apotecario, el cual, a su vez, puede presentar escritos suyos que sirvan para instrucción del juez.

Creemos que de esa manera queda expuesto, por lo menos en lo esencial de su sentido, el contenido de la Observancia, algo confusa en el texto latino y también en la traducción literal (tal vez un poco defectuosa en alguno de sus extremos) de Martón y Santapau.

Los autores no aclaran lo que de obscuro pueda hallarse en esta Observancia.

d) Fuero único *De los albalás de mercaderes,* de 1528, libro IV. Para evitar el engaño que se había observado, dio este fuero Carlos I, ordenando lo siguiente: «que qualesquiere Albaranes, escriptos o sotascriptos de mano de

236 La Observancia añade que el depósito no consistente en dinero contado, la prenda, la promesa y, finalmente, la venta de cosa mueble, pueden probarse por testigos; pero nada dice de la prueba por documento privado.

237 Usamos este nombre siguiendo el ejemplo de Monsoriu, *(Suma de todos los fueros y Observancias del Reyno de Aragón)* y Martón y Santapau *(Observancias del Reino de Aragón, vertidas del latín al castellano).*
Estos últimos atribuyen a la palabra «apotecario» la significación de «drogueros, botigueros, especieros y boticarios». Monsoriu emplea esa palabra y además, como equivalente a ella, la de «botiguero» que es la voz que Bardaxí (obra titulada como la de Monsoriu) emplea excusivamente.
Esas equivalencias convienen con las que generalmente se da a la palabra «apothecarius» en los Diccionarios latinos.
Sin embargo, Borao *(Diccionario de voccs aragonesas)* enseña que «apotecario» es «boticario» y que en Castilla se decía antes «apotecario»; lo cual concuerda con lo que dice la Academia.
Finalmente, Savall y Penén, en el *Glossarium* incluido en su edición de los *Fueros y Observancias,* atribuyen a la palabra *Apothecarius* estas dos significaciones: 1.ª *Pharmacopola;* 2.ª *Magnariae mercis propola.*
De todo ello resulta la dificultad de determinar si la palabra *Apothecarius,* del fuero, se refiere a los boticarios o a los comerciantes. Lo más aceptable parece ser que se refiera a estos últimos, pero no a todos (puesto que se trata de operaciones con los *mercatores*), sino a los tenderos o comerciantes al por menor, a quienes generalmente proveen de géneros los comerciantes al por mayor.

mercaderes, por los quales prometeran de dar y pagar alguna quantidad a alguna persona, a quien el conoscimiento, siquiere albarán dieren, constando por deposición de testigos o confessión de la parte, que el albarán escripto por el mercader nombrado en aquel es escripto de propia mano del dicho mercader, o sotascripto de aquel, el dicho albarán se haya de executar y se execute privilegiadamente juxta el Fuero *De censualibus,* de Teruel»[238].

e) Fuero único *De cedulis mercatorum.* (Monzón, 1547), libro IV. Previénese en él que las cédulas de cambio expedidas por mercaderes fuera del Reino y aceptadas en él por otros mercaderes, puedan, si no son pagadas al vencimiento, ser ejecutadas como cartas de encomienda según fuero[239].

f) Fuero *De cedulis mercatorum* (Monzón, 1585), en que la ejecución privilegiada propia de las pensiones censales se hizo extensiva a todas las cédulas, albaranes o cartas misivas aceptados por mercaderes, aunque procedieran de personas que no tuvieran esta condición, «como los albaranes, agrega el texto, de mercaderes, escritos o sotascritos, según fuero executar se pueden»; debiendo guardarse esa misma prescripción «contra el mercader que diere cédula para alguna parte y no se aceptase y fuere protestada».

g) Fuero *De albaranes de mercaderes* (Monzón, 1585), en que se ordena «que en los albaranes de mercaderes no sea necesario probar que el que lo haze y firma[240] es mercader y que su sola confesión hecha en albarán, nombrándose mercader, quanto a su perjuicio baste sin otra provança alguna».

Tales son las disposiciones forales que tratan de los documentos privados; *escrituras privadas*, como las llaman generalmente los autores.

Cuáles sean esos documentos, se determina aún hoy por exclusión. El Código civil y la ley de Enjuiciamiento dicen los que son públicos, y los que no tienen este carácter, esos son, en oposición a ellos, los particulares o privados. Análogamente en Aragón, se consideraba escritura privada la no pú-

---

238 Se refiere a un fuero dado en 1428 (Alfonso I, Cortes de Teruel), inserto en el mismo libro IV, bajo la rúbrica *De censualibus et aliis debitis* y dirigido a facilitar el cobro judicial de las pensiones de censos.

239 Alude al fuero, también del libro IV, de 1528, *De la execución privilegiada de las cartas de encomienda*. En ese fuero, dictado para «proveer a la inmortalidad de los pleytos y relevar a las partes de gastos y espensas», se mandó aplicar, con ciertas prevenciones, a las cartas privilegiadas, el procedimiento establecido para las pensiones censales en el Fuero de Teruel, citado en la nota anterior.

240 El Doctor Niño Spañol *(Albarani sive Chyrograhi mercatoris analyseos)* estima que la *y* de esta expresión debe ser *o*, y atribuye el cambio a una errata de imprenta, fundándose en la expresión «escritos o sotascritos» del fuero «De los albalás de mercaderes» y en la «práctica inconcusa» que dispensaba de la *subscriptio* o firma, aunque superfluamente quisiera ponerse en los documentos escritos de mano del obligado; si bien añade que esa firma, innecesaria desde el punto de vista legal, no deja de redundar en utilidad del acreedor porque implica una confirmación o ratificación en el consentimiento de lo escrito.

blica. *Quae non est instrumentum publicum* (Molino). *Quae fit a non publicis personis et non habet* PER SE *auctoritatem, etc.* (Niño). Y así de otros.

Suelen distinguirse tres clases de escrituras privadas (Cáncer, *Variarum resolutionum,* parte 1.ª), a saber: quirógrafo[241], libro de cuentas *(liber rationum)* y carta *(epístola)*.

Niño, que acepta esta distinción, parece establecer sinonimia entre las palabras *chirographum, apocha* (llamada también *apodissa* y *cedula*), *antapocha* y *singrapha,* no sin advertir que hay quienes dan significaciones diferentes a algunas de esas palabras, aplicando principalmente al mutuo el concepto del *chirographum* y de la *cedula* y al recibo de una cantidad con obligación de devolverla el de *apocha.* La palabra *antapocha o antipocha,* pues de los dos modos la escribe, queda para designar de un modo especial el reconocimiento que el deudor hace en favor del acreedor[242], y la voz «singrafa» para el caso de tratarse de documentos en que se obligan varias personas.

Desarrollando el contenido de las disposiciones legales, los autores sientan reglas para su aplicación. Expondremos algunas.

Aunque la escritura privada, dice Molino, invocando la autoridad de los doctores, hace fe no es de un modo general, pero sí contra el que la produce, porque en el hecho de presentarla da por cierto su contenido. Sin embargo, por excepción, según él mismo, la práctica y la costumbre *(practica et consuetudo Regni)* atribuyen a esa clase de documentos eficacia probatoria cuando la cuestión versa sobre el pago de pensiones tributarias hasta el importe de treinta o cuarenta sueldos, poco más o menos; así, dice, oyó a los antiguos haberse determinado por el Consejo del Justicia de Aragón.

No debemos extendernos más en la exposición del Derecho aragonés en esta materia. Pocas serán, si acaso hay alguna, las disposiciones escritas o las doctrinas nacidas de la costumbre que puedan invocarse en la materia sobre que versa el presente artículo. En la práctica se observa que ya ninguna

241 No se encuentra esta palabra en el Diccionario de la lengua ni en otros que hemos consultado. Atendiendo a su etimología griega, debería dársele la significación o equivalencia de «manuscrito», aunque cabe advertir en la división cierta falta de lógica, ya que con esa palabra puede también señalarse una carta y aun un libro mercantil.
Tampoco resulta bien adecuada la palabra «autógrafo», ya que puede tratarse de un documento privado que no esté escrito por el mismo obligado. Hemos conservado a la palabra su carácter etimológico, vertiéndola en la de «quirógrafo» por hallarla autorizada por el uso.– V. *Teoría de las obligaciones,* de Giorgi, traducción de la Redacción de la *Revista de Legislación y Jurisprudencia*.

242 Según Borao *(Diccionario de voces aragonesas)* «ápoca» (en la acepción relacionada con el asunto de que tratamos) es el recibo o carta de pago, y «antipoca», la escritura de reconocimiento de un censo y aun de cualquiera crédito; y eso mismo enseña la Academia en su *Diccionario,* donde consigna esas voces como provinciales de Aragón. Es raro que se hagan en el fondo sinónimas esas voces, cuando el *anti* de una de ellas inclina desde luego a considerarla como opuesta a la otra. Y así se entendió en el Derecho romano. La ley 19, tít. XXI, lib. IV, del Código, da a la *antípoca* la significación de *contra-recibo.*

se cita. Las leyes generales (Código de Comercio, leyes de Enjuiciamiento, etc.) las han dejado sin eficacia; de Derecho civil nada hay que se invoque como precepto vivo y aplicable frente al Código civil y a la jurisprudencia formada sobre él.

JUNTAR DOS CASAS

Derecho consuetudinario. En el Alto Aragón existe un especialísimo Derecho consuetudinario, cuya exposición sistemática ha sido hecha por Costa con un espíritu de observación y de crítica verdaderamente insuperable.

De ese Derecho forma parte la costumbre indicada por las palabras que sirven de epígrafe al presente artículo.

Es esa costumbre una de las formas del heredamiento. Hay un heredamiento impersonal: «una sociedad conyugal única y un solo heredero». Pero hay también otro heredamiento que pudiéramos llamar múltiple, ya se trate de un matrimonio entre dos herederos, ya de la división interior de una familia en dos o tres diferentes, mediante un solo heredamiento, para que dos hijos disfruten la herencia *communiter et pro indiviso.*

La primera de esas dos costumbres de heredamiento múltiple, es la que se significa con la expresión «juntar dos casas»; la segunda constituye lo que Costa llama «heredamiento *in solidum*»[243] o doble.

Es indiferente que los desposados (heredero y heredera de sus respectivas casas) sean hijos únicos o que tengan hermanos. Por lo común, dice Costa, los padres del contrayente continúan viviendo separadamente de los de su consorte, y tanto éstos como aquéllos administrando como antes su correspondiente patrimonio; los jóvenes casados viven con los primeros, y cuando éstos fallecen, se trasladan a la casa de los segundos si por ventura les sobrevivieron.

243 Costa publicó en 1880 su *Derecho Consuetudinario del Alto Aragón*. Una segunda edición, con el título de *Alto Aragón (Huesca), (Derecho de familia),* apareció años después formando el tomo I de la obra *Derecho consuetudinario y economía popular.* En materia de heredamiento no hay, entre una y otra edición, diferencia alguna.
En ambas aparece aclarado un concepto que pudiera dar lugar a duda. Porque primeramente se habla de «dos matrimonios con un solo heredamiento, cuando se instituye herederos universales a dos hijos que ya disfruten», etc., y luego de «división interior de una familia en dos o tres diferentes mediante heredamiento *in solidum* y condición», etc. La segunda expresión nos parece más clara que la primera y da idea perfecta de la institución. En la primera edición trata el autor en un mismo capítulo de esos dos modos de familias compuestas comprendidos en el heredamiento, y de otro modo, que es el *acogimiento*, forma la más importante de las tres; en la segunda edición trata con separación de aquellos dos modos de heredamiento, y del acogimiento; pero sin variar lo que de ellos dijo en la primera, salvo la diferencia indicada.

Los términos de la costumbre, según se deduce de un caso, al parecer, formulario o imaginado por Costa en vista de los por él observados, son los siguientes:

1.° Se forma una sociedad familiar entre las seis personas (esto es, los padres del contrayente, los de la contrayente, y ambos contrayentes herederos respectivos de unos y otros) bajo la dirección, administración y mandato de los cuatro padres, con obligación de vivir en comunidad de intereses o bienes, para atender con ellos y con sus productos a las necesidades de todos y de cada uno, bajo la jefatura y administración del padre del contrayente, su esposa y los hijos asociados en lo que toca a los bienes situados en su pueblo, sucediendo lo propio con los padres de la contrayente en cuanto a los bienes del suyo, debiendo rendirse recíprocamente cuenta de la administración.

2.° Oblíganse los asociados a invertir y consumir en beneficio común propio y de sus respectivas familias los productos de todos sus bienes y trabajos o el valor de ellos, y en otro caso a dividirlos por partes iguales entre una y otra casa, viviendo los hijos donatarios en compañía de cualquiera de los donantes o instituyentes en el pueblo que por éstos se les designe.

3.° Ninguno de los asociados tiene por sí solo capacidad pata constituir, reconocer, transmitir, extinguir, modificar o gravar derecho o finca perteneciente a los mismos, aunque sí para adquirir.

4.° Si hay hermanos o tíos carnales, no colocados, de los contrayentes, los instituidos deben sustentarlos con todo lo necesario, mientras prosigan en la casa, y cuando tomen estado, dotarlos al haber y poder[244] de la sociedad, tomándoles en cuenta, o descontándoles del haber dotal, el peculio o cabal[245] que cada uno hubiere adquirido y si los hijos de esos hermanos fuesen maltratados o menospreciados, o resultasen físicamente imposibilitados,

244 Respecto a la manera de entenderse y aplicarse la obligación de dotar «al haber y poder de la casa», dice Costa que fuera de ciertos casos excepcionales, en que influyen la tradición de la casa, el amor propio de la familia y otras circunstancias, «cuando se ha asignado a un hijo su dote o legitima, esa sirve de regulador a la de los demás si la casa se ha mantenido a igual altura sin perder terreno, pero si ha experimentado alzas o bajas su situación económica, el espíritu de la fórmula «al haber y poder de la casa» requiere, y la practica autoriza, que se alteren aquéllas en el mismo sentido y en proporción igual. También suele tomarse en cuenta para fijar la cuantía de la dote o legítima, el haber y poder de la casa del otro contrayente donde el hijo dotado va a establecerse «o como se dice en el tecnicismo consuetudinario local, lo que éste *alcanza* y también lo que aquélla *merece*». Según la costumbre del país la proporción entre la herencia del instituido heredero o heredera y la dote o capital que aporta el otro cónyuge, oscila entre 5 y 8 de dote por 100 de herencia o patrimonio. Costa, no obstante su admiración del Derecho popular altoaragonés, censura esta costumbre como profundamente injusta, origen, en la práctica, de «desigualdades irritantes», que no acierta a concebir en pueblo «tan apasionado de la equidad».

245 El modo de formarse ese *cabal* (caudal) o peculio aparece explicado por Costa en el capítulo de «Dotes y legítimas; cabaleros y tiones; troncalidad». Es una institución curiosa, que

o no fuesen cuidados con el esmero requerido por su misma imperfección, tienen derecho y acción para que por el jefe o jefes, o por sus sucesores, se les entregue en su domicilio, por mensualidades anticipadas, una cantidad determinada, a cada uno, siempre que, sin forma de juicio ni procedimiento alguno judicial, prueben el maltrato ante las personas designadas (generalmente un párroco y los dos parientes más próximos), a quienes se confiere todo el poder en derecho necesario para acordar la separación de los nominados imposibilitados, aumentarles la cuota de la pensión vitalicia si la creen insuficiente, y exigir constitución e hipoteca especial suficiente a la garantía del pago de ella.

5.° Se pacta que de todo el patrimonio o haber de esta sociedad familiar será heredero uno de los hijos del nuevo matrimonio aquel o aquellos que a los contrayentes, o al sobreviviente, y en su defecto a los abuelos, y a falta también de éstos a los dos parientes más próximos, uno de cada parte pareciere bien elegir, siendo la demás sucesión dotada al haber y poder de la casa.

6.° Entre los nuevos cónyuges se establece pacto de hermandad en y sobre todos sus bienes habidos y por haber, de modo que el sobreviviente de ellos será heredero universal del premoriente, salvo si éste hubiera dispuesto de sus bienes, pues se reservan el derecho de testar separada o mancomunadamente, como más les agrade.

7.° Se pacta, finalmente, que si falleciesen los contrayentes sin sucesión del matrimonio que da ocasión a la sociedad, o de otro ulterior, y sin disponer de sus bienes, recaerán éstos en sus padres, y si también éstos hubieren fallecido, en sus habientes-derecho, sacando cada parte los mismos por ella aportados a la sociedad, con más la mitad de los gananciales.

Vive ésta, como otras instituciones, al amparo de la costumbre, por una parte, y de otra al de la libertad civil del Derecho aragonés, cuyas disposiciones escritas tienen un carácter supletorio, o lo que es lo mismo, no rigen sino a falta de disposición hecha por los particulares, quienes, amparados por el *Standum est cartae* arreglan su régimen matrimonial y disposiciones sucesorias, según es su voluntad, pues conforme a la Observancia 16.ª, *De fide instrumentorum,* libro II, «el juez debe atenerse siempre y juzgar por la carta y según lo que en ella se contiene, a no ser que en la misma se contenga algún imposible o contra el derecho natural...»[246].

---

favorece y fomenta la moralidad y el bienestar, con la cual, dice el insigne pensador, se ha anticipado el Derecho altoaragonés a no pocos planes e instituciones que la moderna Economía ha creado o propuesto.

246 Traducción de Martón y Santapau. El texto latino es «*Judex debet stare semper et judicare ad cartam et secundum quod in ea continetur, nisi aliquod impossibile vel contro jus naturales continetur in ea...*».

La costumbre de «juntar dos casas», por lo mismo que es una modalidad del heredamiento, lo es también de la comunidad doméstica del Alto Aragón; en el heredamiento, precisamente, tiene ésta uno de sus rasgos.

Consérvase en ese país la comunidad doméstica con una grande amplitud. No es ocasión esta de examinar la cuestión de su origen, materia de opiniones varias; puede, sí, asegurarse que tal comunidad, en lo fundamental, hubo de conservarse en muchos países y que aun se encuentran huellas o supervivencias en algunos de ellos.

Sin salir de España, podemos recordar la llamada compañia o sociedad gallega. Para el objeto del presente artículo es indiferente que esa sociedad subsista o no, legalmente hablando, después de haber comenzado a regir el Código civil. Nosotros creemos que subsiste, y así lo dejamos indicado en el artículo DERECHO CIVIL DE GALICIA (tomo XI de esta **Enciclopedia**) y sea de ello lo que fuere nadie podrá negar que, por lo menos de hecho, subsiste y funciona, y en esa forma desenvuelven su vida allí muchas familias, y aun se otorgan escrituras en que se constituye o se regula o se disuelve la sociedad.

Hay alguna diferencia entre la compañía gallega y la sociedad continuada o sociedad tácita aragonesa, que es algo de la antigua comunidad doméstica conservado en las costumbres en todo Aragón —mientras en el Alto Aragón se mantenía con mayor extensión y pureza, como lo prueba el heredamiento— y acogido luego en las Observancias; mas esa diferencia no obsta al parecido. Una y otra son sociedades presuntas, formadas entre parientes; sólo que la aragonesa se establece, mediante la no existencia de manifestación contraria, entre el viudo o viuda y los herederos del cónyuge premuerto, y la gallega tiene mayor extensión[247]; además ésta requiere, segun opiniones autorizadas, que los socios hayan vivido juntos más de un año, viviendo en familia, «a una mesa y manteles», según la expresión consagrada por el uso[248].

La compañía gallega, no obstante la limitación que parece poner este adjetivo, no es exclusiva de Galicia. Conócese también en territorio perteneciente a la provincia de León, según autorizados jurisconsultos. *(Revista de Legislación Jurisprudencia).*

En Asturias sucede más. La sociedad familiar se constituye a veces en capitulaciones matrimoniales, como el heredamiento altoaragonés. Así resulta

---

247 No deja de haber en Aragón casos en que viven juntos parientes que no son de los que forman la sociedad foral indicada. No sabemos que esos asuntos se hayan llevado a los Tribunales. Las cuestiones a que esas sociedades de hecho dan lugar se resuelven amistosamente entre solos los interesados o con el consejo e intervención de amigos o de letrados, y suelen aplicarse reglas parecidas a las que las leyes establecen para la regulación de las sociedades civiles, o consideraciones de interés familiar y de equidad.

248 Sobre esta materia puede verse la Memoria, digna de ser estudiada, escrita por D. José Pérez Porto, presidente de la Comisión especial del Derecho foral gallego.

del estudio que publicó en el *Boletín de la Institución libre de enseñanza* un asturiano eminente, D. Manuel Pedregal.

Como esto de que tratamos ahora no es sino una incidencia, no el objeto principal del presente artículo, hemos de ser muy parcos en su desarrollo.

Sólo agregaremos el recuerdo de dos pueblos donde han existido o existen vestigios de la antigua comunidad doméstica, cuyo origen se remonta ciertamente a tiempos muy antiguos.

En Francia, según enseñanza de Planiol (*Traité élementaire de Droit civil*, vol. III), las costumbres tenían establecidas maneras de sociedad familiar muy semejantes a la compañía gallega y a la sociedad prorrogada aragonesa. Ocurría lo primero con la llamada *«Société taisible»,* formada entre personas que se mantenían *à meme pot et feu* si vivían juntas cuando menos un año; lo segundo con la continuación de derechos *(de plein droit)* de la comunidad, después de muerto uno de los cónyuges, entre el sobreviviente y los hijos de su matrimonio, en el caso de no hacerse inventario ni partición si bien es de advertir que esta continuación estaba limitada a los *roturiers.*

En Portugal, esas sociedades, que también existían como institución consuetudinaria, gozaron mayor favor; fueron acogidas en el Código civil en su parte fundamental, pues, en efecto, en ese Cuerpo legal se dedica una sección a tratar de la «Sociedad familiar». En ella se declara que esta sociedad puede formarse entre hermanos o entre padres e hijos mayores y que puede ser expresa o tácita: expresa, la que resulta de convenio; tácita, la que resulta del hecho de la convivencia de los interesados durante más de un año en comunidad de mesa y habitación, de rentas y gastos, y de ganancias y pérdidas.

En medio de las diferencias, se observa en todas las instituciones consuetudinarias de que hemos hablado, rasgos semejantes que acusan un origen común, aunque remoto.

JUSTICIA DE JACA Y DE LAS MONTAÑAS

En las Cortes de Monzón de 1585 se acordó que «para el sosiego y buena administración de la justicia» en las montañas, se estableciera, así en Jaca como en cada una de las localidades realengas situadas dentro de límites que se designaron —excepción hecha de las llamadas Cinco Villas, aunque comprendidas en ellos—, un justicia y juez, de nombramiento real, con jurisdicción para conocer de ciertos delitos que de un modo taxativo se determinaron («contra los vandoleros de seguida y en los crimines de Hurtos, Assassinamientos, Homicidios, Raptos y de saltear caminos»).

Ese justicia había de ser regnícola natural y domiciliado en Aragón, prestaba antes de tomar posesión del cargo el mismo juramento que los oficiales reales ante el rey o quien en su nombre presidiese la Real Audiencia de Aragón, y había de ejercer su jurisdicción, llegado el caso, sobre las personas sujetas por Fueros de Aragón a los justicias y jueces ordinarios de las ciudades, villas y lugares del Reino (Fuero *Del Justicia de Jaca y de las montañas*).

Las Cortes de Calatayud de 1626, reconociendo que la creación de ese oficio había permitido vivir en las montañas con tranquilidad, y que de él se seguía beneficio y sosiego para la buena administración de justicia, prorrogaron su ejercicio hasta las primeras Cortes que se celebraran (Fuero titulado *Prorrogación del oficio de justicia de las montañas*).

Y por fin, un Fuero, con ese mismo título, de las Cortes de Zaragoza de 1646, prorrogó de nuevo el funcionamiento de ese oficio para durante la vida de quien entonces lo obtenía y del llamado a sucederle, que era un nieto suyo, fenecidas cuyas vidas el cargo había de quedar, como sin duda quedó, extinguido, probablemente por haber cesado las circunstancias que hicieron necesario crearlo.

JUSTICIA MAYOR DE ARAGÓN

La institución de este «supremo magistrado elegido entre el rey y el pueblo para proteger a entrambos, guardando y haciendo guardar los fueros y libertades del Reino, de los cuales debía ser el depositario y el vigilante custodio», como dice Dieste *(Diccionario de Derecho civil),* ha dado ocasión a grandes disquisiciones y empeñadas controversias. Expondremos lo más importante de la historia y organización de esta institución singularísima.

Origen del Justiciazgo.– En todas las ediciones, oficiales o no, que del volumen foral se han hecho desde la de 1624 inclusive, se inserta una carta *(Letra intimada*[249] *por Mossen Joan* Ximénez *Cerdán a Mossen Martin Díez Daux*[250], *Justicia de Aragón),* que da razón de la creación e historia del oficio del Justicia de Aragón. Lleva esa carta la fecha del 25 de febrero de 1435 y el motivo u ocasión de ella aparece de las siguientes palabras: «*Entendido he por personas fidedignas, como vos queriades et cobdiciauades muyto saber de mí de los Justicias de Aragon passados qui han seydo e de sus habitaciones e de sus feytos, como aquel qui de present no ha en el Regno tal persona y de tanta edad qui deua auer tan grand memoria de los ditos feytos e otros del Regno, ni los haya assi oido recontar a los proceres et antiguos de aquel,*

249 Lafuente (*Estudios críticos sobre la historia y el* Derecho *de Aragón*, tomo 3.°) supone que el titulo *Letra intimada,* pretencioso a su juicio, le fue puesto a ese documento por Argensola (Bartolomé Leonardo).

250 Así aparece escrito en el volumen foral este apellido. Hay quienes, como el traductor de Blancas, Padre Hernández, escribe *Díaz;* y en cuanto al *Daux,* Lafuente opina que puede también decirse *D'Aux*, pues «de los dos modos está bien dicho».
En la lista de Justicias publicada por Blancas *(Aragonensium rerum Comentarium),* se lee Martinus Didaci Auxius.

porque me rogauades que vos informasse de las cosas sobreditas, como aquel qui de present regides el dito officio lo queriades saber et entender».

Y atendiendo a ese deseo que estima razonable y provechoso al Reino, expone Cerdán su propósito de satisfacerlo en estos términos: *«Primeramente vos notifico de la intención e por que razon, e cómo el officio del Justicia de Aragón fue trobado, e cómo aquesto sea el fundamento, e principio del officio; apres, de los Justicias de Aragon, qui de memoria de los passados que yo conoxie e mi han seydo successivamente do habitaron en su vida e habitant en muert. E por honor del officio de su generacion de cada uno, e de algunos actos, esfuerzos, prerogativas e honores dellos».*

Poniendo en obra su propósito, refiere Cerdán que el oficio del Justicia de Aragón, «según opinión de todos los antiguos», tuvo su origen en la circunstancia de que rescatada del poder de los árabes una parte del reyno en las montañas de Sobrarbe, como los conquistadores no tuviesen quien los gobernase, con lo que se daba lugar a muchas cuestiones, acordaron elegir Rey, pero *que «houiessen un Judge entre ellos que houiesse nombre Justicia de Aragón, y que en opinión de algunos, aun antes se eligió al Justicia que al Rey». «De allí auant»*, añade, *«toda vegada ha houido Justicia de Aragón en el Regno e conosce de todos los feytos tocantes al senyor Rey, assi demandando como defendiendo».*

Poco después Molino *(Repertorium fororum atque observantiarum, v. Libertates regni)*, hacía remontar a la primera conquista las libertades de Aragón y decía que a la vez que la elección de rey en la persona de Iñigo Arista, hicieron los aragoneses, en favor de uno de ellos, la de un Justicia de Aragón que fuere juez entre el rey y sus súbditos en todas aquellas cosas que aquél pudiere o hiciere contra éstos y viceversa *(elegerunt de se ipsis in Iustitiam Aragoniae qui esset judex inter regem et subditos suos super omnibus his quae rex faceret vel peteret contra eos vel e contra).*

Eso lo supo Molino, según dice, por los antiguos, cosa análoga a lo dicho por Cerdán.

En el número de esos antiguos pudo contarse, entre otros, conforme a cita hecha por Blancas, Martín Sagarra, quien, en efecto, según fragmentos manuscritos que aquél manifiesta haber leído, dijo substancialmente lo mismo que aparece en el *Repertorio*[251].

---

251 Ximénez de Embún *(Ensayo histórico acerca de los Orígenes de Aragón y Navarra)* dice que esa cita es inexacta y la tomó Blancas, arreglándola a sus propósitos, de una referencia de M. Antich de Bages en sus *Observantiae fororum regni Aragonum*, según un manuscrito que aquél tuvo en poder y hoy se encuentra en la Universidad de Zaragoza. La referencia de Antich a Sagarra, en lo esencial, está en las palabras *unum de ipsis in Judicem qui judicaret et esset Judex inter ipsum et ejus vasallos*.

Como la referencia no es literal y no consta que en la obra de Sagarra no se consignaran las palabras o los conceptos que Blancas le atribuye, no creemos que la inexactitud resulte real y positivamente. La cita de Antich puede ser parcial o deficiente; y además con lo

No creía Blancas que, como había sido opinión de algunos, la creación del Justicia fuera coetánea de la elección del primer rey de Sobrarbe, García Giménez; él la coloca al fin del primer interregno, en la ocasión de elegirse rey a Iñigo Arista que, según la genealogía que admitía, es el 5.° de los de aquella primitiva monarquía. De todas suertes, pues, la creía muy antigua.

Se enlaza, como se ve, este extremo de la historia aragonesa con otro de ella muy controvertido, el de la existencia del reino y fueros de Sobrarbe; materia esta acerca de la cual no creemos se haya dicho la última palabra.

Blancas publicó las leyes de Sobrarbe, y como una de ellas, la quinta. Mucho se ha discutido acerca de esta ley, y no sólo en cuanto a su autenticidad y exactitud; también en cuanto a su traducción, aunque ésta ninguna dificultad ofrece. El texto latino es: *ne quid autem damni detrimentive leges aut libertates nostrae patiantur, judex quidam medius adesto ad quem a rege provocare si aliquem laeserit injuriasque arcere si quas forsan reipublicae intulerit, ius fasque esto.*

Lafuente (*Estudios,* tomo II) censura la traducción de Lasala, que dice así: «y para que nuestras leyes y libertades ningún menoscaba padezcan, haya constituido un juez, medio al cual sea justo y lícito apelar del Rey, en el caso que éste ofendiere a cualquiera y para impedir las injurias si alguna se hiciere a la república». Fácil ha sido en algún extremo la impugnación, tanto como poco piadosa; ha bastado no querer hacer la suposición bien natural, de que la coma puesta después de la palabra «juez» es un error tan fácil como de cometerse por quien imprime, de advertirse por quien lee. Y en cuanto a la palabra *apelar* no parece razonable que se formulen, y aun extremen, censuras por su uso, tomando por fundamento para ello lo que en los procedimientos judiciales se entiende por apelación. No quiso Lasala, ciertamente, convertir al Rey en un juez de primera instancia y al Justicia en juez de la segunda o de la apelación, ni pudo ser esa la idea de Blancas; original y traducción parecen indicar que el Justicia hubiese de oponerse a los contrafueros, aunque procedieran del monarca[252]. Parece que se ha hecho moda tratar despectiva y

---

que en ella se contiene no está en pugna lo que Blancas agrega como escrito también por Sagarra; nosotros, al menos, así lo estimamos. Y, por último, ¿no pudo Blancas ver, como Antich, la obra de Sagarra y hacer su cita de éste sin la mediación de Antich?

252 La traducción de Lasala, salvo el error de la coma que ha dado ocasión a Lafuente para sarcasmos a que, así como a chocarrerías que desdicen de su ilustración y talento, fue muy aficionado, concuerda con las mas autorizadas que conocemos.
Foz, versadísimo en las lenguas y literaturas clásicas, de que fue profesor insigne, da la siguiente *(Del Gobierno y Fueros de Aragón)*: «y para que nuestras leyes o libertades ningún daño o menoscabo padezcan, haya constituido un juez medio, al cual sea lícito *apelar* del rey en el caso que éste ofendiere a cualquiera, y evitar las injurias si alguna hiciere a la república».
Y el P. Hernández, doctísimo escolapio, autor de la traducción de la obra de Blancas, publicada por la Diputación provincial de Zaragoza, dice así: «para que no sufran daño o menoscabo nuestras leyes o libertades, velará un juez medio, al cual sea lícito y permitido *apelar* del rey si dañare a alguien y rechazar las injurias si tal vez las infiriese a la república».

cruelmente a Blancas por la presentación que hace de los fueros de Sobrarbe y entre ellos de éste, referente a juez medio, que tomó, según él, la denominación de Justicia mayor, y luego la de Justicia de Aragón.

De los cinco fueros se ha dicho que están escritos en forma sentenciosa que imita la de las XII Tablas y, además, en lenguaje impropio de la época a que se refieren. La observación es exacta; mas carece de la eficacia pretendida. Blancas no da esos textos como auténticos. Antes de insertarlos, dice que no puede reproducir íntegra y textualmente las leyes primitivas, conocidas después con el nombre de *Fuero de Sobrarbe,* con el propio lenguaje en que fueron escritas *(prisco illo germano ac genuino idiomate quo conditus fuit)*, viéndose privado del gusto de hacerlo porque la injuria de los tiempos lo ha sepultado en el olvido, juntamente con otras cosas antiguas, muy dignas de ser conocidas.

Verdad es que se refiere a fragmentos conservados por el Príncipe Carlos (aludiendo al de Viana) y por algunos otros escritores; verdad también que el quinto fuero (el que trata del juez medio) no puede deducirse de la Crónica de aquel Príncipe, por lo cual su autenticidad ha sido más combatida que la de los otros. No por eso cabe decir que ahí no existe sino una patraña de Blancas.

Giménez Soler *(Organización política de Aragón)* dice que la versión de Ximénez de Embún es la más verosímil y menos arbitraria acerca del Justicia de Aragón.

Supone éste que por ser Zaragoza la ciudad más importante de Aragón, y su Justicia persona caracterizada e idónea, se le irían confiando poco a poco asuntos ajenos a la ciudad hasta llegar a ser normal y ordinaria una jurisdicción excepcional en un principio, pasando a ser Justicia de Aragón el Justicia de Zaragoza. Opone a esa teoría Giménez Soler la imposibilidad de explicar con ella satisfactoriamente la existencia de dos magistrados con funciones análogas, ya que, al decir de Ximénez de Embún, el zalmedina, sin atribuciones propia al principio, vino después a ocupar el vacío que dejara el Justicia en Zaragoza, adquiriendo jurisdicción ordinaria en 1256, cuando, como observa su contradictor, ni se comprende la existencia de una magistratura cuya autoridad no se sabe ni a qué se refiere ni adónde alcanza, ni deja de ser cierto que antes ya de 1256 juzgaban los zalmedinas, funcionarios que, según Dozy y Engelman, comenzaron por ser jefes de policía.

Las dudas, en punto a cosas antiguas, son naturales y frecuentes; el mismo Giménez Soler, en la explanación que hace de la objeción que acabamos de resumir, choca con alguna dificultad, a la que opone una observación dubitativa, un *tal vez.*

Si entre personas tan especialmente peritas en estas materias de erudición histórica aragonesa no hay acuerdo en la determinación del origen de la institución que nos ocupa, mal podemos nosotros tener la pretensión de resolver cuestión tan debatida. Limitémonos a repetir las palabras de Giménez Soler, quien, aun creyendo que cabe atribuir al Justiciazgo «el origen que se quiera, menos el de los fueros de Sobrarbe», escribe esto: «Como los documentos no hablan de nada en concreto, la materia es opinable y será muy difícil que tenga resolución: mientras tanto, o se recurre a estas hipótesis, que siempre tendrán contradictores, o nos limitamos, como hace Blancas, a censurar a nuestros antepasados porque no nos legaron noticias ciertas».

Los límites a que debemos contraer este artículo nos impiden ocuparnos en el examen de los documentos en que antes de Alfonso el Batallador, el conquistador de Zaragoza, se hace mención del Justicia. Las menciones son escasas, poco precisas y no evitan las dudas. Lafuente (obra citada) cree que el Justicia en su origen, sin referirlo a época ni ocasión determinada, no fue sino un modesto y muy modesto funcionario público, algo conocedor del derecho que asesoraba al rey en la administración de justicia o la administraba en su nombre y por delegación suya en casos de necesidad o urgencia; en resumen: *«una especie de auditor de guerra».*

No fue ese, ya lo hemos dicho, el carácter que desde su creación le asignara Blancas, ni el que le atribuyeran generalmente los escritores aragoneses, ni siquiera el que el mismo Poder real, andando el tiempo, pero ya antes de Blancas, le reconociera. De esto último da testimonio lo que refiere Blancas: las Cortes de Zaragoza habían formulado en 1467, bajo la presidencia de D.ª Juana, lugarteniente del Reino, el fuero de la Inquisición para moderar el poder del Justiciazgo[253]; pidióse al Rey, D. Juan II, que lo aprobase, y éste, en la contestación, dijo entre otras cosas, lo siguiente: «non está en razón que el oficio del Justicia de Aragón que principalmente fue creado para yudgar entre el señor Rey e los súbditos suyos, sea yudgado e punido por los súbditos tan solamente».

Blancas atribuye a ese testimonio mucha eficacia. Mediante él, entiende probado, con la misma autoridad real, toda la antigüedad de la magistratura del Justicia, porque si ese oficio fue creado e instituido, como el monarca reconoce, para colocarse entre los vasallos y el trono, no podemos buscar, dice, el origen de esa garantía, de esa precaución, sino en los principios del mismo Reino, donde nacieron y tuvieron su cuna las libertades todas de Aragón, hondísimamente arraigadas en las leyes fundamentales del Reino.

No puede, sin embargo, negarse que de los primeros siglos, a contar desde el principio de la reconquista; no constan noticias del funcionamiento de la institución.

Blancas lo reconoce así y compara el Justiciazgo a una espada envainada *(tanquam gladium in vagina reconditum)*, sea porque, como él dice, el poder de la nobleza enfrenó el de los monarcas impidiéndoles los abusos, o porque, como advierte Lasala, Aragón era una especie de campamento militar y las circunstancias no eran propicias para el desarrollo de las instituciones políticas. Los hechos de fuerza, ha dicho Romero Ortiz (*Discurso* de recepción en

253 Se refiere al *Forus inquisitionis officii Justitiae Aragonum*, lib. III, que más tarde sufrió modificaciones.

la Real Academia de la Historia), ocupan exclusivamente la atención en los períodos de guerra, y no pareciendo verosímil que «el cargo fundado para limitar las prerrogativas reales surgiera espontánea, súbita y calladamente bajo el gobierno de un príncipe ensoberbecido con la victoria, ávido de poder y enemigo de toda autoridad que restringiera la suya», es preferible creer que pasó inadvertido hasta entonces.

Dejaríamos ya la dudosa y siempre discutida cuestión del fuero de Sobrarbe y, más concretamente, del origen del Justiciazgo, si no fuera porque en estos últimos años se ha presentado el asunto desde otro punto de vista.

Un verdadero maestro en materia de estudios árabes, D. Julián Ribera, escribió un libro que llamó la atención de las gentes dedicadas al cultivo de la historia y aun de las meramente cultas. Se titula *Orígenes del Justicia de Aragón.*

De ese libro en cuanto a la forma, nada se puede decir que no sea para su elogio. En lo que toca al fondo, nadie dejará de reconocer, sin incurrir en injusticia, que se trata de un trabajo serio y sincero. Mas no ha arrastrado el convencimiento de todos. No son pocos los que, como Codera, el ilustre arabista que ha escrito el prólogo con que el libro ha sido presentado al público, se han rendido[254] a los hechos expuestos y razonamientos aducidos por su autor; mas hay también, y en buen número, quienes, estimando mucho el esfuerzo hecho, creen que no se ha llegado a la demostración de la tesis que en la obra se defiende: la de que «el Justicia de Aragón, como toda la jerarquía *Judicial de este pueblo* (el aragonés) *procede, por imitación o copia,* de la organización jurídica de, los musulmanes españoles».

No nos proponemos discutir aquí detenidamente esa tesis. Ingeniosamente desenvuelta, sorprende y seduce al punto. Bien meditado todo, nuestro ánimo, después de la natural vacilación, se inclina a la negativa. Creemos que Ribera da a meras hipótesis, no comprobadas, valor de realidad. Giménez Soler ha combatido la tesis del gran arabista, y fuera de que de su estudio *(¿El Justicia de Aragón es de origen musulmán?)* resulta injustamente empequeñecido el Justicia de Aragón —sin que por esto el autor del presente artículo se crea ofendido en su calidad de paisano del distinguido autor, quien ha querido rendir sincero tributo a la verdad, exponiendo las cosas según las entiende—, son muy de tener en cuenta muchos de los argumentos que opone a la doctrina expuesta por Ribera para venir a concluir que no hay certeza de que existiera entre los árabes una magistratura cual la que descubre Ribera,

254 Ureña, que desde tiempo atrás ha venido esforzándose en sostener y propagar la idea de la influencia semita en el Derecho medioeval de España, ha recibido con marcada satisfacción, haciéndolas suyas, las «atrevidas» (así las llama) afirmaciones de Ribera. (*Historia de la Literatura jurídica española,* tomo I, vol. I.)
Otro profesor no menos docto, Altamira *(Historia de España,* tomo II), se limita a decir que el Justicia de Aragón se parece al juez de las Injusticias que tuvieron los musulmanes y se multiplicó en los reinos de taifas.

ni de que Aragón estuviera en condiciones de imitarla, y que, hecha la comparación con relación a la época de la supuesta imitación, no se halla paridad entre el juez musulmán de las Injusticias y el Justicia de Aragón.

La cuestión no puede considerarse agotada y ofrece ancho campo al estudio y reflexión de quienes quieran contribuir a poner en claro punto de historia tan por extremo interesante.

Vengamos a la época en que el funcionamiento del Justiciazgo empieza a ponerse en claro.

En 1247, dice Giménez Soler, (obra que acabamos de citar) se promulgo el Código ó Recopilación de Huesca y en ninguno de sus fueros se cita al Justicia, nombrándose, en cambio, bailes, zalmedinas, justicas, merinos, jurados, etc[255].

En cambio, Marichalar y Manrique (*Historia de la Legislación y Recitaciones del Derecho civil de España,* tomo VI), citan no sólo el fuero *De confirmatione monetae* de las Cortes de 1247, sino otros anteriores (los *De confirmatione pacis,* de 1233) en que aparece ya como testigo el Justicia de Aragón Pedro Pérez de Tarazona, cuya entrada en el Justiciazgo, dicen, se demuestra ya oficialmente por el arzobispo D. Fernando, el año 1208, y que se cree desempeñó el oficio muy cerca de cuarenta años, datando auténticamente desde él la existencia de la magistratura con el título de Justicia de Aragón.

No tienen en esto, a nuestro parecer, razón completa ni Giménez Soler ni Marichalar y Manrique, aparte ya de la equivocación de fechas en que éstos incurren.

En la Compilación de 1247 hay dos fueros *De confirmatione pacis.* Por excepción (lo común es que los fueros de la compilación de Canellas no lleven más que la modificación *Jacobus primus Oscae,* 1247, en su encabezamiento), estos dos fueros, como son transcripción de documentos anteriores, llevan las fechas respectivas. El primero pertenece al año 1227 y el segundo al 1235, que son los correspondientes al 1265 y 1273 *de la Era* que en ellos figuran[256]. En el primero, sanción de lo acordado en las Cortes de Almudévar, no se habla sino de Justicias locales, no del de Aragón *(a Justitia nostro de civitate vel loco)*, sin indicación de nombre alguno; en el segundo no se encuentra más mención relacionada con algún Justicia que la firma: *«Ego. I. P. Iustitia iuro».*

Mas si los fueros *De confirmatione pacis* no corroboran lo dicho por los autores de la *Historia de la Legislación,* el *De confirmatione monetae* (del lib.

255 Pero Exea y Talayero, miembro del Consejo Supremo del Rey en el Supremo de la Corona de Aragón, en su *Discurso historico-jurídico* sobre la instauración de la Iglesia de San Salvador, cita palabras de D. Vidal de Canellas referentes al «Justicia principal en el Regno» a propósito del título *De judicibus.* Como este fuero no se halla en la Compilación, es de creer que se habla de un fuero antiguo que D. Vidal no quisiera incluir en la Compilación o que las Cortes no aprobaran.

256 El cómputo cronológico con relación al año de la Natividad de Cristo sólo es constante en Aragón desde el año 1350. La diferencia entre la era del César y la era hispanica o cristiana es de 38 años de antigüedad de aquélla sobre ésta.

IX, como aquéllos) están conformes con su referencia, pues en efecto, en ese fuero, que es también de los pocos que se insertan en la Compilación[257] como de fecha anterior a la de 1247 *(Idus Octobris, Era M.CC.LXXIIII. Anno Dominii M.CC.XXXVI),* aparece la firma *Petrus Petri Iustitia Aragonum*[258].

Tomaremos, pues, desde esta época, la reseña del funcionamiento de la institución.

1.° *Nombramiento.*– El obispo Canellas, según un fragmento, conservado por Blancas, de su libro generalmente conocido con la denominación de *In excelsis*, lo atribuye al Rey. A éste, según él, pertenece crear los jueces y Justicias y revocarlos cuando le pluguiere y ponerlos vitalicios o por tiempo determinado: entre estos Jueces, dice, siempre hay uno principal en Aragón, llamado Justicia, el que una vez nombrado por el señor Rey, suele ser inamovible, a no mediar justa causa y culpa justiciable.

No muchos años más tarde después de la compilación, D. Jaime, decidido a ayudar a su yerno el rey de Castilla a guerrear contra los moros, mandó llamar a Cortes (Zurita, *Anales,* lib. III) a los catalanes en Barcelona, y en Zaragoza a los aragoneses. Ofrecieron los primeros otorgarle el bovage, que ya antes por vía de subsidio extraordinario habían concedido para las conquistas de Mallorca y Valencia. No así los segundos, quienes, a pesar de haber venido en ayuda del Rey un fraile invocando una visión que acababa de tener de un ángel, se resistían, alegando los ocho ricos hombres con quienes comenzó a tratarse el asunto, que el bovage era cosa desconocida en Aragón, igualmente que el herbage que también quería imponerse, y que no accedían al aumento de gabelas.

Los nobles aprovecharon la ocasión para exponer al Rey sus agravios. Quejábanse, entre otras cosas, y en lo que a la materia que nos ocupa concierne, de que hablando los ricos hombres de juzgar los pleitos, como era costumbre antigua de Aragón, los determinaba el rey por derecho común y decretos, prescindiendo de las leyes del Reino, y pretendían, dice Zurita, que ya que el rey hubiese de poner Justicia en el Reino, lo pusiere caballero e hijodalgo y lo nombrase con consejo de ellos mismos. Negábanse, mientras sus demandas a ese y los demás respectos no fueran atendidas, a otorgar

257 Blancas cuida de advertir que el fuero 1.° sobre confirmación de la moneda no es de 1247 ni se dio en Huesca, como erradamente se consigna, sino en Monzón, en 1236 *(aliis etiam nequaquam Oscae neq. Ann. MCCXLII, prout male inscripti omnes hi Fori leguntur sed in Montisonis opido Ann. MCCXXXVI editus est For. I. De confirmatione monetae).* La verdad es, sin embargo, que en el mismo texto del fuero, según las ediciones que hemos podido consultar, se hace referencia a las Cortes de Monzón. *(Generalem curiam apud Montisonum duximus convocandum.– Datum Montisoni, Idus, etc.)*

258 La existencia del Justicia de Aragón Pedro Pérez, en el año 1231 (correspondiente al 1269 de la Era), consta también en el documento (Archivos de la Corona de Aragón, pergaminos de D. Jaime I, núm. 420) que Tourtoulon cita en su obra *D. Jaime I el Conquistador,* tomo I.

el servicio, estimando «que aquella ciudad y reino se puede decir que está en su libertad, que se sustenta y consiste en sus fuerzas y leyes y no el que depende de ajena libertad».

Enviáronlo a decir así al rey y al mismo tiempo salieron de Zaragoza los más de los ricoshombres y caballeros, todos Juramentados, según costumbre, para procurar que se reparasen los agravios y evitasen los desafueros.

Entró el rey en tratos con ellos por mediación del obispo de Zaragoza, dióles sus razones, y entre éstas las de que donde había disposición aragonesa por ella juzgaba y no por leyes ni decretos, y adonde no se extendía ni bastaba el fuero, se determinaba por igualdad y razón natural, pues eso era lo foral, y que en cuanto a los legistas que tenía en su consejo no había motivo de agravio, pues no juzgaban sino por fuero, teniendo él tales reinos que era necesario que residieran en la Corte personas saBlas, conocedoras de los derechos civil y canónico y del foral, pues no todas sus tierras se regían por fuero. «Cuanto a lo que informaban que no debía el Rey poner Justicia en Aragón sin consejo de los ricoshombres, se respondió de parte del Rey que en aquello pedían sin razón y nunca tal se había usado, antes era de la preeminencia y señorío del Rey y él debía poner en él (en el Reino) Justicia y así se había guardado por sus antecesores y por él y estaba ordenado por fuero». En todo, finalmente, prometía «que estaba con ánimo de seguir el fuero de Aragón y las buenas costumbres que fuesen a pro suya y de todo el Reino».

Siguieron los tratos o negociaciones primero en Calatayud y después en Huesca. En lo tocante al Justiciazgo, manifestóse el Rey contento con que de las diferencias entre él y los ricoshombres, hijosdalgo e infanzones fuese juez el Justicia de Aragón y las determinase con consejo del Rey y de los ricoshombres y caballeros que estuviesen presentes en su Corte, con tal que no fueren parte en ellas, y que pues él y sus predecesores siempre acostumbraron hacer el nombramiento de Justicia, seguido guardando esa costumbre y haría recaer siempre el nombramiento en caballero o hijodalgo.

No hubo avenencia; hiciéronse preparativos de combate y aun comenzó éste en algún punto. Buscaron la paz los ricoshombres y tomando como mediador a un hijo del Justicia de Aragón, sometiéronse al juicio de Prelados. Indicóse a ese efecto a los obispos de Zaragoza y Huesca; mas el primeró se negó a sentenciar.

Así estaban las cosas, quedándose el Rey con las villas y lugares que en honor tenían los nobles y él les había dejado a ellos bajo la obligación de la tregua que habían jurado, cuando ya entrado el año 1265, reunió el Rey las Cortes en Egea. Débense a estas varios fueros, algunos importantes, hoy distribuídos en los varios libros que se formaron en la refundición del siglo XVI y constituyen parte del volumen foral.

Citaremos aquí el fuero 1.° *De officio Iustitiae Aragonum,* lib. I, en que se mandó que el Justicia fuera siempre nombrado del orden de caballeros *(quod semper Justitia Aragonum sit miles).*

Los autores han visto en eso una garantía del buen desempeño del cargo. Los nobles, observa Molino, no pueden ser castigados con penas corporales: las en que incurriese el Justicia no podrían ser ejecutadas si perteneciera a esa clase. Blancas va más adelante: a su juicio, los legisladores aragoneses quisieron evitar de una parte que el Justicia, por pertenecer a la clase superior, se ensoberbeciera o quedara humillado, no estando a la altura del cargo si fuera de la inferior; buscarlo en el orden ecuestre parecía además una recomendación de comedimiento en la conducta. Justo es advertir que no siempre se nombró a quien ya formaba parte del orden de caballeros; Giménez Cerdán (Giménez Soler, *Organización política*) recibió la caballería el mismo día de ser nombrado, y lo mismo se dice haber sucedido con Martín Pérez de Huesca.

2.° *Ejercicio del cargo*.– Trataremos sucesivamente de los diversos extremos, que bajo este epígrafe cabe comprender.

Amovible de derecho, se consideró de hecho, generalmente, como inamovible el cargo de Justicia mayor.

Lamentables sucesos ocurridos hicieron pensar en convertir en derecho escrito la costumbre. Merecen mencionarse los que se relacionan con los Justicias Juan Jiménez Cerdán y Martín Díaz de Aux, según la narración de las historias.

La cuestión de Caravito, castellano que por esta calidad no podía desempeñar la Bailía general del Reino, a lo que, cumpliendo su deber se opuso Cerdán, valió a éste la enemistad del rey Alfonso, sucesor del elegido por el Parlamento de Caspe[259]. Espontáneamente, al decir de Zurita, o mediante coacción, según sospechaba Blancas, Cerdán prometió renunciar al cargo.

259 He aquí cómo Cerdán refiere en su *Letra intimada* la cuestión de Garavito: «*En tiempo de aqueste Rey Don Alfonso, estando yo Justicia, el dio el Baylio general de Aragón a Alvaro Garavito, qui era castellano. E porque (segund fuero) todos los Officiales del Regno de Aragón deuen seyer aragoneses e no de otra nación, por aquesto los quatro brazos del Regno de Aragón firmaron de dreyto deuant mi, como Justicia, contra el dito Alvaro Garavito, demandando que la fessa inhibición que no usase del dito officio, assi mateix a las Comunidades de las Aldeas de Calathayut e de Daroca, e otros que auian de fazer por el officio del Baylio, que non lo hoviessen por Bayle ni lo obedeciesen en res. La qual inhibición yo fize al dito Alvaro e a todos los otros por qui demandaba inhibición, lo que no fue plazient a todos, antes ne fue mal quisto por grandes senyores*».

En tiempo del Rey D. Juan ya había corrido peligro con ocasión de una firma promovida por un gran número de ciudadanos de Zaragoza a quienes el Rey había hecho prender, y cuenta en su carta lo siguiente: «*Yo respondía que yo fablava segund ley o Fuero de la tierra e que no devía ser reptado e que si faría*» (lo que de él se pretendía) «*todo el Regno me reptaría e se encargaría sobre mí*». A amenazas que por conducto de su mismo padre, exJusticia, se le hicieron, contestó que si por defender la libertad del Reino moría, como murió Santo Tomás de Cantorbery por defender los derechos de la Iglesia, iría derechamente al paraíso y gozaría de la gloria de los santos. Aquello concluyó satisfactoriamente para Cerdán, diciendo e Rey a sus consejeros «*que por poder que ellos haviessen; no lo farían barallar con el Justicia de Aragón*».

Negóse luego a llevar a cabo la renuncia, considerándose desligado de una obligación no libremente contraída. El Rey, entonces, le privó del cargo, publicando a son de pregón aquella medida y haciendo saber a las gentes que el antes Justicia era ya simplemente un particular. Cerdán no se aquietó; recurrió a su lugarteniente, obtuvo de él una firma de derecho, con la que, según la legislación del Reino, quedaba sin efecto la disposición objeto del recurso; mas no queriendo continuar el litigio, presentó definitivamente su renuncia, a la cual sobevivió largo espacio de años.

En cuanto a Díez de Aux, sucedió que al pasar de los cargos de Baile y Receptor general de Aragón al de Justicia se comprometió, en carta dirigida al Rey, según refiere Pertusa y copia Blancas, a dejar el Justiciazgo, siempre que a ello fuera requerido, previa reposición en aquellos anteriores cargos; que se negó después a ello, fiado, al parecer, en un fuero promulgado durante su Justiciazgo que no permitía ser detenido ni preso, ni acusado fuera de la presencia del Rey y de las Cortes; y que al fin, como arrogantemente insistiere en la no presentación de la renuncia, fue hecho preso a media noche y llevado, en sigilo y maniatado, a la cárcel de Játiva, donde pereció lleno de miseria y pesadumbre *(infelix et aerumnosus).*

Sucedía esto último en 1440; y muy poco después la reina lugarteniente D.ª María ordenaba, en el 4.° de los fueros *De officio Justitiae Aragonum,* lib. I, lo siguiente: *«Como segund la mente de los Fueros antigos, e loable costumbre del Reino de Aragón el señor Rey deva dar el officio del Justiciado de Aragón a vida; porque aquesto no vienga de aquí avant en disceptación. Statuimos su voluntad de la Cort»* (Cortes de Zaragoza, 1442) *«quel officio del Justiciado de Aragón no sía, ni pueda seyer, nutuario, ni al Justicia de Aragón pueda seyer tirado el dito officio a sola voluntad del señor Rey, aunque el que presidirá en el officio hi consienta, ni el dito Justicia pueda, ni sía tendo renunciar el dito officio por alguna obligación precedent la dita renunciación».*

Después de hacer una especie de protesta fundada (Zurita, *Anales.* lib. XV) en que por registros y pláticas antiguas constaba que el oficio era a voluntad y se daba por el tiempo que al rey parecía, para mudarlo cuando quisiera, según el caso de Pérez de Salanova, accedió al fin a la aprobación del Fuero, no sin que los aragoneses, tras haber invocado la costumbre de la revocación, insistieran en que al renunciar el Privilegio de la unión hicieron que el Rey D. Pedro les otorgase un fuero en el cual se contenía que ni él ni sus sucesores podrían quitar el oficio de Justicia de Alagón.

Quedó, con esto, declarado el cargo no sólo inamovible para el monarca, sino para el Justicia mismo, irrenunciable. Y aún para mayor seguridad de cumplimiento, el fuero agrega estas terminantes prevenciones: *«E si contescia por causa de obligación precedient»* (se prevenían así casos como el de Díaz Daux) *«seyer feita renunciación del dito officio o privación de aquel a sola voluntad del señor Rey, que aquella sía nulla* ipso Foro *y de ninguna eficacia».* Decía más: *«y aquel dito Justicia, no obstante las ditas revocación y renuncia-*

ción, o alguna dellas, caso que fecha fuesse, segund que dito es, pueda e sía tenido usar del dito officio, sin pena e calonia alguna».

Ese rigor quedó relajado más adelante en las Cortes de Monzón, de 1547, mediante algunos fueros que en la refundición hecha inmediatamente entraron a formar parte del mismo título *De officio justitiae Aragonum.* El quinto poniendo en duda, no obstante lo expreso y claro del texto del cuarto, si era contra él la renuncia hecha por el Justicia Fernández de Heredia, y por el rey admitida, con provisión del cargo en Ferrer de Lanuza, declaró que en el caso de que hubiera habido lesión de ese fuero cuarto en tal provisión, se tuviera ésta por legítima y habilitada, así como todo lo hecho y que hiciera el nuevo Justicia a quien, en el sexto, dándose por supuesto que era lícita y permitida la renuncia, se prohibió, sin embargo, hacerla hasta el último acto de Cortes de las primeras que en Aragón se celebrasen. Por el séptimo, en fin, «por quitar toda dubda en la inteligencia de las palabras» del cuarto, se dispuso «interpretando y declarando las dichas palabras», que se entendieran en obligación hecha así a su Majestad como a otra cualquiera particular persona, «assí por instrumento como por cualquier otra promesa».

No se quiso, pues, en estas Cortes, derogar el fuero de 1442 ni autorizar, por tanto, la renuncia. Las Cortes se limitaron a sancionar, como una especie de bill de indemnidad, los actos antiforales de presentación y admisión de una renuncia determinada y su admisión. Probado quedaría hasta la saciedad, si no fuera plenamente suficiente lo que dejamos expuesto, con estas palabras, finales del fuero séptimo: «quedando los Fueros hasta aquí hechos sobre el dicho officio del Justicia de Aragón en su fuerça, efficacia y vigor, no obstante que el susodicho fuero que en las presentes Cortes se ha hecho sobre la renunciación del dicho oflicio no se prorroguen».

Después de los tristes sucesos de Zaragoza en tiempo de Felipe II, este monarca, ya decaído el espíritu público, logró de las Cortes de Tarazona, de 1592, el fuero *Del oficio del Justicia de Aragón,* en que, afirmándose que la perpetuidad de los oficios preeminentes y el no ser revocables a voluntad del Príncipe o Rey que los provee suelen traer consigo muy grandes abusos e inconvenientes, se estatuyó que el oficio de Justicia de Aragón pudiera proveerse por el rey y sus sucesores «por el tiempo que fuere de su Real servicio y durante su beneplácito, mera y libre voluntad, no obstante cualesquiera fuero y usos a lo sobredicho repugnantes».

3.° *Juramento.*– Cuando después de la victoria de Épila, Pedro IV tomó actitud favorable a los fueros, inexplicable a primera vista —explicada por algunos (Marichalar y Manrique, *Historia de la Legislación,* tomo V), por las hondas raíces que en todas las clases de la sociedad aragonesa había echado el amor a las libertades públicas, a las garantías civiles y a los usos y costumbres y por la unanimidad en punto a la necesidad de conservarlos aunque se hubiera discrepado respecto a los medios— y se reconoció obligado *in perpetuum,* por sí y sus sucesores, a jurar fueros, privilegios, libertades, usos y costumbres del Reino y de sus lugares, impuso igual obligación al Justicia (fuero de 1348, *De his quae Dominus Rex et alii Succesores ipsius, gubernator Aragonum et ejus vicem gerentes, Justitia Aragonum et alii iudices et Officiales facere et servare tenentur ut fori Aragonum conserventur*) de respetarlos y no contravenir a ellos de ningún modo y por razón ni causa alguna.

4.° Inviolabilidad.– Era aneja al cargo esta garantía, de hecho y por costumbre, según parece, desde el principio; de derecho y por precepto escrito, desde 1435. Hemos aludido a un fuero en que sin duda se fio el Justicia Daux, para considerar que ningún daño había de sobrevenirle por no atenerse a la carta que, según todas las apariencias, hubo de exigírsele por el Rey al conferirle el Justiciazgo.

En ese fuero, el tercero *De officio Justitiae Aragonum,* lib. I, comenzóse por consignar que por antigua y loable costumbre las personas del Justicia de Aragón y de sus lugartenientes, notarios principales y vergueros, no podían ni debían estar sujetos a prisión por ningún oficial del Reino, cualquiera que fuere la causa, delito o razón. Y concretándonos ahora al Justicia diremos que en ese fuero, después de agregarse que la costumbre se había alterado alguna vez indebidamente, en gran daño y perjuicio del Reino, se estableció en favor de ese funcionario la garantía que expresan estas palabras: *«por delitos algunos, quanto quiere graves y enormes que por él se cometran o se pretendran seyer cometidos como privada persona o en otra manera, no pueda por el señor Rey, lugartenient suyo, Primogénito, Gobernador, Regient el officio de la Governación ni por otro Judge alguno, ni de mandamiento dellos ni de alguno dellos seyer preso, arrestado, ni preso tenido ni por la dita razón personalmente citado, ni devant ellos, ni de alguno dellos acusado, denunciado ni en alguna otra manera vexado; antes la conexença de los ditos delictos, crímens y excesos que se cometran o se pretendran seyer cometidos por el dito Justicia se haya de facer en la Cort general o particular del dito Regno, y la jurisdicción y conexença de los ditos delictos, como privada persona y no en otra manera cometidos y cometederos pertenezca* simul et insolidum *al señor Rey y a la Cort conjuntamente y que por otra vía, forma o manera no pueda seyer por el dito señor Rey ni por otra persona alguna conoscido ni juzgado de los ditos delictos».*

Ese fuero fue confirmado por el cuarto, del mismo título. *«Y declaramos,* dice éste después de lo que anteriormente hemos copiado, *que la persona del Justicia de Aragón, aun por causa civil, no pueda seyer presa, ni presa detenida sino por mandamiento del señor Rey y de la Cort».*

5.° *Funciones propias del cargo.–* Eran de dos clases; a saber:

a) *Funciones judiciales.–* Blancas se queja de que D. Vidal de Canellas (en su libro *In excelsis*) se expresase en asunto tan amplio como el de la Justicia con gran parquedad; sea como quiera, es lo cierto que, según D. Vidal, en la Corte delante del Rey, o por su orden en ausencia suya, el Justicia debía investigar y examinar las causas, y al haber de pronunciarse sentencia, interlocutoria o definitiva, el Rey y los Barones, o sea los obispos y los jefes de soldados *(Duces militum)*, llamados ricoshombres, presentes en la Corte a la sazón, deliberaban en común y lo que el Rey, si quería intervenir y la mayor parte de los magnates acordaban, eso era lo que el Justicia debía pronunciar en forma de sentencia, sin que por ello le alcanzase responsabilidad por no ser él quien juzgaba.

Es necesario llegar a las Cortes de 1265 celebradas en Egea para hallar una determinación concreta de atribuciones del Justicia. El fuero segundo *De officio Justitia Aragonum,* distingue entre las causas que se controvierten entre el Rey o sus sucesores y los ricoshombres, hidalgos e infanzones y las que mantienen entre sí los ricoshombres, caballeros e infanzones. Todas ellas son de competencia del Justicia; de las primeras conoce con consejo de los ricos hombres y caballeros, y de las segundas con el del Rey, los ricoshombres, los caballeros y los infanzones, siempre que se hallen en la Curia (Cortes) y no sean partes interesadas.

El Privilegio general amplió a la vez la competencia del Justicia y la intervención de los ciudadanos.

Fue este Privilegio solicitado en las Cortes de Zaragoza, de 1283. Hicieron presente aquéllas a éste cómo ni él ni sus jueces u oficiales guardaban los fueros, usos, costumbres y libertades de Aragón ni los Privilegios cuya restitución y confirmación pedían. En la enumeración de cosas de que «son repullados (palabras del Fuero) los Richos hombres, Mesnaderos, Cavalleros, Infanciones, Ciudadanos e los hombres de las Villas de Aragón, de Ribagorza e del Regno de Valencia e de Teruel» se encuentra ésta (párrafo 3.º): *«Item que el Justicia de Aragón juzgue todos los pleitos que vinieren a la Cort con consello de los Richos hombres, Mesnaderos, Cavalleros, Infanciones, Ciudadanos e de los hombres buenos de las villas, segund fuero e segund antiguamente fue acostumbrado».* El Rey accedió a ésa como a las demás peticiones del modo más expresivo *(bono corde puro, ex certa sciencia et gratuita volunttate* (según sus propias palabras), porque eran justas *(vestris justis petitionibus et suplicationibus),* todas respondían a antiguos usos y costumbres *(quae vos vel antecessores vestri habuerunt antiquitus, habetis, et habuistis, et habere debetis).* Y juré por Dios, los Evangelios y la Cruz del Redentor, observar, atender y cumplirlo todo[260].

Vinieron los sucesos de la Unión, tan graves y de tanta trascendencia en la historia del reino aragonés[261]. No es propio de este momento explicar su desarrollo.

---

260 Con frecuencia se ha comparado este Privilegio con la Carta Magna de Inglaterra, a la cual aventaja, aún a juicio de algún historiador tan reputado como el inglés Hallam (citado por Savall y Penén).

261 En el fuero *Declaratio Privilegii generalis* (Jaime II en Zaragoza, 1325), no se alteró la competencia del Justicia; a una petición de las Cortes concerniente a que por este se estuviese al Privilegio general en lo tocante a la *«fiança de dreito»*, contestó el Rey manteniéndole, pero estableciendo dos excepciones.

Bien sabido es que los famosos privilegios conocidos en la historia con la denominación de «Privilegios de la Unión», fueron otorgados, en 1287, por D. Alfonso III el Franco, o el Liberal (dúdase si en Cortes o no, pues lo niega Zurita y lo afirma Blancas); que Pedro IV el Ceremonioso, dispuesto a destruirlos, se resolvió, sin embargo, a jurarlos en las Cortes de Zaragoza de 1347, «cediéndolo todo para recobrarlo todo, propio rasgo de su carácter perseverante y calculador», dicen Savall y Penén, y, por fin, después de la batalla de Épila, derrotada la Unión, los abolió.

Como mandó quemarlos, juntamente con los documentos de todo género que con la Unión se relacionaran, quienes quiera que los tuviesen, obligados a presentarlos bajo sanción penal, y en el volumen foral hoy en uso no se comprendieron, se creyeron en absoluto perdidos y desconocidos, salvo una mención que de ellos hizo Zurita, hasta que en el monasterio de Poblet se halló un Códice que los contiene, llevado primeramente a la Biblioteca Nacional, después a la del Congreso, y ahora, según creemos, custodiado en la Real Academia de la Historia[262].

En otro artículo se trata del contenido total de esos privilegios; ahora sólo debemos decir que en lo que toca al Justicia de Aragón, no se contenía en ellos sino la prohibición de que sin sentencia de éste dada en Zaragoza, con consejo y otorgamiento *«de la Cort de Aragón o de la mayor partida aclamada e ajustada en la dita ciudat»* pudieran ser detenidos, presos o castigados los ricoshombres, mesnaderos, caballeros o infanzones.

Ocurrió entonces una cosa inesperada y notable. Pedro IV, el adversario y vencedor de la Unión, el enemigo implacable de sus Privilegios, en las mismas Cortes de 1348 en que los suprimió (fuero *De prohibita unione cassatione et annulatione ipsius et dependentium ex eadem, et quod de caeleso numquam fiant nec fieri possint,* lib. IX), se apresuró a declarar vigente parte de los fueros, el privilegio general y su declaración (fuero *«Quod Privilegium generale et declaratio ipsius sint Fori et pro Foris habeantur et observentur»*)[263], y tomó tales disposiciones que Jiménez Cerdán pudo decir, en su *Letra intimada,* que el oficio del Justicia resultó muy ampliado y alargado, y Zurita, en sus *Anales,* que así «se acabó de fundar la jurisdicción dél con grande y suprema autoridad»[264].

262 Borao fue quien primero le dio publicidad en su *Diccionario de voces aragonesas;* luego la han recibido de otros escritores.

263 El fuero de 1300, 2.°; *quod officialis Aragonum sint de Aragonia* (lib. I), ordenaba que un juez aragonés, conocedor de los fueros, siguiera constantemente a la Corte del Rey; D. Pedro IV, en el fuero de 1348, *quod Dominus Rex teneatur*, etc., ordenó que para la mejor Observancia de los fueros, privilegios, libertades, usos y costumbres del Reino, además de ese juez, fueran con la Corte, en calidad de Consejeros, dos caballeros y dos jurisperitos versados en aquellas materias.

264 Sampere *(Historia del Derecho español)* aunque poco propicio a realzar la institución del Justicia, reconoce como cierta su grande influencia en la prosperidad del Reino aragonés después de las reformas de D. Pedro IV.

Ya a principios del siglo XIV, según advierte Santamaría *(Curso de Derecho político)*, con la autoridad de Zurita que invocaba hechos por él comprobados, ejercía el Justicia la facultad, sin perjuicio de lo acordado en las Cortes de Egea, de decidir competencias jurisdiccionales, evacuar consultas por encargo regio y ejercer jurisdicción sobre el Rey en los asuntos de Infanzonía, en los que el Rey fuera el obligado y en las querellas contra los oficiales reales por agravio o contrafuero.

Obligados a resumir, para no dar excesivas proporciones a este artículo, y no pudiendo examinar uno a uno todos los fueros con que, como dice Santamaría, puso D. Pedro IV el cierre a la Constitución aragonesa, haciendo clave de ella al Justicia mayor, diremos con ese ilustre profesor que el Justicia fue reconocido como único juez competente para entender en las causas de todos los oficiales y jueces delincuentes, se le confió la interpretación del fuero mediante la contestación a las consultas de jueces y oficiales, se declaró que nunca podría el Rey revocar ni anular sus providencias y se pusieron bajo su protección normal las garantías constitucionales antes guardadas tumultuariamente por los ricoshombres y confederados de la Unión.

Todavía el mismo D. Pedro (Cortes de Zaragoza 1371 y 1372) quiso asegurar más el libre funcionamiento de la autoridad del Justiciazgo con dos fueros respectivamente titulados —y los títulos dan idea de su contenido— *quod inhibitiones Justitia Aragonum, qui ludex est in factis Domini Regis, alii Officiales et ludices teneantur in dictis et factis servare et obedire* y *quod impetrans literas ad expedientum officium Justitiae Aragonum punitur in expensis et damnis in duplum* (uno y otro insertos en el libro 1).

Con éste y algunos otros fueros debidos a Cortes posteriores, llegó la magistratura del Justicia a su completo desarrollo, correspondiéndole en el orden judicial, además de las facultades expresadas, las resumidas por Santamaría en estos términos «según Molino, la de conocer en única instancia de los asuntos entre particulares que prorrogaren su jurisdicción y ser juez de apelación de todos los juicios ordinarios de las ciudades y villas del Reino (de realengo y no de señorío); según Sessé, la de nombrar en ciertos casos tutores y curadores a nobles y ciudadanos; y según Blancas, la de resolver las cuestiones entre el fisco y los particulares, aunque sin poder revocar las sentencias dictadas por los diputados o jueces de rentas del *General* en materia de defraudaciones»; fuera de que «podía el Justicia convocar y reunir

---

Castelar *(D. Pedro IV y la Unión aragonesa)*, después de afirmar en lo que respecta al fuero de Sobrarbe, que la crítica sólo se atreve a ver en él la partida de bautismo de la libertad aragonesa, mas sin saber si esa partida de bautismo fue hecha después que la libertad había llegado a crecer, a desarrollarse y robustecer su constitución, dice de los fueros de Pedro IV: «El privilegio general, constitución verdadera del pueblo aragonés, alma de sus fueros, fue en todas sus parte confirmado, cobrando de esta suerte gran vigor... El Justicia, mediador entre el pueblo y el Rey, levantado para guardar las leyes y velar por el derecho, eterna voz de la libertad, tribunal a que recurrían todos los agraviados, escudo que tenían contra el poder los aragoneses, el Justicia recibió una balanza más segura » las fuerzas del Reino para el cumplimiento de sus providencias, valiéndose de ellas para perseguir a los criminales que se fugasen, los cuales, una vez capturados, entregaba a los jueces competentes», considerándosele, por fin, «como protector nato de todas las universidades de Aragón, siempre que obrasen conforme a fuero».

b) *Funciones políticas.–* En la actuación del Justicia no es fácil, tal vez ni posible, distinguir completamente la política de la judicial. Algunas de las funciones que dejamos señaladas, políticas son tanto y aun más que judiciales, y hasta de alguna pudiera decirse que es exclusivamente política. A tal punto lo ha comprendido así Santamaría que, al explicar las atribuciones del Justicia las divide, no pura y simplemente, en judiciales y políticas, sino en *principalmente judiciales* y *principalmente políticas.*

Siguiendo a este autor, hemos comprendido entre las primeras, por ejemplo, la facultad de interpretación del fuero contestando a las consultas que se le hacían. Es esencial fijarse en esta particularidad. Interpretar las *leyes* mediante su aplicación a los casos particulares es función hoy de los Tribunales de justicia; pero precisamente les está vedado hacerlo (véase, por ejemplo, nuestra ley Orgánica) por vía general y reglamentaria, para apartarlos de lo que, en realidad, es una función política. La potestad de dar, de un modo general, sentido y carácter a las leyes, sin derogarlas, lo que es propio del legislador, no pertenece a los Tribunales, sino a los Gobiernos; es la potestad reglamentaria. El Justicia ejercitaba, si no estamos en error, esa potestad cuando era consultado por el regente del oficio de la gobernación del Reino, los jueces u oficiales, acerca del Derecho escrito o consuetudinario *(De foro, privilegio, libertalibus, usibus et consuetudinibus Regni),* consulta a que había de contestarse en el término de ocho días y que les era obligatoria, con suspensión del curso del asunto *(teneantur supersedere et procedere in causa illa),* bajo pena que imponía el Justicia *breviter, summarie et de plano, sine strepitu et figura judicii.* Pueden verse sobre esto los fueros primero a cuarto de 1348, *Quod in dubiis non crassis Regens officium Gubernationis el alii officiales teneantur consulere Justitiam Aragonum.* Más tarde, para evitar la acumulación de consultas que impedían al Justicia atender debidamente a las demás incumbencias de su ministerio, se restringió la obligación de hacerlas, en los términos que indica el título mismo del fuero único de 1352 (del propio Pedro IV, 2.° en el orden de los fueros), *quod iustitiae Aragonum teneatur consulare suprajunctariis, in iis quibus eundem duxerit consulendum, aliis vero judices in casibus criminalibus et causis civilibus arduis tantum.* (Libro I.)

Política ha de considerarse también la intervención del Justicia en la resolución de los *greuges* (recuérdese lo dicho acerca del fuero de Egea), hasta el punto de que haya quienes vean en el *Justiciazgo*, por esa intervención, algo semejante al poder armónico de que hablan modernos tratadistas de Derecho.

Eran *los greuges,* agravios[265], esto es, reclamaciones que por algún individuo o alguna entidad corporativa se dirigían a las Cortes por agravios recibidos del Rey o de algún funcionario público, y aun a veces por los hechos por un brazo de las Cortes a otros.

Previa la tramitación establecida, asunto en que no podemos detenernos, y que puede estudiarse principalmente en las obras de Blancas *(Modo de proceder en Cortes de Aragón)*, de Martel *(Forma de celebrar Cortes en Aragón)* y de Capmany *(Práctica y estilo de celebrar Cortes en el reino de Aragón, etc.)* fallaba el Justicia con consejo de los cuatro brazos, no del Rey, cuando la queja era contra él (de lo cual se dio un caso en las Cortes de 1436), y con consejo de él también y de los brazos en los demás casos, excluída siempre la parte interesada, sin que la ausencia del Rey pudiera impedir el pronunciamiento del fallo, como no lo impidió en las Cortes celebradas en enero de 1285, según cuenta Zurita.

Por otra parte, la circunstancia de ser el Justicia primer consejero de los reyes y su representante a veces para la resolución de asuntos difíciles; la delegación que en ocasiones hacía el monarca recaer en él, para conocer, en su ausencia, de los negocios a su Tribunal reservados; su facultad de recibir al Rey, al Primogénito de éste y al gobernador del Reino el juramento necesariamente previo al ejercicio de su autoridad y la de declarar si las cartas del Rey y oficiales reales tachadas del vicio de contrafuero por parte interesada debían o no cumplirse; todas estas actuaciones que Santamaría recuerda al tratar de las atribuciones principalmente políticas, evidencian, a nuestro juicio, que no es posible ver en el Justicia un juez mero administrador de la justicia con influencia política, sino un alto magistrado, digno por sus funciones de que se le haya considerado como la clave de la constitución aragonesa.

6.° *Recursos de firma y manifestación.–* Estos recursos forman parte de la materia de *Procesos forales* y se explican con la debida extensión en el artículo correspondiente de esta **Enciclopedia**.

Aquí nos limitamos a algunas indicaciones relacionadas con el funcionamiento del Justiciazgo. Sin esos remedios forales no hubiera tenido el cargo de Justicia mayor la importancia que alcanzó. Eran el escudo inquebrantable de las propiedades y las personas (Romero Ortiz); las más hermosas prerrogativas del Justicia «por ninguna legislación antigua ni moderna superadas ni siquiera igualadas», pues ellas «aseguraban el honor, la vida y los bienes del ciudadano contra los abusos del Poder; con ellas se paralizaban los mandatos regios hasta juzgarlos; ellas eran la más firme garantía de los derechos individuales y políticos» (Giménez Soler).

Iba encaminada la firma a hacer que nadie pudiera ser preso o agraviado contra razón y justicia. La manifestación tenía fuerza cuando alguno era pre-

265 Greuge, según los autores viene de gravamen: sin duda por eso Bardaxí *(Comentarii in quatuor Aragonensium fororum libros)* llama al Justicia, *judex gravaminum*.

so sin preceder proceso legítimo o cuando se le prendía de hecho sin orden de justicia; entonces el Justicia, cuando a él se recurría, se interponía manifestando al preso, que era «tomarlo a su mano» de poder de cualquier juez, aunque fuera el más supremo, y esto desde el momento en que el recurso se presentaba, sin necesidad de información, bastando que la petición se hiciera por cualquiera que se dijera procurador de quien quería se le tuviera por manifestado, constando al Justicia (o a sus lugartenientes de quienes luego se hablará), que fue preso sin proceso y contra los fueros y libertades del Reino para sacarlo de la prisión y ponerlo en lugar seguro.

Esto dice Zurita (*Anales,* lib. I), acompañándolo con frases de encomio y admiración hacia esos recursos, y citando en el curso de su obra algún ejemplo tan digno de especial mención como la firma que despachó el Justicia Domingo Cerdán manteniendo al infante D. Juan en su cargo de gobernador general, de que el Rey D. Pedro, de quien era él primogénito, intentó privarle, instigado por su mujer.

7.° *Responsabilidad.–* La inviolabilidad de que antes se ha hablado no llegaba a hacer al Justicia de Aragón irresponsable. Ya en el fuero cuarto, *quod in dubiis non crassis,* de 1348, se estableció la responsabilidad del Justicia en ciertos casos, correspondiendo declararla a las Cortes que cada dos años, según prescripción foral, debía el Rey convocar.

No había previsto el fuero la forma en que hubiera de procederse, y para llenar ese vacío que redundaba en perjuicio de los agraviados, el fuero de 1390 *De officis Justitiae Aragonum et Inquisitorum ejusden* (lib. XI), instituyó el Tribunal de Inquisidores, constituido por cuatro personas idóneas, una por cada brazo, elegidas por el Rey entre las ocho que por las Cortes habían de serle propuestas. Otorgóseles facultad de inquirir lo que hubiese de cierto en la denuncia que cualquier particular podía presentar, por escrito o verbalmente, por razón de delitos o graves negligencias *(de quibusvis criminibles, excessibus, delictis et notabilibus negligentiis ac magnis defectibus).*

Consignada en acta la denuncia, con el nombre del demandante, se hacía la inquisición o *enquesta* en la forma que en los fueros siguientes del mismo título se determina. En la práctica ocurría que las Cortes no obstante lo prevenido para que presentadas las diligencias instruidas se dictase sentencia dentro de cierto plazo, se disolvían sin dictarla. Sobre esto no puede caber duda. «Las denunciaciones traídas a ella misma» (a la Corte general) «cada bienio en que se celebraba... por los grandes embarazos no se podía juzgar y se difería el juicio de unas en otras»; así dice Vargas Machuca en sus *Consideraciones prácticas para el vindicado del Justicia de Aragón,* tomo II. Blancas, en sus *Comentarios,* había sido más explícito; la gran divergencia de opiniones solía ser la causa del aplazamiento, y cuando se llegaba a juzgar, no siempre las sentencias eran meditadas y razonables; a veces se imponían la audacia y vocerío de una multitud imperita. *Neque ea (judicia) semper pondere ac delectu ferabantur, sed ímpetu ac furore nonnumquam, cum inter-*

dum etiam ex imperitae multitudinis errore penderent: tales son las palabras mismas del insigne cronista.

Advertido el defecto, las Cortes de 1461 quisieron corregirlo. La inquisición estatuída *«no ha plenamente proveyto»* dijeron en el segundo *Forus Inquisitionis officii Justitae Aragonum. «Porque las sentencias*, dijeron en el tercero, *en las causas de la inquisición del dito officio se ha muchas vezes dilatado e prorogado en gran vilipendio de la Justicia a prejuicio insoportable de los regnícolas de aqueste Regno»*, etc. Y en esos fueros y en los siguientes del mismo título se estableció un Tribunal de diez y siete personas, con el título de judicantes, para que conocieran de las causas contra el Justicia y se dictaron reglas concernientes al ejercicio de sus funciones.

Esos fueros figuran textualmente en el cuaderno de los *in usu non habitorum,* y, modificados, están insertos en el libro III del volumen foral, bajo el mismo título antes transcrito.

Según ellos, la instrucción o inquisición se llevaba a cabo por los inquisidores, quienes todos los años se constituían en el salón de servicios de las Cortes los diez primeros días de abril para recibir las denuncias que por cualquiera se presentaran. Presentada alguna, se formaban las diligencias oportunas, con audiencia de denunciante y denunciado, en el término de dos meses, transcurridos los cuales se pasaba el asunto a los diez y siete judicantes (doce de tres brazos y cinco de otro) para que dictasen la sentencia. Constituían los diez y siete una especie de Jurado, de que no podía formar parte ningún jurista («declaramos, dice uno de los fueros, que Juristas algunos no hayan ni puedan haver el officio de la dita judicatura, exceptos los que son ya insaculados», etc.); pero asistían dos, «los menos suspectos e de los más sufficientes»[266], elegidos por mayoría *«por fabas blancas o negras»*, quienes asesoraban a los judicantes. La votación de la sentencia se hacía por el procedimiento de las *«fabas»*; las blancas significaba absolución; las negras condenación. En este último caso se repetía la votación para determinar la pena. Y luego se escribía la sentencia, que autorizaban todos los judicantes, aunque su voto hubiera sido contrario al que prevaleció. A la ejecución de la sentencia debía procederse dentro del término de cuarenta días, por los judicantes o sus delegados.

La organización del Tribunal de las enquestas se varió por las Cortes de Tarazona, celebradas en tiempo de Felipe II, en el sentido de dar intervención en su constitución al Poder real. El fuero *«Forma de la Enquesta de la Corte del Justicia de Aragón»* comienza manifestando que la organización tiene por

266 Un fuero de 1528 (Carlos I, en Zaragoza) confirmó esa disposición, ordenando a los judicantes que «so el juramento y sentencia de excomunión que se les recibía, eligieran dos letrados dos más idóneos et sufficientes, sabios y espertos en Fuero et Derecho et de buena conciencia» que hubiere en la ciudad de Zaragoza para que les aconsejaran en las cosas de su judicatura, «con el salario acostumbrado et ya por fuero statuydo».

objeto quitar abusos e inconvenientes que en la judicatura de los diez y siete había habido; pero no dice en qué consistían.

Debemos advertir que el nombramiento de los diez y siete judicantes se venía haciendo por sorteo desde la creación de ese cargo en 1461, e igualmente desde entonces el de los cuatro inquisidores encargados de la instrucción. De ese procedimiento del sorteo para esos y para otros cargos, hemos hablado en el artículo DESINSACULACIÓN y a él nos referimos.

En 1592, por el fuero que antes hemos citado respecto a los inquisidores, se dispuso lo siguiente: «Su Magestad de voluntad de la corte estatuye y ordena que de cuatro individuos que en cada un año se suelen sacar por extracción para hacer los procesos de Enquesta o denunciaciones que se dan contra el Justicia de Aragón y sus lugartenientes y otros oficiales, Su Magestad, o el que en su nombre presidiere en la Real Audiencia, pueda nombrar los dos de las personas insaculadas en las bolsas o fuera de ellas». Y más adelante dice: «Otrosí, Su Magestad, de voluntad de la Corte, estatuye y ordena que el número de los diez y siete Iudicantes se reduzga al de nueve. Y que Su Magestad el primer año nombre cinco de los insaculados en las bolsas o fuera de ellas a su libre voluntad; y al año siguiente cuatro».

Al final del fuero de que acabamos de hablar, comprensivo de muchos detalles que no creemos necesario reproducir, se hace constar que en lo que a él no fueren opuestos[267] quedan en su fuerza, eficacia y valor todos los fueros y actos que hablan de inquisidores y judicantes.

Consejo del Justicia.– Antes de la creación de este cuerpo, ya el Justicia tenía sus lugartenientes. Según Santamaría, en 1348 el Justicia, en atención a la afluencia de negocios que tenía, fue autorizado para nombrar un lugarteniente que le auxiliare en sus funciones. Suponemos que se referirá al fuero que, no precisamente al Justicia sin o a todo juez ordinario, prohibía tener más de un lugarteniente o asesor; lo cual implica o una concesión que entonces se hacía o el reconocimiento parcial de lo que ya, por costumbre, viniera practicándose.

De ese fuero se hace mención (cuaderno de los en no uso) en el de 1352 en que autoriza al Justicia para nombrar uno más (fuero *quod Justitia Aragonum possit habere duos Locumtenentes*). Fue esto privativo del Justicia; los demás jueces y hasta el Rey mismo, según Molino, siguieron inhibidos de tener más de un lugarteniente.

Un Consejo extraordinario que no vemos expresamente sancionado en los fueros, pero que funcionaba con grande autoridad y general aceptación, según refiere Blancas, compuesto de todos los jurisconsultos de Zaragoza, procedió a la constitución, en 1493, de un consejo de juristas, de nombramiento real a propuesta de la Diputación del Reino, con residencia en aquella

267 Fórmula hoy frecuentemente empleada, que da lugar a dudas y controversias que los legisladores debieran evitar.

ciudad o donde el Justicia estuviere: era su cometido intervenir en ciertas causas graves (fueros *Super causis criminalibus* en el cuaderno de *los in usu non habitorum).*

Funcionó ese Consejo hasta que en 1519 (fuero *Reparo del Consejo de Aragón*, también llevado al cuaderno de los desusados) se creó otro de «siete letrados de buena fama y reputación y de edad treinta años arriba, doctos y expertos en fueros y Observancias, prácticos por tiempo de seis años continuos», obligados a aconsejar a los lugartenientes «en qualesquiere causas, provisiones e qualesquiere actos o pronunciaciones por los lugartenientes o qualquiere dellos fazedores», durando su oficio diez años.

Cambióse la organización de ese Consejo en 1528. Carlos I (Cortes de Zaragoza), estimando que la reforma de 1519, dirigida a evitar dilaciones y gastos a que era ocasionada la falta de consejeros adscritos al Conejo de lugartenientes y la necesidad de Consejos extraordinarios, no había evitado tales inconvenientes, mandó se nombrasen cinco letrados, de condiciones un poco diferentes de las que se exigieron en 1519, y dictó algunas medidas que parecieron adecuadas al propósito indicado (*Reparo del Consejo del Justicia de Aragón,* y fueros subsiguientes, lib. III). Es de notar entre esos fueros el que prohibía al Justicia, bajo pena de nulidad, sentenciar sin el consejo de los cinco lugartenientes o mayor número de ellos.

El fuero de las Cortes de Tarazona de 1592, publicado en Zaragoza en 1593 *(De la nominación y bolsa de los lugartenientes del Iusticia de Aragón),* ordenó que el número de lugartenientes fuera el de nueve[268]. Muchos de los fueros de que hemos hablado concernientes a las condiciones de ejercicio del cargo, comprendían también las funciones de los lugartenientes.

Auxiliaban al Justicia y a los lugartenientes cierto número de notarios, escribanos y vergueros.

En el nombramiento de todos esos funcionarios predominaba el método de insaculación.

De él hemos hablado en el artículo DESINSACULACIÓN.

Fin del Justiciazgo.– Felipe II no abolió los fueros; pero aprovechó, si no buscó, la ocasión que le dieron los sucesos motivados por la cuestión de Antonio Pérez, para mermar el influjo y la independencia del Justiciazgo, ayudado por el terror que produjo la decapitación de Lanuza[269] y por la docilidad

268 Con estas noticias, tomadas de los textos forales, dejamos rectificado algún error en que un doctísimo profesor incurre, a nuestro juicio, en una obra muy apreciable, al decir que las Cortes de Zaragoza, en 1592, suprimieron el Consejo y aumentaron a *cinco* el número de *lugartenientes*.

269 «En recibiendo ésta (dijo Felipe II a Alvaro de Vargas, en carta autógrafa) prenderéis a D. Juan de Lanuza, Justicia de Aragón, y tan pronto sepa yo de su muerte como de su prisión»... (Véase la *Historia de las alteraciones de Aragón en el reinado de Felipe II*, por el MARQUÉS DE PIDAL, tomo II).

de las Cortes de Tarazana y así siguieron las cosas, decaído el espíritu foral, hasta que Felipe V abolió definitivamente los fueros políticos y con ellos la institución del Justicia.

Juicio acerca del Justiciazgo.– Por mucho que algunos quieran quitar importancia a esta institución, es evidente que la tuvo muy grande. Sin duda en el elogio se ha llegado a extremos que sólo un ardoroso e irreflexivo entusiasmo puede explicar; ello no obsta a que no pueda desconocerse que en la época del esplendor de la «excelsa institución», ésta aparece constituida con previsora y celosa inteligencia para evitar los abusos de todos los poderes y precaver sus propias extralimitaciones», siendo «su autoridad, permanente como el reino, respetada como la soberanía, instituída por el derecho, sancionada por la unanimidad del público asentimiento y enaltecida por el prestigio de inmemorial tradición» y «tan extraordinaria que no reconocía superior sino en las Cortes». (Romero Ortiz, *Discurso* citado.)

JUSTICIAS LOCALES

La fama del justicia o justicia mayor de Aragón, ha eclipsado la institución de los justicias locales.

En los Diccionarios de Derecho no suele hablarse más que del primero; los tratadistas de Derecho aragonés hacen lo mismo. Molino dedica al justicia varias páginas de su famoso repertorio *(Repertorium fororum et observantiarum)* pero es al justicia mayor *(Iustitia Aragonum),* no a los justicias locales.

Habla en otros artículos, de los jueces *(judex, judex ordinarius, judex delegatus, judex appellationis, judex ecclesiasticus, judex mercatorum),* pero de esos justicias nada dice, no fijándose en lo que toca a magistrados locales, más que en los jurados (verb. *jurati*).

Existían, sin embargo, magistraturas locales, distinguidas con el nombre específico de «justicia»; y aun sucede que hay quien, como Ximénez de Embún, al discurrir sobre el origen del cargo de justicia de Aragón, ofrece, como solución a la ardua y empeñada controversia, el atribuir tal origen a la preponderancia que el justicia de Zaragoza llegara a adquirir (véase el artículo JUSTICIA MAYOR DE ARAGÓN, de esta **Enciclopedia**)[270].

Acaso haya contribuido al silencio sobre esas magistraturas locales, la dificultad de hablar de ellas con alguna precisión. Giménez Soler, que ha estudiado detenidamente el asunto para tratarlo en su Memoria sobre *El Poder*

270 Esa hipotética solución de Ximénez de Embún fue impugnada por Giménez Soler, según en su lugar indicamos. Podemos ahora añadir que esa impugnación ha sido secundada y corroborada con nuevas observaciones por Mora Gandó, en el prólogo a las *Ordinaciones de la ciudad de Zaragoza*, que forman parte de la *Colección de documentos para el estudio de la Historia de Aragón*, publicada por D. Eduardo Ibarra.

judicial en la Corona de Aragón, hace observar que a diferencia de Cataluña, donde la organización judicial tenía cierta uniformidad, existía en Aragón una gran variedad en cuanto a los métodos de elección o nombramiento, a la nomenclatura de los cargos, a la duración de las funciones, a la división territorial y hasta en lo tocante al número de magistrados. Y esto último es lo que más llama la atención: al fin, como dice el diligente escritor, se comprende que la elección se celebre por agosto aquí, en septiembre allí, en enero en tal parte y en diciembre en la otra; que se llame zalmedina en Zaragoza, justicia en Tarazona, juez en Teruel; pero es menos comprensible que el de Zaragoza esté solo y en Huesca en compañía de un justicia; que los jueces de Calatayud y Daroca tengan un colega que se llame *justicia,* y el de Teruel varios, titulados alcaldes; y que a pesar de estos magistrados, todos judiciales, todavía juzguen los jurados, sesmeros y otros.

Alguna que otra vez, los Fueros (por ejemplo, el 3.°, *De foro competenti,* de 1247, lib, III) hablan del juez del lugar *(Justitia loci);* pero en ninguno se encuentran definidas las facultades del cargo. Para conocer la organización judicial, en lo referente a la justicia local, sería preciso estudiar las variadísimas formas de la organización municipal, debidas a la gran libertad e independencia con que se desarrollaba la vida local.

La diversidad, como advierte Mora Gandó, impide hacer un estudio por analogía. Hay que hacer un estudio especial de cada localidad, estudio muy difícil por la absoluta falta de documentos o por su escasez, aun en poblaciones como Zaragoza, de cuyo justicia sólo se sabe que existió, no cuando comenzó, ni cuando cesó, ni cuáles eran sus funciones.

JUSTICIAZGO

Justiciazgo es la palabra con la cual se significa (Diccionario de la Academia Española) el empleo o dignidad del Justicia.

Según ese mismo *Diccionario*, una de las acepciones de la palabra *justicia*, es la de Ministro o Tribunal que ejerce justicia.

El *Justiciazgo* no suele tomarse en un sentido tan amplio y tan vago; al decirse Justiciazgo, todos llevan su consideración y su recuerdo al *Justicia mayor de Aragón*, de quien hace mérito especial la Academia para decir que es el «magistrado supremo de aquel Reino, que con el consejo de cinco lugartenientes togados, hacía *justicia* entre el rey y los vasallos y entre los eclesiásticos y seculares», y que «hacía en nombre del rey sus provisiones e inhibiciones, cuidaba de que se observasen los fueros, conocía de los agravios hechos por los Jueces y otras autoridades y fallaba los recursos de fuerza».

En realidad, tratándose de ese justicia, debía su oficio denominarse *Justiciado.* «Que me dé su *Justiciado*», se lee en el acto de Cortes de Cariñena de 1360. *«El oficio del* Justiciado de Aragón *(según la opinión de todos los antiguos) fue trobado en aquesta manera»*, decía Juan Ximénez Cerdán, en su carta *(Letra intimada)* a Martín Díez Daux, justicia, de Aragón, en 1435.

La Academia, sin embargo, no incluye esa palabra en su *Diccionario* ni aun con el carácter de provincial de Aragón, que es el que parece atribuirle Borao *(Diccionario de voces aragonesas)* al hacerla formar parte de su vocabulario, refiriéndola a *Justiciazgo*, dignidad y Tribunal de Justicia de Aragón.

Es cosa rara que en el *Diccionario Enciclopédico Hispano-Americano,* sobre omitirse la voz *justiciado,* se asigne a la de *Justiciazgo* la calidad de anticuada.

Hoy, en el uso general, se emplea indistintamente una y otra palabra. Sin embargo va extendiéndose mucho el uso de *Justiciazgo*, aun entre escritores, aragoneses, siendo de notar que al *Justiciazgo,* no al *Justiciado,* se ha dicho dedicado, personificándolo en Lanuza, el monumento elevado hace algunos años en Zaragoza, por iniciativa y a expensas de la Diputación de la provincia.

De cuanto toca al origen y funciones del Justiciazgo, nada necesitamos decir aquí: nos referimos al artículo JUSTICIA MAYOR DE ARAGÓN.

LEGÍTIMA

Aragón. *In Regno tota hereditas est legitima,* dijo Sessé; y esa sentencia, casi como un axioma, se ha repetido frecuentemente, de palabra y por escrito[271].

Bien al revés de Sessé opinaron los antiguos foristas. Molino (*Repertorium fororum,* etc.), dice haber aprendido de ellos que si bien por el fuero *De exhaeredatione filiorum,* el padre no podía desheredar sin causa legítima a los hijos, la costumbre había llegado a autorizar esa desheredación, permitiendo la institución de un extraño.

Son dos opiniones antitéticas, como se ve.

Tomando al pie de la letra la afirmación de Sessé, el padre no podía detraer de la herencia cosa alguna en favor de extraños; a los hijos, considerados en conjunto, correspondería toda.

271 En la sentencia del Tribunal Supremo de 13 de febrero de 1891 se ve acogido ese principio en el sentido (pues no se trata de la porción de que en favor de un extraño pudiera disponerse), de no poder nombrarse heredero fuera de los hijos. La Resolución de la Dirección general de los Registros de 10 de agosto de 1902 proclama el mismo principio, agregando que el padre no puede gravar o reducir esa legítima (la totalidad de la herencia). Creemos que el texto de esa Resolución vaya más allá de la intención de quien la dictó. Se trataba de un hijo único; el padre no le dejaba más que el usufructo de unos bienes para después del fallecimiento de la madre, a quien se autorizaba para vender por sí dos de las fincas de la herencia. No se planteó la cuestión de la libre disposición de una parte (ya entonces doctrina corriente) y por eso, sin duda, no creyó la Dirección necesario consignar esa reserva o excepción del principio proclamado. Véase lo que después diremos sobre esta cuestión.

Aceptando la opinión de esos antiguos foristas a quienes aludía Molino, habría que convenir en que los hijos, ni colectiva ni individualmente tienen derecho ni a la totalidad ni a porción alguna de la herencia.

Esa opinión de los antiguos foristas no era, según Molino, aceptada por muchos de los modernos, esto es, por los de su tiempo: oponían a ella los fueros *De testamentis nobilium* y *De testamentis civium,* que sólo, dice Molino, parecen *(videantur)* dar facultad al padre de distribuir sus bienes entre sus hijos, según tenga a bien, pero no fuera del círculo de éstos. Molino, sin atreverse a decidir por sí, expone a sus lectores la existencia de esas dos opiniones, para que ellos elijan. *«Cogitabitis per vos* —dice— *quia vidi super hoc inde opiniones».*

Adviértase, con todo, que antes de su artículo *Testamentum,* de donde esa cita está tomada, había consignado en su *Repertorio* otro artículo, el que lleva por rúbrica la palabra *Exhaeredatio,* y en éste nada había dicho de esa opinión de foristas modernos. Se refirió, sí, a lo que bajo la palabra *Testamentum* habría de decir acerca de la inteligencia del fuero *De testamentis civium;* mas no por eso dejó de agregar el peso de su opinión, siempre muy autorizada, a la de los foristas antiguos, con la salvedad o restricción de que al hijo o hijos había de dejarse algo por vía de legítima (véase el artículo DESHEREDACIÓN de esta **Enciclopedia**)[272].

Es notoria la vacilación de Molino en este punto. Sus palabras parecen indicar que en Aragón hubo primeramente legítima, como quiera que los fueros *De exhaeredatione filiorum,* lib. VI, la presuponen al impedir que el padre privase a sus hijos del derecho hereditario sin mediar causa para ello; que después se estableció la costumbre de la libre institución aun en favor de extraños, contra la letra y espíritu de aquellos fueros; y que con esa costumbre hubieron de luchar los fueros. *De testamentis nobilium* y *De testamentis civium,* que no debieron de ser, al menos en el tiempo que medió (próximamente dos siglos) desde su promulgación hasta que Molino escribió su renombrado *Repertorio*, ni entendidos ni aplicados de un modo unánime.

En realidad, tal vez no fuera difícil probar que, al menos en algunas comarcas, la costumbre de considerarse autorizada la institución, sobre todo del cónyuge, no obstante la existencia de hijos, había perdurado con más o menos vigor hasta los últimos tiempos.

Todavía a principios del siglo pasado, Asso y De Manuel (*Instituciones del Derecho civil de Castilla,* tomo I) escribían que en Aragón «cualquiera es libre de instituir heredero a quien bien le parezca, aunque tenga hijos, con tal que

---

272 He aquí las palabras de Molino: *Adverte tamen quia licet per dictos foros antiquos de exhaeredatione filiorum pater non possit exhaeredera filium sine legitima causa, tamen dicunt foristae quod usus, practica et consuetudo regni est in contrarium, quia pater potest filium suum vel filios exhaeredare sine causa* ET EXTRANEUM HAEREDEM INSTITUERE: QUOD SATIS CREDO PROCEDERE, *dum tamen filio vel filiis aliquid relinquatur loco* LEGITIMAE.

les deje la lexítima, que son cinco sueldos por bienes muebles y otros cinco por raíces» (doctrina enseñada también medio siglo después por Laserna y Montalbán en sus *Elementos de Derecho civil y penal de España,* tomo II), de que deducían ser inútiles ya (*en el día,* decían) las causas de desheredación establecidas en el Fuero.

Y más recientemente, Montero Ríos *(Revista de los Tribunales)* sostuvo la facultad del padre aragonés de instituir a un extraño aun habiendo hijos.

La absoluta libertad de testar, que en este artículo, de índole expositiva y práctica, no se defiende ni se impugna, no deja de tener, como se ve, algunas raíces en tierra aragonesa[273].

Más aún; D. Vicente Lafuente (*Estudios críticos sobre la Historia y el Derecho de Aragón,* tomo II) cree que la libertad de testar aragonesa no ha nacido de las leyes o fueros, sino que es anterior a ellos. A su juicio, en el Pirineo central, poco aficionados sus habitantes a las cosas de los godos, no debió de hacerse del Fuero Juzgo el caso, si es que se hizo alguno, que en Cataluña y Asturias; y por eso, no ya en tiempo de Sancho Ramírez, sino aun antes de la invasión sarracena, los «aragoneses y navarros tenían libertad *libérrima* de testar», y «si no la tenían se la tomaban». «Y si no tenían, dice, en el siglo VIII leyes ningunas en materia de testamentos y sucesiones, ¿a qué querían más libertad?» No cabía más, añade, porque «no tenían ni ley positiva ni restrictiva, ni permisiva, ni de ninguna de cuantas clases y especies se han escrito», ni se halla en fuero, ni en cartapuebla, ni en ningún documento, disposición alguna en esta materia, hasta llegar al fuero de Daroca a mediados del siglo XII.

Todo esto no querrá decir sino que en un principio en Aragón hubo *por costumbre* absoluta libertad de testar, y parece raro que quien eso advierte sin hacerlo objeto de censuras, las haya lanzado durísimas contra los fueros *De testamentis,* etc., por la libertad que conceden al padre, permitiéndole abusar.

Ello es, de todos modos, que la legalidad foral vigente se contiene hoy, en punto a legítimas, en dos fueros, a saber: el 1.° *De testamentis Nobilium, militum et Infantionum et haeredibus eorum instituendis,* y el único *De testamentis civium et aliorum hominum Aragonum,* de 1307 y 1311, respectivamente, ambos del lib. VI.

---

273 En el Congreso de jurisconsultos aragoneses, celebrado en Zaragoza, pocos años antes de la publicación del Código civil, una enmienda de Costa (véase su libro *La libertad civil y el Congreso de jurisconsultos aragoneses*) favorable a la completa libertad de testar, reunió 21 votos contra 25 que la desestimaron. Hubo dos abstenciones de miembros muy significados por su apego a los Fueros.
Al ponerse a votación la proposición, había sido ampliada por quien escribe estas líneas, a fin de evitar se entendiera en el sentido de que podía con ello perjudicarse el derecho de los hijos, en su caso, a ser alimentados y educados a costa de la herencia. Sin esa adición se hubieran abstenido o hubieran votado en contra no pocos de los 21 que la apoyaron con sus votos.

He aquí el texto de uno y otro, en lo esencial:

Dice el primero: *posint unum ex filiis quen voluerint hereden facere: aliis filiis de bonis suis quantum eis placuerit dimittendo.* Se refiere a los nobles, mesnaderos, caballeros e infanzones.

El segundo dice: *possint in suis testamentis unum ex filiis, quem voluerint, haeredem facere: aliis filiis de bonis suis quantum eis placuerit relinquendo.* Concede (en 1311) esa facultad, desde 1307 propia sólo de la nobleza, al común de las gentes, comprendidas en la expresión *omnes cives et omnes alii homines villarum et villariorum Aragonum,* exceptuando a los moradores de Teruel y Albarracín, que tenían fueros especiales *(qui habent alios foros suos).*

El texto de esos fueros no deja lugar a duda: puede el testador instituir heredero a uno de sus hijos, con tal que deje algo a los demás; luego, no puede instituir heredero a quien no sea hijo.

El *possint* no puede suponer que antes hubiera de poder ser heredero un extraño y no pudieran serlo los hijos: eso sería un absurdo, una verdadera monstruosidad.

No cabe suponer, al aquilatar el valor y razón de ser de esa palabra, sino que antes no cabía el nombramiento de un hijo solo, debiendo serlo todos; lo cual tiene fácil explicación si no se olvida que los fueros *De exhaeredatione filiorum* son anteriores. Sin embargo, la tradición de la antigua libertad total debió de seguir pesando más o menos, ya que, como hemos visto, no han faltado jurisconsultos que hayan creído que el padre no estaba obligado sino a dejar algo a los hijos, y es libre para disponer de lo demás.

Ya hoy no se duda acerca de eso y se tiene como seguro que los Tribunales declararán nulo todo testamento en que, habiendo hijos, se nombre heredero a quien no lo sea: Hay, pues, legítima en Aragón.

Y volvemos al principio, a lo que decía Sessé y tanto se ha repetido: ¿la constituyen todos los bienes de la herencia?

A esta pregunta no puede contestarse sin hacer una distinción. Porque puede tratarse de la legítima que cabe llamar familiar, y de la que, dentro de la familia, reviste carácter particular o individual.

O lo que es lo mismo; hay que considerar la cuestión bajo estos dos aspectos:

1.° ¿El padre está obligado a distribuir toda la herencia entre sus hijos?

2.° ¿Cada uno de los hijos, individualmente considerado, siempre que la herencia, esto es, la representación legal del padre no salga de entre ellos, tiene derecho a alguna parte, ya previamente, ya a *posteriori* determinada, de los bienes hereditarios?

Respecto a la primera cuestión, nada había establecido en el Derecho aragonés hasta casi el fin del siglo pasado. De hecho, la herencia rara vez se repartía entre solos los hijos: nunca se creyó que, por tenerlos, el testador quedaba en la imposibilidad de dejar a otras personas mandas o legados. Respetábase generalmente la voluntad paterna, y no tenemos noticia de casos en que los hijos acudieran a los Tribunales, en nombre de la máxima que declaraba ser legítima de ellos toda la herencia, para que se anularan los legados. Hubiera sido cruel, tiránico y atentatorio a la autoridad del padre no permitirle cumplir mediante mandas especiales ciertos deberes de gratitud, de misericordia, de amistad, etc. El derecho de los hijos no se planteaba de ese modo tan absoluto frente al del padre.

Llegó un día en que fue dándose más importancia a aquel derecho: era la época, a que luego habremos de referirnos, en que se agitaba ante los Tribunales la cuestión del suplemento de legítima.

Aparecieron dos soluciones extremas. Ateniéndose a la máxima citada, hubo quien dijo: el padre no puede hacer legados si tiene hijos, a no ser que con justa causa desherede a éstos, privándoles de su legítima, que es toda la herencia. Eso es absurdo, oponían otros; no hay en los fueros prohibición de que haga legados, ni hay limitación de su cuantía.

Con el primer criterio, quedaba el padre excesivamente cohibido; con el segundo, resultaba ilusorio el derecho de los hijos.

La jurisprudencia vino a resolver la cuestión de un modo que no ha sido objeto de censuras, habiéndosele estimado generalmente discreto y prudente.

El Tribunal Supremo, en un importante pleito seguido en Madrid, con aplicación de la legislación aragonesa, estimó que como a falta de disposición foral había de estarse a la legislación de Castilla (ocurría esto antes del Código civil), era obligado declarar de libre disposición por parte del padre (bien se comprende que lo mismo ha de entenderse se dé la madre, y aun, en su caso, de los abuelos), la quinta parte de la herencia.

Esa sentencia (de 8 de octubre de 1877) causó estado, por decirlo así, en la legislación aragonesa. Desde que fue conocida, se consideró generalmente terminada la cuestión, y si hubo quien la renovara, los Juzgados y la Audiencia se encargaron de hacer prevalecer la doctrina del Tribunal Supremo[274].

Publicado después el Código civil, surgió esta duda: siendo ya, por Derecho común o general, y, en tanto, supletorio, ese Cuerpo legal, y elevada al

274 Todavía después de esa sentencia, sin duda por la fuerza del hábito, se ha seguido repitiendo la máxima de Sessé (véase, por ejemplo Naval, *Compilación articulada del Derecho foral vigente en Aragón*), pero es indudable que resulta inadmisible desde que se reconozca que hay una parte de libre disposición. Sólo puede admitirse, en cierto modo, poniéndola como condicionalidad la restricción contenida en las palabras «si el padre no testa conforme a Fuero», de Gutiérrez, secundado por D. José de Liñán en su estudio sobre la *Libertad de testar*. Cuando esto sucede, el testamento se anula y viene la sucesión intestada de todos los hijos por igual. Véanse las sentencias del Tribunal Supremo de 7 de mayo de 1903 y 30 de junio de 1905, fáciles de conciliar, aunque a primera vista puedan parecer contradictorias.

tercio la parte de libre disposición en perjuicio de los hijos, ¿prevalecerá en Aragón el quinto o deberá entenderse sustituida esta parte por la tercera?

Siempre nos pareció que debía entenderse esto último, no tanto porque favorecía el ejercicio de la autoridad y libertad paternas, como porque no tratándose de disposición foral, sino de disposición Común aplicada para suplir un vacío del fuero, al tenor de los arts. 12 y 13 del Código (véase el artículo DERECHO CIVIL DE ARAGÓN de esta **Enciclopedia**), no podía ya prevalecer como tal derecho supletorio lo que en la legislación general había dejado de tener vida. Iba elaborándose, por obra de la jurisprudencia, en ese sentido, una doctrina general, que no es sino la aplicación del art. 1.976 del Código civil; y nunca creímos sostenible el criterio de que en cualquiera de las regiones forales, sobre todo en Aragón y en Baleares, dado el texto del art. 13, pudiera entenderse que el régimen jurídico respetado por el Código[275] fuera el Derecho que a la fecha de la publicación de éste se hallaba vigente, no ya como Derecho verdaderamente foral, sino también como Derecho supletorio, y menos, si cabe, lo que rigiera por precepto de las leyes de carácter general posteriores a la época en que las regiones perdieron su autonomía legislativa, con lo que nunca se presentaría ocasión de aplicar el Código fuera de las provincias no forales.

Ese criterio que sostuvimos siempre, y que es el que generalmente dominaba en Aragón desde que se publicó el Código civil, no obstante el respeto por todos profesado a un eximio jurisconsulto, de grande autoridad en la ciencia jurídica y en el foro, que insistentemente sostenía debía continuar con el quinto en cuanto porción de libre disposición, prevaleció en un pleito que, procedente de la Audiencia de Barcelona, aunque discutido con arreglo al Fuero aragonés, fue elevado al Tribunal Supremo (sentencia de 7 mayo 1903). Desde entonces parece unánimemente aceptada la doctrina del tercio: creemos difícil que en lo sucesivo sea negada o combatida.

275 Esta cuestión de lo que por las palabras *actual régimen jurídico*, empleadas en el Código (art. 12), haya de entenderse, ha sido muy discutida, sobre todo en Cataluña, donde tan seriamente y tan a fondo suelen tratarse las cuestiones jurídicas. Borrell dedica a esta un capítulo de su libro *«El Códic civil a Catalunya»*, sosteniendo la continuación en vigor, después de publicarse el Código civil, de las leyes posteriores al Decreto de «Nueva planta». Cualquiera que sea el valor que se dé a los argumentos aducidos en pro o en contra de esa solución, hoy ya la cuestión, en el terreno de la práctica, ha dejado de serlo. Recientemente, escritor tan amante de las instituciones catalanas como Pellá y Forgas, reconoce (*Código civil de Cataluña*, tomo I), que el Tribunal tiene resuelta la cuestión, declarando que el *régimen jurídico foral* es el excepcional que antes de la publicación del Código regía para determinadas materias en las provincias y territorios de Fuero (sentencia de 12 febrero 1897), que no hubiese sido derogado o modificado por leyes o disposiciones de carácter general obligatorio (sentencias de 16 de enero 1897 y 8 de junio 1904), contándose entre éstas (sentencias de 12 de junio 1894, 3 diciembre 1895, 18 junio 1896 y 16 enero de 1897), aun aquellas leyes como las de Propiedad Industrial, Minas, Expropiación, etc., que contienen reglas de Derecho civil; con que sólo se respeta el Derecho foral, dice Pellá, el derecho en su acepción de indígena, autónomo y genuino.

Vengamos a la segunda de las cuestiones antes planteadas.

La legítima de cada uno de los hijos en particular, siempre, por supuesto, como ya hemos advertido, que se nombre heredero a uno, por lo menos[276], de ellos, es el algo, esto es, el *quantum placuerit*, una cosa incierta, indeterminada, cuya fijación queda a la libre disposición del padre. Una costumbre inveterada hizo que se tuviera por bastante la cantidad de diez sueldos (cinco por bienes muebles y cinco por bienes sitios), y por práctica notarial vino a consignarse esa legítima como una de las primeras cláusulas de los testamentos[277], aun en aquellos en que se les dejaba cantidades o cosas de mayor valor, o en que se nombraba a todos herederos.

Autores hubo, como los ya citados Asso y De Manuel, que entendieron que con dejar a cada hijo los diez sueldos, aunque nombrara heredero a un extraño, cumplía el padre con el Fuero. Sin llegar a ese extremo, era común opinión la de que los diez sueldos debían reputarse suficiente legítima. Sessé habla[278] de cinco sueldos y tres *robas*[279] de tierra de los montes comunes. No cabe creerse que sea esa una afirmación arbitraria, tratándose de magistrado tan circunspecto; esa fórmula (algo semejante a la de Navarra) se emplearía en su época[280]. Lo cierto es que la fórmula llegada a nuestros días, y hoy mis-

---

276 *In texto ibi unum ex filiis, idem et multo fortius intellige, si duos ex tribus vel pluribus filiis, vel quatuor ex quinque, vel omnes filios vult haeredes facere, quia poterit, dum tamen inter eos disponat sicut ipse voluerit* (MOLINO, *Repertorium*).

277 En los *Formularios* publicados por el Colegio de Notarios del número y caja de Zaragoza en 1862, además de recomendarse la cláusula en que se nombra a los hijos y a los demás descendientes legítimos «para los efectos legalmente procedentes», se advierte que esa cláusula u otra que evite preterición debe usarse en lugar de los diez sueldos, sin que por ella quede el testador exonerado de la obligación legal en que se halla de consignar a cada uno de sus descendientes legítimos que no queden exheredados por justa causa, una hijuela proporcionada a su caudal, graduada dentro del arbitrio que le atribuye el Fuero, bien sea en concepto de legítima o por cualquier otro.
El consejo no ha sido seguido: raros serán, si algunos hubiere, los casos en que no se consigue la legítima de los diez sueldos.

278 *Consuetudo declaravit quod quinque solidi et tres robas terrae montium commnium sit illud quantum* (se refiere al *quantum placuerit*) *ut sic relinquendo illos quinque solidus et tres robas terrae aliis filiis possit totam haereditatem aliis dare* (Decis. 26).

279 *Roba*: «arroba se lee en las Ordinaciones de Zaragoza, con aplicación a la Agrimensura». (BORAO, *Diccionario de voces aragonesas*).

280 MOLINO, en su *Repertorium*, no había mentado esta ni otra fórmula, limitándose a decir que, según los fueristas, el quantum del Fuero debe ser cosa cierta, no fiada, en cuanto a su determinación, al arbitrio de un tercero.
Mas en sus *Formularios de actos extrajudiciales de la sublime arte de la Notaría*, libro hoy rarísimo, encontramos una cláusula concebida en los siguientes términos: «Item dexo por parte y por legítima herencia a cualesquiera personas que algo de mis bienes así mobles como sedientes por títol de herencia o de otra cualquiera legítima succesión puedan et deben y pueden alcanzar y haber cada cinco sols por bienes mobles y una roa de tierra blanca en el monte de tal en lugar de y por bienes sitios con los quales de lo sobredicho se tengan y hayan de tener por contentos y satisfechos y que mas de aquellos haber ni alcan-

mo usada de un modo bastante general por los notarios, aun en casos en que no hay necesidad de ella para evitar la preterición, es la de los diez sueldos[281].

Franco de Villalba (*Fororum atque observantiarum Aragonia Codex,* tomo II, edición de 1743), habla de la legítima de *cinco sueldos,* pura y simplemente *(nostra legitima ad quinque solidos vulgariter limitata)*, y añade que en Aragón no hay parte determinada que constituya la legítima, pues, basta cualquier cosa con la asignación de este honor. Lyssa (*Tyrocinium jurisprudentiae forensis,* tomo I, edición de 1788) ya da como autorizada por la práctica la legítima de los diez sueldos, cinco por bienes muebles y cinco por sitios.

Desde entonces nadie ha negado que esa práctica de la legítima de los diez sueldos exista, siquiera no haya merecido a todos el mismo juicio, siendo por muchos censurada.

De ella han hablado Del Plano *(Manual del Abogado aragonés)*, Franco y Guillén (*Instituciones de Derecho civil)*, Dieste *(Diccionario del Derecho civil de Aragón),* Blas *(Derecho civil de Aragón)*, Martón (comentarios al *Tratado de sucesiones intestadas* escrito por Aniñón y traducido por él), Costa *(Alto Aragón —Huesca— Derecho de familia)* y Lafuente (obra citada) entre los aragoneses; Moret y Silvela *(La familia foral y la familia castellana),* Gutiérrez *(Códigos o Estudios fundamentales sobre el Derecho civil español)*, Sancho Tello *(Lecciones de Derecho civil foral),* Alonso Martínez (*El Código civil en sus relaciones con las legislaciones forales,* tomo I), Planas y Casals (*Apuntes de Derecho civil,* segundo curso), Moutón (*Diccionario del Derecho civil foral,* tomo II), Alcubilla (*Diccionario de la Administración española,* v.° Legítima), Sánchez Román (*Estudios de Derecho civil,* tomo VI, volumen III), y Barrachina (*Derecho foral español,* tomo III), entre los no aragoneses.

De insuficiente y aun irrisoria se calificó por muchos esta legítima; y eso hizo que se pidiera suplemento de legítima en algunas ocasiones, con éxito vario, pues se concedió unas veces y se negó otras, mientras la cuestión no salió de los Tribunales de Aragón.

Elevada que fue al Tribunal Supremo, este, con reiteración, antes del Código civil declaró suficiente la llamada legítima foral, que en algún caso, por

zar no puedan más de lo predicho. Con lo que sean obligados de deffenescer a dicho mi heredero de dicha cualquiera legítima herencia, que en dichos mis bienes obtener puedan haber y alcanzar como dicho es»; después de lo cual y con la apostilla *«herditas vlis»* [sic] (la cláusula transcrita lleva la apostilla *desheredatio*), viene otra cláusula de institución de herederos en favor de los hijos.
Más adelante, en una «Tabla por alfabeto», razonada, en que se hacen referencias al Repertorio, se lee: «Si en la legítima no deja roa de tierra sino cinco sols solamente, si será nullo el testamento, dizese que no, que por basta dicho legato de v Ss».

281 Cada sueldo equivalía a 32 maravedises. En algunos testamentos hemos visto empleada la fórmula de dos pesetas cincuenta céntimos. Nos parece éste un modernismo inaceptable, inexacto además si ha querido buscarse la equivalencia de los diez sueldos en moneda actual.

cierto, no había sido precisamente la de los diez sueldos (sentencias de 15 de diciembre de 1858, 11 de marzo y 17 de junio de 1864 y 10 de diciembre de 1879)[282].

Rigiendo ya el Código civil, cuyas disposiciones, después de todo, no pueden tener influencia en este asunto, porque en Aragón, en cuanto al extremo que nos ocupa, nada hay que, suplir, el Tribunal Supremo insistió en su criterio (sentencias de 12 de octubre de 1901 y 30 de junio de 1905).

Aunque en la primera de ellas no se trataba de la legítima tradicional o formularia de los hijos, sino de una «gracia especial» bastante mayor, dejada «por vía de dote, legítima alimenticia y sucesión foral», como se sostenía deber considerarse como legítima necesariamente, pues nada más se había dejado, y haber de estimarse libre de todo gravamen, vínculo y condición, por lo que se alegaba la infracción de los fueros *De testamentis nobilium* y *De testamentis civium,* y de la doctrina establecida en algunas de las sentencias antes mencionadas (tercer motivo del recurso), no deja de tener importancia la declaración de que la legítima pudo señalarse en la forma en que se hizo, dadas las «amplísimas facultades que en Aragón tienen los padres para nombrar heredero a cualquiera de sus hijos dejando a los demás lo que quisieren como legítima foral».

La segunda de las sentencias a que nos hemos referido hubo de penetrar más directamente en la cuestión; se trataba de la legítima llamada foral; la testadora había dejado a uno de sus hijos «los diez reales jaqueses, o lo que estrictamente constituyera sus derechos legitimarios». En realidad, sin embargo, parece que no estaba en cuestión ni la validez ni la suficiencia de tal legítima; el hijo a quien se le había dejado ésta, partía del concepto de que ella le constituía en heredero forzoso y por ello se creía autorizado para promover el juicio de testamentaría. Pudo el Tribunal Supremo limitarse a notar, como advirtió en el segundo Considerando de su sentencia, la diferencia, oposición pudiera decirse más bien dentro de las normas de la legislación foral aragonesa, entre el carácter de heredero *(haeredem instituere)* y el de legitimario *(aliis quantum, placuerit relinquendo);* pero tal debía ser su convicción, que avanzó más, y en el cuarto Considerando expuso que en Aragón, como en Navarra, son tales las facultades del padre, que sin necesidad de desheredar a un hijo *puede privarle realmente de la herencia* sin más que dejarle *una legítima indeterminada,* atribuyendo el caracter de *heredero* a aquel o a aquellos de sus hijos a quienes prefiera.

No resolvía, pues, la jurisprudencia, con estas últimas sentencias, de un modo directo y terminante la cuestión de la legítima de los diez sueldos: pero ellas mantenían, por decirlo así, un ambiente jurídico favorable a su legalidad con la afirmación enérgica e insistente de las amplísimas facultades paternas.

282 En uno de los artículos *Cuestiones de Derecho foral aragonés*, publicados en la *Revista de Derecho privado*, hemos estudiado la manera de plantearse ante el Supremo la cuestión, y de resolverla éste.

Poco después (sentencia de 31 diciembre 1909), el Tribunal Supremo aparece algún tanto influido por las corrientes contrarias a la fórmula tradicional, cuando se emplea como medio que, excluye toda otra participación de un hijo en la herencia.

Tiene cierta importancia por una indicación incidental que aparece en uno de los Considerandos. No era el caso de los diez sueldos. Un testador nombró a dos de sus hijos herederos, y al otro le dejó, «en cuenta y pago de todos sus derechos de legítima paterna», ciertos gastos que en la carrera y para otras atenciones del mismo había hecho. Pidió ese hijo la nulidad del testamento: la Audiencia la declaró, considerándolo preterido y no desheredado. El Tribunal Supremo casó esa sentencia. El Tribunal *a quo,* según aquél, no había acertado al considerar donaciones los gastos aludidos; éstos fueron su legítima: no había, pues, ni preterición ni donación.

Si el Tribunal Supremo se hubiera limitado a desarrollar este razonamiento, se habría colocado dentro de la tradición de su jurisprudencia: si diez sueldos bastan para legítima, no podrá decir que se queda sin ella quien por ese concepto lucra algunos miles de pesetas.

Mas al tratar de probar que no se había quedado sin legítima el hijo no heredero, hizo alguna manifestación que a ese efecto no era necesaria, y por no serlo parece buscada *ad hoc* para iniciar una rectificación en la doctrina aptes aceptada. La manifestación es la de que el padre, al hacer uso de su facultad de nombrar herederos a uno o más hijos siempre que deje a los demás una cantidad o bienes en concepto de legítima, ha de obrar, conforme a reglas de un criterio racional —o sea teniendo en cuenta la importancia de su caudal y las necesidades y condiciones de los legitimarios— excluyente de una desheredación encubierta.

Si esto no es una nueva apreciación de carácter moral; si su efectividad no queda a la conciencia y discreción del padre, sino que puede ser exigida por los hijos mediante la acción de los Tribunales, fuerza será convenir en que en este punto será muy crítica la situación de Aragón. No tasándose, como hace el Código civil, la cuantía de la legítima, siempre podrá el legitimario creer o decir que se le ha dejado poco[283]; y los pleitos, salvo que lo evite el buen sentido del país, podrán ser tantos como sucesiones testamentarias en que haya algún hijo que no sea heredero. Habrá que escogitar algún medio para evitarlo[284].

283 Ese inconveniente no existe en el sistema del Código civil (arts. 808 y 814). En el proyecto de Apéndice aragonés del Código civil, se ha creído resolver la dificultad otorgando a los ascendientes libertad para distribuir las dos terceras pares de su herencia entre sus descendientes, sin darse a éstos la acción de suplemento de legítima, sino únicamente, cuando la legítima resulte irrisoria en proporción a la cuantía de la sucesión, la facultad de reclamar del heredero o herederos un auxilio por vía de alimentos.

284 Lo expuesto en este artículo se refiere a los Fueros *De testamentis*. En rigor no puede

Lo dicho hasta aquí se entiende de la herencia de los hijos legítimos.

No la tienen los ascendientes ni los colaterales, aun legítimos. ¿La tienen los hijos ilegítimos? A esa pregunta (que no se refiere a los legitimados, porque éstos dejan de ser jurídicamente ilegítimos, aunque en su origen lo eran) hay que contestar negativamente. Los hijos ilegítimos de cualquier clase, aun los naturales, no son herederos forzosos: no tienen derecho a legítima (Fuero único y Observancias 1.ª y 2.ª *De natis ex damnato coitu,* y Observancia 25.ª *De generalibus privilegiis*).

MANIFIESTOS

Derecho foral. *Aragón*.– La distinción de créditos que hacen Franco y Guillén (*Instituciones de Derecho civil aragonés,* art.° 531), en manifiestos y no manifiestos, les ha sido sugerida, según advierten[285], por la diferencia entre los créditos instrumentales y los que no lo son, establecida en la Observancia 21.ª *De pignoribus,* lib. I.

La indicación del crédito *manifiesto* había sido ya hecha en un Fuero de 1247, el 6.° *De pignoribus,* lib. VIII, que la Observancia cita como antecedente.

El Fuero, sin embargo, no habla precisamente de deudas instrumentales y no instrumentales. Puesta en duda la legalidad de una pignoración[286] que el acreedor había practicado en un mismo día en varios lugares se decide que como la deuda estaba vencida y el crédito resultaba manifiesto *(manifestum erat ex confessione utriusque partis)*, procedía la ejecución (*curia tenetur pignorare,* etc).

La Observancia no habla de la confesión, sino de la *carta* o instrumento. Sin carta, dice, según uso del Reino nadie es pignorado sino probada la deuda; con carta es pignorado inmediatamente y sin citación, por las Justicias de los lugares, y así, añade, se entiende y se cumple en el Fuero *Homo* (el citado) del título *De pignoribus.*

---

decirse que fuera de ellos (aunque sí fuera de otros no son para estudiarlos aquí) se desarrolla la vida jurídica del Alto Aragón. En sus heredamientos aparecen refundidos la institución del heredero, la legítima y la dote: al heredero se le impone la obligación de dotar a sus hermanos «al haber y poder de la casa»; esta es la fórmula con que ordinariamente se substituye la de los diez sueldos. Puede consultarse el precioso libro de Costa (*Alto Aragón —Huesca— Derecho de familia*), que forma el tomo I de la obra *Derecho consuetudinario y Economía popular de España.*

285 Sin embargo, ya Molino (*Repertorium*, etc., verbo *Manifestum*) enseña claramente la distinción. *Manifestum debitum dicitur* —son sus palabras— *de quo constat per instrumentum videlicet liquidum et clarum... vel confessionem partis*.

286 Importa tener en cuenta la significación especial de la pignoración que equivale, a nuestro juicio, en alguna de sus acepciones, a la de un real apoderamiento de la cosa por el acreedor.

Franco y Guillén, combinando ambas disposiciones, dividen los créditos como hemos dicho, llamando manifiestos los que constan por escritura o confesión de parte, y no manifiestos los demás.

En realidad tal distinción, más que de la Observancia citada, resulta de la 9.ª de las comprendidas en el lib. VI bajo la rúbrica *Interpretationes qualiter,* etc., que los mismos Franco y Guillén citan. En esa Observancia se leen estas palabras: *et quod dicitur de debito manifesto intelligitur si est debitum, cum carta vel partis confessione, nam, illud dicitur manifestum,* etc.

También en la Observancia 19.ª *De rerum testatione,* lib. I, se llama manifiesto —aunque no resulten excluidos, como en la anterior, de esa calificación, otros débitos— los que constan de instrumento o confesión (*in debito manifesto, ut cum carta vel confessione partis,* etc.)[287].

Hoy la ejecución se rige por la ley de Enjuiciamiento civil. Sin confesión judicial o sin documentos no puede despacharse, pero no todos los documentos son ejecutivos.

Es de advertir que el objeto de lo que hoy denominamos embargo se cumplía de dos modos, ya con el *pignus,* ya con la *testatio* o *empara.* Por eso cuando se habla de «pignorar» o «emparar», se usa a veces indistintamente la palabra «embargar». Mas parece que la idea de la *pignoratio* implica la de apoderamiento por parte del acreedor, ya por sí mismo, ya por medio de la autoridad pública; mientras que el concepto de la *testatio* se refiere al mero aseguramiento por medio del *emparamentum,* esto es, a la imposibilidad en que se pone al deudor de substraer los bienes que han de servir para el embargo.

La Observancia 8.ª *De pignoribus* opone bien claramente el *pignus* o *pignoratio* a la *empara* o *testatio;* autorizando lo primero tan sólo por deudas manifiestas y lo segundo por las no manifiestas. En armonía con esa distinción, las Observancias 19.ª y 20.ª *De rerum testatione* declaran que en la deuda manifiesta no se admite fianza de derecho, la cual sólo cabe cuando se hace *empara* o aseguramiento *(si bona mea facias emparari vel testari),* cosa, como ya se ha visto, propia de los casos de deuda no manifiesta.

Esa imposibilidad de atender el deudor con la fianza de derecho a la ejecución originada en deudas manifiestas, está corroborada por las Observancias 18.ª *(non habet locum fidantia iuris super debito manifesto)* y 21.ª *(super re ratione alfarda pignorata non habet locum fidantia iuris sicut nec in debito manifesto) De fidejussoribus,* lib. VI, y se extiende a los casos de responsabilidad nacida de delito *(de quocumque crimine quis accusetur nisi fuerit manifestum per confessionem vel per instrumentum habet locum juris fidantia vel caplevator),* según la Observancia 9.ª del mismo título.

Respecto a las exigencias, con relación a la prueba, de una y otra clase de créditos, los textos forales se prestan a alguna duda.

---

287 En las Observancias 1.ª y 8.ª de esa misma rúbrica se hace la distinción de deudas manifiestas y no manifiestas, sin determinar en que consiste la diferenciación.

El Fuero de 1247, 4.° de los *De fide instrumentorumt,* lib. IV, pide la presentación de un instrumento público para la prueba de toda deuda. Es terminante su texto: *nullum debitum probatur nisi per cartam publicam.*

Por lo pronto, el Fuero 6.° *De pignoribus* pone una limitación al admitir como prueba la confesión y coloca la deuda confesada entre las que en las Observancias se distinguieron como manifiestas con cierto privilegio sobre las no manifiestas.

Además, sin prueba distinta de la documental (y de la confesión), no cabría la existencia, que es incontestable, de deudas no manifiestas. Las palabras *nisi probato debito* que se leen en la Observancia 21.ª *De pignoribus*, como excepción del principio *sine carta quis non pignoratur secundum usum regni per Justitias Locorum* demuestra la admisibilidad de pruebas.

Por otra parte, la Observancia 21.ª *De probationibus,* lib. II, está escrita como limitación de la declaración hecha en el Fuero 4.° *De fide instrumentorum,* y admite como prueba suficiente la de testigos, aunque no deja el texto de ofrecer alguna duda, respecto a si eso ha de entenderse de un modo constante y absoluto o sólo en el caso de que el acreedor no excepcionase que la deuda no puede probarse con testigos y se limitase a considerar insuficiente el dicho de ellos sin alegar motivos para no admitirlo.

La Observancia 17.ª del mismo título rechaza la prueba de testigos en los créditos que provienen de mutuo y sólo la admite tratándose de depósito no consistente en dinero contado y en algunos otros casos.

En la práctica se observa que ya no se citan estas disposiciones, ateniéndose los litigantes a lo que en punto a pruebas establece la legislación general.

MEDIAL

Derecho foral. *Aragón.*– La palabra es aragonesa, como advierte Dieste *(Diccionario de Derecho civil aragonés),* aunque no lo sea el concepto.

Se trata de una especie o forma del contrato de aparcería, como vamos a ver.

Desde luego los textos forales no definen el *medial* ni lo regulan.

Los autores no suelen citar (Franco y Guillén, *Instituciones de Derecho civil aragonés;* Dieste, *Diccionario de Derecho civil aragonés*) más que el Fuero 12 *De Pignoribus,* lib. VIII, y la Observancia 2.ª *De jure emphiteutico,* lib. IV.

Veamos qué dicen esas disposiciones.

Según el Fuero, el mediero[288] que quiere evitar la ejecución por responsabilidades del dueño de la finca, debe dar al acreedor fianza de que ya no trabajará

288 El Fuero usa la palabra *exaricus (cum homo quis habet in su haereditate exaricum, etc.)*, que, según el *Glosario* contenido en la edición de los *Fueros, Observancias* y actos *de Corte del Reino de Aragón,* de Savall y Penén, equivale a *colonus partiarius.*

en ella; y en el caso de que ya hubiere trabajado y adquirido derecho a percibir alguna parte de fondos, ha de asegurar el cumplimiento de la promesa que habrá de dar de avisarle, antes de dividir la producción con el dueño[289], para que pueda hacer efectivo su crédito *(consequi tuum directum);* con lo cual ya el mediero, *exaricus,* no tendrá que responder de ningún débito del dueño.

La Observancia expresa que cuando se da una tierra para cultivarla a medias o de otro modo *(ad medias vel alio quocumque modo)*, haciéndolo constar en instrumento público, y estipulándose un plazo, mientras éste dure no pueden los medieros *(exarici)* dejar la heredad; y si la dejasen, deben[290] ser compelidos a cultivarla según la obligación que contrajeran, o a abonar al dueño los perjuicios que se le hubieren ocasionado por el abandono.

Sin dificultad se advierte que esas disposiciones no son suficientes para la completa regulación del contrato. Con arreglo a los arts. 12 y 13 del Código civil, será preciso recurrir, para la resolución de las cuestiones que se presenten, en primer término al Derecho consuetudinario y después al Código mismo.

Como Derecho consuetudinario merece ser tenido en cuenta el del Alto Aragón, según consta en los trabajos de Costa (*Derecho consuetudinario* y *Economía popular de España,* tomo I).

El insigne escritor desarrolla la materia, aunque no con relación a fincas, en el capítulo «Arrendamiento de ganados», de la parte titulada *Derecho municipal y Economía* de su precitada obra.

El arriendo predominante es el de vacas y burras de cría o el de ganado lanar o el de cerdos de cría, según las comarcas.

Costa enumera la forma consuetudinaria en que se desenvuelven esos contratos, explica sus accidentes y variedades y su trascendencia social. Lo

---

En el Diccionario de la Academia (14.ª edición, 1914) no se comprende la palabra *medial*; sí la de *mediero* en varias acepciones, una de ellas, la tercera, indicada como propia de Aragón y Rioja, la de «cada una de las personas que van a medias en la administración de tierras o cría de ganados».

289 Las palabras del Fuero son: *debet dare securitatem conquerenti, quod faciat et scire quando habebit paratos fructus, nec dividat eos cum suo exaricus*; mas, como viene hablando del colono, esto es, del *exaricus,* y este no ha de partir consigo mismo, entendemos que no a él sino al dueño se refiere en las palabras *nec dividat cum suo exarico,* a no ser que *exaricus,* en el sentido del Fuero, sea indistintamente el dueño o cultivador, esto es, cualquiera de los dos partícipes de la cosecha, lo que pugna con los mismos textos legales que oponen el *exaricus* al *dominus.*

290 Traducimos literalmente el *debent compelli* del texto. Los autores antes citados substituyen el concepto de *deber* por el de *poder.* Indudablemente lo hacen desde el punto de vista del dueño de la finca, pues es inconcebible que la Observancia haya querido hacer una obligación de lo que no puede ser sino un derecho o potestad.
Pero el caso es que dice *debent* y no *possunt.* Es de creer que se haya querido, al emplear aquel verbo, hacerse referencia a la necesidad de que judicialmente se compela al mediero en el caso de que el dueño, usando de su derecho, lo solicite.

hace de un modo insuperable; remitimos a su citada obra a quienes quieran conocer a fondo y detalladamente la materia.

Donde no haya costumbre local o ésta resulte insuficiente en algún caso de intereses encontrados, habrá de recurrirse, ya lo hemos dicho, al Código civil. ¿A qué parte de ese Código?

Como se ha visto, Costa asimila el contrato de que tratamos, al arrendamiento; pero ese arrendamiento es un contrato especial que tiene marcado un lugar en el Código. El arrendamiento por aparcería, dice su art. 1.579, de tierras de labor, ganados de cría o establecimientos fabriles e industriales, se regirá por las disposiciones relativas al contrato de sociedad y por las estipulaciones de las partes y en su defecto por la costumbre de la tierra.

Costa escribió su estudio sobre arrendamiento de ganado antes de publicarse el Código civil y aun de redactarse su proyecto; por eso no hizo referencia más que a Códigos extranjeros y al Proyecto español de 1851, de cuyo art. 1.516 es copia el 1.579 del Código vigente; pudo, pues, y puede ahora llamarse el contrato que nos ocupa arrendamiento. Acaso hubiera hecho bien el legislador al distinguir el arrendamiento propiamente tal de la aparcería, toda vez que el *precio cierto* es condición esencial del arriendo, ora se trate de cosas o de servicios (arts. 1.543 y 1.544 del Código civil), y esa condición falta necesariamente en la aparcería, donde lo que pudiera llamarse precio es *incierto* y *aleatorio;* más, sea como quiera, el Código habla, ya lo hemos dicho, del «Arrendamiento por aparcería».

A decir verdad, desde el punto de vista de la técnica legal, el Código se presta a graves censuras; la disposición del art. 1.579 está colocada en la sección 3.ª del tít. VI del lib. IV, dedicada, según su epígrafe, a las «disposiciones especiales para los arrendamientos de predios rústicos»; y si para regular esa forma especial de contrato ha de acudirse a lo prescrito respecto de la sociedad, no del arrendamiento, lo lógico era, si no se quería tratarlo separadamente, hacer mención de él en la parte destinada al primero de esos contratos.

A nuestro juicio, bien asimilada está en lo general la aparcería a la sociedad[291]. Con razón, discurriendo sobre los grandes problemas nacionales en los estudios que da a la prensa periódica en los mismos días en que se escriben las presentes líneas, dice Azcárate *(Los latifundios* y *la coopera-*

291 No deja, sin embargo, esa asimilación, de dar lugar a dificultades en la práctica. Recuérdese las discusiones y pleitos que ha habido con ocasión del desahucio de los aparceros. No nos parece que la sentencia del Tribunal Supremo de 2 de junio de 1913 sirva para dejar resuelta de un modo definitivo la cuestión. Tal vez el alto Tribunal tropezó con la dificultad de concertar los preceptos legales con graves inconvenientes prácticos de que se quejaban los propietarios de tierras dadas en aparcería.

ción), que al modo que en la esfera industrial se dan, en las relaciones entre patronos y obreros, una forma de distinción (el *salario*), otra de unión *(la participación de beneficios)* y otra de confusión *(la cooperación)*, las relaciones entre propietarios y cultivadores de la tierra pueden revestir la forma de separación o distinción *(renta)*, la de unión *(aparcería)* y la de confusión *(cooperación).*

Sin ahondar más en la materia, diremos, en resumen, que el *medial* en Aragón es un verdadero contrato de aparcería, el cual se rige, en primer término, por las estipulaciones que se hayan otorgado en su nacimiento (pues el *standum est chartae* es el principio fundamental de la legislación aragonesa), después por las costumbres locales, ya que no conocemos una que pueda llamarse (dentro de la región, naturalmente) general, y últimamente por las disposiciones del Código civil referentes a la sociedad.

Para concluir: en el proyectado Apéndice aragonés[292] se ha regulado el medial o aparcería, sobre la base principalmente de las costumbres del Alto Aragón, fijándolas y completándolas según se ha estimado más en armonía con las necesidades y común sentir del país.

Como aparcería por excelencia, digámoslo así, se presenta en el Apéndice el contrato por el cual el propietario de una finca rústica laborable la pone a disposición de otra persona para que la cultive, bajo condición de repartir entre ambos los frutos que produzca en la proporción que convengan, aunque no sea por mitad.

Lo más importante es lo concerniente a determinar los pactos naturales de este contrato. Son, entre otros, la fijación del tiempo, la determinación de la forma de partición de los frutos, el señalamiento de las yuntas, jornales, peonadas o metálico con que haya de contribuir el propietario, y la obligación por parte del aparcero de suministrar los aperos, instrumentos y útiles aplicables al cultivo, sementera, cava y poda, etc.

Se regula sobre igual base, otra clase de aparcerías; las de ganados en relación con el contrato de sociedad. Después de establecerse las condiciones (duración, sanidad de los ganados y otras) comunes a ellos y a algunos contratos especiales sobre ganadería (cesión a modo de arrendamiento o en mero uso dación a diente, seguro mutuo y pupilaje de unas u otras clases de animales), se determinan las condiciones especiales de esas aparcerías de ganados, se reglamentan (siempre a título supletorio, dejando a salvo las estipulaciones de las partes) de un modo especial, las de ganados, ya de granjería, ya de aplicación directa a la agricultura y otras similares.

292 *Proyecto de ley en el cual se contienen como Apéndice del Código civil general las instituciones forales y consuetudinarias que conviene conservar en concepto de excepción del mismo Código para el territorio* de *Aragón.*

NOVALES

Es este un adjetivo que se aplica a las tierras que se *cultivan* de nuevo y también a las plantas y frutos que ellas producen: así lo enseña la Academia española en su Diccionario. Trae éste también como anticuada y sinónima de «Noval» la palabra «Novallo».

Escriche *(Diccionario razonado de Legislación y Jurisprudencia)* da, como la Academia, la denominación de novales a las tierras que se ponen nuevamente en cultivo, «desmontándolas, añade, y limpiando la maleza»; no a las plantas ni a lo frutos; y cita la ley 8.ª, tít. XXXIII, Part. 7.ª, que, en efecto, destinada a declarar la significación de varias palabras (*puerto*, *ager* o *campo, silva, prados, pascua,* etc.), indica, en cuanto a la de *novalios,* que «tanto quiere decir como montaña o xara que es rota de nuevo para meterla a labor»[293].

La conversión de tierras de dominio público yermas en novales ha sido favorecida por la legislación, sobre todo desde la época en que comenzaron a ponerse en práctica las ideas del gran Jovellanos, y por el contrario, para cortar abusos, a veces producidos por necesidades sociales apremiantes, ha habido que dar una serie de disposiciones. Ocasión oportuna para tratar de esto habrá al escribir el artículo ROTURACIÓN. Por ahora nos limitaremos a algunas indicaciones.

La reducción de los terrenos comunes a dominio particular es una de las providencias que más imperiosamente reclaman el bien de los pueblos y el fomento de la agricultura e industria, dijeron las Cortes generales y extraordinarias de la primera época constitucional; e inspiradas en ese criterio dictaron su Decreto de 4 de enero de 1813, en que ordenaban (art. 1.º) se practicara aquella reducción respecto a todos los terrenos baldíos o realengos o de propios y arbitrios con arbolado o sin él, excepto los ejidos necesarios a los pueblos. Eso no era acordar la roturación; pero sí hacerla posible. Era de suponer que los más de los particulares que quedaran dueños de terrenos de esa procedencia los roturarían; y además en el mismo Decreto, al establecer concesiones de suertes, como premio patriótico a oficiales y soldados, ya se decía, entre otras cosas de análoga significación, que esas suertes consistirían en tierras de las más proporcionadas para el cultivo (artículo 9.º) y que cada una debería ser tal que «regularmente cultivada» bastase para la manutención de un individuo (art. 10).

---

293 En Aragón la palabra *noval* se usa generalmente en la acepción de tierra nuevamente roturada que le da la Academia; pero la de *novalio* tiene, según Borao (*Diccionario de voces aragonesas*), la significación de *royal*, palabra que ofrece, según él mismo, dos acepciones; una la de «lo que tira a rubio»; otra la de «olivo de inferior calidad al negral y que no da como éste cosecha anual, ni la aceituna completamente negra». Dieste (*Diccionario de Derecho civil aragonés*), que considera llamarse noval el yermo antiguo nuevamente roturado, cita una R. O. de 5 de mayo de 1827, que prohíbe considerar como novales los terrenos antiguos de tiempo inmemorial que se roturan para extinguir la langosta.

Por entonces ya se habían hecho, a consecuencia de una Real Provisión (de 26 de mayo de 1770) repartimientos de baldíos, etcétera, que con otros autorizados por el Decreto mencionado y disposiciones posteriores a éste fueron reconocidos y confirmados por la ley de 6 de mayo de 1855. Por la ley de 30 de agosto de 1907 se han autorizado con tendencias a evitar la emigración, y últimamente, como medio circunstancial de aumentar la producción, con ocasión de la guerra europea, se acordó por R. O. de 31 de mayo de 1915 que la sección facultativa de Montes formulase con toda urgencia una propuesta razonada de los predios hallados en condiciones favorables para la roturación.

Paralelamente a ese movimiento favorable a nuevas roturaciones hechas en condiciones de legalidad, ha habido otro con tendencias a la legitimación de las arbitrariamente hechas, desde el R. D. de 10 de julio de 1865 hasta la ley de 10 de junio de 1897 y la R. O. de 25 de aquel mismo mes.

Pero los *novales*, además de la significación que hemos estudiado, tenían también en Aragón[294] otra; la de un tributo consistente en la décima y primicia no sólo de los frutos producidos por las tierras de nuevo cultivo o rozas de monte hechas a costa del Rey, o por los vasallos con su licencia, sino también del aumento procedente de la supercrecencia de frutos dimanada de los nuevos riegos facilitados a las tierras. Puede verse lo que en su *Historia de la Economía política de Aragón* dice Asso, quien, además de dar esa idea de tal aspecto de los novales, traza una breve historia del tributo desde su introducción en tiempo de Carlos V, hasta los días en que él publicó esa obra (1798).

NOVIO FORASTERO

La significación de esta expresión en el Alto Aragón se refiere en general a la persona que va a casar con el heredero o heredera de una casa y a vivir formando parte de ésta.

Cuando esto sucede, es frecuente pactar en los capítulos matrimoniales lo que se llama casamiento en casa. De esta curiosa institución, que Costa explica de un modo insuperable, como todo lo perteneciente al Derecho familiar altoaragonés en la parte dedicada a esa porción de la provincia de Huesca, en el *Derecho consuetudinario y Economía popular de España* (t. I), *se* ha expuesto lo que se ha estimado necesario en el artículo CASAMIENTO EN CASA de esta **Enciclopedia**.

294 E igualmente en Navarra. Porque según manifiesta Asso en la *Historia* que citamos en el texto, los primeros novales fueron concedidos por Paulo III y Julio III a Carlos V *para Aragón y Navarra* con motivo de haber emprendido la grande obra del Canal Imperial que, como es sabido, riega tierras de uno y otro de esos dos antiguos Reinos.

Hemos dicho que el pacto del casamiento en casa es frecuente; lo cual implica que no en todas las capitulaciones se estipula. Vive ese pacto al amparo de la costumbre. No estableciéndose, hay que aplicar las disposiciones forales y por consiguiente dar por terminado el usufructo foral con el casamiento del viudo usufructuario, salvo pacto en contrario, que en lo general de Aragón da entrada algunas veces, no muchas, al usufructo vitalicio.

Fuera del Alto Aragón se hace difícil, aun dentro de Aragón mismo, comprender la existencia de esa costumbre. Naval la vitupera fuertemente[295], considerándola no sólo como infractora de disposiciones forales[296], sino como contraria a la equidad, a la justicia y aun a la moral.

El Congreso de jurisconsultos aragoneses de 1880, a cuya discusión se presentó como uno de los temas el de si conviene mantener la costumbre de lo que se llama casamiento en casa, y, en la afirmativa, bajo qué condiciones, declaró no haber lugar a deliberar sobre él.

En el proyecto de Apéndice del Código civil general presentado al Gobierno por la Comisión correspondiente, se mantiene esta institución y se proponen las reglas a que ha de ajustarse.

PACTO

Derecho civil común. Con la palabra «pacto» se designa hoy, ya el contrato mismo en su integridad, ya, más comunmente, toda condición, cláusula o estipulación de las que lo constituyen.

Así, se lee en el *Diccionario razonado de Legislación y Jurisprudencia,* de Escriche, que pacto es «el consentimiento o acuerdo de dos o más personas sobre una misma cosa»[297], y el *Diccionario de la Administración Española,* de Alcubilla, trae la equivalencia siguiente de la voz «pacto»: «cláusulas de un contrato, las condiciones o el mismo contrato».

---

295 *Compilación articulada del Derecho foral vigente en Aragón y conclusiones aprobadas por el Congreso de jurisconsultos aragoneses con observaciones a las mismas*.

296 No parece ser ese un argumento eficaz contra el casamiento en casa. Claro está que se trata de una costumbre contra ley. Costa, suavizando el concepto, o mejor la expresión, reconoce que esa costumbre, como la del agermanamiento, se ha creado a espaldas del fuero, y cree que esas costumbres han nacido como remedio a ciertos inconvenientes de que la viudedad por sí sola, o conforme al Fuero, adolece. Admitida la costumbre contra ley, de que lo sea esa del casamiento en casa, no puede hacerse argumento contra ella. Cabe juzgarla en sí misma y por sus efectos; pero en esa discusión no creemos necesario, ni aun pertinente, entrar en este artículo.

297 En el mismo *Diccionario* se lee que el contrato es una convención por la cual una o más personas se obligan para con otra u otras a dar, hacer o dejar de hacer alguna cosa: definición, como se ve, substancialmente igual a la del pacto.

No sucedía lo mismo en el Derecho romano. El contrato, según él, en el sentido restringido de convenio destinado a crear una obligación[298], era la concorde manifestación de la voluntad de dos o más personas en virtud de la cual una de ellas promete una prestación y la otra acepta la promesa, ya preceda la promesa a la aceptación como ordinariamente ocurre, ya suceda lo contrario.

Determinaba el Derecho qué *convenciones* merecían llamarse *contratos,* y por ello productoras de una obligación y asistidas de una acción *(quae habeant causam civilem).* Habían para ello de contraerse bajo una cierta ritualidad, ya verbal, ya literal; aunque desde los tiempos antiguos se conocían, como excepción, además de los contratos verbales y literales, los consensuales y los reales (Navarro Zamorano, *Curso completo elemental de Derecho romano,* t. III), según bastaba para producir acción el consentimiento de los contrayentes o se requería que una parte diera algo a otra con la obligación de devolvérselo o de prestarle alguna otra cosa.

Había, al lado de esos contratos todos *nominados,* otros *innominados* que, no teniendo nombre, tampoco estaban asistidos de acción especial y propia, pero daban lugar a la de *praescriptis verbis.*

Formaban todas esas convenciones una clase, la de los contratos[299]: las que quedaban fuera de ella se denominaban pactos, no protegidos por una acción que obligara a cada contrayente en favor del otro, y sí sólo de una excepción que oponer al que se veía requerido para el cumplimiento. Por eso decía Ulpiano: *Juris gentium conventiones quaedam actiones pariunt; quaedam exceptiones.*

Aunque creadores sólo de una obligación meramente natural en un principio, dióse con el tiempo a algunos de ellos fuerza civil de obligar; de donde vino su división en pactos *nudos* y pactos *vestidos,* subdividiéndose estos últimos en *pacta adjecta, pacta praetoria* y *pacta legitimae.*

El primitivo rigor del sistema romano de la contratación había sufrido gran relajación en la época bizantina; y cuando en Europa volvió a ser estudiado aquel Derecho después del largo eclipse que había sufrido, ya se prescindió de la diferencia de pactos y contratos, y se extendió y arraigó cada vez más el principio del consentimiento y de la libertad en la forma de su exposición.

Los tratados de Derecho civil y el Código mismo siguen hablando de pactos, mas ya no como cosa opuesta a los contratos y menos solemnes y efi-

298 En sentido más amplio, es la concorde manifestación de las voluntades de dos o más personas con el fin de constituir, modificar o disolver una relación jurídica; concepto que coincide con el de acto jurídico bilateral (SERAFINI, *Instituciones de Derecho romano*, traducción de Trías, t. II).

299 *Contractus*; palabra formada mediante una elisión: *negotium contractum* o *contractus negotii* (E. COSTA, *Storia del Diritto romano privato*).

caces que ellos[300], sino como parte de los mismos, ora de un modo especial y determinado[301], ya de un modo general[302].

Derecho foral. Puede decirse que en toda España, sin excepción, por consiguiente, de las regiones de Fuero, aparece aceptado de hecho, cualquiera que pudiera ser la disquisición que cupiera hacer teóricamente en favor del Derecho romano en alguna de ellas, el sistema moderno. La diferencia entre éste y el romano consiste, al decir de Serafini, en que en el moderno, probada por el acreedor la voluntad, se presume la causa y corresponde al deudor probar en cada caso la inexistencia de aquélla, y en el romano, en cambio, aun en los contratos no formales, el acreedor debía probar tanto la voluntad como la existencia de la causa.

En Cataluña, según Trías, el principio de que el simple consentimiento sea causa civil suficiente para toda clase de contratos, se ha admitido por la influencia de la máxima del Derecho canónico *«Pacta quantumcumque nuda, servanda sunt».*

En Aragón, la palabra *pacto* tiene una significación o fuerza especial. Con él, cuando se habla de la eficacia del pacto, de que ante todo ha de estarse a lo pactado, de que las disposiciones forales son supletorias, porque sólo rigen, en punto, por ejemplo, al régimen económico matrimonial, en defecto de expresión de la voluntad de las partes, etc., se alude al *Iudex debet stare semper et judicare ad chartam,* etc., o sea al famoso principio *Standum est chartae* de que se trata en otros artículos de la **Enciclopedia**.

PACTO DE HERMANDAD

En el Derecho que pudiéramos llamar general, dentro de su especialidad foral, en Aragón, no es este pacto pura y absolutamente consuetudinario, ya que se halla sancionado en las Observancias, legislación que si originariamente fue consuetudinaria, luego se escribió en la forma en que ha llegado a nosotros.

La Observancia 19.ª *De jure dotium,* libro V, reconoce la existencia de la hemandad al decir que por ella no se pierde la viudedad, salvo el caso de

300 Morató (*El Derecho civil español con las correspondencias del romano*, t. II), manteniendo la conveniencia de conservar, aunque ya de escasa utilidad, la división de las obligaciones en naturales, civiles y mixtas, no hace nacer de los *pactos*, sino de la equidad, la eficacia de las naturales. Los ejemplos que aduce tampoco tienen nada que ver con los *pactos*. Y por último, reconoce que los «pactos, que en el Derecho romano constituían la fuente más copiosa de las obligaciones naturales, pertenecen ya, según dicha ley (la 1.ª, tít. I, lib. X, Novísima Recopilación), a la clase de los plenamente eficaces que el Derecho llama mixtos».

301 «*Pacto* de conservar la cosa por tiempo indeterminado» (Cód. civ., art. 400).

302 «Los contratantes pueden establecer los pactos, cláusulas y condiciones que tengan por conveniente», etc. (Cód. civ., art. 1.255).

expresa renuncia *(propter germanitatem factam inter virum et uxorem, superstes non amitit viduitatem nisi expresse renunciet eidem).*

Hay que convenir en que sin este reconocimiento de la *germanitas* o hermandad, las cosas podrían pasar lo mismo, porque ese pacto podría consignarse por los cónyuges en sus capitulaciones al amparo del *Standum est chartae* y de las disposiciones que lo proclaman. Indudablemente el objeto con que se escribió el texto de la Observancia hubo de ser declarar, más que la posibilidad de pactarse la hermandad, la necesidad de que para la renuncia del derecho de usufructo foral hubiera de consignársela de un modo expreso, sin que de la simple existencia de tal pacto pudiera inferírsela.

Y ya nada más dicen de la hermandad los textos forales. Bien se comprende que en cada caso habrá de regirse por lo que los mismos cónyuges hayan establecido; puede así el pacto de que se hagan comunes todos o algunos de los bienes, que en eso consiste el de hermandad, recibir todas las modalidades de que son susceptibles los contratos, y como dicen Franco y Guillén *(Instituciones de Derecho civil aragonés)* constituirse sobre todos los bienes habidos y por haber o solamente sobre algunos[303], hacerse bajo condición, desde cierto y hasta cierto día; etcétera. Así lo enseñó antes La Ripa *(Tratado de la división de bienes)* y lo hizo después Dieste *(Diccionario de Derecho civil aragonés).*

Después de lo dicho antes, no habrá de extrañarse que los autores no suelan ocuparse, cuando tratan de la hermandad, más que de la renuncia de la viudedad, salvo alguna que otra indicación como la de Molino *(Repertorium fororum atque observantiorum)* y Sessé *(Decissionis),* respecto a la exclusión, por el pacto de hermandad, del derecho a las aventajas.

Moutón *(Diccionario del Derecho civil foral)* hace notar la semejanza del pacto de hermandad del territorio aragonés con el sistema del Fuero del Baylío[304]. Según Hinojosa *(El elemento germánico en el Derecho español)* en todos los Estados cristianos de España la comunidad absoluta de bienes como régimen preferido para ordenar los de los esposos, con los nombres de *germanitas*, *hermandad, heredamiento, agermanamiento* y a veces *unitas),*

303 Creemos esto más aceptable que la doctrina de Sessé *(Decisiones)* y Franco de Villalba (*Fororum*, etc.), quienes parecen dar a entender que la hermandad se reputa establecida esencialmente, y por lo tanto siempre, sobre los bienes habidos y por haber. Supuesto que eso sucediera en un principio, habrá de convenirse en que después la institución hubo de regularse al arbitrio de los contrayentes, quedando la regla legal como supletoria para el caso de no haber éstos dicho otra cosa sino que establecían el pacto de hermandad, sin concretar su alcance o condiciones.

304 Y según Costa, con costumbres y fueros portugueses y cantábricos, pareciéndole un fenómeno singular entre los más curiosos que registra la historia de las legislaciones peninsulares, ese *Pacto de hermandad* que existe con caracteres casi idénticos en los dos extremos Oeste y Noroeste de la Península y en una comarca del Norte. (*Derecho consuetudinario y Economía popular de España*, t. I).

conduce a la conclusión de que la comunidad de bienes procede del Derecho consuetudinario visigodo. Sin duda; en Aragón ese principio arraigó más fuertemente que en otras regiones, y aun restringido como sistema general en esa región se mantuvo como absoluto, aunque ya hoy poco usado, al amparo de la amplísima libertad del pacto.

Dentro de Aragón mismo hay una gran parte (el Alto Aragón) en que la hermandad o agermanamiento reviste un carácter especial, pues no se hacen comunes los bienes de todas clases de la pertenencia de ambos cónyuges para ser divididos por mitad entre los herederos del premuerto y el sobreviviente o los suyos, sino que se suceden uno a otro en el dominio universal de la herencia, de suerte que el que sobrevive se hace dueño absoluto de los bienes que poseyeron en común durante el matrimonio, lo mismo que de los que fueron de la pertenencia de cada uno. Costa, que describe así el agermanamiento altoaragonés, ve en esto el término de una evolución que comienza por la viudedad foral y continúa por el casamiento en casa. El capítulo de la «Hermandad conyugal» es uno, de los mejores, con ser todos de gran mérito, de cuantos componen su *Derecho de familia del Alto Aragón*, que hoy forma el t. I de la colección de estudios sobre *Derecho consuetudinario* y *Economía popular de España.* Nada mejor podemos hacer que señalar a la atención de quienes quieran conocer a fondo la materia.

Con la denominación concreta y específica que va por cabeza del presente artículo, no sabemos que se conozca tal institución en parte alguna que Aragón.

PACTO DE SUCESIÓN FUTURA

Derecho civil común. *Concepto de este pacto.*– Con la expresión «pacto de sucesión futura» se significa el empleo de la forma contractual no sólo para la transmisión de una herencia (lo que suele llamarse «sucesión contractual»), sino para otras relaciones jurídicas que nazcan de una sucesión cuyo causante no ha muerto, bien haya éste de ser parte en el contrato, bien quede extraño a él y ora se trate de la herencia total, ora de algo comprendido en ella. Formas o modalidades diversas van indicadas en ese concepto general y absoluto del pacto sucesorio proscrito de muchas legislaciones si bien con excepciones más o menos numerosas e importantes.

Derecho foral. *Aragón.*– Hállase en el Alto Aragón muy arraigada la costumbre de la institución contractual[305].

305 Sin embargo de esto, los tratadistas sólo suelen mencionar a propósito esa forma de sucesión, como excepción del antiguo Derecho de Castilla, o del Código civil hoy, la legislación foral catalana, no otra alguna, ni siquiera la aragonesa. Se comprende eso en los tratadistas anteriores a 1880 en que Costa publicó su *Derecho consuetudinario del Alto Aragón*, antes del cual ese Derecho era desconocido en gran parte de Aragón, cuanto más

Cuando sólo existiera este caso de un país que presenta una sólida constitución familiar con una honradez y una pureza de costumbres tales que hacen de él un modelo, todavía entonces habría bastante para dejar al descubierto ese argumento de la inmoralidad de los pactos sucesorios que desde el Derecho romano hasta el Código civil de Italia han venido haciéndose valer para fundar su prohibición[306].

Costa dedica a la institución contractual altoaragonesa el capítulo 4.° (titulado *El heredamiento universal*) de su citada obra[307], que debe consultarse por quien quiera conocer a fondo esta materia. A su juicio, el sistema aragonés tiene un doble origen, ibérico y céltico. Nota en él estas circunstancias:

1.ª Que se establece por pacto en las capitulaciones matrimoniales; 2. ° Que a diferencia de lo que sucede en Cataluña, no se hace el llamamiento de heredero en favor del primogénito, sino del hijo o hija que por sus condiciones personales y el estado de la casa sea más conveniente elegir cuando llegue el caso; 3.ª Que previene y hace imposible la sucesión legítima mediante el Consejo de familia instituido para el caso en que fallezcan los padres sin haber hecho el nombramiento de heredero.

Observa, además, que el derecho de instituir heredero por medio de tercera persona y consiguientemente por medio del Consejo de parientes no se halla expresamente reconocido por el Fuero; nace de las Observancias 16.ª *De fide instrumentorum,* 1.ª *De equo vulnerato* y 6.ª *De confessis,* habiendo declarado el Tribunal Supremo y la Dirección general de los Registros la validez de esta aplicación del principio *Standum est chartae* en la provincia de Huesca o sea la costumbre de encargar en las capitulaciones matrimoniales el otorgamiento de testamento del cónyuge premuerto al cónyuge sobreviviente y a los parientes más cercanos[308].

---

en el resto de España; no en los posteriores, como el mismo Azcárate, tan íntimo de Costa *(Historia del derecho de propiedad)* y los Sres. Castillejo y García Herreros que en las obras antes citadas han tratado especialmente de la materia que nos ocupa.

306 Del arraigo de la sucesión contractual en tierra aragonesa dan idea estas palabras de la Exposición de motivos del Proyecto de Apéndice aragonés del Código civil: «en la mitad de Aragón, a saber, en toda la provincia de Huesca y en los partidos judiciales a ella confinantes de la de Zaragoza, lo normal, lo corriente, lo que a diario se practica desde hace más de cinco siglos, es la regulación contractual de las sucesiones; a tal punto que puede sin exageración asegurarse que las capitulaciones matrimoniales otorgadas en ese sentido se hallan con los testamentos, aun dada la facultad de que los reciban los curas párrocos, en la proporción de ciento por cinco».

307 Nos referimos ahora a la segunda edición, que forma el tomo I de la obra *Derecho consuetudinario y Economía popular de España*, publicada por Costa con otros escritores.

308 Fuera de la provincia de Huesca y parte montañosa lindante con ella en la de Zaragoza, ¿sería válida esa forma de institución? No tenemos noticia de que esta cuestión se haya suscitado: Lo que puede asegurarse es que como *costumbre* no existe tal institución en capítulos ni tal previsión para el caso de muerte de los padres sin haber hecho la designación de heredero, aunque sea cierto, como se dice en la Exposición de motivos del Proyecto de

La costumbre del heredamiento altoaragonés, con sus complementos referentes a dotes y legítimas, *cabales*, reversión casamiento en casa, etc., merece, a juicio de Costa, los mayores encarecimientos. Júzgala superior al sistema, por decirlo así, señoril de Cataluña y al igualitario y democrático de Castilla, reuniendo las ventajas de ambos sin sus inconvenientes. Reconoce, sin embargo, que por desgracia «no todo son glorias y bienandanzas en la práctica del heredamiento», pues el cuadro tiene su reverso en el caso de discordia y de separación de instituyentes e instituídos.

La materia se presta a grandes desarrollos: de nuevo remitimos a la obra del eximio escritor a quienes quieran conocerla a fondo.

PADRE DE HUÉRFANOS

Institución conocida en algunos de los antiguos Reinos de España, cuyo objeto, como su denominación indica, era la protección de los huérfanos.

En Aragón era antiquísima. Zaragoza tenía establecida por estatutos hechos por el Capítulo y Consejo y confirmados por su Concejo general «y por costumbre antiquísima, de tiempo inmemorable observada, aprobados y guardados», según se expone en el estatuto de 21 de marzo de 1577, incluido entre los recopilados por Romeu[309]; pero no hemos podido conocer los textos de esos estatutos antiguos.

Se cita por Marichalar y Manrique (*Historia de la legislación*, etc., t. VII) Una orden que expidió en 4 de marzo de 1337 D. Pedro II de Valencia (IV de Aragón), mandando a los Jurados de aquella ciudad que a todos los niños pobres y huérfanos les nombrasen curador vecino de ella, procurando fuesen menestrales que tomasen a los niños de aprendices, para evitar la vagancia y la pobreza, haciéndolo de modo que el que no trabajase no comiese.

Apéndice, que no es desconocido ese modo singularísimo de funcionamiento económico del matrimonio, pues que de más o menos en todas las comarcas, inclusas las centrales, se dan casos semejantes. En honor a la verdad, esos casos son seguramente muy poco numerosos. Mas aunque lo fueran menos, creemos que puede sostenerse la validez de una tal sucesión al amparo del principio de libertad civil simbolizado en el *Standum est chartae*. Para que la aplicación de este apotegma pudiera ser rechazada, sería preciso demostrar que la sucesión contractual es opuesta al Derecho natural.

Esa demostración no ha de hacerse con arreglo al Código civil, porque éste, en la materia que nos ocupa, inspirado en tradiciones y preocupacioncs que no tienen razón de ser, obedece a principios muy distintos de los en que se inspira el Derecho aragonés. El apoyo de la eficacia de la sucesión contractual, si el caso de controversia judicial se presentara, habría de buscarse no precisamente en la costumbre (que en el Alto Aragón seria oportuno invocar), sino en el *Standum est chartae*, siendo, por lo demás, de temer, atendida la general tendencia de los Tribunales que no prevaleciera en definitiva la eficacia de la sucesión.

309 *«Recopilación de los Estatutos de la ciudad de Zaragoza. Por los señores Jurados, Capitol y Consejo, con poder de Concello general. Confirmados y decretados el primero de diciembre de 1635».*

Leyendo a los autores que de este asunto han tratado, generalmente con poca extensión, se suscita la duda acerca del carácter de la institución.

Antequera *(Historia de la Legislación española)* dice que en Valencia el Consejo general nombraba al funcionario llamado *padre de huérfanos*[310], cuya excelente institución, destinada a recoger los huérfanos pobres de padre y madre, o cuyo padre estuviese impedido, dedicándolos a oficio y vigilándolos, funcionaba desde los tiempos de Pedro II. Pero Matheu, que publicó a principios del siglo XVIII su obra *Tractatus de regimine regni Valentiae,* hace observar que el privilegio de Pedro II se refiere al nombramiento de curador de los huérfanos, pero no a la provisión del oficio expresado; conviene, sin embargo, en que la serie de los padres de huérfanos comienza entonces, pero con el carácter de curadores, no de jueces[311].

Contra el parecer de Matheu se ha sostenido que tocaba al Padre de huérfanos el conocimiento de todas las causas de demandas de salarios de huérfanos y huérfanas, menores de 25 años y pobres, hubiesen estado o no «afirmados», procediendo sumariamente y con facultad de ejecutar sus sentencias. Como fundamento de esa opinión, cita Mesa (*Arte histórica y legal,* etcétera) un privilegio del rey D. Juan, de 20 de julio de 1418, otro de D. Carlos V, dado en Zaragoza a 8 de febrero de 1519, y varios testimonios, que dice haber visto, de actos judiciales[312].

Esa jurisdicción, al decir del mismo, no era privativa, ya por no expresarse esto en el privilegio, ya por estar en contrario la Observancia; correspondiendo sólo ese carácter privativo al derecho de afirmar y acomodar a los huérfanos en casas honestas, tasándoles salarios, sin que quien no fuera padre, tutor o curador, como los administradores de las casas de Misericordia y sus análogas, pudieran hacerlo.

Por último; según el mismo autor, tenía el Padre de huérfanos, a más de dicha jurisdicción civil, «otra económica criminal para castigar a sus súbditos dentro de su casa con cárcel, azotes y otras penas semejantes no graves», conociendo de las apelaciones en esos asuntos la Real Sala.

En Aragón fue el Padre de huérfanos un magistrado municipal dotado de importantes atribuciones.

---

310 Como recuerdo de esta institución existe en Valencia la calle llamada del *Padre de huérfanos*, según dice ese autor.

311 *Apud nos Judex orphanorum non ades, sed quidem curator eorum, ut dixi.*

312 «En conformidad de cuyos privilegios —son sus palabras— he visto con ellos varios testimonios de acto judiciales executados por este Oficial desde el año 1564 hasta el 1676, y tiene mano judiciaria desde el año 1680 hasta el 1701, por cuyos fundamentos, sin embargo de la autoridad de dicho Sr. Lorenzo Matheu, ganó sentencia de vista y revista en competencia de uno de los Alcaldes de esta ciudad y del Fiscal de su Majestad, dada la primera en el 18 de enero de 1716 y la segunda en 4 de julio del mismo año».

A él incumbía dar albergue gratuito a las muchachas que dejaban el servicio de sus amos, hasta que se colocaran, a cuyo efecto había de tener dos camas en cierto departamento del Hospital de Nuestra Señora de Gracia; detener en calabozos (cepos) que habría de haber en el mismo departamento, aunque en aposento separado, así mozos que fuesen desobedientes y saliesen de casa de sus amos «como los que fuesen quitones, vagamundos, que no querrán trabajar ni estar con amos»; castigar, «dándole azotes o castigo moderado», «o ponerlo en el cepo grande o pequeño, a su arbitrio y discreción» según la edad, al mozo (o moza) que después de haber entrado a servir en una casa («mozo o moza que firmado aurá con algún amo o dueña») viciosamente huyera de ella, para que después de castigado hubiera de volver a aquel servicio; visitar iglesias, plazas y demás sitios en que suele darse limosna para, en caso de que en ellos hallara «hombres y mugeres mozos, y mozas, que estando sanos y bien dispuestos para servir y trabajar, van pidiendo limosnas, quitando y defraudando de aquéllas a los hospitales y enfermos vergonzantes que padecen hambre en sus casas, echándose a la gallofería y quitonería», compelerlos «a trabajar, y ganar la vida o firmarse y estar con amos o aprender algún oficio», arrojarlos de la ciudad «si no querrán salir de la tal gallofería», conminándolos con azotes si continuaran en vida de vagamundos, y últimamente, si después de la expulsión, que debería constar mediante acto público, se los hallara «demandando limosna, sin querer trabajar ni servir ni usar ningún oficio», denunciarlos al Procurador de la ciudad para que éste lo haga a su vez al Zalmedina u otro Juez competente, el cual, sumariamente y de plano, sin estrépito de juicio, deberá castigarlos.

Estaba, además, obligado el Padre de huérfanos: 1.°, a procurar que los mozos y mozas no fuesen maltratados por sus amos y que por éstos se les pagasen sus salarios, entregándoselos a ellos si fuesen mayores de catorce años, y consignándolos a nombre de los mismos en la Tabla de depósitos si fuesen menores y no tuviesen algún pariente cercano a quien poder confiarlos; 2.°, a hacer escombra, entrando en cualquier casa de la ciudad o sus términos, siempre que fuese requerido por razón de su oficio para investigar los vagamundos, mozos u otras personas olgazanas, rufianes, alcahuetas o de mala vida y otras cualesquiera personas que sean dañosas en la republica o encubriesen los tales mozos o mozas vagamundos araganes, taquineros o personas de mala vida y exemplo que andan válidos sin tener arte ni forma de vivir», pudiendo «expelirlos o foragitarlos» de la ciudad y sus términos con las conminaciones y en la forma debidas, y debiendo tomar las medidas necesarias para evitar los encubrimientos; 3.°, a llevar un libro en que constaran los actos de su gestión, de los cuales habría de dar cuenta mensual a los Jurados. Mediante otras disposiciones del estatuto de que vamos hablando, se proveerá a la necesidad de garantizar al Padre de huérfanos en el desempeño de su cargo, poniendo sus providencias al abrigo de toda manifestación, firma o «empacho» de cualquier naturaleza y autorizándole para que, en caso de «fragrancia, prendiera a quien le desacatara, resistiera o perturbara en sus funciones, cualesquiera que fuesen el estado, grado y condición de, los ofensores y los llevara a la cárcel común entregándolos a su Alcaide, notificándolo todo a los Jurados, quienes, si entendían haber causa bastante, diesen parte al Procurador fiscal del Rey».

Ese estatuto fue reproducido en lo esencial y aun aclarado y ampliado en algunos extremos, todos referentes a la policía de las costumbres[313], en el de 4 de diciembre de 1628. Algún extremo hay omitido, sin que aparezca del texto del estatuto si se entendió mantenerlo o dejarlo sin efecto; tal es el referente a las camas que había de tener preparadas en el Hospital el Padre de huérfanos[314] y a los azotes que podía dar a los mozos o mozas que «viciosamente» dejasen el servicio doméstico o huyesen de la casa del amo o dueña. De azotes ya no se habla en ese estatuto de 1628, sino como conminación que el Padre de huérfanos podía hacer a los vagamundos y gentes de mal vivir. Mas esa pena había de imponerse por la autoridad del zalmedina; el Padre de huérfanos[315] podía detenerlos, (ponerlos «en cepo»), castigarlos «módica y paternalmente» y aun expulsarlos; y en cuanto a los niños a quienes sus padres dedicaban a pedir limosna, su cometido era el de darles un oficio si fuesen de edad para poder servir, y no siéndolo ni teniendo padres, llevarlos a los «Hospitalicos de niños y niñas, huérfanos desamparados»[316].

313 Entre las adiciones se halla la siguiente: «Otrosí, estatuimos y ordenamos que muger alguna enumerada o pública cantonera no sea osada por vía directa o indirecta tener en su casa y servicio moza o muger alguna que no sea mayor de edad de cuarenta años, so pena por cada vez que lo contrario hiciese de sesenta sueldos aplicados a arbitrio de los señores Jurados y treinta días de cárcel y otras penas arbitrarias y bien vistas».

314 Para ello le estaban asignados por ordinación real 500 sueldos.

315 Ramírez, en su obra *De lege regia*, publicada en fecha comprendida entre los dos estatutos citados, relaciona la institución del Padre de huérfanos con la del Cuestor romano y dice que los ancianos e impedidos quedaban confiados a la piedad de los ciudadanos, y los vagos eran corregidos por aquel funcionario parternalmente *(non ut servi sed ut filii)*, mientras no creyese oportuna su expulsión. Si la acción del Padre de huérfanos no bastaba, la gente maleante era sometida a la jurisdicción del magistrado competente. Y he aquí sus palabras: *quod si haec aeconomica coercitio non sufficiat, segnitie eos ad illicitos actus impelente, magistratus politici juridictio erit, imploranda ut judicialiter et publica puniatur, is qui coerctionem domesticam et paternam contempit, cum iste non habent atrociter verberandi jus, ut in legato dicebat I. C. qui enim correctionis causa feriunt non flagris et loris sed virgis cedere solent: unde in actione fidei, dum Inquisitores poenitentes absolvunt et reconciliant, virgis utuntur, quas portare solent fratres S. Dominici tamquam,* etc.

316 Acerca del nombramiento de Padre de huérfanos, se sabe que para el acertado gobierno político de la ciudad, se dividía a los ciudanos en cinco órdenes, a imitación de los patricios romanos que estaban divididos en cinco clases. Los nombres de los de cada orden se inscribían en cedulillas de pergamino, puestas en bolitas de madera separadas en cinco bolsas. En las preeminentes estaban los que eran aptos para ejercer el oficio de Padre de huérfanos; y para que lo lograse el más benemérito se sorteaban cuatro ciudadanos en 15 de diciembre, asistiendo el Capítulo, o sea los cinco Regidores del Ayuntamiento y el Consejo, formado por treinta ciudadanos de las cinco clases y de cinco oficiales de todos los gremios elegidos cada año por sorteo. Y en votación secreta el Consejo designaba al

A fines del siglo XVIII proponía Asso *(Historia de la Economía política de Aragón),* que tan importante oficio se confiara a un ministro togado de representación y autoridad, dándole cuatro tenientes o adjuntos para la más pronta y eficaz ejecución de las providencias propias del cargo, y que dos de ellos vigilasen continuamente sobre la conducta de los labradores y jornaleros para que a lo menos trabajasen las horas íntegras prescritas en la Ordenanza de 1577. En las reformas posteriores de la Administración municipal hubo de desaparecer el cargo[317].

La legislación de Navarra es muy completa en esta materia. En ella se puede seguir la historia de la institución, desde su creación en 1576 hasta su extinción que virtualmente quedó decretada, como observa Yanguas *(Diccionarios de los Fueros y leyes de Navarra),* en 1817 y 1818.

Reunidos en Cortes los tres Estados de aquel Reino, propusieron, y el Rey aprobó, que para poner coto a los excesos, que allí existían más que en otros Reinos, a los vagos y falsos mendigos que ya individualmente, ya en cuadrillas se dedicaban a la mendicidad y al juego, y hasta al robo a veces, en cada ciudad, villa o valle se nombrase Padre de huérfanos a una de las principales personas que tuviese el cargo y cuidado de visitar a los pobres, colocando en oficios a los sanos y aptos para el trabajo, dando un día de término para abandonar la localidad a los que no quisieren trabajar y llevando a la cárcel a disposición del alcalde a los que no cumplieran esa orden (ley 1.ª, tít. XXV, lib. V de la Novísima Recopilación de Navarra).

Pertenece esa ley a las Cortes de 1576. Pocos años después (1592) se dictó otra, encaminada a robustecer la autoridad del Padre de huérfanos. Se facultó a éste para dar autorizaciones de petición de limosna en favor de quienes estimara merecerla; para prender y desterrar por dos años a los vagos válidos, y para condenar a quienes quebrantasen el destierro y sin su licencia pidiesen limosna, a que públicamente los pasasen a la vergüenza por los pueblos y desterrarlos por cuatro años, y en caso de nuevo quebrantamiento a sufrir cien azotes; penas que habrían de aplicarse por la Justicia ordinaria, y algunas de las cuales no podía imponer sin consulta del Real Consejo (ley 2. ª).

El descuido en la Observancia de esas leyes dio lugar a que por la 46.ª de los años 1743 y 1744 se recordara su cumplimiento y se castigara a los alcaldes y regidores que faltaran a él.

Padre de huérfanos, quien ejercía el oficio por dos años. (Ordóñez, *Monumento triunfal de la piedad católica*, Zaragoza, 1672).

Un Padre de huérfanos de grata memoria, D. Ignacio Garcés, concibió en 1666 el proyecto de un Hospital en que recoger a los pobres. Comenzóse su construcción en 1668 y se terminó en 1669. Estaba regido por un Patronato; el Padre de huérfanos era Regidor perpetuo.

317 Este, según Asso, no fue, en Aragón, exclusivo de Zaragoza. Tuviéronlo también otras poblaciones.

Tampoco fue eso suficiente. En 1757 se quejaban los Estados de que en algunos pueblos había decaído su Observancia. Se reprodujo por la ley 46 la prevención del fiel cumplimiento de lo prevenido, se declaró inherente al cargo de alcalde el de Padre de huérfanos y se dictaron otras disposiciones en aclaración o complemento de lo ya acordado.

Se atendió por la ley 16 de los años 1780 y 1781 a la necesidad de destinar fondos al cumplimiento de las disposiciones del Padre de huérfanos, a la vez que se ordenaba lo siguiente: «que en cada merindad haya una casa piadosa en que se recojan, corrijan y aprendan ocupación útil los mendigos, a fin de que no se maleen en las cárceles contagiando sus ideas con el mal ejemplo y costumbres de los facinerosos y delinquentes».

La ley 41 de los mismos años[318] encargó al Padre de huérfanos, en los pueblos en que lo hubiera, el cuidado, dirección y gobierno de las escuelas, así por lo respectivo a los maestros, para que no se descuidasen en el cumplimiento de su obligación ni castigasen con más severidad que la que corresponde a los niños, como por lo tocante a la concurrencia de éstos, y exacción de la multa que se imponía a los padres y demás personas a quienes están subordinados, en caso contrario. Esa jefatura escolar del Padre de huérfanos quedó subordinada, por la ley 36 de las Cortes de los años 1794 y siguientes, a la del superintendente de escuelas.

El cargo de Padre de huérfanos, en lo que fue objeto primordial de la institución no dio los resultados que el legislador navarro se propusiera. Tan solamente, decían las Cortes de 1817 y 1818, ha resultado un asalariado más en cada uno de los pueblos donde hay Padres de huérfanos. En su consecuencia, se dio la ley 79 de aquellas Cortes, «sobre varias medidas contra los pordioseros», se reglamentó la mendicidad y se dejaron expresamente sin efecto las leyes 1.ª y 2.ª, tít. XXV de la Novísima Recopilación, la 46.ª de las Cortes celebradas en los años 1743 y 1744, y la 16.ª de las de 80 y 81, quedando, de consiguiente, extinguido, dice Yanguas Miranda, el dicho oficio de Padre de huérfanos[319].

En Cataluña no se conoció la institución que nos ocupa, ni con la denominación indicada ni con otra alguna.

Son aquí enteramente desconocidos, observa Vives en una de las notas de su *Traducción al castellano de los Usages,* etc., t. II, los oficios de Padres

318 Yanguas Miranda (obra citada) omite la mención de esta ley, por cierto muy notable, cuyo objeto va indicado en su rúbrica que es como sigue: «providencias para el establecimiento de escuelas de niños y niñas, con separación, en los pueblos de este Reyno y calidades que deben tener los maestros y maestras».

319 Aunque la ley 79 de los años 1817 y 1818 no deroga las demás que hemos citado, es de tener cuenta que lo referente a escuelas fue, en lo que toca al ejercicio del cargo de Padre de huérfanos, una atribución secundaria. Por eso, sin duda, se entendió que careciendo ya de razón de ser ese cargo en lo esencial que le dio vida, dejaba de subsistir cuando las atribuciones esenciales le faltaron.

generales de menores, defensores de ausentes, etc., de que se trata en las leyes del tít. XXI, lib. X de la Novísima Recopilación.

Se refiere, como bien se comprende, a la «Novísima Recopilación de las leyes de España». Estudiando, además, el tít. XXXIX del lib. VII de ésta (Del socorro y regimiento de los pobres), se observa que esas funciones pertenecían a las autoridades civiles y eclesiásticas ordinarias, sin que hubiera cargo especial[320] equivalente al de Padre de huérfanos, propio de Aragón, Navarra y Valencia, mas sin que dejaran de dictarse numerosas providencias por los Reyes, desde D.ª Juana hasta D. Carlos IV, encaminadas a evitar que los holgazanes, vagos y falsos mendigos[321] desvíen de su natural y debido cauce los efectos de la caridad y aun a cuidar del porvenir de los niños pobres.

Estudiando las disposiciones que en este artículo dejamos citadas, se observa con dolor cuán lento es el progreso social. Los problemas de la vagancia, de la mendicidad, de la protección a la infancia abandonada y de corrección de la delincuente[322], están por resolver. Lo que se ha hecho es muy poco si se lo compara con lo que resta hacer para alcanzar un estado social que pueda con razón estimarse como de civilización verdadera.

PARENTES

Derecho foral. *Aragón.*– La palabra latina *parentes,* usada en la Observancia 7.ª *De testamentis,* libro V[323], ha dado lugar a disensiones entre los tratadistas de Derecho foral aragonés[324].

Toda la dificultad, se lee en las *Instituciones de Derecho civil aragonés* de Franco y Guillén, estriba en la significación que debe darse a la palabra *parentes,* pues se ha creído que la partícula *aut* así puede ser expositiva o explicativa como disyuntiva.

---

320 Alguna vez, sin embargo, se nombraban personas que auxiliaran con sus informes a los Párrocos y Autoridades locales: véase, por ejemplo, la Pragmática de Felipe II, de 1565.

321 Muy justamente declaró Carlos III en su cédula de 13 de marzo de 1785 que no deben entenderse por vagos ni mendigos los jornaleros que por no tener en qué trabajar están a temporadas ociosos, ni los convalecientes que mientras no recobran perfectamente la salud y anterior robustez tampoco pueden hacerlo.

322 Véase respecto a Tribunales para niños, lo que decimos en el artículo PATRIA POTESTAD.

323 Creemos oportuno transcribir el texto íntegro de la Observancia para facilitar la formación de un juicio acertado. Dice así: «*Item, in bonis aecquisitis ex propria industria, vel alias qualitercumque aliunde quam ex patre vel matre aut consanguinitate eorum, succedunt ab intestato equaliter per stirpes, parentes aut consanguinei ex pare patris et matris propinquiores defuncto quam consanguinei ex parte matris vel e contra*».

324 En este artículo no cabe tratar sino de la significación de la palabra *parentes*. No es para discutida de un modo incidental y de pasada la gran cuestión de si esta Observancia sigue en vigor o ha de entenderse, en vista de ciertas declaraciones del Tribunal Supremo, derogada por la ley de Mostrencos primeramente y después por el Código civil.

La diferencia de atribuir a la partícula *aut* una u otra significación es tan considerable como notoria.

¿Se la estima meramente explicativa? Entonces la expresión *parentes aut, consanguinei* equivale a esta otra: *los parientes, o sea los consanguíneos.*

¿Tiene sentido disyuntivo? Pues se entenderá haber querido decirse: *o los padres o los consanguíneos.*

López Arruego, en un opúsculo tan parco en extensión como abundante en doctrina *(Un fuero* y *una Observancia)*[325], estudia la significación no sólo de la partícula sino de las dos palabras que respectivamente la anteceden y siguen, para deducir el sentido de la expresión completa *parentes aut consanguinei.*

Observa, en cuanto a la palabra *parentes,* que en las leyes romanas aparece usada muchas veces en el sentido de *padres,* mas también algunas en el de *predecesores.* Esta observación no parece pueda contribuir a una solución acertada; no ha de darse al olvido que, como el mismo autor advierte, el idioma latino, después del período de su florecimiento, pasó por varias fases hasta convertirse en la *infima latinitas*, que es el latín de los fueros aragoneses.

mayor utilidad puede prestar la determinación del sentido dado a la palabra en ese último período y aun en el ya decadente inmediatamente anterior al del lenguaje de los Fueros.

La autoridad de Vicat, Du Cange y el cardenal Luca, sirve a López Arruego para sentar la afirmación de que en aquellos tiempos la voz *parentes* se aplicaba indistintamente a los *padres* y a los *parientes.*

En cuanto a las disposiciones forales escritas en latín, ya Franco y Guillén, sin salir de las Observancias, recopiladas todas, dicen, salvas algunas excepciones, por unas mismas personas, las cuales parece que debieron usar la palabra en cuestión en un mismo sentido, habían notado que en la 17.ª, *De donationibus,* por ejemplo[326], se toma en sentido de padres, y en la 42.ª *De jure dotium*[327] en la de parientes. El autor del opúsculo completa ese ejemplo con otros, tomados ya de los Fueros, ya de las Observancias, que demuestran que en el lenguaje foral ocurre lo mismo que en los tiempos anteriores a su empleo, y añade que en él, por punto general, se designa a los padres con el nombre de *pater* y *mater*[328].

La partícula *aut*, (seguimos reproduciendo en lo esencial el estudio de López Arruego), gramaticalmente considerada, es una conjunción disyun-

325 El fuero es el único *De rebus vinculatis*, del cual no tenemos que tratar en el presente artículo.

326 *Parentes in vita sua, vel in norte, possunt donare filiis omnia bona cum carta, vel cuilibet partem suam et valebit et non tenebuntur in debitis patris.*

327 *Item is uxor alicujus fuerit in certis rebus dotata, et filii extent ex ea haereditabunt dotes illas ipsi filii, mortuo patre ipsorum et matre, et ratione praedictarum dotium non tenentur emendare injurias patris filii dotes praedictas possidentes; et si filii decedant, pater si vivit succedit in illis bonis, et si praemoriatur pater, parentes proximiores ex parte patris succedunt in illis bonis.*

328 De ello es un ejemplo la misma Observancia que acaba de transcribirse.

tiva en contraposición de la partícula *et,* que es copulativa. No obstante, en el sentido jurídico ha dado mucho que hablar su verdadero significado, ya desde los romanos, sin que el examen de las obras de los tratadistas dé otro resultado, por la diversidad de sentidos en que se la ha tomado (disyuntiva, alternativa, copulativa, expositiva, adversativa, asimilativa, etc.), que la demostración de que no hay regla que por sí misma resuelva el caso.

Por fin, en lo tocante al concepto de *consanguinei,* hace notar que si bien tal calidad corresponde a todos los individuos que participan de una misma sangre (ya ascendientes, ya descendientes, ya colaterales), nunca se designa en el tecnicismo jurídico con el nombre de consanguíneos a quienes no sean colaterales.

La mayor parte de los escritores aragoneses[329] se han decidido por la versión de *parientes*, si bien autores tan respetables como Aniñón entre los antiguos y Franco y Guillén entre los modernos, han estimado que la traducción preferible es la de *padres.*

Al Tribunal Supremo se le presentó la cuestión dos veces, dando ello lugar a las sentencias de 7 de marzo de 1889 y 15 de noviembre de 1887.

En la primera no puede hallarse solución porque, aunque el Tribunal rechazó la casación, no lo hizo por considerar que la Observancia 7.ª *De testamentis,* que como infringida se alegaba, hubiera de entenderse en uno u otro sentido, sino porque estimó que esa disposición era ajena a la cuestión debatida, por no deber verse en el caso sobre que la discusión recaía, un intestado.

En la segunda, sí, se resolvió la cuestión de un modo claro y directo. Tratábase de si cierta persona debía ser heredada por su padre o por sus colaterales por parte de madre. Pedía el padre todos los bienes; los colaterales, que eran maternos, los procedentes por sucesión de esta línea y la mitad de los adquiridos por propia industria del *de cuius.* Invocaban estos el fuero único *De rebus vinculatis,* el 1.º *De succesoribus* ab-intestato y la Observancia 7.ª *De testamentis;* alegaba aquél que el fuero *De rebus vinculatis parentes* debe considerarse virtualmente derogado por la ley de 20 de octubre de 1820 y no podía aplicarse en el caso del pleito por referirse a bienes sitios y ser muebles los de la herencia discutida.

El Tribunal Supremo declaró (en lo que toca a lo que es objeto de este artículo) que según el fuero único *De rebus vinculatis* y la Observancia 7.ª *De testamentis*, la sucesión intestada de Aragón, a falta de hijos, se defiere, en cuanto a los bienes adquiridos por herencia, a *los parientes* más próximos por la parte de donde provienen los bienes y en cuanto a los adquiridos por industria o de otro modo, por estirpes, a los consanguíneos más próximos de parte del padre y de la madre.

329 Aunque el autor del opúsculo no cita con sus nombres los textos respectivos, tenemos por exactas las citas de aquéllos, y no nos detenemos a probar con el examen de éstos esa exactitud, por no dar a este artículo proporciones excesivas.

PASO

Derecho foral. *Aragón.–* El Fuero 3.° *De consortibus ejusdem rei,* lib. III, declara que quien posee viña o huerto en cuyo derredor otros hubieren plantado viñas, destruyendo así el camino por donde extraía las uvas y los sarmientos, sin que pueda ya verificar esa extracción por ningún lado, tiene derecho a que se le dé salida al camino público por donde antes la tenía y por el punto más próximo o se le permita recorrer libremente con ese objeto la margen de la acequia de donde recibe el riego; a no ser que la acequia de que la viña se riega esté al lado del camino público.

Nada dicen los Fueros de las condiciones que ha de tener el paso. Sus deficiencias han debido suplirse con las disposiciones de la legislación común, según aparece de las obras de los comentaristas. Moutón (*Diccionario del Derecho civil foral,* t. II) recuerda con oportunidad que en los Estatutos de montes y huertas de la ciudad de Zaragoza hay algunas especialidades contenidas en los caps. LIII, CLXIV y CLXXXIV. En ellos se determina la anchura del paso, de las entradas y salidas de carro, la falta de derecho para exigir nueva entrada a quien ya tuviere una, etc.

PATRIA POTESTAD

Derecho civil común. *Consideraciones preliminares.–* Ha solido, en orden a la patria potestad, oponerse el tipo germánico al romano. Modernamente la idea de esa oposición ha perdido favor en el mundo científico. Los autores no se han puesto de acuerdo y es bien conocida la diversidad de opiniones hoy existente.

Laferrière, por ejemplo, había dicho que mientras la patria potestad *(puissance paternelle)* del Derecho romano o galo-romano se hallaba fundada sobre todo en el interés del padre, el *mundium* germánico miraba principalmente al interés del débil y del hijo (*Histoire du droit français,* t. VI). Laurent (*Principes de Droit civil français,* t. IV) hacía notar que la expresión *patria potestad (puissance paternelle)* viene del Derecho romano; que en Roma la familia se fundaba en la idea de potestad, en la significación de poder absoluto, ilimitado, y se concentraba en su jefe, no siendo el padre de familia, según Ulpiano, sino el que tiene el *dominio* en su casa *(pater autem familias appellatur qui in domo dominium habet),* absorbiendo con él todos los derechos, todo el poder de los que le están sometidos y resumiendo en sí toda la capacidad jurídica, hasta el punto de considerarse el jefe de la familia y sus hijos una sola persona; mientras en Germania, si bien la familia se resumía igualmente en su jefe, y era por él representada, éste no era ya su *amo*, sino su *protector,* convertida su *potestad* en una *tutela* y su *dominio* en una *mainbournie*[330] o *guarda,*

---

330 Según Brissaud *(Manuel d'histoire du droit privé)*, la *mainbournie* no era sino el antiguo

Otros escritores se niegan a admitir esa antítesis que, en vista de los textos, no estiman exacta. Taudiere *(Traité de la puissance paternelle)* hace notar que según Tácito, el padre tenía la facultad de abandonar al recién nacido, de excluirlo arbitrariamente de la familia, de venderlo y darlo en prenda, y según César, aunque esto no sea por todos admitido, el de matarlo *(ius vitae necisque)*, sin que, salvo ciertas restricciones tradicionales y religiosas, y quizá una cierta intervención de la familia y sobre todo de la madre durante la primera infancia, pueda decirse que la autoridad paterna germánica cediera, en nada a la potestad romana en cuanto a energía e intensidad.

La cuestión está en pie entre los doctos. No pretendemos aquí seguirla en su desarrollo; menos aún darla por resuelta. Pero creemos que no será inoportuno llamar la atención de quien quiera detenerse a estudiarla, acerca de un hecho que nos parece bien comprobado. La relación paternofilial llámese como se quiera, ha tenido uno u otro carácter, según ha influído en la legislación de un país el Derecho romano o el germánico. En Francia se distinguieron las comarcas de costumbre o Derecho consuetudinario y las de Derecho escrito en aquéllas predominó el espíritu germánico; en estas, el romano. Pues bien: ocurrió que, como en España (De Diego, *Apuntes,* 2.° curso, t. III) entre las Partidas de un lado y el Fuero Juzgo y los Fueros municipales de otro, se marcó bien la diferencia en el modo de desenvolverse aquella relación.

El sentido germánico, o considerado tal por los partidarios de la opinión indicada —en todo caso el sentido de protección y tutela del hijo en oposición al de dominio y poder del padre—, es el que ha prevalecido en los Códigos modernos, con más o menos pureza, cualquiera que sea la denominación que se haya adoptado[331].

---

mundium reducido a implicar solamente los derechos necesarios para la protección del hijo; un poder de protección, según expresión corriente, absolutamente en interés de los hijos, etc.

331 Generalmente se ha conservado la palabra *potestad (puissance, Gewalt, etc.)*. En Francia, el Código Napoleón sólo emplea la expresión «*De la puissance paternelle*» en la rúbrica del título IX, libro I: en el articulado la substituye con la de *autorité*. Laurent, en su conocido *Avant-projet*, no emplea más que la palabra *autorité*. La tercera República, que ha modificado o completado con sus leyes el Código civil, no ha creído deber abandonar la expresión *puissance paternelle*, y ha continuado empleándola (véase, por ejemplo, la ley de 2 de julio de 1907). La primera República, salida de la Revolución de 1789, hizo en esta materia grandes reformas, después censuradas por unos (AUBRY y RAN, *Cours de Droit civil français*, tomo IX) y recordadas por otros, ya con cierta simpatía (COLIN Y CAPITANT, *Cours élémentaire de Droit civil français*, t. I), ya con fervor (SAGNAC, *Législation civil de la Révolution française*; ACCOLLAS, *Manuel de Droit civil*, t. I). En el dictamen sobre el proyecto de Código civil presentado por Cambacères a la Convención decía: «La vigilancia y la protección son los derechos de los padres; alimentar, educar y establecer a sus hijos, sus deberes». En el proyecto la patria potestad tomaba la denominación de protección legal; su regulación, la de relaciones entre los padres *(les pères et les mères)* y los hijos.

Derecho foral. *Aragón.*– Es harto conocido en la Historia del Derecho y en el Derecho positivo el *De consuetudine Regni non habenms patriam potestatem* de la Observancia 2.ª, *Ne pater vel mater pro filio teneatur,* lib. II.

Se ha tratado por muchos de disculpar al pueblo aragonés de haber formulado esa sentencia, queriendo borrarla, como si se tratara de un estigma.

Sin embargo, la familia aragonesa no ha cedido a ninguna en la robustez de su constitución y en lo ordenado de su funcionamiento, lo cual no habría sido posible si la Observancia implicara la ausencia de esa autoridad paterna que es de Derecho natural.

Se conviene ya unánimemente en que el famoso apotegma no es sino la negación de la patria potestad romana, la protesta contra el poder absorbente y tiránico del padre de familias.

En lo que es favorable al hijo, en lo que es su amparo y protección, que es lo fundamental de la patria potestad, ésta no se ha negado nunca en Aragón, cuyo sistema de «obligaciones entre padres e hijos», como en sus *Instituciones* la titulan Franco y Guillén, es quizá el que más se aproxima, en el Derecho comparado, al ideal de la familia.

En cuanto al apotegma mismo, no ha sido Aragón único en la sociedad europea en proclamarlo. Bien lo saben cuántos conocen la Historia del Derecho francés. En las comarcas de *costumbres,* la regla general cuyo origen estaba en el antiguo Derecho germánico, dice Giraud *(Précis de l'ancien Droit coutumier français)*, era que la patria potestad no existía en Francia *(la puissance patentelle n'avait point lieu en France)*; fórmula equivalente al *non habemus patriam potestatem*, aragonés.

Hoy la representación del hijo menor de edad por el padre y, muerto éste, por la madre, es, como todos los derechos y deberes inherentes a la patria potestad, admitida ya sin dificultad en Aragón. No se implantó de un golpe, digámoslo así, esta práctica. Fue decayendo poco a poco: hace años, todavía se hacía algún nombramiento de tutor, por la muerte del padre o de la madre, aun quedando el otro cónyuge; hoy ya no. A esa unificación en lo tocante al reconocimiento de la «autoridad tuitiva, rectora y educadora de los padres, llámesela o no patria potestad», que «es de derecho natural y en tal concepto, de esencia en la constitución familiar», contribuyó en gran manera la Resolución, verdaderamente notable, de 4 de febrero de 1888, de la Dirección general de los Registros, en ocasión de hallarse desempeñada por un abogado y hombre público aragonés, D. Emilio Navarro Ochoteco.

En lo que no hay acuerdo es en lo referente a los peculios, o sea a los derechos que los padres puedan tener sobre los bienes de los hijos. Más conforme al concepto de la patria potestad, nos parece su negación en los países influídos por el Derecho germánico y más se acerca al ideal de desinteresada protección y ayuda de los padres; pero las cosas, como suele decirse, caen de ordinario del lado a que se inclinan, y la inclinación parece ser, en esto, hacia el Código civil.

PERMUTACIÓN

Derecho civil foral. *Aragón*.– «En Aragón, y conforme opinión determinados autores —dice Moutón *(Diccionario de Derecho civil foral)*– la donación que se otorga por una persona al esposo o a la esposa en razón del matrimonio contraído o que se va a contraer recibe el nombre de *permutación*».

El origen de esa aplicación de la palabra *permutatio* nos parece hallarse en Monter.

Molino *(Repertorium)* había enseñado que del requisito de la insinuación estaban exceptuadas, entre otras, las donaciones hechas en capítulos matrimoniales[332]. Argüía, razonando esta excepción, el ser la donación por causa de matrimonio título oneroso, no lucrativo, al menos respecto del marido.

Monter, recogiendo la doctrina del gran jurista, y como para reforzarla, agrega que las donaciones de esta clase tienen más bien el caracter de permutas *(donationes non sunt sed quaedam potius permutationes)*[333]. ¿Por qué? Porque en cuanto al marido tienen el carácter de un convenio para que, por su parte, los parientes de la mujer den también, de suerte que parece haber un cierto contrato distinto y separado de la donación[334], y a esa consideración cree debido que no sea necesaria la solemnidad de la insinuación. Más bien, pues, que un tipo contractual ya definido como la permuta y una nueva y especial figura de contrato, hubo de estar presente en el espíritu de Monter, al reproducir la excepción afirmada por Molino, la idea de una reciprocidad deseada y aun buscada por el donante; algo, además, de anticipado carácter remuneratorio; carácter que también, según la doctrina de Molino, excluía la necesidad de la insinuación. Molino, al exceptuar de la insinuación la donación hecha en capítulos, la había igualmente declarado exceptuada de la fianza de salvedad; excepciones que presentaba como consuetudinarias, no de fuero escrito, aunque autorizándose con ejemplos de las doctrinas roma-

332 Véase lo dicho acerca de esta materia en el artículo DONACIÓN INTER VIVOS.

333 En la mente de Monter parece que se formó la idea de una *permuta (permutatio)*; pero luego, aun cuando usándose muy poco, se llamó *permutación* a esta permuta especial, a la permuta aplicada a la donación por causa de matrimonio. Así Dieste *(Diccionario del Derecho civil aragonés)* dice, con relación a la *Decisión* 10 de Monter, que según éste, la donación indicada «debe llamarse más bien *permutación*».

334 He aquí las palabras mismas de Monter: «*Verae donationis non sunt, sed quodam potius permutationis ex parte viri, vim promiscuae conventionis et promissionem habentes ut cognati quoque uxoris futurae dent, consequenterque videtur quidam ese contractus a donatione sejunctus et separatus*».

nas, en lo tocante a la insinuación, ya que la fianza de salvedad no podía ser *de jure* y sí sólo *de foro,* locuciones que Monter emplea.

Otros extremos dilucida este autor: creemos que su exposición holgada en el presente artículo destinado a hacer notar la asimilación de la *permutación* a la *donación matrimonial,* institución de cuya regulación no es este el momento de tratar.

Concluiremos diciendo que la denominación de *permutación* no ha causado estado, por decirlo así, en el Derecho aragonés; con lo cual queremos indicar que no se emplean como sinónimas la palabra permuta, ni aun la de *permutación*, y la expresión *donación por causa de matrimonio,* siendo aquella palabra una mera explicación del concepto de esta donación, cuando no está inspirada en verdadera y pura liberalidad. Sessé (*Decissionum,* etc., t. IV) dice que eso es lo que sucede en la donación matrimonial obligatoria, que viene a ser como una *permutación (quasi permutatio)*[335].

PRESCRIPCIÓN DE ACCIÓN

Derecho civil común. *Requisito único.*– La prescripción extintiva —la única a que, según algunos, debiera llamarse prescripción, dándose el nombre de usucapión a la adquisitiva— no necesita, a semejanza de la prescripción extraordinaria del dominio, y a diferencia de la ordinaria de éste, ni título ni buena fe. Por su naturaleza, no puede descansar sobre la posesión. Las acciones, dice el art. 1.961 del Código civil, prescriben por el mero lapso del tiempo fijado por la ley.

Derecho foral. Los tratadistas se expresan y conducen de muy diverso modo en lo tocante a la prescripción extintiva en las legislaciones forales. Unos dicen que éstas se han preocupado casi exclusivamente de ella en materia de prescripción; otros casi no se ocupan más que de la adquisitiva, como si la extintiva no tuviera importancia.

Nosotros vamos a exponer lo que nos parece más importante de cada una de las legislaciones forales, alguna de las cuales son bastante abundantes en disposiciones reguladoras de las dos especies de prescripción, mientras otras apenas han previsto nada en punto a ellas[336].

335 Creemos ver alguna diferencia, y aún contradicción, entre la argumentación de Monter y la de Sessé: el primero parece considerar toda donación *ob causam matrimonii* exceptuada de la insinuación y fianza de salvedad, como cualquier donación *ob causam*: el segundo sólo considera verdadera donación de esta clase aquella cuya causa es necesaria, como la dote o la donación *propter nuptias (donatio propter dotem, vel propter nuptias ad quas pater et filius respective de jure tenentur).*

336 Para evitar repeticiones de extremos comunes a todas las legislaciones forales, advertimos aquí que en ellas, sin excepción, rigen, con perjuicio de las mismas, según el Tribunal Supremo, las leyes que, como generales del Reino, se han promulgado en los últimos tiempos. Así, por ejemplo, si se trata de la acción para el cumplimiento de una sentencia firme, la

Aragón.– Clases de prescripción.– Son nueve, según los textos forales, a saber:

1.ª La inmemorial (Observancia 3.ª, *De pascuis, gregibus et capannis,* y 9.ª, *De praescriptionibus*).

2.ª La de treinta años y un día (F. 6.°, *De praescriptionibus*)[337].

3.ª La de veinte años (Fueros 1.°, *De fide instrumentorum,* y 3.°, *De solutionibus;* 2.°, *De depósito:* Obs . 5.ª y 7.ª, *De praescriptionibus.*

4.ª La de diez años entre presentes (Obs. 7.ª, *De praescript.,* y 4.ª, *De consortibus ejusdem rei*).

5.ª La de tres años (Derecho consuetudinario y Fuero 4.°, *De praescriptionibus*).

6.ª La de año y día (Fueros 1.° y 2°, *De praescriptionibus;* 3.°, *De fideiussoribus;* 4.° y 5.° *De communi dividundo,* y Obs. 6.ª, *De praescript.).*

7.ª La de un año (Fuero 30, *De Aprehensionibus;* 7.°, *De praescript.;* 2.°, *De jure viduitatis*; 2.°, *De collusione detegenda;* 2.°, *De oppositione testii*).

8.ª De menos de un año, esto es, de diez días (Fuero 5.°, *De communi dividundo*); de dos meses (Fuero de 1678, titulado *Que tenga lugar el beneficio de la saca,* etc.); de uno o tres meses, según los casos (Fuero único, *De salariis mercenariorium*).

---

prescripción procedente en ese caso es la de quince años (sentencia del Tribunal Supremo de 22 de abril de 1915). Se trataba, en el caso del pleito, de incumplimiento de obligaciones mercantiles y el Tribunal Supremo se atuvo a la consideración de que el Código de Comercio no determina plazo para el cumplimiento de las sentencias, por lo que habrá de estarse al art. 1.964 del Código civil, ya que «el Derecho supletorio por el cual han de resolverse los actos mercantiles, en todas las regiones del Reino, es el contenido en los preceptos del mencionado Cuerpo legal». Y aun añadió que si la materia no hubiera sido mercantil sino civil, hubiera sido de aplicación iguales preceptos, en atención a que la ley de Enjuiciamiento civil, obligatoria en todo el territorio español, no fija el plazo para hacer efectivas las sentencias y «es indudable que dicho plazo no puede ser señalado en una disposición especial aplicable tan sólo a una región determinada sino el general establecido por la legislación común».

Al Derecho común hay también que estar si se trata de la prescripción de la acción hipotecaria. Porque la la legislación hipotecaria (sentencia de 3 de junio de 1916) «tiene carácter tal de aplicación general en todo el territorio nacional como que en orden al punto de partida y duración de la acción excluye otro género de disposiciones especiales o sean distintas de esa legislación».

337 No porque hay fuero que lo declare, sino por deducción o interpretación de los Fueros 1.° y 8.° *De praescriptionibus*, los autores, especialmente Franco de Villalba, han sostenido y de ello se hacen eco Franco y Guillén *(Instituciones de Derecho civil aragonés)*, que por treinta años se prescriben las pensiones atrasadas de censos (siendo imprescriptible el capital), por lo que sólo pueden reclamarse las veintinueve últimas pensiones: mas la doctrina de la imprescriptibilidad del censo ha sido desautorizada por la Jurisprudencia del Tribunal Supremo, en la sentencia de 31 de mayo de 1911, que lo ha declarado prescriptible.

9.ª La de tiempo indeterminado (Fueros 3.º y 5.º, *De praescriptionibus*)[338].

Algunas de ellas —la 3.ª, 4.ª, 6.ª y 7.ª, en alguno o algunos casos de cada una, y la 8.ª— son *prescripciones de acción.* De la 1.ª se trata en el artículo dedicado a la *Prescripción inmemorial.* Las demás corresponden al número de las prescripciones adquisitivas, aunque también algunas de las disposiciones pueden tomarse como sancionadoras de una y otra clase de prescripciones.

No podemos entrar en detalles respecto a cada prescripción. Las citas legales que quedan hechas pueden servir de orientación a quien desee conocer a fondo la materia.

PRESCRIPCIÓN DE DOMINIO

Derecho civil común. Dos maneras o clases de prescripción de dominio[339], la ordinaria y la extraordinaria, resultan de las disposiciones del Código.

Trátase separadamente de una y otra.

Derecho foral. *Aragón.– Prescripción de treinta años.* Fundamental, entre los fueros de Aragón, en materia de prescripción, es el 6.º, *De praescriptionibus,* de 1247, lib. VII[340]. Es semejante al usage catalán *Omnes causae,* aunque invierte algo los términos, pues comienza, más bien, por afirmar el derecho de quien posee una heredad pacíficamente durante treinta años y un día, aunque no lo hace de un modo directo, sino expresando que quien está en esas condiciones puede rechazar la demanda reivindicatoria que contra él se dirija. Pone una condición: la de poder probarse que quien le demanda entraba y salía en el lugar donde la heredad está situada.

---

338 No todas esas disposiciones están vigentes. Es notorio, por ejemplo, que las referentes al retracto están modificadas por la ley de Enjuiciamiento civil. Y Alas, De Buen y Ramos *(De la prescripción extintiva)* advierten que la disposición del Fuero 7.º, *De praescriptionibus*, está derogada por Derecho común: esa disposición se refiere a la acción de los jueces, actuarios *(«Notarios actitantes processos»)* y sucesores respectivos, para cobrar sus derechos.

339 Usamos de esta expresión en gracia de la brevedad; no se trata exclusivamente del dominio, sino también de los demás derechos reales, y así lo expresa claramente el epígrafe del capítulo correspondiente.

340 El texto del Fuero es como sigue: *Quicumque Infantio vel lius tenuerit aliquam haereditatem pacifice per triginta años et unum diem, et post transactum istum terminum, alius homo, quicumque sit, miserit in illam malam vocem demandando illam haereditatem, si ille quid possidet poterit probare sufficienter, quo dille qui eam demandat ingrediebatur in villa illa ubi est haereditas qui eam demandat, non potest nec debet ean consequi ratione qualicumque secundum forum Aragonum. Si tamen possessor poterit probare aut monstrare suam auctoritatem per scripturam et quod ei sufficere possit secundum forum salvo anno et die in suis casibus sicut continetur in foro anni et diei.*
Se cree por muchos que, como es muy frecuente en los Fueros, el que acabamos de copiar está mal puntuado, no debiendo haber punto después de las palabras *secundum forum Aragonum*, por referirse a esas y las anteriores la expresión *si tamen*, etc. Esa puntuación ha contribuído a que se suscitara la cuestión del título.

Opinamos que esa condición debe entenderse en el sentido de que la posesión se tenga a ciencia y paciencia de aquel contra quien se prescribe —y claro está que no por mera tolerancia, que, esencialmente, es circunstancia opuesta a la prescripción—, porque de entenderse de otro modo no podría nunca prescribirse contra los ausentes. Verdad es que, como se ha dicho en el artículo PRESCRIPCIÓN DE ACCIÓN, no corre contra ellos la prescripción; pero es únicamente cuando se trata de ausentes *causa reipublicae.*

¿Se necesita buena fe para esa prescripción? Ha sido esa una cuestión muy debatida entre los tratadistas aragoneses. Los más de ellos la han resuelto negativamente. Franco y Guillén *(Instituciones de Derecho civil aragonés),* cuya opinión ha pesado siempre tanto en el Foro de Aragón, se deciden por la negativa, pero añadiendo: «Sin embargo, cuando evidentemente constare que alguno habrá prescrito con mala fe, no dudaríamos en declarar (si a fallar se nos llamara) que no habrá prescripción, aunque, por otra parte, se hubiera cumplido con los demás requisitos forales», porque «las leyes y Tribunales nunca pueden patrocinar la mala fe ni la usurpación».

En cuanto a título, también ha sido su necesidad objeto de dudas y controversias.

Franco y Guillén *(ibid.)* se muestran inclinados a exigirlo; pero concluyen diciendo que no obstante las reflexiones que en ese sentido hacen, «la práctica ha introducido que el título no sea necesario en esta prescripción» y citan, en apoyo de esa afirmación, a Portolés, Lissa y Franco de Villalba.

Franco y Guillén publicaron su libro en 1841. Desde entonces el Derecho de Castilla primero, y luego el Código civil han penetrado mucho en el ámbito del Derecho aragonés. Una de las materias en que ha dejado sentir su influencia es esta de la prescripción.

El Tribunal Supremo ha venido a sentar la doctrina de que la prescripción de treinta años es la extraordinaria, quedando como ordinaria, por derecho supletorio, la de diez años entre presentes y veinte entre ausentes.

Podemos citar, anteriores al Código, las sentencias de 19 de diciembre de 1864 y 21 de junio de 1876. En la primera se declara «que el fuero 6.° de Aragón, *De praescriptionibus,* que establece que todo el que posee una cosa, sea cual fuere el motivo, por espacio de treinta años, no pueda ser perturbado en su goce, debe entenderse respecto de los casos extraordinarios en que falta algún requisito para la prescripción común, pero no en los ordinarios (como sucedía en el caso del recurso en que los demandados adquirieron la cosa con buena fe y justo título, habiéndola poseído por más tiempo del que se requiere para la prescripción común, de todo lo cual, dijo el Tribunal, se deduce que no se ha infringido el citado fuero de Aragón; y en la segunda se reiteró la declaración de que los bienes sitios o raíces se prescriben en Aragón por la posesión de más de treinta años, aunque no haya título ni buena fe.

Después del Código se pronunció la sentencia de 26 de junio de 1907. La cuestión estaba planteada ya en otros términos. Se discutió antes si los treinta años bastaban no habiendo título ni buena fe. Se discutía en el pleito, terminado en 1907, si el título y la buena fe bastan con tos diez y veinte años. El Tribunal Supremo insistió en su doctrina y aun, incidentalmente, añadió que aparte de que el transcurso de treinta años ha sido siempre considerado ordinariamente en la legislación como suficiente para borrar la falta de título y buena fe, en la necesidad de dar consistencia a la propiedad, sería de notar, en el supuesto en que el recurrente se había colocado, la falta de otros términos más extraordinarios cuando faltasen aquellos requisitos.

Otras prescripciones.– Conforme a lo indicado en el artículo PRESCRIPCIÓN DE ACCIÓN, hemos de indicar aquí algunas de diez años (Obs. 7.ª, *De praescriptionibus,* y 4.ª *De consortibus eiusdem rei);* de tres años (opinión de los autores, y hoy más bien Derecho supletorio, referente a bienes muebles, y Fuero 4.°, *De praescriptionibus)*; de año y día (Fueros 1.° y 2.°, etc. y Observancia 1.ª, *De praescriptionibus);* de un año (Fuero 30, *De apprehensionibus* y otros), y de tiempo indeterminado (Fueros 3.° y 5.°, *De praescriptionibus*).

PRESCRIPCIÓN INMEMORIAL

El Código civil no trata de esta clase de prescripción.

El Derecho anterior y los tratadistas que escribieron exponiéndolo o comentándolo, se ocupan de esa circunstancia de lo inmemorial con aplicación a la posesión o a la prescripción.

Falcón (*Exposición doctrinal del Derecho civil español común y foral,* t. II) habla de esa prescripción como introducida por las leyes y por los cánones (cita en su corroboración, y como ejemplo, la ley 2.ª, título XXVII del Ordenamiento de Alcalá y el Concilio de Trento, sess. 25, cap. IX, *De Ref.*) para ciertas cosas como la jurisdicción, la provisión de beneficios y otros que por naturaleza son imprescriptibles y que en ciertos tiempos se permitió, sin embargo, prescribir. Recuerda las sentencias del Tribunal Supremo de 24 de junio de 1864 y 15 de octubre de 1866, que exigen una larguísima y pacífica posesión a que no alcance la memoria de los hombres, sin conocimiento de la procedencia ni noticia en contrario, y añade: «Esta doctrina supone vigente la prescripción inmemorial, aplicable a las causas en que se ignora la procedencia de las cosas, por haberse perdido la memoria de su origen y que por larguísimas tiempos permanecen sin oposición de nadie en poder del que prescribe».

Aunque el Código nada diga de ella, parécenos que debe considerarse vigente. Lo común ha sido entender que para que la posesión fuera inmemorial era preciso que no hubiera memoria de su origen. Aunque sólo se tenga en cuenta una generación, es indudable que no sabiendo ésta nada en contrario y afirmándose de siempre la posesión, ésta contará, cuando eso suceda, más de treinta años y habrá prescripción, ya que lo menos (los treinta años) está comprendido en lo más (lo inmemorial).

No así lo contrario; en lo menos no puede estar comprendido lo más; y por eso en Aragón las servidumbres *pascendi, liquandi et adaquandi* (de ellas se ha tratado brevemente en los artículos DERECHO DE PACER y DERECHO DE LEÑAR y un poco más extensamente en DERECHO DE ABREVAR), no pueden adquirirse ni aun por la posesión de treinta años por necesitarse la inmemorial, según la Observancia 9.ª, *De praescriptionibus,* lib. II. «El derecho de leñar, apacentar y abrevar —dice ésta—, puede prescribirse sin título por tanto tiempo cuanto que no exista memoria de hombres en contrario) (texto traducido por Martón y Santapau). Y esa declaración casi literalmente se reproduce en la Observancia 3.ª, *De pascuis, gregibus et capannis,* lib. VII.

Los tratadistas dicen que la prueba testifical de esta posesión se ha de verificar con testigos que por lo menos hayan cumplido cincuenta y cuatro años, y deberán declarar de ciencia propia con relación a un período que no baje de cuarenta años y de oídas a sus mayores.

En pleitos que no versaron sobre asuntos fallados con arreglo a la legislación de Aragón, pero cuyas declaraciones, en la materia que estudiamos, son perfectamente adaptables a ésta, tiene declarado el Tribunal Supremo que el requisito más esencial de la prueba de prescripción inmemorial «es una larguísima y pacífica posesión de origen remoto a que no alcance la memoria de los hombres y sin noticia de hecho alguno contrario a ella» (sentencia de 21 de junio de 1864); doctrina con la cual está conforme la afirmada en la de 15 de octubre de 1866, y ha sido reiterada en otras posteriores.

En el artículo PRESCRIPCIÓN DEL DOMINIO nos hemos ocupado del requisito de la buena fe en la prescripción de treinta años en Aragón. Y es de advertir que en lo que toca a la antigua legislación de Castilla, Ortiz de Zúñiga (*Jurisprudencia civil,* t. 1), después de recordar la sentencia de 16 de octubre de 1858, favorable a la exigencia de la buena fe en toda prescripción, aun la inmemorial, recuerda que esa doctrina no prevaleció respecto a la prescripción de treinta años, y cree que «mucho menos puede tener fuerza tratándose de la posesión inmemorial que por lo mismo que es tan dilatada, parece exigir menos condiciones», fuera de que en fallos posteriores (23 de febrero de 1859 y 18 de diciembre de 1866) se sienta la doctrina de que «probada la posesión inmemorial no interrumpida (sin distinción de si ha habido o no buena fe) se reputa como título legítimo de propiedad».

Todo esto es aplicable a la interpretación de la legislación aragonesa, en el sentido de no requerirse la buena fe en esta clase de posesión (véase lo dicho en el artículo PRESCRIPCIÓN DE DOMINIO); pero en cuanto a la no exigencia de título, en esa misma legislación hay un texto que no deja lugar a duda.

Según la Observancia 4.ª, *De aqua pluviali arcenda,* la larga posesión pacífica se tiene en Aragón en lugar de título en las servidumbres, aprovechamientos, etc.

Estas palabras, semejantes a las de «sea habido en lugar de título», que la ley 7.ª, tít. VIII, lib. XI de la Novísima Recopilación, aplica al hecho de probar la costumbre inmemorial, permiten pensar que, como observan los autores del libro *De la usucapión,* que reiteradamente hemos citado, el sentido de la tradición española es el de considerar el tiempo inmemorial como un modo de probar el título, como una presunción de este, conforme a la teoría de Regelsberger *(Pandekten)*, en oposición al criterio de otros que estiman el caso como de verdadera usucapión.

PROCESOS FORALES

En el prólogo de su *Ilustración a los cuatro procesos forales de Aragón,* obra a que en los últimos tiempos de la vigencia de éstos se acudía para conocerlos, decía La-Ripa que si entonces se actuase con el orden y método establecido en lo antiguo, ni habría que hacer más que estudiar los fueros, ni más que desear que los comentos de los prácticos; pero que a la novedad ocurrida en el año 1707, moderada en el de 1711, por Real Cédula que se despachó disponiendo que en lo criminal, en lo tocante a gobierno y a la regalía, en lo que se comprendió también lo ordinativo de las causas, se dirigiera y decidiera conforme a lo dispuesto en las leyes de Castilla, fue consiguiente el alterar en mucho el manejo de los recursos y la mayor parte de lo que conspiraba al orden y método de los procesos. Esas palabras del docto abogado de los Reales Consejos servían de antecedentes y explicación a esta observación suya: «que no quedando el uso de aquéllos como en lo antiguo, se mantenga una grave confusión para el estudioso que, fatigándose en apurar las dudas que se le ofrecen, después de muchas tareas, al querer ver en la práctica lo que le parece haber aprendido, o no lo encuentra porque no se usa o lo halla desfigurado con diverso traje, siéndole precisa la aplicación por muchos años para conseguir la inteligencia que desea». «De esto dimanan —añadía— los dicterios que acostumbran los que bañados en otras prácticas tienen por ridículas las nuestras (las aragonesas), sin hacerse cargo de que mientras no se entienden, ni pueden formar censura ni hallarles la substancia que las hace más preciosas y las ilustre», etc.

Antes que La Ripa había escrito sobre los procesos forales D. Francisco Carrasco, oidor de la Real Audiencia de Aragón, después consejero de Castilla y fiscal de millones. De él dice La Ripa que después de haber poseído a la perfección la naturaleza y origen de aquellos cuatro juicios, compuso un cuaderno o minuta de ellos, en que, con sus explicaciones y enseñanzas, dio norma para manejarlos y para aprenderlos sin confusión, pues lo compuso después que la Audiencia con sus decisiones había ido ya formando el perfecto maridaje que correspondía a las providencias de las dos Reales Cédulas. Por no haberse dado a la imprenta[341], los ejemplares manuscritos

341 Tenemos entendido que ese trabajo del oidor Carrasco es que vió la luz pública en 1853, en Zaragoza, imprenta de Peiró, con la indicación de «primera edición» en la portada, y el título de *Breve noticia de los cuatro juicios privilegiados de Aragón*, etc.

de ese cuaderno debían de ser escasos y muy buscados. La Ripa se propuso divulgar su contenido, fundándolo con doctrinas y ampliándolo, según refiere el mismo, y ese fue el origen de su *Ilustración,* a que siguió una *Ilustración segunda,* siendo la primera de un carácter predominantemente práctico y esta segunda más histórica y doctrinal, que por eso mismo hizo su autor preceder de un *Discurso general* muy interesante, en que se manifiesta el origen y motivo del establecimiento de los cuatro procesos.

De otro libro habla en el prólogo La Ripa. Su título, dice, empezaba *Librería de jueces,* y proseguía muy difuso ostentando y ofreciendo una explicación general y particular de los fueros y de los juicios, entre éstos los cuatro procesos. Suponemos se refiere al libro escrito por el licenciado D. Manuel Silvestre Martínez, alcalde mayor que fue de la ciudad de Huesca. Se imprimió ese libro en Madrid en 1763 y lleva por título *Librería de jueces, utilísimo y universal para Abogados*, etc.

La Ripa pensó que tal libro podría hacer inútil el suyo; pero dejó aquél y prosiguió éste desde que leyó alguna manifestación en que creyó ver una especie de falso testimonio imputado a los aragoneses[342].

Lo dicho sirve para indicar que quien quiera estudiar a fondo esta materia podrá, en las obras que acabamos de indicar, tomar conocimiento de cómo se tramitaron en sus últimos tiempos[343] los cuatro procesos forales; acudiendo a

342 Decía así el autor del libro: «en seguida presenta (la parte instante) dos testigos synodales, quienes declaran al tenor del predimento, con verdad o mentira diciendo, baxo de juramento, que todo es cierto (como si cononocieran y supieran las haciendas, derechos y personas de todo el Reino, siendo unos hombres de pocos tratos, pobres y vecinos los más infelices de Zaragoza, que a cambio de dos pesetas declaran quanto se quiere), y en vista de sus deposiciones, verdaderas o fingidas, se despacha la ordinaria», etcétera. Tal vez por parte de ese autor hubiera alguna exageración en la manera de expresar el hecho y seguramente no debiera haberse concretado a los procesos de firma y aprehensión ni a Aragón. Los abusos de la prueba testifical, en todos tiempos y en todas partes, han solido ser considerables. Lo han sido y lo son al presente, aunque nosotros creemos que las más de las veces los testimonios sean veraces. Una sociedad en que los malos fueran más que los buenos no podría subsistir: se disolvería.

Por lo demás, el Lic. Martínez no parece muy enterado de algunos de los casos de que trata. Los testigos sinodales, por ejemplo para la justificación de hechos antiguos a que no podía alcanzar la memoria de los hombres, no constituían una especialidad de Aragón, según La Ripa. «Dice éste que lo que cuenta Martínez no podía hacerse en Aragón ni en otro reino en que florezca la religión católica; pero con esto extrema el argumento. Con todas las religiones y con unidad religiosa como con libertad de cultos, ha habido y hay en las costumbres abusos que ni la enseñanza moral ni la religión han podido suprimir». Además, el argumento de La Ripa pudiera tacharse de contraproducente, porque el Licenciado Martínez, que hace la afirmación que hemos copiado y alguna otra análoga, era un fervoroso católico: bien se deja ver en la protesta que hace de sumisión a la Iglesia católica romana y en estas palabras, terminación de su obra, publicada con licencia del ordinario, pidiendo a Dios que con toda la tropa militar y triunfante nos lleve a todos a su santa gloria.

343 En 1835 fue abolido por el reglamento provisional para la Administración de justicia el proceso de firma, y otro tanto sucedió con el de aprehensión, manifestación e inventario

la legislación foral y a obras antiguas especiales, muy contadas y ya de escasa circulación (por ej. el *Repertorium* y el *Tratado de la sublime arte de Notaría* de Molino, la *Práctica judiciaria* de Molinos, el *Metodus sive Ordo procedendi, Judiciarius* de Ferrer, el *Fororum,* etc., de Franco de Villalba) para saber cómo se tramitaran antes y cómo se desarrollaran otros procesos que dejaron de existir al publicarse los Decretos de Felipe V. Para explicar aunque sólo fuera los cuatro que sobrevivieron se necesitaría mucho espacio; y como además la materia no tiene ya interés, desde el punto de vista de su aplicación actual, no habrá de extrañarse que nos limitemos a dar una muy ligera idea de los cuatro procesos de aprehensión, inventario, firma y manifestación, enderezados, en su consideración general, según La Ripa, a impedir toda fuerza, violencia, injusto despojo o contrafuero que ocasionase o pudiese ocasionar agravio.

Aprehensión.– Era este un secuestro de bienes inmuebles, decretado, ya por el juez ordinario local, ya por la Audiencia, a instancia de quien sumariamente hubiera justificado la posesión o cuasi-posesión de ellos, o de derechos reales constituidos sobre los mismos, a fin de que, apartándose de caminos de violencia, pudieran los interesados discutir sus derechos. Era preciso, para obtener el secuestro, alegar que se había sufrido violencia: *avi, avi* era la fórmula antigua, o *a vi, a vi,* como creen Savall y Penén debiera escribirse, por su significación de «fuerza», «fuerza».

Constaba el proceso de aprehensión de cuatro partes, a saber:

1.ª La *provisa,* que era el acuerdo y ejecución del secuestro, a que daba lugar el *apellido* (petición) y se despachaba, en vista de los títulos presentados y de la información exigida, en el mismo día de quedar instruídas esas primeras diligencias, o en el término de tercero día si se tratase de una aprehensión *intrincada,* como dicen los autores[344].

2.ª El artículo de *lite-pendente,* sumarísimo semejante en alguna manera a los actuales interdictos posesorios, pero preferibles a ellos, a juicio de Savall y Penén, así por la mayor amplitud con que en él se contendía acerca de la posesión, cuanto por el más alto espíritu con que se resolvía, evitando favorecer al mero detentador y amparando a quien con mejor derecho a poseer aparecía.

3.ª El artículo de *firmas,* en que se discutía, ya menos sumariamente, con amplitud mayor sobre la posesión.

---

al publicarse la ley de Enjuiciamiento civil de 1855 (Savall y Penén, *Discurso preliminar* que precede a su edición de *Fueros, Observancias y actos de Corte del Reino de Aragón*). En ese mismo Discurso se hace una sucinta y clara exposición de lo que fueron esos cuatro procesos privilegiados.

344 Las palabras del Fuero 15 *De Officio Justitiae Aragonum*, lib. I, son: *«que hayan dubdo probable por el qual se contient, o dentro un día no y puedan fazer provisión»*. Ese rigor se relajó al entenderse por los tratadistas que el término no corría si no instaba la parte y últimamente por las novedades introducidas después de los Decretos de Felipe V, por cuanto dice La Ripa: «concurre además el que no mirando esto a cosa que pertenezca a lo diurno, como tocante a lo ordinativo, no se observa después del nuevo Gobierno».

4.ª El artículo de *propiedad* (al cual a veces se llegaba desde el de *lite-pendente* sin pasar por el de *firmas*), parecido, primeramente, en su tramitación, a aquél, pero, en los últimos tiempos, desarrollado en forma de juicio civil ordinario[345].

Inventario.– Tuvo el establecimiento de este proceso objeto análogo al de la aprehensión; evitar el daño que de la ocultación de bienes muebles y papeles pudiera seguirse y suprimir la violencia para que los interesados que tuvieran la razón la pidieran a los Tribunales.

Forzoso es, con todo, reconocer que al lado de bienes logrados en algunos casos, el procedimiento de inventario se prestaba a abusos.

Presentada la petición, en que también había que alegar la violencia, aunque no era necesario probarla, se acordaba el secuestro de los bienes, los cuales quedaban en poder de quien los tenía, si daba fianza mediante la presentación de dos *caplevadores.*

Se ejecutaba, según La Ripa, en cualquier lugar, aunque fuera sagrado y en cualesquiera bienes, aun de eclesiásticos, exceptuados los ornamentos de las iglesias, los ganados en ciertas épocas, las cosas que estuvieran en poder del juez, y entre los papeles, las primeras provisiones y despachos de la Real Audiencia (prohibición que «especialmente después del nuevo gobierno» se había extendido a todo proceso o acto judicial pendiente y los papeles pertenecientes al Rey); pero sí los breves y bulas y las letras citatorias de los jueces eclesiásticos.

A propósito de esto, Carrasco parece dar a entender que la sujeción de los eclesiásticos al proceso de inventario no podía fundarse sino en una práctica que sólo por hallarla establecida, dice haber él respetado como magistrado. De otro modo hubiera obrado, «a no estar embargado —añade— de una prescripción inmemorial, sin memoria, ni monumento de haber habido contienda en este asunto, y de los derechos del Rey que no dejan libertad a un Ministro suyo para abandonar esta práctica y regalía, ni para creer otra cosa sino que los grandes letrados que en todo tiempo tuvo el reino abrazaron la opinión galicana de que nunca hay incapacidad en el juez real para conocer de las cosas y bienes de los eclesiásticos y de que la inmunidad real es de derecho positivo cuando no se entendiese mera benignidad de los príncipes. En cuanto a la retención de bulas, que se ejecutaba por medio del inventario, decía Carrasco: «hay práctica, y práctica antigua, que del Justiciado de Aragón (donde siempre residió la potestad tuitiva del Reino) se ha comunicado o refundido en la Audiencia». No los eclesiásticos, en concepto de Carrasco, sino el Consejo (de Castilla) podía poner en duda la competencia de la Audiencia: «pero él Consejo —añadía—, aquietado con diferentes informes,

345 De las materias seculares se conocía en la aprehensión, litigasen o no eclesiásticos, y cualquiera que fuese el período de ella; en cuanto a las materias eclesiásticas, sólo cabía discutir en los períodos posesorios (Carrasco, obra citada).

condesciende, y aún remite a la Audiencia algunos negocios, en que sólo puede conocer por el camino de la retención».

Firma.– Este proceso y el de manifestación eran garantías políticas, además de usarse en asuntos de carácter privado que es el propio de la aprehensión e inventario.

Por eso, Santamaría *(Curso de Derecho político)* trata de estos dos recursos, reproduciendo la consideración de «los dos más poderosos baluartes de las libertades aragonesas», que les atribuyen los escritores fueristas —como procedimientos mediante los cuales el Justicia[346] desempeñaba sus funciones.– V. JUSTICIA MAYOR DE ARAGÓN.

Reproduce Santamaría la definición de Sessé: «inhibición que se obtiene de la Corte del Justicia de Aragón en vista y fuerza de excepciones justas y de fianza dada de asistir al juicio y cumplir derecho; cuya firma lo mismo se da contra jueces que contra particulares, a fin de que no tomen prendas, molesten, turben o vejen la posesión contra derecho y fuero al reo firmante»[347].

Había diferentes especies de firmas, que eran o de agravios temidos o de agravios hechos.

Se daba lugar a la primera, según Molino *(Repertorium)*, cuando algún juez inferior providenciaba o sentenciaba con injusticia notoria contra lo dispuesto en el Fuero, o con nulidad en el procedimiento.

Consistía la segunda en la excepción que se alegaba para evitar un agravio —que se quería o podía hacer al que usaba de ese remedio, ora se tratase de evitar que un juez secular causara agravio con un procedimiento indebido; ora de rechazar la perturbación posesoria que por juez eclesiástico o secular o por algún particular se intentara; ora de oponerse a juez eclesiástico de quien se temía algún quebrantamiento de ley o fuero.

El recurso de firma que alcanzaba a toda clase de vejaciones, agravios o contrafueros, como no consistía en mandar hacer, sino en prohibir o inhibir, no cabía en favor del actor o demandante, sino del reo o demandado.

Con el establecimiento del nuevo Gobierno por los Decretos de Felipe V, la firma de agravios hechos iba, en la práctica, siendo poco frecuentemente usada y aun cayó en total desuso por hallarse más ventajas, entre otras la de no necesitarse afianzamiento, en el uso del recurso de apelación ante la Audiencia.

---

346 Juez de los contrafueros se llamaba al Justicia, según Bardaxí, citado por La Ripa.

347 Esa es la traducción de las palabras de Sessé en su obra *Inhibitionum et Magistratus Justitiae Aragonum Tractatus*. Cuando La Ripa escribió su *Ilustración* no existía ya la magistratura del Justicia; por eso, al dar con referencia a Sessé y a Franco de Villalba la definición de este recurso, dice: es un «amparo que antes se pedía al Justicia de Aragón y hoy se despacha en la Real Audiencia», etc.

Continuó usándose la de agravios temidos o hacederos, aunque mermándose el número de casos, en un principio variadísimo, en que se le estimaba procedente, reducida ya a mero recurso forense y dejando de ser la alta y eficaz garantía de orden político cuyo carácter revistiera, además, en un principio.

Manifestación.– Consistía este recurso en un secuestro de personas, y de procesos y actas judiciales, aquéllas para libertarlas de toda vejación injusta y éstos para asegurar la conservación y evitar en su texto alteraciones que pudieran viciarlo (Savall y Penén) y sin violencia pudiera cada uno con libertad usar del derecho que le correspondiera (La Ripa).

La manifestación de personas se hacía con relación a los particulares o respecto a los jueces. Por la primera se sacaba del poder de los particulares, y por la segunda del poder del juez, la persona que por sí o por medio de su padre o de otras personas a quienes el fuero otorgaba tal derecho, se acogía a ese fuero. Se impedía en un caso la violencia de los particulares: en otros la prisión indebida o los malos tratamientos, o la ejecución de un fallo que se estimaba dictado con incompetencia o injusticia, sin que por eso, dicen Savall y Penén, quedara impune el delito, por cuanto la manifestación no atribuía jurisdicción al que la proveía, ni despojaba de la suya al juez de la causa, al cual se devolvía cuando no resultaba comprobado el vicio de nulidad ni el de incompetencia.

Después del Gobierno establecido por Felipe V cayó en desuso la manifestación de procesos civiles, subsistiendo sólo la de escrituras o notas y la de procesos eclesiásticos; se hizo imposible la de los curiales; quedó abolida la de personas *a posse judicum* respecto de los jueces reales, conservándose la *a posse privatorum* y la de poder de jueces y superiores eclesiásticos, salvo en las causas de fe.

Tenemos que limitarnos aquí a esta ligera idea de los procesos privilegiados de Aragón. Quien desee conocer a fondo la materia podrá lograrlo, ya lo hemos dicho, con el estudio de las obras, entre otras, que quedan indicadas y de los fueros de que en ellas se hace mérito.

PROCURADOR ASTRICTO

Era este un cargo creado en Aragón para ejercer lo que hoy llamamos ministerio fiscal, o mejor, ministerio público.

Había ya de antiguo el cargo de procurador fiscal, por lo menos desde las Cortes de Zaragoza de 1300, que ordenaron (Fuero 1.° *De Procuratoribus Fisci,* lib. II) que el Rey (Jaime II) constituyera un procurador suyo general, en el Reino de Aragón, que le representara en todos los asuntos que contra él se promoviesen o promoviese él y hubieran de ventilarse ante el Tribunal del Justida *(ad omnes causas quae contra eum,* etc., o como se dijo en el Fuero

2.° de la misma rúbrica, *in litibus nostris* —habla el Rey Martín I— *tam agendo quam etiam defendendo, partem facere debeat coram Justitia Aragonum).* Mas ese cargo acerca del cual aún recayeron otros Fueros (1.° y 2.° *De Procuratore fiscali,* años 1381 y 1461), si atendía a las necesidades económicas del Estado, entonces representado por el Rey, al modo como hoy se atienden por el Cuerpo de Abogados del Estado, independiente del ministerio fiscal, dejaba sin representación la sociedad, tan directa y hondamente interesada en la persecución y castigo de los delitos.

A suplir esta deficiencia se acudió con la creación del procurador astricto. El Fuero 1.° *De Procuratoribus astrictis* (Cortes de Monzón, 1510) lo dice bien claramente: «e quanto por defecto de acusador los crimines graves y nefandos, debaxo especificados[348] no queden imprimidos», Esa era la razón que hubo para mandar lo siguiente: «que cada una ciudad, villa o lugar del presente Regno sea astricta y obligada a constituyr un Procurador en cada un año, la qual facultad; siquiera poder de constituyr el dicho Procurador, no pueda serle quitada a la dicha Universidad en manera alguna».

Son nueve los Fueros *De Procuratoribus astrictis* en que se desarrolló por las Cortes el funcionamiento de la institución: el 8.°, de las Cortes de 1510; el 9.°, dado en Zaragoza en 1528, por el cual se extendió la intervención del procurador a las causas por algunos otros delitos, especificados en el Fuero de las mismas Cortes titulado «En qué casos el Procurador astricto se obligado a hazer parte».

Finalmente, por Fuero de 1592 (Cortes de Tarazona), intitulado «De remissión de los delinquentes deste Reyno a los otros», se ordenó al procurador astricto de una localidad, y donde no lo hubiese al más cercano, acusase a los extranjeros que después de haber delinquido se refugiasen en el Reino, e igualmente a los oficiales, ministros y criados de la Casa Real que fuera de él hubiesen delinquido en cualquiera de sus oficios o ministerios.

Con esto creemos haber dado una idea, que con la lectura de los Fueros citados puede completarse, de este extremo, hoy ya sin otro interés que el puramente histórico, de la antigua organización judicial aragonesa.

PROMESA DE CASAMIENTO

Derecho foral. *Aragón.*– La promesa es considerada como un contrato consensual y unilateral, mediante el que una persona ofrece a otra dar, hacer o no hacer alguna cosa (Franco de Villalba).

348 Se alude al fuero 4.° de la misma rúbrica, en que se señalan como delitos en que le procurador astricto habría de ejercer su acción acusadora, el hurto mayor de cincuenta sueldos (con ciertas restricciones y salvando la acción particular de los personalmente interesados), el homicidio y algún otro.

Son válidas las promesas serias y deliberadas, aunque se hiciesen en términos generales; las verificadas con causa justa o mediando arras y las denominadas *non nudas.* (Fuero único de *promissione sine causa,* lib. II).

No producen obligación las promesas *sine causa* y las *nudas* o que han sido otorgadas sin solemnidad alguna (Observancia 40.ª, *De generalibus privilegiis,* lib. VI); como tampoco la otorgada por miedo o para librarse de un castigo (Dieste).

La promesa aceptada y probada por medio de testigos, tiene fuerza de estipulación (Observancia 17.ª, *De probationibus,* lib. II).

La promesa de donar se tiene por donación, y lo prometido por razón del matrimonio no se debe hasta después de celebrado (Molino). Según Olea, se tiene por constitución de dote la promesa de constituirla.

El que promete obligar una cosa o venderla puede ser reconvenido por acción real, ya que no es necesaria la tradición para transmitir el dominio de las cosas en la compraventa. (Observ. 4.ª, *De emptione et venditione,* lib. IV).

QUIRÓGRAFO

Poco usada hoy esta palabra, lo fue más por los autores de tiempos pasados. Su significación literal es la de «manuscrito»[349]: su significación jurídica suele concretarse a la del papel en que un deudor confiesa la deuda u obligación que ha contraído.

Suelen señalarse, según Escriche *(Diccionario razonado de Legislación y Jurisprudencia),* como especies del quirógrafo, la ápoca, la antápoca y la síngrafa; y se entiende, al decir del mismo, por ápoca (también llamada recibo, carta de pago y finiquito), el papel o resguardo que da el acreedor a su deudor confesando haber recibido de él la cantidad o cosa que le debió; por antápoca, el papel que da el deudor a su acreedor manifestando haberle pagado tanta cantidad por razón de censo, pensión, rédito, interés u otra prestación anual o mensual, o bien el papel, vale o pagaré en que el deudor confiesa haber recibido del acreedor tanta cantidad a préstamo, o a censo, o de otro modo, y se obliga a devolverla o a pagar la pensión o rédito estipulado; por síngrafa, el papel o instrumento de un convenio firmado por las dos partes contratantes.

El Derecho romano dedicó atención a esta clase de documentos, a propósito de la constitución y efectos de las obligaciones literales.

---

349 «QUIRÓGRAFO, de lat. *Chirographus* y éste del gr. *cheirógraphos*; de *cheirogrates*, manuscribir, de *cheir*, mano, y *grapho*, escribir, m. *Manuscriti, Manuscrito*: del lat. *manus*, mano, y *scriptus*, escrito, adj.: escrito a mano en papel; libro escrito a mano, etc». (Alemany, *Diccionario de la lengua española*.)

Todo romano acostumbraba a llevar para la administración de su patrimonio un registro de entradas y salidas *(tabula* o *codex accepti et expensi),* sin perjuicio de destinarlo también a la inscripción de otros créditos y débitos procedentes de un mutuo pagado al contado; pero, además (Serafini, *Instituciones de Derecho romano,* traducción de Trías, t. II), servía para dar vida a la obligación literal *(litterarum obligatio)* cuyo fundamento precisamente estribaba en una fórmula escrita. Era frecuente consignar uno en su *codex* una cantidad con el nombre del deudor *(expensilatio)* y si éste hacía constar en el suyo como entrada *(acceptilatio)* lo que el acreedor había hecho figurar en el suyo como salida, quedaba constituída la obligación literal. A veces este mismo medio de la inscripción se utilizaba (y entonces se llamaba transcripción) para la novación de obligaciones ya existentes.

Estos procedimientos, de inscripción y transcripción eran propios tan sólo de los ciudadanos romanos. Los extranjeros *(peregrini)* se valían de documentos escritos en que se reconocía la deuda o se contenía la obligación (*si quis debere se aut daturum se scribat,* se lee en la Instituta de Gayo), ya firmados por acreedor y deudor *(singraphae)* ya por el deudor solamente *(chirographa)*[350]. Gayo, en su *Instituta*, lo hace constar claramente *(quod genus obligationis proprium peregrinonun est).*

En la evolución del Derecho romano, tal estado de cosas sufrió transformación: por una parte, los ciudadanos fueron adoptando el uso de los quirógrafos por otra, los extranjeros utilizaban también los procedimientos del *nomina facere et transcribere* en el *codex* o libros de familia. Al fin los síngrafos, según advierte Serafini, desaparecieron, quedando sólo los quirógrafos, pero únicamente como prueba escrita de la obligación literal, sin tener jamás un valor semejante al de los *nomina transcriptitia.*

Derecho foral. *Aragón.*– En la materia de que vamos tratando, la legislación aragonesa se parece a la romana en cuanto la escritura obliga *per se,* independientemente de la causa y difiere de ella en cuanto no admite, ni aun dentro de plazo determinado, la renombrada excepción.

No es preciso para estimarlo así invocar autoridades ni recurrir a opiniones de autores; en el volumen foral hay disposiciones terminantes.

Dejando aparte otras inspiradas también en el principio *Standum est chartae,* basta citar la Observancia 24.ª *De probationibus faciendis cum carta,* lib. IX. Según esta Observancia (traducción de Martón y Santapau), «la excepción de dinero no recibido no tiene lugar en Aragón cuando uno confiesa en instrumento haber recibido el dinero; siendo la razón la de estar a la carta».

---

350 Hace notar Cuq (*Manuel des institutiones juridiques des romains*) que el *chirographum* se redactaba en primera persona y la *singrapha* en tercera. El uno solía adaptarse a la forma de una carta y difería de la epístola, según textos de Ulpiano y Paulo, en que no se refería necesariamente al objeto principal del contrato, pudiendo no contener más que una cláusula accesoria: la otra se firmaba por testigos a la vez que por el que se obligaba.

Eso no obsta a que quepa alegar otras excepciones. Desde luego, la Observancia 26.ª autoriza la presentación, como perentorias, de las de pago y falsedad, estableciéndose en la misma Observancia 24.ª y en la 27.ª y 28.ª, prevenciones que, si se consideran de carácter procesal, no deben reputarse vigentes. No parece tener ese carácter, sino más bien substantivo, la Observancia 25.ª. Su texto, según la traducción citada, es este: «Si uno confesó cierta obligación que había contraído con cartas, pero propuso algunas excepciones contra la carta, que las declaró sin ella[351], no debe admitírsele a probar estas excepciones, sino tan sólo por testigos y el notario del instrumento, porque contra la carta no se admite más que la carta; es, no obstante, costumbre del Reino el que contra la carta se admitan testigos y el notario inscrito en ella, porque éstos se reputan en lugar de carta».

Las Observancias hablan de «instrumento» y de «carta», no de «quirógrafo». Cabe la duda de si, para los efectos de la aplicación de sus disposiciones, han de entenderse cartas o escrituras también las privadas, entre las cuales se cuenta el quirógrafo.

Franco y López *(Instituciones de Derecho civil aragonés),* al reproducir la disposición de la Observancia 6.ª, *De confessis,* lib. II, según la cual el que en instrumento confiesa deber alguna cantidad está obligado a pagarla aunque en aquél no se exprese la causa de la deuda, da al *instrumento* valor de *escritura pública.*

Con Sessé *(Decisiones)* creemos que la palabra «instrumento» comprende lo mismo el documento privado que el público; y en cuanto a la «carta», es notorio que se refiere a una y otra clase de documentos; sería ir contra el uso constante y el común sentir suponer que, por ejemplo, el axioma foral *Standum est chartae* no ampara más eficacia que la de los documentos públicos.

Deducimos de esto que la exclusión de la excepción *non numeratae pecuniae* se refiere, lo mismo que otros extremos de las Observancias *De probationibus faciendis cum carta,* que hemos citado, a los quirógrafos, lo mismo que a los instrumentos públicos, salvo, como es claro, aquello que en otro sentido aparezca precisado por el texto legal mismo, cual sucede, por ejemplo, con la Observancia 25.ª escrita para su aplicación a instrumentos notariales.

En el artículo MANIFIESTOS se ha expuesto algo relacionado con la materia del presente, y a él nos referimos[352].

---

351 El texto latino, un poco obscuro, de esta expresión dice así: *«sed proposvit aliquas exceptiones contra cartam quas declaravit sine carta»*, etc.

352 Por ser tan característica de la legislación aragonesa la exclusión de la excepción *non numeratae pecuniae*, nos parece oportuno decir algo acerca del criterio con que en estos últimos tiempos se ha juzgado en Aragón ese principio.
El BARÓN DE MORA (FRANCO Y LÓPEZ) en la *Memoria* que escribió con arreglo a lo dispuesto en el R. D. de 2 de febrero de 1880, propuso que siguiera rechazándose la admisión de la excepción.
De ese principio de exclusión de la excepción prescindió en su *Adición a la Memoria* (escrita después de publicado el Código civil), por entender que al igual que otros principios que

RETRACTO CONVENCIONAL

Derecho civil común. Mediante él el vendedor de una cosa lo pacta con el comprador y entrambos convienen en que, cumpliendo el primero las obligaciones que le impone el art. 1.518 del Código civil y las demás que estipulan, podrá recuperarla, durante el plazo de que luego se hablará.

Al retracto convencional nómbrasele también venta *al quitar* o *a carta de gracia,* y se le ha empleado tan abusivamente que, por ello y desesperanzados de que el mal tenga remedio, algunos escritores condenan la institución y proponen que se prohiba el retracto contractual.

[...]

Derecho foral. *Aragón.*– Dice Dieste *(Diccionario del Derecho civil aragonés),* con referencia a Sessé y a Casanate, que los privilegios de que goza el pacto de retrovendendo en Aragón no derivan del Fuero, sino de la costumbre, la cual ha de interpretarse estrictamente.

Dado el texto del art. 13 del Código civil, lo que este Cuerpo legal declara respecto a ese pacto debe observarse en Aragón, salvo aquello en que pueda resultar en oposición, no al Derecho foral escrito, pues acabamos de decir que no existe en esta materia, sino al consuetudinario.

Poco nos parece que es lo que como verdadera costumbre aragonesa cabe señalarse, aunque puedan recordarse opiniones de autores, no siempre conformes entre sí.

Algunas no implican otra cosa que aplicaciones de los principios generales de Derecho, entendidos ya al igual, ya de otro modo, que en el Derecho romano; y así, por ejemplo, Lissa *(Tyrocinium jurisprudentia forensis),* después de estimar, razonando al modo de Ulpiano, que la venta a carta de gracia (como se llama en Aragón y en otras regiones la hecha con pacto de retro), más bien que otorgada bajo condición *(sub conditione contrahi videatur)* debe entenderse sujeta a resolución *(sub conditione resolvatur)*[353], señala el diferente efecto del pacto de que se trata según la práctica aragonesa y el Derecho de Roma *(diversam autem vim habet de Foro ac praxi nostri Regni ac in ussu juris)*, ya que en Aragón, una vez ofrecido el precio y, en su caso, consignado por el vendedor, se resuelven el dominio y la posesión en favor del vendedor; de suerte que en el juicio posesorio se amparará al vendedor

---

en la *Memoria* se quiso dejar a salvo, habían venido a ser innecesarios por disposiciones del nuevo Cuerpo legal.

Por el contrario, en el *Proyecto* de Apéndice presentado al Gobierno en 1904, se mantiene el principio de que «no es admisible la excepción de dinero no contado cuando documentalmente se confiesa haberlo recibido».

353 Esta manera de venta que no transfiere el dominio de lo vendido de un modo irrevocable sino con sujeción a una condición resolutoria, es la que el Tribunal Supremo ha estimado que se verifica en las cartas de gracia, según la sentencia de 3 de enero de 1872.

en su derecho, *quantumvis pactum ex intervallo apponatur,* en oposición a lo que sucede *de jure.*

Que el derecho a retraer el comprador la finca sea transmisible a los herederos, según Casanate, pero pueda ser estipulado como personalísimo, es, según Franco de Villalba, consecuencia natural de la libertad del pacto, donde quiera que no esté expresamente prohibido, y más en Aragón donde esa libertad, simbolizada en el *Standum est chartae,* es tan respetada y tan amplia; y siempre habría de juzgarse conforme a esas doctrinas, aunque en las obras de esos autores no aparecieran proclamadas.

Lo que como costumbre parece indicar Dieste, con referencia a Casanate, no puede entenderse que lo sea en el sentido de norma obligatoria. Bien se comprende que el que sea frecuente que vendida a carta de gracia una finca se dé por ella menos de su precio real y verdadero, no obliga a que así se haga siempre; eso dependerá de la libre voluntad de comprador y vendedor[354].

Se comprende que, por otra parte, esa libertad, de hecho resulta quebrantada y disminuida por la situación de inferioridad económica del vendedor en relación al comprador. Así lo comprendieron los comentaristas aragoneses, quienes se esforzaron en presentar hipótesis en que la carta de gracia envolviera un verdadero préstamo usurario. Ese espíritu de moral y de equidad movió en estos últimos tiempos al legislador español, siguiendo un impulso que también había hecho su aparición en otros países, a dictar la ley contra la usura (ley de 24 de julio de 1908).

En ella, después de establecerse (art. 1.º) que será nulo todo contrato de préstamo en que se estipule un interés notablemente superior al normal del dinero y manifiestamente desproporcionado con las condiciones del caso o en condiciones tales que resulte aquél lesivo, habiendo motivos para estimar que ha sido aceptado por el propietario a causa de su situación angustiosa, de su inexperiencia o de lo limitado de sus facultades mentales, y nulo igualmente el contrato en que se suponga recibida mayor cantidad que la verdaderamente entregada, cualesquiera que sean su entidad y circunstancias, se hacen ciertas declaraciones (arts. 2.º y 8.º) respecto a esas nulidades, y se agrega (art. 9.º) que lo dispuesto en la ley se aplicará a toda operación substancialmente equivalente a un préstamo de dinero, cualesquiera que sean la forma que revista el contrato y la garantía que para su cumplimiento se haya ofrecido.

RETRACTO GENTILICIO

Derecho foral. Tiene que reducirse a él lo que se diga del retracto gentilicio, porque éste, al promulgarse el Código civil, ha desaparecido, por no

354 Es posible que esas opiniones no hayan de entenderse sino con relación a cálculos del valor verdadero del inmueble vendido a carta de gracia para determinar, en su caso, el carácter usurario del contrato.

dársele cabida en ese Cuerpo legal. (Disposición final, art. 1.976) y ni siquiera hay que tratar de él con relación a todas las legislaciones forales (Moutón, *Diccionario de Derecho civil foral,* t. III); en Mallorca es completamente desconocido, e igualmente en Cataluña, como legislación foral del Principado, ya que sólo tiene existencia en el valle de Arán, tomando allí el nombre de *Tornería.*

La antigüedad de la institución, pues su origen remoto se hace derivar de las leyes mosaicas *(Levítico)*[355] y su origen más directo se remonta a los tiempos feudal y municipalista —se le encuentra en varios fueros municipales, en el Fuero Real y en otros Códigos posteriores hasta la Novísima Recopilación inclusive— no ha bastado a abrirle las puertas del Código civil, por la menor solidaridad en el espíritu de familia, por el deseo de quitar trabas a la contratación y por el convencimiento de las ficciones a que se presta. (Sánchez Román, *Estudios de Derecho civil,* t. III.)

Aragón.– Antes que de retracto, el derecho de la saca, que así se llama también en aquella región, aunque ese nombre es poco usado en el lenguaje popular, es derecho de tanteo, pues sólo se da lugar a él cuando no se ha hecho el ofrecimiento necesario para que de éste pueda hacerse uso.

En efecto, el fuero 4.°, *De communi dividundo,* de 1247, lib. III, dispone que quien pretenda vender la parte que le pertenezca en una heredad, ya dividida con sus hermanos de abolorio o de patrimonio, debe comenzar por ofrecerla a sus hermanos o parientes por si quisieran comprarla, y si no quieren, puede ya venderla libremente; mas si tal ofrecimiento no se hiciera y se procediera a la venta, cualquiera de los hermanos[356] o parientes por aquella parte de donde proviene la heredad, puede recobrarla libremente entregando al comprador el precio de la venta, jurando que la quiere para sí, no para otro *(quod ad opus sui vult, non ad opus alterius)*, para lo cual tiene el plazo de un año y un día si se trata de hermanos o parientes ausentes o ignorantes de la venta, pues quien tiene conocimiento de ella sólo puede usar de ese derecho dentro de los diez días contados desde que llegó a su noticia.

355 Recurrióse en casación contra una sentencia en que la Audiencia de Barcelona, confirmando la de primera instancia, desestimó una demanda de retracto gentilicio, por no estar éste admitido en Cataluña. El recurso se fundó principalmente en la doctrina admitida por la jurisprudencia, según la que el Levítico, donde se halla establecido el retracto gentilicio, está en uso en Cataluña, por ser una de las fuentes del Derecho canónico vigente en el Principado a falta de las Constituciones municipales, según lo dispuesto en la única, título 30, libro 1.°
El Tribunal Supremo denegó el recurso declarando que «las disposiciones del libro sagrado el Levítico relativas al retracto gentilicio, no forman ni constituyen parte del Derecho canónico vigente como supletorio del peculiar de Cataluña».

356 Aquí no hay necesidad ni posibilidad de discutir si en la palabra hermanos se comprende no sólo a los *varones*, sino también a las *hembras*; el Fuero evita la cuestión al referirse a los *hermanos* y a las *hermanas (fratribus aut sororibus).*

El fuero se refiere expresamente a los hermanos y hermanas que han dividido entre sí las fincas de abolorio o patrimonio. Se explica esto, atendidos los efectos de la especialísima institución aragonesa del consorcio foral, de que se ha hablado en el artículo correspondiente; pero bien se comprende que el tanteo, y en su caso el retracto, no dejarán de tener lugar cuando siendo uno solo el dueño de la finca, no haya tenido necesidad de dividirla; lo esencial, para su libre venta, es que no se halle en estado de indivisión consorcial.

El Fuero 5.° de la misma rúbrica y del mismo año, después de corroborar lo establecido en el anterior, prevé el caso de que el comprador no se preste a devolver la finca: en tal eventualidad, si el hermano o pariente que quiere retraerla le da señal, ya el comprador no tendrá derecho a retenerla *(postea emptor sine mala voce non poterit retinere).* Es de advertir que este fuero ya no equipara a la ausencia la ignorancia de la venta; el año y un día por una parte y los diez días por otra, sólo regirán según se trate de ausentes o presentes *(si absens fuerit; si praesens fuerit).*

Las disposiciones de este Fuero V *De conmuni dividundo,* están reiteradas como uno de los privilegios de Aragón en la *Observancia* 21.ª, *De Generalibus privilegiis totius Regni Aragonum,* lib. VI.

Se observará que en el Fuero 4.°, al hablar del tanteo, se hace referencia a los parientes de un modo general e inconcreto, mas al tratar del retracto se concede sólo conforme al principio de troncalidad, a aquellos que lo son *ex illa parte unde venit hereditas.* Fundados en esa diferencia de expresión, Franco y Guillén *(Instituciones de Derecho civil aragonés)* opinan que el ofrecimiento debe hacerse a *todos* los parientes, sin distinción de líneas. A nosotros nos parece que la cuestión, en la esfera legal, es ociosa; a lo sumo habrá una obligación, en lo que toca a los parientes de línea distinta de la procedencia del fundo, sin sanción alguna y por tanto ilusoria, toda vez que los parientes de esa línea, aunque no se les haya hecho el ofrecimiento, no pueden ser admitidos al ejercicio del retracto[357].

Si el derecho de tanteo y retracto se extiende a los descendientes, es cuestión dudosa y discutida. Franco y Guillén la resumen, expresando su opinión favorable a los descendientes, diciendo que Bardaxí (*Comentario* al Fuero IV), Molino *(Repertorio)* y Asso y De Manuel (adiciones sobre Derecho foral a sus *Instituciones de Castilla*) se muestran favorables a la exclusión de los descendientes; pero añaden que ellos, viendo que Franco de Villalba (*Comentario* al citado Fuero 4.°), el autor de las Anotaciones a la obra de Lissa *(Tyrocinium Jurisprudentia forensis)*, La Ripa *(Ilustración a los procesos forales)* y Palacios

357 En punto al límite del parentesco, Blas *(Derecho civil aragonés)* enseña que no determinándose en los Fueros y Observancias hasta qué grado podrán los parientes retraer, se aplica, en este silencio, el Derecho de Castilla. La obra del distinguido jurisconsulto aragonés se publicó antes del Código civil.

(notas a las *Instituciones* de Asso y Manuel) afirman que los descendientes gozan de aquel derecho y observando, por otra parte, que la razón que el Fuero de 1678 titulado «Que tenga lugar el beneficio de la saca en las vendiciones de Corte», es aplicable con mucho más motivo a los descendientes que a los colaterales, se separan esta vez de lo que las palabras del Fuero indican.

El Fuero que acabamos de citar establece el término de dos meses para que puedan usar de su derecho aquellos a quienes compete, en las ventas a que la disposición es aplicable.

Pero todos los términos indicados, el de año y día, el de diez días, el de dos meses, han sido substituidos por otro; por el de nueve días, fijado en el art. 674 de la ley de Enjuiciamiento civil de 1855, reproducido en el 1.615 de la vigente. En pleitos no procedentes de Aragón, pero sentando una doctrina aplicable, como va a verse, en todas las regiones de Fuero, el Tribunal Supremo, contra la opinión y no sin las protestas de fueristas de todas ellas que sostenían que el plazo para retraer es materia de Derecho civil, no procesal, declaró que el legislador, en el hecho de haber incluido en la ley citada sin reservarlas para el Código civil u otra declaración de derechos, las materias que comprende, las había considerado como formularias del juicio, siendo su Observancia inexcusable en todas las Provincias del Reino, citándose en sentencias posteriores, en combinación con esa doctrina, lo prevenido en la base 8.ª de la primitiva ley de trámites civiles y la derogación de todas las leyes, Reales decretos, reglamentos, órdenes y fueros en que se hubiesen dictado reglas para el Enjuiciamiento civil, contenida en los arts. 1.414 y 1.435 de la de 5 de octubre de 1855 y en el 1.282 de la reformada de 3 de febrero de 1881. Véanse a este propósito las sentencias de 20 de octubre de 1858, 14 de mayo de 1867 y 15 de diciembre de 1871.

Publicado el Código civil; la cuestión se ha reproducido a propósito del organismo de la tutela y de otras materias, sentándose por el Tribunal Supremo una jurisprudencia a la cual se acomodan, puede decirse que con uniformidad, los jueces y Tribunales de toda España, que descansa en estos dos principios: 1.°, todas las disposiciones del Código civil, aun las que por su naturaleza pudieran creerse procesales, han de observarse, entendiéndose derogatorias de las de Enjuiciamiento civil, a las cuales se opusieren; 2.°, las excepciones a la aplicación del Código civil, respetadas en sus arts. 12 y 13, sólo amparan el Derecho especial, foral, vigente al publicarse ese Cuerpo legal, no el que ya hubiese sido derogado o modificado por disposiciones de carácter general. Dada la jurisprudencia anterior, no podía menos de considerarse sometido el retracto en toda España[358] al término de nueve días, y en

358 Moutón, *Diccionario del Derecho civil foral*, dice a este propósito: «Declaramos en principio y sin ningún género de duda, más por tendencias de unidad que por convencimiento y reflexión detenida, la indiscutible aplicación, en su totalidad, de la ley de Enjuiciamiento civil a los territorios aforados y por consecuencia inmediata la de los arts. 1.618 y 1.620

ese término continúa por haberlo adoptado el Código civil (art. 1.524), y así lo declaró el Tribunal Supremo en sentencia de 20 de octubre de 1896 y lo ha repetido en la de 13 de febrero de 1915. Y por haberse dictado en pleito de Aragón, debemos hacer mención especial de la sentencia del Tribunal Supremo de 7 de febrero de 1909. Se sostiene en ella la doctrina de que el Derecho procesal ha sido modificado por el Código civil en las disposiciones que resulten contrariadas por las de éste, y concretamente declara aplicable al retracto gentilicio el art. 1.524, no sólo en cuanto al plazo de nueve días[359], sino en cuanto a la manera de contarse, ya que en ese retracto existe la misma razón que en el de colindantes y el de comuneros, cual es el conocimiento de la enajenación adquirido por quien intenta retraer.

Aclara esa sentencia otro extremo. El Fuero 4.° *De comuni dividundo* exige la dación del precio *(dando pretium)* y lo mismo la Observancia 21.ª *De generalibus privilegiis totius Regni Aragonum.* Según el criterio, repetidamente expuesto, del Tribunal Supremo, la ley de Enjuiciamiento civil modificó en lo en ella comprendido la institución del retracto, igualmente en las provincias forales que en las demás. Esa ley, que no varió lo referente a la obligación de la entrega del precio, no exigió el abono de gastos; parece que en eso debía estar subsistente el fuero cuando el Código civil se publicó. Los arts. 12 y 13 deberían, en rigor, considerarse fundamentos suficientes para no aplicar el 1.518 del Código en lo referente al abono de gastos. Pero la sentencia aludida da por supuesta la vigencia del Código en ese extremo; se ocupa del caso en que la finca no haya salido de la familia por venta, sino por adjudicación al acreedor después de subasta sin postor en el juicio correspondiente; y declara que el retrayente cumple consignando el precio de la adjudicación y los gastos de inscripción, sin perjuicio de reembolsar al adjudicatario (como al comprador) los demás, sin que por ser extraños a la acción de retracto hayan de comprenderse en ellos el capital e intereses del crédito reclamado.

---

de la misma, al caso particular que analizamos. De otra suerte, quedarían derogadas en uno o varios aspectos de su contenido las leyes de procedimiento en determinadas provincias españolas, supuesto que en caso alguno se puede tolerar ni consentir en una esfera jurídica medianamente regular». En realidad, redactada y publicada en la forma en que lo fue la ley de Enjuiciamiento civil, era difícil que la cuestión se hubiera resuelto de otro modo. Pero a nuestro juicio, no hubiera holgado que no estableciéndose en España la unidad de legislación civil y respetándose los fueros en esa parte substantiva civil, se hubieran introducido en la ley procesal por el legislador mismo aquellos temperamentos y declaraciones que evitaran los inconvenientes a que se presta ese modo de legislar. Por lo demás, y en lo que toca al retracto en Aragón, es exactísima la observación de Moutón. Los Tribunales residentes en el territorio aragonés, «prescindiendo del fuero, acomodan sus fallos al tiempo que señalan los arts. 1.618 y 1.620 de la ley de Enjuiciamiento civil».

359 Es de notar que en esta sentencia se declara que estuvo bien presentada una demanda dentro de los nueve días, y aun de los diez determinados en el fuero 4.° *De communi dividundo*. Nos parece esto último un error, según la misma jurisprudencia del Tribunal Supremo.

Los textos forales que hemos citado, hablan de venta: acabamos de ver que el retracto comprende igualmente el caso de adjudicación en pago, que, en efecto, es una especie de venta. No podría, aunque nada más se dijera, extenderse al caso de permuta; más ello está previsto en la Observancia 16.ª *De consortibus ejusdem rei*, lib. III: «Si quieres, se lee en ella (traducción de Martón y Santapau) que el consanguíneo del vendedor no recobre de ti, por beneficio del Fuero la cosa vendida, como bienes de abolorio, hágase contrato de cambio; pero si se probase que precedió el contrato de venta, no valdrá la permuta, antes por el contrario, extraerá la cosa dicho consanguíneo como bienes de abolorio».

De dos Observancias de esa misma rúbrica debemos hacer mérito: la 2.ª y la 8.ª

Declara la 2.ª que no hay derecho al retracto cuando el vendedor no había adquirido la finca (los Fueros hablan siempre de heredad —*hereditas*— y los autores opinan que no hay retracto sobre bienes muebles) no por sucesión de sus padres o de sus parientes consanguíneos, sino por otro título cualquiera, oneroso o lucrativo.

Según la 8.ª, el comprador de la finca de patrimonio (y lo mismo debe entenderse de la de abolorio) no puede enajenarla dentro del plazo legal concedido para el retracto; la enajenación no impedirá que contra él pueda dirigirse quien tenga derecho a retraer.

Es opinión de los tratadistas muy razonable y ajustada al fundamento del retracto, que éste revista carácter personal, en el sentido de no poder ser cedido a un extraño; pero en otro sentido, y para su aplicación por razón del estatuto, su naturaleza es real, y está sometido a los arts. 10, 14 y 15 del Código civil, según sentencia del Tribunal Supremo de 4 de diciembre de 1912.

El Barón de Mora (Franco y López) no incluyó en su *Memoria* el retracto gentilicio entre las instituciones que importa conservar en Aragón, tal vez porque esa institución estaba también establecida en Castilla. Como tampoco trata de ella en la *Adición*, posterior al Código civil y motivada por la publicación de éste, es de creer que no viera con malos ojos la supresión.

Ello no obstante, en el Proyecto de *Apéndice* se conserva este retracto, proponiéndose algunas reglas para su mejor desarrollo.

RETRACTO SUPERFICIARIO

Derecho foral. *Aragón.*– A la enfiteusis aragonesa, considerada además con los nombres de feudo, tributación y tributo, no va inherente el derecho que en Cataluña se llama tanteo o *fadiga*. Para que se le considere existente es necesario que se haya pactado.

Así son generalmente entendidas por los tratadistas (Molino, *Repertorium;* Lissa, *Tyrocinium*; Franco y Guillén, *Instituciones*). Estas palabras de la Observancia 23.ª *De generalibus privilegiis totius regni Aragonum:* «el tributario puede enajenar con el citado tributo y carga» (el canon o pensión, también llamado treudo), «sin consentimiento del dueño, a no ser que tenga éste *fadiga* o luismo, pues entonces el tributario o enfiteuta ni está obligado a asegurar la cosa en poder de tal dueño, ni del juez de éste, antes, por el contrario, el tributario hará complemento de justicia en poder de su juez, tanto sobre aquella cosa cuanto sobre el gravamen o tributo, no pudiendo el dueño, sino en los citados casos, hacer emparamento, y así se usa en el reino de Aragón» (traducción de Martón y Santapau).

Mucho de lo que hemos dicho respecto de Cataluña (leyes de Señoríos y de Enjuiciamiento civil), tiene aquí aplicación. Por otra parte, los arts., 12 y 13 del Código civil obligan a considerar vigente en Aragón el retracto superficiario tal como en este Cuerpo legal se ha regulado.

En el Proyecto de Apéndice presentado al Gobierno en 1904 se propone la declaración de que «así el dueño directo como el útil podrán ejercitar recíprocamente el derecho de tanteo y el de retracto en los casos de venta o de dación en pago de sus respectivos dominios, en la forma y en los límites que previene el Código general» (el civil de España).

RETUERTA DE PINA

Es Pina una población de la Provincia de Zaragoza, cabeza de partido judicial, en cuyo término existe una dehesa de que se hace mención especial en la Historia del Derecho aragonés, en a tención a un privilegio otorgado por D. Jaime I en el año 1273 a los ganaderos de Zaragoza[360] para que sus ganados pudieran utilizar todos los pastos del Reino, con excepción de esa dehesa y la de Sena[361].

360 Molino, que inserta el privilegio en el artículo «*Ganatum*» de su *Repertorio* (*Repertorium fororum*, etc.), le atribuye la fecha de 1272 *(Data Caesaraugustana nonas Aprilis, era 1272)*, que corresponde, como es bien sabido al 1234 del cómputo actual. Franco y Guillén, en sus *Instituciones de Derecho civil aragonés*, se refieren al dato de Molino y señalan como fecha de la concesión ese año 1234. Moneva Puyol, en la notable *Noticia histórica* con que ha encabezado la edición de los *Estatutos del Sindicato agrícola pecuario aragonés*, en que, principalmente por la iniciativa y gestiones del celoso presidente de la Casa de ganaderos de Zaragoza, Sr. D. Jorge Jordana, se ha transformado ésta, indica el 3 de abril de 1235 (correspondiente al 1273 de la era) como fecha del privilegio.
Suponemos que esa será la exacta. El autor de la *Noticia histórica*, escritor escrupuloso y diligente, habrá estudiado a conciencia la documentación que ha tenido a su disposición, que se custodia en el archivo de la Casa de ganaderos o Cofradía de los Apóstoles S. Simón y S. Judas. Es de advertir que la escritura original de concesión padeció detrimento y hubo de reiterarse en 23 de diciembre de 1258. Tal vez eso haya dado ocasión a la equivocación indicada.

361 La concesión abrazaba las cosas siguientes: «*Omnia prata, herbas et pascua et aquas ad usus vestri bestiarii* (se dirige a los ciudadanos de Zaragoza, para sí y sus sucesores) *et*

Hace notar Moneva que no constando en los privilegios más excepción que la de esas dos dehesas, la misma Casa de ganaderos ha reconocido siempre, en restricción suya, que los boalares antiguos de los pueblos estaban exentos de la prestación general de pastos correspondiente a la misma. «Esta limitación —dice—, de seguro más antigua que sus privilegios, coincide con el mismo criterio gobernante que inspira el privilegio en favor de la Casa; los boalares de cada localidad que los tenía, representaban para la vida de aquel grupo humano lo que la libertad de pastos representaba para todo el Reino, y el criterio jurídico aragonés, que prefiere siempre la costumbre jurídica particular a la general, salvó antes lo particular de cada pueblo que lo general del mayor grueso de la ganadería de Aragón concentrada en Zaragoza por las condiciones económicas de la ciudad, y en la Casa de ganaderos por las condiciones jurídicas de la Asociación»[362].

Una nota de Franco y Guillén al art. 285 de sus *Instituciones* produce cierta confusión. Después de manifestar que la Casa de ganaderos de Zaragoza gozó de diferentes privilegios, entre los cuales era el más pingüe el de poder pastar sus ganados en todos los términos comunes de los pueblos del Reino dicen los ilustres tratadistas que si bien ni ese ni la mayor parte de los privilegios que le fueron concedidos han sido derogados, de hecho lo están (se escribieron las *Instituciones* en el año 1841), porque dicha Casa no se aprovecha de ellos. El único, dice, que conserva todavía con empeño es el de que los ganados de los ciudadanos de Zaragoza puedan pacer libremente en todos los términos de la ciudad, exceptuando la Retuerta de Pina, concedido por el Rey D. Jaime I en el año 1234 (era 1272). Pues bien; ya se ha visto que el privilegio de D. Jaime no se concretaba a los términos de la ciudad; se extendía a todo el Reino, siquiera después se haya considerado limitado a los de aquélla[363].

Por lo demás, los Estatutos de que hemos hecho mérito no enumeran ni declaran cuáles sean los derechos o privilegios en vigor. Se limitan a declaraciones generales como la de que la Casa ha de mantener los subsistentes que correspondan a los ganaderos vecinos de Zaragoza y de los pueblos que antiguamente fueron barrios de la ciudad, etcétera.

---

ganati per omnes montes et per Omnia terrae nostrae. Exceptis defessis antiquis de signa et de Retuerta de Pina, quas nobis et nostris usuris retinemus».

362 «*Boalar*. Vedado reservado que suele haber en los pueblos y que se destina regularmente para pasto de las caballerías de labor de sus vecinos». (Dieste, *Diccionario de Derecho civil aragonés*).

363 Claro está que no subsistiendo el aprovechamiento de pastos más que en los términos de la ciudad, no hay necesidad de exceptuar la Retuerta que nunca fue de Zaragoza. Hay, en cuanto a esto, en las *Instituciones* un error o inadvertencia de redacción.

ROTURACIÓN

En general, recibe este nombre toda clase de labor que se hace en prados, montes, eriales o terrenos incultos, para dedicarlos al cultivo. Así como la roturación de terrenos de buena calidad pertenecientes a particulares suele fomentarse con medidas legislativas encaminadas al aumento de la producción de cereales; tratándose de terrenos de mala calidad y muy especialmente de los que pertenecen al Estado, se procura, por el contrario, evitar la misma, y, sobre todo, la tala de árboles, porque ello redunda en menoscabo de otras fuentes de riqueza nacional, como la ganadería.

Por ser contrarias a las leyes las roturaciones de terrenos comunes y baldíos, los corregidores, alcaldes mayores y delegados de la Mesta perseguían a los que labraban dichos terrenos, hasta que la Real orden de 20 de abril de 1816 mandó suspender tales procedimientos; debiendo concretarse las autoridades a dejar expeditas y corrientes las cañadas y demás servidumbres de ganados. El R. D. de 29 de junio de 1822, mandó reducir a propiedad particular todas los terrenos baldíos y realengos, exceptuando los de las cuatro sierras nevadas de Segovia, León, Cuenca y Soria y los ejidos necesarios a los pueblos, estableciendo la forma de la enajenación y reparto para el cultivo y prohibiendo el corte de arbolado en los doce primeros años, siempre que excediera del valor de la cuarta parte de la suerte. La R. O. de 24 de julio de 1826 indultó a los que habían hecho roturaciones en la época constitucional y a los que las verificaron antes en montes públicos, si bien con la condición de conservar el arbolado reputándole de los propios del común.

Derecho foral. *Aragón.–* El fuero *De scaliis,* de 1247, libro IV, establece que quien señalase en monte o yermo un terreno y lo arase se hace dueño de él; pero si deja transcurrir sesenta días sin continuar la labor, queda sin efecto el señalamiento y cualquier otro vecino del mismo pueblo puede ocupar el terreno señalado, con tal que lo arase dentro de cuarenta días[364].

Se ve que, como observa Costa *(Colectivismo agrario en España)*, no basta, según el fuero, el ánimo o la intención de poner en cultivo un terreno circuyéndolo con un surco o con una línea de mojones, sino que es preciso que esa intención se traduzca en hecho antes de dos meses.

---

364 He aquí el texto de este interesante fuero: *«Item de scaliis factis in eremo sive in monte, si quis signaverit locum et arando prosecutus fuerit, valeat sibi quantum araverit. Si vero signaverit et non fuerit prosecutus arando infra LX diez, non valeat talis consignatio; sed si alius acceperit istum locum et arando prosecutus fuerit, ut dictum est, usque ad XL diez, sus sit locus ille ac si non esset ab alio signatus, dummodo sit vicinus illius villae cujus erit terminus ille».*

Franco de Villalba consigna el segundo de esos plazos a que el fuero se refiere como de LX y no de XL días; pero Franco y Guillén *(Instituciones de Derecho civil aragonés)*, mantienen esta última cifra. Ella es la que en verdad se lee en todas las ediciones de la Compilación refundida que hemos tenido a la vista, entre otras la de 1552, que es, dice Ureña *(Las ediciones de los fueros y Observancias de Aragón)*, «el texto oficial y genuino hoy vigente».

¿Está vigente ese fuero? De hecho parece haberse observado hasta muy recientemente y quizá todavía se dé el caso de aplicarlo, aunque nos parece difícil, en alguna localidad. La importancia, para la vida legal, de ese derecho de escaliar y la natural resistencia a disposiciones legales opuestas a usos como ese, antiquísimos y amparados en el fuero, explican esas supervivencias; pero no nos parece que con esperanzas de éxito pueda, ante la Administración o ante los Tribunales, sostenerse la vigencia de una disposición que se estimará caducada desde los famosos decretos de Felipe V que sólo dejaron en pie, en Aragón, los fueros concernientes a las cuestiones entre particulares, esto es, de Derecho privado civil.

Ciertamente, en las ordinaciones de ciudades, villas y comunidades, como observa Costa, pueden leerse reglas sobre escalios ampliando o restringiendo el fuero general; mas las que se citan son anteriores a Felipe V; no sabemos de ningunas posteriores en que esas disposiciones se contengan y si algunas hubiera en que los *escalios* se permitieran, o no tendrían verdadera fuerza, en el terreno del Derecho constituido, o habrían de obtenerla de la autorización que alcanzaran, como sucedió con las Ordenanzas de la Comunidad de Teruel y villa de Mosqueruela, que Felipe V confirmó.

En la legislación general (calificación que si se disputa a la antigua legislación de Castilla y al Código civil es indisputable con relación a las disposiciones que se dictaron después de Felipe V, sobre todo en el orden administrativo) se contenían muchas disposiciones en punto a roturaciones.

Savall y Penén (*Estatutos de montes y huertas de la ciudad de Zaragoza,* edic. de 1861, comentario del capítulo I), después de citar varias disposiciones, a partir de la Real Provisión de 26 de mayo de 1770, acerca de los descuajes y roturaciones de terrenos comunes, dicen que «todas deben considerarse sin objeto, porque habiéndose declarado en estado de venta todos los bienes de los propios y comunes de los pueblos, salvo los que sean de común aprovechamiento de sus vecinos (artículos 1.° y 2.° de la ley de 1.° de mayo de 1855), es ya legalmente imposible hacer uso de la facultad concedida por el fuero y reconocida a los vecinos de Zaragoza[365] por el capítulo comentado, puesto que los montes en que podrían hacerse *escalíos* o roturaciones, deben ser enajenados y reducirse a la condición de propiedad privada, tan pronto como su venta se realice».

Es ese un error a juicio de Costa, porque, como ya indicó Ibando de Bardaxí hace más de tres siglos, las tierras donde está autorizado el *escalío* son las baldías llamadas en Aragón «montes blancos», *«que sunt datae ut vicini, pro suis commoditatibus, illis utantur»,* es decir, las tierras de aprovechamiento común, las cuales, dice, no fueron desamortizadas en 1855 ni lo han sido después, sino *«relative».*

365 El capítulo lleva por epígrafe las palabras: «De los que tomaren tierra en el monte de principio» y las disposiciones son semejantes a las del fuero *De scaliis*.

Pero el error, en nuestro concepto, aunque en parte esté en eso, está más bien en suponer que hasta 1855 pudieran hacerse *escalíos* en virtud de lo declarado en el Fuero. Este pudo considerarse legalmente extinguido y la materia de roturaciones sujeta a las disposiciones generales administrativas de los siglos XVIII y XIX[366], por más que, en la práctica y de hecho, hubiera seguido observándose en tal o cual localidad, por lo que Costa, después de decir que pudo contemplar en acción y estudiar en vivo, en su integridad y de un modo general, el fuero de 1247, hubo de añadir: «o la práctica de que fue reflejo o traducción, sobradamente imperfecta e inexpresiva».

Concluiremos, en lo que a Aragón toca, esta materia, recordando que según cita que de Bardaxí hace Lissa y reproducen Franco y Guillén, las tierras adquiridas conforme al fuero *De scaliis* volvían a su antiguo estado si el roturador dejaba dos años de sembrarlas[367].

SERVIDUMBRE

Derecho foral. *Aragón.*– El Fuero, las Observancias y los Estatutos de montes y huertas de Zaragoza, contienen disposiciones especiales sobre servidumbres, muy particularmente en lo relativo a aprovechamientos de pastos, que se rigen por reglas distintas de las que se conocen en todos los pueblos.

La servidumbre, según Dieste, es el derecho constituido en predio ajeno, cuyo señor está obligado a permitir a no hacer alguna cosa en utilidad de otro.

Se adquieren las servidumbres voluntarias por contrato, por testamento y por prescripción.

Para adquirir por prescripción se requiere la posesión durante diez años a ciencia y paciencia del dueño del predio sirviente en las servidumbres continuas. Por el mismo transcurso de tiempo las servidumbres discontinuas existiendo título, de otro modo se requiere la posesión por tiempo inmemorial, sirviendo de título la larga y pacifica posesión[368].

En las *Servidumbres urbanas* hay la singularidad de permitirse abrir en pared medianera ventanas para luces y vistas; pero al edificar el dueño del fundo vecino puede cerrar esas ventanas, y únicamente cuando a consecuencia

366 El Tribunal contencioso-administrativo tiene declarado (sentencia de 6 de octubre de 1888) que el derecho de servidumbre de alera foral reconocido a los vecinos de un pueblo en los términos de otro no puede ejercitarse libremente sino con sujeción a los planes de aprovechamiento, competentemente autorizados, contra cuya conservación no pueden prevalecer títulos civiles.

367 Puede la citada obra de Costa, admirable como cuanto salió de su privilegiada pluma, estudiarse con fruto respecto a los *escalios*.

368 Observancias 7.ª y 9.ª *De prescriptionibus*, lib. II.

del cierre quedase a obscuras la habitación, deberá darle a su dueño otra luz, por el punto que el Tribunal designe[369].

Las *servidumbres rústicas* más importantes son las de *medianería, de paso, de acueducto,* de *pastos* y de *leñas*[370].

La servidumbre pública de *alera foral* concede a los vecinos de un pueblo el derecho de apacentar sus ganados en los terrenos de los pueblos limítrofes, por los puntos en donde confrontan de sol a sol y de era a era[371].

SERVIDUMBRE DE PASTOS

Derecho civil común. El Código civil califica de comunidad la servidumbre de pastos; la coloca (cap. III, tít. VII, lib. II) entre las servidumbres voluntarias y distingue las que se establecen en terrenos particulares, propias del Derecho civil y las que han de usarse en terrenos públicos, ya pertenezcan a los Municipios ya al Estado, que son asunto propio del Derecho administrativo (arts. 600 y 601).

Lo primero que llama la atención en el art. 600 es que no se hable meramente de servidumbre, sino de ésta y de comunidad, como expresiones sinónimas.

Bien analizados los conceptos, la idea de comunidad de pastos no está necesariamente ligada a la servidumbre de esta clase, como no se entienda —y no es ese, ciertamente, el sentido del artículo— que en *toda* servidumbre hay una comunidad; por lo menos de dos personas o entidades, cuyos derechos respectivos integran el de dominio. Puede darse el caso del simple *ius pascendi* del Derecho romano, admitido también en las Partidas, constituido sobre un terreno en favor de una persona para el apacentamiento de su ganado sobre una finca ajena. Habrá entonces una servidumbre, tal como se entiende en el Código, dejando aparte la cuestión de si cabe, en rigor, considerar servidumbre el derecho en favor puramente de personas, sin que medie la idea de un inmueble: no habrá comunidad.

Claro está que si la servidumbre se constituye en favor de varios individuos, habrá, además de aquélla, entre usuarios y propietario, una comunidad entre usuarios; pero siempre serán dos cosas distintas que pudieran haberse regulado sin confundirlas.

369 Observancia 6.ª *De aquae pluviale arcenda* y sentencias del Tribunal Supremo de 14 de mayo de 1861 y 25 de mayo de 1875.

370 Estatutos de Montes, caps. LIII, CXXV al CXXXIII, Fuero 3.º *de consort., ejusd. rei*; Observancia 1.ª *De finium regundorum* y sentencia del Tribunal Supremo de 28 de octubre de 1871.

371 Observancias 4.ª, 6.ª y *de pascuis*, y Fuero 2.º, id.

Estudiando los artículos que a esta materia dedica el Código, se observa que aunque usa las dos palabras «comunidad» y «servidumbre», como expresivas de un mismo concepto, no dejan de estar sus disposiciones influidas por la diferencia, de que no es dable desentenderse por completo; que hay entre lo uno y lo otro; y así se ve que los arts. 600 y 602 tienen más en cuenta la comunidad y el 603 atiende principalmente a la servidumbre.

El art. 600 está escrito para lo sucesivo. Así lo dice expresamente. Quedan en pie, por lo que hace al pasado y sus consecuencias presentes, los usos y aprovechamientos constituidos antes, y seguirán suscitándose las cuestiones a que han dado lugar disposiciones como la R. O. de 11 de febrero de 1836. Conveniente hubiera sido, a nuestro juicio, abordar la dificultad y resolverla de una vez, dando reglas para distinguir cuándo se trata de posesión verdadera, en que pueda fundarse una prescripción legítimo título de Derecho, y cuándo de malas prácticas o abusos. De todos modos, y en lo que toca al porvenir, tal vez al escribir el art. 600, resumen o término de una evolución hecha durante el siglo pasado en el régimen de la propiedad acentuando el sentido individualista, se haya ido demasiado lejos, al prohibir la constitución en favor de una universalidad de individuos y sobre una universalidad de bienes, en los momentos mismos en que ha comenzado a clamarse por una restauración del espíritu corporativo y a propagarse la idea de que es preciso reaccionar vigorosamente contra el predominio del espíritu individualista y socializar el Derecho.

Aunque el art. 600 no pueda regir sino en lo sucesivo, esto es, desde que, después de promulgado el Código, se haya establecido o establezca alguna comunidad de pastos, el 602 no ha de poder aplicarse, a nuestro juicio, sino a comunidades anteriores a él. Porque el 600, ya lo hemos visto, excluye la concesión, sea por contrato o por última voluntad, únicos títulos que admite, en favor de una universalidad de individuos, y el 602 parece hablar precisamente de ella, como quiera que se refiere, no a mayor o menor número de vecinos determinados, sino *de los vecinos,* esto es, de la *universalidad* de ellos[372].

---

372 Tal vez, sin embargo, no haya sido ese el pensamiento de los redactores del Código. Después de la desamortización ha sido frecuente que los bienes de propios puestos en venta por la Hacienda pública se adquirieran por los vecinos como particulares, para evitar que se consideraran nuevamente como de propios y otra vez se vendieran. Ordinariamente se compra el monte por una o varias personas que toman sobre sí esa comisión y luego ceden su propiedad a mayor o menor número de vecinos reconociendo a todo el vecindario derecho a ciertos aprovechamientos. La administración suele corre a cargo de una Junta mediante estatutos o reglamento, que se insertan en la escritura. Da esto lugar a grandes dificultades, por los abusos en los aprovechamientos, y aun sin ellos, porque siendo los particulares como tales, *uti singuli*, los dueños, todo cambio de la parte de propiedad de cualquera de ellos exige, para su inscripción, operaciones y gastos de que suele prescindirse, produciéndose, al cabo de algunos años, grandes confusiones.
Dos cosas queremos notar con este motivo, a saber: la primera, que entre los vecinos compradores resulta establecida una comunidad, mas no una servidumbre, que no cabe en cosa propia; la segunda, que en favor de los no compradores, además de

Suele señalarse al art. 602 como precedente en la legislación española el célebre Decreto de las Cortes de 8 de junio de 1813. Va más adelante que él, porque el Decreto no permite en absoluto el cerramiento y acotamiento sino en cuanto no se haga imposible el uso de las servidumbres, mientras el Código autoriza a eximir la finca de la carga de los pastos, si bien no con cualquier acotamiento, sino cerrándola con tapia o seto[373].

Todavía sin el último párrafo del art. 602, podría defenderse éste con la conveniencia de fomentar el interés de la agricultura: el último párrafo nos parece digno de censura; es injusto, a nuestro juicio, que quien substrae una de sus fincas al aprovechamiento de la comunidad de pastos, conserve su derecho a ésta en las otras fincas.

El art. 603 permite la redención de la servidumbre de pastos autorizando al dueño del terreno para exigirla mediante el pago de su valor que a falta de convenio consistía en la suma resultante de la capitalización al 4 por 100 del importe anual de los pastos[374].

Vemos tendencia a aplicar ese artículo a toda clase de servidumbre de pastos; mas si la que grava terrenos públicos ha de regirse según el art. 601, por las leyes administrativas, parece natural que el 603 sólo afecte a los pastos en terrenos de dominio privado; el Derecho administrativo contiene una disposición especial, que importa conocer. Tenemos presente, al decir esto, la ley de 15 de junio de 1866, cuyo art. 7.º dice así: «los poseedores de fincas gravadas con aprovechamiento de pastos o de cualquiera otra naturaleza que no participen del carácter censual, constituidos a favor de pueblos o Corporaciones cuyos bienes estén comprendidos en las leyes vigentes de desamortización, podrán solicitar la redención de dichos aprovechamientos

---

constituirse con ellos una comunidad, se establece una servidumbre. Pero resulta que la comunidad es opuesta al art. 600 y la servidumbre o derecho general a los aprovechamientos tiene, según la legislación vigente, un carácter comunal que podría hacerlo enajenable por el Estado y dar lugar a la intervención forestal de la Administración pública (aún tratándose de monte de propiedad privada) que los interesados desean evitar y que de hecho resulta evitada, porque la Administración, prudentemente, suele ignorar ese estado de cosas.

Si toman cuerpo definitivamente en la legislación las tendencias ya iniciadas, y de día en día acentuadas de algunos años a esta parte, acerca de la propiedad comunal, se evitarán los subterfugios y dificultades a que acabamos de aludir, acerca de lo cual habría mucho que agregar si el espacio disponible lo consintiese.

373 Téngase presente que, según el art. 388 del Código, todo propietario podrá cerrar o cercar sus heredades por medio de paredes, zanjas, setos vivos o muertos, o de cualquiera otro modo, sin perjuicio de las servidumbres constituídas sobre las mismas.

374 Opinamos con Valverde (*Tratado de Derecho civil español*, t. II), que a las servidumbres de pastos establecidas anteriormente al Código civil, no perjudicándose otro derecho de igual origen, es aplicable la redención que autoriza el art. 603, conforme a la segunda parte de la primera disposición transitoria del Código.

en los mismos términos prescritos para los censos, siempre que no se hayan declarado por el Gobierno o se declaren en virtud de petición hecha en el término de un año, de uso general y gratuito».

Esa disposición continúa en vigor después del Código civil. Se deduce del texto mismo de éste; la hemos visto aplicar por la Hacienda, y vigente la considera la Jurisprudencia administrativa; véase, en comprobación de esto, la sentencia del Tribunal contencioso-administrativo de 29 de diciembre de 1899.

Derecho foral. *Aragón.– La servidumbre de pastos* en las provincias aragonesas tiene un doble carácter, según sea *privada o pública.* La *privada* o *particular* «consiste en el derecho de apacentar ganados en terrenos ajenos e imposibilita a sus dueños de reducir a cultivo las tierras afectas a esta servidumbre, así como de gravarlas con otra en perjuicio de la anterior establecida»[375]. La servidumbre de pastos *pública* admite dos variedades, que reciben el nombre de *Alera foral* y *Boalar.*

En cuanto a la *servidumbre de pastos privada* son reglas de aplicación: 1.ª Que ha de usarse con moderación, evitando siempre los daños que pudieran ocasionarse al propietario de la heredad y a las demás personas a quienes pertenezca el disfrute de la misma facultad. 2.ª Que el dueño de finca situada en lugar donde no habite, no puede vedar la servidumbre relacionada que disfruten los vecinos del pueblo; pero sí en caso contrario, y por un año solamente, en beneficio de sus ganados, conforme la Observancia 9.ª *De pascuis gregibus,* libro VII. Sin embargo, este precepto no tiene aplicación a los lugares regados o huertas, porque en ellos no pueden pacer, sin pagar multa, los ganados que no sean de labor; y 3.ª Que los terrenos destinados a pastos pueden ser reducidos a cultivo si la servidumbre correspondiente se creó por costumbre, pero no cuando lo hubiere sido en virtud de contrato[376].

Esta servidumbre puede adquirirse también mediante el pago de cierta cantidad o canon, según afirmación de Sessé, y a ella no se opone el decreto de Cortes de 8 de junio de 1813, que declaró perpetuamente cerradas y acotadas las propiedades particulares, ya que tal disposición se adoptó sin perjuicio de los derechos que la misma expresa y deja a salvo, entre los que se cuentan los de servidumbres y demás gravámenes de aprovechamientos de pastos... a que tuviesen derecho y en que con legítima posesión se hallaren aquéllos en cuyo favor estuvieran legalmente constituidos, conforme ha declarado el Tribunal Supremo en su sentencia de 28 de octubre de 1871.

---

375 Sánchez Román, *Estudios de Derecho civil*, t. III.

376 Casanate, *Consiliorum sive responsorum*, 1606. *Consilium* 44, núm. 10.

SOCIEDAD CONYUGAL PRORROGADA

Derecho foral[377]. *Aragón.*– «Muerto uno de los cónyuges, dice la Observancia 2.ª, *De secundis nuptiis,* lib. V (traducción de Martón y Santapau), todos los bienes muebles deben al momento dividirse entre el sobreviviente y los herederos, pero no los inmuebles, si el sobreviviente quiere tener viudedad».

Igual disposición se contiene en la Observancia 55.ª, *De jure dotium,* del mismo libro, sin más diferencia que la substitución de la palabra *herederos* por la de *hijos.*

La inmediata división de los bienes muebles no es, sin embargo, obligatoria en el sentido de que, no haciéndose, caduque el derecho a pedirla en cualquier tiempo.

SOCIEDAD DE GANANCIALES

Derecho foral. *Aragón*[378]. *Diferencia entre la sociedad de gananciales del Código civil y el consorcio conyugal aragonés.*– Como hemos notado al tratar, con relación al Código civil, de la sociedad legal, entra en ella para ser repartido en su día, si se conserva, todo lo que se aumenta o gana por título oneroso sobre lo que, al constituirse la sociedad conyugal, formaba el haber total de ésta. En el consorcio conyugal aragonés, se considera perteneciente a la comunidad —y de ahí se parte, en su caso— el aumento que por título oneroso experimenta el caudal en inmuebles aportado, así como los muebles de toda procedencia, esto es, aportados o adquiridos después, debidos a cualquier título, oneroso o lucrativo, y que se conserven al disolverse la sociedad; todo ello, salvo pactos especiales, de que luego hablaremos.

De ello resulta que en Aragón puede un matrimonio tener, al disolverse, menor caudal que aquel con que comenzó, y, sin embargo, resultar uno de los cónyuges mejorado al enviudar, o mejorados sus herederos al morir él, con relación al haber con que contara al casarse, ocurriendo lo contrario al otro cónyuge o a quien de él traiga causa.

Creemos, pues, que en Aragón, más que de bienes *gananciales,* se debe hablar de bienes *comunes.* Si en la liquidación y división del total haber de la sociedad conyugal se aplicasen en el territorio de ese antiguo Reino las

---

377 Véase en esta Enciclopedia el artículo SOCIEDAD DE GANANCIALES.

378 Algunas de las ideas expuestas en el presente escrito con relación a las legislaciones forales aparecen desarrolladas con mayor amplitud en el artículo que hemos publicado en la *Revista de Derecho privado* (número correspondiente a los meses de julio y agosto de 1919) con el título «El artículo 1.413 del Código civil y las legislaciones forales». En él se dice también algo acerca de la reforma de que el art. 1.413 pudiera ser objeto.

disposiciones del Código civil, el sistema aragonés quedaría quebrantado; lo propio que sucedería con el Código en las Provincias no aforadas, si al régimen aragonés se sujetaran aquellas operaciones.

No es infrecuente hallar, en los libros de los tratadistas aragoneses, empleada la palabra *gananciales* al explicar el régimen aragonés; pero, generalmente, se deja ver, en la misma explicación, que se trata de un sistema distinto del de Derecho común.

Más frecuente todavía es encontrar esa misma mención de bienes gananciales en los instrumentos públicos o privados (testamentos y capítulos matrimoniales, sobre todo); y no deja de surgir duda respecto a qué régimen haya de aplicarse, si el del Código civil o el de la legislación foral, cuando la denominación de *gananciales* se emplea sin que las cláusulas del documento expresen de modo inequívoco si se ha querido emplear esa palabra en el sentido tradicional castellano, o en equivalencia del adjetivo *comunes*, tan propio de Aragón.

También en las sentencias de los Tribunales es frecuente el uso de la palabra *gananciales.*

Opinamos que ordinariamente, si no hay algo que demuestre lo contrario, cuando en Aragón se habla de bienes gananciales debe entenderse que se hace referencia a los comunes.

Diferencia entre el consorcio conyugal y el consorcio foral.– Cuando se habla de *consorcio foral* sencillamente, se hace referencia a la especialísima institución aragonesa, relacionada con la herencia, así denominada (véase, en esta **Enciclopedia**, el artículo correspondiente); si se quiere aludir a la sociedad que tiene su origen en la institución matrimonial, debe decirse *consorcio conyugal* (o *consorcio conyugal foral*, si puede haber duda de si se trata de sociedad conyugal no aragonesa), pero no *consorcio foral*, ya que, según se trate de una u otra institución, son diferentes las normas llamadas a regularlas. No es infrecuente, aun en trabajos de mérito, orales o escritos, confundirlas y aplicar, por ejemplo, a la división de los bienes de la sociedad o consorcio conyugal, reglas propias del consorcio o fideicomiso foral.

Bienes propios de cada cónyuge:

A) Del marido.

Pertenecen a éste:

1.° Los bienes sitios aportados por él al matrimonio.

Tiénese esto por indudable en virtud de una práctica constante, debida a la interpretación justamente dada a las Observancias 23, *De iure dotium*, lib. V, y 3. a, *De secundis nuptiis*, lib. V.

El texto de estas Observancias no está suficientemente explícito ni claro. Por eso Franco y Guillén *(Instituciones de Derecho civil aragonés)* dicen que tal regla se *infiere* de ellas.

En efecto: en la primera de esas Observancias se dice que la mujer no tiene parte en las heredades compradas por el marido antes del matrimonio; y en la segunda, al hablar de la división de bienes cuando se ha disuelto el segundo matrimonio, sólo se determina la de los bienes muebles comunes.

La opinión, en este particular, de los autores es unánime; la práctica, constante y uniforme.

2.° Los bienes sitios que adquiere por título lucrativo durante el matrimonio. Así lo dice expresamente la Observancia 53.ª *De jure dotium: «In bonis immobilibus* —son sus palabras— *quae acqui sit vir titulo lucrativo, juxta ex testamento, legato vel donatione vel similibus, nihil lucratur mulier vel e contra».*

No obstará el que la adquisición *(rem acquisiverit,* dice la Observancia 47.ª *De iure dotium),* por legado o donación implique la carga del pago de alguna cantidad y ese pago se haya hecho con fondos comunes, ni el que se deba al ejercicio, a costa del caudal común (*si res ... cum pecunia communi fuerit redempta,* se lee en la misma Observancia) del derecho de redención establecido en su favor; sin perjuicio, en uno y otro caso, de lo que se dirá al tratar de las mejoras.

3.° Los bienes sitios que el rey u otra persona le dieren en pago de servicios o compensación de daños que hubiere sufrido en su persona o bienes: *observitia et damna sustenta per virum in persona et bonis,* al decir de la Observancia 9.ª, *De secundis nuptiis*[379].

Hasta aquí el texto de las Observancias.

Los autores suelen asignar, además, al patrimonio del marido:

a) los bienes cuya prescripción a su favor comenzó antes del matrimonio y se consumó durante éste;

b) los bienes respecto de los cuales se consolidaron en su favor durante el matrimonio la nuda propiedad y el usufructo;

c) los adquiridos por derecho de retracto constituido en su favor;

d) los que se permutaron por otros suyos.

B) De la mujer:

Lo son los que ésta hubiere aportado, heredado, adquirido por retracto, etc., como el marido en su caso, según hemos dicho, pues hay en todo ello reciprocidad, según criterio unánimemente seguido, excepción hecha de las donaciones a que se contrae la Observancia 9.ª, *De secundis nuptiis,* a que antes hemos hecho referencia.

379 El texto de esta Observancia, según la traducción de Martón y Santapau, es como sigue: «En los bienes inmuebles donados al varón durante el matrimonio por el Rey u otro, aunque sea por servicios y daños sufridos por el marido en la persona y bienes, la esposa no tiene más derecho que el de viudedad».

La cantidad asegurada por el marido, con obligación especial de bienes, por razón de *axovar*[380], pues la mujer o sus herederos han de recibirla principalmente mediante venta de sus bienes, y si ellos no bastaren, de otros bienes del marido sin participación de éste ni de sus herederos (Observancia 5.ª, *De secundis nuptiis*).

Bienes comunes: Por exclusión, determinados los bienes propios de cada cónyuge, resulta implícitamente declarado que todos los demás han de ser comunes.

Así han de tenerse como bienes comunes los muebles, cualquiera que sea el título por el cual se ingresen en el haber total del matrimonio, los sitios adquiridos durante el matrimonio, por título oneroso, etc.

Dos advertencias hay que hacer aquí: 1.ª, los regalos *(iocalia)* del novio a la novia se hacen comunes si el matrimonio no llega a consumarse por muerte de uno u otro; *si forsam ipse vel ipsa moriatur ante tempus matrimonii consummati,* como dice la Observancia 46.ª *De jure dotium;* 2.ª, que las mejoras en bienes de uno de los cónyuges se hacen comunes en la forma que explicaremos luego al tratar de la liquidación y partición de bienes del consorcio conyugal.

Derechos y obligaciones de los cónyuges durante el matrimonio.

A) Del marido:

El marido es administrador de los bienes sitios del matrimonio y dueño, además de administrador, de los bienes muebles.

Las Observancias no dejan lugar a dudas sobre esto: *Dominus et ministrator rerum nobilium,* llama al marido la Observancia 1.ª, *Ne vir sine uxore vel e contra possit alienare,* lib. II; y esas mismas palabras, salvo la de *administrator*, en lugar de *ministrator*, emplea la 33.ª, *De jure dotium.* La 1.ª *Rerum anotarum,* no se limita a establecer sus derechos sobre los muebles; le considera *administator bonorum sedentium el dominus et administrator bonorum omnium mobilium communium inter cum et suam uxorem.*

Consecuencia de ese dominio sobre los muebles es lo dispuesto en la Observancia 25.ª *De jure dotium.* Según ella, es nula la donación o la venta de bienes muebles hecha por el marido en favor de la mujer. Y se comprende bien; porque si la mujer pudiera adquirir esos bienes, no se habría hecho sino una ficción sin eficacia ni resultado positivo, como quiera que en el acto mismo de la enajenación por uno u otro título, los bienes de que el marido decía desprenderse volvían a su poder *(redeunt in potestatem*[381] *mariti),* siguiendo él con su derecho de dueño *(et maritus est dominus et potest alienare ea).*

380 «Axovar o firma de dote», dicen Franco y Guillén empleando una sinonimia de la cual hemos tratado en el artículo FIRMA DE DOTE de esta **Enciclopedia**.

381 En algunas ediciones se lee *in administrationem*.

A esta última declaración hay que señalar tres excepciones.

Consígnase la primera en la Observancia 1.ª, *Ne vir sine uxore,* etc. No vale, dice, la enajenación que de bienes muebles haga el marido en su última enfermedad *(cum est infirmus si ex illa infirmitate decedat).*

La segunda resulta de la Observancia 20.ª *De donationibus:* si el marido dona sus bienes muebles, pero los retiene, la donación, según esa Observancia, sólo vale en cuanto a su parte.

La tercera consiste en la nulidad de la donación (según Molino, que cita una decisión del Consejo del Justicia), y de la venta (según Franco y Guillén) de esa clase de bienes durante el matrimonio en lo que toca a la mitad que corresponde a la mujer, si el marido retiene en su poder lo donado (o vendido): de esto trata la Observancia, 4.ª, *Ne vir sine uxore*, etc. Igual declaración hace respecto a la nulidad de la donación (no hablando tampoco de la venta) la Observancia 24.ª, *De jure dotium,* en cuanto a la parte de la mujer y consiguiente validez en lo tocante a la mitad correspondiente al marido, añadiendo que ello sucederá aunque el dominio y la posesión aparezcan transferidos mediante instrumento.

Es conforme a la doctrina expuesta respecto a los derechos del marido, y hasta consecuencia de ella, a tal punto que, aun sin advertirse especialmente, había de sobrentenderse, la facultad que al marido compete de pedir: 1.º, la mitad del legado de dinero que a su mujer se hubiera dejado y de todos los créditos pertenecientes a la misma; 2.º, el usufructo de viudedad de los bienes inmuebles de su mujer, aunque no se trate de bienes legados a ella, con tal que le pertenezcan por cualquier título. Así lo declara la Observancia 33.ª, *De jure dotium*, que al final establece que esos derechos reivindicatorios pueden ser ejercitados por el marido, aun después de muerta la mujer, aunque ésta no hubiera llegado a poseer los bienes en cuestión; asistiendo a la mujer, en su caso, igual derecho *(maritus eam poterit vindicare, etiam post mortem uxoris, licet eam non possiderit constante matrimonio inter eos, et sic est idem in uxore).*

¿Podrá el marido enajenar los bienes inmuebles comunes, esto es, adquiridos por él, por la mujer o por ambos, por título oneroso durante el matrimonio?

Hoy suelen citarse como vigentes la Observancia 2.ª *Ne vir sine uxore,* y la 26.ª *De jure dotium.* Según ellas, el marido puede enajenar los bienes inmuebles en los que la esposa debe tener la viudedad, quedando a salvo este derecho, a no haberse hecho con voluntad de ella la enajenación.

Estas disposiciones, por formar parte del cuerpo de Observancias, suelen ser consideradas como derogatorias de los fueros *Ne vir sine uxore,* de 1247, que no permitían al marido sin la mujer ni a la mujer sin el marido enajenar sus heredades.

¿Alcanza la derogación a todos los bienes, esto es hasta a los comunes? Expresamente no lo dicen las Observancias. La opinión general se inclina a la afirmativa. ¿Pero se respeta el derecho de viudedad de la mujer? No sabemos de ningún caso en que se haya llevado a los Tribunales esa cuestión por la mujer viuda contra quien hubiera comprado al marido un inmueble adquirido a título oneroso durante el matrimonio. La jurisprudencia del Tribunal Supremo, que tiende a confundir los bienes comunes con los gananciales (sentencias de 11 de febrero y 19 de abril de 1870 y 11 de febrero de 1891) y la de la Dirección general de los Registros (resoluciones de 27 de mayo de 1890 y 26 de marzo de 1918), que sanciona de un modo absoluto la facultad de enajenación por el marido tratándose de los bienes a que vamos refiriéndonos, sin hacer la menor reserva o declaración favorable a la subsistencia de la viudedad, hacen temer que asimilándose en esto la legislación foral a la del Código civil, se considere, aunque no con razón, a nuestro juicio, que la enajenación es absoluta, quedando el comprador dueño, sin restricción alguna, del inmueble.

De las disposiciones forales se deduce, y sobre ello nadie suscita cuestión ni duda, que todo derecho de la mujer cesa cuando ha intervenido en la venta o consentido en ella.

B) De la mujer:

Puede la mujer obligar a su mando a que la dote, dadas ciertas circunstancias (Observancia 38.ª *De jure dotium*)[382].

Le corresponden, además, los derechos consignados en las disposiciones de varias Observancias, de que vamos a dar noticia, sin perjuicio de lo que se expone en el artículo de esta **Enciclopedia**, DONACIÓN ENTRE CÓNYUGES, y en otros relacionados con él, a todos los cuales expresamente queremos aquí referirnos, porque en los mismos ha de buscarse el complemento del presente.

Las Observancias de que ahora debemos hacer mención son las siguientes:

Del libro I:

La 13.ª, *De Procuratoribus.* Por ella se autoriza a la mujer a substituir el poder que le hubiere otorgado su marido; y aunque éste no intervenga en la

382 Franco y Guillén (ob. cit.) señalan entre las facultades del marido la de dotar a la mujer en todos sus bienes, y entre los derechos de la mujer la de compeler a su marido a que la dote. A propósito de esto último hacen una referencia al cap. VI del tít. II, lib. I de su obra. Creemos que hay en esto una equivocación, aunque no aparezca salvada en la fe de erratas. Ese cap. VI trata de la disolución de la sociedad conyugal y en él no se habla de dotes, ni siquiera por vía de mera referencia. Indudablemente Franco y Guillén quisieron referirse al cap. V del título y libro citados. Está dedicado a la firma de dote, y en él se dice que el marido puede dotar a su mujer en todos sus bienes y que la mujer puede eximir a su marido de la obligación de señalar *firma de dote* renunciando expresamente a ésta (Observancia 5.ª, *De donationibus*) o tácitamente no usando de la acción que le compete (Observancias 38.ª y 50.ª, *De jure dotium*). Opinamos que la palabra dote se entiende en esas Observancias en el sentido de firma de dote. (Véase lo dicho en los artículos DOTE y FIRMA DE DOTE de esta Enciclopedia.

substitución autorizándola, está obligado a aceptar lo que con tal poder haga el substituto, pues se supone que ha prestado su asentimiento *(quia assensus viri intervenisse videtur).*

Del libro IV:

La 1.ª *Mandati.* Permite al marido ratificar lo hecho por la mujer en juicio *(gesta per uxorem in judicio).* Volveremos a hablar de esta Observancia cuando nos ocupemos de la 32.ª *De jure dotium.*

La 27.ª *De jure dotium.* Puede la mujer, en virtud de lo en esa Observancia declarado, administrar los bienes del marido *(administrat, tenet et regit bona viri),* si resulta que éste no ha dejado procurador especial para ello *(ad praedicta)*[383].

La 32.ª *De iure dotium.* Se relaciona esta Observancia con la 1.ª, *Mandati*, antes citada.

Se había en la *Mandati* establecido una regla y una excepción. Era la regla la costumbre de no caber ratificación en los juicios ni en las resoluciones arbitrales *(in judiciis nec in arbitriis);* la excepción, la facultad dada al marido de ratificar lo hecho en juicio por su mujer. Y en esta Observancia que ahora examinamos se reitera esa doctrina, lo mismo en cuanto a la regla general que en cuanto a la excepción, pues dice que la mujer no puede sin consentimiento del marido reclamar lo que se le debe y que lo que haga en ese sentido es nulo si él no lo ratifica, ya que en ese caso no tiene lugar la Observancia que declara no haber lugar en los juicios a la ratihabición.

La 35.ª *De jure dotium.* Según su texto, la mujer, aun no siendo viuda, puede, por fuero, constituirse en fiadora[384].

La 39.ª *De jure dotium*. Por costumbre, dice, la mujer puede enajenar las dotes.

La 58.ª *De jure dotium.* Permite esta Observancia a la mujer estipular con su marido, al tiempo del matrimonio o después, que asignándosele algunas cosas, nada ha de poder pedir ni obtener de sus bienes; con lo que se en-

---

383 Aunque no lo dice la Observancia, es racional considerar que con mayor razón ha de poder la mujer, en ese caso de ausencia marital, administrar sus propios bienes. Hoy procede combinar esta disposición con las del Código civil, el cual ha de aplicarse, según su art. 13, en todo aquellos que no puede resolverse por la legislación foral.

384 En la edición de los Fueros y Observancias hecha en 1624, a la que se han acomodado las posteriores, se lee *«etiam vidua»*. Parecía esto un contrasentido; la viudez no podía ser obstáculo para el afianzamiento y no había para qué decir que *aun siendo viuda* podía la mujer prestarlo. Suponíase generalmente que eso era una errata; que lo que había querido decirse era que no necesitaba la mujer venir a la condición de viuda para poder constituirse en fiadora, lo cual valía tanto como significar que las casadas podían serlo. La duda que pudiera suscitarse se ha desvanecido al fijarse la atención en las ediciones anteriores a la de 1624.

tiende que renuncia a todo lo demás que por fuero pueda corresponderle[385], excepción hecha de la viudedad, que exige una renuncia expresa *(excepta viduitate, nisi viduitati sit expres renunciatum)*[386].

A esas Observancias pueden agregarse los siguientes fueros:

Del libro V:

El 6.°, *De jure dotium.*

El 1.° y el 2.°, *De contractibus conjugum.*

Los tres se comprendieron en la Compilación de 1247. Nos limitamos aquí a esta mención de sus respectivas rúbricas, porque del último hemos de ocupamos en la parte del presente artículo destinada a tratar del pago de las deudas del consorcio, y de los otros dos[387] hemos tratado en los artículos de esta **Enciclopedia** a que hemos aludido.

Disolución y división de la sociedad conyugal.– Es doctrina constante y generalmente profesada sin dudas ni discrepancia, la de la sociedad continuada (o nueva sociedad, como otros prefieren llamarla) entre el cónyuge sobreviviente y los herederos del premuerto cuando no se ha hecho inventario de los bienes muebles.

La sociedad continuada o prorrogada puede seguir, y es muy frecuente que siga, en el caso de sucesivo o sucesivos matrimonios. Da ello lugar a diversos casos de división, que pasamos a examinar, no sin advertir que las reglas que damos a conocer son supletorias del silencio que hayan guardado las partes, pues si hubieren expresado su voluntad en capítulos, a ellos habrá que atenerse[388].

---

385 Puede también renunciarse por la mujer de un modo directo o expreso a los gananciales o bienes comunes, y es inútil advertir, dice Nougués *(Tratado del consorcio conyugal)*, que los bienes que se hubiese convenido en que ella o sus herederos sacarían, no estarán afectos al pago de otras deudas que las que íntegramente se hubiesen consentido.
En realidad, no hay en Aragón necesidad de ocuparse especialmente de la renuncia de gananciales. Es uno de los pactos que antes y después de contraído el matrimonio pueden estipularse al amparo del *Standum est chartae*.

386 La Observancia 19.ª *De jure dotium* sienta ese mismo principio. Refiriéndose al caso de haberse constituído hermandad entre los cónyuges, establece lo siguiente: *supertes non amittit viduitatem nisi exprese renunciat eidem.*
Con todo, hay dos casos, según advierten Franco y Guillén, en que la mujer pierde la viudedad sin renunciarla expresamente: 1.°, cuando el marido enajena los bienes en que debiendo ella tenerla, presta su consentimiento para la enajenación, según ya hemos indicado; 2.°, cuando la mujer, muerto el marido, divide los bienes sitios con sus herederos. Invocan estos autores, con tal motivo, las Observancias 26.ª y 55.ª *De jure dotium* y la 2.ª *De secundis nuptiis*.

387 Al Fuero 1.° *De contractibus conjugum* se refiere la Observancia 1.ª *De jure dotium*.

388 Si se hubiese estipulado el pacto de hermandad, habrá que estar a lo que de él resulte. El único texto foral que a ese pacto se refiere (la Observancia 19.ª *De jure dotium*) se limita a hacer constar que por la hermandad establecida entre marido y mujer no se pierde la viu-

Caso 1.°— División cuando la sociedad no se continúa. Está sujeto a las reglas siguientes:

1.ª Sacará cada parte (el sobreviviente y los herederos del premuerto) los bienes sitios aportados, séanlo por su naturaleza o por el pacto, y los de la misma clase adquiridos durante el matrimonio.

2.ª Se sacarán las aventajas forales por quien o quienes tengan derecho a ellas (véase AVENTAJAS FORALES).

3.ª El resto, trátese de muebles o de sitios, será común y divisible por mitad entre ambas partes.

4.ª El cónyuge sobreviviente tendrá derecho de viudedad sobre los sitios, si no lo renuncia expresamente, mientras no haya alguna de las causas de extinción de ese derecho.

Téngase en cuenta que la entrega de los sitios (o mitad de ellos si se trata de los comunes) a los herederos del cónyuge premuerto, queda aplazada hasta que se realice la eventualidad de la cesación de la viudedad. Dedúcese así de las últimas palabras de la Observancia 55.ª, *De jure dotium,* la cual, avanzando algo sobre la 2.ª de la misma rúbrica, que se contrae al inventario, dice así: *Mortuo altero conjugum, statim, debent dividi onmia bona mobilia, cum superviviente et filiis, non autem inmobilia si vult tenere viduitatem,* disposición reiterada en la Observancia 2.ª. *De secundis, nuptiis.*

Como bien se comprenderá, en el presente artículo, so pena de darle una excesiva extensión e incurrir en repeticiones que conviene evitar, han de darse por supuestas no pocas nociones que no pertenecen propiamente a la especialidad de lo que aquí ha de tratarse. Tal sucede con la noción de bienes muebles y sitios o inmuebles.

Conviene advertir que en este, como en los demás casos de división, los gastos de entierro deben sufragarse por los herederos del difunto, según el Fuero 1.° *De secundis nuptiis,* y Observancia 6.ª de la misma rúbrica, lib. V.

Creemos, además, oportuno hacer algunas advertencias que surgen del estudio de las Observancias siguientes, todas ellas comprendidas en el lib. V, bajo la rúbrica *De iure dotium*: La 22.ª, en que se declara que lo que ha de dividirse es, no lo que hubiera al tiempo del fallecimiento del cónyuge premuerto, sino lo que haya al tiempo de hacerse la división.

La 57.ª, según la cual los bienes muebles que no existen ya al practicarse la división sin que conste la causa de su desaparición, se tienen por consu-

---

dedad, como expresamente no sea renunciada (véase el artículo PACTO DE HERMANDAD). Si en la capitulación no se hubiera hecho otra cosa que pactar la hermandad llana, que es la expresión que suele usarse, sin fijar las condiciones especiales, procede hacer un cúmulo de los bienes todos, sin distinción de clase ni procedencia, y dividirlo en dos mitades. Y así se observa en la práctica.

midos y no se cuenta con ellos para la división, sucediendo lo contrario, esto es, tomándolos en cuenta, cuando consta que con ellos se pagaron deudas del cónyuge difunto.

Esas Observancias se relacionan —y no son las únicas— con la 2.ª, también *De jure dotium,* de que ya hemos hecho mérito, sirviéndole de explicación y complemento[389].

Caso 2.°— División entre el cónyuge sobreviviente y los herederos del premuerto existiendo sociedad continuada.

Con relación al caso anterior, se introduce en éste un nuevo elemento, el del cúmulo de bienes partibles, toda vez que el que existía en el momento de comenzar la continuación de la sociedad, puede haber aumentado o disminuido en algunos de sus elementos integrantes.

Así, en el caso de disolución de sociedad que no se continúa o renueva, la división tiene que hacerse con relación al caudal tal como se encontraba al tiempo de hacerse el inventario, cuya formación impide la continuación. Mas, si el caso es de sociedad continuada, las Observancias 22.ª y 57.ª *De jure dotium,* determinan que se esté a lo que resulte al tiempo de hacerse la división, que se den por consumidas las cosas muebles cuya inversión no conste y no se tengan en cuenta para la partición, en cuanto no existentes, sucediendo lo contrario si consta, por ejemplo, que se invirtieran en pagar deudas del difunto, pues entonces en la división se tiene cuenta de ello.

De esta suerte, dividiéndose lo común mueble e inmueble, entre el cónyuge sobreviviente y los herederos del difunto, se da efectividad a la continuación de la sociedad.

Caso 3.° División de los bienes de la sociedad continuada entre los herederos del cónyuge primeramente fallecido y el sobreviviente que pasó a segundas nupcias.

Los fueros 1.° y 2.° *De secundis nuptiis,* declaran que el cónyuge sobreviviente que quiera contraer nuevo matrimonio debe antes dividir con los hijos que hubo del cónyuge difunto, en presencia de los parientes de aquéllos por parte de éste, y mediante escritura, los bienes comunes, previa la deducción de los gastos de entierro y las aventajas correspondientes; y que si no lo efectuase, habrá de partir con sus hijos lo que ganase durante su segundo matrimonio.

Confírmase esta última disposición en la Observancia 1.ª. *De secundis nuptiis,* que da por razón una presunción *(praesumitur quod de bonis communibus fuerit lucratus)*, poniendo como excepción, evidentemente justa, puesto que la presunción falta, el caso en que conste que la adquisición fue por su industria o de otro modo distinto del presunto *(nisi alios constet per ipsum ex sua industria vel alio modo fuisse lucrata).* La Observancia 3.ª de la misma

389 Quien desee conocer la materia en todos sus detalles, algunos de los cuales omitimos, hallará una guía para su estudio completo en la obra de Franco y Guillén.

rúbrica establece otra excepción: la del caso en que consta que los bienes muebles que con su cónyuge tuviere el bínubo no se adquirieron a expensas de bienes comunes, sino que fueron aportados por la segunda mujer o el segundo marido, según el caso *(exceptis in bonis quo notabiliter constet fuisse per secundam uxorem ducta in matrimonium)*[390].

Merece tenerse en cuenta lo dispuesto en la Observancia 10.ª, *De secundis nuptiis.* Distingue entre compras *(emptiones)* hechas por el marido durante el primer matrimonio o hasta el momento del segundo sin hacer dividido con los hijos habidos en aquél, y las mejoras por él realizadas en bienes de la primera mujer en las mismas épocas (*in operibus factis per virum in bonis primae uxoris,* etc.).

Dejando aparte las mejoras, de que trataremos después, y concretándonos a las compras, notaremos que la Observancia declara que pertenecen en su mitad a los hijos de la primera mujer y la otra mitad se dividirá por cabezas entre los hijos de la primera y los de la segunda esposa. Se supone que esto último ha de ser cuando el marido fallezca y, en su caso, termine la viudedad que en esa segunda mitad corresponde a la mujer, la cual no tiene derecho alguno sobre la mitad primera.

Las palabras textuales de la Observancia son éstas: «*de istis* —se refiere a los bienes comprados— *debent habere filii primae uxoris medietatem in qua secunda uxor nullum habebat jus: et alia medietas contingens viro debet dividi inter filios primae uxoris et secundae per capita, et in ista medietate secunda uxor tenebit viduitatem*».

Se comprenderá sin dificultad que esta partición de los bienes comunes no impide, antes bien supone, la adjudicación al marido, a los hijos de su segundo matrimonio y a la segunda mujer, de sus capitales respectivos, según lo que queda expuesto.

Caso 4.º División entre los herederos del marido que casó segunda vez y su mujer o los herederos de ésta.

Si se da el caso de que el viudo llegue a fallecer sin haber dividido la sociedad continuada, las reglas que han de observarse para su aplicación son distintas de las que rigen el caso anterior.

Hállanse esas reglas contenidas en la Observancia 3.ª, *De secundis nuptiis,* que, hablando de este caso, dice así literalmente, según la traducción hecha por Martón y Santapau:

> «Si muerto el varón que contrajo segunda vez se pide la división por los herederos de la primera con la segunda esposa o sus herederos, entonces esta segunda esposa o sus herederos dividirán en primer lugar los bienes muebles comunes

390 Advierten con razón Franco y Guillén que las Observancias hablan del caso en que el marido sea el sobreviviente; pero que debe entenderse de la mujer, cuando sobrevive el marido todo lo que de éste se dice. Citan, como para fundamentar esta apreciación, lo declarado en los Fueros 1.º y 2.º *De secundis nuptiis*. Debe tenerse esto en cuenta como complemento de lo que con relación al marido decimos en este artículo.

con los herederos del varón; y sacadas ante todo sus aventajas, recibirán la mitad de todos los bienes muebles que en vida del varón y de la segunda esposa y al tiempo de la muerte del mismo se encontrasen comunes, exceptuados aquellos bienes muebles que notablemente conste por inventario, testigos o instrumentos que son de la primera esposa y que los ha aportado al matrimonio con dicho marido, porque aquellos bienes los dividirán en primer lugar los herederos de la primera esposa con los del varón, recibiendo aquéllos la mitad y quedando en poder de éstos la restante, la cual se dividirá entre la segunda mujer o sus herederos y los del marido, exceptuadas también las joyas que el marido que contrajo segunda vez dio a la segunda esposa, de bienes comunes a él y a la primera mujer, siempre y cuando los bienes dados por joyas se hayan encontrado en su poder al tiempo de la muerte del marido, porque la esposa segunda o sus herederos deben dividir primeramente aquéllos con los herederos del varón, a no ser que sean de los que la esposa sobreviviente debe recibir preferentemente, porque entonces la esposa sobreviviente debe haberlos ante todo; y hecha la citada división del modo referido con la segunda esposa o sus herederos, la parte de la mencionada división perteneciente a los herederos del marido debe dividirse con los de la primera mujer, exceptuados las aventajas que pertenecen a los herederos del marido».

La Observancia, según aparece del texto que acabamos de transcribir, no habla, con relación al caso que nos ocupa, de otros bienes comunes que los muebles; Franco y Guillén estiman que debe aplicarse igualmente a los sitios comunes, pues no hallan razón para que no se dividan.

Y por de contado, como antes se ha dicho, en punto a los capitales o bienes propios de cada parte ha de hacerse la entrega conforme a las reglas generales establecidas en lo que no resulten modificadas por la Observancia.

Caso 5°.– División cuando se trata de terceros y últimos matrimonios.

Débese guardar, dice también la Observancia 3.ª, *De secundis nuptiis*, el orden referido, en la división de los bienes que se ha de hacer, si se contrajere matrimonio por tercera o cuarta vez antes de la división, comenzándose por el último y dividiéndose como se ha dicho.

Mejoras.– En la diferenciación de los bienes propios de cada cónyuge y los comunes, y en la liquidación de la sociedad conyugal, han de tenerse presentes las disposiciones forales tocantes a las mejoras.

Al hablar, a otro propósito, de la Observancia 10.ª *De secumdus nuptiis,* hemos reservado para ahora exponer lo que en ella se dispone respecto a mejoras en fincas de cualquiera de los cónyuges hechas a expensas del caudal común.

«En las mejoras, dice en su segunda parte esa Observancia, hechas por el marido en los bienes de la primera mujer durante su matrimonio, o hasta el tiempo del segundo enlace, lucra aquél la mitad de las mejoras o la cuarta parte de la cosa mejorada, debiendo dividirse esta parte, correspondiente al marido, entre los hijos de la primera y la segunda esposa, en la cual ésta no tiene más derecho que el de viudedad en la mitad correspondiente a sus hijos, y de la primera, por razón del padre; y si el marido hubiere mejorado sus bienes propios, dentro del tiempo arriba dicho, los hijos de la primera mujer tendrán la mitad de las mejoras o la cuarta parte de la propiedad, dejando siempre la elección a aquel en cuyo suelo se mejoró; plantó o edificó, y la otra mitad debe dividirse entre los hijos de la primera y segunda esposa, sin que tenga, la última, viudedad en esta mitad».

Con esta Observancia guarda relación la 12.ª, *De jure dotium.* Sus declaraciones son éstas: «Si el varón edifica una casa en suelo de la mujer o mejora la casa de ésta, o planta viña en campo de la misma, el varón debe tener la cuarta parte de lo obrado o plantado o la mitad de las obras o plantación; lo mismo sucede con la mujer, y cada cual tiene su mitad en *escalios* y otras mejoras».

Pago de deudas.– Materia es esta que debe también tenerse presente al liquidar la sociedad, operación que se comprende en la división, tal como hemos desarrollado lo referente a esto.

La doctrina relativa al pago de deudas está casi toda ella contenida en las Observancias *De jure dotium.*

Haremos una indicación acerca de cada una de las que a este asunto se refiere.

Según la 16.ª, la mujer debe, si no quiere pagar las deudas de su mando, desamparar los bienes; ya sin deducción de lo necesario para la vida, si se trata de deudas anteriores al matrimonio, ya con esa deducción si fueron contraídas durante el matrimonio.

La 28.ª la obliga a pagar la mitad del precio de los bienes comprados por el marido, si muriendo éste antes de pagarlas, quiere ella tener la mitad de lo comprado.

Por la 29.ª, una de las más importantes, de muy frecuente aplicación, debe pagar la mitad de lo que el marido adeuda, habiéndolo invertido en beneficio de la casa, lo que se presume si no es mal administrador *(quod preasumitur id vir non fuerit malus administratio).*

La 30.ª la obliga a satisfacer la mitad de los gastos judiciales ocasionados por la reclamación de débitos, si quiere tener parte en éstos.

La 31.ª dispone eso mismo con relación a la cosa mueble empeñada.

La 47.ª establece que «si por legado o donación de cosa inmueble[391] hecha al marido o a la mujer con la obligación de pagar cierta cantidad de dinero la pagare uno de ellos de bienes comunes y adquiriere así la cosa, disuelto el matrimonio, los herederos de aquel a quien no se ha hecho la donación o legado tendrán la mitad del dinero o de la cosa, según lo que mejor quiera darles aquél o los herederos de aquel a quien hubiere sido hecha la donación o legado». «Lo mismo sucede, añade, cuando la cosa de uno de los cónyuges hubiere sido redimida con dinero común».

391 Así dice la Observancia. En la traducción de Martón y Santapau se lee cosa *mueble*, indudablemente por errata de imprenta.

La 57.ª declara que lo que se invierte en pagar deudas del cónyuge difunto debe tenerse en cuenta al hacerse la división.

La 64.ª da la consideración de deudas comunes, y por lo mismo deducibles de los bienes de esa clase *(ex toto acervo bonorum conjugum)*, a las que han sido contraídas por ambos cónyuges o por uno solo, pero consintiendo el otro.

Además, la Observancia 2.ª *Rerum anotarum,* sujeta los bienes muebles comunes al pago de las deudas contraídas por la mujer antes del matrimonio.

Todavía hay que agregar, para completar la materia, algunos fueros, a saber:

El 2.°, *De contractibus conjugum.* Concuerda con él la Observancia 29.ª, *De jure dotium,* poco antes citada. Según ese fuero, si el marido gobierna su casa como buen padre de familia *(dunmodo maritus tamquam bonus pater familias rexerit domum suam)*, todos los bienes, así suyos como de su mujer, quedan obligados para el pago de la deuda afianzada; pero esto, que se verifica plenamente cuando la mujer ha firmado en el instrumento, tiene una restricción en el caso de no haber firmado *(pro solutione illius debiti in quo uxor non firmaverit in instrumento),* pues entonces «no han de venderse ni enajenarse las posesiones del marido o de la mujer que tácita o expresamente están obligadas a la esposa para su sustento y viudedad, y aun de los frutos de las posesiones la mujer y la familia deben tener la cóngrua sustentación».

> «Los frutos sobrantes, sigue el fuero además de los referidos, inviértanse en la solución de la deuda; pero si la mujer espontáneamente firmó en la escritura de débito, los bienes muebles del marido y de la mujer y los inmuebles, inviértanse en el pago de la deuda».

Finalmente, el 7.° y 8.° *De homicidio.* En ellos se dispone que a la mujer no obligada al pago de deudas y responsabilidades provinientes de hechos ilícitos del marido han de quedar libres sus dotes y bienes *(habebit dotes suas et bona sua salva)*; mas, en ese caso, no tendrá parte en lo mueble.

SUPLEMENTO DE LEGÍTIMA

Derecho foral. *Aragón.–* En el artículo Legítima hemos proclamado reducir a su justo valor esa especie de apotegma foral, tan repetido como inexacto, si no se le entiende bien y con la restricción debida, según el cual son, en Aragón, legítima de los hijos todos los bienes del padre.

Individualmente considerado, cada hijo no tiene derecho, en concepto de legítima, a otra cosa que, a un *algo*, esto es, a lo que el padre determina, *quantum placuerit*, con tal que otro u otros hijos sean los herederos.

Una práctica muy antigua, y que dura todavía y aparece muy arraigada, es la de los diez sueldos que, aun en los casos en que a cada hijo se le deja más, suelen consignarse como legítima en favor también de cada uno de ellos.

¿El hijo a quien sólo se le dejen esos diez sueldos, tiene derecho a pedir suplemento de legítima? A mediados del siglo pasado, la Audiencia de Zaragoza, por la influencia, principalmente, ejercida en el foro de Aragón por Franco y Guillén con el libro que en 1841 publicaron con el título *Instituciones de Derecho civil aragonés,* concedió algunos suplementos; no todos los que se pidieron.

Se elevó, al fin, la cuestión al Tribunal Supremo; su criterio fue el de mantener esa cantidad como suficiente para legítima *individual* de los hijos, no obstante que la costumbre de consignarla había sido enérgicamente censurada; antes que los nombrados jurisconsultos ya lo había hecho del Plano[392], calificándola de abuso intolerable, y después de ellos la opinión de los autores no ha sido unánime en el sentido de estimar aceptable tal práctica.

Después de una sentencia del Tribunal Supremo de 15 de diciembre de 1858, de la que puede deducirse, si bien la cuestión no se planteara directa y expresamente, que los diez sueldos, cinco por muebles y cinco por sitios (aunque en el testamento que dio ocasión al pleito se usaba la fórmula de cinco sueldos por muebles y dos robadas de tierra, detalle o accidente sin importancia, como no tenga la de excluir una fórmula precisa y como sacramental), constituyen verdadera legítima, vinieron varias sentencias en que la cuestión del suplemento hubo de ser abordada expresamente, porque se había planteado de ese modo ante el Tribunal a *quo.*

Anteriores al Código, se encuentran las de 11 de marzo y 17 de junio de 1864 y la de 10 de diciembre de 1879; en ellas no se admite la doctrina del suplemento. Posteriormente al Código civil aparecen las de 12 de octubre de 1901, 30 de junio de 1905 y 31 de diciembre de 1909, en la última de las cuales se contiene una indicación incidental que parece revelar cierta tendencia a rectificar la jurisprudencia establecida. Nos referimos a lo que hemos dicho acerca de esta materia en el artículo LEGÍTIMA (parte correspondiente a Aragón) de esta **Enciclopedia**.

TABELIÓN

Figura en lo que bien puede llamarse historia del Notariado el cargo de *tabelión,* que aparece en la organización romana.

A juicio de algunos escritores, ese cargo era semejante, no igual, al de *tabularius.* El origen de esta palabra (*tabella,* tablilla, o tableta) denota que uno y otro cargo tienen de común algo relacionado con la escritura, ya que ésta se realizaba en Roma sobre *tablas (tabulae)* recubiertas de cera o de alguna otra substancia que permitía fijar los caracteres. Se dice que los tabeliones autorizaban los testarnentos, a diferencia de los tabularios, que testificaban los contratos, y que con el tiempo ambos cargos se refundieron en uno.

---

392 El *Manual del Abogado aragonés* de éste se publicó posteriormente a las *Instituciones* de Franco y Guillén, pero fue escrito muchos años antes, y de él circulaban entre los abogados copias manuscritas.

Fernández Casado (*Tratado de la Notaría,* tomo I), después de exponer las noticias que acabamos de anotar, cita una Constitución de Justiniano[393] en que parece usarse la palabra *Tabelliones* en sentido distinto de la de *Tabularii,* y otra de León el Filósofo[394] en que se llama *Tabularios* a los que por entonces desempeñaban las funciones notariales, y añade que *Notarii* llamó a los que las ejercían el Emperador Zenón[395].

De tabeliones, no de tabularios, habló luego el Emperador Maximiliano en una Constitución ele 1512[396], que deberá ser consultada, dice Fernández Casado, mientras exista la institución notarial, porque sus preceptos son de perpetua aplicación y los principios que la informan constituyen un cuerpo de doctrina tan importante que es difícil prescindir un punto de ellos sin caer en el error y la confusión más lamentables.

Hízose ya general en las lenguas que fueron brotando del tronco latino el uso de la palabra correspondiente a la de *notarius,* salvo Portugal, donde se adoptó la expresión *tabelao da notas*[397].

En España, más que la palabra *notario*, se usó la de *escribano*, funcionario que reunía la fe judicial y la extrajudicial, hasta que la ley del Notariado separó la una de la otra, aunque, según observa el autor a quien vamos siguiendo en esta ligera reseña histórica, «en Cataluña predominó el dictado de notario sobre el de escribano, hasta que no muchos años antes del arreglo del Notariado se mandó que cambiaran su denominación por la de escribanos»[398].

---

393 Como advierte Fernández Casado, del *Tabellarius* sólo se habla al principio de la Constitución, a propósito de un instrumento, sin que del pasaje pueda deducirse si se trata de un funcionario que tuviera las dos denominaciones o de dos distintos. He aquí sus palabras: *«Proferebatur enim a persona muliebri instrumentum, quod tametsi literas ejus non habebat (erat enim literarum imperita) absolutum tamen a Tabellione et Tabulario continebat suscriptionem ejus et testium praeseferebat praesentiam».*

394 Léese en esa Constitución, en la cual aparece muy dignificada la institución de los Tabularios: *«Qui admittendus est Tabullarius debe sufragio et examini primicerit et eorum qui cum illo sunt Tabullariorium submitti ita ut cognitionem et scientiam legum habeat»*, etc. En toda la Constitución no se habla una sola vez del *Tabelión*.

395 *«Praeclaram nobilemque militiam spectabilium Notariorum»*, etc.

396 *«Tabellionatus seu Tabellionum officium, perutile et necessarium»... «Quamplurimi Notarii seu Tabelliones»*, son expresiones que se encuentran en esa Constitución donde generalmente al funcionario de quien se trata se le llama notario y sólo alguna que otra vez tabelión o tabelario, de suerte que se ve claramente que las tres denominaciones eran equivalentes, al menos en la época de la Constitución a que arriba nos referimos.

397 Acerca de los tabeliones trae noticias muy interesantes la obra de Rolandino impresa en Venecia (año MDXLVI) *Summa totius artis Notarie*, en la que, entre otros trabajos, se hallan incluídos uno de Baldo *(Tractatus de Tabellionibus*, con adiciones de Martín de Jano*)*, y otro de Juan Jacobo Canis *(Libellus de Tabellionibus)*.

398 En su Formulario completo de Notaría, dice Falguera que aunque escribano se deriva de escribir y notario de notar, lo cual lleva en sí muy poca diferencia, en España acostumbraban llamarse escribanos los que obtenían su título del Rey, y notarios los que lo conseguían del Sumo Pontífice, y a los cuales se les titulaba también notarios apostólicos. Así,

En Aragón se organizó pronto el cargo de tabelión; el *tabelionado* si se admite el neologismo.

En el volumen foral aparecen bajo la rúbrica *De Tabellionibus* varios fueros. El primero de ellos es de 1257 incluido en la compilación de Jaime I. Da por supuesta la institución del Notariado y por sinónimas las palabras *notarius* y *tabellio*, puesto que se limita a prohibir a los clérigos que sean notarios y autoricen instrumentos públicos, ya sean testamentos, ya cartas nupciales u otros contratos, a prescribir que quien después de empezar a ejercer el cargo *(officium tabellionatus)* se hace clérigo o tonsurado *(fiat clericus vel coronam putaverit)* quede privado de él para siempre, pero que si se hace *scriptor publicus* ha de jurar el fiel desempeño del oficio, una vez examinado por dos personas letradas acerca de su suficiencia para la redacción de instrumentos.

Privación perpetua del cargo *(officio notariae seu tabellionatu)* impuso el Fuero 2.° (de 1348) a todo notario del Reino que después de anotar en su protocolo *(in prothocolis seu capibrevibus suis)*[399] los instrumentos no los escribiera en su registro, completa e íntegramente, en letra, sin abreviaturas ni signos, y de su propia mano, dentro del término de seis meses.

Un año después, se promulgaban los Fueros 3.°, 4.° y 5°. La obligación impuesta en el segundo pareció inconveniente al Reino, porque obligando a los notarios a un trabajo excesivo, resultaba para los particulares dispendioso y dilatorio; y por eso se autorizó, y aun se obligó, a los notarios a que, una vez anotado en sus protocolos o registros un contrato, emplearan abreviaturas en los demás de la misma especie, cuidando de no alterar nada de lo substancial (Fuero 3.°)[400]. Además, se exigió se hicieran constar en las escrituras

---

dice, se deduce del Diccionario de la Real Academia Española. Posteriormente, añade, habiendo ido desapareciendo los notarios apostólicos, se confundían los dos nombres de notario y escribano, y aún es de notar que en Cataluña se ha usado y usa siempre más de la palabra notario, y en las restantes Provincias de España de la de escribano; pero parece que en estos últimos tiempos (la obra, 1.ª edición, es de 1836) se da generalmente el nombre de notario al que autoriza contratos y últimas voluntades, y de escribano al que actúa en negocios judiciales, municipales o administrativos o en asuntos de gobierno, y así se dice *notario Real, notario de número, escribano de Cámara, escribano de Ayuntamiento, escribano de hipotecas, escribano secretario de gobierno del Tribunal N.,* etc.

399 *Capibreve, prothocolum (Glosarium* de SAVALL Y PENÉN en su edición de los *Fueros, Observancias y actos de Corte del Reino de Aragón).* Suponemos que aunque con el nombre de protocolo, el *capibreve* sería lo mismo que las notas primeras que en Castilla habían de tomar los escribanos públicos (*Fuero Real*, ley 2.ª, tít. VIII, lib. I) «de las cartas que ficiesen». Ni esa ley del Fuero castellano ni el Fuero aragonés dicen cómo habían de confeccionarse tales notas, si bien este último habla del registro del notario o tabelión que pudiera ser, más o menos bien organizado, lo que hoy es el protocolo. Del contexto de la ley del Fuero Real deduce Fernández Casado que las *notas primeras* no eran otra cosa que las *minutas* o borradores de los tabeliones (el *capibreve* de Aragón?), donde en breve extracto se expresaban las condiciones del contrato.

400 Produce este Fuero, comparado con el segundo (véase la nota anterior), alguna duda y confusión porque parece indicar que el protocolo y registro *(in prothocolis seu registris suis)* —ya no se nombra el *capibreve*— fueran una misma cosa.

ciertos datos (Fuero 4.º), y se mandó (Fuero 5.º) que las fechas se consignaran en adelante, no como hasta entonces se había venido haciendo según la Era del César, sino con relación a la Era cristiana.

Los tres Fueros últimamente citados son de las Cortes de Zaragoza, y los promulgó Pedro II.

El Fuero 6.º (Pedro II, Cortes de Zaragoza, 1381) estableció la tasa del salario o remuneración que el notario podía exigir; y por el mismo Rey y en las mismas Cortes se dictaron (Fueros 7.º y 8.º) ciertas reglas para el ejercicio notarial de la fe judicial.

El Fuero 9.º (Juan, Rey de Navarra, lugarteniente, Cortes de Alcañiz, 1436) viene a ser una confirmación del 4.º, que obligaba a consignar en las escrituras las confrontaciones de lo vendido.

El Fuero 10 (del mismo lugarteniente, Cortes de Zaragoza, 1451) adoptó precauciones para evitar simulaciones o falsedades.

Y para abreviar, añadiremos solamente, que siguen dándose reglas acerca de los notarios, y del ejercicio de la fe pública, ya judicial, ya extrajudicial, en los demás Fueros *De tabellionibus*[401] así como en otras disposiciones forales, sin que ya se use la palabra *tabelión,* sino la de *notario*[402].

TORRES AGUILAR (*Guía para el estudio de las lecciones de práctica forense y redacción de instrumentos públicos*, tomo I), dice, después de citar la ley 54, tít. VIII, Partida 3.ª: «Era esta la forma de extender las escrituras originales. El escribano no las conservaba; pero tenía en su poder un libro-registro en el que escribía primero las notas o extracto de ellas (leyes 2.ª, tít VIII, lib. I, Fuero Real, y 2.ª, tít. XIX Partida 3.ª, For. II et III de Tabellionibus, lib. IV, Fororum Regin Aragonum; *Constitutio* IV, tít. XIII, lib. IV, vol. I, Cathalonia). Después redactaba por extenso el original, *non mudando ni cambiando alguna cosa de la substancia del fecho* (ley 9.ª citada) y lo entregaba a las partes. Los notarios de Aragón y de Cataluña escribían las palabras *et caetera* después de la nota, dejando a veces en blanco una parte del documento; pues aunque D. Pedro II había mandado, en 1348, que los notarios, en el término de seis meses, pusiesen por extenso las escrituras en los libros-registros o *capibreves*, al año siguiente modificó esta resolución, y tampoco se observó debidamente un precepto análogo dictado para Cataluña en las Cortes de Perpiñán, celebradas en 1351 (Fueros y Constituciones citados)».

401 Con lo dicho, creemos haya lo suficiente para dar a conocer lo que era el *tabelión*, objeto del presente artículo. Para quienes quieran enterarse de la historia del Notariado (antes Tabelionado) en Aragón, diremos que los fueros *De Tabellionibus*, desde el 11 en adelante (los diez primeros ya se han calendado), corresponden a los años siguientes: el 11 y el 12, al 1461; el 13, al 1495; el 14 y siguientes hasta el 19, al 1510; el 20 y el 21, al 1533; el 22 al 1547. Esa historia debe completarse con el estudio de los Fueros y Observancias que como vigentes cuando publicaron, no mucho antes de la ley del Notariado, sus *Instituciones civiles de Aragón* Franco y Guillén, se citaban por éstos en el Apéndice V de esa obra, dividido en dos partes, dedicadas respectivamente a la exposición de las solemnidades de las escrituras y a la custodia de las notas.

402 En el Fuero de 1552 *De Tabellionibus curiarum*, la palabra Tabelión sólo aparece en ese epígrafe; ya no en el cuerpo del Fuero.

TESTAMENTO

Derecho foral. *Aragón.*– Acerca de quiénes tienen capacidad para otorgar testamento, no hallamos en los fueros más disposición que el fuero *Ut minor viginti annorum,* en el que, después de declararse que el menor de 20 años no puede hacer albarán, definimento, ni contrato alguno de enajenación de sus bienes, consigna estas palabras: *testamento et codicilo exceptis.*

Los autores procuran suplir el silencio que el fuero guarda respecto de ciertos extremos, con algunas manifestaciones. Lissa *(Tyrocinium jurisprudentiae forensis)* dice que el ciego, el sordo y el mudo pueden testar si tienen uso de razón y pueden expresar de algún modo su voluntad. Sessé *(Decisiones)* indica que el testador puede testar en un intervalo lúcido.

El mismo fuero *Ut minor,* antes citado, necesita ser completado; faculta para testar al menor de 20 años. Pero ¿a todo menor? Claro está que no. Lissa advierte que sólo desde los 14 años se puede testar.

Como en otras materias, se hace necesario recurrir en ésta al Derecho supletorio, no siendo siempre cosa fácilmente hacedera discernir si hay o no en la legislación foral, concretamente a tales o cuales extremos, verdadera deficiencia (véase lo que decimos en el artículo TESTAMENTO DEL CIEGO).

Singularmente, en cuanto a los testigos, la legislación aragonesa adolece de una gran parquedad. En los lib. V y VI de las Observancias hay dos, respectivamente, distinguidas con las rúbricas *De testamentis* (la II), y *De generalibus privilegiis totius regni Aragonum* (la 26), en que se da como suficiente para los testamentos el número de dos, trátese de testamento con escritura o sin ella *(sive cum scriptura, sive sine scriptura)*, como dice la segunda de esas Observancias. Si a esto se agrega que en esta misma Observancia se dice que los testigos han de ser *legítimos,* lo cual también se expresa al hablar del testamento del párroco, en el fuero 1,°, *De tutoribus*, etc., lib. V, se tendrá resumido cuanto relativamente a los testigos de los testamentos en general se dice en los Fueros y Observancias.

Al hablar del testamento ante el párroco el fuero últimamente citado determina que, además, los testigos han de ser vecinos *(duo vicini legitimi)* y que, a falta de ellos se admite como testigo a una mujer de buena fama. Franco y Guillén *(Instituciones de Derecho civil aragonés)*, contra el parecer de Molino y otros autores, que concretan al testamento ante el párroco la capacidad de la mujer para ser testigo, opinan que puede serlo en toda clase de testamentos.

Lo ordinario es que los notarios ante la parquedad con que, según hemos advertido, se expresan las Fueros, procuren verse asistidos de testigos que llenen las exigencias del Código civil.

TESTAMENTO ABIERTO

Derecho civil común. *Concepto legal.*– Es abierto el testamento siempre que el testador manifiesta su última voluntad en presencia de las personas que deben autorizar el acto, quedando enteradas de lo que en él se dispone (Código civil, art. 680).

Derecho foral. *Aragón.*– Los tratadistas enseñan que el testamento nuncupativo ante notario y dos testigos, conforme a los Fueros de 1528 y 1678 titulados *Formas para testificar los actos por los notarios* puede hacerse ya de viva voz, ya por escrito, presentando el testador su disposición escrita, ya con relación a una cédula, que se hallará en cierto lugar que menciona, y que el de viva voz es tal testamento desde el momento en que el testador ha manifestado su voluntad, aunque no haya podido extenderse a escritura pública por haber expirado antes el mismo testador (Blas, *Derecho civil aragonés,* refiriéndose a Lissa en el *Tyrocinium Jurisprudentiae forensis* y a Sessé en las *Decisiones*).

No hay necesidad de la unidad de contexto: el testamento, según la Observancia 10.ª *De testamentis*, puede hacerse con muchos intervalos.

Exige el Fuero de 1528 antes citado que el testamento sea firmado por el notario y los testigos.

TESTAMENTO AD CAUTELAM

Derecho foral. *Aragón.*– Lo expuesto acerca del Derecho catalán permite abreviar mucho lo que cabe decir del aragonés.

El principio romano *voluntas testatoris ambulatoria est usque ad mortem* está muy resueltamente proclamado en la Observancia 2.ª, *De testamentis,* lib. V. «Obsérvase —dice esta Observancia (traducción de Martón y Santapau)— que el último testamento siempre vale, aunque el primero estuviere garantido con juramento de no revelarlo o de que el difunto no pudiera mudarlo, porque el testador mientras vive, puede mudar su testamento».

No creemos pueda hacerse constar, como en Cataluña, la existencia de una costumbre favorable a la cláusula *ad cautelam*; si alguna vez se ha usado, seguramente habrá sido por aplicación de la ley de Partida, como Derecho supletorio, y de la jurisprudencia formada interpretándola[403].

En este estado viene el Código civil. ¿Podría prevalecer la eficacia de una cláusula *ad cautelam* rigiendo ese Cuerpo legal? A nuestro juicio, es de todo punto improbable.

---

403 Alguna vez hemos visto citada, tratándose de Aragón, la sentencia del Tribunal Supremo de 22 de junio de 1865; mas debemos hacer notar que esa sentencia se dictó en pleito seguido en el territorio de la Audiencia de Granada y con arreglo a las leyes de Castilla.

Mucho antes del Código, Franco y Guillén *(Instituciones de Derecho civil aragonés)* invocaban la Observancia antes copiada para rechazar la opinión de algunos autores, según los cuales el testamento posterior no debe derogar el anterior, cuando en él no se hubiera hecho mención de la cláusula derogatoria que éste contenía.

Ya hoy con el Código se opondría a la cláusula *ad cautelam* el art. 13, mediante estas consideraciones:

1.ª El art. 737 ha suprimido en absoluto las cláusulas derogatorias o *ad cautelam.*

2.ª La aplicación de ese artículo no puede rechazarse en Aragón mientras no pueda oponerse —y no se puede porque no existe— fuero, Observancia o costumbre que ampare esas cláusulas.

Si, además, se recuerda lo que al hablar de Cataluña hemos dicho de la sentencia del Tribunal Supremo de 27 de febrero de 1914, cuya doctrina, a nuestro juicio, un poco excesiva, se halla expuesta de modo que pueda extenderse, en su aplicación, a toda España, se comprenderá que pensemos que no podría sostenerse, sin la casi seguridad de un mal éxito, ante los Tribunales, la vigencia, en Aragón, de la cláusula *ad cautelam.*

TESTAMENTO ANTE EL PÁRROCO

Derecho foral. *Aragón.*– El testamento ante el párroco representa una de las formas del nuncupativo, el cual, cuando no es verbal, puede otorgarse o ante el notario o ante el párroco[404].

En la Compilación de Huesca se da por sentado que el testamento puede otorgarse en poblado ante el párroco, con la asistencia de dos vecinos como testigos (*duo vicini legitimi cum capellano loci*, Fuero 1.º *De tutoribus, curatoribus, manumisoribus, spondalariis et cabeçalariis,* lib. V). Resulta de ello que es verdad, sea cualquiera el origen del testamento en Aragón (es probable que naciera como Derecho consuetudinario, por influencia de la legislación canónica), que desde la Compilación hubo de tenerse como institución de Derecho escrito.

No con relación precisamente a este testamento, sino a todos los otorgados *sine carta,* los Fueros, también insertos en la Compilación de Huesca: 1.º, 2.º y 3.º, *De testamentis,* lib. VI, determinan la necesidad de la adveración y las solemnidades de ésta. Muchas de ellas habían caído en desuso cuando

404 Para que el papel privado en que una persona dispone de sus bienes para después de su muerte fuere tenido por testamento y última voluntad, sería necesario, según el fuero de Aragón, «que se hubiese otorgado ante notario o escribano público y dos testigos, y, en defecto de aquél, ante el cura párroco e igual número de testigos». (Sentencia del Tribunal Supremo de 24 de marzo de 1865).

Asso y De Manuel publicaron sus *Instituciones de Castilla*; y Franco y Guillén *(Instituciones de Derecho civil aragonés)* exponen la forma en que, en la fecha de la publicación de esta obra, se procedía a esa diligencia. Ya hoy no tiene esto interés práctico, sino meramente histórico, regulada como está la adveración por la R. O. de 4 de febrero de 1867.

Generalmente se habla del párroco; pero el Fuero se refiere no precisamente al párroco, sino al *capellán* del lugar, y en la práctica[405] se estiman válidos, y la Audiencia de Zaragoza así los ha considerado reiteradamente, los otorgados ante el sacerdote que está al frente de la parroquia sea el párroco mismo o su regente[406].

Los autores están conformes y a esa opinión se ajusta la práctica establecida en apreciar que puede otorgarse el testamento ante el párroco, o quien haga sus veces, cuando falta notario, o no puede aguardarse su llegada por hallarse el testador en grave riesgo de muerte.

Del Fuero 1.° *De tutoribus* antes citado de la Observancia 26.ª *De generalibus privilegiis* resulta que en despoblado *(in eremo)* el testamento nuncupativo no requiere necesariamente igual número y calidad de testigos que si, ya ante el notario, ya ante el cura, se otorga en poblado, Porque mientras en poblado se requiere la asistencia de dos testigos vecinos *(duo vicini legitimi testes)* en despoblado bastan dos que hayan cumplido siete años *(qui sint septem annorum)* y aun un vecino solo si intervine el cura *(capellano loci credatur cum aliquo vicinorum)*; y aun, en último caso cuando no hubiese sino el cura y una mujer de buena fama *(si forte ibi non fuerit alius nisi capellanis cum una muliere bonae famae)*, basta con que ellos atestigüen *el otorgamiento (sufficit, ita quod si necesse esset testificarentur super ipso testamento).*

Esta corroboración del otorgamiento había de hacerse en la forma determinada en los Fueros 1.°, 2.° 3.° *De testamentis* a los cuales indudablemente se refiere el 1.° *De tutoribus*; en las palabras *secundum forum terrae, secundum quod in próximo capitulo continetur.*

Tal forma de adveración cayó mucho tiempo hace en desuso en gran parte, y hoy esta substituida por la prescripta en la citada Real orden de 1 de febrero de 1867.

405 Véase el libro del ilustre vicario del Arzobispado de Zaragoza, D. José Pellicer y Guiu, *Tratado teórico práctico de Derecho civil, procesal, penal y administrativo para uso del clero*, y un artículo que publicó en la *Revista de Derecho privado* (15 de noviembre de 1913) con el título «Los sacerdotes y las disposiciones testamentarias en Aragón», donde se examina detenidamente todo lo concerniente al testamento que nos ocupa.

406 En las Sinodales del Arzobispado de Zaragoza se atribuye a «los curas o sus regentes» la facultad de autorizar los testamentos, se les ordenan que reciban los de sus feligreses enfermos, se les encarga que si muere el testador adviertan a los interesados la necesidad de la adveración y se conmina con severas multas, a arbitrio del prelado, a los sacerdotes que en ese servicio sean negligentes.

En general, la opinión no se ha manifestado opuesta a esta forma de testar cuya conservación se propone en el *Apéndice* al Código civil, enviado al Ministerio de Gracia y Justicia hace ya muchísimos años.

TESTAMENTO CERRADO

Derecho civil común. *Definición.–* Es cerrado el testamento, según el Código civil (art. 680), cuando el testador, sin revelar su última voluntad, declara que ésta se halla contenida en el pliego que presenta a las personas que han de autorizar el acto.

Derecho foral. *Aragón.–* El testamento cerrado, dicen Franco y Guillén, con referencia al fuero de 1678, «Forma para testificar los actos por los notarios», y a las enseñanzas de Lissa, en su *Tyrocinium jurisprudentiae forensis,* se otorga del modo siguiente: después de escribir la disposición el testador o de firmarla, caso de que la mande escribir a otra persona, cierra el pliego que la contiene y lo entrega al notario a presencia de dos testigos, los cuales con el notario y testador firman en la cubierta «siquiera acto de entrega que el notario testifica», siendo estas firmas las esenciales y no las que se encontrasen dentro del testamento.

Ya antes del fuero citado las Observancias 11, *De testamentis,* lib. V, y la 26.ª, *De generalibus privilegiis*, etc., lib. VI, habían declarado que para este testamento, lo mismo que para el abierto, bastan dos testigos.

TESTAMENTO DEL CIEGO

Derecho civil común. En el Código civil no se cuenta el testamento del ciego entre los testamentos especiales. Se le considera como uno de los testamentos comunes; como testamento abierto.

Derecho foral. *Aragón.–* ¿Puede en Aragón testar el ciego? No creemos que esto se haya negado nunca. No siendo la ceguera causa de incapacidad, el ciego habrá de poder testar. ¿Pero cómo? ¿En la forma ordinaria del testamento abierto aragonés? ¿En alguna forma especial? ¿En forma ajena al Derecho aragonés que, en su caso, tendría que ser la del Derecho supletorio, antes la legislación de Castilla, hoy el Código civil?

La cuestión se planteó judicialmente antes de regir este Cuerpo legal. Una señora aragonesa, ciega, otorgó varias disposiciones testamentarias, en la forma nuncupativa ordinaria, ante el notario y dos testigos vecinos de la ciudad aragonesa donde el otorgamiento se realizó.

Los parientes que se consideraban con derecho a su sucesión intestada pidieron la declaración de nulidad de aquellas disposiciones. La denegó la Audiencia y contra su fallo se instó recurso de casación señalándose como infringidas: 1.º La ley 2.ª, tít. XVIII, lib. X de la Novísima Recopilación, que exige para el testamento del ciego la intervención de cinco testigos además del escribano.

2.° La jurisprudencia constantemente observada por el Tribunal Supremo y por la Audiencia de Zaragoza, según la cual los casos no previstos por la legislación de Aragón deben decidirse con arreglo a la legislación de Castilla como Derecho común de España y supletorio del de Aragón.

El Tribunal Supremo (sentencia de 3 de diciembre de 1878) hizo estas declaraciones a saber: 1.ª, los fueros y Observancias de Aragón establecen las formalidades con que se han de otorgar el testamento común y los privilegiados; 2.ª, no comprendiéndose entre estos últimos el testamento del ciego, es indudable que debe subordinarse a las reglas y solemnidades del común[407]; 3.ª, donde el fuero no distingue no debe distinguirse[408]; 4.ª, previsto el caso en la legislación especial, no es necesario apelar a la supletoria.

En alguna ocasión en que, después del Código, se ha discutido esta cuestión, la Audiencia se ha atenido a la doctrina establecida en esa sentencia de 3 de diciembre de 1878, declarando que no tiene aplicación en Aragón lo dispuesto en los artículos 694, 695 y 698 del Código civil.

Aparece ahora claramente determinada la diferencia del criterio aplicado por el Tribunal Supremo a este caso y al de Cataluña. En ambas regiones hay una forma ordinaria y normal para el otorgamiento del testamento nuncupativo, precisamente la misma: asistencia del notario y dos testigos. Si esa forma comprende el testamento del ciego, no hay para qué recurrir al Derecho supletorio, como se recurrió en el caso de Cataluña; si no lo comprende, no debió prescindirse del Derecho supletorio, como se prescindió en el de Aragón, y se había prescindido también, según vamos a ver, en el de Navarra.

TESTAMENTO MANCOMUNADO

Derecho civil común. No hay ley en el antiguo Derecho de Castilla que autorice ese testamento, ora se entienda por tal el que Viso (*Lecciones elementales de Derecho civil,* t. II) y Escriche (*Diccionario razonado de legislación y jurisprudencia,* t. IV) llaman *común* ora el que denominan *mutuo.*

Derecho foral. *Aragón.* – La Observancia 1.ª, *De testamentis,* lib. V, autoriza el testamento mancomunado entre marido y mujer, y resuelve la cuestión de

407 Ya se comprende que se refiere no al testamento del Derecho común (a la sazón, de Castilla), sino al testamento aragonés *común*, en contraposición esta palabra a la de *privilegiado* o *especial*.

408 En el motivo 3.° del recurso se da a entender que la consecuencia de ese principio deberá ser (según la sentencia del Tribunal Supremo de 28 de febrero de 1865, que se citaba en concepto de doctrina infringida), la de que, presentándose un caso no previsto concretamente por el Fuero, debe resolverse no con arreglo a las disposiciones generales de éste, sino por las leyes de Castilla. Pero este motivo e igualmente el 4.° (consistente en la infracción de la jurisprudencia establecida en la sentencia de 21 de mayo de 1845, referente a Cataluña) fueron desestimados, por no tener esas dos sentencias «relación concreta», con lo que había sido objeto del litigio.

la revocación por el sobreviviente. He aquí su texto (traducción de Martón y Santapau): «Si el marido y la mujer hicieren juntos su testamento, ora hablen los dos y dispongan a la vez, ora cada uno de por sí, de sus legados o haciendo otras cosas, el sobreviviente, en cuanto a sus bienes, puede mudarlo; lo contrario, si únicamente dispone o testa el uno de ellos y el otro no habla o testa, sino que consiente a la disposición o testamento hechos por el otro, porque entonces el que consiente no puede contravenir».

Publicado el Código civil, esta Observancia subsiste en fuerza de lo dispuesto en los arts. 12 y 13 del mismo.

Sin razón que lo autorice, la Dirección general de los Registros aplicó la disposición de esa Observancia a un testamento de hermanos. (Resolución de 28 de octubre de 1894)[409].

Al redactarse el *Apéndice* que en 1904[410] se elevó al Gobierno, se creyó que no había motivo para abandonar la Observancia, mediante, la omisión de su inclusión entre lo aragonés que debe conservarse, y que en lo tocante a los esposos, conviene declarar la revocabilidad por cualquiera de ellos, aun por el que se haya limitado a consentir en lo otorgado por el otro, ya que es inaceptable la extensión dada al texto foral por la Dirección de los Registros. Se completó, además, la disposición de la Observancia con importantes declaraciones y detalles, que el laconismo de ella y la experiencia adquirida hacen necesarios o convenientes.

TESTAMENTO OTORGADO EN PELIGRO DE MUERTE

Si el testador, dice el artículo 700 del Código civil, se hallase en peligro inminente de muerte, puede otorgarse el testamento ante cinco testigos idóneos, sin necesidad de notario.

Guarda el artículo relación con el 694, refiriéndose (V. TESTAMENTO ABIERTO) a un caso de los por éste exceptuados de la intervención de notario hábil para actuar en el lugar del otorgamiento.

409 En la sentencia del Tribunal Supremo de 28 de mayo de 1912, en que se reconoce hallarse admitidos por el fuero de Aragón los testamentos mancomunados, así como los sucesivos y diferentes llamamientos de herederos, hechos por el testador bajo las condiciones por el mismo fijadas, se trataba de un testamento otorgado conjuntamente por una señora y su hijo; pero esta circunstancia no se hizo objeto de cuestión en el pleito.

410 En su *Memoria*, escrita conforme a lo dispuesto en el R. D. de 2 de febrero de 1880, Franco y López proponía se permita el testamento mancomunado, pero no recíproco, de marido y mujer, aunque con la facultad del sobreviviente para hacer la distribución de bienes del que premuera, entre los hijos o descendientes de ambos dentro de los límites legales. La eliminación, en el Código, del testamento mancomunado no le hizo variar de criterio, y en su *Adición* a la Memoria reprodujo en esencia lo propuesto en ésta, con la determinación de ciertas facultades de que el sobreviviente podría usar y la declaración de que cualquiera de ambos esposos podría, con absoluta separación del otro, revocar su disposición.

Nótese que el caso que la ley tiene presente es el de quien se halle *en peligro inminente de muerte.* Esta es la circunstancia esencial, sin la cual no ha lugar al otorgamiento de este testamento, que no es especial en el sentido del Código (Véase TESTAMENTOS COMUNES: TESTAMENTOS ESPECIALES), pero que tiene algo peculiar que le distingue de otros testamentos que, como él, pertenecen a la clase de abiertos o nuncupativos.

El Código no precisa la causa del peligro. Su justificación ha de hacerse *a posteriori* y en muchas ocasiones será difícil; mas es inexcusable; sin ella no puede tener eficacia el testamento.

Los testigos han de ser *idóneos*[411]. ¿Cuándo se entenderá que lo son? Consideramos indudable que lo serán si no están comprendidos en alguna de las incapacidades determinadas en los arts. 681 y 682 de que en su lugar nos hemos ocupado.

El testamento en la forma expuesta otorgado, ha de escribirse siendo posible; si no lo es, valdrá aunque los testigos no sepan escribir (art. 702). Aun teniendo en cuenta que las facilidades que dan los artículos 700 y 702 no excluyen (sentencia de 5 de mayo de 1897) el cumplimiento de todos los demás requisitos esenciales que para el testamento se exigen en la sección del Código dedicada al testamento abierto (5.ª del cap. I, tít. III, lib. III), siempre que sean racionalmente compatibles con las condiciones de su otorgamiento, tememos que el Código haya ido un poco más lejos de lo debido. Bien está que se den facilidades para testar; mejor todavía que no sean tales que pongan en peligro la autenticidad del testamento dando a la malicia medios de suplantación. No decimos que sea cosa sencilla y corriente la confabulación de cinco testigos que finjan la existencia de un ya pasado peligro inminente de muerte y la expresión de la voluntad de quien en ese peligro falleció; pero no es imposible ni mucho menos, dado, además, que la prueba, no habiendo intervenido notario, de ellos solos depende. Entre que quede sin testar alguno que no tuvo la previsión de hacerlo antes y que resulten expuestos, aun los más previsores, a que se suponga una disposición que no existió, en perjuicio de legítimos derechos, preferible parece lo primero.

Por último, es de notar lo que dispone el art. 703. El testamento de que se trata queda ineficaz si pasan dos meses desde que el testador haya salido del peligro de muerte; si en ese plazo ocurriese su fallecimiento, se produce la ineficacia como dentro de los tres meses siguientes a este suceso no se acuda al Tribunal competente para que se eleve a escritura pública, ya se haya otorgado por escrito, ya verbalmente. (V. TESTAMENTO VERBAL).

---

411 Las dos excepciones del art. 694 (una de ellas el testamento otorgado en peligro inminente de muerte) autorizan a prescindir de la intervención de funcionario público, no así de las demás formalidades requeridas por la ley, entre ellas, la concurrencia al acto de los testigos que en número y condiciones exigen los arts. 700 y 701, a su vez relacionados con los 681 y 682. (Sentencia del Tribunal Supremo de 31 de enero de 1911).

Derecho foral. En orden al Derecho foral, sólo nos ocurre advertir que en Aragón, según la opinión de Barrachina (*Derecho foral español,* t. III) la adveración del testamento hecho en peligro de muerte (como es necesario para que pueda otorgarse ante el párroco) y no redargüido de falso, debe practicarse dentro del plazo determinado en el Código civil, pues no habrá disposición foral contraria. No sabemos que esa cuestión se haya planteado ante los Tribunales.

Por ahora la práctica, según tenemos entendido, es la de hacerse la adveración en cualquier tiempo, siendo posible por vivir el párroco y los testigos.

TESTAMENTO POR COMISARIO

Derecho civil común. *Derecho antiguo.–* El Derecho romano no conoció este testamento; tampoco se le halla en el Derecho español anterior al Fuero Real. «Si alguno no quiere —dice éste en su ley 7.ª, tit. V, lib. III— o no pudiere ordenar, por sí la manda que ficiere de sus cosas, e diese su poder a otro, que el que le ordene e dé, e la dé en aquellos lugares onde él tuviere por bien, puédalo facer, e lo que él ordenare o diere, vala, así como si ordenare a quién dio el poder»[412].

Derecho foral. *Aragón.–* Franco y Guillén *(Instituciones de Derecho civil aragonés)*, después de decir, citando a Portolés y a Sessé, que puede encargarse a una tercera persona la confección del testamento, consignan, en una nota, lo siguiente: «Aunque son muy varias las opiniones de los autores acerca de este punto, hemos incluido en el texto la de Portolés y Sessé, ya porque el primero asegura que su opinión está muy recibida en la práctica, ya porque en Aragón *stamus chartae,* o a lo que dice el instrumento».

Ello no obstante, Franco y López, en su *Memoria sobre las instituciones que deben continuar subsistentes del Derecho civil aragonés,* no propone la conservación del poder para testar.

Dieste *(Diccionario del Derecho civil aragonés)* refiere la opinión de Portolés y Sessé, pero advierte que «sobre este punto son varias y muy encontradas las opiniones de los tratadistas».

Blas *(Derecho civil aragonés)* se limita a la cita de Sessé.

En el Proyecto de Apéndice aragonés de 1904 se ha incluido un artículo, el 260, concebido en los términos siguientes: «Puede en Aragón un cónyuge encomendar al otro, solo o asistido de parientes, o únicamente a parientes, y aun a personas extrañas, que ordenen y regulen, a modo de *fiduciarios*

412 En las obras publicadas en forma de Código antes de la publicación del civil vigente —como el Código civil por La Hoz; el *Código civil de España*, por Gorosabel, y la *Compilación del Derecho civil vigente en España*, por Bravo, t. II, años 1843, 1846 y 1885, respectivamente— se hallan insertas las disposiciones sobre el testamento por comisario, en capítulos que llevan el título de «poder para testar».

comisarios, su sucesión universal, elijan el heredero o los herederos y distribuyan los bienes, ora libremente y sin más limitaciones que las que la ley impone como necesarias en razón de la existencia de descendientes con derecho a legítimas, ora bajo determinadas condiciones de extensión y tiempo. Igualmente pueden, en general, los aragoneses encomendar a otra u otras personas, con tal que éstas sean mayores de 20 años, la ordenación y regulación de sus sucesiones con las cláusulas que estimen convenientes y no resulten imposibles o contrarias al Derecho natural. Los encargos objeto de este artículo y el cumplimiento o desempeño de ellos habrán de constar en testamento u otro acto público».

Aunque con esto se haya querido conservar la tradición de la doctrina de algunos autores, aplicada a todo Aragón, es lo cierto que, de hecho, esto es, en la práctica notarial, creemos que no se observa que, fuera del ámbito de lo que Costa estudió en su notable e interesantísimo *Derecho consuetudinario del Alto Aragón,* se teste, a no ser, en su caso, rarísimamente, por apoderado o comisario, salvo, lo que es muy frecuente en la plenitud del territorio aragonés, la atribución de la facultad otorgada por un cónyuge al otro, y, más generalmente, por ambos recíprocamente, de distribuir el sobreviviente la herencia entre los hijos, salvo la viudedad universal, que ordinariamente se les concede: La amplitud a que en este particular se llega en el territorio altoaragonés puede estudiarse en el libro de Costa[413].

413 Es importante, en esta materia, la sentencia del Tribunal Supremo de 30 de diciembre de 1882, dictada en pleito a que dio lugar la cláusula de una capitulación matrimonial otorgada en Tamarite (provincia de Huesca) en que se leía lo siguiente: «que en el caso de morir los contrayentes o alguno de ellos sin testamento ni otra disposición de sus bienes, que puedan hacerla los dos parientes más cercanos y consanguíneos del que así muera, junto con el sobreviviente, atribuyéndoles para ello desde entonces las facultades necesarias». La sentencia del Tribunal Supremo expone los siguientes fundamentos:
1.° «Son inaplicables al pleito y no han podido en consecuencia ser infringidas en la sentencia la ley 1.ª, título XIX, lib. XVIII de la Novísima Recopilación (31 de Toro), que exige que el poder al comisario para nombrar heredero señale el nombre del que ha de ser instituído, ni la ley 3.ª del mismo título y libro (33 de Toro), que señala el término dentro del cual deben los comisarios cumplir su encargo, leyes citadas como infringidas en los motivos 1.° y 2.° del recurso, puesto que aplicada al caso por la Sala sentenciadora la legislación foral de Aragón, sólo ella debe tenerse en cuenta para resolver la cuestión litigiosa, y la Sala establece el hecho de la costumbre que rige en aquella Provincia, conforme a su fuero especial, de encargar la facultad de testar en la forma que ha tenido lugar en este caso».
2.° «Tampoco infringe la sentencia la cláusula de los contratos matrimoniales que establece la facultad de testar dada a los parientes más próximos, ni el principio de Derecho aragonés *standum est chartae* y los demás que se citan en los fundamentos 3.° y 4.° del recurso, puesto que la intervención del cónyuge supérstite en la confección del testamento del premuerto es incompatible con el hecho que la cláusula prevé de morir ambos, y se entiende en dicho caso que los dos parientes de cada parte cumplen el objeto de la cláusula, según su literal contexto y espíritu, conforme a la costumbre».

TESTAMENTO VERBAL

Derecho civil común. El art. 704 del Código civil dejó expresamente en vigor el lib. III de la Ley de Enjuiciamiento civil que trata del modo de elevar a escritura pública el testamento o codicilo hecho de palabra. Ello no obsta a que las disposiciones de ese título redactadas bajo el imperio de las Partidas y Novísima Recopilación, hayan de acomodarse a otras del Código civil que las han derogado.

Derecho foral. *Aragón.*– El testamento nuncupativo se llama también abierto o verbal en Aragón. Así lo denomina Dieste en el párrafo *Testamento nuncupativo* del artículo *Sucesión testada* que forma parte de su *Diccionario de Derecho civil aragonés.* Conforme a un criterio generalmente aceptado, hay que distinguir los testamentos en abiertos y cerrados, o bien en nuncupativos y escritos. Dicho esto así, puede haber alguna inexactitud. Si se habla de testamentos *verbales*, habrá de hacerse una verdadera distinción o separación —una subdivisión si se quiere—, en orden a los *abiertos*. Porque éstos pueden ser *escritos* o *verbales*. Deberá entonces considerarse que hay testamentos *cerrados* (necesariamente *escritos*), testamentos *abiertos verbales*, aunque estos últimos se designen sin el connotado de *abiertos* y sólo con el de *verbales*. A este criterio se ha acomodado la redacción del proyecto de Apéndice foral de 1904.

Quizá en todo esto se produzca cierta confusión por el hecho de venir tradicionalmente haciéndose una sinonimia de las palabras *cerrados* o *escritos* por una parte y *abiertos* o *nuncupativos*[414] por otra, aplicadas a calificar los testamentos, sin que la clave de la distinción esté en hacerse o no constar por escrito la voluntad del testador, sino en que éste, en el primer caso la deja oculta mediante la entrega del pliego cerrado al notario, y en el otro la expresa claramente, para que sea entendida, a las personas que hayan de atestiguar el acto.

La publicación de la ley de Enjuiciamiento civil produjo nuevas sombras sobre este asunto. Esa ley (tít. VI, lib. III) estableció el medio de elevar a escritura pública el testamento hecho de *palabra* o sea *verbalmente;* mas no se refería sino a los hechos *sin intervención de notario.* Existía, al publicarse esa ley, como existe hoy, en Aragón, el testamento ante el párroco. Es un testamento nuncupativo o abierto, mas no verbal: hubo que establecer el procedimiento para adverarlo.

---

414 Nuncupativo; de *nuncupare*, llamar por su nombre, nombrar, expresar. El Tribunal Supremo ha declarado que la virtud y eficacia del testamento nuncupativo consiste en la abierta o paladina manifestación de la voluntad del testador, ya lo anuncie oralmente, ya por la lectura de algún papel, para que todos los asistentes al acto la entiendan y recuerden, siendo de todo punto indiferente que la lea por sí o la mande leer a otra persona. (Sentencia de 6 de diciembre de 1861).

Consideramos que el testamento en despoblado *(in eremo)* para el cual bastan dos *espondalarios*[415] o testigos, de siete años, es de índole verbal[416]. Pocas veces se hará uso de esta forma de testar. Nosotros no tenemos noticia de ningún caso. De ocurrir, debería hacerse la elevación a escritura pública en la forma determinada por la ley de Enjuiciamiento civil, o en la establecida especialmente para la *Adveración,* si en el otorgamiento hubiera intervenido el párroco, aunque en este caso se trataría, sí, de testamento nuncupativo o abierto, mas no verbal.

TESTAMENTOS COMUNES

Derecho civil común. *Código civil.*– Divide el Código los testamentos en comunes[417] y especiales; considera comunes el ológrafo, el abierto y el cerrado; especiales, el militar, el marítimo y el hecho en país extranjero (arts. 676 y 677).

Bajo el imperio de la legislación anterior, existía esa misma división de los testamentos en comunes y especiales; pero de los especiales se hacía una subdivisión según obedecía la especialidad a una excepción o a un privilegio. Los redactores del Código se han atenido a esa clasificación en la regulación de los testamentos, mas omitiendo la subdivisión, con lo cual su obra peca por falta de lógica y de claridad. Coincidimos en esta apreciación con López Gómez, quien hace notar (*Tratado teórico legal del Derecho de sucesión,* t. I) que después de la división (art. 676), admite el Código (art. 677) los tres testamentos que hemos enumerado, los cuales constituían con el otorgado en tiempo de peste uno de los miembros de la subdivisión, el de los testamentos privilegiados, y además, confusamente y sin método, trata de los que eran testamentos especiales por excepción, hasta el número de seis, intercalándolos entre las disposiciones de dos clases de testamentos comunes, los abiertos y los cerrados.

---

415 Nos parece más eufónica y más conforme con la manera de derivarse al castellano las voces latinas, esta palabra *espondalario* que la de *espondalero* que emplean en equivalencia de la *spondalarias* los Sres. Martón y Santapau. Ninguna de esas palabras se halla en el Glosario de Savall y Penén ni en el *Diccionario de voces aragonesas* de Borao.

416 Los textos forales están concebidos en términos vagos o deficientes. *Creditur super testamento* –dice de ese testamento el Fuero 1.° *De tutoribus*, de 1247, lib. V *duobus spondalariis qui sint septem annorum aut ultra et isti septennes possunt in tali casu esse spondalarii in omni testamento*. Y en la Observancia 26.ª *De generalibus privilegiis totius Regim Aragonum* se lee: *«Item in Aragonia testes sufficiunt duo in testamento, sive cum scriptura sive sine scriptura, in tantum quod in eremo sufficient duo testes qui sint septem annorum».*
Gutiérrez (*Códigos,* t. VII) parece asimilar este testamento a los ordinarios, salvo en lo referente a los testigos, aunque esto no resuelve la dificultad en lo tocante al carácter específicamente verbal que pueda tener, ya que ese autor, como Dieste, hace sinónimos con aplicación al testamento los adjetivos *nuncupativo, verbal y abierto*.
En el proyecto de Apéndice de 1904, este testamento se considera *común, abierto y verbal.*

417 Hay quien, como Viso (*Lecciones elementales de Derecho civil,* t. II), emplea el adjetivo común, hablando del testamento, como sinónimo de mancomunado (véase el artículo SUCESIÓN RECÍPROCA); pero aquí no nos ocupamos de esa acepción.

Si los testamentos comunes son, según el Código, el ológrafo, el abierto y el cerrado, los especiales, establecidos en oposición y a diferencia de ellos, no deberían poder revestir ninguna de esas formas, y sin embargo, expresamente se habla de testamento cerrado con relación al testamento militar (art. 717); de abiertos y cerrados a propósito del testamento marítimo (artículo 722) y del hecho en país extranjero (artículos 732 y 734), además de hacerse mención del ológrafo en el mismo artículo 732.

Ni se ve acierto en la limitación de los testamentos especiales a tres, porque hay otros que resultan también distintos. Como éstos, de los comunes y, sin embargo, englobados con ellos. (Véase el articulo TESTAMENTOS ESPECIALES.)

Derecho foral. También en las legislaciones forales, aunque expresamente no aparezca formulada la clasificación del art. 676 del Código civil, se conocen unos testamentos que merecen llamarse comunes y otros a los que conviene la nota de especiales.

Digamos ahora cuáles son los comunes; en el artículo correspondiente enumeraremos los especiales.

Aragón.– Suele también considerarse como testamentos comunes el abierto y el cerrado; pero López Gómez estima que el testamento ante el párroco es una forma del testamento común, siendo otra el autorizado por notario. Moutón *(Diccionario del Derecho civil foral)* coloca además el verbal entre los comunes. Gutiérrez (*Códigos o Estudios fundamentales sobre el Derecho civil español,* t. VII) y Sánchez Román (*Estudios de Derecho civil,* t. VI, vol. III), reputan comunes, además del abierto y del cerrado, el autorizado por el párroco y la cédula testamentaria.

TESTAMENTOS ESPECIALES

Derecho civil común. *Código civil.–* Se considera que son testamentos especiales, en oposición a los comunes, como ya hemos dicho en el artículo TESTAMENTOS COMUNES, el militar, el marítimo y el hecho en país extranjero (art. 677).

Derecho foral. Prescindiendo de opiniones que se separan de la más general, acerca de lo cual alguna indicación hemos hecho en el artículo TESTAMENTOS COMUNES, nos parece oportuno dar a conocer la enumeración que hace Soto Hernández[418].

Según éste, los testamentos especiales que se conocen en las Provincias forales son los que a continuación aparecen:

418 Según su enumeración hay en España 51 formas de testar, entre comunes y especiales, a saber: 15 en Castilla (en las provincias españolas no aforadas); 11 en Cataluña; 8 en Aragón; 5 en Navarra; 7 en Vizcaya. Respecto de Mallorca, sólo dice que allí «se distinguen los testamentos abiertos y cerrados».

Aragón: el mancomunado, el por comisario, el ante el párroco, el del ciego y el del tiempo de epidemia[419].

No queremos omitir una especialidad, no de todo Aragón ni de comarca alguna del antiguo Reino, sino del Hospital de Nuestra Señora de Gracia.

Franco y Guillén, en sus *Instituciones de Derecho civil aragonés*, dicen, con referencia a Portolés y a Lissa, que los enfermos de ese Hospital pueden hacer testamento abierto ante cualquier capellán del establecimiento y dos testigos, y que «el hecho de este modo surtirá todos sus efectos según costumbre».

Blas *(Derecho civil aragonés)* cita la Real orden de 27 de octubre de 1863, como declaratoria de la derogación de ese privilegio.

Debe, no obstante, observarse: 1.º Que según se deduce del texto publicado por ese autor y de la referencia que a la *Legislación hipotecaria* de Moragas (edición de 1868) hacen Galindo de Vera y Escosura en su *Colección completa* de disposiciones concernientes a la toma de razón de la propiedad inmueble y derechos reales en España (publicada en 1881), se trata no de una Real orden, sino de una Resolución de la Dirección del ramo, contestación a una consulta hecha por el registrador de la propiedad de Zaragoza.

2.º Que aunque en ella se diga haber quedado abolidos por la ley del Notariado los privilegios de la clase del que motiva la consulta, lo único que en realidad se declaró como resolución es que «procede que dichos testamentos se reduzcan a escritura pública para ser documentos inscribibles».

Parécenos que esa Resolución antes confirma que deroga el privilegio en lo que toca al testamento mismo, salvo la adición de la formalidad indicada, si bien hubiera sido conveniente una mayor claridad en la redacción del texto.

Lo cierto es que Dieste, en su *Diccionario del Derecho civil aragonés,* publicado posteriormente a tal Resolución, da por existente esa forma de testar, y la Audiencia parece entender lo mismo en su sentencia de 13 de diciembre de 1888, comprendida en la Colección Ripollés.

Y en la práctica se la siguió estimando vigente, aunque poco usada: el último caso de su empleo ocurrió en 1898, Pellicer, en su *Tratado teórico-práctico de Derecho civil, procesal, penal y administrativo para uso del clero*, no menciona esta clase de testamentos.

TORNAYUNTA

Es la *tornayunta* indudablemente una de las modalidades de la aparcería; mas se advierte cierta confusión al estudiar lo que de ella se ha dicho. Costa,

419 Entre los comunes de Aragón cuenta, además del abierto y del cerrado, el verbal. Respecto del testamento del ciego, debemos recordar lo que con relación a lo declarado por el Tribunal Supremo dejamos dicho en el artículo correspondiente.

después de haber publicado su admirable *Derecho consuetudinario del Alto Aragón,* donde estudia su especialísimo Derecho de familia, quiso dar a conocer, en varios estudios publicados entre 1880 y 1901, las costumbres que relacionadas con la propiedad existen en esa parte del territorio nacional. Unos y otros estudios forman el primer tomo del *Derecho consuetudinario y Economía popular de España,* y en él se encuentra un trabajo intitulado «Posesión mancomunada de bestias de labor».

Comienza ese trabajo con estas palabras: «es conocido el contrato de *conjunta* por cuya virtud dos labradores que poseen cada uno de por sí un buey o una mula, se lo prestan alternativamente para formar yunta y labrar sus tierras, según un cierto turno, pero manteniéndose siempre la distinción de ambos dominios, y no respondiendo cada uno de los asociados del daño que pueda sufrir la bestia del otro. Añade que este contrato no bastaba, según él, en la montaña de Aragón, por las dificultades con que, como país pobre, tropieza la separación flotante del capital del labrador, y describe a continuación la situación en que algunos propietarios se encuentran con relación al ganado de labor, ya sea que un labrador posee un buey y no tiene capital para comprar otro con que formar una yunta, y un convecino suyo que tiene una pequeña tierra y no quiere arrendarla, sino explotarla por sí, pero sin cuidarse de yuntas y criados, compra un buey y se lo confía, a condición de que le labre aquella tierra hasta el límite de un cierto número de jornales por año; ya ocurra que dos, tres o más pequeños propietarios sin capital suficiente para comprar cada uno de por sí buey o bueyes con que labrar su pegujar no pueda tomar yuntas a jornal, por ciertos inconvenientes, para obviar los cuales, se juntan varios, compran entre todos un buey, lo asocian a otro buey que un labrador o varios poseen, a fin de constituir par o yunta para el arado, y se distribuyen los días del año en proporción a la parte que a cada uno corresponde, sea *una pata, medio buey, tres patas* o un buey entero; ya, en fin, se dé el caso de que varios labradores, aun teniendo capital para comprar una o dos bueyes, no cultivan bastantes bienes para ocupar una yunta, ni media siquiera, durante el año y pagar un boyero, etc., adquieren dos bueyes o más entre varias casas, tomando cada una en ellos la participación que le corresponda con arreglo a la extensión que ocupan sus tierras, medio buey, una pata, tres patas, seis patas, etc., y se distribuyen los días del año en conformidad con esa participación, del modo que el ilustre jurista, cuyo espíritu observador se revela en esa descripción que casi literalmente íntegra acabamos de copiar, explica con los detalles necesarios.

En ese trabajo no se vuelve a hablar de *conjunta* o *conyunta,* ni aparece una sola vez la palabra *tornayunta;* parece indicarse que se trata de una conjunta en lo esencial, diversificada en los detalles según las circunstancias.

Moutón, después, en su *Diccionario del Derecho civil foral*, y más tarde (1911) en su interesante *Derecho consuetudinario español y europeo,* distingue ya uno y otro contrato, y los estudia separadamente. Describe la conyunta de un modo análogo a la descripción que Costa hace del primero de los tres casos; después viene a incluir los tres en ese mismo contrato, y explica lo que pudiéramos llamar la vida de éste, el modo de desarrollarse, las relaciones juridicas a que da lugar hasta la terminación del mismo con la natural consecuencia de la enajenación de la pareja de animales y la distribución de su precio en proporción del derecho de cada una de los partícipes.

En cuanto a la, *tornayunta*, la presenta como muy análoga a la *conyunta*; en realidad difíciles son de deslindar ambos contratos, si la conyunta consiste en lo que ya se ha indicado y la *tornayunta* es, como Moutón dice, «un contrato consuetudinario por virtud del cual el dueño de un solo buey o mula se asocia a otro agricultor que tampoco posee más que una res mular o bovina al efecto de constituir con los dos semovientes una pareja o yunta que se destine dentro de cierto turno y en beneficio de los otorgantes a la preparación y sementera de sus tierras respectivas y al acarreo y trilla de sus mieses».

Últimamente (1916) se ha publicado la *Memoria* sobre Derecho consuetudinario y econonía popular escrita por D. Pedro de Lafuente Pertegaz y premiada por la Real Academia de Ciencias morales y políticas. Ocúpase en ella de los contratos de cultivos y ganadería en Aragón: entre otros, su objeto de estudio los de *tornayunta* y *conyunta*.

Estos contratos son, dice el laureado autor, entre los de aparcería de ganados, los más frecuentes, «ya que su objeto es reunir los escasos medios de que para el cultivo disponen pequeños agricultores, quienes, no contando más que con una caballería o res vacuna de labor, y aun a veces con sólo parte de la misma, se junta con otro u otros que se encuentran en análogas condiciones para realizar las faenas agrícolas, ya de todo el año, ya solamente alguna de ellas, como las de preparación de terrenos para la siembra, esta misma labor, o la trilla y acarreo de mieses o productos».

Esta unidad de objeto bien pudiera llevar a la declaración de la unidad de contrato, de suerte que no se vea en realidad, en la *conyunta* y la *tornayunta*, más que un mismo contrato caracterizado por el objeto, con accidentes o detalles varios según las circunstancias de los que se asocian.

Decimos de la doctrina expuesta por Lafuente Pertegaz lo que antes hemos dicho de la de Moutón. Si la *tornayunta* es la aparcería en que «cada contratante aporta una res de labor y formando pareja con la que otro contratante aporta, realizan las faenas agrícolas de ambos y la tornayunta consiste en que «el dueño de un animal de labor lo cede a otro individuo, dueño de otro animal de igual clase, para que formando pareja utilice ambos durante todo el año, a excepción de determinado número de días que deberá labrar las fincas del cedente y ayudarle en las faenas agrícolas», no parece que haya entre ambos esencial diferencia que justifique la afirmación de dos contratos diversos.

Si bien se mira, con esas definiciones de *conyunta* y *tornayunta* quedan fuera de la esfera de su alcance algunos de los casos de aparcería indicados por Costa, con la particularidad de que Lafuente reconoce que hay, aunque va cayendo en desuso, *otra forma de aparceria conyunta,* que a nuestro juicio parece ser la indicada en los casos segundo y tercero que Costa describió.

Atribuímos esa vaguedad al carácter poco preciso que suele revestir el Derecho consuetudinario; no ciertamente a falta de diligencia de los doctos escritores a quienes hemos citado. Han sabido que en las comarcas donde la aparcería de ganados se practica se habla de *conyuntas* y *tornayuntas*, y no pudiéndose precisar los conceptos porque sin duda cualquiera de ellos se aplica según las ocasiones con diversidad de criterio, han dado las definiciones o hecho las descripciones que les han parecido más adecuadas a las costumbres observadas.

Al formarse el Proyecto de *Apéndice del Código civil general* para Aragón, su redactor, D. Joaquín Gil Berges, que a la circunstancia de ser un jurisconsulto eminente y un abogado de mucha práctica reunía la circunstancia de haber nacido en el Alto Aragón, haber estado en relación continua con las gentes de aquel país y conocer a fondo la vida y las costumbres de sus moradores, estimó que la nota diferencial, que de mantenerse la dualidad de *conyunta* y *tornayunta* debe atribuírseles, consiste en esto: «se establece la *tornayunta* cuando cada parte contratante concurre con una res mular o bovina de labor a la formación de la pareja o yunta que ha de destinarse, dentro de cierto turno y en beneficio de los otorgantes, a la preparación y sementera de sus tierras respectivas y al acarreo y trilla de sus mieses» (artículo 342); «la *conyunta* se contrae cuando el poseedor de una bestia de labor hace entrega de ella a quien posee otra para que formando pareja utilice las dos y las cuide todo el año, a excepción de un determinado número de días, en que deberá laborear las tierras del cedente o ayudar al mismo en las faenas del acarreo y trilla» (art. 343), y también «si varias personas poseedoras en común de una bestia de labor se asocian con quienes a su vez poseen otra en idénticas circunstancias, al objeto de reunir para alimentarlo, pastoreado y utilizarlo en trabajos agrícolas dentro de cierta relación en utilidad de los otorgantes» (artículo 344). De la primera de estas dos formas de *aparcería conyunta,* se dice vulgarmente que es «dar una bestia a suerte»; en la segunda, las participaciones en las bestias mancomunadas suelen contarse por *patas* y aun por fracciones de *pata*, representando cada asociado en la colectividad un capital equivalente a la tenencia de su participación respectiva (artículos citados).

En el Proyecto se formulan las reglas tomadas de las prácticas más conocidas y frecuentes que, dicho se está, sólo se proponen coma supletorias, esto es, para que rijan en defecto de pacto que se considera *(standum est chartae)* dentro de lo posible y no contrario a la moral o al Derecho natural, regulador primario de la vida juridica aragonesa.

Digamos, para concluir, que aunque muchos hayan creído que la *tornayunta*, como la *conyunta*, es cosa exclusiva del Alto Aragón, la *Memoria* de Lafuente Pertegaz hace ver que no deja de haber localidades fuera de esa comarca, en que se conocen y practican la *conyunta* y la *tornayunta*.

TREUDO

Derecho foral. *Aragón*.– El art. 13 del Código civil está redactado en los términos siguientes: «no obstante lo dispuesto en el artículo anterior, este Código empezará a regir en Aragón y en las Islas Baleares al mismo tiempo que en las Provincias no aforadas, en cuanto no se oponga a aquellas de sus disposiciones forales o consuetudinarias que actualmente estén vigentes».

Pues bien; las disposiciones forales acerca de esta institución, también denominada *tributación, tributo, enfiteusis* y *censo enfitéutico*[420] son escasas en número y contenido, por lo cual, aun después de recurrir a la enseñanza de los autores aragoneses, es muy frecuente haber de buscar en el Código civil las reglas jurídicas con que resolver las cuestiones que en la práctica suelen plantearse[421].

Alguna vez, tratándose de censos antiguos, se ha dudado acerca de la clase en que debiera comprendérselos. Merece recordarse con este motivo la Resolución de la Dirección general de los Registros, de 13 de enero de 1890. La inscripción, en concepto de enfiteusis, de un buen número de censos que de antiguo habían venido considerándose como un tributo de carácter reservativo, motivó alguna alarma, por circunstancias, además, especiales del caso, entre los vecinos de cierto pueblo. Acordó la Dirección una visita extraordinaria, cuyo resultado motivó la Resolución, en que, entre otras declaraciones, se contiene ésta: «Considerando que en su origen[422] no pudieran ser sino enfitéuticos todos los censos referidos, pues de esta y no de otra clase eran los nacidos en aquella época de reconquista y repoblación en que las tierras estaban infecundas e incultas, pues sabido es que la enfiteusis era el contrato de entonces, así como el reservativo y el consignativo lo fueron más tarde cuando las tierras eran ya productivas por el cultivo y cuando por el descubrimiento de América se produjo un gran aumento de dinero, mucho del cual se consignó en tributos, sobre las tierras productivas».

Ese mismo parece debiera de ser, en general, el proceso de la institución censal en Aragón; mas hay que convenir en que a la vez, o poco después,

420 Azcárate (*Ensayo sobre la historia del derecho de propiedad*, t. III) dice que en Aragón existen la enfiteusis y el treudo; mas no explica esta diferencia, que no veo autorizada por la ley ni por la doctrina. Quizá la haya querido hacer consistir en considerar que el *treudo* se refiere a las fincas *urbanas* y la *enfiteusis* a las *rústicas*; más es lo cierto que constantemente se ve atribuída igual consideración a ambos conceptos, pese a la etimología de la palabra *enfiteusis*.

421 En este artículo, sujetándonos a su epígrafe, no tratamos del censo consignativo ni del reservativo, acerca de los cuales, por lo demás, muy poco hay que decir con referencia especial a Aragón.

422 Era este un privilegio rodado otorgado por Don Fernando IV de Castilla, en 1341, a Don Alfonso Pérez de Guzmán, del señorío territorial de un pueblo de Andalucía con todos sus términos, montes, ríos, fuentes, entradas y salidas, para sí y para sus sucesores, por juro de heredad.

que el treudo sobre tierras (propiamente, si se quiere, enfiteusis) se establecía sobre fincas urbanas. El fuero único *De iure emphiteotico,* ya inserto en la Compilación de 1247, emplea la palabra *haereditas*, de varia significación, pero que más bien parece referirse a fincas rústicas; más en su *Historia de la Economía política de Aragón*, Asso hace mención de un treudo reconocido en 1260 y otro impuesto en 1375, ambos sobre *casas* en Zaragoza. Este insigne escritor ve el origen del establecimiento de los *censos enfitéuticos* en Aragón, en las inmensas donaciones que los Reyes y los particulares hicieron a la Iglesia después de la conquista, pues no pudiendo ésta, dice, administrar ni llevar cuenta y razón de un infinito número de solares, casas y heredades, tomó el partido de darlas a censo, cuya renta solía cobrarse en trigo, dinero, gallinas y pimienta, muy apreciada en aquellos tiempos.

Forma de constitución.– No hay disposición foral que la establezca. Según el artículo 1.628 del Código, sólo puede constituirse sobre bienes inmuebles y en escritura pública.

Exigíase también por la antigua legislación ese requisito de la escritura (ley 3.ª, tít. XIV, Partida 1.ª, y 28, tít. VIII Partida 5.ª); pero el Tribunal Supremo tiene declarado, antes del Código (sentencias de 14 de mayo de 1867 y 5 de diciembre de 1868), que la existencia del censo puede probarse por cualquiera de los medios reconocidos por el Derecho, siendo uno de ellos (sentencias de 26 de febrero de 1867 y 18 de enero de 1879) la posesión inmemorial, equivalente a título legítimo de dominio, según la ley 7.ª, tít. VIII, lib. II de la Novísima Recopilación; jurisprudencia mantenida después del Código en la sentencia de 7 de febrero de 1901[423].

No hay disposición foral que se oponga a ese modo de constituirse el censo. De las palabras de Molino *(Repertorium,* verb. *Censualia)* puede deducirse que en la práctica prevalecía cómo doctrina, semejante a la que con relación a la legislación común queda expuesta, la distinción entre la constitución y la prueba. Según él, el censualista que no tiene ni puede proveerse de la escritura de imposición, podrá con la sentencia que se haya dictado en favor de

423 Téngase presente que esta doctrina ha de entenderse, según las sentencias de 27 de junio de 1887, 18 de febrero de 1896 y 15 de febrero de 1905, en el sentido de que la prueba supletoria, admisible cuando no sea posible presentar la escritura de constitución, ha de comprender la circunstancia de que el censo se constituyó en la forma requerida por la ley, pues de otra suerte dice la última de esas sentencias, se barrenaría el precepto legal referente a la condición esencial de su constitución, derivando para ello del mero hecho de la constitución material del censo una presunción de derecho de su legitimidad, que no es lícito substraer de la misma prueba supletoria mientras la prescripción no convalide la falta de título cual acontece con la adquisición del dominio.
Consideramos muy oportuna la declaración contenida en las últimas palabras: sin ellas aparecerían en contradicción estas sentencias con la acertada distinción hecha por el mismo Tribunal en la sentencia de 5 de diciembre de 1868, por ejemplo, entre la prueba, respecto a la cual nada ordenan las leyes de Partida, y la constitución mediante escritura; pero el Supremo ha querido sin duda hacer notar que la posesión, cuando no fuera inmemorial, habría de ser tan larga como para obtener el dominio exigen las leyes.

quien logró la constitución *(cum principali creditore)* o de su sucesor legítimo, si prueba que él es su habiente derecho, obtener una ejecutoria para el cobro de las pensiones vencidas. Y si ocurriese que el censatario *(debitor censalis)* pidiera la exhibición de la escritura de imposición *(instrumentum originale censualis)* para comprobar con ella la ejecutoria o para redargüirla de falsa, no puede serle negada, aunque mil veces[424] se hubiese hecho.

Supone Molino que un censatario a quien se requiere para la presentación, no pudiendo hacerla, se halla apurado *(in agonia et perplexitate)* pensando en que la falta de exhibición va a hacer que el juez no reconozca su derecho sobre el censo o deje sin efecto la ejecutoria y lo que en su cumplimiento se ha hecho. Y refiere cómo los fueristas han venido en auxilio del angustiado censalista[425] dándole el buen consejo. Tú, le han dicho, acreedor censal, antes de obtener las letras ejecutorias o de diligenciadas, vende el censo a un amigo y que éste envíe a su procurador al lugar del Ayuntamiento *(ad illum locum seu universitatem obbligatam)* para que intime al justicia y jurados locales, alegando que él adquirió el censo por la compra y tiene que percibir las pensiones vencidas y que vayan venciendo, mientras el censalista les hace presente que el comprador es el dueño del censo, y que a él han de responder de lo que deben. Esa manifestación se eleva a instrumento público que debes guardar o bien procura que del tiempo del pago te hagan una antípoca. Así, con sola la sentencia estarás seguro, aunque no tengas el instrumento original de la imposición del censo. Con esto, sigue diciendo Molino al censalista, tienes asegurado el éxito, porque si después se pide por los deudores nueva exhibición, podrás negarte, alegando lo ocurrido, e invocando la Observancia 3.ª *De fide instrumentorum*[426], y el juez resolverá en el sentido de haber de informarse acerca de la aprobación alegada empleando al efecto medios que

424 Las palabras literalmente copiadas, del docto jurista, son éstas: *quae quidem exhibitio de foro non potest excusari, e iam si millies fuisse exhibitum, ut in foro sub tit. quod scriptura semel exhíbita*, etc. No es fácil, a la verdad, conciliar del todo esas palabras con las del fuero de 1362 a que se refiere, dado por Pedro II en Monzón, cuyo epígrafe, según aparece en el volumen foral, es *Quod instumenta vel scriptura in judicio semel exhibitae et in processu insertae non suit amplius exhibendae* (lib. II). Comienza ese fuero por referirse, sin duda, a otro antiguo (*Quamvis* SECUNDUM FORUM), que no se halla en la colección de los no usados, que obligaba a la exhibibición cuantas veces se pidiera; mas para evitar abusos determina que una vez que la escritura original *(in sui prima figura)* se haya presentado en juicio y la parte contraria a quien la presenta las haya visto, y se hayan copiado en el proceso, no pueda obligársele a nueva exhibición, a no ser que la parte adversa diga que las quiere redargüir de falsedad, en cuyo caso, si no las redarguyese, será condenada en costas por el retardo que en el proceso ha ocasionado.

425 Usamos esta palabra, tratando de Derecho aragonés, con preferencia a la de censualista, porque aquélla es la usada comúnmente en la bibliografía y en el foro de Aragón. Y como provincial de Aragón la señala en su *Diccionario* la Academia de la lengua española.

426 Prohibe esta Observancia redargüir lo que se ha aprobado. He aquí su texto: *Si aliquis approbaverit nominando aliquod instrumentum semel, confitendo aliquos executores vel aliquem procuratorem, non potest testamentum vel procuratorium redarguere de falso.*

no sean el examen de testigos que el fuero no admite contra el instrumento y te dará el tiempo suficiente para que puedas presentar el instrumento de intimación y respuesta o la antípoca, y con ello tendrás igual defensa que si exhibieras la escritura de imposición. En ese sentido se dictaron determinaciones, según Molino, por el Consejo del Justicia, en 21 de abril de 1434, 11 de diciembre de 1499 y en 1506 en los procesos que indica[427].

Atendiendo a lo expuesto, dice Portolés *(Scholia,* Parte 5.ª, pág. 369), y se repite después de él por los autores, que el censo *(dominium censualis vel rei emphiteuticariae)* se prueba suficientemente por el reconocimiento o por la antípoca.

Dieste *(Diccionario)* cita la doctrina sustentada por Cancer en sus *Variae Resolutiones.* Este, en efecto, invocando leyes romanas y comentarios de ellas, al examinar la cuestión de si la enfiteusis temporal, constituída, por ejemplo, por diez o veinte años, puede, una vez que termina, estimarse revocada si el enfiteuta continúa en posesión de la finca a ciencia y paciencia del propietario, como ocurre con la tácita reconducción, se pronuncia contra tal renovación, porque para la constitución de la enfiteusis se requiere el otorgamiento de escritura; y si bien reconoce que hay quienes sostienen, fundados en la costumbre, que puede el contrato enfitéutico celebrarse sin escritura, añade que no puede admitirse costumbre contra el Derecho común, *imo juri communi est standum.* Pero ya se ha visto que el Derecho común, no por exigir la escritura para la constitución, deja de admitir que sin ella pueda probarse la existencia.

Conforme con el criterio de Molino, estima Bardaxí, también citado por Dieste, que la antípoca suple la falta del instrumento de tributación desaparecido y añade que la escritura de venta otorgada *cum onere tributi (Comentantarii in quator aragonensium fororum libros)* sirve de prueba; opinión, dice, que aunque en Derecho romano *(de jure)* es dudosa, es admitida en Aragón *(servatur in hoc Regno).*

Naturaleza del censo enfitéutico.– Dejando aparte otros puntos de vista, aquí nos referimos a esta cuestión de Derecho positivo: ¿este censo tiene carácter personal o reviste carácter real?

Según el Código civil, no puede negársele esta última consideración, atendido el texto del art. 1623.

427 En otra parte del *Repertorium* (verb. *Tributum*) insiste Molino en esa idea. He aquí sus palabras: «*Tributationis contractum si dominus directum non habet in suo posse, ad hoc ut ipse sit tutius debet facere quo dille qui colligit censum faciat expresse solventem confiteri et recognoscere rem censuariam seu tributariam ese*». Atribuye esta precaución a Baldo, pues añade: *Et hoc per antipoquam et istam cautelam dat Bal. In l. si certis annis C. de pactis in 6 col. in versiculo et ideo collectors*, etc.

Fue en Aragón objeto de discusiones esa cuestión; según se reconoce en el Fuero de Teruel de 1398, *De censualibus,* lib. IV[428], dado para terminarlas, cuyas primeras palabras son éstas: *«opinionibus antiquorum foristarum finem imponere cupientes».* El legislador aragonés se decidió en ese fuero por dar la consideración de inmuebles a los censos perpetuos no sujetos a carta de gracia y de muebles a los no afectados por ese pacto de retroventa.

Mas no se ve que con ese Fuero acabaran las dudas. Una discusión muy empeñada recuerda Molino (*Repertorium fororum,* etcétera). Versaba sobre la aplicación del fuero a los censos enfitéuticos y fue declarado por el Consejo del Justicia que ellos debían ser considerados inmuebles, aunque medie carta de gracia. Y Franco de Villalba (*Fororum,* etc.) opinó con otros juristas que como inmueble también, aun mediando carta de gracia, debe ser considerado el censo reservativo.

En su libro sobre *Instituciones de Derecho civil aragonés*, Franco y Guillén enseñan que según el Fuero citado entran en la clase de muebles los censos redimibles, reputándose como inmuebles los irredimibles. Con todo el respeto debido a tan ilustres tratadistas, nos permitimos observar que a nuestro juicio no debe confundirse lo sujeto a carta de gracia con lo irredimible, sobre todo cuando esos mismos autores reconocen, citando las leyes 21, 22 y 23 de la Novísima Recopilación, que «todos los censos, ya sean perpetuos o temporales, son redimibles», con lo que extienden considerablemente el alcance del carácter de muebles dado a los censos por el fuero.

Pero después de la publicación de las *Instituciones* han aparecido la ley Hipotecaria y el Código civil, de cuyas disposiciones no puede prescindirse.

Pago de la pensión.– Nada dicen de esto los fueros; pero es de buen sentido, y nunca debe satisfacerse por el enfiteuta o dueño del dominio útil al dueño directo. Exigido está por la naturaleza misma del censo enfitéutico, ya que éste, así lo establecen la ciencia y la tradición jurídicas y lo dice el art. 1.605 del Código civil, consiste en la cesión que una persona hace a otra del dominio útil de una finca, reservándose el directo y el derecho a percibir del enfiteuta una pensión anual en reconocimiento de ese mismo dominio.

El que tiene bienes tributarios en usufructo está obligado, según el fuero único *De usufructu et jure emphiteoticario* de 1436, lib. III, a dar al señor útil, bajo pena de pérdida del usufructo, *«quince días antes de la fin del término de la paga del trebudo o pensión»* un *albarán* o recibo, testificado por notario público, «de la paga del treudo o pensión». Lo que el fuero agrega en cuanto a la obligación del notario testificante de dar, a instancia de la parte, «dos instrumentos, en forma pública, de aquella testificación», y además *«fazer mención en la signatura que de la dita testificación dos instrumentos ha signado»*, debe acomodarse a lo que prescribe la ley del Notariado y su reglamento

428 En el mismo libro y a continuación de este fuero se contiene otro, rotulado *De censualibus et aliis debitis*, también de Teruel, dado en 1428, pero referente a procedimiento.

que rigen en toda España, salvo en lo referente a la forma de los instrumentos y otras particularidades de los testamentos y demás disposiciones *mortis causa,* en que ha de regir la ley o leyes especiales del caso.

Enajenación de la finca acensuada.– El fuero único *De jure emphiteotico,* de 1247, lib. V, no permite que se venda o se empeñe o de cualquier modo se enajene la finca que se tiene en enfiteusis, sino con la carga del tributo.

Comiso, caducidad.– Según el fuero que acaba de citarse, el no pago de las pensiones correspondientes a dos años contra la voluntad del dueño directo *(contra voluntatem dominum tributi)* hace caer en comiso la finca, que queda ya a la libre disposición de aquél como dueño absoluto *(per forum emparabit ipsam hereditatem, in perpetuum illam possesurus, remota contradictione alicuius personae ad faciendum de ea suas voluntates).*

Reitérase esa disposición en la Observancia 23.ª *De generalibus privilegiis totius Regni Aragnun,* con una modificación o aditamento, a fin de que se entienda que la enajenación puede hacerse sin consentimiento del dueño directo, a no ser que éste tenga el derecho de *fadiga* o luísmo, único caso en que puede reclamar contra la enajenación *(nec potest dominus nisi in dictis casibus facere emparamentum; sic est de usu in regno Aragonum)*[429].

Aceptando interpretaciones de Molino *(Repertorium)* y Portolés *(Scholia),* enseña Lissa *(Tyrocinium Jurisprudentiae forensis)* que a semejanza del Derecho romano que admitía la pérdida del dominio útil por el enfiteuta que daba lugar a un gran deterioro de la cosa, también en Aragón se le priva de su derecho, con tal que el señor directo pruebe concluyentemente el deterioro[430].

Fadiga y luismo.– No aparece declarado expresamente en la Observancia citada si al dueño directo asiste siempre ese derecho de fadiga o luísmo o sólo cuando se haya pactado. Molino deduce de ella que no son esenciales *(de substantia contractus)* en Aragón, ni el laudemio ni la *fadiga* y que no se presumen, sino que deben expresarse para podérselas tener por existentes. A esa opinión se adhiere Lissa; cuidando de advertir que es distinta de esa doctrina la del Derecho común (romano), respecto a la *fadiga* y laudemio,

---

429 «A los enfiteutas les está permitido (en Aragón) enajenar las fincas tributarias sin el consentimiento del señor directo y sin el gravamen de la fadiga, aunque deban hacerlo con el tributo o la carga a que vienen afectos» (sentencia del Tribunal Supremo de 5 de enero de 1912).

430 Según la sentencia del Tribunal Supremo de 5 de enero de 1912, la concesión a perpetuidad de unas tierras en una transacción para que sean cultivadas, reservándose el cedente la facultad de exigir que este cultivo sea para mejorar su producción, «es un verdadero contrato de enfiteusis, ya que el cultivo o la plantación de predios rústicos dio origen y nombre a esta institución, y uno de los derechos que emanan o constituyen el dominio directo retenido por el primitivo dueño, es el de quitar las tierras a los que las tuviesen sin cultivar, según los tratadistas del Derecho aragonés, que en este particular aplican las disposiciones del Derecho romano, que privaban del dominio útil de la finca censida al enfiteuta que no la conservaba en buen estado».

que no dejan de ser frecuentemente consignados como pactos en las escrituras de tributación otorgadas en Aragón.

No determina el Derecho aragonés los conceptos de *fadiga* y luismo. Lissa los explica tomando por base el Derecho Justinianeo, en el cual la fadiga era un derecho de tanteo en cuya virtud el dueño directo podía dentro de los dos meses de la venta hecha por el enfiteuta, retener para sí la finca mediante pago del precio de la enajenación siendo el luismo o laudemio la quincuagésima parte del precio que si no quería quedarse la finca, había de pagarse por el nuevo enfiteuta en reconocimiento de domino[431].

Con relación a estos extremos declara el Código civil que corresponden recíprocamente al dueño directo y al útil el derecho de tanteo y el de retracto siempre que vendan o den en pago su respectivo dominio sobre la finca enfitéutica (art. 1.636); ordena que el que trate de enajenar el dominio dé aviso al condueño, quien podrá dentro del término de veinte días hacer uso del derecho de tanteo (art. 1.637); concede el derecho de retracto para él cuando no se haya dado el aviso (art. 1.640); deja el laudemio reducido a los casos en que se ha pactado (artículo 1.631) y establece el comiso por falta de pago de la pensión durante tres años consecutivos, o bien por incumplimiento por el enfiteuta de la condición estipulada en el contrato o por el grave deterioro que produzca en la finca (art. 1.648); juntamente con otras declaraciones y disposiciones encaminadas a completar las que quedan indicadas.

Aplicables en Aragón deben considerarse en su mayor parte, no todas, porque las hay como la que exige el no pago por tres años consecutivos para que pueda caer en comiso la finca y la que autoriza con el nombre de tanteo, la fadiga, háyase o no pactado, cuando no ha mediado con veinte días de antelación el aviso para la enajenación —que son opuestas a las disposiciones forales[432].

---

431 Viso (*Lecciones elementales de Derecho civil*, t. II) distingue, estudiando la legislación de Castilla, el derecho de tanteo del de *fadiga*. En su opinión, el tanteo consistía en el derecho que se pagaba por el permiso que daba el señor para enajenar la cosa dada en enfiteusis, el cual, dice, se abona todavía en aquellos pueblos en que los señores territoriales han justificado el título para exigir este derecho y los demás que van anejos a su señorío; la *fadiga*, en poder quedarse alguno la cosa que se vende por el tanto que otro ofrezca. «Con este antecedente, —dice— no debe extrañarse el que se diga que la palabra *fadiga*, usada en Aragón para expresar el mencionado derecho, ha de referirse sólo al acto de pedirse y de darse el permiso para vender y la de tanteo a la facultad de ser preferido el señor en la venta».

432 En Aragón el laudemio no existe sino en el caso de haberse pactado expresamente, y el comiso, por falta de pago de las pensiones es condición natural de este contrato (sentencia de 5 de enero de 1912). Dado ese carácter no forzoso sino voluntario o dependiente del pacto, que en Aragón tiene el laudemio, cabe dudar si en esa región es aplicable la doctrina establecida por el Tribunal Supremo en sentencia de 16 de junio de 1917 dictada en pleito procedente de Cataluña. Declaróse en ella, entre otras cosas, que el derecho del señor directo al laudemio sobre el precio de enajenación de los bienes enfitéuticos, tal como existe y la determina la jurisprudencia, no significa, como en lo antiguo, la retribución del permiso

Conviene añadir que el Derecho aragonés no determina la importancia del laudemio. Si éste no existe sino cuando se pacta, es natural que la dificultad ocurra pocas veces, porque en el pacto se haya previsto detalle tan importante. Puede, sin embargo, no haberse previsto. ¿Cómo se computará entonces? Según Lisa, en un dos por ciento del precio *(ad quinquagesimam partem pretii)* conforme a la legislación de Justiniano; según Valldaura, citado por Dieste, en la décima parte, o sea el diez por ciento. Pero las leyes de Señoríos fueron de carácter general y, por tanto, rigieron, y rigen, en lo que sean todavía aplicables, en Aragón. No hay para que examinarlas aquí detenidamente. Bastará decir que ni los treudos ni los derechos inherentes a ellos, quedaron, por ser tales, abolidos. Lo fueron los no alodiales, los que por su origen y condiciones determinaran vasallaje[433]. El art. 7.° de la ley de 3 de mayo de 1823, restablecida por la de 20 de enero - 2 de febrero de 1837, estableció que aun en las enfiteusis de señorío que hubieran de subsistir por no tener origen jurisdiccional o feudal, se entendería por punto general, mientras no se arreglasen de una manera uniforme estos contratos en el Código civil, que la cuota que con el nombre de laudemio, luismo u otro equivalente se debiera pagar al señor del dominio directo, siempre que se enajenase la finca infeudada, no habría de exceder de la cincuentena o sea el 2 por 100 del valor líquido de la misma finca con arreglo a las leyes del Reino, ni los poseedores del dominio útil tendrían obligación de satisfacer mayor laudemio en adelante, cualesquiera que fueran los usos o establecimientos en contrario, ni de pagar en lo sucesivo por razón de *fadiga* o derecho de tanteo. Se declaraba que este derecho sería reciproco en adelante para los poseedores de uno y otro dominio, los cuales deberían avisarse dentro del término prescripto por la ley, siempre que cualquiera de ellos enajenase su dominio, sin que ni uno ni otro pudieran nunca ceder dicho derecho a otra persona.

Bien es verdad que por el art. 8.° se declaró que lo que queda prevenido no se entendiera con respecto a los cánones o pensiones anuales que según los contratos existentes se pagaban por los foros y subforos de dominio particular, ni a las que se satisficieran con arreglo a los mismos contratos por reconocimiento del dominio directo o por laudemio en las enfiteusis puramente alodiales; pero salvado el respeto a los contratos, la norma del 2 por

para verificarlo, sino que constituye una verdadera participación sobre el valor de la finca en el momento de ser vendida por lo cual quien adquiere la finca acensuada, constándole la existencia de censo, no puede negarse al pago de tal carga, impuesta por la ley.

433 El derecho a percibir el laudemio nunca ha denotado señorío jurisdiccional ni vasallaje, sino que pertenece al perceptor del dominio directo de la cosa vendida, dominio que las leyes de Señoríos han dejado subsistente, como no podían menos de dejar cuando se apoyan en un contrato particular, por más que éste haya sido celebrado entre el señor y sus vasallos con objeto de transigir los pleitos que tenían pendientes (sentencia del Tribunal Supremo de 7 marzo de 1866).

100 se aceptó en la práctica para la determinación del importe del laudemio; de suerte que el art. 1.644 del Código, acorde con esa práctica, no ha podido hallar resistencia en Aragón.

El comiso, según la Observancia 1.ª *De jure emphiteotico,* lib. IV, aunque tenga el carácter de pena, motivada por la cesación del pago del tributo, no exime de las pensiones vencidas *(tributi debiti illius temporis quo cessatum extitit vel praeteriti si cessavit).*

Redención.– De ella no tratan los Fueros y no hay formado, sobre el particular, un verdadero Derecho consuetudinario. En lo administrativo rigen las leyes referentes a la desamortización: en lo civil las disposiciones del Código.

La cuestión de la redención, en lo que toca al censo enfitéutico, da lugar a cuestiones, ocasionadas principalmente por los arts. 1.608 y 1.611 del Código. El 1.608 abarca en su expresión general todos los censos constituídos antes de ese Cuerpo legal; el 1.611 no exceptúa expresamente el enfitéutico; mas son muchos los juristas que lo estiman comprendido en la expresión «cualesquiera otros gravámenes semejantes»; criterio a que se ajusta la sentencia del Tribunal Supremo de 3 de febrero de 1896. Fundado principalmente en ella, Díaz Cobeña emitió en 1914 un dictamen favorable al carácter no obligatorio de la redención de los censos enfitéuticos. Puede ese dictamen consultarse en la Colección formada por el Colegio de Abogados de Madrid como homenaje al que fue su ilustre decano y publicada en 1919.

Como el problema no es de Derecho foral aragonés, sino de interpretación del Código civil baste aquí esta indicación.

Prescripción.– El Tribunal Supremo ha resuelto en el sentido de la prescriptibilidad, la cuestión tan controvertida entre los que sostenían que todo es prescriptible —capital y pensiones— y los que no aceptaban más prescripción que la de las pensiones.

Es de creer que esa jurisprudencia se consolide; cada vez es más fuerte en el Derecho contemporáneo la corriente en favor de la acción del tiempo, salvo casos especiales, en materia de prescripción.

VILLANO DE PARADA

Hubo en tiempos, en Aragón, según el obispo Canellas, villanos llamados *colaterios*[434], a tan cruel servidumbre sujetos, que aun con la espada creían

434 La palabra empleada por el Obispo es la de *collaterii*. El P. Hernández la traduce por *colaterios*.
Martón y Santapau prefieren la palabra *colateros* (*Observancias del reino de Aragón vertidas del latín al castellano*. Zaragoza, 1865, pág. 116); mas es de advertir que en la Observancia de referencia (9.ª *De privilegiis dominae infantionae et aliarum mulierum*, lib. VI), la voz *collaterii* aparece substituída por la expresión *collati tendelli*.

poder dividírselos los hijos de sus señores, hasta que forzados por la pestilente condición de aquellas circunstancias *(temporum conditione cogente pestifera eorumdem)* hubieron de levantarse contra sus señores, con quienes al fin vinieron a un arreglo, obligándose, por sí y sus hijos, a ciertos tributos y condiciones, los cuales fueron conocidos, después de esto, con el nombre de *villanos de parada (qui post compositianem hujusmodi Villani de parada, taliter nuncupati, etc.).*

De ahí que se hicieran equivalentes las expresiones de *villani de parada* y *villani de conventione*[435]. Como tales las emplearon el Justicia Salanova, casi coetáneo de Canellas, en un párrafo de sus hoy perdidas Observancias conservado por Blancas (*Ar. rer. Comm.*, pág. 314) y Ramírez (*Analyticus tatractatus de lege regia,* 1606, página 359).

La Observancia 9.ª, *De privil. dom. Inf.,* se inspira en ese mismo criterio. Cópianse en ella, casi literalmente, las palabras de Canellas, para terminar, con motivo del acuerdo entre los señores y los antiguos *colaterios,* con estas palabras, como explicación del por qué de la denominación de *villanos de parada: ea quia cum dominis suis pacta talia paraverunt.*

No a todos pareció bien la sinonimia. Ducange (*Glossarium mediae et infimae latinitatis*.– Parisiis, 1842, t. II, pág. 472), creyó más probable, relacionando la *parada* no con el *convenio,* sino con la materia de éste[436], que la expresión *villanos de parada* se debiera a la obligación, por los *colaterios* aceptada, de ciertos pagos o entregas *(quod paratos dominis suis praeberent, hoc est, hospitia, praestationes et pracurationes).*

Últimamente Hinojosa (*La servidumbre de la gleba en Aragón,* artículo inserto en *La España moderna,* número correspondiente a octubre de 1904), explica el asunto con criterio análogo al de Ducange. La denominación de *villanos de parada* procede, a su juicio —formado en vista de documentos de San Juan de la Peña correspondientes al siglo XIII, semejantes a otros de Castilla del XI— de la palabra *parata* en significación de *renta o censo anual,* generalmente en especie, al menos en aquella época; que se pagaba al señor (la *debería* de Canellas).

Sessé (*Decisionum sacri senatus regni Aragonum*, etc., edición de Francfort, pág. 4) llama *collaterii* a estos vasallos.

Savall y Penén en el *Glosarium* consignan lo siguiente: *Collati tendelli, alias collaterii: servi miserabili conditioni subditi qui postea villani de parada*.

Lasala los designa con la denominación de collazos. (*Examen histórico-foral de la Constitución aragonesa*, 1873, tomo III, pág. 393).

435 *«Villanos de parada o de convenio»* traduce el Padre Hernández (*Comentarios*, etc., pág. 289.) Sessé (*Decis.*) los califica de *paccionati*. Savall y Penén (*Glosarium*) señalan como de significación igual las palabras *parada* y *pactio* y las expresiones *villanus de parada, servus pactitius* y *pactitiae servitutis obnoxius*. Y Lasala los denomina *colonos de contrato*.

436 *Parada*, dice, *non est conventio sed hospitium, seu potius praebitio hospitis*. Cita en apoyo de su opinión el pasaje en que Canellas habla de la *Debería*.

A la vaguedad etimológica del vocablo se une la de la materia. La condición de la nobleza aragonesa es bastante conocida, con sus ricos-hombres ya de *natura,* ya, con el tiempo, de *mesnada,* en la cumbre; con los caballeros, en situación menos elevada; con los infanzones en la base[437]. No aparecen tan determinadas las demás clases. Eran una misma cosa villanos de *parada,* vasallos, hombres *signi servitii.* ¿Cuál era, en todo caso, la condición social y jurídica de los villanos de parada?

A la incertidumbre que hay, por falta de noticias en orden a la rebelión de los villanos; al desconocimiento de su extensión, de su duración, de sus iniciadores, de sus jefes, de sus accidentes, se une la falta de textos legales o doctrinas que nos informen acerca de la historia de los que, a partir de aquel acontecimiento análogo, al parecer, a los de otras de las nacientes nacionalidades de la península, hubieron de llamarse *villanos de parada.*

En los fueros aragoneses no aparece esa expresión. Empléase en dos Observancias ambas del lib. VI. De una (la 9.ª, *De priv. Dom. inf.*) ya se ha hablado. No va más allá de lo que dijo Canellas: confirma el alzamiento y el restablecimiento de la paz; no puntualiza en qué consistían la tributación y condiciones que fueron objeto de los pactos; no da siquiera de ellas el menor detalle. De todas suertes, la condición que describe es la de los antiguos *collaterii* (*collati tendelli* según su expresión), no la de los posteriores *villani de parada.* La otra Observancia (7.ª, *De privilegiis militum et nepotum*) ya precisa algo. De su texto se deduce que eran villanos de *parada* los que sin tener nada que no perteneciera a un infanzón, habían sido dejados en casas del mismo con pacto de permanecer siempre allí: no tenían que contribuir, como los hombres *signi regii* ni por caballerías ni por los demás conceptos.

No sería imposible que, por error de redacción o de copia, el texto hubiera ido más allá de la realidad. Estudiado el conjunto de lo que con esta materia se relaciona, tal vez pudiera suponerse que sólo se quisiera hacer constar la exención de tributar en favor de la Corona para aquellos villanos, entre ellos los llamados de *parada,* que carecieran de bienes por pertenecer a un infanzón, esto es, a un señor, los que aparecieran poseyendo.

No pasa esto de ser una mera conjetura o sospecha. El texto no la autoriza y a sus palabras habremos de atenernos, sin que, fuera de él, hallemos nada que determine en que consistía la condición del villano de parada. Ni el legislador ni los autores lo enseñan.

---

437 En un sentido más amplio se designa como infanzones a los nobles de toda clase. Véase, por ejemplo, a Dánvila (*Memorias de la Real Academia de la Historia*, tomo XIV, pág. 116). Según él, al comenzar el siglo XIII, la población se dividía en infanzones y hombres de servicio, comprendiéndose en la primera clase, además de los hermunios (barones o ricos-hombres, mesnaderos, caballeros y simples infanzones) los de casta y en la segunda los ciudadanos o burguenses, los villanos o pagenses y los villanos de parada.

Canellas refiere que, después del convenio de señores y colaterios, se había pactado entre ellos que cuantas veces aquéllos necesitasen fianza, habrían de prestarla éstos; pero que cuando el señor no quisiere indemnizar a quien fue su fiador, cesaría de allí en adelante la obligación de afianzar por él. Ella se consignó en el fuero de 1247 (Compilación de Huesca) que comenzaba con las palabras *villanos de parada;* pero quedo eliminado al refundirse la Compilación, y como 1.° de los *De fide jussoribus* aparece comprendido en el cuaderno de los ya no usados (*Fori quibus in judiciis nec extra ad praesens non ultimur propter,* etc.).

Quienes sin distinguir de fechas han citado, fundados en ese fuero, la obligación de afianzar como uno de los vejámenes que pesaban sobre los villanos de *parada,* han olvidado esa novedad.

Lo legislado, pues, no nos libra de dudas.

Tampoco los escritores. Molino (*Repertorium fororum et Observantiarum, Regni Aragonum,* etc., edición de 1585, foL 333, col.ª 4.ª) remite al lector a las tres disposiciones que acabamos de señalar y nada añade por su cuenta.

Montemayor de Cuenca *(Sumaria investigación del origen y privilegios de los Ricoshombres)* anunció que acerca de la condición de los vasallos llamados comúnmente «villanos de parada» —calificación, por cierto, que parece atribuir a los vasallos tales como estaban antes de la rebelión— diría algo en la segunda parte del libro. No llegó a escribirla.

Asso (*Historia de la Economía política de Aragón,* pág. 31) recuerda la Observancia 2.ª *De judaeis et sarracenis,* lib. VII, y da a entender que el carácter distintivo de la condición de los *villanos de parada* consistía en hallarse adscriptos a la tierra. No podían, dice, abandonarla ni trasladar su domicilio a otro lugar; se oponía a ello el pacto primitivo con su señor. Importa notar que la Observancia no habla de *villanos de parada,* sino de *vasallos* en general: de éstos se hace mención en muchas disposiciones forales: de aquéllos sólo en las que ya hemos citado. Diríase que Asso pensaba, aunque claramente no lo expresara, que el beneficio obtenido por los villanos de parada cuando la rebelión, había ido desapareciendo merced al influjo y ambición de los grandes, quedando confundidos al fin, bajo una misma denominación, todos los *vasallos,* igualmente sujetos a la llamada *absoluta potestad,* en virtud de la cual, dice, era permitido a los señores afligir a sus vasallos con exquisitas vejaciones y malos tratamientos, hasta hacerlos morir de hambre y sed, sin que los miserables pudiesen recurrir a los remedios de firma y manifestación que ofrecían las leyes a los ciudadanos y vecinos de realengo; bárbara costumbre, añade, que fue adquiriendo poco a poco autoridad de ley y al fin se puso entre las Observancias del Reino, dejando a la posteridad tan extraño ejemplo de demencia humana.

El recuerdo, hecho con este motivo, de la Observancia 19.ª *De privilegio generali,* libro IX, no es el más adecuado. En otras disposiciones, no en ella, se extrema el rigor hasta el punto que Asso indica. A su arbitrio, inapelablemente y sin intromisión del rey, al tenor de esa Observancia, podían en efecto los nobles no eclesiásticos tratar bien o mal a sus vasallos y privarles de sus bienes (*bene vel male tractare pro eorun libito voluntatis et bona eis auferre,* etc.), mas el texto no se extiende a nombrar aquellos refinamientos de crueldad que justamente indignaban al ilustre escritor aragonés y sublevaban su ánimo.

La Observancia en que a eso se llega es la 9.ª *De privilegiis militum et nepotum,* libro VI. He aquí el texto de su parte final, que es aquí la pertinente: *Verumtamen si vasallus domini non habentis merum nec mixtum imperium in loco occiderit vassallum, dominus loci potest eum necare fame, frigore et siti; et quilibet dominus loci habet hanc jurisdictionem, necandi fame, frigore et siti in suo loco, licet nullam aliam jurisdictionem criminalem habeat.*

La reproducción de este texto sirve para hacer ver que se ha exagerado algo la dureza de la facultad señorial. La Observancia no autoriza, en términos absolutos, la muerte de los vasallos, su asesinato, como se ha llegado a decir, sino la imposición de un castigo extremado, duro, inhumano, execrable sin duda, como en la Edad Media solían ser en todos los países las penas, pero castigo, al fin, de un homicidio.

No resulta comprobado por los textos legales que a esa facultad se hubiera llegado por abusiva extensión de las antiguas, más suaves. Dos siglos antes se había comprendido en la Compilación de Huesca el Fuero 4.°, *De homicidio,* lib. XI. Sus palabras, en el extremo que nos ocupa, son muy semejantes a las que acabamos de copiar de la Observancia. Dicen así: *Verumtamen si homo infantionis occiderit hominem infantionis, talem homicidam potest dominus ejus occidere in captione fame, siti aut frigore, non faciendo de illo aliquam justitiant vel esteman*[438].

Las Observancias que acabamos de citar no mencionan al *villano de parada,* sino al *vasallus* o al *vassallus servitutis.* Y esto sugiere una duda: ¿será que andando el tiempo, a partir de la época en que ocurriera la rebelión que dio ocasión al nacimiento de la clase de los *villanos de parada,* desapareció toda diferencia entre ellos y otros villanos o vasallos, o se conservaría, por lo contrario, la diferencia entre los de parada y los demás no designados con nombre especial?

438 En su libro *Las libertades de Aragón* (título escrito, al parecer, en sentido irónico, dado su contenido) Danvila escribe (pág. 118) lo siguiente: «Negábaseles —se refiere a los vasallos de señorío lego— el derecho al asilo de iglesia y hasta se sancionaba contra ellos el derecho de asesinato, permitiendo que el señor pudiera matar arbitrariamente al vasallo de hambre, sed o frío, derecho que subsistía dos siglos después en el *Fuero de Huesca*, terminada la reconquista de Aragón. En nota, como confirmación de su aserto, copia el texto original de la Observancia, no del fuero dos siglos anterior a ella, y al final, agrega estas palabras: «Franco de Villalba, pág. 645». Fácilmente se advierten en todo esto algunos errores que se escaparon a la perspicacia del distinguido académico.

De lo uno y de lo otro hallamos indicaciones en los autores, sin que, complicada la cuestión con la falta de una determinación clara y concreta del *signo servicio,* pueda pensarse que se ha dicho en este asunto la última palabra.

Muy de pasada, por no importar, sin duda, otra cosa a su propósito, han hecho mención de los *villanos de parada* algunos autores. Azcárate enseña (*Historia del Derecho de propiedad,* t. II, pág. 69) que entre los villanos o pecheros se distinguían los *villanos de parada* y los *sarracenos* por el escaso respeto guardado a su derecho. Sánchez Roman (*Estudios de Derecho* civil, tomo I, segunda edición, pág, 451) se limita a indicar que los vasallos se llamaron más tarde *villanos de parada.* Altamira (*Historia de España y de la civilización española,* tomo I, pág. 450), dice: «En cuanto a los siervos, colonos, etc. (conocidos con el nombre de villanos de parada y otros), créese que al principio gozaban de condición bastante favorable, pudiendo los colonos libres cambiar a voluntad de domicilio, pero que en el siglo XIII se produjo marcada agravación en su dependencia de los señores, alcanzando éstos una potestad absoluta que llegaba hasta el derecho de matar a aquellos de hambre, sed o frío».

Alguna mayor atención prestan a este asunto Marichalar y Manrique, que estiman preferible la condición de los *villanos de parada,* después de la rebelión, a la de los vasallos *signi servitii* (*Historia de la legislación española,* t. VI); Lasala, que dice sucedieron aquéllos como colonos de contrato a los vasallos *servitutis* que eran los antiguos *collati tendelli*, colonos enfeudados en las tierras señoriales, y estima que sólo por abusos y contrafueros pudieron los señores ejercer la *potestad absoluta* (*Examen,* etc., tomo III), y Santamaría de Paredes, que considera muy superior a la condición de los demás vasallos la de los *villanos de parada,* por haber logrado mejorarla antes del siglo XIII *(Curso de Derecho político).*

Son para muy tenidas en cuenta las euseñanzas de publicistas como Cárdenas e Hinojosa: el primero (*Ensayos sobre la historia de la propiedad territorial en España,* tomo I), que considera *villanos de parada* a los sometidos a la llamada *potestad absoluta;* el segundo *(La servidumbre de la gleba en Aragón)* que asimila los *villanos de parada* a los *mezquinos, casados o caseros* y *collazos*[439], constitutivos todos de una misma clase social, diversamente llamada según tiempos y lugares, y unificada desde el siglo XIV bajo la expresión de *vassalli servitutis.*

Suelen andar mezcladas, en cuanto sobre el asunto se ha escrito, las palabras vasallos, vasallos *servitutis, signi servitii, signi regis* y algunas otras, sin que resulte fijo ni aparezca uniforme el sentido que se les atribuye, en la relación, sobre todo, de unas con otras.

---

439 Según Escriche, en su conocido *Diccionario*, collazo era en los tiempos feudales «la persona dada en señorío juntamente con la tierra, en cuya virtud pagaba al señor ciertos tributos».

En el *Repertorio* de Molino se lee: *Peytare tenetur cum hominibus signi regii villanus de parada*: (fol. 255, col.ª 1.ª.) *Vassalli seu homines de signo servitio domini regis* (fol. 324, col.ª 1.ª). *Vasalli enim servitutis seu de signo servitio varonum...* (ibid., col. 29). Después de marcar las diferencias entre los vasallos del Rey, de los nobles, de las órdenes, Iglesia y religiones, divide a los vasallos en general, en dos clases: la de los *simples vasallos* y la de los *villanos de parada.* Y dice: *vassallos simplex proprie dicitur ille qui in alterius villa moratur quicumque sit, sive ab eo stipendium recipiat sive non... Vassallus autem signi servitii dicitur ille qui in alterius villa dedit et ille exactiones et tributa facit* (folio 325, col. 3.ª).

De signo servicio podía, según esto, haber vasallos del rey y vasallos de los señores: no obstante lo cual, el escoliasta de Molino, Portolés (*Scholia ad Molinum,* parte 4.ª, pág. 478), se expresa en términos que dan a entender que sólo a los últimos pudiera atribuirse aquella calidad: opinión que no comparte Ramírez (obra citada, págs, 269 y 365) al hablar de vasallos conocidos con las denominaciones de vassallos conocidos con las denominaciones de *vassalli de signo servitio, homines conditionis, vassalli conditionis signique servitii domini nostri regis.*

Es de notar lo expuesto por Sessé. Pesaba sobre los vasallos *signi servitii* la *potestad absoluta* de los señores. Equivale decir eso a substraer al alcance de aquella condición a los vasallos reales, bien que, por otra parte, parece que el ilustre jurista la considera tan sólo como equivalente a la del pechero, sujeto, dice, a mil servicios, a mil contribuciones; a la *pecha*, a la *questia*, al *pedido*, al *exército*, a la *cabalgada*, al *monedage*, a las *cofras*, a las *colonias*, a las *acémilas*, a las *fonsaderas,* en oposición a la condición del infanzón, exento de todas ellas[440]. Sobre todo merece llamar la atención esto: Sessé mantiene la distinción, ya entre los *villanos de parada* y los demás *vasallos,* ya entre aquellos mismos y los *vasallos* sujetos a la *potestad absoluta* del señor. (*Inhibitionum et Magistratus Justitia tractatus,* edición de Barcelona, página 285.)

También Marichalar y Manrique, Lasala y Santamaría de Paredes distinguen la condición *signi servitii* de la de *parada:* y los primeros, y con ellos Dánvila, contraen a los vasallos de señorío lego el signo servicio.

A su vez Cárdenas, considera *signi servitii* a los *vasallos o del Rey o de un señor sin potestad absoluta;* mientras Hinojosa aplica aquel connotado tan sólo a los vasallos del Rey, lo cual no parece armonizarse con el pasaje en que Montemayor de Cuenca estimaba ser peor la condición de los vasallos *signi servitii* que la que, por derecho, fue propia de los esclavos[441].

440 Sobre tributos en Aragón puede consultarse, además de la preciada obra de Asso, la *Historia de la Economía política en España*, de Colmeiro, y la *Memoria sobre contribuciones e impuesto en León y Castilla durante la Edad Media*, del Conde de Cendillo.

441 Por no dar excesivas proporciones a este artículo dejamos de copiar muchos de los textos. Remitimos al lector que quiera estudiar especialmente este asunto, a los trabajos que dejamos citados.

Finalmente, en el *Glosarium* de los fueros arriba indicado, hallamos estas explicaciones: SERVITIUM. *Servitus //* Praestatio, tributum. // Salarium.– SERVITUS. *Praestatio, census, tributum.*– SIGNUM. *Servitus, servorum conditio.*

Deja todo esto en el ánimo una impresión de confusión y duda. Dista mucho de haberse dicho en esta materia la última palabra. Hay en Aragón muchos puntos obscuros; uno de ellos, este de la condición de los vasallos. Estudios como el del señor Hinojosa y publicaciones como la del señor Ibarra *(Colección de documentos para el estudio de la historia de Aragón)* marcan el camino que ha de seguirse. Cuando se haya sacado a plena luz lo mucho que hay oculto en los archivos, podrá acaso contarse con elementos suficientes para que, apreciándolos con criterio imparcial y objetivo, ajeno al espíritu de partido y a los prejuicios que desvían el razonamiento, pueda escribirse la historia, hoy muy imperfecta, de la civilización aragonesa.

Por lo demás, la materia de este artículo, por sus conexiones, se presta a mayores desarrollos. Hemos debido circunscribirlo (y aun así excediéndonos tal vez un poco) a lo que expuesto queda: en otros artículos de la **Enciclopedia** podrá completarse el estudio.

APÉNDICE

AL

CÓDIGO CIVIL

CORRESPONDIENTE

AL

DERECHO FORAL DE ARAGÓN

PUBLICADO POR EL
ILUSTRE COLEGIO NOTARIAL DE ARAGÓN,
CON MOTIVO DEL HOMENAJE
QUE ACORDÓ LA JUNTA DE GOBIERNO
DEL ILUSTRE COLEGIO DE ABOGADOS
DE ZARAGOZA

ZARAGOZA
Talleres Editoriales de HERALDO DE ARAGÓN
Coso, números 74 y 100
1926

Terminó de imprimirse este libro el 7 de diciembre de 2024, cuando se cumplen noventa y nueve años de la aprobación del Apéndice al Código civil correspondiente al Derecho foral de Aragón.

COLECCIÓN

PENSAMIENTO JURÍDICO Y POLÍTICO CONTEMPORÁNEO

COLEX

TÍTULOS PUBLICADOS

1. La libertad de expresión. Avances, límites y desafíos futuros
2. Reforma del Código de Derecho foral de Aragón en materia de discapacidad
3. Inteligencia artificial, sociedad y Derecho
4. Marceliano Isábal y su «Diccionario del Derecho aragonés»

Made in the USA
Monee, IL
05 November 2026

67811057R00249